汤一介 李中华 主编

近代卷

张耀南 著

中国儒学史

北京大学出版社

图书在版编目（CIP）数据

中国儒学史. 近代卷/张耀南著. —北京：北京大学出版社，2011.6
ISBN 978-7-301-18920-7

Ⅰ.①中… Ⅱ.①张… Ⅲ.①儒家－思想史－研究－中国－近代
Ⅳ.①B222.05

中国版本图书馆 CIP 数据核字（2011）第 093048 号

书　　　名：	中国儒学史·近代卷
著作责任者：	张耀南　著
责 任 编 辑：	萧　雪
标 准 书 号：	ISBN 978-7-301-18920-7/B·0982
出 版 发 行：	北京大学出版社
地　　　址：	北京市海淀区成府路 205 号　100871
网　　　址：	http://www.pup.cn
电 子 邮 箱：	zpup@pup.pku.edu.cn
电　　　话：	邮购部 62752015　发行部 62750672　编辑部 62765691
	出版部 62754962
印　　刷　者：	北京中科印刷有限公司
经　　销　者：	新华书店
	787 毫米×1092 毫米　16 开本　33.75 印张　366 千字
	2011 年 6 月第 1 版　2014 年 3 月第 2 次印刷
定　　　价：	68.00 元

未经许可，不得以任何方式复制或抄袭本书之部分或全部内容。
版权所有，侵权必究　举报电话：010－62752024
　　　　　　　　　　　　电子邮箱：fd@pup.pku.edu.cn

总　序

一、儒学与中华民族的复兴

（一）儒学的"反本开新"

我们为什么要编著一部《中国儒学史》,这是由于中华民族正处在伟大民族复兴的进程之中。民族的复兴必然与民族文化的复兴相关联,而"儒学"在我国的历史上曾居于主流地位,影响着我国社会生活的方方面面。因此,儒学的复兴和中华民族的复兴是分不开的,这是由历史原因形成的。儒学自孔子起就自觉地继承着夏、商、周三代的文化,从历史上看它曾是中华民族发育、成长的根,我们没有可能把这个根子斩断。如果我们人为地把中华民族曾经赖以生存和发展的根子斩断,那么中华民族的复兴就没有希望了。因此,我们只能适时地在传承这个文化命脉的基础上,使之更新。就目前我国发展的实际情况看,我估计在二十一世纪儒学作为一种精神文化在中国、甚至在世界(特别是在东亚地区)将会有新的发展。为什么儒学会有一个新的发展？原因当然是多方面的,有政治的、经济的原因,更与"西学"(主要指作为精神文化的西方哲学等等)对中国传统文化(特别是儒学)所进行的全方位的冲击有着更密切的关系。回顾百多年来中国的历史,在相当长的时期里,中国文化("中学")在与西方文化("西学")的搏击中节节败退,"全盘西化"(或"全盘苏化")占尽上风,甚至"打倒孔家店"成为某些中国知识分子标榜"进步"的口号。可是在这样艰难的"中学"日衰的形势下,中国仍然有一代又一代的学人,一方面坚忍地传承着中国文化的优秀传统,另一方面又以广阔的胸怀融合着"西学"的精华。他们深信"中学",特别是"儒学"不会断绝,自觉地承担着中国传统文化"存亡继绝"和复兴中国文化的使命。因此,正是由于"西学"对中国文化的冲击,使得我国学者得到了对自身文化传统进行自我反省的机会。我们逐渐知道,在我们的文化传统中应该发扬什么、应该抛弃什么,以及应该吸收什么。因而在长达一百多年中,我们中国人在努力学习、吸收和消化"西学",这为儒学从传统走向现代奠定了基础。新的现代儒学必须是能为中华民族的复兴、能为当今人类社会"和平与发展"的前景提供有意义的精神力量的儒学;应该是有益于促进各民族结成团结、友好、互信、互助、和睦相处的大家庭的儒学;新的现代儒学该是"反本开新"的儒学。"反本"才能"开新","反本"更重要的是为了"开新"。"反本"必须要对儒学的源头有深刻的了悟,坚持自身文化的主体性。我们对儒学的来源及其发展了解得越深入,它才会越有对新世纪的强大生命力。"开新"要求我们全面、系统地了解当今人类社会所面临的亟待解决的生存和发展的重大问题和思想文化发展的总趋势,这必须对儒学作出适时的、合乎时代的新解释。"反本"和"开新"是不能分割的,只有深入发掘儒家思想的真精神,我们才可能适时地开拓儒学发展的新局面;只有敢于面对当前人类社会存在的新问题,才能使儒学的真精神得以发扬和更新,使儒家在二十一世纪的"反本开新"中"重新燃起火焰",以贡献于人类社会。

(二) 儒学与"新轴心时代"

当今世界处于全球化的形势下,人类社会面临着的是一个大变动的时代,正因为在这人类社会处于全球化的时代,使得各国、各民族在政治、经济、文化诸多方面处在错综复杂、矛盾重重的关系之中。人类社会如何从这种复杂的矛盾关系之中找出一条出路? 在进入第三个千年之际,世界各地的思想界出现了对"新轴心时代"的呼唤,这就要求我们更加重视对古代思想智慧的温习与发掘。回顾我们文化发展的源头,希望从人类的历史文化智慧中找出一条能使世界走上健康合理的"和平与发展"道路,这无疑是各国人民所希望的前景。"轴心时代"的概念是由德国哲学家雅斯贝尔斯(1883—1969)提出的。他认为,在公元前500年前后,在古希腊、以色列、印度、中国、古波斯都出现了伟大的思想家。在古希腊有苏格拉底、柏拉图,以色列有犹太教的先知,印度有释迦牟尼,中国有老子、孔子,古波斯有索罗亚斯特,等等,形成了不同的文化传统。这些文化起初并没有互相影响,都是独立发展起来的。这些文化传统经过两千多年的发展,在相互影响中已成为人类文明的共同精神财富。雅斯贝尔斯说:"人类一直靠轴心时代所产生、思考和创造的一切而生存,每一次新的飞跃都回顾这一时期,并被它重新燃起火焰。自那以后,情况就是这样。轴心期潜力的苏醒和对轴心期潜力的回忆,或曰复兴,总是提供了精神力量。对这一开端的复归,是中国、印度和西方不断发生的事情。"[①]例如,我们知道,欧洲的文艺复兴就是把其目光投向其文化的源头古希腊,而使欧洲文明重新燃起新的光辉,并对世界产生重大影响。中国的宋明理学(新儒学)在印度佛教文化的冲击后,充分吸收和消化了佛教文化,再

---

① 〔德〕卡尔·雅斯贝尔斯:《历史的起源与目标》,魏楚雄、俞新天译,华夏出版社,1989年,第14页。

次回归先秦孔孟,把中国儒学提高到一个新的水平,并对朝鲜半岛、日本、越南的文化发生过重大影响。

在人类社会进入新千年之际,人类文化是否会有新的飞跃?雅斯贝尔斯为什么特别提到中国、印度和西方对轴心期的回忆,或曰"复兴"的问题?这是不是意味着,中华文化又有一次"复兴"的机会?我认为,答案应是肯定的。当前,中华民族正处在民族复兴的进程之中,而民族的复兴要以民族文化的复兴为精神支柱。毋庸讳言,"国学热"的兴起,可以说预示着我们正在从传统中找寻精神力量,以便创造新的中华文化,以"和谐"的观念贡献于人类社会。我们可以看出,自上个世纪末,我国学术界出现了对中国传统文化研究重视的趋势;而进入二十一世纪则逐渐成为一种社会潮流,"读经"、"读古典诗词",恢复优良的道德修养传统,蔚然成风,不少中小学设有读《三字经》、《弟子规》、《论语》、《老子》等等的有关课程内容。社会各阶层、团体、社区也办起了读古代经典的讲习班和讲座等等。这一潮流,也影响着我国的高层领导人。胡锦涛总书记在十七大的报告中提出"弘扬中华文化,建设中华民族共有精神家园",将对有力地推动中华文化的发展产生重要影响。我们应特别注意的是,中国一批知识分子在深入研究中国自身文化传统的同时,对当今世界文化发展的总趋势更加关注,并已有较深的研究。他们知道,中国文化必须在传承中更新,这样中国文化才能得以真正的"复兴",而"重新燃起新的火焰"。我们还可以看到,世界各国人民对中国文化的重新认识和欢迎,两百多所"孔子学院"的建立,儒学经典将要被译成外国的八种文字,这无疑可以说是儒学在"新轴心时代"得以"复兴"的明证。我认为,中国文化必须在坚持自身文化的主体性中"复兴",必须在吸收其他各民族文化、特别是西方先进文化的优秀成果中"复兴",必须在深入发掘中国文化的特殊价值以贡献于人类社会中复兴,当然也必须在努力寻求我们民族文化中具有"普世价值"意义的资源中"复兴"。因此,我们期待着和各国的学者一起,为建设全球化形势下文化的"新轴心时代"而努力。在欧洲,经过解构性的后现代主义对"现代性"思潮的批判之后,出现了以过程哲学为基础的"建构性的后现代主义",他们认为:"建设性的后现代主义对解构性的后现代主义的立场持批判态度,……以建构一个所有生命共同福祉都得到重视和关心的后现代世界。"①建构性的后现代主义还认为,在崭新的时代,每个人的权利都获得尊重,如果说第一次启蒙的口号是"解放自我",那么新世纪的第二次启蒙的口号则是尊重他者,尊重差别,他们提出"人和自然是一生命共同体"的宇宙有机整体观,以此反对"现代二元论的科学主义和工具理性"。里夫金在他的《欧洲梦》中强调,在崭新的时代,每个人的权利都获得尊重,文化的差异受到欢迎,每个人都在地球可以维持的范围内享受着高质量生活(不是奢侈生活),而人类生活在安定与和谐之中。② 因此,他们认为,必须对自身前现代传统的某些观念加以重视,要重视两千多年前哲人的智慧。印度在1947年取得了独立。在争取独立的过程中,许多民族运动的领袖都把印度的传统思想作为一种精神武器。国大党的领袖甘地采取把印度教和民族运动结合在一起的策略,因此国大党在指导思想和人员构成上都有明显的印度教特征。③ 二十世纪中期印度思想家戈尔瓦卡就提出:印度必须建立强大的印度教国家,他特别强调"印度的文明是印度教的文明"。④ 他们认为,只有把印度人民的宗教热忱和宗教精神注入到政治中,才是印度觉醒和复兴的必要条件。因此,印度民族的复兴必须依靠其自身印度教的思想文化传统。印度人民党同样崇奉印度教,它是一种以"印度文化为核心的民族主义或者

---

① 《为了共同福祉——约翰·科布访谈》(王晓华访问记),上海:《社会科学报》,2002年6月13日。
② 参见〔美〕杰里米·里夫金:《欧洲梦》序言,杨治宜译,重庆出版社,2006年,第8页。
③ 参见丁浩:《浅析印度国大党的教派主义倾向及其影响》,见于《重庆科技学院学报(社会科学版)》,2007年第1期。
④ 参见汝信总主编:《世界文明大系·印度文明卷》,中国社会科学出版社,2004年,第554页。

称为'印度教特性'"。他们认为,"可将印度现在同过去的光辉连接起来","以印度教意识和认同来重建印度"。① 人民党的思想家乌帕迪雅耶提出的"达磨之治论",就是要把印度教"种姓达磨"观念与现代人道主义思想结合起来,其目的是要用这种学说来捍卫印度教的传统文明和精神,抵御西方文化的侵袭和影响。国大党和人民党交替执政,就说明印度教在印度的复兴。② 这有力地说明印度正是"新轴心时代"兴起的一个重镇。这是不是可以说,在全球化的情况下,中国、印度和欧洲都处在一个新的变革时期,他们都将再一次得到"复兴"的机会?我认为,雅斯贝尔斯的看法是有远见的。这里,我必须说明,我并没有要否定其他民族文化也同样将会得到"复兴"的机会,如拉美文化、中东北非地区的伊斯兰文化等等。但是,无论如何,中国、印度、欧洲(欧盟)的"复兴"很可能预示着"新轴心时代"的到来。

(三) 儒学的三个视角

在这可能即将出现的"新轴心时代",面对着的与两千多年前的那个"轴心时代"的形势是完全不同了。全球化已把世界连成一片,任何国家、任何民族所要解决的不仅是其自身社会的问题,而且要面向全世界。因此,世界各国、各民族理应将会出现为人类社会走出困境的大思想家或跨国大思想家集团。实际上,各国各民族的有些思想家已在思考和反省人类社会如何走出当前的困局、迎接一个新时代的种种问题。在此情况下,各国、各民族的历史文化经验和智慧,无疑是十分重要的。因此,对影响中国社会两千多年历史的主流文化"儒学"应有一总体的认识和态度是很必要的。

由于儒学是历史的产物,又有两千多年的历史,对它有种种不同的看法应说是很自然的。在今天全球化、现代化的时代,我们应该或

---

① 参见曹小冰:《印度特色的政党和政党政治》,当代中国出版社,2005年,第237页。
② 参见汝信总主编:《世界文明大系·印度文明卷》,第555—558页。

可能怎样看儒学,我认为也许可以从三个不同的角度来考察儒学:一是政统的儒学,二是道统的儒学,三是学统的儒学。(一)政统的儒学:政治化的儒学曾长期与中国历代专制政治结合,所提倡的"三纲六纪"无疑对专制统治起过重要作用。儒家特别重视道德教化,因而对中国社会在一定程度上起着稳定的作用。但是,把道德教化的作用夸大,使中国重"人治"而轻"法治",而且很容易使政治道德化,从而美化政治统治;又使道德政治化,使道德成为为政治服务的工具。当然,在专制政治统治的压迫下,儒家的"以德抗位"、"治国平天下"的"王道"理想也并非完全丧失。不过总的说来,政治的儒学层面对当今的社会而言可继承的东西并不太多,它存在着较多的问题。(二)道统的儒学:任何一个成系统有历史传承的学术派别,必有其传统,西方是如此,中国也是如此。从中国历史上看,儒、道、释三家都有其传统。儒家以传承夏、商、周三代文化为己任,并且对其他学术有着较多的包容性,他们主张"万物并育而不相害,道并行而不相悖"。但既成学派难免就会有排他性。因此,对"道统"的过分强调就可能形成对其他学术文化的排斥,而形成对异端思想的压制。在历史上某些异端思想的出现,恰恰是对主流思想的冲击,甚至颠覆,这将为新的思想发展开辟道路。(三)"学统的儒学"是指其学术思想的传统,包括它的世界观、思维方法和对真、善、美境界的追求等等。虽不能说儒学可以解决人类社会存在的一切问题,但儒学在诸多方面可为人类社会提供有意义的、较为丰厚的资源是无可否认的,应为我们特别重视。我这样区分,并不是说这三者在历史上没有关系,甚至可以说在历史上往往是密不可分的,只是为了讨论方便,为了说明我们应该更重视哪一个方面。基于此,我认为,当前甚至以后,儒学的研究不必政治意识形态化,让学术归学术;而且儒学应更具有"海纳百川"的气度,在与各种文化的广泛对话中发展和更新自己。

既然我们对儒学要特别重视的是其"学统",那么我们应该如何从

"学统"的角度来看儒学,我有以下四点看法:(一)要有文化上的主体意识。任何一个民族的生存与发展必须植根于自身文化土壤之中,必须有文化上的自觉,只有对自身文化有充分的理解与认识,保护和发扬,它才能适应自身社会合理、健康发展的要求,它才有吸收和消化其他民族文化的能力。一个没有能力坚持自身文化的自主性的民族,也就没有能力吸收和融化其他民族的文化以丰富和发展其自身文化,它将或被消灭,或被同化。(二)任何文化要在历史长河中不断发展,必须不断地吸收其他民族文化,在相互交流与对话中才能得到适时的发展和更新。罗素说得对:"不同文明的接触,以往常常成为人类进步里程碑。"①在历史上,中华文化有着吸收和融化外来印度佛教文化的宝贵经验,应该受到重视。在今天全球化的时代,面对西方的强势文化,我们应更加善于吸收和融合西方文化和其他各民族的优秀文化,以使中华文化更具有世界意义。(三)社会在不断发展,思想文化在不断更新,但古代思想家提出和思考的文化(哲学)问题,他们的思想的智慧之光,并不因此就会过时,有些他们思考的问题和路子以及理念可能是万古常新的。雅斯贝尔斯认为:在科学方法的运用上,我们可以说我们所处的时代是超过了亚里士多德,但就哲学本身而言,我们很难再达到苏格拉底和柏拉图的水准。哲学历史的某些发展是显而易见的,但我们并不能由此得出结论说,后代的哲学家就一定超过前代。②(四)任何历史上的思想体系,甚至现实存在的思想体系,没有完全正确的,没有放之四海而皆准的绝对真理的学说,它必然有其局限性,其体系往往包含着某些内在矛盾,即使其中具有普遍意义(价值)的精粹部分也往往要给以合理的现代诠释。恩格斯在《反杜林论》草稿片断中说:"在黑格尔以后,体系说不可能再有了。十分明显,世

---

① 《中西文明的对比》,见罗素:《中国问题》,学林出版社,1996年,第146页。
② 参见《论雅斯贝尔斯的世界哲学及世界哲学史的观念——代"译序"》,载〔德〕雅斯贝尔斯:《大哲学家》,李雪涛等译,社会科学文献出版社,2005年,第12页。

界构成一个统一的体系,即有联系的整体。但是对这个系统的认识是以对整个自然界和历史的认识为前提的,而这一点是人们永远也达不到的。因而,谁要想建立体系,谁就得用自己的虚构来填补无数的空白,即是说,进行不合理的幻想,而成为一个观念论者。"① 这里所说的"体系"是指那种无所不包的、自以为是放之四海而皆准的"绝对真理"。"绝对真理"往往都是谬误之论。罗素在其《西方哲学史》中说:"不能自圆其说的哲学决不会完全正确,但是自圆其说的哲学满可以全盘错误。最富有结果的各派哲学向来包含着显眼的自相矛盾,但是正为了这个缘故才部分正确。"② 我认为这两段话对我们研究思想文化都很有意义。因为任何思想文化都是在一定历史条件下产生的,它不可能完全解决人类社会今天和明天的全部问题,就儒学来说也是一样的。正因为儒学是在历史中的一种学说,才有历代各种不同诠释和批评,而今后仍然会不断出现新的诠释,新的发展方向,新的批评,还会有儒家学者对其自身存在的内在矛盾的揭示。在人类社会进入全球化的时代,不断反思儒学存在的问题(内在矛盾),不断给儒学新的诠释,不断发掘儒学的真精神中所具有的普遍性意义和特有的理论价值,遵循我们老祖宗的古训"日日新,又日新",自觉地适时发展和更新其自身,才是儒学得以复兴的生命线。

(四) 儒学与"忧患意识"

"儒学"在中国传统文化中相对于佛道有一特点,即它的"入世"精神,并基于此"入世"精神而抱有较为强烈的忧患意识。《周易·系辞

---

① 〔德〕恩格斯:《世界是有联系的整体·对世界的认识》,载《恩格斯著〈反杜林论〉参考资料》附录,北京大学哲学系编,1962年,第137页。
② 〔英〕罗素:《西方哲学史》下册,马元德译,商务印书馆,1963年,第143页。

下》中说:"作《易》者,其有忧患乎?"① 自孔子以来,从中国历史上看,儒家学者多对社会政治抱有"以天下为己任"的忧患意识。儒家的这种"忧患意识"也许可以说是儒家不同于现代知识分子的一种对社会政治的中国士大夫特有的批判精神。它是由于儒家始终抱有的对天下国家一种不可推卸的社会责任感和历史使命感而产生的。孔子生活在"天下无道"的春秋时代,《说苑·建本篇》说:"公扈子曰:春秋,国之鉴也。春秋之中,弑君三十六,亡国五十二。"孔子对此"礼坏乐崩"的局面有着深刻的"忧患意识",我们查《论语》,有多处讲到"忧"(忧虑,忧患),其中"君子忧道不忧贫"可说是代表着孔子的精神。"道"是什么?就是孔子行"仁道"的理想社会,其他富贵贫贱等等对孔子是无所谓的。《论语·阳货》中有一段表现孔子"忧国忧民"的抱负:"公山弗扰以费畔,召,子欲往,子路不悦,曰:'末之也,已,何必公山氏之之也!'子曰:'夫召我者,而岂徒哉! 如有用我者,吾其为东周乎!'"孔子认为,假若有人用他治世,他将使周文王、武王之道在东方复兴。可见,孔子所考虑的问题是使"天下无道"的社会变成"天下有道"的社会。在《礼记·檀弓下》有一则孔子说"苛政猛于虎"的故事,这深刻地表现着他"忧国忧民"的"忧患意识"。这种"忧患意识"体现着孔子"仁民"的人道精神,同时也表现了他对"苛政"的批判意识。孟子有句常为人们所称道的"名言":"生于忧患而死于安乐",这种"忧患意识"正是因为他要"以天下为己任",而批判那些"入则无法家拂士,出则无敌国外患"的诸侯君王。我们读《孟子》也许只有十分深切地感受到中国士大夫所有的"富贵不能淫,贫贱不能移,威武不能屈"的精神,才能真正地立于天地之间而无愧。我认为,这不能不说是中国儒者特有的批判精神。有这种精神,就可以抵制和批判一切邪恶,甚至可以"大义灭亲"、

---

① 《周易·系辞下》中还说:"君子安而不忘危,存而不忘亡,治而不忘乱,是以身安而国家可保也。"司马迁《报任安书》中说:"盖西伯拘而演《周易》,……大氐圣贤发愤之所为作也。"周文王演《周易》正是基于其"忧患意识"。

"弑父弑君"。① 周公不是为了国家百姓杀了他的亲兄弟吗?② 管仲不是初助公子纠,后又相桓公,孔子还说他"如其仁,如其仁"吗?③ 当齐宣王问孟子:"汤放桀,武王伐纣,有诸?"孟子回答说:那些残害"仁义"的君王之被杀只是杀了个"独夫"吧!④

在中国古代的传统社会中,君王对社会政治无疑起着极大的作用,因此臣下能对君王有所规劝是非常重要的。《郭店楚简·鲁穆公问子思》一条:

> 鲁穆公问于子思曰:"何如而可谓忠臣?"子思曰:"恒称其君之恶者,可谓忠臣矣。"公不悦,揖而退之。成孙弋见,公曰:"向者吾问忠臣于子思,子思曰:'恒称其君之恶者,可谓忠臣矣。'寡人惑焉,而未之得也。"成孙弋曰:"噫,善哉言乎!夫为其君之故杀其身者,尝有之矣。恒称其君之恶,未之有也。夫为其君之故杀其身者,效禄爵者也。恒称其君之恶者,远禄爵者也。为义而远禄爵,非子思,吾恶闻之矣。"

这段故事说明,历史上有些儒者总是抱着一种"居安思危"的情怀,为天下忧。子思认为能经常批评君王的臣子才是"忠臣",成孙弋为此解释说:只有像子思这样的士君子敢于对君王提出批评意见,这正因为他们是不追求利禄和爵位(金钱与权力)的。中国历史上确有一些儒学者基于"忧国忧民"的"忧患意识"而能持守此种精神。汉初,虽有文景之治,天下稍安,而有贾谊上《陈政事疏》谓:"进言者皆曰天下已安已治矣,臣独以为未也。曰安且治者,非愚则谀,皆非事实知治乱之体者也。"贾谊此《疏》义同子思。盖他认为,治国有"礼治"和"法治"两套,"夫礼者禁于将然之前,而法者禁于已然之后,是故法之所用

---

① 事见《左传》隐公四年。
② 事见《史记·管蔡世家》。
③ 见《论语·宪问》,又见《左传》庄公八年和九年。
④ 见《孟子·梁惠王下》。

易见,而礼之所为生难知也。"他并认为此"礼治"和"法治"两套对于治国者是不可或缺。此"礼法合治"之议影响中国历朝历代之政治制度甚深。在中国历史上有"谏官"之设,《辞源》"谏官"条说:"掌谏诤之官员。汉班固《白虎通·谏诤》:'君至尊,故设辅弼置谏官。'谏官之设,历代不一,如汉唐有谏议大夫,唐又有补阙、拾遗,宋有左右谏议大夫、司谏、正言等。"按:在中国历史上的"皇权"社会中,"谏官"大多虚设,但也有少数士大夫以"忧患意识"之情怀而规劝帝王者,其"直谏"或多或少起了点对社会政治的批判作用。此或应作专门之研究,在此不赘述。

宋范仲淹有《岳阳楼记》一篇,其末段如下:

嗟夫!予尝求古仁人之心,或异二者之为,何哉?不以物喜,不以己悲;居庙堂之高则忧其民,处江湖之远则忧其君。是进亦忧,退亦忧。然则何时而乐耶?其必曰"先天下之忧而忧,后天下之乐而乐"乎。噫!微斯人,吾谁与归!

这段话可说是表达出大儒学者之心声。盖在"皇权"统治的专制社会中,儒学之志士仁人无时不能不忧,其"忧民"是其"仁政"、"王道"理想之所求,而此理想在那专制制度下,是无法实现的,故不能不忧。其"忧君",则表现了儒家思想之局限,仅靠"人治"是靠不住的。在"皇权"的专制制度下,仁人志士之"忧"虽表现其内在超越之境界,但终难突破历史之限度。儒学者可以"杀身成仁"、"舍生取义",但不仅不能动摇"皇权"专制,反而可能在某种程度上帮助巩固了皇权统治。这或是历史之必然,不应责怪这些抱有善良理想良知之大儒,他们的主观愿望是可歌可泣的。个人的善良愿望必须建立在变革这专制制度上才可能有一定程度上之实现。

儒家的"忧患意识"虽说对"皇权"专制有一定的批判作用,但它毕竟不同于现代社会中知识分子的"批判意识"。这是因为现代知识分子的"批判意识"是建立在"人人平等"的基础之上。现代知识分子的"批判意识"不仅仅是对某个个人批判,而必须是根据理性对某种制度的批判。面对今日中国社会风气败坏、信仰缺失之现实,必须把儒家原有的具有一定程度批判精神的"忧患意识",提升至对社会政治制度的批判,而不能与非真理或半真理妥协,因此它应当是得到"自由"和"民主"保障的有独立精神的批判。① 可是话又要说回来,无论如何,儒家这种"居安思危"的"忧患意识"中包含的某种程度的批判精神和勇气,仍然是我们要在继承的基础上认真总结,并把它提高到现代知识分子的批判精神上来的。在中华民族伟大复兴的过程之中,儒家基于社会责任感和历史使命感的"忧患意识"在我们给以新的诠释的情况下,将使我民族能够不断地反省,努力地进取,并使儒学得以日日新,又日新,中华民族得以常盛不衰。

(五)儒学与"和谐社会"建设

在二十一世纪初,我国提出建设"和谐社会"的要求,这将对人类发展的前景十分重要,并会对人类社会健康合理生存产生深远影响。我们知道,"和谐"是儒学的核心概念,在我国传统儒学中包含着"和谐社会"的理想以及可以为建设"和谐社会"提供的大量有意义的思想资源。《礼记·礼运》中的"大同"思想可以说已为中华民族勾画出一幅"和谐社会"的理想蓝图。《论语》中的"礼之用,和为贵",将会对调节

---

① 参见拙作《五四运动的反传统与学术自由》,台湾联经出版事业公司,1989年。该文中有如下两段:"中国知识分子大都对社会有着强烈的社会责任感和历史使命感;'天下兴亡,匹夫有责',他们为了尽社会责任和完成历史使命可以'杀身成仁'、'舍身取义'。中国知识分子这种对国家和民族命运的关怀,无疑是十分可贵的。但是也正因为这种过分强烈的社会责任感和历史使命感,而使他们陷于'急功近利',而要直接参与政治,去从政做官了。我不知道这对中国社会是'幸'还是'不幸',不过我私以为'不幸'的成分为多。照我看,知识分子应该是以创造知识和传播知识为谋生手段。他们对政治的意义在于批判、议论,他们应有不与非真理和半真理妥协的良心。""中国知识分子由于超强的社会责任感和历史使命感往往由'不治而议'走向'治而不议',把'做官'看成是他们最重要的使命,从而失去他们对社会政治的批判功能,并且很可能成为政治权利的附庸。"

人们社会生活之间的关系有着重要的意义;"和而不同",又可以为不同民族和民族之间的"和平共处"提供某种理据。《中庸》中的"中和"思想,要求在各种关系之间掌握适合的度,以达到万事万物之"和谐"的根本。特别是《周易》中的"太和"①观念经过历代儒学思想家的阐发,已具有"普遍和谐"的意义。"普遍和谐"包含着"人与自然"、"人与人"(人与社会、国家与国家、民族与民族)、"人的自我身心内外"等诸多方面"和谐"的意义,所以王夫之说"太和"是"和之至",意即"太和"是最完美的"和谐"。所有这些包含在儒家经典中的"和谐"思想,为中国哲学提供了一种对人类社会极有价值的世界观和思维方式。

复兴儒学要有"问题意识"。当前我国社会遇到了什么问题,全世界又遇到了什么问题,都是复兴儒学必须考虑的问题。对"问题"有自觉性的思考,对"问题"有提出解决的思路,由此而形成的理论才是有真价值的理论。当前,我国以及全世界究竟遇到些什么重大问题?近一二百年来,由于对自然界的无量开发,残酷掠夺,造成了生态环境的严重破坏。由于人们片面物质利益的追求和权力欲望的无限膨胀,造成了人与人之间以及国家与国家之间的矛盾与冲突,以至于残酷的战争。由于过分注重金钱和感官享受,致使身心失调,人格分裂,造成自我身心的扭曲,吸毒、自杀、杀人,已成为一种社会病。因此,当前人类社会需要解决,甚至今后还要长期不断解决的"人与自然"、"人与人"(人与社会、国与国、民族与民族)、"人自我身心"之间的种种矛盾问题,无疑是人类要面对的最大课题。其中"人"的问题是关键。

针对上面提出的三个方面的问题,我认为,儒学可以为当今人类社会提供若干有益的思想资源。

(一)儒家"天人合一"(合天人)的观念将会为解决"人与自然"之间的矛盾提供某些有意义的思想资源。1992年世界一千五百七十五

---

① 《周易·乾卦·彖辞》:"乾道变化,各正性命,保合太和,乃利贞。"

名科学家发表的《世界科学家对人类的警告》说:"人类和自然正走上一条相互抵触的道路。"造成这种情况不能说与西方哲学曾长期存在"天人二分"的思维模式没有关系。罗素在《西方哲学史》中说:"笛卡尔的哲学,……它完成了、或者说极近乎完成了由柏拉图开端而主要因为宗教上的理由经基督教哲学发展起来的精神、物质二元论……笛卡尔体系提出来精神界和物质界两个平行而彼此独立的世界,研究其中之一能够不牵涉另一个。"①这就是说,在西方哲学中长期把"天"和"人"看成是相互独立的,研究"天"可以不牵涉"人";研究"人"也可以不牵涉"天",这可以说是一种"天人二分"的思维模式(但进入二十世纪,西方哲学有了很大变化,已有西方哲学家打破"天人二分"的定式,如怀德海②)。而中国"天人合一"是说在"天"和"人"之间存在着相即不离的内在关系,研究其中一个必然要牵涉另外一个。《周易》是我国一部最古老重要的大书,它是中国哲学的源头。《郭店楚简·语丛一》:"易,所以会天道人道也。"《周易》是一部会通天道、人道所以然的道理的书。也就是说它是一部讲"天人合一"的书。对如何了解"天人合一"思想,朱熹有段话很重要,他说:"天即人,人即天。人之始生,得于天也;既生此人,则天又在人矣。"③"天"离不开"人","人"也离不开"天"。人初产生时,虽然得之于天,但是一旦有了人,"天"的道理就要由"人"来彰显,即"人"对"天"就有了责任。"天人合一"作为一种世界观和思维模式,它要求人们不能把"人"看成是和"天"对立的,这是由

---

① 〔英〕罗素:《西方哲学史》下册,马元德译,商务印书馆,1988年,第91页。
② 《怀德海的〈过程哲学〉》(刊于2002年8月15日上海《社会科学报》)中说:"(怀德海)的过程哲学(process philosophy)把环境、资源、人类视为自然中构成密切相连的生命共同体,认为应该把环境理解为不以人为中心的生命共同体。这种新型生态伦理,对于解决当前的生态危机具有重要的现实意义。过程哲学是生态女性主义的思想之根,因为生态女性主义的哲学基础是彻底的非二元论,是对现代二元思维方式的批判,而怀德海有机整体观念,正好为它提供了进行这种批判的理论根据。"可见,现代一些西方哲学家已经对"天人二分"的二元对立的思维模式作出反思,并且提出了"自然"与"人"构成"密切相连的生命共同体"。
③ 《朱子语类》,中华书局,1986年,第387页。

于"人"是"天"的一部分,破坏"天"就是对"人"自身的破坏,"人"就要受到惩罚。因此,"天人合一"学说认为,"知天"(认识自然,以便合理地利用自然)和"畏天"(对"自然"应有所敬畏,要把保护自然作为一种神圣的责任)是统一的。① "知天"而不"畏天",就会把"天"看成一死物,不了解"天"乃是有机的生生不息的刚健大流行,所以《周易·乾·象》中说:"天行健,君子以自强不息。"这即是说"天"与"人"为持续发展着的"生命的共同体"。"畏天"而不"知天",就会把"天"看成外在于"人"的神秘力量,而使人不能真正得到"天"(自然)的恩惠。所以"天人合一"思想要求"人"应担当起合理利用自然,又负责任地保护自然的使命。"天人合一"这种思维模式和理念应该说可以为解决当前"生态危机"提供某些有意义的思想资源。

(二)"人我合一"(同人我)的观念将会为解决"人与人(社会)"之间的矛盾提供某些有意义的思想资源。"人我合一"是说在"自我"和"他人"之间存在着一种相即不离的内在关系。为什么"自我"和"他人"之间存在着相即不离的内在关系?《郭店楚简·性自命出》中说:"道始于情。"人世间的道理(人道)是由情感开始的,这正是孔子"仁学"的出发点。孔子的弟子樊迟问"仁",孔子回答说"爱人"。这种爱人的品质由何而来呢?《中庸》引孔子的话说:"仁者,人也,亲亲为大。""仁爱"的品德是人本身所具有的,爱自己的亲人是最根本的。但孔子的儒家认为"仁爱"不能停留在只是爱自己的亲人,而应该由"亲亲"扩大到"仁民"以及"爱物"。孟子说:"亲亲而仁民,仁民而爱物。"②

---

① 康德的墓志铭上写着:"有两样东西,我们愈经常愈持久地加以思索,它们愈使心灵充满不断增长的景仰和敬畏:在我们之上的星空和我心中的道德法则。"是不是说,康德也认为应对"天"有所敬畏呢? 这和孔子的"畏天命"是不是有相通之处呢?

② 见《孟子·尽心上》。《中庸》中说:"唯天下至诚,为能尽其性;能尽其性,则能尽人之性;能尽人之性,则能尽物之性;能尽物之性,则可以赞天地之化育;可以赞天地之化育,则可以与天地参矣。"此可以为孟子"亲亲而仁民,仁民而爱物"之开展。因此,孔孟之"仁爱"学说,不仅可以为解决"人与人"之间关系,也可以为解决"人与自然"之间关系,提供有意义的思想资源。

所以《郭店楚简》中说:"孝之直,爱天下之民","亲而笃之,爱也;爱父其继爱人,仁也"。如果把爱自己的亲人扩大到爱他人,那么社会不就可以和谐了?如果一个国家、一个民族把爱自己国家、自己民族的"爱"扩大到对别的国家、别的民族的爱,那么世界不就可以和平了吗?把"亲亲"扩大到"仁民",就是要行"仁政"。在《论语》中虽然没有出现"仁政"两字,但其中却处处体现着"仁政"思想,如"博施于民,而能济众","举贤才","泛爱众","导之以德,齐之以礼"等等,都是讲的"仁政"。孔子的继承者孟子讲"仁政",意义也很广泛,我认为最重要的是他说:"民之为道也,有恒产者有恒心,无恒产者无恒心。"意思是说,对老百姓的道理,要使老百姓都有一定的固定产业,他们才能有一定的道德观念和行为准则。没有一定的固定产业,怎么能让他有相应的道德观念和行为准则呢!所以孟子说:"夫仁政,必自经界始。""仁政",首先要使老百姓有自己可以耕种的土地。我想,我们今天要建设"和谐社会",首要之事就是要使我们的老百姓都有自己的固定产业,过上安康幸福的生活。就全人类说,就是要使各国、各民族都能自主地拥有其应有的资源和财富,强国不能掠夺别国的资源和财富以推行强权政治。所以"人"与"人"、"国家"与"国家"之间的协调和相互爱护的"人我合一"思想对建设"和谐社会"、"和谐世界"应是有意义的。

(三)"身心合一"(一内外)将会为调节自我身心内外的矛盾提供某些有意义的思想资源。"身心合一"是说肉体生命与精神生命之间存在着一种相即不离的和谐关系。儒家认为达到"身心合一"要靠"修身"。《郭店楚简·性自命出》中说:"闻道反己,修身者也。"意思是说,知道了做人的道理,就应该反求诸己,这就是"修身"。所以《大学》认为,"修身"、"齐家"、"治国"、"平天下","自天子以至于庶人,壹是皆以修身为本,其本乱而末治者否矣。"《中庸》里面也说:"为政在人,取人以身,修身以道,修道以仁。"社会靠人来治理,让什么人来治理要看他自身的道德修养,修养是以符合不符合"道"为标准,做到使社会和谐就要有"仁爱"之心。这里,把个人的道德修养(修身)与"仁"联系起来,正说明儒家思想的一贯性。《郭店楚简·性自命出》中说:"修身近至仁"。修身是为达到实现"仁"的境界的必有过程。因此,儒家讲"修身"不是没有目标的,而是为了"齐家"、"治国"、"平天下",即希望建设"和谐社会"。《礼记·礼运》中所记载的"天下为公"的"大同"社会就是儒家理想和谐社会的蓝图。如果一个社会有了良好的制度,再加之以有道德修养的人来管理这个社会,社会上的人都能"以修身为本",那么这个社会也许就可以成为一个"和谐的社会",世界就可以成为一个"和谐的世界"吧!

冯友兰先生把"人生"分成四种"境界":自然境界,功利境界,道德境界,天地境界。所谓有"自然境界"是说人和动物一样,只是为活着,对于人生的目的没有什么了解(觉解)。所谓有"功利境界",是说一切为了"利益",为他自己的利益(私利)。所谓"道德境界"是说,他的行为是为了"行义",也就是为了"公利",也可以说他的行为是为了"奉献"。"天地境界"的人,他的行为也可以说是"奉献",但他不仅是"奉献"于社会,而且"奉献"于宇宙。如果人能达到"道德境界","天地境界",那么他不仅与"他人"(社会)和谐了,与宇宙和谐了,而且"自我身心内外"也和谐了。孔子有一段话,也许可以作为"修身"的座右铭,他说:"德之不修,学之不讲,闻义不能徙,不善不能改,是吾忧也。"意思是说,不修养道德,不讲求学问,听到合乎正义的话不能去身体力行(实践),犯了错误而不能改正,是孔子最大的忧虑。孔子这段话告诉我们的是做人的道理,"修德"并不容易,那就必须有崇高的理想,有为人类长远利益考虑的胸怀;"讲学"同样不容易,它要求人们天天提高自己的知识和能力,这样才可以负起增进社会福祉的责任;"徙义"是说人生在世,听到合乎道义的话应努力跟着做,应日日向着善的方向努力,把"公义"实现于社会生活之中;"改过",人总是会犯这样那样的错误,问题是要勇于改正,这样才可以成为合格的人。"修德"、"讲学"、"徙义"、"改过",是做人的道理,是使人自我身心内外和谐的路径。这就要求"修身",以求得一"安身立命"处。[①]

在儒家看,想要解决上述的种种矛盾,"人"是关键。因为,只有人才可以"为天地立心,为生民立命,为往圣继绝学,为万世开太平"。是不是我们可以说,当今人类社会遇到的问题,儒学可以为其提供某些有意义的思想资源?善于利用儒学的思想资源来解决当今人类社会存在的种种问题,是不是可以说为儒学的复兴提供了机会?当然,我们必须注意到,孔子的儒家思想并不是十全十美的,它并不能全盘解决当今人类社会存在的诸多复杂问题,它只能给我们提供思考的路子和有价值的理念(如世界观、人生观、价值观等等的理念),启发我们用儒学的思维方式和人生智慧,在给这些思想资源以适应现代社会和人类社会发展前途新诠释的基础上,为建设和谐的人类社会作出它可能作出的贡献。

司马迁说的"居今之世,志古之道,所以自镜也,未必尽同"是很有道理的名言。我们生活在今天,要了解自古以来治乱兴衰的道理,把它当作一面镜子,但是古今不一定都相同,需要以我们的智慧在传承前人有价值的思想中不断创新。因此,我们今天的任务是对自古以来的有价值的思想(包括儒家思想)进行现代诠释,创造适应现代社会需要的新学说、新理论。

二、儒学与"普遍价值"问题

如果说儒学能为解决"人与自然"、"人与人(社会)"、"人自身的身

[①] 朱熹《四书或问》说:"但能致中和于一身,则天下虽乱,而吾身之天地万物不害为安泰;其不能者,天下虽治,而吾身之天地万物不害为乖错。其间一家一国,莫不皆然,此又不可不知耳。"盖人生在世,必有一"安身立命"之原则和境界。黄珅校点,上海古籍出版社、安徽教育出版社,2001年,第56页。

心内外"的矛盾提供某些有意义的思想资源,那么我们能不能说这些思想资源针对某些特定的问题包含着"普遍价值"的意义呢?我认为,这应是肯定的。"价值论"是当今一种很流行的学说,[①]它涉及各个学科,如宗教、哲学、文学、艺术、政治、经济,甚至科学技术,等等,而其中"价值哲学"是讨论"价值问题"最重要的学科。"价值哲学"是一种什么样的学科呢?概括起来说,它是讨论某种哲学学说,如孔子的"仁学";某一哲学命题,如"天人合一"、"道法自然";某一哲学概念,如"忠恕"(朱熹说"尽己谓之忠"、"推己谓之恕")等等的价值问题。我认为,必须承认世界上各不同民族文化中都有某些"普遍价值"意义的因素。这是在当今全球化境域下,多元文化中寻求文化中的"普遍价值"的意义所要求的。当前,在我国学术界对文化(哲学)中的"价值"问题已不少讨论,而比较集中的是讨论文化(哲学)中是否存有"普遍价值"的问题,有些学者或政治家对文化(哲学)中存有"普遍价值"持否定的态度。我认为,这是大成问题的。这是因为,不承认在各个不同民族的文化中都具有"普遍价值"意义的因素,那么很可能走上文化的"相对主义",认为没有什么"真理"(哪怕是相对意义的"真理"),只能是"公说公有理"、"婆说婆有理",这样在不同文化之间很难形成对话,很难找到共同语言,很难对遇到的共同问题的解决达成"共识"。这种看法对当前世界全球化将是一种极为有害的消极力量,是不利于人类社会健康合理发展的。同时,如果我们不讲文化中具有"普遍价值",那么其他文化,特别是西方文化却大讲他们文化中的"普遍价值",这岂不是把我们讲"普遍价值"的权利给了西方文化,这将有助于西方某些学者和政客鼓吹有利于他们的"普遍主义"大行其道,而使他们具有了

[①] 冯平在《现代西方价值哲学经典》(北京师范大学出版社,2009年)的"序言"中说:"现代西方价值哲学是一场哲学运动,这场运动发轫于19世纪40年代,起始于新康德主义。"最早将现代西方价值哲学介绍到中国来的是张东荪先生。张东荪先生在1934年出版了以他在燕京大学的讲义为基础的《价值哲学》一书。

"话语霸权"。因此,发掘各个不同民族文化中的"普遍价值",对促进全世界各个民族、各个国家共同发展将是十分有意义的。

(一)藉文化沟通与对话寻求共识

自上个世纪九十年代以来,在中国逐渐掀起了"国学热"的浪潮,相当多的学者,特别注意论证中国文化的民族特性和它的特殊价值之所在。为什么会发生这种情况,我认为这和世界文化发展的形势有关。因为自上世纪后半叶,西方殖民体系逐渐瓦解,原来的殖民地民族和受压迫民族为了建立或复兴自己的国家,有一个迫切的任务,他们必须从各方面自觉地确认自己的独立身份,而自己民族的特有文化(宗教、哲学、价值观等等)正是确认自己独立身份的最重要的因素。在这种情况下,正在复兴的中华民族强调应更多关注自身文化的主体性和特有价值,是完全合理的。但与此同时,西方一些国家已经成功地实现了现代化,而且许多发展中国家也正在走着西方国家已经完成的工业化和现代化的道路。因此,西方发达国家出现了一种"普遍主义"(universalism)的思潮,认为只有西方文化中的理念对现代社会才具有"普遍价值"(universal value)的意义,而其他各民族的文化并不具有"普遍价值"的意义,或者说甚少"普遍价值"的意义,或者说非西方的民族文化只有作为一种博物馆中展品被欣赏的价值。我们还可以看到,某些取得独立的民族或正在复兴的民族,也受到"普遍主义"的影响,为了强调他们自身文化的价值而认为他们的文化可以代替西方文化而成为主导世界的"普世"文化。例如,在中国就有少数学者认为,二十一世纪的人类文化将是"东风"压倒"西风",只有中国文化可以拯救世界,这无疑也是一种受到西方"普遍主义"思潮影响的表现,是十分错误而有害的。因此,当前在中国,在发展中国家,更多地关注各民族文化的特殊价值,各发展中国家更加关注自身文化的"主体性",以维护当今人类社会文化的多元发展,反对西方的"普遍主义",

反对"欧洲中心论",是理所当然的。当然也要防止在民族复兴中受西方"普遍主义"影响而形成的民族文化的"至上主义"或"原教旨主义"。

现在的问题是,我们反对"普遍主义",是不是就要否定各个民族文化中具有的"普遍价值"?所谓"普遍主义"可能有种种不同的解释。本文把"普遍主义"理解为:把某种思想观念(命题)认定为是绝对的、普遍的,是没有例外的,而其他民族的文化思想观念(命题)是没有普遍价值甚至是没有价值的。"普遍价值"是说:在不同民族文化之中可以有某些相同或相近的价值观念,而这些相同或相近的价值观念应具有"普遍价值"的意义,它可以为不同民族普遍地接受,而且这些具有"普遍价值"意义的观念又往往寓于特殊的不同民族文化的"价值观念"之中。正是具有"普遍价值"意义的思想往往是寓于某些不同民族文化的"特殊价值"之中,才需要我们去努力寻求其蕴含的"普遍价值"的意义。这在哲学上是"共相"与"殊相"的问题。在我看来,在各个不同民族文化中可以肯定地说存在着"普遍价值"的因素。所以我们必须把"普遍价值"与"普遍主义"区分开来。在强调各民族文化的特殊价值的同时,我们应努力寻求人类文化中的"普遍价值"的因素及其意义。当前人类社会虽然正处在经济全球化,科技一体化的形势下,但是由于二战后殖民体系的瓦解,"欧洲中心论"的消退,文化呈现着多元化的趋势。因此,要求在不同文化中寻求"普遍价值"必须通过不同文化间的沟通与对话,以致达成某种"共识",这大概是我们寻求不同文化间"普遍价值"的必由之路。

(二) 寻求不同文化间"普遍价值"的途径

为什么我们要寻求各民族文化的"普遍价值"?这是因为同为人类,必然会遇到需要共同解决的问题,在各种不同文化中都会有对解决人类社会遇到的问题有价值的资源。这些能解决人类社会所遇到的"共同问题"的有价值的思想资源,我认为就具有"普遍价值"的意义。

如何寻求人类文化中的"普遍价值",也许有多条不同的途径,我在这里提出三条可以考虑的途径供大家批评指正:

(一)在各民族的文化中原来就有共同或者是相近的有益于人类生存和发展的理念,这些共同理念无疑是有"普遍价值"的意义。1993年在美国芝加哥召开的世界宗教大会,在寻求"全球伦理"问题的讨论中提出寻求伦理观念上的"最低限度的共识",或者叫做"底线伦理"。为此,在闭幕会上发表了一份《走向全球伦理宣言》,认为"己所不欲,勿施于人"在各民族文化中都有与此相同或相似的理念,它可以被视为"道德金律"。在《宣言》中特别举出佛经所说:"在我为不喜不悦者,在人亦如是,我何能以己之不喜不悦加诸他人?"佛经中这句话可以说十分深刻而精确地表述了具有"普遍价值"意义的"道德金律"。在《宣言》中还列举了一些宗教和思想家的思想中对"己所不欲,勿施于人"的各种表述,①因此认为它具有"普遍价值"的意义。又如,恩格斯在《反杜林论》中提出"勿盗窃"应具有"普遍价值"的意义。这类思想、理念在人类各种文化中是并不少见的。例如佛教的"五戒"中的"不盗、不邪淫、不妄语"和基督教《摩西十戒》中的"不可奸淫"、"不可偷盗"等等都有"普遍价值"的意义。

(二)在各不同民族文化的不同理路中寻求"普遍价值"。例如中国儒家的"仁",西方基督教的"博爱",印度佛教的"慈悲",虽然形式不同,出发点不同,甚至理路中也有差异,但却都具有"普遍价值"的意义。

孔子的"仁",是把"亲亲"作为出发点,作为基础,樊迟问仁,孔子曰"爱人"。为什么要爱人,"爱人"的出发点是什么?《中庸》引孔子的话

---

① 在孔汉思和库舍尔合编、何光沪译的《全球伦理——世界宗教议会宣言》中《全球伦理普世宣言的原则》罗列了许多与孔子"己所不欲,勿施于人"相同或相近的话,如《圣经·利未记》:"要爱自己的人,像爱自己一样。"犹太教的主要创立者希勒尔说:"你不愿施诸自己的,就不要施诸别人。"《摩诃婆多》:"毗耶婆说:你自己不想经受的事,不要对别人做。"第149、150页。

"仁者,人也,亲亲为大"。① "仁爱"是人本身所具有的,爱自己的亲人是最根本的。但儒家认为,"亲亲"必须扩大到"仁民"以及于"爱物",②才是完满的真正的"仁"(仁爱),所以《郭店楚简》中说:"孝之虫,爱天下之民。""爱而笃之,爱也;爱父其继爱人,仁也。"且儒家也有以"博爱"释"仁"者。③ 这就是说,孔子的"仁"虽是从爱自己的亲人出发,但它最终是要求爱天下老百姓,以实现其"治国平天下"的目标。因此,我们可不可以说,孔子的"仁"的理念具有某种"普遍价值"的意义。

基督教的"博爱",当然我们可以从多方面理解它的涵义,但它的基础是"在上帝面前人人平等",而由"在上帝面前人人平等",可以引发出来的"在法律面前人人平等",这对人类社会也应是具有"普遍价值"的意义,因为这样人类社会才能有公平和正义。"在法律面前人人平等"从表现形式上看是近代西方法律制度的一条重要原则,但其背后支撑的伦理精神理念则是"博爱",把所有的人都看成是上帝的儿子。④

佛教的"慈悲",《智度论》卷二十七中说:"大慈与一切众生乐,大悲拔一切众生苦",其出发点是要普度众生脱离苦海,使众生同乐在极乐世界。《佛教大辞典》的"普度众生"条谓:"佛谓视众生在世,营营扰扰,如在海中。本慈悲之旨,施宏大法力,悉救济之,使登彼岸也。"⑤由小乘的"自救"到大乘的"救他",这种"普度众生"的精神,我认为也是具有某种"普遍价值"的意义。

---

① 《郭店楚简》中的《性自命出》说:"道始于情。"人与人之间的关系开始是建立在"情感"的基础上。
② 《中庸》:"唯天下至诚,为能尽其性。能尽其性,则能尽人之性。能尽人之性,则能尽物之性。能尽物之性,则可以赞天地之化育。可以赞天地之化育,则可以与天地参矣。"
③ 《孝经·三才章》:"'君王'则天之明,因地之利,……是故先之以博爱,而民莫遗其亲。"如果能使"博爱"(即如天地一样及人、及物)成为社会伦理准则,那么就不会发生违背家庭伦理的事。
④ 《圣经·加拉太书》:"你们因信基督耶稣都是神的儿子。你们受洗归入基督的,都是披戴基督了。并不分犹太人和希腊人,自由人和奴隶,男人和女人,因为你们在基督里都成为一了。"《圣经·马太福音》记有耶稣的《登山教训》中说:"使人和睦的人有福了,因为他们必称为上帝的儿子。"
⑤ 丁福保编:《佛教大辞典》,文物出版社,1984年,第1046页。

孔子的"仁"、基督教的"博爱"、佛教的"慈悲"虽然出发点有异,理路也不大相同,而精神或有相近之处。故而是不是可以说有着某种共同的价值理念,这种共同价值的理念核心就是"爱人"。①"爱人"对人类社会来说无疑是有着极高的"普遍价值"的意义。

(三) 在各不同民族文化中创造出的某些特有的理念,往往也具有"普遍价值"的意义。

要在各民族文化的特有的理念中寻求"普遍价值"的意义,很可能有不同的看法。我想,这没有关系,因为我们仍然可以在"求同存异"中来找寻某些民族文化特有理念中的"普遍价值"的意义。因为我对其他民族文化的知识了解不在行,我只想举一两个中国儒家哲学中的某些理念谈谈我的一点想法。

在不同民族文化中存在着不同的思想观念(如宗教的、哲学的、风俗习惯的、价值观的等等),这是毫无疑义的,而且可能因文化的不同而引起矛盾和冲突,这不仅在历史上存在过,而且在当今世界范围内也存在着。在这种情况下,"和而不同"的观念是不是对消除"文明的冲突"会有"普遍价值"的意义?"不同"而能"和谐"将为我们提供可以通过对话和交谈的平台,在讨论中达到某种"共识",这是一个由"不同"达到某种程度的相互"认同",这种相互"认同"不是一方消灭另一方,也不是一方"同化"另一方,而是在两种不同文化中寻求交汇点,并在此基础上推动双方文化的提升,这正是"和"的作用。就此,我们是不是可以说"和而不同"对当今人类社会的"文明共存"具有某种"普遍价值"的意义?

前面我们曾引用过1992年世界一千五百七十五名科学家发表的一份《世界科学家对人类的警告》在开头的一句话:"人类和自然正走

---

① 在佛教的"十二因缘"中有"爱",但"十二因缘"中的"爱"是指"欲望"的意思,有"占有"义,而"慈悲"是一种无"占有欲"、无功利目的的"爱",是"普度众生"的"博爱"。这里可能有翻译问题。

上一条相互抵触的道路。"为什么会发生这种情况,就是因为人们对自然无序无量的开发,残暴的掠夺,无情的破坏,把"自然"看成是与"人"对立的两极。针对这种情况也许中国的"天人合一"的理论会对解决这种情况提供某些有意义的思想资源。王夫之《正蒙注·乾称上》中有一段话讲到"天人合一",大意是说:我考察自汉以来的学说,都只抓到先秦以来《周易》的外在表象,不知《周易》是"人道"的根本,只是到了宋朝周敦颐才开始提出了"太极图说",探讨了"天人合一"道理的根源,阐明了人之始生是"天道"变化的结果,是"天道"运动的实在表现。在"天道"的变化中把精粹部分给了人,使之成为"人"之"性",所以"人道"的日用事物当然之"理"与"天道"阴阳变化之秩序是一致的,是统一的,这个道理不能违背。王夫之这段话,可以说是对儒学"天人合一"思想,也是对"易,所以会天道人道也"很好的解释。"人道"本于"天道",讨论"人道"不能离开"天道",同样讨论"天道"也必须考虑到"人道",这是因为"天人合一"的道理既是"人道"的"日用事物当然之理",也是"天道"的"阴阳变化之秩序"。"人道"本于"天道","人道"是"天道"的显现,因此"人"对"天"有着不可推卸的责任。这样的思想理论对当前遭受惨重破坏的"自然界",可以说是很有意义的,因而也可以说它有"普遍价值"的意义。其实这种观点,在当今西方学术界也有,例如过程哲学的怀德海曾提出"人和自然是一生命共同体"这样的命题,这个命题深刻地揭示着人和自然之不可分的内在关系,人必须像爱自己的生命那样爱护自然界。这个理念应该说有着重要的"普遍价值"的意义。

《论语·颜渊》记载着孔子的一段话,他说:"克己复礼为仁。一日克己复礼,天下归仁焉。为仁由己,而由人乎哉?"这句话,在中国历朝历代就有着不同的诠释,而这种种"诠释"都是与诠释者所处时代和他个人的学养、境界息息相关的。那么,我们今天是否可以给它以一种新的诠释呢?费孝通先生对"克己复礼"有一新的诠释,他说:"克己才能复礼,复礼是取得进入社会、成为一个社会人的必要条件。扬己和克己也许正是东西文化的差别的一个关键。"①这样的诠释是有其特殊意义的。朱熹对"克己复礼为仁"的解释说:"克,胜也。己,谓身之私欲也。复,反也。礼者,天理之节文也。"这就是说,要克服自己的私欲,以便在进入社会的人际关系中很好地遵循合乎"天理"(宇宙大法)的礼仪制度。"仁"是人自身所具有的内在品德,"爱生于性","性自命出","命由天降",②"礼"是规范人的社会行为的外在礼仪制度,它的作用是为了调节人与人之间关系,使之和谐相处。"礼之用,和为贵。"要人们遵守合乎"天理"的礼仪制度必须是自觉地,出乎内在的爱人之心,它才合乎"仁"的要求,所以孔子说:"为仁由己,而由人乎哉?"仁爱之心是发自内心的,不是由外力来强迫而有的。因此,孔子认为有了追求"仁"的自觉要求,并把人们具有的"仁爱之心"按照合乎"天理"的规范实践于社会生活中,这样社会就会和谐安宁了。"一日克己复礼,天下归仁焉。"《论语·颜渊》中孔子所说的这段话是为"治国安邦"说,"治国安邦"归根结底就是要行"仁政"。"治国平天下"应该行"仁政",行"王道",不应行"苛政"、"霸权"。行"仁政"行"王道"才能使国泰民安,使不同民族、国家和睦相处,而共存共荣。孔子儒家的"仁政"对"现代化"是否也可以有所贡献呢?如果我们对此有所肯定,那是不是也可以说具有一定的"普遍价值"的意义呢?因此,如果各国学者一起努力发展各民族、各国家文化中存在的"普遍价值"的资源,而不要坚持唯我独尊的"普遍主义",那么世界和平就有希望了。实际上,在各民族、各国家的文化中都存在着"普遍价值"意义的因素,问题是需要我们去发掘它,并给以合理的诠释。这是因为各民族、各国家文化中所具有的"普遍价值"意义的因素往往是寓于其特殊理论体系的形式

---

① 费孝通:《文化论中人与自然关系的再认识》,见北京大学中国社会与发展中心、北京大学社会学系、北京大学社会学人类学研究所《ISA 工作论文》,2002 年。
② 见于《郭店楚简》中的《语丛》和《性自命出》。

之中,这就要我们善于从中揭示其有益于人类社会发展的内在价值资源。有责任感的学者应该是既能重视和保护自身的文化"普遍价值",同时又能尊重和承认其他民族和国家文化中的"普遍价值"。"有容乃大"的精神也许是有活力的文化能得以不断发展的原则。

(三)"多元现代性"的核心价值

最后,我想谈谈"多元现代性"的问题。对"多元现代性"可能有多种说法,至少有两种很不相同的解释:一种是,现代性是多元的,不同民族有不同的"现代性";另一种看法是,"多元现代性"就是"现代性",有着共同的基本内涵,只是不同民族进入现代化的道路不同,形式有异,实现方法更可能千差万别。我个人的意见,也许第二种意见较为合理。我们知道,"现代性"就其根源性上说是源自西方,因为西方早已实现了现代化,而且现在许多发展中国家也正在走现代化的道路。因此,就"现代性"说必有其基本相同的核心价值。什么是作为根源性的"现代性"核心价值?这里我想借用严复的观点谈谈我的看法。

严复批评"中学为体,西学为用",他认为,不能"牛体马用",这是基于中国哲学的"体用一源"("体"和"用"是统一的)而言。[①] 他基于此"体用一源"的理念,认为西方近现代社会是"自由为体,民主为用"的社会。[②] 我想,严复所说的"西方近现代社会"不仅仅是指"西方近现代社会",而是说的人类社会的"近现代社会"。那么,我们能不能说"近现代社会"的特征是"自由为体,民主为用"的社会,而"自由"、"民主"从根源性上说是"现代性"的核心价值?我认为是可以这样说的。对现代社会而言,"自由"是一种精神(包括自由的市场经济和个体的

---

① 严复在《与〈外交报〉主人书》中说:"善夫金匮裘可桴孝廉之言曰:体用者,即一物而言之也。有牛之体,则有负重之用;有马之体,则有致远之用。未闻以牛为体,以马为用者也。……故中学有中学之体用,西学有西学之体用,分之则并立,合之则两亡。"见《严复集》第三册,中华书局,1986年,第558—559页。

② 语见严复:《原强》,《严复集》第一册,中华书局,1986年,第11页。

"人"的"自由"发展,因为"自由"是创造力),而"民主"从权力和义务两个方面来使"自由"精神的价值得以实现。就这个意义上说,"自由"和"民主"虽源自西方,但它是有着"普遍价值"的意义。我们不能因为它源自西方就认为不具有"普遍价值"的意义。当然,如何进入"近现代社会",所走的道路,所采取的方法,所具有的形式可能是不同的。但它不可能是排除"自由"和"民主"的社会。

如果我们用中国哲学"体用一源"的思维模式来看世界历史,也许会有一个新的视角。我们可以把"现代社会"作为一个中间点,向上和向下延伸,我们可以把人类社会分成"前现代社会"、"现代社会"和"后现代社会",如果用中国的"体用一源"的观点看,我们是不是可以说"前现代社会"是以"专制为体,教化为用"类型的社会;"现代社会"是以"自由为体,民主为用"类型的社会;"后现代社会"是以"和谐为体,中庸为用"类型的社会。

人类社会在前现代时期,无论是中国的"皇权专制"或是西方中世纪的"王权专制"(或"神权专制"),虽然形式不同,但都是"专制"社会,要维持其"专制"就要用"教化"作为手段。中国在历史上自汉以来一直是"皇权专制",它把儒学政治化用来对社会进行"教化"以维持其统治。[①] 当前中国社会可以说正处在由"前现代"向"现代"过渡之中。其他许多发展中国家大概也都是如此。西方中世纪"王权或神权"的"专制"社会,他们用基督教伦理作为"教化"之手段,以维持他们的统治。[②] 因此,当时的世界是一个"多元的前现代性"的世界。关于"现代性"的价值问题上面已经说过,在这里再多说一点我的看法。"自由"是一种

[①] 《白虎通义·三纲六纪篇》说:"《含嘉文》曰:君为臣纲,父为子纲,夫为妻纲。又曰:敬诸父兄,六纪道行,诸舅有义,族人有序,昆弟有亲,师长有尊,朋友有旧。……所以疆理上下,整齐人道也。……是以纲纪为化,若罗网之有纪纲,而万目张也。"

[②] 恩格斯在《费尔巴哈与德国古典哲学的终结》中说:"在中世纪,随着封建制度的发展,基督教形成为与封建制度相适应的宗教,……中世纪把哲学、政治、法律等思想体系的一切囊括在神学之内,变成神学的分科。"张仲实译,人民出版社,1949年,第46页。

精神,"民主"应是一种维护"自由"得以实现的保证。但是,在现代社会中"自由"和"民主"也不是不可能产生种种弊病。因为任何思想体系都会在其自身体系中存在着矛盾。① 任何制度在一时期都只有相对性的好与坏,"自由"、"民主"等等也是一样。但无论如何"自由"和"民主"对于人类社会进入"现代"是有着根本性意义的。② 人们重视"自由",因为"自由"是一种极有意义的创造力。正因为有"自由经济"(自由的市场经济)才使得工业化以来人类社会的财富极大增长,使人们在物质生活上受益巨大。正因为有"自由思想",使得科学、文化日新月异。但不可讳言,"自由经济"却使贫富(包括国家与国家的、民族与民族的以至于同一国家、民族内部)两极分化日益严重;特别是自由经济如果不受到一定程度的控制,将会引起经济危机和社会混乱,近日发生的金融危机就是一明证。③ "科学主义"、"工具理性"的泛滥扼杀着"人文"精神,弱化了"价值理性"。"现代性"所推崇的"主体性"和主客对立哲学,使得"人和自然"的矛盾日益加深,因而出现了对"现代性"的解构思潮,这就是"后现代主义"。关于"后现代"问题,我没有多少研究,只能粗略地谈点看法。在上个世纪六十年代兴起的后现代主义是针对现代化在发展过程中的缺陷提出的,他们所作的,是对"现代"的解构,曾使一切权威性和宰制性都黯然失色,同时也使一切都零碎化、离散化、浮面化。因此,初期的后现代主义目的在于"解构",企图粉碎一切权威,这无疑是有意义的。但是它却并未提出新的建设性主张,也并未策划过一个新的时代。到二十世纪末,以"过程哲学"为

---

① 罗素:《西方哲学史》中说:"不能自圆其说的哲学决不会完全正确,但是自圆其说的哲学满可以全盘错误,最富有结果的各派哲学向来包含着显眼的自相矛盾,但正因为了这个缘故才部分正确。"见《西方哲学学》下册,第143页。罗素这段话应说对任何哲学都有意义。
② 《北京晚报》2007年3月16日刊温家宝总理答法国《世界报》记者问说:"民主、法制、自由、人权、平等、博爱,这不是资本主义所特有的,这是整个世界在漫长的历史过程中共同形成的文明成果,也是人类共同的追求的价值观。"
③ "自由主义既使人免于市场经济之前时代的束缚,也使人们承受着金融和社会灾难的危机。"见耶鲁大学教授保罗·肯尼迪:《资本主义形式会有所改变》,《参考消息》,2009年3月16日。

基础的"建构性后现代"提出将第一次启蒙的成绩与后现代主义整合起来,召唤"第二次启蒙"。例如,怀德海的过程哲学(process philosophy)认为,不应把"人"视为一切的中心,而应把人和自然视为密切相连的生命共同体。他并对现代西方社会的二元思维方式进行了批判,他提倡的有机整体观念,正好为他提供了批判现代二元论(科学主义)的理论基础。过程研究中心创会主任约翰·科布说:"建设性后现代主义对解构性的后现代主义的立场持批判态度,……我们明确地把生态主义维度引入后现代主义中,后现代是人与人,人与自然和谐相处的时代。这个时代将保留现代性中某些积极性的东西,但超越其二元论、人类中心主义、男权主义,以建构一个所有生命共同福祉都得到重视和关心的后现代世界。""今天我们认识到人是自然界的一部分,我们生活在生态共同体中,……"①这种观点,也许会使中国儒家的"天人合一"思想与之接轨。他们还认为,如果说第一次启蒙的口号是"解放自我",那么第二次启蒙的口号是尊重他者,尊重差别。例如里夫金在他的《欧洲梦》中强调,在崭新的时代,每个人的权利都获得尊重,文化的差异受到欢迎,每个人都在地球可维持的范围内享受着高质量的生活(不是奢侈生活),而人类能生活在安定与和谐之中。他们认为,有机整体系统观念"都关心和谐、完整和万物的互相影响"。② 上述观点,在某种程度上也许和中国儒家中的"和谐"观念有相通之处。过程哲学还认为,当个人用自己的"自由"专权削弱社会共同体的时候,其结果一定会削弱其自身的"自由"。因此,必须拒绝抽象自由观,走向有责任的深度自由,要把责任和义务观念引入自由中,揭示出"自由"与义务的内在联系。这与中国传统文化所强调的人只能在与他人

---

① 《为了共同的福祉——约翰·科布访谈》(王晓华访问记),上海《社会科学报》,2002年6月13日。
② 参见杰里米·里夫金:《欧洲梦》,第326页。

的关系中才能生存的观点有着某种相似之处。① 因此,有见于建构性的后现代主义在西方逐渐发生影响,那么相对于"现代社会",后现代社会将可能是以"和谐为体,中庸为用"的社会。"和谐"作为一种理念它包含着"人与自然的和谐"、"人与人的和谐"(社会的和谐)、"人自我身心的和谐"等极富价值的意义。在这种种"和谐"中必须不断地寻求平衡度,这就要求由"中庸"来实现。如果中国社会能顺利地走完现代化过程,这当然是非常困难而且漫长的。但是由于在儒家文化中,有着丰富的关于"和谐"和"中庸"的思想资源,如果我们给这些有意义的思想资源以适应人类社会发展的新的诠释,②也许我国社会很可能比较容易进入"建构性的后现代社会"。正如科布所说:"中国传统思想对建设性后现代主义是非常有吸引力的,但我们不能简单的回到它。它需要通过认真对待科学和已经发生的变革的社会来更新自己。前现代传统要对后现代有所裨益,就必须批判地吸收启蒙运动的积极方

---

① 在中国传统文化的儒家思想中,特别是先秦儒家思想认为,人与人之间有着一种相互对应的关系,如"君仁臣忠"、"父慈子孝"、"兄友弟恭"等等。《礼记·礼运》:"何谓人义? 父慈子孝,兄良弟弟,夫义妇听,长惠幼顺,君仁臣忠,十者谓之人义。"《左传·昭公二十六年》:"君令臣共,父慈子孝,兄爱弟敬,夫和妻柔,姑慈妇听,礼也。"

② 关于"和谐"观念在中国典籍中论述颇多,如《周易·乾卦·彖辞》:"乾道变化,各正性命,保合太和,乃利贞。"(《张子正蒙注》:"太和,和之至。")《论语》中有"礼之用,和为贵";"和而不同"。《国语·郑语》:"夫和实生物,同则不继。"在西方,莱布尼兹哲学被称为是一种"和谐的体系"(system of Harmony),他的思想建立在所谓普遍的和谐(universal Harmony)之上,他的"单子论"是视宇宙整体为和谐系统的一种学说,而在分殊性中看出统一性来。关于"中庸"的观念,如《书经·大禹谟》:"允执厥中。"《论语》:"子曰:中庸之为德也,其至矣乎,民鲜久矣。"(朱熹《四书集注·论语集注》:"中者,不偏不倚无过不及之名,庸,平常也。")《中庸》中的"中和"("中也者,天下之大本也;和也者,天下之达道也。"),郑玄《礼记·中庸》题解:"名曰中庸者,以其记中和之用也。庸,用也。""执其两端,用其中于民。"西方哲学中有"mean"一词,我们把它译成"中庸"。亚里士多德把"中庸"和节制相联系,并提出一套系统的理论。他认为,万物皆有其中庸之道,如"10"这个数"5"居其中;人的心理状态、情感中,欲望过度是荒淫,不及则是禁欲,节制是适度。中庸有两种,自然界的中庸是绝对的,人事的中庸则是相对的。在伦理学上,人的一切行为都有过度、不及和适度三种状态,过度和不及都是恶行的特征,只有中庸才是美德的特征和道德的标准。美德是一种适中,是以居间者为目的。他还把这种中庸原则运用于政治国家学说。他认为,由中等阶级治理的国家最好,因为拥有适度的财产是最好的,最容易遵循合理的原则,最不会逃避治国的工作或拥有过分的野心,是国家中最安稳的公民阶级;由中等阶级的公民组成的城邦,是结构最好的和组织最好的,因此有希望把国家治理得很好。

面,比如对个体权利的关注和尊重。"①科布的这段话,对我们应该说是很有教益的。因而,寻求不同文化中的"普遍价值"必将成为当前学术界关注的一个重点。

让我们回到"多元现代性"的问题。前面我们已经说过,就"现代性"来说必有其基本相同的核心价值,但不同民族、不同国家如何进入"现代社会",它们所走的道路,所采取的方法,所具有的形式可能很不相同。为什么会出现这种情况,我认为这是由不同民族、不同国家的历史文化原因所造成的,不可能要求完全相同。因此,我们可以设想,中国的儒家思想是不是可以在接受"自由"、"民主"等现代性的核心价值的情况下,创造出不同于西方的道路,并为此补充某些新的内容,从而可以对消除"现代性"所带来的弊端起积极作用。

我认为,儒学的"民本"思想、"宽容"精神以及责任意识应可成为接引"自由"、"民主"、"人权"等现代精神进入中国社会的桥梁。儒家的"民本"思想虽不即是"民主",但它从本质上并不是反民主的,其根据就在于"民为邦本"。"民为邦本"虽仍是由"治人者"的角度出发的,但它却知道"民"作为国家根基的重要性,因此从理论上说"民主"进入中国社会应不太困难。又,儒学有着对其他文化较为宽容的精神,如它主张"道并行而不相悖",因此"自由"应比较容易被容纳。中国许多儒者都有着"居安思危"、"先天下忧而忧,后天下乐而乐"的社会责任感,这种特殊的批判精神和责任伦理引入"民主"、"人权"等现代意识应是有意义的。在历史上,中国接受印度佛教文化就是一例。如果我们能把儒学的"民本"思想,"宽容"、"责任"意识等精神融合在"自由"、"民主"、"人权"之中,那么是不是可以走出一条新的进入"自由为体,民主为用"的现代社会呢?我想,它也许是一条使中国较快而且较稳

---

① 《为了共同的福祉——约翰·科布访谈》(王晓华访问记),上海《社会科学报》,2002年6月13日。

妥实现现代化的路子。

西方现代社会发展到今天，它的种种弊病已经显现，而且如不改弦易辙，那么将使人类社会走向毁灭其自身的道路。因而在西方有"后现代主义"思潮的出现。如果我们从儒家学者所具有的社会责任感和历史使命感中总结出某种"责任伦理"，这是不是可以减轻"现代化"所带来的弊病呢？如果"自由"、"民主"是一种负责任的"自由"、"民主"，这样的社会也许是可以比较合理的发展。法国人类进步基金会的主席卡拉梅就提出过"责任伦理"的问题，并认为除"人权合约"之外，应有一"责任公约"，这是很有见地的。① 同时，实际上中国的学者也已经注意到这个问题。我最近注意到西方的某些"中国学"专家已开始从儒家思想发掘有益于人类社会合理发展的思想因素。如法国当代大儒汪德迈在他的《编纂〈儒藏〉的意义》中说："面对后现代化的挑战，……曾经带给世界完美的人权思想的西方人文主义面对近代社会的挑战，迄今无法给出一个正确答案。那么，为什么不思考一下儒家思想可能指引世界的道路，例如'天人合一'提出的尊重自然的思想，'远神近人'所提倡的拒绝宗教的完整主义以及'四海之内皆兄弟'的博爱精神呢？"② 美国学者安乐哲、郝大维在《通过孔子而思》一书中说："我们要做的不只是研究中国传统，更是要设法使之成为丰富和改造我们自己世界观的一种文化资源。儒家从社会的角度来定义'人'，这是否可用来修正和加强西方的自由主义模式？在一个以'礼'建构的社会中，我们能否发现可利用的资源，以帮助我们更好理解哲学根基不足却颇富实际价值的人权观念？"③ 法国索邦大学查·华德教授认为："孔子思想中充满信仰、希望、慈悲，具有普遍性。在二十一世纪的

---

① 参见《建设一个协力、尽责、多元的世界》，《跨文化对话》第九集，上海文化出版社，2002年。
② 该文见于《光明日报》，2009年8月31日。
③ 〔美〕郝大维、安乐哲：《通过孔子而思》中译本序，何金俐译，北京大学出版社，2005年，第5页。

今天不仅有道德的示范作用,更有精神的辐射作用。"①"自由"、"民主"、"人权"等等是现代社会的财富,"责任"、"民本"、"宽容"等等同样是现代社会的财富。现在社会不能没有"自由"、"民主"、"人权"等等,这是"现代性"社会必具备的核心价值,否定它们就没有现代社会。但是,某些民族和国家的文化中不仅会有丰富"自由"、"民主"、"人权"的内涵的思想因素,甚至会存在着制约"自由"、"民主"、"人权"等等可能发生的负面作用的思想资源。正是因为有可能制约"自由"、"民主"、"人权"可能产生的弊病,也许在人类社会发展到后现代时,各个民族和国家文化中具有特殊价值的因素将会成为更重要的"普遍价值"的资源。

我们编著《中国儒学史》,其目的之一也是希望揭示中国儒学的特殊价值中所存在的对人类文化具有"普遍价值"意义的因素以贡献于世界。

三、儒学与经典诠释

《中国儒学史》是2003年教育部哲学社会科学研究重大课题攻关项目《〈儒藏〉编纂与研究》中的一个子项目,共分九册:先秦儒学,两汉儒学,魏晋南北朝儒学,隋唐儒学,宋元儒学,明代儒学,清代儒学,近代儒学和现代儒学。这部《中国儒学史》仍是把研究的重点放在儒家的哲学思想方面,但同时我们也多少注意到不要把"儒学"仅仅限在哲学思想方面,因此希望在写作中也力图扩大"儒学"的某些研究内容。当然,我们做得如何,有待读者的评论。在写作本书时,我们特别考虑到它应包含某些"经学"的内容。

---

① 《中法学者沪上共论孔子思想》,上海《文汇报》,2009年4月18日。

1938年,马一浮应浙江大学校长竺可桢约至该校为学生讲论"国学",后集为《泰和会语》。在《楷定国学名义(国学者六艺之学)》中说:"六艺者,即是《诗》、《书》、《礼》、《乐》、《易》、《春秋》也。此是孔子之教,吾国二千余年来普遍承认一切学术之原皆出于此,其余都是六艺之支流。故六艺可以该摄诸学,诸学不能该摄六艺。今楷定国学者,即是六艺之学,用此代表一切固有之学术,广大精微,无所不备。"①马一浮这个说法确有其独特见地。盖"六艺之学"即"六经",它为中国学术之源头,而其后之学皆原于此,并沿此之流向前行,是"源头"与"支流"的关系。正因在我国历史上"六艺之学"("经学")代有大儒发挥之,并吸取其他文化以营养之,故作为中华学术文化之源头的"六艺",其中必有其"普遍价值"之意义。任何民族的学术文化都是在特定的历史环境中形成的,都是有其特殊意义的学术文化,而学术文化的"普遍价值"往往寄寓其"特殊价值"之中。如孔子的"仁者,爱人",基督的"博爱",释迦的"慈悲",虽出发点不同、理路不同,但"爱人利物"则有着相同的"价值",而具有"普遍价值"的意义。既然学术文化之"普遍价值"往往寄寓"特殊价值"之中,那么马一浮所说"六艺不唯统摄中土一切学术,亦可统摄现在西方一切学术",应亦可解。盖因"人同此心,心同此理"也。人类所遇到的问题常是共同的,人类对解决这些问题的思考往往也是大同小异的。因此,我中华民族当然应由其自身学术文化中寻求有益于人类社会生活的"普遍价值",这并不妨碍在其他民族学术文化中寻求"普遍价值",古云"道并行而不相悖"也。所以马一浮说:弘扬"六艺之学"并不是狭义地保存国粹,也不是单独发挥自己的民族精神,是要使此种文化普遍地及于人类。

六十多年之后的2001年,著名学者、国学大师饶宗颐先生在北京大学的一次演讲中提出应重视"经学"的研究和经典的整理,他说:"经

---

① 马一浮:《马一浮集》第一册,浙江古籍出版社、浙江教育出版社,1996年,第10页。

书是我们的文化精华的宝库,是国民思维模式、知识涵蕴的基础;亦是先哲道德关怀与睿智的核心精义,不废江河的论著。重新认识经书的价值,在当前是有重要意义的。'经学'的重建,是一件繁重而具创辟性的文化事业,不应局限于文字上的校勘解释工作,更重要的是把过去经学的材料、经书构成的古代著作成果,重新做一次总检讨。'经'的重要性,由于讲的是常道,树立起真理标准,去衡量行事的正确与否,取古典的精华,用笃实的科学理解,使人的生活与自然相调协,使人与人的联系取得和谐的境界。"①现在我们编撰《中国儒学史》必须注意"经学"的研究,以期使"经学"能成为此书的重要部分。

如果我们把孔子看作是儒家的创始人,那么可以说,自孔子起就自觉地继承着夏、商、周三代的文化,而"六经"正是夏、商、周三代文化的结晶。("六经"又称"六艺"②)虽然从文献考证的角度上说,"六经"(或"五经",因"乐经"早已失传)并非成书于夏、商、周三代之时,但"六经"所记却可被视为记载夏、商、周三代文化的基本传世文本。1993年于湖北出土的"楚简"中有一段关于"六经"的重要记载:

礼,交之行述也。

乐,或生或教者也。

书,□□□□者也。

诗,所以会古今之诗也。

易,所以会天道、人道也。

---

① 见于饶宗颐先生近日所写的《〈儒学〉与新经学及文艺复兴》一文,《光明日报》,2009 年 8 月 31 日。

② "六艺"之名始见《史记》中《伯夷传》、《李斯传》等,后刘歆编纂《七略》,其一为《六艺略》。马一浮先生把"国学"定为"六艺之学"甚有道理。参见拙作《论马一浮的历史地位与思想价值》,见《儒学天地》,2009 年 1 期。

春秋，所以会古今之事也。①

这段话说明了战国中期对"六经"的看法：《礼》，是人们（各阶层或谓各种人际关系）规范交往的行为规则的书；《乐》，是陶冶人的性情（生者，性也）和进行教化的书；《书》，因缺字，但据其他文献可知应是"记事"之书；《诗》，是把古今的诗会辑在一起的一部"诗集"；《易》，是会通天道人道所以然的道理的书，即司马迁所说的"通天人之际"的书；《春秋》，是会通古今历史变迁之轨迹的书，即司马迁所说的"达古今之变"的书。从古代文献记载，可以说"六经"包括了夏、商、周三代的器物文化、制度文化、思想文化。《论语·述而》中说："子曰：述而不作，信而好古，窃比于我老彭。"意思是说，孔子所"述"、所"好"是古代的典籍文献，即"六经"。《庄子·天运》："孔子谓老聃曰：丘治《诗》、《书》、《礼》、《乐》、《易》、《春秋》六经，自以为久矣。"又，《论语·述而》："子曰：加我数年，五十以学《易》，可以无大过矣。"②《孟子·滕文公下》："孔子成《春秋》，而乱臣贼子惧。"这样的材料在先秦文献中还有多处，不一一详列。孔子把"六经"作为自己治学、为人、行事所依的典籍，同时也把"六经"作为教学的基本教材。③ 从今天看来，恐怕离开了"六经"，我们很难了解中国文化的源头，更难了解儒学的精神。但到汉朝，《乐经》失传，而只有"五经"了。汉武帝"罢黜百家，独尊儒术"，并于建元五年（前136年）设"五经博士"，使《易》、《书》、《诗》、《礼》、《春秋》在我国确立了"经"的地位。此后的历史上虽有"七经"（或"六

---

① 《庄子·天下》："《诗》以道志，《书》以道事，《礼》以道行，《乐》以道和，《易》以道阴阳，《春秋》以道名分。"《荀子·儒效篇》："圣人也者道之管也。天下之道管是矣，百王之道一是矣，故《诗》、《书》、《礼》、《乐》之道归是矣。《诗》言是其志也，《书》言是其事也，《礼》言是其行也，《乐》言是其和也，《春秋》言是其微也。"

② 《史记·孔子世家》："孔子五十而学《易》，韦编三绝。"

③ 《礼记·经解》："孔子曰：入其国，其教可知也。其为人也，温柔敦厚，《诗》教也；疏通知远，《书》教也；广博易良，乐教也；絜静精微，《易》教也；恭俭庄敬，《礼》教也；属辞比事，《春秋》教也。"

经")、"九经"、"十经"、"十一经"、"十二经"以及"十三经"之设,①但其中《易》、《书》、《诗》、《礼》、《春秋》在儒学中的根本性地位是不言而喻的。

近几年来,"北京大学《儒藏》编纂与研究中心"承担着教育部《〈儒藏〉编纂与研究》重大攻关研究项目。"中心"已联合我国二十余所高校和研究院以及韩、日、越三国学者编纂《儒藏》精华编,并为以后编纂《儒藏》大全本作准备。《儒藏》精华编收书近五百种,按四部分类,其中"经部"有二百余种。另外尚专设"出土文献类"。《儒藏》精华编还有一特色,即我们还把日本、韩国、越南儒学者以汉文写作的儒学典籍有选择的收入,约有一百五十余种。预计2015年完成校点。同时组织我校各方面力量编辑《儒藏总目》,现在《总目·经部》已经完成,所著录者有一万四千余种之多。从中我们可以看到,历代儒学大家无不对"五经"的"注疏"、"论述"、"考订"等等方面用力甚勤。这次我们编著《中国儒学史》虽注意到"经学"方面,但很难说比较完满,因在这方面的研究成果不多,对此我们将会继续关注这个方面的新进展,以便再版时对这方面有所加强。学术研究是无止境的,从总体上说定是"日日新,又日新"地前进着。

儒家的"经书"不仅应包括已有的"五经"或"十三经",而且应包括自上个世纪末出土的儒家文献。饶宗颐先生在前面提到的演讲中说:"现在出土的简帛记录,把经典原型在秦汉以前的本来面目,活现在我们眼前,过去自宋迄清的学人千方百计求索梦想不到的东西,现在正如苏轼诗句'大千在掌握'之中,我们应该再做一番整理工夫,重新制订我们新时代的'圣经'(Bible)。"这是2001年饶先生说的一段话,意思是说新出土的先秦文献更能表现秦汉以前经典原型的本来面目。在2001年,我们能看到的重要出土文献主要是长沙马王堆出土的"帛

---

① 参见《中国儒学大观》,北京大学出版社,2001年,第24页。

书"和1993年在湖北荆门地区出土的《郭店楚简》；其后1994年，上海博物馆于海外购得战国竹简一千二百多支；2008年清华大学又由海外购得战国竹简两千余支，如此等等。这批简帛虽非全为儒家典籍，但可以说归属于儒家者占首位。这批归属于儒家的典籍其价值自不待言，应可与传世"五经"的地位相当，例如其中的《帛书周易》、上博《周易》、《五行篇》、《孔子诗论》以及与《尚书》的篇章等等有关的文献。这批文献又可补自孔子至孟子之间儒学之缺。因此，它是我们研究儒家思想要给以特别重视的。

我国历代儒家学者都十分重视对"五经"的诠释，因而可以说我们有着十分雄厚的诠释经典的资源。中国自古就是一个非常重视历史传统的国家，故有"六经皆史"的说法。孔子说他自己对"经典"是"述而不作，信而好古"。这就是说，孔子对三代经典（"六经"）只是作诠释，而不离开经典任意论说；对经典信奉而且爱好，以至于"不知老之将至"。孟子以"祖述尧舜"、"宪章文武"、"述仲尼之志"为己任。荀子认为"仁人"之务，"上则法尧舜之制，下则法仲尼、子弓之义"。实际上，孔、孟、荀及先秦儒学者所述严格地说都是对"六经"的诠释。如先秦之《易传》是对《易经》的诠释；《大学》中则多有对《书经》、《诗经》的诠释；上博《战国楚竹书》中的《孔子论诗》是对《诗经》的一种诠释（《中庸》和《五行》同样包含着对《诗经》的诠释）；《礼记》可说是对《礼经》的诠释；《春秋》三传是对《春秋》经的诠释。现试以《左传》对《春秋经》和《易传》对《易经》的解释为例说明先秦儒家对经书的诠解方式。

《左传》是对《春秋》的解释，相传是由左丘明作的，但近人杨伯峻考证说"我认为，《左传》作者不是左丘明"，"作者姓何名谁已不可考"，"其人可能受孔丘影响，但是儒家别派"。杨伯峻并认为："《左传》成书于公元前403年魏斯为侯之后，周安王十三年（前386年）以前。"这里我们暂且把杨伯峻先生的论断作为根据来讨论《左传》对《春秋》的解释问题。据杨伯峻推算《左传》成书的时间，我们可以说《左传》是目前知道的最早一部对《春秋经》进行全部诠释的书,或者也可以说是世界上现存最早的解释性的著作之一。这就说明中国的经典解释问题至少有着两千三四百年的历史了。

《春秋》隐公元年记载:"夏五月,郑伯克段于鄢。"《左传》对这句话有很长一段注释,现录于下:

> 初,郑武公娶于申,曰武姜,生庄公及共叔段。庄公寤生,惊姜氏,故名曰寤生,遂恶之。爱共叔段,欲立之。亟请于武公,公弗许。及庄公即位,为之请制。公曰:"制,岩邑也,虢叔死焉。佗邑唯命。"请京,使居之,谓之京城大叔。祭仲曰:"都,城过百雉,国之害也。先王之制,大都,不过参国之一;中,五之一;小,九之一。今京不度,非制也,君将不堪。"公对曰:"姜氏欲之,焉辟害?"对曰:"姜氏何厌之有?不如早为之所,无使滋蔓!蔓,难图也。蔓草犹不可除,况君之宠弟乎?"公曰:"多行不义,必自毙,子姑待之。"既而大叔命西鄙、北鄙贰于己。公子吕曰:"国不堪贰,君将若之何?欲与大叔,臣请事之;若弗与,则请除之,无生民心。"公曰:"无庸,将自及。"大叔又收贰以为己邑,至于廪延。子封曰:"可矣。厚将得众。"公曰:"不义,不暱。厚将崩。"大叔完聚,缮甲兵,具卒乘,将袭郑,夫人将启之。公闻其期,曰:"可矣。"命子封帅二百乘以伐京。京叛大叔段。段入于鄢。公伐诸鄢。五月辛丑,大叔出奔共。书曰:郑伯克段于鄢。段不弟,故不言弟;如二君,故曰克;称郑伯,讥失教也,谓之郑志。不言出奔,难之也。①

《左传》这样长长一段是对经文所记"郑伯克段于鄢"六个字的注释,它是对历史事件的一种叙述。它中间包含着事件的起始,事件的曲折过程,还有各种议论和讨论以及事件的结尾和评论等等,可以说是一相

---

① 杨伯峻:《春秋左传注》,中华书局,1981年,第1册,第10—14页。

当完整的叙述式的故事。《左传》这一段叙述如果不是对《春秋》经文的铺陈解释,它单独也可以成为一完整历史事件的叙述,但它确确实实又是对《春秋》经文的注释。如果说"郑伯克段于鄢"是事件的历史(但实际上也是一种叙述的历史),那么相对地说上引《左传》的那一段可以说是叙述的历史。叙述的历史和事件的历史总有其密切的关系,但严格说来几乎写的历史都是叙述的历史。叙述历史的作者在叙述历史事件时必然都和他处的时代、生活的环境、个人的道德学问,甚至个人的偶然机遇有关系,这就是说叙述的历史都是叙述者表现其对某一历史事件的"史观"。上引《左传》的那一段,其中最集中地表现作者"史观"的就是那句"多行不义,必自毙"和最后的几句评语。像《左传》这种对《春秋》的解释,对中国各种史书都有影响。我们知道中国有"二十四史",其中有许多"史"都有注释,例如《三国志》有裴松之注,如果《三国志》没有裴注,这部书就大大逊色了。裴注不专门注重训诂,其重点则放在事实的解释和增补上,就史料价值说是非常重要的。《三国志·张鲁传》裴注引《典略》"熹平中,妖贼大起,三辅有骆曜。光和中,东方有张角,汉中有张修。骆曜教民缅匿法,角为太平道,修为五斗米道"云云一长段,大大丰富了我们对汉末道教各派的了解。裴注之于陈寿《三国志》和《左传》之于《春秋》虽不尽相同,但是都是属同一类型,即都是对原典或原著的历史事件的叙述式解释。

《易经》本来是古代作为占卜用的经典,虽然我们可以从它的卦名、卦画、卦序的排列以及卦辞、爻辞等等中分析出某些极有价值的哲理,但我们大概还不能说它已是一较为完备的哲学体系,而《易传》中的《系辞》对《易经》所作的总体上的解释,则可以说已是较完备的哲学体系了。①《系辞》把《易经》看成一个完整的整体性系统,对它作了整

---

① 《易传》中除《系辞》,还包含其他部分,都可作专门讨论,但限于篇幅,本文只讨论《系辞》对《易经》的解释问题。

体性的哲学解释,这种对古代经典作整体性的哲学解释,对后世有颇大影响,如王弼的《老子指略》是对《老子》所作的系统的整体性解释,《周易略例》则是对《周易》所作的系统的整体性解释。①何晏有《道德论》和《无名论》都是对《老子》作的整体性解释,如此等等在中国历史上还有不少。②《系辞》对《易经》的解释,当然有很多解释问题可以讨论,本文只就其中包含的本体论和宇宙生成论两大问题来略加探讨,而这两个不同的解释系统在实际上又是互相交叉着的。

《易经》的六十四卦是一个整体性的开放系统,它的结构形成为一个整体的宇宙架构模式。这个整体性的宇宙架构模式是一生生不息的有机架构模式,故曰:"生生之谓易。"世界上存在着的事事物物都可以在这个模式中找到它一一相当的位置,所以《系辞》中说:《易经》(或可称"易道")"范围天地之化而不过,曲成万物而不遗"。在宇宙中存在的天地万物其生成变化都在《易经》所包含的架构模式之中,"在天成象,在地成形,变化见矣。"天地万物之所以如此存在都可以在《易经》中的架构模式中找到其所以存在的道理,找到一一相当的根据,"天下之理得,而成位于其中。"因此,"易与天地准,故能弥纶天地之道。"《易经》所表现的宇宙架构模式可以成为实际存在的天地万物相应的准则,它既包含着已经实际存在的天地万物的道理,甚至它还包含着尚未实际存在而可能显现成为现实存在的一切事物的道理,"故神无方易无体","易"的变化是无方所的,也是不受现实存在的限制的。这就说明,《系辞》的作者认为,天地万物之所以如此存在着、变化着都可以从"易"这个系统中找到根据,"易"这个系统是一无所不包的宇宙模式。这个模式是形而上的"道",而世界上已经存在的或者还未

---

① 王弼大概还有专门对《系辞》作的玄学本体论解释,这不仅见于韩康伯《周易系辞注》中所引用的王弼对"大衍之义"的解释,还见于杨士勋《春秋穀梁传疏》中引用王弼的话。
② 《世说新语·文学篇》"裴成公作《崇有论》"条,注引"晋诸公赞曰:自魏太常夏侯玄、步兵校尉阮籍等皆著《道德论》"云云。

存在而可能存在的东西都能在此"易"的宇宙架构模式中找到其所以存在之理,所以《系辞》中说:"形而上者谓之道,形而下者谓之器。"在中国哲学中,从现有的文献资料看,最早明确提出"形上"与"形下"分别的应说是《系辞》。我们借用冯友兰先生的说法,可以说"形而上"的是"真际","形而下"的是"实际","实际"是指实际存在的事物,而"真际"是实际存在事物之所以存在之"理"(或"道",或"道理")。① 这就是说,《系辞》已经注意到"形上"与"形下"的严格区别,它已建立起一种以"无体"之"易"为特征的形而上学体系。这种把《易经》解释为一宇宙架构模式,可以说是《系辞》对《易经》的形而上本体论的解释。

这种对《易经》本体论的解释模式对以后中国哲学的影响非常之大,如王弼对《系辞》"大衍之数"的解释,王弼《老子指略》对《老子》的解释。韩康伯《周易系辞注》"大衍之数五十,其用四十有九"条中说:"王弼曰:演天地之数所赖者五十也,其用四十有九,则其一不用也。不用而用以之通,非数而数之以成,斯易之大极也。四十有九,数之极也,夫无不可以无明,必因于有,故常于有物之极,而必明其所由之宗也。""宗"者,体也。这里王弼实际上用"体"与"用"之关系说明"形上"与"形下"之关系,而使中国的本体论更具有其特色。②《老子指略》中说:"夫物之所以生,功之所以成,必生乎无形,由乎无名。无形无名者,万物之宗也。"用"无"和"有"以说"体"和"用"之关系,以明"形上"与"形下"之关系,而对《老子》作一"以无为本"之本体论解释。

在《系辞》中还有一段对《易经》的非常重要的话:"易有太极,是生两仪,两仪生四象,四象生八卦,……""易"包含着一个生成系统。这

---

① 冯友兰先生所用"真际"一概念,在佛教中已普遍使用,如《仁王经》上说:"以诸法性即真际故,无来无去,无生无灭,同真际等法性。"《维摩经》说:"非有相非无相,同真际等法性。"丁福保《佛学大辞典》谓"真际"即至极之义。"道"虽不是实际存在的事物,但它并不是"虚无",而是"不存在而有"(non-existence but being),这是借用金岳霖先生的意思。(参见冯友兰:《中国现代哲学史》,第217页,广东人民出版社,1999年)陆机《文赋》:"课虚无以责有,叩寂寞而求音。"正是"不存在而有"的最佳表述。

② 《周易王韩注》第三十八章:"万物虽贵,以无为用,不能舍无以为体也。"

个生成系统是说《易经》表现着宇宙的生生化化。宇宙是从混沌未分之"太极"(大一)发生出来的,而后有"阴"(--)"阳"(—),再由阴阳两种性质分化出太阴(==)、太阳(⚌)、少阴(☵)少阳(☶)等四象,四象分化而为八卦(☰、☷、☳、☴、☵、☲、☶、☱),这八种符号代表着万物不同的性质,据《说卦》说,这八种性质是:"乾,健也;坤,顺也;震,动也;巽,入也;坎,陷也;离,丽也;艮,止也;兑,说也。"这八种性质又可以用天、地、雷、风、水、火、山、泽的特征来表示。由八卦又可以组成六十四卦,但并非说至六十四卦这宇宙生化系统就完结了,实际上仍可展开,所以六十四卦最后两卦为"既济"和"未济",这就是说事物(不是指任何一种具体事物,但又可以是任何一种事物)发展到最后必然有一个终结,但此一终结又是另一新的开始,故《说卦》中说:"物不可穷也,故受之以未济终焉。"天下万物就是这样生化出来的。"易"这个系统是表现着宇宙的生化系统,是一个开放性的系统。《系辞》中还说:"天地絪缊,万物化醇,男女构精,万物化生。"《序卦》中说:"有天地,然后有万物;有万物,然后有男女;有男女,然后有夫妇;有夫妇,然后有父子;有父子,然后有君臣;有君臣,然后有上下;有上下,然后礼仪有所错。"这种把《易经》解释成为包含着宇宙的生化系统的理论,我们可以说是《系辞》对《易经》的宇宙生成论的解释。这里有一个问题需要作些分疏,照我看"太极生两仪……"仅是个符号系统,而"天地絪缊,化生万物……"和"有天地,然后有万物"就不是符号了,而是一个实际的宇宙生化过程,是作为实例来说明宇宙生化过程的。因此我们可以说,《系辞》所建立的是一种宇宙生化符号系统。这里我们又可以提出另一个中国哲学研究的新课题,这就是宇宙生成符号系统的问题。汉朝《易经》的象数之学中就包含宇宙生成的符号问题,而像"河图"、"洛书"等都应属于这一类。后来又有道教中的符箓派以及宋朝邵雍的"先天图"、周敦颐的"太极图"(据传周敦颐的"太极图"脱胎于道士陈抟的"无极图",此说尚有疑问,待考)。关于这一问题需另文讨论,非本文所应详论之范围。但是，我认为区分宇宙生成的符号系统与宇宙实际生成过程的描述是非常重要的。宇宙实际生成过程的描述往往是依据生活经验而提出的具体形态的事物（如天地、男女等等）发展过程，而宇宙生成的符号系统虽也可能是依据生活经验，但其所表述的宇宙生成过程并不是具体形态的事物，而是象征性的符号，这种符号或者有名称，但它并不限定于表示某种事物及其性质。因此，这种宇宙生成的符号系统就象代数学一样，它可以代入任何具体形态的事物及其性质。两仪（--和—）可以代表天地，也可以代表男女，也可代表刚健和柔顺等等。所以我认为，仅仅把《系辞》这一对《易经》的解释系统看成是某种宇宙实际生成过程的描述是不甚恰当的，而应了解为可以作为宇宙实际生成系统的模式，是一种宇宙代数学，我把这一系统称之为《系辞》对《易经》解释的宇宙生成论。像《系辞》这类以符号形式表现的宇宙生成论，并非仅此一家，而《老子》的"道生一，一生二，二生三，三生万物，万物负阴而抱阳，冲气以为和"，也是一种宇宙生成的符号系统，也是一种宇宙代数学，其中的数字可以代以任何具体事物。"一"可以代表"元气"，也可以代表"虚霩"（《淮南子·天文训》谓"道始于虚霩"，虚霩者尚未有时空分化之状态）。"二"可以代表"阴阳"，也可以代表"宇宙"（《天文训》谓"虚霩生宇宙"，即由未有时空分化之状态发展成有时空之状态）。"三"并不一定就指"天、地、人"，它可以解释为有了相对应性质的两事物就可以产生第三种事物，而任何具体事物都是由两种相对应性质的事物产生的,它的产生是由两种相对应事物交荡作用而生的合物。① 然而汉朝的宇宙生成论与《系辞》所建构的宇宙生成论不同,大都是对宇宙实际生成过程的描述,此是后话,当另文讨论。②

我们说《系辞》对《易经》的解释包括两个系统,即本体论系统和宇宙生成论系统,那是不是说《系辞》对《易经》的解释包含着矛盾?我想,不是的。也许这两个系统恰恰是互补的,并形成为中国哲学的两大系。宇宙本身,我们可把它作为一个平面开放系统来考察,宇宙从其广度说可以说是无穷的,郭象《庄子·庚桑楚》注:"宇者,有四方上下,而四方上下未有穷处。"同时我们又可以把它作为垂直延伸系统来考察,宇宙就其纵向说可以说是无极的,故郭象说:"宙者,有古今之长,而古今之长无极。"既然宇宙可以从两个方面来考察,那么"圣人"的哲学也就可以从两个方面来建构其解释宇宙的体系,所以"易与天地准"。"易道"是个开放性的宇宙整体性结构模式,因此"易道"是不可分割的,是"大全",宇宙的事物曾经存在的、现在仍然存在的或者将来可能存在的都可以在"易"这个系统中找到一一相当的根据。但"易道"又不是死寂的,而是一"生生不息"系统,故它必须显示为"阴"和"阳"(注意:但"阴"和"阳"纲缊而生变化,"阴阳不测谓之神")相互作

---

① 关于"三"的问题,庞朴同志提出"一分为三"以区别于"一分为二",这点很有意义。如果从哲学本体论方面来考虑,"一分为三"的解释或可解释为在相对应的"二"之上或之中的那个"三"可以是"本体",如"太极生两仪",合而为"三","太极"是"本体",而"两仪"是"本体"之体现。我在一篇文章中讨论过,儒家与道家在思想方法上有所不同,儒家往往是于两极中求"中极",如说"过犹不及"、"叩其两端"、"允执其中",而道家则是于"一极"求其对应的"一极",如"天下皆知美之为美,斯恶已"。(参见《论〈道德经〉建立哲学体系的方法》,《哲学研究》,1986年第一期)儒家于"两极"中求"中极",这"中极"并不是和"两极"平列的,而是高于"两极"之上。就本体意义上说,这"中极"就是"中庸",就是"太极"。因此,就哲学上说,"一分为三"与"一分为二"都是同样有意义的哲学命题。就哲学意义上说"一分为三"实是以"一分为二"为基础。

② 例如《淮南子·天文训》中说:"道始于虚霩,虚霩生宇宙,宇宙生元气,元气有涯垠,清阳者薄靡而为天,重浊者凝滞而为地。"《孝经纬·钩命诀》:"天地未分之前,有太易、有太初、有太始、有太素、有太极,是为五运。形象未分,谓之太易。元气始萌,谓之太初。气形之端,谓之太始。形变有质,谓之太素。质形已具,谓之太极。五气渐变,谓之五运。"可见,汉朝的宇宙生成论大体上都是"元气论"。

用的两个符号(不是凝固的什么东西),这两个互相作用的符号代表着两种性质不同的势力。而这代表两种不同性质的符号是包含在"易道"之中的,"易道"是阴阳变化之根本,所以说"一阴一阳之谓道"。杨士勋《春秋穀梁传疏》中引用了一段王弼对"一阴一阳之谓道"的解释,文中说:"《系辞》云:一阴一阳之谓道。王弼云:一阴一阳者,或谓之阴或谓之阳,不可定名也。夫为阴则不能为阳,为柔则不能为刚。唯不阴不阳,然后为阴阳之宗;不柔不刚,然后为刚柔之主。故无方无体,非阴非阳,始得谓之道,始得谓之神。"阴和阳代表着两种不同的性质,此一方不能代表彼一方,只有"道"它既不是阴又不是阳,但它是阴阳变化之宗主(本体),故曰"神无方,易无体也"。就这点看,《系辞》把《易经》解释为一平面的开放体系和立体的延申体系的哲学,无疑是有相当深度的哲学智慧的。再说一下,《系辞》对《易经》的整体性哲学解释和《左传》对《春秋》的叙述事件型解释是两种很不相同的解释方式。

  李零教授说:"汉代的古书传授有经、传、记、说、章句、解故之分。大体上讲,它们的区分主要是,'经'是原始文本,'传'是原始文本的载体和对原始文本的解说(类似后世所说的'旧注')。'经'多附'传'而行,'传'多依'经'而解,……'记'(也叫'传记')是学案性质的参考资料,'说'则可能是对'经传'的申说(可能类似于'疏'),它们是对'传'的补充(这些多偏重于义理)。'章句'是对既定文本,……所含各篇的解析,……'解故'(也叫作'故'),则关乎词句的解释。"李零教授说清了"经"与诠释"经"的"传"、"记"、"说"、"解"、"注"、"笺"、"疏"等等之间的关系。① 今天,我们要读懂"五经",是不能不借助历代儒学大家的注疏的。同时,在我国对经典的诠释中常需具备"训诂学"、"文字学"、"音韵学"、"考据学"、"版本学"、"目录学"等等的知识,也就是说具备这些方面的知识才能真正把握中国诠释经典的意义。

---

  ① 李零:《郭店楚简校读记》,北京大学出版社,2002年,第72页。

1998年，我曾提出"能否创建中国解释学"的问题，其后写了四篇文章讨论此问题。① 在中国，自先秦以来有着很长的诠释经典的历史，并且形成了种种不同的注释经典的方法与理论。而各朝各代诠释经典的理论与方法往往也有所不同。例如在汉朝有用所谓"章句"的方法注释经典，分章析句，一章一句甚至一个字一个字地详细解释。据《汉书·儒林传》说，当时儒家的经师对"五经"的注解，"一经之说，至百余万言。"儒师秦延君释"尧典"二字，十余万言；释"曰若稽古"四字，三万言。当时还有以"纬"（纬书）证"经"的方法，苏舆《释名疏证补》谓："纬之为书，比傅于经，辗转牵合，以成其谊，今所传《易纬》、《诗纬》诸书，可得其大概，故云反复围绕以成经。"此种牵强附会的解释经典的方法又与"章句"的方法不同。至魏晋，有"玄学"出，其注释经典的方法为之一变，玄学家多排除汉朝繁琐甚至荒诞的注释方法，或采取"得意忘言"，或采取"辨名析理"等简明带有思辨性的注释方法。王弼据《庄子·外物》以释《周易·系辞》"言不尽意，书不尽言"，作《周易略例·明象章》，提出"得意忘言"的玄学方法，而开一代新风。② 此是一典型解释儒经的新方法。郭象继之而有"寄言出意"之说，其《庄子·逍遥游》第一条注说：

> 鹏鲲之实，吾所未详也。夫庄子之大意，在乎逍遥游放，无为而自得，故极大小之致，以明性分之适。达观之士，宜要其会归，而遗其所寄，不足事事曲与生说，自不害其弘旨，皆可略之。

这种"寄言出意"的注释方法自与汉人注释方法大不相同。《大慧普觉禅师语录》卷二十二中说："曾见郭象注庄子，识者云：却是庄子注郭

---

① 此五篇论文均收入拙著《和而不同》一书中，辽宁人民出版社，2001年。
② 王弼《周易略例·明象》："夫象者，出意者也；言者，明象者也。尽意莫若象，尽象莫若言。言生于象，故可寻言以观象；象生于意，故可寻象以观意。意以象尽，象以言著。故言者所以明象，得象而忘言；象者所以存意，得意而忘象。"参见汤用彤先生《魏晋玄学论稿》中之《言意之辨》。《汤用彤全集》第四卷，河北人民出版社，2000年，第22页。

象。"如果说汉人注经大体上是"我注六经",那么王弼、郭象则是"六经注我"了。

郭象注《庄子》还用了"辨名析理"的方法,这种方法和先秦"名家"颇有关系,盖魏晋时期"名家"思想对玄学产生有所影响。郭象《庄子·天下注》的最后一条谓:

> 昔吾未览《庄子》,尝闻论者争夫尺棰连环之意,而皆云庄生之言,遂以庄生为辩者之流。案此篇较评诸子,至于此章,则曰:其道舛驳,其言不中,乃知道听途说之伤实也。吾意亦谓,无经国体致,真所谓无用之谈也。然膏梁之子,均之戏豫,或倦于典言,而能**辨名析理**,以宣其气,以系其思,流于后世,使性不邪淫,不犹贤于博弈者! 故存而不论,以贻好事也。

这里郭象把"辨名析理"作为一种解释方法提出来,自有其特殊意义,但"辨名析理"几乎是所有魏晋玄学家都采用的方法,所以有时也称魏晋玄学为"名理之学"。如王弼说:"夫不能辨名,则不可言理;不能定名,则不可以论实也。"嵇康《琴赋》谓:"非夫至精者,不能与之析理也。"就这点看,魏晋玄学家在注释经典上已有方法论上的自觉。至宋,有陆九渊提出"六经注我,我注六经"的问题,①实在魏晋时已开此问题之先河,不过当时并未把它作为一问题提出。至清,因考据之学盛,有杭世骏论诗而对"诠释"有一说:"诠释之学,较古昔作者为尤难,语必溯源,一也;事必数典,二也;学必贯三才而穷七略,三也。"②意思是说,诠释这门学问,就今人对诗文的诠释说比古昔作者更加困难,原因是首先应了解其原意,其次要知道所涉及的典故;再次是必学贯天、地、人三学而对"七略"知识有所了解。杭世骏所言之"诠释"虽非今日

---

① 陆九渊著,钟哲点校:《陆九渊集》,中华书局,1980年,第522页。《陆氏年谱》记载有杨简曾闻:"或谓陆先生云:'胡不注六经?'先生云:'六经当注我,我何注六经。'"
② 杭世骏:《李义山诗注序》,《道古堂全集·文集》卷八。

所说之西方"诠释学"(Hermeneutics)之"诠释",但也可看到自先秦两汉以来,我国学者在各学科中均意识到对著作之文本是需要通过解释来理解的。因此,对中国儒学的研究,必须注意历代对"经书"的注释,以使人们了解在我国的历史传统确有对"经典"诠释颇为丰富的理论与方法的资源。通过《中国儒学史》的撰写,对儒家经典的诠释历史加以梳理,总结出若干有意义的理论与方法,也许对创建"中国诠释学"大有益处。①

四、儒学与外来文化的传入

罗素说:"不同文明的接触,以往常常成为人类进步里程碑。"②在两千多年的儒学发展史中,我们可以清楚地看到,"儒学"的每一次发展除其自身内在自觉地更新外,都是在与我国国内存在的各学派交流中得到发展的,汉儒吸收了道家、法家、阴阳家的学说而有"两汉经学";魏晋南北朝时期,诸多玄学家均有注儒家经典者,而"以儒道为一"。③儒学在我国历史上与我国原有各学派之间的相互影响无疑是在研究儒学史时应予注意的。这方面已有论述较多,兹不详述。也许更应关注的是外来文化传入对儒学发生重大影响的问题。

在儒学发展史上,可以说有两次重大的外来文化传入对我国儒学

---

① 参见拙作《论创建中国解释学问题》,《中国哲学》第二十五辑,辽宁教育出版社,2004年。
② 《中西文明的对比》,见罗素:《中国问题》,第146页。
③ "向子期(秀)以儒道为一。"(谢灵运《辨宗论》),汤用彤《王弼之〈周易〉、〈论语〉新义》说:"陈寿《魏志》无王弼传,仅于《钟会传》尾附叙数语,实太简陋。然其称弼'好论儒道','注《易》及《老子》',孔老并列,未言偏重,……盖世人多以玄学为老、庄之附庸,而忘其亦系儒学之蜕变。"汤著《向郭义之庄周与孔子》中说:"郭序曰,《庄子》之书'明内圣外王之道'。向、郭之所以尊孔抑庄者,盖由此也。"其时有王(弼)韩(康伯)《周易注》、何晏《论语集解》、王弼《论语释疑》、向秀《周易注》、郭象《论语体略》《论语隐》、皇侃《论语义疏》等等。

产生过重大影响,第一次是自公元一世纪以下,印度佛教文化的传入,它成为宋明理学(道学)产生的重要原因之一。如果不算唐朝传入的景教和在元朝曾发生过一定影响的也里可温教,因为这两次外来文化的传入都因种种原因而中断了。第二次文化外来是西方文化大规模的进入中国。自十六世纪末,特别是自十九世纪中叶西方文化全方位的传入,大大地影响和改变了儒学在中国社会生活中的地位。那么,我们需要问,今天应该如何看儒学与西学的关系?我想,这也许涉及到文化发展中"源"与"流"的关系问题。

我们知道,任何历史悠久且仍然有着生命力的民族文化必有其发生发展的源头,也就是说有其发源地,它可被称为该民族文化之"源"。例如今日欧洲文化的源头可以说主要是源自古希腊,印度文化的发源地在南亚的恒河流域。中华文化源远流长,有五千年的历史,它的源头在东亚的黄河、长江流域。在这些有长久历史的民族文化发展过程中总是在不断吸收着其他地区民族文化以滋养其自身,而被吸收的种种文化对吸收方说则是"流"。一个有长久历史仍然有着生命力的文化就像一条不断流着的大江大河,它必有一个源头,它在流动之中往往会有一些江河汇入,这些汇入主干流的江河常被称为"支流",甚至某些支流在一定情况下其流量比来自源头的流量要大,但"源"仍然是"源","流"仍然是"流"。因此,我们在讨论一种文化的发展时必须注意处理好文化的"源"与"流"的关系。

(一) 儒学与印度佛教的传入

儒学自孔子起就自觉地继承着源自中华大地的夏、商、周三代的文化,在长达两千多年的历史中曾是中华文化的主体,因而也可以说它的学说是来自中华大地文化的源头。印度佛教文化在一世纪传入中国之后曾对中国社会的宗教、哲学、文学、艺术、建筑、医学等等诸多方面有着重大影响,这一事实是中外学界所公认的。但是,上述的所有学科在历史上仍然体现着中华文化内在的精神面貌。因此,中国固有文化仍然是"源",而印度佛教文化只是"流"。佛教传入中国的历史很长,在魏晋时有着广泛的影响,然就其与"魏晋玄学"的关系说,并非因佛教的传入而有"玄学",而恰恰相反,是因有"玄学"而佛教才得以在我国比较顺利地流行。印度佛教对魏晋南北朝时期中国的思想文化起着重大作用,但它只是一个"助因",并不能改变中国思想文化的根本性质和发展方向。"玄学是从中国固有学术自然的演进,从过去思想中随时演进的'新义',渐成系统,玄学的产生与印度佛教没有必然关系。易而言之,佛教非玄学生长之正因。反之,佛教倒是先受玄学的洗礼,这种外来思想才能为我国所接受。所以从一个方面讲,魏晋时代的佛学也可以说是玄学。但佛学对玄学为推波助澜的助因是不可抹杀的。"①例如在中国有影响的佛教学说僧肇和道生所讨论的许多问题仍是中国原本在"玄学"中所讨论的问题,如僧肇四论:动静、有无、知与无知、圣人人格等问题都是自王弼、郭象以来玄学讨论的主题,可以说《肇论》是接着"玄学"讲的。而道生之顿悟,"实是中印学术两者调和之论,一扫当时学界两大传统冲突之说,而开伊川谓'学'乃以至圣人学说之先河。"②到隋时,据《隋书·经籍志》记载:当时"民间佛经,多于六经数十百倍",但也未能改变儒学在社会上的正统地位。因而至隋唐,在我国出现了若干受我国固有的儒、道学术文化影响的佛教宗派,其中在我国最有影响的天台、华严、禅宗实是中国化的佛教宗派。另虽有玄奘大师提倡的唯识宗,流行三十余年后则渐衰。天台、华严、禅宗所讨论的重要问题是心性问题。"心性问题"本来是中国儒家思想所讨论的问题(近期出土文献对此问题讨论甚多)。天台有所

---

① 参见汤用彤:《魏晋玄学的发展》,见《汤用彤全集》第四卷,河北人民出版社,2000年,第112页。
② 参见:汤用彤《谢灵运〈辨宗论〉书后》,《汤用彤全集》第四卷,第96—102页。

谓"心生万法";①华严宗有融"佛性"于"真心";禅宗则更认为"佛性"即人之"本心"(本性)。由于佛教的中国化,使得中国化的佛教宗派、特别是禅宗大大改变了印度佛教的原貌;佛教在中国从"出世"走向世俗化,认为在日常生活中就可以成佛,因而原来被佛教排斥的儒家"忠君"、"孝父母"②和道家的"顺自然"③等等思想也可以被容纳在禅宗里面。在世界历史上,文化也曾发生过异地发展之问题,印度佛教文化在中国的发展就是一例。公元八、九世纪佛教在印度已大衰落,然而在中国却大发展,而有天台、华严、禅宗等。中国佛教这些宗派直接影响着朝鲜半岛、日本等地。因此,我们可以说中国文化曾受惠于印度佛教,而印度佛教又在中国得到发扬光大。

至宋,理学兴起,一方面批评佛教,另一方面又吸收佛教。本来中国儒学是入世的"治国平天下"之道,而非如佛教的"出世"寻求"西方极乐世界",两者很不相同,但理学不仅吸收了华严宗"理事无碍"、"事事无碍"的思想,而有"人人一太极,物物一太极"和"理一分殊"等思想,有助于程颐、朱熹传承先秦孔孟的"心性"学说,而建立了以"理"为本的形而上学。④陆九渊、王阳明则更多地吸收禅宗的"明心见性"等思想,传承先秦儒家"尽心、知性、知天"的思想,而有"吾心便是宇宙"和"心外无物"等思想,建立了以"心"为体的形而上学。⑤程朱的"性即

---

① 智顗《修习止观坐禅法要》:"一切诸法,皆由心生。"
② 契嵩本《坛经·无相颂》:"恩则孝养父母,义则上下相邻。"宋宗杲大慧禅师说:"予虽学佛者,然爱君忧国之心,与忠义士大夫等。""学不至,不是学;学至而不用,不是学;学不能化物不是学。学到彻头处,文亦在其中,武亦在其中,事亦在其中,理亦在其中,忠义孝道乃至治身治人安国安邦之术无不在其中。"
③ 无门和尚《颂》:"春有百花秋有月,夏有凉风冬有雪,若无闲事挂心头,便是人间好时节。"
④ 《朱子语类》卷一中,朱子曰:"太极只是天地万物之理。在天地言,则天地中有太极,在万物言,则万物中各有太极。未有天地之先,毕竟是生有此理。""伊川说得好,曰'理一分殊'。合天地万物而言,只是一个理,及在人,则又各有一个理。"
⑤ 《陆九渊集》中《与曾宅之》写到:"盖心,一心也;理,一理也;至当归一,精义无二,此心此理,实不容二。"王阳明《传习录上》中说:"心即理也,天下又有心外之事,心外之理乎?……心即理也,此心无私欲之蔽,即是天理,不须外面添一分。"

理"和陆王的"心即理"虽理路不同,但都是要为"治国平天下"的理想找一形而上学的根据;这样就使宋明理学较之先秦儒学有了更加完善的理论体系。这一发展正是由于理学吸收、消化和融合了隋唐以来中国化的佛教宗派而形成的。但是,从根本上说,理学仍然是先秦以来儒家"心性"学说的发展,佛教只是助因。从这里我们也可以看出文化的"源"和"流"的关系。

(二) 儒学与"西学"的传入

在十九世纪末,由于西方列强的入侵,大大有利于西方文化(西学)在中国的传播。因此,引起了"中西古今之争",此"中西古今之争"一直延续至今。所谓"中西古今之争"无非是说中国文化面临着三个相互联系的问题:如何对待西方文化;如何看待我国本民族的固有文化;在现时代如何创建我国自身的新文化。一个多世纪以来,西方学术思想像潮水一般地涌入我国,最早有影响的西方学说是严复翻译的《天演论》,因而进化论思想影响着中国几代人。其后,继之而有叔本华哲学、尼采哲学、康德哲学、古希腊哲学、无政府主义、马克思主义,英国经验主义、欧洲大陆理性主义、十九世纪德国哲学、实用主义、实在论、分析哲学、现象学、存在主义、结构主义,解构主义、解构性后现代主义以至建构性后现代主义等等,先后进入我国。中国学界面对如此众多的学术派别(西学),我们如何接受,如何选择,无疑是个大难题。

我们是不是可以根据百多年来的历史,对"西学"输入中国作一些分析?照我看,从中国社会发展的情况看也许可以把"西学"对中国学术思想的影响分成:中国社会迫切需要的思想、有利于促进中国哲学更新和发展的思想,以及和中国哲学较相近,能对中国社会发生巨大影响的思想等几类。当然也还有其他西方学术派别影响着我国学术界,此处就不一一详谈了。

第一,中国社会迫切需要的思想:自鸦片战争以来,中国社会迫切需要的是如何改变我国落后、挨打的局面。为了自强图存,再守着过时的思想文化传统,提倡什么"奉天承运"、"三纲六纪"、"中学为体,西学为用"已经不行了,中国社会必须"进化",于是西方的"进化论"思想自严复的《天演论》译出之后无疑成为影响中国社会的主要思潮。其时,中华民国的缔造者孙中山即是"进化论"的信徒。至于我国学术文化界,无论是激进派的,如陈独秀、鲁迅、郭沫若等等,自由主义派的,如张东荪、胡适、丁文江等等都接受了"进化论"思想,甚至保守派的,如梁漱溟、杜亚泉等也不反对"进化"。① 其后,尼采的"重新估价一切"的思想深深地影响中国学术界,这正适合中国社会急遽变化之需要。中国必须改变,因而需要对过去的一切进行重新评估。1904年,王国维介绍尼采时,指出尼采学说的目的是要"破坏旧文化而创造新文化",为"弛其负担"而"图一切价值之颠覆",并"肆其叛逆而不惮",盛赞尼采的"强烈之意志而辅以极伟大之知力"。其后,鲁迅、陈独秀、沈雁冰(茅盾)、郭沫若等等无不要求以"强固的意志"去对旧传统"进行战斗"。特别是蔡元培在一次演讲中说:"迨至尼采(原注:德国之大文学家),复发明强存弱亡之理,……弱者恐不能保存亦积极进行,以与强者相抵抗,如此世界始能日趋进化。"而傅斯年在《新潮》杂志上号召:"我们须提着灯笼沿街找超人,拿着棍子沿街打魔鬼",赞扬尼采是一个"极端破坏偶像家"。所以尼采思想在"五四运动"前后都有过重大影响。② 其他如无政府主义思想也曾发生过一定影响,盖因其反对"专制政权"甚激烈。

第二,有利于中国哲学得到更新和发展的思想:宋明理学在中国

---

① 杜亚泉《接续主义》中说:"国家之接续主义,一方面含有开进之意味,一方面又含有保守之意味。盖接续云者:以旧业与新业相接续之谓。有保守而无开进,则拘墟旧业,复何用其接续乎!"

② 参见乐黛云:《尼采与中国现代文学》,收入《比较文学与中国现代文学》,北京大学出版社,1987年。

统治了近千年,这一学说日愈僵化,逐渐成为束缚人们思想的教条。因此,有了现代新儒学的出现。人们一向以自熊十力开创,而经牟宗三等发展,至今而有第三代如杜维明、刘述先等为现代新儒学的代表。但是,实际上在中国另外还有一些企图吸收"西学"来发展儒学的学派,例如以冯友兰为代表的"新理学"派和以贺麟为代表的"新心学"派。

熊十力的"新唯识论"体系虽颇有创见,但相对地说还是比较传统地继承着儒家哲学,不过我们已可以看出,他对"西学"确颇有认识,如他说:"西学以现象为变异,本体为真实,其失与佛法等。"同时熊先生也看到中国哲学在"认识论"有不重"思辨"之缺点,故"中国诚宜融摄西洋而自广",使两者结合而成"思修交尽之学"。[①] 可见,熊十力已注意到必须吸收西方哲学之长而为中国哲学开拓新的方面。其后,牟宗三则多吸收与融合康德哲学;而杜、刘等则以开放的心态面对西方哲学,而维护儒学传统则未变。

冯友兰的"新理学"之所以新正是在把柏拉图的"共相"与"殊相"和"新实在论"(如"潜在"的观念)引入中国哲学。他把世界分成"真际"(或称之为"理",或称之为"太极")和"实际",实际的事物依照所以然之理而成为其事物。冯先生之创建"新理学",其意图主要是使中国哲学中的"形上学"更加凸显,以说明宋明理学可发展为与西方哲学媲美的形上学。[②]

贺麟的"新心学"的思想也许可以说包含在《儒家思想的新开展》一文中。他认为:(1) 必须以西洋的哲学发挥儒家理学(此"理学"指"性理之学")。由于中国哲学特别重视的在于道德精神的建构,而并非一种注重学说知识体系建构的哲学,如能会合融贯、吸收借鉴西洋

---

① 参见《熊十力全集》第五卷,第57、58、63页,第四卷,第105、111页,湖北教育出版社,2001年。
② 可参见冯友兰:《三松堂全集》第四卷《新理学》,河南人民出版社,1986年。

哲学,不仅可作道德可能的理论基础,且可奠定科学可能的理论基础。(2)必须吸收基督教的精华以充实儒家的礼教。(3)必须领略西洋艺术而使新诗教、新乐教、新艺术与新儒学一起复兴。① 为什么贺麟要从这三个方面来讨论"儒家思想的新开展"? 我认为,正是因为西方哲学一向重视对"真"、"善"、"美"问题的讨论,而贺麟正是希望在吸收西方文化的基础上发展"新儒学"。因此,他在《中国哲学与西洋哲学》中说:"今后中国哲学的新发展,有赖于对西洋哲学的吸收与融会,同时中国哲学家也有复兴中国文化、发扬中国哲学,以贡献于全世界人类的责任。"②

汤用彤先生为什么在写完《汉魏两晋南北朝佛教史》之后,就开始研究"魏晋玄学",主要是要梳理中国哲学自汉至魏晋南北朝之变化。他认为,中国哲学就思想上说自有其自身发展内在逻辑,印度佛教的传入虽对"玄学"的发展有推进作用,但它只是"助因",而非正因。③ 这也就是文化发展的"源"与"流"的问题吧! 但这一研究的结果,却说明中国哲学自有其"本体之学",而其"本体论"或与西方哲学不同,④其"道"、"无"、"理"、"太极"等虽为"超越性"的,但它不离万事万物,而内在于万事万物,故"体用如一",⑤而其人生境界又是"即世间而出世

---

① 贺麟:《儒家思想的新开展》,见《文化与人生》,商务印书馆,1988年,第8—9页。
② 见贺麟《哲学与哲学史》,商务印书馆,1990年,第127页。
③ 参见《魏晋思想的发展》,《汤用彤全集》第四卷,第112页。
④ 汤用彤《魏晋玄学流派略论》中指出,魏晋玄学与东汉有根本之不同,他说:"魏晋玄学已不复拘拘于宇宙运行之外用,进而论天地万物之本体。汉代寓天道于物理,魏晋黜天道而究本体,以寡御众,而归于玄极(王弼《易略例·明象章》);忘象得意,而游于物外(《易略例·明象章》)。于是脱离汉代宇宙论(Cosmology or Cosmogony)而留连于存存本本之真(Ontology or Theory of Being)。"按:张东荪否认中国有"本体论"(参见张耀南:《张东荪知识论研究》,台湾洪叶文化事业有限公司,1995年)。又,俞宣孟教授也反对中国有本体论(参见上海《社会科学报》,2004年9月9日)。这是由于他们企图用西方本体论学说规范中国哲学之故。
⑤ 《周易注》引王弼曰:"演天地之数,所赖者五十也。其用四十有九,则其一不用也。不用而用之以通,非数而数之以成,斯易之太极也。四十有九,数之极也。夫无不可以无明,必因于有,故于有物之极,而必明其所由之宗也。"郭象《庄子注》:"夫圣人虽身在庙堂之上,然其心无异于山林之中,世岂识之哉!"

间"的。

从以上几例可以看出,上个世纪中叶中国哲学的研究者们特别注意自身哲学研究所未展开的方面,如认识论、形上学(本体论)、宗教精神、纯艺术精神,从而努力吸收西方哲学"以自广"。

第三,和中国哲学较相近而对中国社会发生较大影响的思想:

中国哲学的创造者,无论儒、道还是先秦其他诸子,都是有社会关怀的"士",这一传统十分久远,我们从《尚书·说命》中"非知之艰,行之惟艰"就可以看到儒家的精神是入世的,要"明明德"于天下。要"明明德"于天下,就不仅是个理念问题,必须实践,必须身体力行,必须见之于事功。所以孔子说:"吾岂匏瓜也哉?焉能系而不食?"所以儒家哲学是一种"治国平天下"的实践的哲学。① 马克思《关于费尔巴哈的提纲》中说:"哲学家们只是用不同的方式解释世界,问题在于改变世界。""全部社会生活在本质上是实践的。"②因此,他们在"实践"问题上可有相同之处。马克思主义自上个世纪以来一直影响着中国社会,除了中国社会确实需要一巨大的变革外,我认为这和儒家思想重视"实践"(道德修养的实践,社会政治生活的实践)有着密切的关系。毛泽东的《实践论》就是证明,这是大家都了解的。同时,儒学与马克思主义又都是带有理想主义的学派。儒学有其"大同"社会的理想;马克思

---

① 参见拙作《论知行合一》,收入《反本开新——汤一介自选集》中,首都师范大学出版社,2008年。
② 《马克思恩格斯全集》第三卷,人民出版社,1960年,第8页。

主义有其共产主义的理想。① 他们的理想主义或许带有某种"空想"成分,但无疑都有对人类社会发展前景的乐观主义的期盼,我们必须珍视。

中国学术界无疑都十分关心马克思主义中国化的问题,从哲学这个层面讲,我认为做得比较成功的应该是冯契同志。已故的冯契同志是一位有创造性的马克思主义者,他力图在充分吸收和融合中国传统哲学和西方分析哲学的基础上使马克思主义哲学成为中国化的马克思主义哲学。他的《智慧说三篇》可以说是把马克思主义的实践唯物辩证法、西方的分析哲学和中国传统哲学较好结合起来的尝试。② 冯契同志在他的《智慧说三篇·导论》中一开头就说:"本篇主旨在讲基于实践的认识过程的辩证法,特别是如何通过'转识成智'的飞跃,获得性与天道的认识。"冯契同志不是要用实践的唯物主义辩证法去解决西方哲学的基本问题,而是要用实践的唯物主义辩证法解决中国哲学的"性与天道"的问题;而如何获得"性与天道"的认识,又借用了佛教哲学中的"转识成智",以此来打通"天"与"人"的关系问题。他说:"通过实践基础上的认识世界与认识自己的交互作用,人与自然、性与天道在理论与实践的辩证统一中互相促进,经过凝道而成德、显性以宏道,终于达到转识成智,造成自由的德性,体验到相对中的绝对、有限中的无限。"接着冯契同志用分析哲学的方法,对"经验"、"主体"、"知

---

① 《礼记·礼运》:孔子曰:"大道之行也,与三代之英,丘未之逮也,而有志焉。大道之行也,天下为公,选贤与能,讲信修睦。故人不独亲其亲,不独子其子,使老有所终,壮有所用,幼有所长,矜、寡、孤、独、废、疾者皆有所养,男有分,女有归。货,恶其弃于地也,不必藏于己;力,恶其不出于身也,不必为己。是故谋闭而不兴,盗窃乱贼而不作,故外户而不闭。是谓大同。"《马克思、恩格斯、列宁、斯大林论共产主义社会》:"在共产主义社会高级阶段,迫使人们奴隶般的服从社会分工的现象已经消失,脑力劳动和体力劳动的对立也随之消失,劳动已不仅仅是谋生的手段,而且成了生活的第一需要,生产力已随着每个人的全面发展而增长,一切社会财富的资源都会充分地涌现出来,……只有在那时候,才能彻底打破资产阶级法权的狭隘观点,社会才能把'各尽其能、各取所需'写在自己的旗帜上。"(人民出版社,1958年,第11页)

② 参见拙作《读冯契同志〈智慧说三篇〉导论》,上海《学术月刊》1998年增刊。

识"、"智慧"、"道德"等等层层分析,得出如何在"认识世界和认识自己的过程中转识成智"。首先,冯契同志把金岳霖先生的"以经验之所得还治经验",扩充为"得之以现实之道还治现实",而这个"得之以现实之道还治现实"必须有一个主体,这个"主体"即"我"。我认为这点很重要,因为没有离开"主体"的"现实"("现实"已不是自在的,而是"为我之物"了),必须有一个主体,才可以在"认识世界和认识自己的过程中转识成智"。而"我"这个主体在现实生活中,必定是一"知识"的主体,又是一"道德"的主体。我想这里可能产生两个必须回答的问题:第一个问题是:"转识成智",即是由"知识"领域进入"智慧"领域(境界),也就是说要由"以物观之"进入到"以道观之"。由此就要超越这个作为主体的"我",这样,作为主体的"我"必须达到"与道同体"(王弼语)的境地,才是"以道观之"。第二个问题是:作为知识的主体(认识世界的主体)和自由道德人格的主体(认识自己的主体)在"转识成智"的过程中是同一的还是不同一的?如果是不同一的,"转识成智"将不可能,因为这样就不可能在"自证中体认道(天道、人道、认识过程之道)"。我认为,冯契同志正是运用实践唯物主义辩证法解决这两个问题的,也就是说用实践唯物主义辩证法来解决"性与天道"这一古老又常新的哲学问题。

冯契同志有一非常重要的命题:"化理论为方法,化理论为德性。"他对这个命题解释说:"哲学理论一方面要化为思想方法,贯彻于自己的活动,自己的研究领域;另一方面又要通过自己的身体力行,化为自己的德性,具体化为有血有肉的人格。"而无论"化理论为方法",还是"化理论为德性",都离不开实践。照我的理解,"化理论为方法"不仅是取得"知识"的方法,而且也是达到"智慧"的方法。冯契同志说:"知识和智慧、名言之域和超名言之域的关系到底如何,便成为我一直关怀、经常思索的问题。""知识"的取得无疑离不开实践,而"智慧"是否也只能靠实践才能体证呢?冯契同志说:"在实践的基础上认识世界和认识自己的交互作用中如何转识成智,获得关于性与天道的认识?这样一种具体的认识是把握相对中的绝对,有限中的无限,有条件的东西中的无条件的东西。这里超名言之域,要通过转识成智,凭理性的直觉才能把握的。"这里可以注意的是:认识世界和认识自己都必须在实践的基础上实现。世界和自我都是一个实在的发展过程,人生活在这个过程之中离不开实践的活动,没有实践就没有人的"世界"和人的"自我",当然也就没有"性与天道"的问题;只有在实践中人才可以把"世界"和"自我"内化,而有"性与天道"的问题。对"性与天道"的证悟,是把握相对中的绝对、有限中的无限。当然,我们说"转识成智"这种具体的认识是把握"相对中的绝对、有限中的无限"也是具有相对性的。对于一个哲学家来说,他可以完成"转识成智",但是对于人类来说,由于只要有人类存在,人们的实践活动总是要继续下去的,而且要不断地使人们的认识在实践的基础上,由具体到抽象,再由抽象上升到具体。因此,实践的唯物主义辩证法作为一种方法,它不仅是取得"知识"的方法,而且也是体证"智慧"的方法。但是,正如冯契同志所说,"知识"和"智慧"不同,"知识"所及为可名言之域,而"智慧"所达为超名言之域,这就要"转识成智"。照冯契同志看,"转识成智"要"凭理性的直觉才能把握"。对这一点冯契同志也有一个解释:"哲学的理性的直觉的根本特点,就在于具体生动地领悟到无限的、绝对的东西,这样的领悟是理性思维和德性培养的飞跃。"(按:这有点像熊十力先生所提出希望建立"思修交尽"的"量论"那样)"理性的直觉"这一观念很重要,照我看,它是在逻辑分析基础上的"思辨的综合"而形成的一种飞跃。如果没有逻辑分析,就没有理论的说服力;不在逻辑分析基础上作"思辨的综合",就不可能形成新的哲学体系。因而,"理性的直觉"不是混沌状态的"悟道",而是清楚明白的自觉"得道"。我们从冯契同志许多论文中,特别是《导论》中,可以体会他运用逻辑分析和思辨综合的深厚功力,正由于此,实践唯物主义辩证法才更具有理论的力量,这也说明他研究的目的归根结底是为了用实践唯物辩证法来解决"性与天道"这一古老又常新的中国哲学问题,以贡献于世界。

前面我们已经讲到,冯契同志的"智慧"学说就是要解决"性与天道"问题的学说,他说:"关于道的真理性认识和人的自由发展内在地联系着,这就是智慧。"这里冯契同志非常注重"道的真理性的认识"和"人的自由发展"的内在联系。从这一点看,冯契同志的"智慧"学说也是颇具有中国哲学的特色的。"涵养须用敬,进学在致知"。前者是属于道德修养的问题,后者是属于知识学问的问题。在中国哲学史中,特别是在儒家哲学中,"道德"和"学问"是统一的,学以进德。朱熹说:"为学,须思所以超凡入圣。"① 冯契同志认为,"转识成智"是在实践基础上认识世界和认识自己交互作用所达到的飞跃。我认为这里有两点很重要:第一是认识世界和认识自己都必须在实践的基础上才有可能实现;第二是认识世界与认识自我是一个统一的过程。只有在它们的交互作用中才能实现"转识成智"。对此,冯契同志把"德性之知"引入他的哲学体系。他特别申明:"我不赞成过去哲学家讲德性之智时所具有的先验论倾向,不过,克服了其先验论倾向,这个词还是可以用的。"在中国哲学史中,张载首先提出"德性之知",他说:"见闻之知,乃物交而知,非德性所知;德性所知,不萌于见闻。"② 张载把"见闻之知"与"德性之知"割裂开来,因此确有先验论倾向。为什么在张载的哲学里会发生这样的问题呢?我认为,他没有认识到在实践的基础上"见闻之知"和"德性之知"可以统一起来。而冯契同志解决了这个问题,他说:"主体的德性自在而自为,是离不开化自在之物为我之物的客观实践活动过程的。"我认为冯契同志的这个看法是接着中国哲学的问题讲的,对中国哲学中关于"知识学问"与"德性修养"的关系给了更为

---

① 《朱子语类》,第135页。
② 《正蒙·大心篇》,《张载集》,中华书局,1978年,第24页。

合理的解决。

从中国哲学的传统看,"做学问"与"做人"应是统一的,一个人学问的高下往往是和他境界的高低相联系的。冯契同志认为,"做学问"首先要"真诚"。《中庸》说:"唯天下至诚,为能尽其性;能尽其性,则能尽人之性;能尽人之性,则能尽物之性;能尽物之性,则可以赞天地之化育;可以赞天地之化育,则可以与天地参矣。"学问要作到"转识成智",要达到"参天地,赞化育"的境界,必须有一至诚的心。"做学问"要"真诚","做人"同样要"真诚",真诚的人才可以作到"化理论为方法,化理论为德性"。这无疑是儒家理想的生活态度,也是马克思主义者理想的生活态度。冯契同志在这两方面都为我们作出了榜样,而且他的"智慧学说"之所以有其理论的力量也正在于此。

近半个世纪以来,要想作一个真正有创造性的哲学家是很难的,这点我们大家都有体会,正因为如此,《智慧说三篇》就更有其特殊的价值。我之所以用比较长的篇幅来讨论冯契同志的《智慧说三篇》,这是因马克思主义中国化对当前中国哲学的发展是个最重大的问题。司马迁作《史记》对自己有个要求,这就是要求他的书能"究天人之际,通古今之变,成一家之言",冯契同志的《智慧说三篇》不正也是一部努力追求"究天人之际,通古今之变,成一家之言"的智慧书吗?有真诚之心做学问的学者们多么希望有更为宽松的学术环境,使他们能充分发挥自己的才智,创作更多更好的体现我们这个时代的哲学著作来。

从印度佛教文化(哲学)的传入到西方文化(哲学)的传入毕竟有一个"源"与"流"的关系。我认为,从文化(哲学)发展的"源"与"流"的关系看,中国文化(哲学)的前景可以有两个不同的提法:一是新的中国文化(哲学)将沿着中国化的马克思主义发展;另一是新的中国文化将会是吸收马克思主义和其他各民族的优秀文化(哲学)的中国自身的文化(中国哲学)。说法或有差异,前者的重点是在马克思主义吸收了中国特有文化而成为新的中国文化;后者是说中国自身文化传统吸收了马克思主义而成为新的中国文化。我认为,这两个发展方向也许并不对立,或可互补? 但是,中国文化毕竟应是中国自身的文化,这样才有"根",才是由其源头发展下来的中国文化。无论如何,建设新的中国哲学、新的儒家哲学是需要我们长期、深入不断研究的。

《中国儒学史》是由多位学者合力撰写的,在学术思想上不可能完全一致,甚至可能是很不一致,如何办? 我认为,或许不一致并不是坏事,而是好事,因为这样可以留下继续讨论、更加深入研究的余地。我们只要求史料有根有据,论说"持之有故,言之成理",表达清楚明白,并有自己的创新见解,这样就可以了。也就是说,《中国儒学史》虽是一部书,但仍应可体现"百家争鸣"的精神。当然,在写作的"体例"上,我们希望能尽可能地一致。

这篇"总序"并不代表参与《中国儒学史》编撰的众多学者的看法,也没有经过大家讨论,因此它只是我个人的一些看法,所以不能算是一篇真正的"总序"。欢迎大家批评指正。

汤一介

2010 年 4 月 3 日完成

目　录

导　言　"中国近代儒学"源始论 …………………………… 1
　第一节　明末"西洋哲学"之输入 ……………………………… 3
　第二节　明确以"西学"指称欧洲学问 ………………………… 21
　第三节　"有主"与"无主"之争 ………………………………… 25
　第四节　明末"儒西之争"之主要内容与格式 ………………… 33
　第五节　对于"西学"之全面反击 ……………………………… 52
　第六节　"以中化西"之尝试 …………………………………… 56
　第七节　明末实为"中国近代儒学"之源始 …………………… 58

第一章　龚自珍的儒学 ………………………………………… 60
　第一节　"中西关系"已进入其视野 …………………………… 60
　第二节　"西学"未进入其视野 ………………………………… 62
　第三节　儒、西关系未成为其中心议题 ……………………… 64
　第四节　近代儒学之"清道夫" ………………………………… 68
　第五节　龚自珍思想之评价 …………………………………… 76

第二章　魏源的儒学 …………………………………………… 78
　第一节　进入其视野之"西学" ………………………………… 78
　第二节　对于儒学之态度 ……………………………………… 83
　第三节　儒学方面之成就 ……………………………………… 86
　第四节　儒、西关系之处理格式 ……………………………… 88

第五节　中华文明固有观念之存留 …………………………… 91
　　第六节　魏源思想之评价 ……………………………………… 94

第三章　冯桂芬的儒学 ……………………………………………… 96
　　第一节　所采"西学"已涉及"制度"层面 …………………… 97
　　第二节　所采"西学"已涉及"学理"层面 …………………… 99
　　第三节　固守"中华文化之自信" …………………………… 101
　　第四节　所守"儒学"止于"制度"层面 …………………… 104
　　第五节　儒、西关系之处理格式："中体西用"说辨正 …… 105
　　第六节　与曾国藩之关系 …………………………………… 110
　　第七节　冯桂芬思想之评价 ………………………………… 113

第四章　曾国藩的儒学 …………………………………………… 116
　　第一节　"道统"之存留 …………………………………… 116
　　第二节　"道统"之内涵与性质 …………………………… 120
　　第三节　作为体系之"儒学" ……………………………… 125
　　第四节　"西学"采纳之限度 ……………………………… 129
　　第五节　"师夷智"问题 …………………………………… 132
　　第六节　格致书院之问题 …………………………………… 133
　　第七节　儒、西关系之处理格式 …………………………… 135
　　第八节　曾国藩思想之评价 ………………………………… 141

第五章　郭嵩焘的儒学 …………………………………………… 153
　　第一节　并未主张"观念西化" …………………………… 154
　　第二节　"二流文明说"或"半文明说"辨正 …………… 157
　　第三节　固守"儒学"与"中学" ………………………… 160
　　第四节　儒、西关系之处理格式 …………………………… 162

第五节　对王船山及其思想之推崇 …………………… 168
　　第六节　"控御夷狄之道绝于天下"论 ………………… 171
　　第七节　中华复兴"三百年说" …………………………… 177
　　第八节　"中式"人生观 …………………………………… 179
　　第九节　郭嵩焘思想之评价 ……………………………… 182

第六章　王韬的儒学 …………………………………………… 184
　　第一节　"世界主义"视野 ………………………………… 185
　　第二节　"儒学"与"中学"之"不变"地位 ……………… 190
　　第三节　"道统"之维系 …………………………………… 193
　　第四节　儒、西关系之处理格式 ………………………… 198
　　第五节　"西化"之限度 …………………………………… 202
　　第六节　"民族文化自信"之坚守 ………………………… 207
　　第七节　"本末"观念 ……………………………………… 211
　　第八节　"中式"人生观 …………………………………… 214

第七章　康有为的儒学 ………………………………………… 219
　　第一节　第一期："援西入儒(中)" ……………………… 220
　　第二节　第二期："以西化儒(中)" ……………………… 227
　　第三节　经学中之"以西化儒" …………………………… 239
　　第四节　《大同书》：从"以西化儒"转向"儒(中)西并尊" … 267
　　第五节　第三期："儒(中)西并尊" ……………………… 280
　　第六节　第四期："以儒(中)化西" ……………………… 291
　　第七节　贯穿各期之一条主线："尊儒(中)" …………… 297
　　第八节　康有为思想之评价 ……………………………… 302

第八章　章太炎的儒学 310
  第一节　引进西洋自然科学与"以西释中" 311
  第二节　引进西洋社会科学与"以西释中" 321
  第三节　对于"西学"之批评 335
  第四节　对于"儒学"之批评 346
  第五节　试图"以儒兼百家" 350
  第六节　"援佛入儒"与"援西入儒" 355
  第七节　对于"中学"之自信 367
  第八节　儒、西关系之处理格式 371
  第九节　章太炎思想之评价 381

第九章　梁启超的儒学 384
  第一节　第一步："以西化儒"与"以西化中" 386
  第二节　第二步："儒西并尊"与"中西并尊" 392
  第三节　第三步："以儒化西"与"以中化西" 408
  第四节　对于"本国文化"之尊敬 423
  第五节　梁启超思想之评价 431

结　语　儒(中)学之"观念西化"及其可能前景 435
  第一节　"内在关系论"可能在未来得到弘扬 438
  第二节　"大心论"可能在未来得到弘扬 442
  第三节　"功能主义"可能在未来得到弘扬 445
  第四节　"大利主义"可能在未来得到弘扬 449
  第五节　"大知主义"可能在未来得到弘扬 453
  第六节　"大义主义"可能在未来得到弘扬 460

导 言
"中国近代儒学"源始论

"中国近代儒学"从何时写起,这在目前的中国学界,是一个不成问题的问题。也就是说,大家有完全一致的看法:从鸦片战争写起。这是大家公认的"中国近代儒学"在时间上的上限。至于下限,则有不同看法,有些人主张定在"五四"运动(1919),有些人则主张定在中华人民共和国成立(1949)。

侯外庐主编的《中国近代哲学史》,主张把"中国近代哲学"的时间上限定在鸦片战争,下限定在"五四"运动,并认为其主要内容是"中西旧新"之争:"在中国近代的思想文化战线上,封建主义文化是属于中学或旧学的营垒。与此相对立的,是西学或新学,即欧洲资产阶级革命时期的社会政治学说和自然科学,它们是为旧民主主义革命服务的资产阶级新文化。"[①]

[①] 侯外庐主编《中国近代哲学史·序言》,人民出版社,1978年,第5页。

冯契著《中国近代哲学的革命进程》，主张把"中国近代哲学"的时间上限定在鸦片战争，下限定在1949年中华人民共和国成立，且认为其主要内容是"古今中西"之争。在叙述了进化论与唯物史观、"心物（知行）"之辩、逻辑与方法论问题、人的自由与理想问题这四大哲学论争之后，冯著说："以上是中国近代哲学论争的四个主要问题。……这是中国近代哲学的主要线索。……总的来看，四个论争都反映了'古今中西'之争，既继承了传统而又有近代的特色，既受西方影响而又有中国的特点。"①

姜林祥著《中国儒学史·近代卷》，也是主张把"中国近代儒学"的时间上限定在鸦片战争，下限定在1949年，认为"从1840年的鸦片战争到1949年中华人民共和国成立之前的109年，是中国的近代社会"。相应地，"中国近代儒学"也宜以此为上下限，因为"随着中国近代社会的动荡与变革，传统儒学也经历了一个由衰落、正统地位的丧失以及向近代转换的过程"②。关于"中国近代儒学"的核心内容，姜著列举了如下诸项："东西文化冲突中的儒学"、"儒学的日渐式微与独尊地位的终结"、"各派社会政治势力、思想流派对儒学的基本态度"、"近代儒学的特殊命运及其历史地位"。

侯、冯二氏虽说确定的是"中国近代哲学"的时间上下限，但我们也可认定为"中国近代儒学"的时间上下限，因为这两个东西是无法分开的。这样去看侯、冯、姜三人，他们都认定"中国近代儒学"的时间上限是1840年的鸦片战争。这个时间上限是依据史学上"中国近代史"的时间上限而定的。

以史学上"中国近代史"的时间上限，为哲学上"中国近代儒学史"的时间上限，是不是可行，是可以讨论的一个问题。一般来讲是可行的，但凡事要具体问题具体分析。就"中国近代儒学史"而言，这个上

---

① 冯契：《中国近代哲学的革命进程》，上海人民出版社，1989年，第26页。
② 姜林祥：《中国儒学史·近代卷》，广东教育出版社，1998年，第1页。

限的设定理由显得很不充足。

侯外庐认为"中国近代哲学"的核心内容是"中西旧新"之争,冯契认为"中国近代哲学"的核心内容是"古今中西"之争,姜林祥认为"中国近代儒学"的核心内容是"东西文化冲突",他们有一个"公约数",就是"中学与西学"之争,或曰"中西之争"。具体到"中国近代儒学史",其核心就应是"儒学与西学"之争,或曰"儒西之争"。"儒西之争"就是"中国近代儒学史"的主线,找到了"儒西之争"的源头,也就找到了"中国近代儒学史"的源头。"儒西之争"的源头在哪里呢?著者以为不在1840年鸦片战争,而在明末。鸦片战争之后的"儒西之争",不过是明末"儒西之争"的一种延续与拓展。可以说鸦片战争之后的"儒西之争"是流,而不是源。

本卷《中国儒学史·近代卷》是从思想史角度讨论此时期"儒学"变迁之轨迹,故对当时儒学之经学研究方面甚少涉及。此盖因"西学"之传入致使中华文化遇到千年来未有之大变局。"西学"对中国传统文化、特别是儒学所进行的全方位的冲击,使儒学日益衰微。然而,儒学自有其学术传统,因而本卷将以"儒西之争"思想史料之阐述为主体,此是时代变化之所要求。

第一节 明末"西洋哲学"之输入

也许会有人说,明末时"西洋哲学"尚未传入中国,哪里有什么"儒西之争"?实际情况不然。"西洋哲学"在明末传入中国之规模,恐怕不逊于清末。

一、《记法》(1595)对西洋哲学的介绍

《记法》,又名《西国记法》,利玛窦诠著,晋绛朱鼎瀚参定,耶稣会同学高一志、毕方济共订,值会阳玛诺准。徐宗泽编著《明清间耶稣会士译著提要》卷四谓"惜无刊印年月"①,卷九《译著者传略》则明载"1595年南昌印行"②。兹从后者。

《记法》专门探讨"记忆"问题,是一部介绍西洋"认识论"或"知识论"的专著。共分原本、明用、设法、立象、定识、广资六篇。"原本"篇是对记忆本身的一个说明,提出"后脑说",认为"记含有所在脑囊,盖颅额后枕骨下为记含之室"③。提出"印脑说",认为"当其入也,物必有物之象,事必有事之象,均似以印印脑"④。提出"情绪影响记忆说",云:"凡人晨旦记识最易者,其脑清也,若应接烦扰,或心神劳瘁,皆能致(乾)脑。"⑤提出"食物影响记忆说",云:"或邪寒酷炎冷热过宜,或醉饱过度,又食物中有坚韧油腻难消化者,或果食未熟,蔬菜腌肉,及诸乳诸豆,豆腐核桃,河池鱼凡浮胀之物,俱能混浊调脑之气,滞塞通脑之脉,故难记易忘。"⑥提出"养记法",即记忆提高之法,云:"养记之法,大略时习而日用之,庶免生疏,但须先其难者,后其易者。"⑦

"明用"篇介绍"象记法",即"形象记忆法",谓:"凡学记法,须以本物之象及本事之象,次第安顿于各处所,故谓之象记忆法也。"⑧

"设位"篇介绍"方位记忆法",谓:"凡记法,须预定处所,以安顿所记之象。"⑨并列举使用此种方法之宜忌十三款:一宜舒广,二宜闲静,三宜整饬,四宜光明,五宜贵美,六宜洁垲,七宜覆盖,八宜平坦,九宜

---

① 徐宗泽编著:《明清间耶稣会士译著提要》,中华书局,1989年,第208页。
② 徐宗泽编著:《明清间耶稣会士译著提要》,第351页。
③ 利玛窦诠著:《记法》(又名《西国记法》),吴相湘主编《中国史学丛书》,台湾学生书局,1982年,第10页。
④ 利玛窦诠著:《记法》,第11页。
⑤ 利玛窦诠著:《记法》,第13页。
⑥ 利玛窦诠著:《记法》,第13页。
⑦ 利玛窦诠著:《记法》,第15页。
⑧ 利玛窦诠著:《记法》,第16页。
⑨ 利玛窦诠著:《记法》,第20页。

守夺,十宜匀适,十一宜镇定,十二宜平稳,十三宜奇异相别。①

"立象"篇专门针对汉字,讨论"象形文字记忆法",谓:"盖闻中国文字,祖于六书。古之六书,以象形为□,其次指事,次会意,次谐声,次假借,终以转注,皆以补象形之不足,然后事物之理备焉。"②从认识论的角度讲,这是最早的以汉字为例讨论"记忆"的认识论专篇;从文字学的角度讲,这又是最早的西洋哲学家撰写的有关汉字的文字学专论。值得文、史、哲各方面重视。

"定识"篇讨论"记忆"之针对性问题,谓:"凡记识,或逐字逐句,或融会意旨,皆因其难易之寡,量力用之。"③并列举学习"记法"十原则:一宜生动有致,二宜好丑悬殊,三宜鲜明起观,四宜装束合体,五宜奇偏可喜,六宜怪异可骇,七宜态状可笑,八器技宜肖,九象所宜称,十疑似相分。④

"广资"篇又以汉字为例,讨论"记忆法"之推广的问题,谓:"然其用事用意,则有活而实,死而实,虚而活,实而死,又有半活半死,半实半虚,文殊理别,难以雷同。兹以世所恒用,如天文、地理、时令、干支、人事、器物等类,标列百数十字,以为程式,其用事用意,虚实死活,因可概见。学者取而推广焉,或可为心机之一助。"⑤这又是一篇以汉字为对象的讨论"记忆"的认识论专论,以及一篇西洋哲学家撰写的有关汉字的文字学专论。

二、《童幼教育》(1620)对西洋哲学的介绍

《童幼教育》,教育学及伦理学专著,属哲学之一支。分上、下两卷,每卷各十章。1620年刊印。耶稣会士高一志著,山西绛州段衮、

---

① 利玛窦诠著:《记法》,第23—28页。
② 利玛窦诠著:《记法》,第29页。
③ 利玛窦诠著:《记法》,第45—46页。
④ 利玛窦诠著:《记法》,第52—61页。
⑤ 利玛窦诠著:《记法》,第62—63页。

韩霖阅,耶稣会中同学龙华民、费奇规、邓玉函共订,值会阳玛诺准,寓菴居士韩霖序。高一志,字则圣,初名王丰肃,南京教难后更名。意大利人,1605年来华,1640年(明崇祯十三年)卒。

韩霖《童幼教育序》认为该书是一部哲学书,其言曰:"西儒高则圣先生,居东雍八年,所著天学之书以十数。其厄第加之学,译言修齐治平者,为斐禄所费亚之第五支。童幼教育又齐家中之一支也。……此非独童幼书也,修齐治平尽在是矣。……虽谓此书为厄第加之全书可也。"①"厄第加"即伦理学,"斐禄所费亚"即哲学,"童幼教育"属伦理学的一支,伦理学属哲学的一支。此即本书之定位。

该书卷之上各章内容为:教育之原第一、育之功第二、教之主第三、教之助第四、教之法第五、教之翼第六、学之始第七、学之次第八、洁身第九、知耻第十;卷之下各章内容为:缄默第一、言信第二、文学第三、正书第四、西学第五、饮食第六、衣裳第七、寝寐第八、交友第九、闲戏第十。各章均是对"西学"的介绍,但介绍"西洋哲学"最集中者,当属卷之下的《西学》一章。

《西学》章首先言明介绍"西学"的目的在"助中国之学":"或问:文学既为国家之急务,童幼之要业,当如何则可?余曰:国有道,必有学焉。但学之序,彼此不同。吾将陈西学之节,或有所取而助中国之学。"②又云:"□□小童开蒙之后,遂习于文,盖言者人所以别□,而交接于物则始学,无不宜修文者。然太西之文,总归于五而成。先究事物人时之势,而思具所当言之道理,以发明其美意焉。次贵乎先后布置有序,如帅之智者,节制行伍,勇者置于军之前后,而懦者屯之于中。次以古语美言润饰之,次以所成议论娴习成诵,默识心胸,终至于公堂或诸智者之前辨诵之。此五者之中,必贵实理而致于用焉,岂徒具其

---

① 高一志:《童幼教育》,钟鸣旦等编《徐家汇藏书楼明清天主教文献》第一册,台北:方济出版社,1996年,第239—242页。
② 高一志:《童幼教育》,第370—371页。

文而苟吐散于空中乎?"①此段介绍西洋童幼教育"习于文"的五阶段。

又云:"其三家费罗所非亚也。费罗所非亚者,译言格物穷理之道,名号最尊。学者之慧明者,文学既成,即立志向此焉。此道又分五家:一曰落热加,一曰非西加,一曰玛得玛弟加,一曰默大非西加,一曰厄第加。落热加者,译言明辨之道,以立诸学之根基,而贵辨是与非、实与虚、里与表,盖开茅塞而于事物之隐蕴不使谬误也。非西加者,译言察性理之道,主乎明剖万物之理,辨其本与末、性与情、其当然者与其所以然者,依显测隐,由后推前,缘其既知以致其所未知,故其学浩博,非他人可比。凡上天下地中火木水土之域,万象万生之品,造化之妙,四时之序,四□之交互,五金之凝结,百谷之成熟,种种具焉。"②费罗所非亚即哲学,其五个分支分别为逻辑学(落热加)、物理学(非西加)、数学(玛得玛弟加)、形而上学(默大非西加)及伦理学(厄第加)。此段是介绍前两支:逻辑学与物理学。

又云:"玛得玛第加者,译言察几何之道,主乎审究形物之分限者也。其分者,若截以为数,则显物几何众也,若完以为度,则指物几何大也。其数与度,或脱于物体而空论之,则数者立筭法家,度者立量法家也。或二者在物体而偕其物议之,则数者如在音相济为和,而立律吕家,度者如在动天迭运为时,而立历法家也。此四大支流析百派皆可究极精理,此未暇详也。"③此段是介绍哲学之第三支:数学。

又云:"默大非西加者,译言察性以上之理也。则总论有形诸物之宗理,分析万有为二宗品:一谓之自立者,一谓之依赖者。依赖者又分为九宗焉,终设神鬼之精论,而渐著明万有之源本也。夫厄第加者,译言察义礼之学也,其务不外乎三者:先以义礼修身,次以身齐家,终以家治国是也。然计修身,先剖析义礼与诸德根本异同及其细情,使吾

---

① 高一志:《童幼教育》,第371—372页。
② 高一志:《童幼教育》,第377—379页。
③ 高一志:《童幼教育》,第379页。

知其所当从之善,与其所当避之恶也。次论立室、生产、资业、养育之道,使知其所当取,并其所当戒也。次区别众政之品节而铨叙流□,考覈政事,使其政者显且存其邪者弃之也。若是□人学庶备矣。"①此段是介绍哲学之第四、五支:形而上学与伦理学。

以上是属于"人学"的范畴,"人学"之上还有"神学"。"神学"在当时不属"哲学",但现今学术界亦默认其为"哲学"之一部分。故《西学》章介绍"神学"之文字,亦可一并转述之。其言曰:"但人学之上,尚有天学,西土所谓陡罗日亚也。此学乃依古今经典与诸圣贤注论,剖析正道之本源,而攻辟异端之邪也。其学亦分四大支:一论物上必有一主,至大至明,至善至公,即详其性及其妙情;一论天主造成天地及万物之功,而万物之中神与人为灵贵焉;一论万民所向之真福及其所以得失真福之善恶,及诸善恶之正报;一论天主降生救世之来历,及其化众而登天道之奇功,以至归天而定后日教化之诸规也。夫天学已备,即人学无不全,而修齐治平之功更明且易行,道之力更强矣。故吾西大学之修,从认己始,而至于知万有之至尊,正所谓复其初,反其本也。"②此又恐为引介"西洋神学"及"西洋大学"之最早文献之一。

又云:"然既明于是,又从彼推广其仁,爱人如己,使各克其职而尽其分数焉。其中又有高志之士,既勤苦于彼诸学,尚进习于正道之妙,而常在其中涵育以成纯德修身不已,虽文业自足闻达,乃反辞尊位重禄,离父母骨肉亲戚,施丰赀而甘困约,烦剧身心,产灭名迹,以谈道劝德,倘遇邪□异端,辄殚力辟之,以扶天主正传,即致命不顾焉。□则吾太西总学之大略也。若其详细,则吾耶稣会中人,类能言之。倘有下问,不敢惮烦,且译书次第出,会见天人之学,布满中华矣。"③"天人之学"即西洋"天学"与"人学"。

---

① 高一志:《童幼教育》,第379—381页。
② 高一志:《童幼教育》,第381—382页。
③ 高一志:《童幼教育》,第383—384页。

不管是"文学"之介绍,还是"医学"、"哲学"、"神学"之介绍,《童幼教育》都是非常早的,距今已近四百年。"儒西之争"需要有"西洋哲学"的输入,从《童幼教育》去看,这个输入是始于明末而非清末。"太西总学之大略"已在明末输入中国,"儒西之争"已于明末开始,此为学界所忽略者。

三、《西学凡》(1623)对西洋哲学的介绍

这部书刻于明熹宗天启三年,西元1623年。

《西学凡》开篇就说:"极西诸国,总名欧逻巴者,隔于中华九万里,文字语言经传书集,自有本国圣贤所纪。其科目考取,虽国各有法,小异大同,要之尽于六科。一为文科,谓之勒铎理加;一谓理科,谓之斐录所费亚;一为医科,谓之默第济纳;一为法科,谓之勒义斯;一为教科,谓之加诺搦斯;一为道科,谓之陡禄日亚。惟武不另设科,小者取之材官智勇,大者取之世胄贤豪。"①

"勒铎理加"即拉丁文 Rethorica 之音译,英译为 Literature,中译为"文学"。"斐録所费亚"即拉丁文 Philosophia 之音译,英译为 Philosophy,中译为"哲学"。"默第济纳"即拉丁文 Medcina 之音译,英语为 Medicine,中译为"医学"。"勒义斯"即拉丁文 Leges 之音译,英译疑为 Law,中译为"法学"。"加诺搦斯"即拉丁文 Canones 之音译,英译疑为 Education,中译为"教育学"。"陡禄日亚"即拉丁文 Cheologia 之音译,英译为 Theology,中译为"神学"。

关于"理科"即"哲学"部分,《西学凡》介绍说:"理学者,义理之大学也。人以义理超于万物,而为万物之灵。格物穷理,则于人全,而于天近。然物之理藏在物中,如金在砂,如玉在璞,须淘之剖之,以斐禄(按:前引为"録")所费亚之学。此斐禄所者,立为五家,分有门类,有支节,大都学之专者,则三四年可成。初一年学落日加。夫落日加者,

---

① 《西学凡》,《天学初函》第一册,吴相湘主编《中国史学丛书》,台湾学生书局,1965年,第27页。

译言明辩之道,以立诸学之根基,辩其是与非,虚与实,表与里之诸法,即法家、教家必所借径者也。总包六大门类,一门是落日加之诸豫论,凡理学所用诸名目之解。一门是万物五公称之论,即万物之宗类,如生、觉、灵等物之本类,如牛、马、人等物之分类,如牛、马、人所以相分之理。物类之所有,如人能言,马能嘶,鸟能啼,犬能吠,狮能吼等,物类听所有无,物体自若,如艺于人,色于马等。一门是理有之论,即不显形于外,而独在人明悟中义理之有者。一门是十宗论,即天地间万物十宗府。一谓自立者,如天、地、人、物;一谓依赖者,不能自立,而有所赖焉以成。自立独有一宗,依赖则分而为九:一为几何,如尺寸一十等;二为相接,如君臣父子等;三为何状,如黑白冷热甘苦等;四为作为,如化伤行言等;五为抵受,如被化受伤等;六为何时,如昼夜年世等;七为何所,如乡房厅位等;八为体势,如立坐伏侧等;九为得用,如用袍裙,如得田池等。一门是辩学之论,即辩是非得失之诸権法。一门是知学之论,即论实知与憶度与差谬之分。此第一家也。"①

以上是《西学凡》介绍"哲学"学科第一年应学之课程,总名为"落日加"(应为 Logic 之音译),即"逻辑学",包含六大门类:概念学、分类学、形而上学、性质学、辩学、知识论等。

《西学凡》介绍第二年应学课程如下:"第二年学费西加,为斐禄所之第二家。费西加,译言察性理之道,以剖判万物之理而为之,辩其本末,原其性情,由其当然,以究其所以然。依显测隐,由后推前,其学更广博矣。亦分有六大门类。其第一门谓之闻性学,又分为八支:其一为费西加之诸预论;其二总论物性;其三总论有形自立之物性;其四讲物性之三原;其五总讲变化之所成;其六总讲物性之所以然;其七讲依赖有形者,如运动、作为、抵受、处所、几何等各有本论;其八总论天地与其有始无始否,有尽无尽否。而此八大支论,各有本书具载。此为闻性之学也。其第二门则论有形而不朽者,如言天之属。三门论有形

---

① 《西学凡》,《天学初函》第一册,第 31—33 页。

而能朽者,如人兽草木等,与其生长、完成、死坏诸理。四门总论四元行、本体、火气水土与其相结而成物。五门详空中之变化,地中之变化,水中之变化。六门论有形而生活之物,分为五支:其一先总论生活之原,所以魂者是也;次论生长之魂,与其诸能;次论知觉之魂,与其五官之用、四识之职等;次论灵明在身之魂,与其明悟爱欲之诸理;次论灵魂离身后之诸能何如,而性命之理尽,格物之学可造矣。"①

《西学凡》所列第二年的学习内容,总名"费西加"(应为 Physics 之音译),即"物理学"。包含六大门类:性质学、天论、万物论、种子说与四根说、空间论、灵魂学等。

第三年应学课程为:"第三年进斐禄所第三家之学,所谓默达费西加者,译言察性以上之理也。所谓费日加者,止论物之有形,此则总论诸有形并及无形之宗理。分为五大门类:其一豫论,此学与此学之界;二总论万物所有超形之理,与其分合之理;三总论物之真与美;四总论物之理与性与体与其有之之由;五论天神谙若终论万物之主,与其为独一,为至纯,为无尽,为无终始,为万物之原等种种义理。此皆因物而论究竟,因变化之自然而究其自然之所以然。此所论天主与天神,特据人学之理论,之尚未到陡禄日亚所按经典天学而论,盖彼又进一学也。"②

《西学凡》所列第三年的学习内容,总名"默达费西加"(应为 Metaphysics 之音译),即"形而上学"。分为五大门类,最终以"天主"为归结。

第四年的学习任务是:"第四年总理三年之学,又加细论几何之学与修齐治平之学。几何之学,名曰马得马第加者,译言察几何之道,则主乎审究形物之分限者也。复取斐禄之所论天地万物,又进一番学问,是第四家。盖斐録本论其性情变化,而玛得玛第加独专究物形之

---

① 《西学凡》,《天学初函》第一册,第 34—36 页。
② 《西学凡》,《天学初函》第一册,第 36—37 页。

度与数,度其完者以为几何大数,其截者以为几何众。然度数或脱物体而空论之,则数者立算法家,度者立量法家,或二者在物体而偕其物论之,则数者在音声相济以为和,立律吕家,度者在动天转运为时,立历法家,而各家始分流别派矣。此度与数所关最巨,不但识各重天之厚薄远近大小与其昼夜之长短,节气之分至,启闭年月之闰余,道里之围径,地海之广深,而农以此知旱潦,医以此察运气,商以此计蓄散,工以此详坚脆,无不资焉。即如国家大事,治水者而不审高卑,何由酌其聚泄;用兵者而不谙器数,何从运其方略。故西方所尚,虽不立此科取士,若有精于此者,便人人推毂而国王隆礼延之,以为其学之师尊显之矣。故士人多相传习,自备测天之器,天地之仪,笔算之书,测量之具,以为读书玩好,其于国家之事,屡显有大功用。

"修齐治平之学,名曰厄第加者,译言察义理之学。复取斐录之所论物情性理,又加一番学问,是第五家。大约括于三事。一察众事之义理,考诸德之根本,观万行之情形,使知所当从之善,当避之恶,所以修身也。一论治家之道,居室处众资业孳育,使知其所当取,所当戒,以齐家也。一区别众政之品节,择贤长民,铨叙流品,考覈政事,而使正者显,庸邪者迸弃,所以治天下也。而身既修,家既齐,国既治平,则人道庶几备矣。故西土学者,德业必求其精,纲常伦理之详,日用细微之节,无一不求得其处置之宜,总从知己本性始,以至知万有。知万有即知万有之至尊,然后可以复其初,反其本也。既明于此,又推广至尊之仁以及于物,使各充其职而尽其分数,则学始大全矣。"①

第四年的课程是前三年的总理与延伸。主要包括"几何之学"与"修齐治平之学"两项。前者名"马得马第加"(应为 Mathematics 之音译),后者名"厄第加"(应为 Ethics 之音译)。前者即"数学",后者即"伦理学"。后者实际上还包括社会学与政治学的内容。

以上四年的课程,第一年逻辑学,第二年物理学,第三年形而上

---

① 《西学凡》,《天学初函》第一册,第 37—41 页。

学,第四年数学与伦理学,已经把当时"西洋哲学"的全部内容包涵在内了。"西洋哲学"的完整框架,已经在F.培根活动的那时节,出现在明末中国的学术界。

如果说以上还只涉及"论"的方面,还缺"史"的部分,则《西学凡》接下来的介绍,就弥补了"史"方面的不足。它在介绍完四年的学习任务后,还有这样一大段话:"大斐录之学何所起乎?昔我西土古贤,观天地间变化多奇,虽已各著为论,开此斐录之学,然多未免似是而非,终未了决。其后有一大贤,名亚理斯多,其识超卓,其学渊深,其才旷逸,为历山大王之师。历山尝云:'我为天下主,不足为荣,惟一得亚理斯多而师之,以是为荣耳。'此大贤裒集群书,多方忝酌采取,凡普天之下有一奇物,不惜赀费以求得,不辞勤劳以寻究,必亲为探视,而奇秘无一不搜。每物见其当然,而必索其所以然,因其既明,而益觅其所未明。由显入微,从粗及细,排定物类之门,极其广肆,一一钩致而决定其说,各据实理之坚确不破者,以著不刊之典。而凡属人学所论性理,无不曲畅旁通,天学得此以为先导。此在天主降生前所作,至今二千余年,无人不宗服之,而与陡禄日亚正相主辅。自此大贤之后,递生聪明才智,青出于蓝,及至天主降世,又有众圣迭兴,各于斐录之学,互相阐发,而加之以天主超性之确理,人学愈为透露也。斐录所费亚之学既毕,则考取之,分为四学,或学医法,或学国法,或学教法,或学道法。"①

以上是从"史"的角度介绍"西洋哲学",以"亚里士多德哲学"与"经院哲学"为重点。虽不全面,但重点还是抓住了。

徐宗泽《明清间耶稣会士译著提要》视《西学凡》为"一本欧西大学所授各科之课程纲要也","书中将各科课程标准,撮要列论,而理科中尤详论五宗十府,道科中博究圣多玛斯超性学要之三大支"②。如此则

---

① 《西学凡》,《天学初函》第一册,第41—44页。
② 徐宗泽编著:《明清间耶稣会士译著提要》,中华书局,1989年,第289—290页。

我们可以视《西学凡》为"西洋哲学"输入中国之始,亦可以视《西学凡》为"西洋文学"、"西洋医学"、"西洋神学"、"西洋伦理学"、"西洋逻辑学"等等学科输入中国之始。这是目前中国学术界没有注意到的,至少是没有引起重视的。

四、《灵言蠡勺》(1624)对西洋哲学的介绍

《灵言蠡勺》,意大利传教士毕方济口授,徐光启笔录。初刻于明熹宗天启四年(1624),刻地上海或嘉定。李之藻《天学初函》所收,为杭州慎修堂重刻本。新会陈垣曾于民国八年(1919)重校刊印。该书分四篇,一论灵魂之体,二论灵魂之能,三论灵魂之尊,四论灵魂所向美好之情,是约400年前一部专门介绍西洋"灵魂"学说的哲学典籍。

"灵魂"一词,英文为 soul,是指与"肉体"相对应的非物质方面。相当于中文"灵与肉"中的那个"灵",西文"物质与精神"中的那个"精神"。其说在西洋哲学中至关重要,可说是西洋哲学的"半壁江山"。所有的"唯物论"与此有关,所有的"唯心论"亦与此有关。又由于其输入之时,正当中国明末"心学盛行"之期,两种"心学"相碰撞,就极有可能造成以西洋"灵魂"之学释读中国"心学"的学术格局,这又是"儒西之争"的一个重要方面,当然亦是"佛西之争"或"禅西之争"的一个重要方面。

兹先撮述"灵魂"之学在西洋的演进过程。古希腊哲学中"灵魂"被视为生命之原则。泰勒斯以"灵魂"为事物内部所固有,是事物运动变化之内在动力,一如磁石吸铁是因磁石有"灵魂"。阿那克西美尼视灵魂为"气",人而能抟为一体,即赖此"气"。赫拉克利特则以"逻各斯"为"灵魂"所固有,"灵魂"具有思想与理智之功能,具有意识之功能,人之智慧即在于认识"逻各斯",听从"逻各斯"。毕达哥拉斯学派则分"灵魂"为生气、心灵、表象三部分,其中"心灵"系"灵魂"之理性部分,为人所独有。又接受"灵魂不死"之说,认为"灵魂"依命运之规定

而轮回。德谟克利特则以"原子"释"灵魂",认为"灵魂"是由圆形、表面光滑之"原子"构成,故是能动的;又认为"灵魂"与"理智"同类,能产生感觉与思想。

苏格拉底以"灵魂"为活动事物所具自己活动之力量,因而"灵魂"被视为人体生命之源,人体呼吸与再生之力量。柏拉图提出神赋予世界以"灵魂"、"世界灵魂"弥漫全宇宙之观点,认为有形事物受"灵魂"主宰与统治,是非独立的与有死的。又以"实体"释"灵魂",作为平常意义上之个人是实体,作为个体死亡后能活下来者亦必是实体。又认为人之"灵魂"由理智、意志、欲望构成,把"灵魂"与有理性、意志、行动之个人等同。

亚里士多德撰《论灵魂》,以"形式—质料"之说释"灵魂",认为"灵魂"与肉体是不可分离的,"灵魂"乃是一切生命体之原因与基础。他分"灵魂"为营养的、感觉的与理性的三种,分别对应植物、动物与人类。人类"灵魂"中营养与感觉部分随人体生灭而生灭,理性部分则独立于人身实体,不随人体生灭而生灭,故是不朽的。此不朽之部分,即是所谓"心灵"。他以为"灵魂"乃肉体之"隐德莱希"与"能动的合目的性",它是高于肉体的,因而只有它才是人之"本质"。斯多葛派(Stoics)则以"白纸"喻"灵魂",外物映之则有"印象",加工印象则有"表象",回忆表象则成"观念",加工观念(如通过判断推理等)则有可靠之知识。卢克莱修分"灵魂"为灵魂、心灵两部分,心灵又含理性、意志等。此两部分均是有死的。生命与感觉源于灵魂与肉体之结合。

中世纪经院哲学以"上帝"释"灵魂",认为"个人灵魂"乃上帝在人当中之"影象";又视"灵魂"为上帝之创造,如托马斯·阿奎那。"灵魂"高于肉体、"灵魂"是肉体的本质等观点,得到普遍认同,如托马斯·阿奎那认为"灵魂"之智慧能力(他以为"灵魂"有感觉与智慧两种能力)完全不受肉体束缚,约翰·邓斯·司各脱认为"灵魂"是肉体的本质形式,布鲁诺认为"宇宙灵魂"乃是物质运动之内在原因。

布鲁诺与毕方济同是意大利人，但布鲁诺活动的时间比毕方济稍早，且前者反叛天主教，而后者献身于天主教。1582年毕方济出生时，布鲁诺刚刚出版其一系列著作，如《论原因、本原与太一》(1584)、《论无限、宇宙与众多世界》(1584)、《论英雄热情》(1585)、《论单子、数与形》(1590)等。1592年，布鲁诺被指控为异端，落入宗教裁判所之手，此时毕方济刚好十岁。在布鲁诺1600年被烧死于罗马百花广场十年之后，毕方济抵达澳门(1610)，开始其华土传教事业。又十四年后撰成《灵言蠡勺》，既是输入西洋宗教之书，又是输入西洋哲学之书，对于F.培根(1561—1626)之前的西洋哲学，特别是西洋灵魂哲学，大致上都作了介绍。培根的《新大西岛》一书，与《灵言蠡勺》同年出版(1624)；之前培根著有《论说文集》(1597)、《学术之进步》(1605)、《新工具》(1620)等。

F.培根被马克思视为"英国唯物主义和整个现代实验科学的真正始祖"①，他关于"灵魂"的学说，也完全是"近代性"的。如他以"神经活动"释"灵魂"，以"真正的物质"释"灵魂"，以"分子之最初运动"释"灵魂"等等。当然他并未完全摆脱经院哲学的影响，如区分"人之灵魂"与"动物灵魂"，并视前者源于"上帝一口气"等。灵肉关系入近代，以"精神与物质"、"思维与存在"、"心与身"、"心与物"等等的名目，再次进入西洋哲学讨论的中心话题，如笛卡尔、洛克、莱布尼兹、贝克莱、休谟、康德、黑格尔、费尔巴哈等大哲，无不致力于此。只是不在毕方济《灵言蠡勺》的介绍范围之内。

毕方济于天启甲子(1624)七月撰《灵言蠡勺·引》，论及"灵魂"之学与西洋哲学的关系，云："亚尼玛(译言灵魂，亦言灵性)之学，于费禄苏非亚(译言格物穷理之学)中为最益，为最尊。古有大学，牓其堂曰：认己。谓认己者，是世人百千万种学问根宗，人人所当先务也。其所称'认己'何也？先识己亚尼玛之尊，亚尼玛之性也。若人常想亚尼玛

---

① 《马克思恩格斯全集》第2卷，人民出版社，2007年，第163页。

之能,亚尼玛之美,必然明达世间万事。如水流花谢,难可久恋,惟当罄心努力,以求天上永永常在之事。故格物穷理之君子,所以显著其美妙者为此。推而齐家治国平天下,凡为人师牧者,尤宜习此亚尼玛之学,借此理以为齐治均平之术。"①"灵魂"之学是西洋哲学("费禄苏非亚")中最为重要的部门之一,介绍"灵魂之学",自然也就介绍了"西洋哲学"。苏格拉底"认识你自己"("认己")之说,在这里再次被介绍到中国,这是中国学界应当重视的。

《灵言蠡勺·引》又说:"盖亚尼玛之学,理居其至崇高之处,以临御亚尼玛之欲能怒能(说见篇中),可以驾驭使之从理。凡诸情之动能节制之,治人之法,一切临御驾驭节制之势,略相似焉。君子在上,以恩德柔善良,欲能之象也;以威棱御强梗,怒能之象也;以法制禁令消弭乱萌,节度诸情之象也。亚利斯多曰:医者欲疗肉体之病,尚须习亚尼玛之学,治人者疗灵心之病,其须习也殆有甚焉。等而上之,欲论大上之事,其须知此,又更有甚焉者。"②亚里士多德("亚利斯多")的哲学在这里再次被介绍到中国,也是中国学界应当重视的。

《灵言蠡勺》又说:"盖从亚尼玛可以通达天神无质者之情状,而亚尼玛还想本己之性,亦略可通达天主之性。为依其本性所有诸美好,可溯及于诸美好之源故也。故古昔典籍,无不赞叹亚尼玛,谓之甚奇。如曰亚尼玛为世时与永世,两时间之地平。(世时者有始有终,永世者无始无终。天下万物皆有始有终,天主无始无终。亚尼玛有始无终,在天主与万物之间,若周天十二宫,六宫恒在地上,六宫恒在地下,而地平在其中间,为上与下分别之界限也。)如曰亚尼玛为有形之性与无形之性,两性之缔结。如曰亚尼玛为宇宙之约(谓上则为天主之肖像,天神之相似,下则为万物之所向)是也。故亚吾斯丁曰:费禄苏非亚总

---

① 意大利传教士毕方济口授,徐光启笔录:《灵言蠡勺》,李之藻编《天学初函》第二册,吴相湘主编《中国史学丛书》,1978年,第1127—1128页。

② 《灵言蠡勺》,李之藻编《天学初函》第二册,第1128—1129页。

归两大端,其一论亚尼玛,其一论陡斯。亚尼玛者,令人认己;论陡斯者,令人认其源。论亚尼玛者,使人可受福;论陡斯者,使人享福。今略说亚尼玛四篇,一论亚尼玛之体,二论亚尼玛之能,三论亚尼玛之尊,四论亚尼玛所向美好之情。总归于令人认己而认陡斯,以享其福焉。方之本论,未免挂一漏万,聊当嚆矢,以待异日详之耳。"①奥古斯丁("亚吾斯丁")的哲学及西洋各种"灵魂"之说,在这里首次被介绍到中国,也是中国学者应当重视的。

《论亚尼玛之体》又论及"逻辑在先"与"时间在先"之区分:"何谓成于赋我之所,赋我之时?以明非造成之初先造几□□□。原居天上,与天神同,或他贮,随时取用也。又非欲赋予时先化成,后赋予也。又非肉身之外造成灵魂,并合为一也。日造肉身,肉身已成,日造灵魂而赋之新,新非故。即成时,便赋畀,即赋畀时,便成。成与赋,但有原先后,无有时先后。(时先后,如器先造而后用,如水先源而后委也。至如日光一照,若高若下,同时俱有,特从金水月天而至于地,不得言由地而至于月水金天。此谓原先后。却非日光某时先至金水月天,某时后至于地,故无时先后。又若父子等相因而有之物,亦有原先后而无时先后,何者?当无子时,不可谓父,有子而可谓父,故父子之称,同时俱有。)"②此处区分"逻辑在先"("原先后")与"时间在先"("时先后"),提出"但有原先后,无有时先后"之重要命题,不仅是中文文献中的第一次,不仅是中国哲学史上的第一次,更有助于深化中国哲学中"理气先后"之类深层问题的讨论,完全是一个"近代哲学"问题,值得中国学术界关注。

在论述"心"与"亚尼玛"之关系时,《论亚尼玛之体》再次涉及"逻辑在先"与"时间在先"的区分:"又从此推,或言人心为亚尼玛之所,但居中心而制百体,如国主居朝,宰制四境。此亦非也。亚尼玛全在全

---

① 《灵言蠡勺》,李之藻编《天学初函》第二册,第 1129—1131 页。
② 《灵言蠡勺》,李之藻编《天学初函》第二册,第 1138—1139 页。

体而活其体模,其体若在一分,即全在其分,而活其分,模其分,无有方所,何得言但居中心而遥制各方? 然亚尼玛虽全在所在,活之模之,而每于中心施为运用,诸关生命之事,如身中之火,身中之血,皆从心而出,若水自泉源,分别枝派。故谓心为亚尼玛之初所,又为亚尼玛之终所。初所云者,非谓初居中心,次及各分也。为诸关切生命之事,由心运用,故运用之初,似在心始。终所云者,非谓先在诸分,退归于心。而人命终为诸关生之事,既由心运,及于末际,诸分谢事,心犹运用,渐至终绝,故运用之末,似在心终也。盖亚尼玛在心而在诸分,活心而活诸分,模心而模诸分,无有时先后,止有原先后耳。"①此处完全是用中国哲学中"理一分殊"、"月印万川"的模式,释读"人心"与"亚尼玛"之关系,"在心而在诸分,活心而活诸分,模心而模诸分",就是一个"月印万川"的模式。可知这个模式的实质就是"逻辑在先"而无"时间在先","无有时先后,止有原先后"。又可知这个"逻辑在先"的思维,是约400年前中西哲学讨论中经常使用的模式。

以上是《灵言蠡勺》第一篇《论亚尼玛之体》主要内容的转述与分析,可以看出,它对西洋哲学的介绍,已有相当的深度与广度。该书第二篇《论亚尼玛之灵能》,又涉及"论记含者",介绍西洋"记忆"理论;"论明悟者",介绍西洋"知性"学说;"论爱欲者",介绍西洋"情感"学说。第三篇(属于卷下)《论亚尼玛之尊与天主相似》,从性、模、行三个方面,论证"亚尼玛"之至真至善至美可"相似"于"天主",表面上是一个宗教的宣传,实际是对西洋哲学的介绍,其"内核"是哲学的。尤其对奥古斯丁的哲学,述之甚详。第四篇(亦属卷下)《论至美好之情》,虽不再以介绍西洋哲学为重点,但其所论,却可为中国哲学中"大美"、"大善"之最好注脚。差别只在中国哲人不在"大美"、"大善"之上加上一个"主",而西洋哲人要在"大美"、"大善"之上加上一个"主"。一讲"无主"之"大美"、"大善",一讲"有主"之"大美"、"大善",其"大"可互

---

① 《灵言蠡勺》,李之藻编《天学初函》第二册,第1147—1148页。

释。西洋哲学入近代,放弃了"主",同时也就放弃了"大"字与"至"字,因而就与中国哲学完全背道而驰了。他们不知去掉"主",也是可以讲"大"讲"至"的。

总之通过《灵言蠡勺》,诸多西洋哲学的核心内容在约 400 年前被介绍到中国来,这是不容否认的。

在 16 世纪末、17 世纪初,西方哲学家在干什么呢? 我们可以把 1623 年前后五年的事情说一说。1618 年英国的弗兰西斯·培根被封为威尔拉姆男爵,德国的开普勒开始撰写《哥白尼天文学概要》。1619 年法国的笛卡儿再次从军,在诺伊堡冬营中领悟"学问之方法"。荷兰的格劳秀斯写成《论基督教的真理》,德国的开普勒写成《宇宙的调和》。1620 年英国的 F. 培根正在撰写《科学的新工具》,意大利的康帕内拉写成《论物的知觉与魔法》。1621 年英国的 F. 培根辞去公职,专事著述。法国的巴索写成《自然哲学》。1622 年德国的伯麦写成《走向基督之路》。

1623 年法国的帕斯卡出生,英国的 F. 培根写成《学问的权威与进步》,意大利的康帕内拉写成《太阳城》。1624 年法国的伽桑狄写出《对于亚里士多德学派的逆说的研究》,英国的赫尔伯特写出《真理论》。1625 年英国的 F. 培根出版《论文集》,次年培根逝世。荷兰的格劳秀斯出版《战时及平时法》。1627 年英国化学家、物理学家波义耳出生。1628 年英国的哈维写出《论心脏与血液的运动》。[①]

从以上背景我们可以知道,《记法》、《童幼教育》、《西学凡》、《灵言蠡勺》等书在中国的刻印,正值"西洋近代哲学"发源的时期。所以这些书没有把"西洋近代哲学"介绍到中国来,但却把"西洋近代哲学"之前的"西洋哲学"介绍到中国来了。

---

① 以上据马采、陈云合编《世界哲学史年表》,中国社会科学出版社,1992 年。

第二节　明确以"西学"指称欧洲学问

《破邪集》①所载《辨学蒭言》(自叙一,辨凡五),可能是中国学术史上明确以"西学"指称欧洲学问的首部中文著作。

"三山陈侯光"所撰《辨学蒭言》已明确地将"儒学"与"西学"对举:"近有大西国夷航海而来,以事天之学倡,其标号甚尊,其立言甚辨,其持躬甚洁。辟二氏而宗孔子,世或喜而信之,且曰圣人生矣。余详读其书则可异焉。孔子言事人而修庸行,彼则言事帝而存幻想;孔子言知生而行素位,彼则言如死而邀冥福;孔子揭太极作主宰,实至尊而至贵,彼则判太极属依赖,谓最卑而最贱。"②第一项涉及"无主"与"有主"之对立,第二项涉及"营生"与"营死"之对立,第三项涉及"太极"与"反太极"之对立,均是中西哲学要讨论的根本问题,非仅为宗教之争也。

《辨学蒭言》之"自叙"接下来判定"西学"之性质:"其以时王之赏罚为轻也,则无君之罪甚于杨;其以亲之鞠育为小也,则无父之罪甚于墨;其以理谓非性之本有也,则外义之罪甚于告子。独讬事天事上帝之名目以行其谬说。呜呼!大西借儒为援,而操戈入室,如螟蟘附苗,其伤必多。乃崇其学者半为贵人,为慧人,愚贱如小子设起而昌言排之,则唾而骂者众矣。虽然,孔子之道如日中天,大西何能为翳。惟夷教乱华,煽惑浸众,恐闲先圣者,必愤而不能默也。"③"借儒为援"是陈

---

① 《破邪集》,又名《圣朝破邪集》,明人反天主教、反西学之文集。明徐昌治编辑,成书于明崇祯十二年(1639)。八卷,逾十万言,收相关文章六十篇,撰者涉及官员、士大夫、禅僧等,内容则涉及公牍、揭帖、论辩、信函、序跋等。其中涉及儒者及"儒西之争"的内容特别多。
② (明)徐昌治编辑《破邪集》,周驲方编校《明末清初天主教史文献丛编》第三册,北京图书馆出版社,2001年,第182页。
③ 徐昌治编辑《破邪集》,周驲方编校《明末清初天主教史文献丛编》第三册,第182页。

侯光对当时"儒西之争"格式的一种概括。

陈侯光《辨学蒭言》正文共五章,分别为:"西学辨一",讨论"祭论"中西异同;"西学辨二",讨论"爱论"中西异同;"西学辨三",讨论"德论"中西异同;"西学辨四",讨论"主论"中西异同;"西学辨五",讨论"理论"中西异同。全书就是一部"中西哲学比较"之专著。

第一章交代背景说:"大西有利玛窦者,言航海数万里而至中华,以天主之教倡,复引《诗》、《书》所称上帝为证,其友庞、毕、艾、龙辈相与阐绎焉,著书数十种,世之疑信者半。有客过东庠居士,东庠居士问客。"①然后用对话体讨论中西哲学异同。东庠居士问客:"自古迄明,郊天飨帝,孰得而行之?"客答:"天子也。"东庠居士曰:"诸侯祭封内山川,大夫祭宗庙,士庶人祭先祖,圣人祭礼有定典矣。惟天至尊而无对,则燔柴升中,非君不举焉。凡经书所载,祀圆丘,类上帝者,孰非禹汤文武也。玛窦令穷簷蔀屋,人人祀天,僭孰甚焉。且上帝不可形形,不可像像,玛窦执彼土耶稣为天帝,散发披枷,绘其幻相,渎孰甚焉。夷书亦云道家所塑上帝俱人类耳,人恶得为天皇帝耶?在道家则讥之,在彼教则崇之,抑何相矛盾也。且彼谓耶稣即上帝,是禹汤文武周公孔子所昭事者,诬耶稣也,诬禹汤文武周公孔子也,适所以自诬也。"②

第二章中客以"醉西教"的身份出场,问:"子尊上帝而不敢僭不敢渎,则闻命矣。然玛窦谓天主化生天地万物,乃大公之父也,又时主宰安养之,乃无上共君也。人凡爱敬不忘者,皆为建祀立像,岂以大父共君而不仰承拜祷之,则亦至无忠至无孝矣。"东庠居士答曰:"此真道在迩而求诸远者也。……今玛窦独尊天主为世人大父,宇宙公君,必朝夕慕恋之,钦崇之,是以亲为小而不足爱也,以君为私而不足敬也,率天下而为不忠不孝者,必此之言夫!……玛窦之言曰:近爱所亲,禽兽

---

① 徐昌治编辑《破邪集》,周駬方编校《明末清初天主教史文献丛编》第三册,第182页。
② 徐昌治编辑《破邪集》,周駬方编校《明末清初天主教史文献丛编》第三册,第182页。

亦能之,近爱本国,庸人亦能之,独至仁君子能施远爱。是谓忠臣孝子与禽兽庸人无殊也,谬一。又曰:仁也者乃爱天主,则与孔子仁者人也、亲亲为大之旨异,谬二。又曰:人之中虽亲若父母,比于天主独为外焉。虽外孝而别求仁,未达一本之真性也,谬三。又曰:宇宙有三父,一谓天主,二谓国君,三谓家君,下父不顺其上父而私子以奉己,若为子者听其上命,虽犯其下者不害其为孝也。嗟乎!斯言心亦忍矣,亲虽虐必谕之以道,君虽暴犹勉之至仁,如拂亲抗君,皆藉口于孝天主可乎?谬四。又曰:国主于我相为君臣,家君于我相为父子,若比天主之公父乎?以余观之,至尊者莫若君亲,今一事天主,遂以子比肩于父、臣比肩于君,则悖伦莫大焉,复云此伦之不可不明者,何伦也?谬五。就五谬而反复玩味,谓余言苛耶,非苛耶?吾人居尧舜之世,诵孔孟之书,乃欲举忠孝纲常而紊之,而废之,以从于夷,恐有心者所大痛也!"①

第三章中客问:"子言忠君爱亲,皆善德耳,然赐我以作德之性者非天主乎?中华第言修德,而不知瞻仰天帝,以祈慈父之佑,故成德者鲜。"东庠居士答曰:"作德之性,未暇深言,即玛窦所说天主者,先自矫乱,余岂无征而谭?……则天主之生杀相左矣。……则天主之爱憎至变矣。……况玛窦谓天主能造天地万物,无一不中其节,则初造生人之祖自当神圣超群,何男曰亚党,女曰陁襪,即匪类若此?譬之匠人制器,器不适用,非器之罪也,必云拙匠。岂天主知能独巧于造天地万物而拙于造人耶?我中华溯盘古氏开辟以来,如伏羲、神农、黄帝、尧、舜,世有哲王以辅相天地,未闻不肖如亚党、陁襪者也。且洪荒以渐而平,民始得所,亦未闻初极乐而后反苦者也。立言先自矫乱,欲中华士昧心以相从,吾子过矣。"②

第四章中客问:"玛窦以天地万物皆天主所造,故人感深恩而爱敬

---
① 徐昌治编辑《破邪集》,周弭方编校《明末清初天主教史文献丛编》第三册,第182—183页。
② 徐昌治编辑《破邪集》,周弭方编校《明末清初天主教史文献丛编》第三册,第183—184页。

之,如诋其诳说,则视天主为乌有矣。若子所云尊上帝者又安属也?"东庠居士答曰:"以形体言则为天,以主宰之神言则为帝,人居覆载中自当敬畏,非若西士之幻说耳。"客又问:"凡物有作者,有模者,有质者,有为者,理甚明矣,使无天主掌握其间,则天地万物元初从何而成?"东庠居士答曰:"阴阳絪缊,万物化生,问孰主宰而隆施是,虽神圣不得而名也,故强名太极。玛窦谓天主以七日创成世界,则已属情识、著能所矣。造化枢机,当不其然。"客哑而笑曰:"太极虚理,泰西判为依赖之品,不能自立,何以创制天地而化生万物耶?"东庠居士答曰:"玛窦历引上帝以证天主,皆属附会影响,其实不知天,不知上帝,又安知太极?夫太极为理之宗,不得单言理,为气之元,不得单言气,推之无始而能始物,引之无终而能终物者也。玛窦管窥蠡测,乃云虚空中理,不免于偃堕。……惟能认得太极为生天生地生人生物之主宰,便不落意识界中,而仁义礼智,触处随流。吾儒返本还源,秘密全在于此,何彼敢无忌惮而曰太极之理卑也贱也。又曰仁义礼智在推理之后,不得为人性。夫告子未尝知义,以其外之也,今玛窦祖其说而尤遁焉。至谓神魂、人魂、禽兽魂、草木魂,天主一一雕刻以付之,诬妄支离,则其见更在告子下矣。告子误论性,孟子辞而辟之;玛窦误逾甚,而子信逾笃,岂孔孟犹不足法与!"①

第五章中客问:"儒认虚理为性原,则与佛老之谈空无者何异?乃复立门以攻二氏,故玛窦诋为燕伐燕、乱易乱耳。"东庠居士答:"泰西谩曰空者无者,是绝无所有于己也,胡能施有性形以为物体,非惟不知儒,并不知佛老矣。……若玛窦之天主教,则妄想成魔,叩以性学,真门外汉也,敢云燕伐燕、乱易乱,譬斥鹦而笑凤凰,适彰其傲而已矣。"客又问:"子既坚守儒宗,今独宽二氏而严斥西学,不过止就人性上研求虚理,视虞夏商周所以事天事上帝之实功终为有缺,恐西学未可尽非也。"东庠居士答:"学不师古而能有获者,未之前闻,余何敢凭臆而

---

① 徐昌治编辑《破邪集》,周骁方编校《明末清初天主教史文献丛编》第三册,第184—185页。

谈哉？正惟经书之旨与彼夷戾，若附会其说以涂世耳目，余虽愚鲁，弗能从矣。……舍此不务，而就玛窦所言钉死之耶稣，指为上帝，勤拜祷以祈祐，则惑矣。……彼玛窦诸夷，真矫诬上帝以布命于下，固当今圣天子所必驱而逐也。耳食者徇事天事上帝之名，而不察其实，遂相率以从之，悲夫！"①

第三节 "有主"与"无主"之争

以《天主实义》②为例。该书之哲学立场可以概括为：援中学证天学，以天学驳中学。完全就是一部记录当时"儒西之争"的著作。而争论的核心是：天地万物究竟是"有主"，还是"无主"。

《天主实义》分上下两卷，上卷各节内容如下：首篇论天主始制天地万物而主宰安养之，第二篇解释世人错认天主，第三篇认人魂不灭大异禽兽，第四篇辩释鬼神及人魂异论而解天下万物不可谓之一体。下卷各节内容如下：第五篇辩排轮回六道戒杀生之谬说而揭斋素正志，第六篇释解意不可灭并论死后必有天堂地狱之赏罚以报世人所为善恶，第七篇论人性本善而述天主门士正学，第八篇总举大西俗尚而论其传道之士所以不娶之意并释天主降生西土来由。我们可举上卷第二篇为例来说明书中所含"儒西之争"之内容，在思想上已达到怎样的深度。

第二篇开篇即辩"三教同异"问题。中士曰："玄论饫耳醉心，终夜思之忘寝，今再承教以竟心惑。吾中国有三教，各立门户。老氏谓物

---

① 徐昌治编辑《破邪集》，周弭方编校《明末清初天主教史文献丛编》第三册，第185—186页。
② 《天主实义》，耶稣会士利玛窦述，实为利公与中国学人有关"天学"与"中学"异同之问答。故既是一部护教书，又是一部哲学书。初版于明万历廿三年（1595），再版于明万历廿九年（1601）及卅一年。卅二年（1604）译成日文。后又有朝鲜文译本。

生于无,以无为道;佛氏谓色由空出,以空为务;儒谓易有太极,故惟以有为宗,以诚为学。不知尊旨谁是?"西士曰:"二氏之谓,曰无曰空,于天主理大相剌谬,其不可崇尚明矣。夫儒之谓,曰有曰诚,虽未尽闻其释,固庶几乎!"①这是第一句问答,西士以"天主理"为标准,判分道、释、儒三教之高下。

中士曰:"闻教固当,但谓物者先无而后有,是或一道也。"西士曰:"有始之物,曰先无而后有可也,无始之物非所论矣。无始者无时不有,何时先无焉?特分而言之,谓每物先无后有可耳,若总而言之则否也。譬如其人未生之先,果无其人,既生而后,有也。然未生其人之先,却有某人之亲以生之,天下之物莫不皆然。至其浑无一物之初,是必有天主开其原也。"②这是第四句问答,西士以追溯"物之原"的方式,证明"天主"之存在,并以"天主"取代道之"无"与释之"空"。自"物之原"而论,中国哲学以为无有"开其原"者,西士则以为有"开其原"者。

中士曰:"吾国君臣,自古迄今,惟知以天地为尊敬之如父母,故郊社之礼以祭之。如太极为天地所出,是世之宗考妣也,古先圣帝王臣祀典宜首及焉,而今不然,此知必太极之解非也。先生辩之最详,于古圣贤无二意矣。"西士曰:"虽然,天地为尊之说未易解也。夫至尊无两,惟一焉耳。曰天曰地,是二之也。吾国天主,即华言上帝,与道家所塑玄帝玉皇之像不同,彼不过一人修居于武当山,俱亦人类耳。人恶得为天帝皇耶?吾天主乃古经书所称上帝也。《中庸》引孔子曰:郊社之礼,以事上帝也。朱注曰:不言后土者,省文也。窃意仲尼明一之以不可为二,何独省文乎?《周颂》曰:执竞武王,无竞维烈,不显成康,上帝是皇。又曰:于皇来牟,将受厥明,明昭上帝。《商颂》云:圣敬日跻,昭假迟迟,上帝是祗。《雅》云:维此文王,小心翼翼,昭事上帝。

---

① 利玛窦述:《天主实义》上卷,李之藻编《天学初函》第一册,吴相湘主编《中国史学丛书》,台湾学生书局,1965年,第399—400页。

② 利玛窦述:《天主实义》上卷,李之藻编《天学初函》第一册,第402—403页。

《易》曰：帝出乎震。夫帝也者，非天之谓，苍天者抱八方，何能出于一乎？《礼》云：五者备，当上帝其飨。又云：天子亲耕，粢盛秬鬯，以事上帝。《汤誓》曰：夏氏有罪，予畏上帝，不敢不正。又曰：惟皇上帝，降衷于下，民若有恒，性克绥厥猷惟后金縢。周公曰：乃命于帝庭，敷佑四方。上帝有庭，则不以苍天为上帝。可知历观古书，而知上帝与天主特异以名也。"[1]这是第十四句问答，援引先秦儒家之言论，证明"天主"之存在，采用的是"援儒证天"之法；同时反驳宋明儒者"天地为尊之说"（去"上帝"而尊"天地"）。

中士曰："世人好古，惟爱古器古文，岂如先生之据古理也，善教引人复古道焉，然犹有未谙者。古书多以天为尊，是以朱注解帝为天，解天为理也。程子更加详曰：以形体谓天，以主宰谓帝，以性情谓乾，故云奉敬天地，不识如何。"西士曰："更思之，如以天解上帝，得之矣。天者，一大耳，理之不可为物主宰也，昨已悉矣。上帝之称甚明，不容解，况妄解之哉！苍苍有形之天，有九重之析分，乌得为一尊也？上帝索之无形，又何以形之谓乎？天之形圆也，而以九层断焉，彼或东或西，无头无腹，无手无足，使与其神同为一活体，岂非甚可笑讶者哉！况鬼神未尝有形，何独其最尊之神为有形哉？此非特未知论人道，亦不识天文及各类之性理矣。上天既未可为尊，况于下地，乃众足所踏践，汙秽所归寓，安有可尊之势？要惟此一天主化生天地万物，以存养人民，宇宙之间无一物非所以育吾人者，吾宜感其天地万物之恩主，加诚奉敬之可耳。可舍此大本大原之主，而反奉其役事吾者哉？"[2]中士、西士都认为宇宙之间、天地万物，无一物非存养人民者，人当奉之敬之尊之，差别只有一条，就是西士认为宇宙之间、天地万物之上还有创造者、主宰者"天主"，而中士则认为宇宙之间、天地万物之上没有创造者与主宰者，没有"天主"，没有"主"。这个"主"是西洋哲学中的关键概

---

[1] 利玛窦述：《天主实义》上卷，李之藻编《天学初函》第一册，第414—416页。
[2] 利玛窦述：《天主实义》上卷，李之藻编《天学初函》第一册，第416—418页。

念,在中世纪表现为"天主"、"上帝",在其他时代表现为"本体",始终是不可舍弃的。中西哲学之根本差别在此。故第十五句问答,再次深入中西哲学的核心,以西洋哲学反驳中国哲学的"天地为尊"之说、"天地万物活体"之说、"天地万物无主"之说等等。

中士曰:"诚若是,则吾侪其犹有蓬之心也夫?大抵抬头见天,遂惟知拜天而已。"西士曰:"世有智愚差等各别,中国虽大邦,谅有智,亦不免有愚焉。以目可视为有,以目不能视为无,故但知事有色之天地,不复知有天地之主也。远方之氓,忽至长安道中,惊见皇宫殿宇巍峨巖嶪,则施礼而拜曰:吾拜吾君。今所为奉敬天地,多是拜宫阙之类也。智者乃能推见至隐,视此天地高广之形而遂知有天主主宰其间,故肃心持志以尊无形之先天,孰指兹苍苍之天而为钦崇乎?君子如或称天地,是语法耳,譬若知府县者以所属府县之名为己称,南昌太守称谓南昌府,南昌县大尹称谓南昌县,比此天地之主,或称谓天地焉。非其以天地为体也,有原主在也。吾恐人误认此物之原主而实谓之天主,不敢不辨。"①这是第十六句问答,进一步凸显中国哲学"无主论"与西洋哲学"有主论"之根本差异:"但知事有色之天地,不复知有天地之主",中国哲学也;以"有色之天地"为虚、为幻、为有待,以"天地之主"为实、为真、为自立,西洋哲学也。西士以中国哲学之观点为"愚",中士万不可自认为"愚"!

中士曰:"明师论物之原始,既得其实,又不失其名,可知贵邦之论物理,非苟且疏略之谈,乃割开愚忠,不留疑处,天主之事,又加深笃。愧吾世儒,佛仿要地而详寻他事,不知归元之学。夫父母授我以身体发肤,我固当孝,君长赐我以田里树畜使仰事俯育,我又当尊,矧此天主之为大父母也,大君也,为众祖之所出?君之所命,生养万物,奚可错认而忘之!训谕难悉,愿以异日竟焉。"西士曰:"子所求非利也,惟真道是问耳,大父之慈,将必佑讲者以传之,祐听者以受之,吾子有问,

---

① 利玛窦述:《天主实义》上卷,李之藻编《天学初函》第一册,第418—420页。

吾敢不惟命?"①这是第十七句问答,以西洋哲学"天主为大父母、大君"之说,反驳中国哲学"天地为大父母、大君"之说。

可知《天主实义》中"儒西之争"的深度与广度,远远超过清末及现今学术界公认的"中国近代儒学"之始祖龚自珍、魏源。以龚、魏为"近代儒学"之源始,反倒不如以明末"儒西之争"为源始,来得恰当。

又如《畸人十篇》②,全书十问十答,也是一部"儒西异同"问答书。第六篇名"斋素正旨非由戒杀",以西洋"天学"置换儒家"斋素"之说。儒者"斋素"之目标是"将以齐一心志,致其蠲洁,对越神明也"③。西士则以"天学"释读之:"凡一身之用,自择粗陋,自苦自责,以赎己之旧恶。及其新罪,晨夜惶惶,稽额于天主台下,哀悯涕泪,以洗己污,敢妄自居圣而夸无过,妄自宽己而须他人审判其罪也乎?所以躬自惩诘,不少姑恕,或者天主恻恤而免宥之,不再鞠也。此斋素正旨之一也。"④之下还论及"斋素正旨之二"、"斋素正旨之三",最后是李水部弃儒而就天:"李子读竟,曰:此实斋素真指,吾儒宜从焉,乃谢而请录之。"⑤这是"无主"之"斋素观"与"有主"之"斋素观"的一场争论。

再如《代疑篇》⑥,亦为"以西(天)斥中"并以此为天主教辩护之作。全书分上下卷,上卷论及问题为:造化万物一归主者之作用,生死赏罚惟系一主百神不得参其权,有天堂有地狱更无人畜鬼趣轮回,物性不同人性人性不同天主性,戒杀放生释氏上善西教不断腥味何云持斋,佛由西来欧逻巴既在极西必所亲历独昌言无佛,既说人性以上所言报

---

① 利玛窦述:《天主实义》上卷,李之藻编《天学初函》第一册,第420—421页。
② 《畸人十篇》,利玛窦述,李之藻、刘胤昌序,李之藻跋。刻于明万历戊申年(1608),收入李之藻编《天学初函》。
③ 《畸人十篇》,李之藻编《天学初函》第一册,吴相湘主编《中国史学丛书》,台湾学生书局,1965年,第197页。
④ 《畸人十篇》,李之藻编《天学初函》第一册,第199页。
⑤ 《畸人十篇》,李之藻编《天学初函》第一册,第206页。
⑥ 《代疑篇》,旧题《徵信篇》,明提学监察御史万历二十六年(1598)武林杨廷筠(教名"弥格子")著,河东康丕疆校,李之藻、王徵序,若瑟生批阅。关中王徵之序撰于天启辛酉年(1621),兹以是年为本书刊刻时间。

应反涉粗迹,西国义理书籍有万部之多若非重复恐多伪造,地四面皆人所居天有多层重重皆可测量,九万里程途涉海三年始到,从来衣食资给本邦不受此中供养,人伦有五止守朋友一伦尽废其四,礼惟天子祭天今日日行弥撒礼非僭即渎,谓窘难益德远于人情,疑西教者籍籍果尽无稽之可置勿问。下卷论及问题为:天主有形有声,降孕为人生于玛利亚之童身,天主有三位一体降生系第二位费略,被钉而死因以十字架为教,耶稣疑至人神人未必是天主,耶稣为公教圣神相通功,遵其教者罪过得消除,命终时解罪获大利益,十字架威力甚大万魔当之立见消陨。共论及二十四大问题,解释来自"中学"方面的对"天主"的疑问,自问自答,从各方面护教。

  书中载,"有大儒问于弥格居士","大儒"主张"偶然遇合,不须造作"、"自然生成,不由主宰",这就是中国哲学家的见解,代表了一种"自化"与"无主"的文明。"弥格居士"谓这种文明为"漫为之说",乃是迁就西洋"有主"文明的结果,反映了当时的"中西之争"及"儒西之争"。① 该书又说:"夫气无知觉,理非灵才,若任气所为,不过氤氲磅礴,有时而盈,有时而竭,有时而逆,有时而顺焉,能吹万不齐且有律有信也。即谓之理,理本在物,不能生物,如五声之在八音,变不胜穷,皆属之理。理在钟鼓管弦,不能自生钟鼓管弦,此人人所自明也。若偶然之说,尤属谬妄,天地万物自古及今,无一忒差,是何作用,可以偶然值者当之乎? 金偶然遇火则流火,偶然遇水则灭,若不相遇,终古不生不克。四行之用,一物不可少,若待偶然相值,物类毁灭久矣。人惟不明此理,第认物自生自长理气之中,如鱼在海中一般,反视天梦梦若与我邈不相干,天载之事,可知可不知,可事可无事。本由习迷不觉,复为异学夺志,将自古圣贤谆谆敬事之语,尽移之他向,而学术人心敝非一日矣。"② 这是站在西洋"有主"哲学的立场,批驳中国"无主"哲学,如

---

① 《代疑篇》,《天主教东传文献》,吴相湘主编《中国史学丛书》,台湾学生书局,1982 年,第 503 页。
② 《代疑篇》,《天主教东传文献》,第 503—505 页。

"理论"、"气论"、"偶然论"、"自生自长论"等。

该书又说:"海中一舟过焉,帆樯整理,即不见其人,知有操舟者在也。空中一矢过焉,发必中的,即不见其人,知必有运矢者在也。或云大生广生,自然而然,不由主宰,此又见其末,不见其本,不可不亟论者。洪荒之初,未有天地焉,有万物,其造无为有,非天主之功而谁功?《古经》云:天主化成天地以七日而功完,时则物物各授之质,各赋之生理,予之生机,各畀天神以保守之,引治之,此廼天主洪恩,自此物物依其本模,转其嗣续,完其生理,畅其生机。人第云天地之功,不知天地无功,天主命之,百神司之,即天地定位,谁非天主造成?知其自然,不知有使之自然者,岂探本之论乎?"①这是以"本末观"而驳中国哲学,以"有主"为本,而以"无主"为末。西洋哲学在天地之上硬安上一个"主",在万象背后硬安上一个"本体";中国哲学则以"天地"为最高,以万象为唯一真实。这两种截然不同的哲学之争论,在明末展开,乃是中国哲学史上的大事。一种"知其自然不知有使之自然者"的哲学,开始受到另一种"不知其自然只知有使之者"的哲学的挑战。

《三山论学记》②中,"曹观察"陈述的是一种"无主敬天观",拜天拜地但不以天地为"主",天地万物皆能"自然生灭"、"自消自长"、"偶然而能并育并行不害不悖";艾儒略代表"有主敬天观",并以西洋"有主哲学",释读中国"无主哲学",认定天地万物不能"自然生灭"、"自消自长",不能"偶然而能并育并行不害不悖"。③

"叶相国"同样以中国"无主哲学"反驳西洋"有主哲学",提问非常

---

① 《代疑篇》,《天主教东传文献》,第505—507页。
② 《三山论学记》,又作《三山论学纪》、《三山论学》,署泰西后学艾儒略著。1625年杭州初版,明天启七年(1627)刻于福州,1694年北京再版,另有山西绛州、上海土山湾孤儿院、上海土山湾(1923)等多种版本。湘隐居士黄景昉、石水道人苏茂相、古绛后学段衮序。"三山"即福州,"学"即"天学"。意大利传教士艾儒略与明相国叶向高、观察史曹佺诸人在福州争论儒学、天学之异同,录而刊之,即为是书。争论的时间一次为明天启五年(乙丑,1625),一次为明天启七年(丁卯,1627)。
③ 《三山论学记》,《天主教东传文献续编》第一册,吴相湘主编《中国史学丛书》,台湾学生书局,1966年,第439—440页。

尖锐:假如不先有天地,天主如何主之？显然应是天地在前,天主在后,否则不能成立。假如是天主创生万物然后主宰之,则是"为而有之",私心太重,完全不敌中国哲学"为而不有"的精神。"为而不有"就是"无主哲学","为而有之"就是"有主哲学";"为而不有"就是"自造自成","为而有之"就是反对"自造自成"。"父母"之喻、"宫室"之喻、"开国之君"之喻,均无法使艾儒略摆脱理论上的困境:若谓天主是"父母",试问天主之"父母"是谁？若谓天主是"宫室"之制造者,试问此制造者由谁制造？若谓天主是"开国之君",试问此国之前还有不有国？

"有主哲学"之追问止于"天主",显然是自相矛盾的。如其不自相矛盾,则"有主"之追问必止于"无主",从而走向其反面,一如亚里士多德"质料"之追问必止于"纯质料"、"形式"之追问必止于"纯形式",而"纯质料"不再是"质料"、"纯形式"不再是"形式"。"西洋哲学"之终极追问,必止于"中国哲学","西洋哲学"之最高境界,必落于"中国哲学"。"万物生于有",必止于"有生于无","无"就是"无主"。西洋哲学家懂得"万物生于有"之道,但始终难以懂得"有生于无"之道,故"西洋哲学"只是"中国哲学"的一个环节。[①]"有主哲学"以善归天主或主,以恶归个人;"无主哲学"则既以善归个人,亦以恶归个人,自造自担,自作自受。"有主哲学"以"恶"为"自造",而以"善"为他造,显然是和中国哲学中"积善积恶"之说根本不同的。叶相国之提问,直捣西洋哲学"死穴"。[②]

《万物真原》[③]中"或曰"部分代表中国哲学之观点(亦含儒家之观点),"曰"部分代表西洋哲学之观点,全书所论,就是中西哲学之争,或曰儒西之争。第一章中方观点为:"天地之始,经典未载,耳目未经,何以考之？"西方观点为:"物皆有始。"第二章中方观点为:"天地人物吾

[①] 《三山论学记》,《天主教东传文献续编》第一册,第442—443页。
[②] 《三山论学记》,《天主教东传文献续编》第一册,第445—446页。
[③] 《万物真原》,凡十一章。耶稣会士艾儒略述,同会龙华民、傅汎际、费乐德同订。艾儒略撰"小引"。始刻于明崇祯元年(1628),重订于清乾隆五十六年(1791)。

知有始矣,何以知其不能自生?"西方观点为:"物不能自生。"①第三章中方观点为:"天地既有始,又不能自生自有,必有造之者是矣。然既有天地,天为父,地为母,有氤氲之气,自然生人物矣。故人常感天地之恩,而以时祭谢之。"西方观点为:"天地不能自生人物。"第五章中方观点为:"气不能自分天地万物固矣,然气中有理,理能分气,造天地万物之功,理之功也。"西方观点为:"理不能造物。"第六章中方观点为:"人所能见者方为的确,可传千人,今谓天之有主,目不可见,岂易传于世乎?"西方观点为:"凡事宜据理而不可据目。"第七章西方观点为:"天地万物有大主宰造之。"第八章西方观点为:"天地万物主宰摄治之。"第九章西方观点为:"造物主非拟议所尽。"第十章西方观点为:"天主造成天地。"第十一章中方的问题是:"天主生天地万物是矣,不知谁生天主?"西方观点是:"天主为万有无原之原。"

第四节　明末"儒西之争"之主要内容与格式

一、以亚里士多德"四因说"驳道家之"无"与释家之"空"

如《天主实义》载,中士曰:"正道惟一耳,乌用众?然佛老之说,持之有故,凡物先空后实,先无后有,故以空无为物之原,似也。"西士曰:"上达以下学,为基天下以实有为贵,以虚无为贱,若所谓万物之原,贵莫尚焉,奚可以虚无之贱当之乎?况己之所无,不得施之于物以为有,此理明也。今曰空曰无者,绝无所有于己者也,则胡能施有性形以为物体哉!物必诚有,方谓之有物焉,无诚则为无物。设其本原无实无有,则是并其所出物者无之也。世人虽圣神,不得以无物为有,则彼无

---

① 《万物真原》,钟鸣旦等编《徐家汇藏书楼明清天主教文献》第一册,台北:方济出版社,1996年,第171—175页。

者空者,亦安能以其空无为万物有,为万物实哉?诚以物之所以然观之,既谓之空无,则不能为物之作者、模者、质者、为者,此于物尚有何着欤!"①

这是第三句问答,西士以亚里士多德"四因说"——动力因(作者)、形式因(模者)、质料因(质者)、目的因(为者)——批驳道家之"无"与释家之"空"。

二、以西哲"实体-属性"之说驳中哲之"太极"与"理"

如《天主实义》载,中士曰:"太极非他物,乃理而已,如以全理为无理,尚有何理之可谓?"西士曰:"呜呼!他物之体态不归于理,可复将理以归正议?若理之本体定,而不以其理,又将何以理之哉?吾今先判物之宗品,以置理于本品,然后明其太极之说不能为万物本原也。夫物之宗品有二,有自立者,有依赖者。物之不特别体以为物,而自能成立,如天地鬼神人鸟兽草木金石四行等是也,斯属自立之品者;物之不能立而托他体以为其物,如五常、五色、五音、五味、七情等是也,斯属依赖之品。且以白马观之,曰白曰马,马乃自立者,白乃依赖者,虽无其白,犹有其马,如无其马,必无其白,故以为依赖也。比斯两品,凡自立者,先也,贵也,依赖者,后也,贱也。一物之体惟有自立一类,若其依赖之类,不可胜穷,如人一身固为自立,其间情、声、貌、色、彝、伦等类,俱为依赖,其类甚多。

"若太极者,止解之以所谓理,则不能为天地万物之原矣。盖理亦依赖之类,自不能立,曷立他物哉?中国文人学士讲论理者,只谓有二端,或在人心,或在事物。事物之情合乎人心之理,则事物方谓真实焉。人心能穷彼在物之理而尽其知,则谓之格物焉。据此两端则理固依赖,奚得为物原乎?二者皆在物后,而后岂先者之原,且其初无一物之先,渠言必有理存焉?夫理在何处,依属何物乎?依赖之情,不能自

---

① 利玛窦述:《天主实义》上卷,李之藻编《天学初函》第一册,第401—402页。

立,故无自立者以为之托,则依赖者了无矣。如曰赖空虚耳,恐空虚非足赖者,理将不免于偃堕也。试问盘古之前既有理在,何故闲空不动而生物乎?其后谁从激之使动?况理本无动静,况自动乎?如曰昔不生物后乃愿生物,则理岂有意乎?何以有欲生物,有欲不生物乎?"①

这是第八句问答,西士给我们呈现出四百余年前罕见的"以西哲眼光观中国哲学"的图画:以西哲"实体-属性"之说驳中哲之"太极"与"理",判定中哲"太极"与"理"是"属性",而非"实体";以西哲"时间在先"之说驳中哲之"理物先后",判定理在时间上不先于物,并从而论证理不可能生物。此处讨论问题之深度,是清末学者不曾达到的。

又载,中士曰:"灵觉为有灵觉者所生,非理之谓,既闻命矣,但理动而生阳,阳乃自然之灵觉,或其然乎?"西士曰:"反复论辩,难脱此理。吾又问彼,阳者何由得灵觉乎?此于自然之理亦大相悖。"中士曰:"先生谓天主无形无声而能施万象有形有声,则太极无灵觉而能施物之灵觉,何伤乎?"西士曰:"何不云无形声者精也,上也,有形声者粗也,下也。以精上能施粗下,分不为过,以无灵觉之粗下为施灵觉之精上,则出其分外远矣。又云上物能含下物有三般焉:或穷然包下之体,如一丈载十尺,一尺载十寸之体是也;或浑然包下之性,如人魂混有禽兽魂、禽兽魂混有草木魂是也;或粹然包下之德,如天主含万物之性是也。夫天主之性最为全盛,而且穆穆焉,非人心可测,非万物可比伦也。虽然,吾姑譬之。如一黄金钱,有十银钱及千铜钱价,所以然者,惟黄金之性甚精,大异于银、铜之性,故价之几倍如此。天主性虽未尝截然有万物之情,而以其精德包万般之理,含众物之性,其能无所不备也。虽则无形无声,何难化万象哉!理也者,则大异焉。是乃依赖之类,自不能立,何能包含灵觉为自立之类乎?理卑于人,理为物而非物为理也。故仲尼曰:人能弘道,非道弘人也。如尔曰理含万物之灵,化生万物,此乃天主也,何独谓之理,谓之太极哉!"中士曰:"如此则吾孔

---

① 利玛窦述:《天主实义》上卷,李之藻编《天学初函》第一册,第405—408页。

子言太极何意?"西士曰:"造物之功盛也,其中固有枢纽矣。然此为天主所立者,物之无原之,原者不可以理以太极当之。夫太极之理,本有精论,吾虽曾阅之,不敢亲陈其辨,或容以他书传其要也。"①这是第十一、十二、十三句问答,西士再次以"实体－属性"学说释"太极"与"理",判定"太极"与"理"是"属性",不能自立,而"天主"是"实体",能自立,且能使万物自立;并再次重申"理"不能"化生物",能"化生万物"者只有"天主"。这是"中式无主论"与"西式有主论"最为关键的争论。

再看《天主实义》第七篇,篇名为"论人性本善而述天主门士正学",讨论仁、义、礼、智、信等问题,以西洋"有主论"为"正学",并以此驳斥儒、释、道三教。第一句问答,儒家的仁、义、礼、智、信被西士释读为"依赖品"、"依赖者",总之是属于西洋哲学中的"属性"或"性质",只能依附"实体"或"本体"而存在。"实体"或"本体"是谁呢?就是"天主",故西士谓"厥性之体与情,均为天主所化生"。② 这是中国哲学史上首次出现的以西洋"实体－属性"学说释读儒家"性情"学说,这个深度是清末学者不曾达到的,直至冯友兰、金岳霖等人才开始这样做。

三、从"时间在先"之角度讲论"理物先后"

如《天主实义》载,中士曰:"无其理则无其物,是故我周子信理为物之原也。"西士曰:"无子则无父,而谁言子为父之原乎?相须者之物情恒如此,本相为有无者也。有君则有臣,无君则无臣,有物则有物之理,无此物之实即无此理之实。若以虚理为物之原,是无异乎佛老之说,以此攻佛老,是以燕伐燕,以乱易乱矣。今时实理不得生物,昔者虚理安得以生之乎?譬如今日有舆人于此,有此车理具于其心,何不即动发一乘车,而必待有树木之质、斧锯之械、匠人之工,然后成车?

---

① 利玛窦述:《天主实义》上卷,李之藻编《天学初函》第一册,第411—414页。
② 利玛窦述:《天主实义》下卷,李之藻编《天学初函》第一册,第562—566页。

何初之神奇能化天地之大,而今之衰敝不能发一车之小耶?"①

这是第九句问答,西士提出"实理"与"虚理"之区分,"指实"之理谓之"实理",不"指实"之理谓之"虚理";又提出有物然后有理、无物之实便无理之实("有物则有物之理,无此物之实即无此理之实")等命题,还是从"时间在先"的角度讲论"理物先后"。约340年后冯友兰先生写《新理学》,讨论的深度亦不过如此。

四、用西洋哲学中之"发生论"释读"理生天地万物"之"生"

如《天主实义》载,中士曰:"吾闻理者,先生阴阳五行,然后化生天地万物,故生物有次第焉。使于须更生车,非其譬矣。"西士曰:"试问于子阴阳五行之理,一动一静之际,辄能生阴阳五行,则今有车理,岂不动而生一乘车乎?又,理无所不在,彼既是无意之物性,必直遂任其所发,自不能已,何今不生阴阳五行于此,孰御之哉!且物字为万实总名,凡物皆可称之为物。《太极图注》云:理者,非物矣。物之类多,而均谓之物,或为自立者,或为依赖者,或有形者,或无形者。理既非有形之物类,岂不得为无形之物品乎?又问理者灵觉否,明义者否。如灵觉明义,则属鬼神之类,曷谓之太极,谓之理也?如否,则上帝鬼神,夫人之灵觉,由谁得之乎?彼理者,以己之所无,不得施之于物以为之有也。理无灵无觉,则不能生灵生觉。请子察乾坤之内,惟是灵者生灵,觉者生觉耳。自灵觉而出不灵觉者,则有之矣,未闻有自不灵觉而生有灵觉者也。子固不逾母也。"②

这是第十句问答,西士完全用西洋哲学中的"实在论"来释读中国哲学中的"理",以为"理"是指实的;又完全用西洋哲学中的"发生论"来释读"理生天地万物"的"生",以为这个"生"就是"母生子"的那个"生",就是"鸡生蛋"的那个"生"。殊不知中土哲人所谓"生",并非这

---

① 利玛窦述:《天主实义》上卷,李之藻编《天学初函》第一册,第408—409页。
② 利玛窦述:《天主实义》上卷,李之藻编《天学初函》第一册,第409—411页。

样的实指。这个问题的讨论,也已经相当深刻。

五、以西洋哲学之"白板说"反驳儒家之"性本善"及"复初"说

如《天主实义》载,中士曰:"性本必有德,无德何为善?所谓君子,亦复其初也。"西士曰:"设谓善者惟复其初,则人皆生而圣人也,而何谓有生而知之,有学而知之之别乎?如谓德非自我新知,而但返其所已有,已失之大犯罪,今复之不足以为大功,则固须认二善之品矣。性之善为良善,德之善为习善。夫良善者,天主原化性命之德,而我无功焉,我所谓功,止在自习积德之善也。孩提之童爱亲,鸟兽亦爱之,常人不论仁与不仁,乍见孺子将入于井,即皆怵惕,此皆良善耳。鸟兽与不仁者,何德之有乎?见义而即行之乃为德耳,彼或有所未能,或有所未暇,视义无以成德也。故谓人心者,始生如素简,无所书也,又如艳貌女人,其美则可爱,然皆其父母之遗德也,不足以见其本德之巧。若视其衣锦尚絅,而后其德可知也。兹乃女子本德矣。吾性质虽妍,如天德以饰之,何足誉乎?吾西国学者,谓德乃神性之宝服,以久习义念义行生也,谓服则可著可脱,而得之于忻然为善之念,所谓圣贤者也。不善者反是,但德与罪皆无形之服也,而惟无形之心,即吾所谓神者衣之耳。"①

这是第三句问答,西士以西洋哲学固有的"白板说"("白板"即素简),反驳儒家之"性本善"说及由此而来的"复初"说("君子亦复其初也")。这也是清末学者没有达到的深度。

六、以西洋"三司"知识论释读儒家之"仁"与"义"

如《天主实义》载,中士曰:"人亦谁不知违义之自殃、从德者之自有大吉,盛福而不须外具也,然而务德者世世更稀其德之路,难晓乎,抑难进乎?"西士曰:"俱难也,进尤甚焉。知此道而不行,则倍其愆,且

---

① 利玛窦述:《天主实义》下卷,李之藻编《天学初函》第一册,第568—570页。

减其知！比子食者而不能化其所食,则充而无养,反伤其身。力行焉,践其所知,即增辟其才光,益厚其心力,以行其余。试之则觉其然焉。"中士曰:"吾中州士古者学圣教而为圣,今久非见圣人,则窃疑今之学非圣人之学,兹愿详示学术。"西士曰:"尝窃视群书论学,各具己私,若已测悟公学,吾何不听命而复有称述西庠学乎？愿取舍之在子耳。夫学之谓,非但专效先觉行动语录谓之学,亦有自己领悟之学,有视察天地万物而推习人事之学,故曰智者不患乏书册,无传师,天地万物尽我师,尽我券也。学之为字,其义广矣,正邪大小利钝,均该焉。彼邪学固非子之所问,其势利及无益之习,君子不以营心焉。吾所论学,惟内也,为己也,约之以一言,谓成己也。世之弊非无学也,是乃徒习夫宁无习之方,乃竟无补乎行。吾侪本体之神非徒为精贵,又为形之本主,故神修即形修,神成即形无不成矣。是以君子之本业,特在于神,贵邦所谓无形之心也。

"有形之身,得耳目口鼻四肢五司以交觉于物;无形之神,有三司以接通之,曰司记,含司明,悟司爱欲焉。凡吾视闻啖觉即其像,由身之五门窍以进达于神,而神以司记者,受之如藏之仓库,不令忘矣。后吾欲明通一物,即以司明者取其物之在司记者像,而委曲折衷其体,协其性情之真于理当否。其善也,吾以司爱者爱之欲之;其恶也,吾以司爱者恶之恨之。盖司明者达是又达非,司爱者司善善又司恶恶者也。三司已成,吾无事不成矣。又其司爱、司明者已成,其司记者自成矣。故讲学者只论其二尔已,司明者尚真,司爱者尚好,是以吾所达愈真,其真愈广阔,则司明者愈成充;吾所爱益好,其好益深厚,则司爱益成就也。若司明不得真者,司爱不得好者,则二司者俱失其养,而神乃病馁。司明之大功在义,司爱之大功在仁,故君子以仁义为重焉,二者相须,一不可废。然惟司明者明仁之善,而后司爱者爱而存之。司爱者爱义之德,而后司明者察而求之。

"但仁也者,又为义之至精,仁盛则司明者滋明,故君子之学,又以仁为主焉。仁,尊德也,德之为学,不以强夺,不以久藏,毁而殁,施之于人而更长茂,在高益珍,所谓德在百姓为银,在牧者为金,在君为贝也。尝闻智者为事必先立一主意,而后图其善具以获之,如旅人先定所往之域,而后寻询去路也。终之意,固在其始也。夫学道亦要识其向往者,吾果为何者而学乎?不然,则贸贸而往,自不知其所求。或学特以知识,此乃徒学;或以售知,此乃贱利;或以使人知,此乃罔勤;或以诲人,乃所为慈;或以淑己,乃所为智。故吾曰学之上志,惟此成己,以合天主之圣旨耳,所谓由此而归此者也。"①

这是第五、六句问答,西士把西洋哲学中一种完整的知识论——以"司记"定经验、以"司明"定是非、以"司爱"定善恶——介绍到中国学术界,这是中国哲学史上的第一次;又以此"三司"知识论释读儒家之"仁"与"义",也是中国哲学史上的第一次;又以"成己以合天主之圣旨"之经院哲学释读儒家"圣人之学"与"成己之学",更是中国哲学史上的第一次。

七、以天主教之"学理"置换儒门之"学理"

如《天主实义》载,中士曰:"此皆真语,敢问下手功夫。"西士曰:"吾素譬此工如圃然,先缮地,拔其野草,除其瓦石,注其泥水于沟壑,而后艺嘉种也。学者先去恶而后能致善,所谓有所不为,方能有为焉。未学之始,□心横肆,其恶根固深透乎心,抽使去之,可不黾黾乎!勇者,克己之谓也。童年者蚤即于学,其工如一,得工如十,无前习之累故也。古有一善教者,子弟从之,必问曾从他师否,以从他师者为其已蹈,曩时之误必倍其将诚之仪,一因改易其前误,一因教之以知新也。

"既已知学矣,尚迷乎色欲,则何以建于勇毅;尚骄傲自满欺人,则何以进乎谦德;尚惑非义之财物不返其主,则何以秉廉;尚溺乎荣显功名,则何以超于道德;尚将怨天尤人,则何以立于仁义。柜卣盈以醯

---

① 利玛窦述:《天主实义》下卷,李之藻编《天学初函》第一册,第572—577页。

盐,不能斟之郁邑矣。知己之恶者,见善之倪而易入于德路者也。欲剪诸恶之根而兴己于善,不若守敝会规例逐日□次省察。凡己半日间所思所言所行善恶,有善者□劝继之,有恶者自惩绝之,久用此功,虽无师保之责,亦不患有大过。然勤修之至,恒习见天主于心目,俨如对越。至尊不离于心,枉念自不萌起,不须他功,其外四肢莫之禁而自不适于非义矣。故改恶之要,惟在深悔,悔其昔所已犯,自誓弗敢再蹈,心之既沐,德之宝服可衣焉。夫德之品众矣,不能具论,吾今为子惟揭其纲,则仁其要焉。得其纲则余者随之,故《易》云:元者善之长,君子体仁足以长人。夫仁之说,可约而以二言穷之,曰爱天主,为天主无以尚;而为天主者,爱人如己也。行斯二者,百行全备矣。然二亦一而已,笃爱一人则并爱其所爱者矣。

"天主爱人,吾真爱天主者,有不爱人者乎?此仁之德所以为尊,其尊非他,乃因上帝借令天主所以成我者,由他外物又或求得之而不能得,则尚有歉然,皆由我内关,特在一爱云耳,孰曰吾不能爱乎?天主,诸善之聚,化育我,施生我,使我为人,不为禽兽虫,且赐之以作德之性,吾爱天主,即天主亦宠答之,何适不祥乎?人心之司爱向于善,则其善弥大,司爱者亦弥充。天主之善无限界,则吾德可长无定界矣。则夫能充满我情性,惟天主者也,然于善有未通则必不能爱,故知寸贝之价当百,则爱之如百,知拱璧之价当千,则爱之如千,是故爱之机在明达,而欲致力以广仁,先须竭心以通天主之事理,乃识从其教也。"①

这是第八句问答,重点是以儒家之"仁"释读西洋之"天主",并以天主教之"下手功夫"置换儒门之"下手功夫"。

又载,中士曰:"司爱者用于善人可耳,人不皆善,其恶者必不可爱,况厚爱乎?若论他人,其无大损,若论在五伦之间,虽不善者,我中国亦爱之,故父为瞽瞍弟为象,舜犹爱友焉。"西士曰:"俗言仁之为爱,但谓爱者可相答之物耳,故爱鸟兽金石非仁也。然或有爱之而反以

---

① 利玛窦述:《天主实义》下卷,李之藻编《天学初函》第一册,第579—583页。

仇,则我可不爱之乎?夫仁之理,惟在爱其人之得善之美,非爱得其善与美而为己有也。譬如爱醴酒,非爱其酒之有美,爱其酒之好味可为我尝也,则非可谓仁于酒矣。

"爱己之子,则爱其有善,即有富贵安逸才学德行,此乃谓仁爱其子。若尔爱尔子,惟为爱其奉己,此非爱子也,惟爱自己也,何谓之仁乎?恶者固不可爱,但恶之中亦有可取之善,则无绝不可爱之人。仁者爱天主,故因为天主爱己爱人,知为天主则知人人可爱,何特爱善者乎?爱人之善,缘在天主之善,非在人之善,故虽恶者亦可用吾之仁,非爱其恶,惟爱其恶者之或可以改恶而化善也。况双亲兄弟君长,与我有恩有伦之相系,吾宜报之,有天主诫令慕爱之,吾宜守之,又非他人等乎?则虽其不善,岂容断爱耶?人有爱父母不为天主者,兹乃善情非成仁之德也,虽虎之子为豹,均爱亲矣。故有志于天主之旨则博爱于人,以及天下万物,不须徒胶之为一体耳。"①

这是第十一句问答,西士主张"爱物非仁",反对儒者"天地万物为一体"之思想,试图以西洋哲学之"博爱"置换儒家之"仁爱"。

八、以西洋"生死"说置换儒家之"生死"说

如《畸人十篇》②之第一篇,名"人寿既过误犹为有",认人为过客,否定儒家"慎终追远"之理想。第二篇名"人于今世惟侨寓耳",论人为侨居,否定"现世"之意义,并以儒家之"天"释读"天主"。第三篇名"常念死候利行为祥",论"向死而生",驳儒家"未知生焉知死"之说。

第三篇驳论曰:"世界一图画耳,人人皆近于死,无复远者,不可信

---

① 利玛窦述:《天主实义》下卷,李之藻编《天学初函》第一册,第587—589页。
② 《畸人十篇》,利玛窦述,李之藻、刘胤昌序,李之藻跋。全书十问十答,是一部"儒西异同"问答书。书中问者皆当时名士达官:第一问者李太宰,第二问者冯大宗伯,第三问利玛窦问,徐太史答,第四篇复之,第五问者曹给谏,第六问者李水部,第七问者吴大参,第八问者龚大参,第九问者郭某士,第十问者某富人。全书问答均涉及"儒西之争",被当时学者视为学理上的一部名著。

目之化而谬曰或远或近矣。以是观之,吾不谓今日乃我所禀命终之日,必不能使我善用此日也。以吾年寡,多为善行,是豫获长寿利矣,苟老而不能为善,岂不失长寿利乎?人寿恒短,人欲恒长,短其寿者戒其欲之长也。苟能自知前路不长,所当止宿不远,何必盛聚资费哉!未老谋善度生,已老则图善受死可也。老者勤积财尤异焉,家弥迩弥,急于路费乎?"①这是一段典型的"未知死焉知生"的说教。

第四篇,名"常念死候备死后审",论"死后审判",驳儒家之"乐天知命"说,其驳"乐生"之说曰:"哀哉,人之愚耳!取之迷而忘大危险,不肯自拯拔焉,哀哉!西土有两泉相近,其一泉水人饮之便发笑,至死不止,其一泉水饮之便止笑,而疗其疾也。使人笑至死之水,是乃世乐迷人,坏其心也;止笑愈疾之水,则死候之念耳。可不旋酌之乎?"②西士反对儒者"笑对人生"的人生观。西士又借徐太史之口说:"于戏,此皆忠厚语,果大补于世教也。今而后吾知所为备于死矣。世俗之备于死也,特求坚厚棺椁卜吉宅兆耳,孰论身后天台下严审乎?"③试图以西洋的"死后审判"说置换儒家"事死如事生"之说。

九、讨论中西哲学中之"语言"问题

如《畸人十篇》之第五篇,名"君子希言而欲无言",以西洋哲学的"默教"证儒家"木讷近仁"之说。曹给谏问:"吾幼读孔子木讷近仁及利佞之说,即有志于减言,且闻贵邦尚真论,今愿闻禁言之法,言幸以告我,以证圣人之旨,以坚此寡言于同□□。"

西士回答说:"西陬一大贤瑣格剌得氏,其教也以默为宗,惟下弟子每七年不言则出,出其门者多知言之伟人也。是默也,养言之根矣,根深养厚而株高干枝盛也。又尝出一名师,教人论辩,所著格物穷理

---

① 《畸人十篇》,李之藻编《天学初函》第一册,吴相湘主编《中国史学丛书》,台湾学生书局,1965年,第144—145页。
② 《畸人十篇》,李之藻编《天学初函》第一册,第159页。
③ 《畸人十篇》,李之藻编《天学初函》第一册,第171页。

诸书，无为为比，至今宗用之。而其人每静默希言，或问之曰：子自不言，何能教人言？对曰：子不见夫砺石乎，已不动不利能使刃利焉。凡器之小而虚，则其声扬，器之大而充，则无音。何谓？小人中无学问，惟徒以言高耳；君子充实而美，斯无言也。善行为善言之证也，行也，无音而言矣。……造物者制人，两其手，两其耳，而一其舌，意示之多闻多为而少言也。其舌又置之口中奥深，而以齿如城，以唇如郭，以须如檀，三重围之，诚欲甚警之，使訒于言矣。不尔，曷此严乎？"①

此篇以"希言"、"减言"、"不言"为核心，专门讨论中西哲学中的"语言"问题，可以视之为四百年前中国哲学史上的一篇"语言哲学"专论。

十、以西哲之"成见"颠覆中国"仁者以天地万物为一体"之观念

如《代疑篇》所列第四项争论。此项争论题为"答物性不同人性人性不同天主性条"，开篇即讨论中国哲学中最核心之观念——"仁者以天地万物为一体"。其言曰："问：仁者以天地万物为一体，儒先至言也，今欲辟轮回之非而曰人物不同性，人与天主性尤迥绝，果儒先之言尽非乎？曰：儒先之言，自有所为为，隘视吾身者守其一膜，与天地万物绝不相关，泛视天地万物者任其惨舒荣悴，与吾身绝不相涉。是以自私自利，相戕相贼，宁知原来同一炉冶，故明儒特醒之曰：是吾一体，分虽殊而理则一，派虽别而源则同，如见入井之孺子而怵惕，见堂下觳觫而不忍见牭，□之草与自家生意一般，皆实境实情，惟仁者见其然焉。然云以之为体，则彼亦一体，此亦一体，不可强而同明矣。"②彼亦一体，此亦一体，并不妨碍天地万物为一体；只有在"西式思维"的格局下，才妨碍之。

---

① 《畸人十篇》，李之藻编《天学初函》第一册，第177—178页。
② 《代疑篇》，《天主教东传文献》，吴相湘主编《中国史学丛书》，台湾学生书局，1982年，第519—520页。

该篇又说:"今夫明镜在悬,万象摄入其中似乎实有,然而摄者虚象也,光去则不留,体移则尽换,镜与影原非同体,岂不昭然!若论性体不同,诸篇自有明解,姑摘言之。如草木依类而生,依期而长,止有生魂而不知趋避,是无觉魂也。禽兽有草木之生长,而能趋能避,是有觉魂然不论义理,是无灵魂也。人魂兼有三能,能辩理之是非,别人之可否。禽兽有是乎?今言草木不同于禽兽,人皆信之,独谓禽兽不同于人性,无有信者,则轮回之说溺其见,而又一体之说成其讹也。"①

"性不同"则不能为"一体",这是西洋哲学的"成见",实不足以颠覆中国"一体之论"。目之性在"视",耳之性在"闻",心之性在"明",足之性在"行",如此迥异,各行其是,如何能抟为"一体"呢?西洋哲学以为不能,以之为"讹",恰恰忽略了一项最基本事实:"人体"乃是宇宙中最妙之"机体",目、耳、心、足等等,就共处于这个"机体"中,共同完成这个"机体"特定之职能,如何能说"性"不同就不可以为"一体"?草木之性不同于禽兽之性,禽兽之性不同于人之性,此三者抟为"一体",又如何不可以呢?天地万物均不同"性",但却共同成就宇宙这个最大的"机体",这就是中国哲学中"仁者以天地万物为一体"的观念,这个观念西洋哲学至今不能领会。

该篇又说:"尝谓人有三世,母腹一世,出胎一世,归天堂一世。在胎不盈一掬,自谓至适,不知人世之宽也。出胎见天覆地载,方骇广大无比,又不知天堂之无穷无际也。天堂之与人世,人世之与母胎,广狭不同量矣。此人性、天性之别也。学者不明此理,徒见一体之说,脍炙已久,袭舛承讹,遂至泛滥无极。卑者认物为我,与众生轮回,既无了脱之期;高者认天犹凡,谓福尽降生,宁有敬事之念。惧认一体,流弊至是,不可不深辩也。"②以"人有三世"而证"一体之说"之误,似很难立足。

---

① 《代疑篇》,《天主教东传文献》,第520—521页。
② 《代疑篇》,《天主教东传文献》,第523—524页。

总之《代疑篇》全书是代中儒向西学提问,又代西儒答复并从而反驳中学,故自中儒一方言是"代疑",自西儒一方言亦可谓为"代答"。名《代疑篇》可,名《代答篇》亦未尝不可。作者杨廷筠以自问自答之体裁,在明末全面展开"中西之争"与"儒西之争",以之为"近代儒学"之源始,不亦宜乎。

十一、以西洋哲学中之"材料"与"形质"释读中国哲学之"气"

如《三山论学记》载:"观察公曰:谓二气之运旋者非乎,抑理也?曰:二气不出变化之材料,成物之形质,然则物之准则,依于物,而不能物物。《诗》曰有物有则,则即理也,必先有物,然后有理,理非能生物者。如法制禁令,治之理也,指法制禁令而即为君乎?谁为之发号施令而抚有四国也?若云理在物之先,余以物先之理归于无主灵明,为造物主。盖造物主未生万有,其无穷灵明必先包涵万物之理,然后依其包涵而造诸物也。譬之作文,必先有本来精意,当然矩矱,恰与题肖者,立在篇章之先,是之谓理。然而谁为之命意构句,绘章琢句,令此理跃然者?可见理自不能为主,当必有其主文之人。繇此观之,生物之理,自不能生物,而别有造物之主无疑矣。"①

此处艾儒略以西洋哲学中的"材料"与"形质"释读中国哲学之"气",显然是扞格不入的。他又在"理"之先加上一个"主",认为万物之先必有"造物主"存在,以西洋哲学中的"时间在先"与"实质在先"释读中国哲学中的"理物先后",以"有主哲学"解构中国"无主哲学",显然亦难奏效。然却是典型的"中国近代哲学"的思维格式。

又如《万物真原》之《论元气不能自分天地第四》所载,中士问:"天地之先,惟有一气,其清者分而为天,其浊者分而为地,此乃天地之根也,何复论造物主哉?"艾儒略答:"气者不过造物之材料,非可自造物

---

① 《三山论学记》,《天主教东传文献续编》第一册,吴相湘主编《中国史学丛书》,台湾学生书局,1966年,第440—442页。

也,且据云分而为天,分而为地,则已有分之者,果元气之能自分乎?元气之说,夫何所考?或者不知天地来繇,姑举元气以为天地之根柢。然以理推论之,凡物受生,必有四所以然,而后能成。曰质者,曰模者,曰造者,曰为者,缺其一必不能成物。而论凡物之生,又分两种,有生成者,有造成者,两种俱赖四者而成。试论生成之物,如人以形躯为体质,以灵性为模,以父母为造作,以父母继嗣之本意为为。再观造成之物,如瓦器以土为质,以式为模,以人工为造,以其所适之用为为。万物皆然,则天地之先纵有元气,亦断不能自分为天地万物,必有造之之主明矣。

"又,凡造物者必先有其物,当然之象在明觉中,因照内心之象,然后能成其物也。譬如工匠造器,必先有器之象了于胸中,然后能信手造出,如无此象,便懞然不能措手矣。今元气更无灵觉,不能明了天地之象,何能造天地哉?又,凡造物者必在物体之外,如工匠造器,必不分其体为器皿,须以他物造之,其工匠固在他物外也。今元气浑在物物中以成万物,是元气为物体而不在外,仅可为质者、模者,而不可为造者、为者也。"①

此处以"材料"释"气",乃是中国近代哲学家以"质料"释"气"的始作俑者;又以亚里士多德"四因说"("四所以然")驳斥中国哲学之"元气说",亦肇中国哲学所谓"近代化"之端。

十二、以"物之元质"释读"太极"

如《三山论学记》载:"相国曰:太极也者,其分天地之主也。儒略曰:太极之说,总不外理气二字,未尝言其为有灵明知觉也。既无灵明知觉,则何以主宰万化?愚谓于天地犹木瓦于宫室,理也者,殆如室之规模乎?二者缺一不得。然不有工师,谁为之前堂后寝、庖湢门墙,彼

---

① 《万物真原》,钟鸣旦等编《徐家汇藏书楼明清天主教文献》第一册,台北:方济出版社,1996年,第182—184页。

栋梁而此榱桷也？向呈拙述物原之论，师相谓深入理窟，正合今日之所举矣。儒者亦云：物物各具一太极。则太极岂非物之元质，与物同体者乎？既与物同体，则囿于物而不得为天地主矣。所以贵邦言翼翼昭事，亦未尝言事太极也。"①

以"物之元质"而释读"太极"，不正是三百余年后诸多"中国近代哲学家"努力为之，乐于为之的吗？这是一种"实体主义"的思维，这是一种"本质主义"的思维，以"实体主义"释读中国哲学，以"本质主义"释读中国哲学。此种所谓"近代化"，是起始于明末，而非清末，更非民国之后。

十三、以西洋"原罪"说释读中国哲学之"恶"

如《三山论学记》载："相国曰：人之善恶赏罚既不可免，则天主生人，何不多善少恶，善或不可多得，何不荐生贤哲之君？君仁莫不仁，君义莫不义，而天下万世治平不亦休哉？曰：父母生子，岂不欲皆贤，以身为范而督教之，然有不肖者，此乃其子之过，何可委咎厥父耶？人性原无异禀，天主至善，岂有赋予恶性之理？故人之生也，天主赋以明悟之知使分善恶，又赋以爱欲之能使便趋避，知能各具，听其自传。第其原罪之染未除（原罪之染，详见别篇），则本性之正已失，明悟一昏，爱欲顿僻，由是趋避之路，因而渐歧。其为善恶之分者一也。形躯受之父母，则血气有清浊，所谓禀气是也。禀气乃灵性之器具，或有良易冲和者，或有躁虐暴戾者，生平举动多肖之而出。其为善恶之分者二也。

"人所居处，五方风气不同，习尚因之各异。见闻既惯，习与成性。其为善恶之分者三也。然天主所爱者善，无不多方启翼之，所恶者恶，无不多方儆诫之。但人不愿为善，顾愿为恶，而天主强之于善，无有是理。人各有所为之善恶，自应各受善恶之报，而谓天主不

---

① 《三山论学记》，《天主教东传文献续编》第一册，第444—445页。

加,亦无是理。若使天主赋性于人,定与为善,不得为恶,虽造物主之全能无不能者,顾必如此而后方为善,则为善者天主之功,岂得谓为人之功也哉?如天主生火,其性本热,民赖以生,然非火之功也;日之光,万方毕照,日亦曾有何功可赏?缘火之热、日之照,非其本心则然,其性定于此,不自知其然而然也。赏罚上主不爽,善恶听人自造,盖如此已。

"至论笃生贤君,亦以此可推。夫帝王士庶,同是赋禀,然帝王之力无所不举,能为善则功德甚大,苟为恶则罪愆亦甚大。是非天主定其善恶,亦世主之自为善恶也。吾教大行之地,则代有圣哲,主持教化,政平俗美,上下和乐,熙熙穆穆,此岂大主偏厚此一方人耶?上下皆尊崇圣教,自不肯为非也。彼不知上有至尊之畏而恣意妄为者,则极之不律,民将何从?风俗浸漓,乱贼踵接,自贻伊感而责望于天主,谓将有斩焉,非通论矣。"①

此处艾儒略以西洋"原罪"说释读中国哲学之"恶",乃是一个全新的视野。又以"有主哲学"而对决"无主哲学":西士以为覆非天之功、载非地之功、光明非日月之功,故不当敬祭天地日,而当敬祭其主宰者;中士则以为覆即天之功、载即地之功、光明即日月之功,故当敬祭天地日,故中土才有天坛、地坛、日坛、月坛之置。"有主哲学"造成西洋之"一神教","无主哲学"造成中土之"多神教"。

十四、中西两种"灵魂观"之对决

如《三山论学记》载:"相国曰:人之善恶不齐,生前赏罚未尽,必在身后,固宜。然人之灵魂乃精气耳,气聚则生,气散则死,安见身后复有赏罚耶?纵人之灵气,或有精爽不散者,形躯既无,苦乐何所受,赏罚何所施耶?曰:按敝土性学,气者四行之一,顽然冥然,泓漫宇内,全无知觉,在物则为变化之料,在人则为呼吸养身之需,是非所谓灵性

---

① 《三山论学记》,《天主教东传文献续编》第一册,第458—462页。

也。盖人在气中,昼夜呼吸,时刻无停,不知几万更易,设使人魂为气,则魂亦有更易矣。魂更则人与俱更,且昼之己,非暮夜之己,有是理哉?况人寓气中,呼吸有馀,何缘有尽,乃为气尽而身死乎?设人之灵与气同散,则先王先师与夫祖先之神,与其身偕亡矣,彼立祠立像而致敬尽礼祭祀之,不过祭其土木,与先人无与乎?可见气是气,灵是灵,判然为二,岂可混为一而不分别哉?"①

以"气"之聚散论灵魂,此为中国哲学之"灵魂观";分"气"、"灵"为二,认定"气是气,灵是灵",此为西洋哲学之"灵魂观"。

书中又载:"曰:人魂非呼吸之气,固矣,然或与人精气为一。曰:设使人之精气与灵明为一,凡人之精气强壮,则其灵明才学亦宜与之强壮也。人之精气衰弱,其灵明亦宜与之衰弱也。今每见人当气强壮时,其灵明才学反为衰弱,至气若衰老,其灵明之用,义理之主张,更觉强壮也。当知所谓魂也者,乃生活之机运动灵觉之用也。生物有三种:下者则生而无觉,草木是也;中者生觉而无灵,禽兽是也;上则生觉灵三能俱备,人类是也。故魂亦有三种:一为生魂,一为觉魂,一为灵魂。生魂助草木发育生长,觉魂助禽兽触觉运动,二者囿于形,根于质,而随物生灭,所谓有始有终者是也。若人之灵魂为神妙之体,原不落形,不根质,自无更易聚散之殊。故虽与人身俱生,必不与人身俱灭,所谓有始无终者是也。是以人之灵魂,特有所异,合身亦然,生离身亦然,生不论圣贤不肖、英雄凡夫,赋畀无二,不因善否变易性体,故永存亦无二也。独其所受善恶之报殊甚。盖人之灵魂原为一身之主,形骸百体灵魂之从役者也,善恶虽所共行,而其功与罪总归主者。形骸归土,主者自存,必复命天主以先听其审判赏罚也。"②

此处艾儒略"生魂"、"觉魂"、"灵魂"之三魂的区分,有点类似荀子

---

① 《三山论学记》,《天主教东传文献续编》第一册,第469—470页。
② 《三山论学记》,《天主教东传文献续编》第一册,第470—473页。

"性论"的三分法,只是艾氏讲"主",而荀子不讲"主",艾氏讲"灵魂不灭",而荀子不讲"不灭"。这也是中西两种"灵魂观"的对决,合乎"近代"之学术形态。

十五、以西洋"定性论"驳中国"随性论"

如《万物真原》载,中士问:"譬如谷种,仅一粒耳,迨其后枝干花实,自然而生,不必有他适之者,物具本性,又因本性发生,乃自然而然,岂必有他作者乎?"艾儒略答:"种之发生,必不离于造者,设种无前树生之,将必无今树之生。故前树为后种之私造者。纵自各有种子,无人力栽培与夫土之滋润,天之照临为种公造者,则亦不能发生也,矧今之所云元气,苟无造之者,即无所从来。设有元气,而无停毓运旋之者,亦不能自分天地与夫万物之散殊也。何况凡有自然而生之物,必先有定其自然之性,为其自然之所以然者,如火自然而热,水自然而湿,必先有定水火之性者,而后水火能有此性耳,非水火能自任己意以为冷热也。则元气不能自分,天地另有造之者著矣。"①

此处是以西式"定性论"驳斥中式"随性论"。西洋哲学以为火之"热性"与水之"湿性"是固定不变者,任何条件、任何背境下均不变,此为"定性论";殊不知在中国哲学看来,万物无定性,火在甲条件为热,在乙条件下则不为热矣,故"热"非为火固定不变之"本性",此为"随性论"。此处亦肇中国"近代"哲学家以西洋"定性论"驳中国"随性论"之端。

十六、以西洋哲学之"本体论"驳中国哲学

如《万物真原》载,中士问:"然天地万物虽不自生,亦不必有所从生,乃云其原自有,于理何伤?"对此问题,艾儒略回答说:"自有者,无

---

① 《万物真原》,钟鸣旦等编《徐家汇藏书楼明清天主教文献》第一册,第184—186页。

时不有,无德不备,无福不全,绝无穷尽。凡物受生于他造者,任造者之意以造之,早迟先后,长短广狭,方圆平直,俱随其意,故不受生而自有者,无有定其本体,与夫时德福之界限者。今天虽光明亦有昧蜎,虽至广大亦有穷尽,诸重天之上更无天也,九重天以下亦无天也。不惟其本体有尽,其用亦有穷,而德福又不必论矣。矧天原自无而有,则原非自有者明也。天如此,地与人物又在天之后,愈不可言自有矣。……主宰天地者,即造成天地万物之主也,惟有此一主自然而自有,故惟此一主无时不有,无智能德福不全备。他物受此主化育,谓之自有可乎?"①

此处以西洋哲学中的"本体"证明"物不能自有",天地万物均非"自然而自有"者,只有天地万物之外的那个"主宰"才是"自然而自有"的。这完全是以西洋哲学的"本体论"驳斥中国哲学。

第五节　对于"西学"之全面反击

《破邪集》中"德清后学许大受"所著《圣朝佐辟》,是"中国近代儒学史"源头上一份极重要的文献,可与黄贞的《尊儒亟镜》相并列。许氏"三教不容四"之立场,又是一个处理中学与西学关系的重要学术框架或格式,较之黄贞"中学摄受西学"之格式,"拒西"的态度更为坚决。但许大受与黄贞都有相同或相似的文化立足点,就是反对"以西灭儒",反对"舍华从夷"②。

许大受《圣朝佐辟》共分十篇,提示"西学"的十大问题:"一辟诳

---

① 《万物真原》,钟鸣旦等编《徐家汇藏书楼明清天主教文献》第一册,第175—177页。
② 许大受:《圣朝佐辟》,徐昌治编辑《破邪集》,周驲方编校《明末清初天主教史文献丛编》第三册,北京图书馆出版社,2001年,第162页。

世",斥传教士"欺天罔俗"之弊;"二辟诬天",证明儒学之天"实非夷之所谓天";"三辟裂性",证明儒学之"性"实非夷之所谓"性";"四辟贬儒",斥"夷人之敢于非圣"、"敢背先师";"五辟反伦",斥传教士之贬抑"人伦";"六辟废祀",斥传教士之"皆不祀先";"七辟窃佛诃佛种种罪过",斥传教士之贬抑"佛学";"八辟夷所谓善之实非善",证明儒学之"善"实非夷之所谓"善";"九辟夷技不足尚,夷货不足贪,夷占不足信",证明传教士所谓"制器"亦逊于中国;"十辟行私历,攘瑞应,谋不轨,为千古未闻之大逆",证明传教士所谓"历法"亦逊于中国。① 后两篇涉及中西"科技"之异同与高低,这是黄贞《尊儒亟镜》没有论说到的。

揭示"西学"十大问题之后,许大受《圣朝佐辟》以"舍我其谁"的大无畏精神,提出以"非常手段"解决"儒西之争":"伏愿蒿目时艰之大人豪杰,忧深虑远,密画而断行之,将省直夷种渠魁,如艾、龙辈,或毙之杖下,或押出口外,而取津吏之回文,疏之朝廷,永永不许再入,入则戮其津吏及押夷者。其在某邑某村之祖其说而风靡者,先以保甲捕党,后以勒石铭功,下令曰:有敢怙终者罪死! 若矜子敢尔,察以师儒,又请悉毁其书各一册印钤贮库,使民间咸知邪说谬书止有此数,使此后之邪说不得如前篇所称彼国有七千部夷书未来中国之讹言,而别添纰说以贻将来不可穷诘之祸。其有衿绅氓庶憬然改绘者,乐与更始,则乱庶遄已矣。"② "密画而断行之",就是所谓"非常手段"。所提措施未必恰当,但作者已敏锐地预感到,"西学"入侵乃是"中华文脉"面临的最大危机,比之此前所有的外族入侵都要危险百倍,故他称之为"千古未闻之大逆"。此种提法比清末"三千年未有之大变局"一类说法,早出将近四百年。

---

① 许大受:《圣朝佐辟》,徐昌治编辑《破邪集》,周弢方编校《明末清初天主教史文献丛编》第三册,第162—180页。
② 许大受:《圣朝佐辟》,徐昌治编辑《破邪集》,周弢方编校《明末清初天主教史文献丛编》第三册,第180—181页。

又如智旭禅师①所撰《辟邪集》②，表面上似乎只是释、西之争或禅、西之争，实际上亦包含儒、西之争。智旭禅师辟天主之邪，使用的武器有禅学，但更多的是儒学，一如《刻辟邪集序》所言，"能以佛理作儒理辨"③。

《辟邪集》所载《天学再征》针对西洋传教士所作《西来意》、《三山论学记》、《圣教约言》等书之言论，展开驳论。第一驳讲明的道理是：中国哲学讲"为而不有"，只操舟而不造舟；西洋哲学讲"为而有"，并造舟、操舟于一人，可说是"自造自操"，宁有是理乎？④ 第二驳讲明的道理是：西士常以"工匠成房屋"证"天主成天地"，工匠成之而不主之，则天主亦宜成之而不主之。⑤ 此处以"无主哲学"而驳"有主哲学"，击中要害。

第三驳讲明的道理是：中国哲学讲究的是"天地与我并生"，西洋哲学讲究的是"天主先天地生"、"天主先我而生"。西洋近代哲学不要"天主"了，但依然讲"本体"，而"本体"不过就是"天主"之化身而已。⑥ 这是以"俱生论"或"并生论"而驳"创生论"，极具震撼力。第四驳讲明的道理是："天主……若谓高居天堂，至尊无上，则盈充之义不成。若谓遍一切处，则至尊之体不立。"⑦此处驳"有主哲学"关于"主"之"至尊

---

① 智旭(1599—1655)，明代四大高僧之一，俗姓钟，名际明，一名始声，字藕益，一字振之、素华，号八不道人。吴县(今江苏苏州)木渎人。三十岁之前习儒，著《辟佛论》数十篇坚斥佛、老。三十岁之后"逃儒入禅"，著《辟邪集》等，坚斥"天学"或"西学"。于佛教内部，倡导禅净合一，禅教律三学统一；于中学内部，倡导佛、道、儒三教一致；中学与西学之对决，则倡导佛、道、儒三教一致以应对"西学"之挑战。故智旭实已站在中西哲学之交汇点上，实已站在"佛禅格式"与"西学格式"之交汇点上。
② 《辟邪集》，成于明崇祯十六年，西元1643年。明刻本《辟邪集》包括以下内容：《刻辟邪集序》、《钟振之居士寄初征与际明禅师柬》、《际明禅师复柬》、《钟振之寄再征柬》、《际明禅师复柬》、《天学初征》、《天学再征》、《辟邪集跋语》，金阊逸史钟始声振之甫著，新安梦士程智用用九甫评。
③ 智旭：《辟邪集》，《天主教东传文献续编》第二册，吴相湘主编《中国史学丛书》，台湾学生书局，1966年，第907页。
④ 智旭：《辟邪集》，《天主教东传文献续编》第二册，第925—926页。
⑤ 智旭：《辟邪集》，《天主教东传文献续编》第二册，第926—927页。
⑥ 智旭：《辟邪集》，《天主教东传文献续编》第二册，第927—928页。
⑦ 智旭：《辟邪集》，《天主教东传文献续编》第二册，第929—930页。

无上"义与"盈充"义。

第五驳讲明的道理是:若谓天主造天地万物,则天地万物各各为一天主,何须在天地万物之外另设一天主?① 故西式"天主"完全不同于中式"上帝",后者"但操舟而不造舟"、"但治世而非生世"。"创生"之说在中国哲学中是不成立的,太极生两仪之"生"、两仪生四象、四象生八卦等等之"生",均非"创生"之义,实乃"并生"之义。"并生说"与"全息论"可以彻底打破西式"有主论"与"本体论"。"并生说"与"全息论"就是智旭所说"吾儒继天立极之真学脉"。智旭此处是以"儒理"而攻"天学",采用的完全是"近代格式"。此处以一个完整的中式"全息论"而驳倒西式"有主哲学"。

第六驳涉及中西"灵魂观";第七驳涉及中西"天人一体观";第八驳涉及中西对"心含天地具万物"之不同理解;第九驳涉及"物之内外";第十驳涉及"形与无形";第十一驳涉及中西之不同"大父母观";第十二驳讨论"性命可赋与否";第十三驳讨论"物、理之先后";第十四驳讨论"有始无始之先后"、"无形有形之先后";第十五驳讨论"天地自造自成"问题;第十六驳讨论"太极"、"理气"问题;第十七驳讨论"物各具一太极"问题;第十八驳讨论"恶之来源"问题;第十九驳讨论"天主生物"问题;第二十驳讨论人之"生前死后"问题;第二十一驳讨论"性体"问题;第二十二驳讨论天主之"奇功异瑞"问题;第二十三驳讨论天地万物"终始"问题;第二十四驳讨论天主"生物以为人用"的问题;第二十五驳讨论"死后善恶"问题;第二十六驳讨论"天堂地狱"问题;第二十七驳讨论"专奉一主"问题。

全书驳论,以"吾儒"自称,一律站在"儒理"立场以驳"天学",力图收"援天入儒"之效。这是一种十分健康的"儒学近代化"模式;清末民国学者采用的"援儒入西"的"儒学近代化"模式,乃是不健康的,是完全的"舍己从人"。

---

① 智旭:《辟邪集》,《天主教东传文献续编》第二册,第930—934页。

可知"中国近代儒学"的起点就在明末,其学术框架是"援西入儒"。此时学者对于中华文化之自信,依然坚挺。在这样的背景下而融会中西,方有"中华文明"之再生与复兴。

第六节 "以中化西"之尝试

如《天学说》①之核心,就是以中国之"易理"释读"天学",这是中西哲学交流初期"以中化西"的重要尝试。

该书说:"窃想孔子一生所深知而得力者,莫如易。易,天书也,天学之祖也。观赞易乾卦曰:大哉乾元,万物资始,乃统天。乾元统天,天主之说也,异其名而同其实也。赞易坤卦曰:至哉坤元,万物资生,乃顺承天。坤无元,以乾之元为元,乾施而坤承之也,故曰顺承天。赞易六十四卦曰:乾以君之,坤以藏之,不大明天主之义而泄易之缊耶!"②以"易理"释"天学",认为《易》乃是"天书",乃是"天学之祖",这是中国学者应该具备的一种气魄。这种气魄在明末清初还是存在的,只是到清末以后才丧失。一旦丧失,中国学者便失去了"话语权",只能自觉地"装聋作哑"、"人云亦云"了。

该书又讲"借易以明之"③,借易以明天学,乃是"援天入儒"的基本思路。又云:"孟子曰:天下之言性也,则故而已矣。苟求其故,天之高也,星辰之远也,千岁之日,至可坐而致也。孔子后,惟孟氏揭出夜气,透露消息,孟子后惟先儒邵子……嗣是而后,知者何人,言者何人?不意今日泰西天主教,犹能发明斯义以教人。苟学者能不迷不疑,登天

---

① 《天学说》,明明子邵辅忠著梓,约成书于明万历四十四年(1616)。
② 《天学说》,《天主教东传文献续编》第一册,吴相湘主编《中国史学丛书》,台湾学生书局,1966年,第11—12页。
③ 《天学说》,《天主教东传文献续编》第一册,第12—16页。

主之堂,入天主之室,而学焉,问焉,辩焉,思焉,行焉,则庶几矣。故作《天学说》。"①

以"天学"为"易理"之发明与延续,以"西学"为"中学"之发明与延续,乃是《天学说》的最终归依与根本思维框架。可知《天学说》乃是中西哲学交流史上的重要文献,真正"近代儒学"的开端或源始。清末以后的"近代儒学",乃是"援儒入西",跟明末的"援西入儒"相比,可说有天壤之别。《天学说》之批评格式,我们可以称之为"援天入易",或"援西入中",这是目前中国学者最需要的一种格式。

又如"福建霞漳去惑居士"黄贞②,崇祯己卯(1639)仲春撰《破邪集自叙》,申明自己编撰《破邪集》③之目的,是在"儒西之争"生死存亡之关头,拒斥"西学"而捍卫"尧舜周孔"之道。《破邪集自叙》开门见山:"奸夷设天主教入我中邦,以尧舜周孔入地狱,此千古所未有之胆也。"④

约在1632—1639年间,黄贞又撰《尊儒亟镜》(叙一,说凡七,应已收入其自编《破邪集》),分七个方面讨论"儒西之争"⑤。就态度而言,此书反对"以西灭儒",反对"舍华从夷",把当时"儒西之争"提高到儒学生死存亡之高度来认真对待,所采完全是一种"近代"的立场;就内容而言,其书讨论儒西"天学"之异、儒西"生死观"之异、儒西"苦乐观"之异、儒西"尊贵观"之异、儒西"道学"之异、儒西"太极观"、"理观"之异等等,已深入到中学与西学之核心,所讲亦完全是一些"近代"的东

---

① 《天学说》,《天主教东传文献续编》第一册,第16—18页。
② 黄贞,号天香子,又云去惑居士,福建闽中霞漳人,颜光衷先生之门人。
③ 徐昌治《破邪集》,名为《圣朝破邪集》,后人称为《明朝破邪集》,疑即以黄贞一人之《破邪集》为基础扩充而成,果如是,则可称黄贞之书为《小破邪集》,徐昌治之书为《大破邪集》,或以《破邪集》与《广破邪集》相区分,以示不掩黄贞之功也。《小破邪集》收录其1632—1639年"七年以来"之"反西学"文字,是"中国近代儒学"之重要源头。
④ (明)黄贞:《破邪集》,周弭方编校《明末清初天主教史文献丛编》第三册,北京图书馆出版社,2001年,第154页。
⑤ 黄贞:《破邪集》,周弭方编校《明末清初天主教史文献丛编》第三册,第149—154页。

西。故著者以为黄贞《尊儒亟镜》乃是"中国近代儒学"源头上之极重要篇章。

此外黄贞更撰有《不忍不言》一篇,以佛家"白衣弟子"之身份,提出了"以佛学摄受西学"的中西融通模式:"则目今狡夷大倡天主之教,首自利妖发难以来,迄今五十余年,曾不闻一圆颅方服之人起而匡救其间,岂普天下名师硕德尽皆塞耳无闻与,抑或闻之而漠然不在意与,抑或虽在意中而势无可奈何与?夫不能出死力于智尽能索之秋,谓之偷生之士。……况妖夷阳攻释以款儒,阴抑儒以尊己,其说矫诬,视化胡而更巧,其心叵测,较张杜而为尤。……伏愿大师大德,大发智悲,亟以西土列祖摄九十六种外道之法,以摄受之,或躬摧,或量破,俾之罄然心折,自立赤幡之下。"①以中学"摄受"西学,实际就是"以中化西",这是一个非常大胆的学术框架。

第七节　明末实为"中国近代儒学"之源始

以上粗略的分析告诉我们,"中国近代儒学"所要求的内容及基本"释读框架",在明末几乎已全部具备,如(一)以亚里士多德"四因说"驳道家之"无"与释家之"空",(二)以西洋哲学"实体－属性"之说驳中哲之"太极"与"理",(三)从"时间在先"之角度讲论"理物先后",(四)用西洋哲学中之"发生论"释读"理生天地万物"之"生",(五)以西洋哲学固有之"白板说"反驳儒家之"性本善"及"复初"说,(六)以西洋之知识论释读儒家之"仁"与"义",(七)以西洋之"学理"置换儒门之"学理",(八)以西洋之"生死"说置换儒家之"生死"说,(九)讨论中西哲学中之"语言"问题,(十)以西洋哲学之"成见"颠覆中国"仁者以天

---

① 黄贞:《破邪集》,周驲方编校《明末清初天主教史文献丛编》第四册,第210—211页。

地万物为一体"之观念,(十一)以西洋哲学中之"材料"与"形质"释读中国哲学之"气",(十二)以"物之元质"释读"太极",(十三)以西洋"原罪"说释读中国哲学之"恶",(十四)中西两种"灵魂观"之对决,(十五)以西洋"定性论"驳中国"随性论",(十六)以西洋哲学之"本体论"驳中国哲学,(十七)对于"西学"之全面反击,(十八)"以中化西"之尝试,等等。

"中国近代儒学"之主题,不过就是"儒西之争",明末众多学者讨论"儒西之争",既已如此广泛,如此深入,且明确提出了各自不同的"释读框架",较之清末有过之而无不及,视其为"中国近代儒学"之源始,不亦宜乎。

第一章

龚自珍的儒学

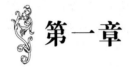

龚自珍(1792—1841),一名巩祚,字璱人,号定盦,浙江仁和(今属杭州)人。道光进士。清思想家、文学家。曾从常州今文经学家刘逢禄学《公羊春秋》,探求经书之"微言大义"。倡"通经致用"之学。有《定盦文集》行世,今人编有《龚自珍全集》。

第一节 "中西关系"已进入其视野

要在"中国近代儒学史"上占一地位,第一要件就是处理儒学与西学之关系,或曰儒西关系。处理的方式可以多种多样,层次也可以有高低不同,但必须把此要件总是提到自己思想的中心,至少提到一个极重要的地位,方能获得所谓"近代性"。这是近代中国之学术大势所决定的。

"西人"已进入龚自珍的视野。道光初年撰《农宗》,指明鸦片之危害,主张严办鸦片种植与吸食者:"百家之城,有货百两,十家之市,有泉十绳,裁取流通而已;则衣食之权重,则泉货之权不重;则天下之本不浊,本清而法峻,诛种艺食妖辣地膏者,枭其头于陇,没其三族为奴。"①

道光三年(癸未,1823)正月撰《阮尚书年谱第一序》,又论及中西关系:"自儒生薄夫艺事,泰西之客拵其虚,古籍霾于中秘,智计之士屏弗见。于是测步之器,中西同实而异名,巧捷之用,西人攘中以成法。"②又提到"番舶之粟,平居贾于粤市",以及"嘉庆之初,海氛方炽,大为逋逃之渊薮"。③指出洋人确有侵略之企图:"倚剽掠以赡屠邦,倾丑类以弄巨艇,久肆寇攘,渐图窥伺。"④并谓:"粤东互市,有大西洋,近惟英夷,实乃巨诈,拒之则叩关,狎之则蠹国;备戒不虞,绸缪未雨,深忧秘计,世不尽闻。"⑤英人侵华,已使清廷处于两难之境地,这是龚自珍在鸦片战争前二十年就看到的了。

道光十五年夏四月,梁章钜赴广西巡抚任,龚自珍撰《送广西巡抚梁公序》,建议梁杜禁当地吸食鸦片之风:"公有俭德,被服儒者,广西近广东,淫巧易至,食妖服妖易至,公必杜其习以丰其聚矣。"⑥

道光十八年冬林则徐领钦差大臣命,驰赴广州办禁烟事,龚自珍特撰《送钦差大臣侯官林公序》,极言鸦片之害:"汉世五行家,以食妖、服妖占天下之变。鸦片烟则食妖也,其人病魂魄,逆昼夜。"⑦并言:"夫中国与夷人互市,大利在利其米,此外皆末也。"⑧建议梁划定洋人之活

---

① 龚自珍:《龚自珍全集》,上海人民出版社,1975年,第50页。
② 龚自珍:《龚自珍全集》,第226页。
③ 龚自珍:《龚自珍全集》,第228页。
④ 龚自珍:《龚自珍全集》,第228页。
⑤ 龚自珍:《龚自珍全集》,第229页。
⑥ 龚自珍:《龚自珍全集》,第167页。
⑦ 龚自珍:《龚自珍全集》,第169页。
⑧ 龚自珍:《龚自珍全集》,第170页。

动范围:"宜勒限使夷人徙澳门,不许留一夷。留夷馆一所,为互市之栖止。"①并建议严惩生产、吸食鸦片者:"其食者宜环首诛,贩者造者宜刿胣诛,兵丁食宜刿胣诛。此决定义,更无疑义。"②严惩之外,提醒林则徐做好战争准备:"至于用兵,不比陆路之用兵,此驱之,非勦之也;此守海口,防我境,不许其入,非与彼战于海,战于舳舻也。"③

道光十九年,林则徐查毁英商鸦片二万余箱,禁英人贸易。林被任命为两广总督。是年龚自珍"以一车自载,一车载文集百卷以行,夷然傲然",辞京官南下,途中深切关注林则徐之禁烟,赋诗曰:"故人横海拜将军,侧立南天未蒇勋。我有阴符三百字,蜡丸难寄惜雄文。"④

道光二十年,英军陷舟山,侵宁波,鸦片战争起,林则徐坐谪。时龚自珍正于丹阳云阳书院执教习。道光二十一年战斗正酣之时,龚自珍致信江苏巡抚梁章钜(驻守上海),表示愿辞教习之职赴上海,与梁共谋抗英事。⑤时年龚五十岁,亦是其生命的最后一年,"八月十二日,暴疾捐馆"。⑥

第二节 "西学"未进入其视野

除了提及"测步之器,中西同实而异名"外,龚自珍对于西学并未有根本性的涉及。是否因西学于当时尚未传入中国呢?是又不然。

"西学"之传入中国,早在明末就开始了。按钱穆先生之说法,中

---

① 龚自珍:《龚自珍全集》,第170页。
② 龚自珍:《龚自珍全集》,第169页。
③ 龚自珍:《龚自珍全集》,第170页。
④ 龚自珍:《龚自珍全集》,第517页。
⑤ 参梁章钜:《师友集》第六,福州:福建师范大学图书馆藏,道光二十五年浦城北东园刻本。
⑥ 龚自珍:《龚自珍全集》,第627页。

国之接触"西方文化"似乎是由近及远的,最早接触者为较近之"西方文化"(印度),其次接触者为较远之"西方文化"(波斯、阿拉伯等),最后接触者为最远之"西方文化"(欧、美)。①

"西方文化"(欧洲文化)之传入中国,始自明末。然明末传入者,究竟是技术、科学还是哲学?杨东莼先生定起自明熹宗天启二年(1622)、迄于清圣祖康熙五十六年(1717)之西学输入为"西学东渐的第一期",他以为此期传入中国者以"技术"为主,少见"社会科学",更无"哲学"。如以《几何原本》、《历书》等为代表的天文历算之学,以《奇器图说》、《诸器图说》等为代表的力艺之学,以《万国全图》、《乾坤体义》、《职方外纪》等为代表的舆地测绘之学,以《农政全书》、《泰西水法》等到为代表的农田水利之学,均属"技术"领域,少量涉及"科学","社会科学"与"哲学"是完全没有的。②

何兆武先生对此有不同解读。他以为中世纪基督教之传入中国总共有三次,分别为唐代、元代与明末。明末一次已经涉及"思想"之输入:"中国正式接触到所谓'西学',应以明末因基督教传入而夹带来的学术为其端倪。"③输入"基督教"之内容,何先生以为主要是"正统经院哲学",包括:(1)传统的形而上学,如上帝存在、灵魂不灭、意志自由等等;(2)基督教神话,如创世纪、乐园放逐、受难与复活、天堂与地狱、最后审判等等;(3)灵修,如教父问答、祈祷文、日课、崇修与礼节等等。④ 这些内容已超出杨东莼所谓"技术"甚至"科学"的范畴。

耶稣会传教士在输入"正统经院哲学"的同时,更"夹带"输入了"希腊哲学",尤其是柏拉图与亚里士多德的哲学,这是我们应特别关注的。利玛窦之《天主实义》(1595—1601)已输入西方哲学的"实体—属性"学说、"形式—质料"学说、"四因"学说、"物质"学说、"人类中心

---

① 钱穆:《中国文化史导论》,商务印书馆,1994年,第206页。
② 杨东莼:《中国学术史讲话》,北新书局,1932年,第309—310页。
③ 何兆武:《中西文化交流史论》,中国青年出版社,2001年,第1页。
④ 何兆武:《中西文化交流史论》,第7页。

论"等;艾儒略之《三山论学记》(1625)已输入"形式－质料"学说、"造物"学说等;汤若望之《主制群征》(1629或1636)已输入"形式－质料"学说、"实体－属性"学说,"本体论"学说、"实在论"学说等;孙璋之《性理真诠》(1753)已输入"形式－质料"学说、"人类中心论"等。总之以柏拉图和亚里士多德为代表的"希腊哲学"的主体思想,已在明末(至迟清初)输入中国思想界。尽管它还是"夹带"的而非"故意"的。

这已完全不是"技术"的输入、"科学"的输入,而是"思想"的输入、"哲学"的输入。换言之,"西学"已在明末进入中国思想家的视野,并广泛影响到当时中国的诸多思想家,如冯应京、李之藻、叶向高、曹学佺、段袭等。可以说,西洋哲学中带根本性的"本体论思维"、"形式逻辑思维"、"实在论思维"等,已在中国明末清初的学术界确立起来,并被广泛运用到批评中国本土哲学当中。

如此则龚自珍不论及"西学",就不是因为客观形势所限,而是因为不具备"开创近代"的战略眼光。

第三节 儒、西关系未成为其中心议题

在明末清初的学术界,儒、西关系或儒学与西学之关系,也已得到相当程度的处理,据何兆武先生考察,耶稣会会士来华传教时处理耶、儒关系的方式,不外"合儒"、"补儒"、"益儒"、"超儒"等几种,同样是以中世纪经院哲学对中国原有哲学进行"新的解释或改造",是"企图以一种更彻底经院哲学来代替中国原有的经院哲学"[①]。中国原来有没有"经院哲学",此处不论,至少何先生已经发现,儒、西关系在明末清初不仅已得到关注,而且已出现不同的处理方式。

---

① 何兆武:《中西文化交流史论》,第33页。

何先生提到了四种方式:(一)把儒教之"天"改造成天主教之上帝;(二)以西洋哲学的"形式－质料"学说释读中国哲学之"理－气"学说;(三)以希腊哲学中之"潜能"与"现实"释读中国哲学中之"性"与"德";(四)糅合中国传统政治社会道德观念与天主教中古政治社会道德观念。①

第二、三种做法最具学理性。如利玛窦《天主实义》说:"试论物之所以然有四焉(物之所以然有四)。四者维何? 有作者,有模者,有质者,有为者。夫作者造其物,而施之为物也;模者状其物,置之于本伦,别之于他类也;质者物之本来体质,所以受模者也;为者定物之所向所用也。"②这是对亚里士多德"形式－质料"学说、"四因"学说的一个完整介绍。又说:"试以物之所以然观之,既谓之空无,则不能为物之作者、模者、质者、为者,此于物尚有何着欤?"③这是以亚里士多德之"形式－质料"学说、"四因"学说否定中国哲学中之"空无"观念。

孙璋《性理真诠》说:"后儒恐其乱靡底止,执定理气以为造化之根原,……不知理也者,乃依赖之品,非自立之体,所谓规矩法度者是也。至于气,更属顽然,并无知觉。试问有何灵明,有何自主,而能肇造乾坤人物,主人生死,赏善罚恶,毫发不爽耶?"④这是以西洋哲学中之"形式－质科"、"实体－属性"等学说,释读中国哲学中之"理－气"学说。

除了何先生提到的四种方式外,明末清初处理儒、西关系的方式还有如下一些:

(一)以西洋哲学中之"实体－属性"学说释读中国哲学中之"性",或以西方哲学中之"属性依赖于实体"、"属性依附于实体"之学说,释

---

① 何兆武:《中西文化交流史论》,第36页。
② 利玛窦述:《天主实义》上卷,首篇《论天主始制天地万物而主宰安养之》,上海:土山湾印书馆,1923年,第8—9页。
③ 利玛窦述:《天主实义》上卷,第二篇《解释世人错认天主》,第16页。
④ 孙璋:《性理真诠》三卷下,《第五篇驳汉唐以来性理一书诸谬说》,上海慈母堂,1889年,第77页。

读中国哲学中之"仁义礼智"。利玛窦《天主实义》为之。

（二）以西洋哲学中之"体－用关系"学说，释读中国哲学中"善"（体）与"德"（用）之关系。利玛窦《天主实义》为之。

（三）以西洋哲学中之"属性依赖于实体"、"属性依附于实体"学说，释读中国哲学中"白"与"马"之关系、"理"与"物"之关系、"太极"与"物"之关系等等。利玛窦《天主实义》为之。

（四）以西洋哲学中之"物质"观念，界定中国哲学中之"物"，并由此否定中国哲学中之"理"。利玛窦《天主实义》为之。

（五）以西洋之"人类中心论"观念，否定中国哲学中之"以天地万物为一体"观念，或以西洋哲学中之"实体－属性"学说以及亚里士多德形式逻辑中之"属－种"学说，否定中国哲学中之"天地万物一体之论"。利玛窦《天主实义》及孙璋《性理真诠》为之。

（六）以西洋哲学中之"形式－质料"学说，释读中国哲学中之"理"与"物"，并以"形式－质料"关系界定"理－物"关系。艾儒略《三山论学记》为之。

（七）以西洋哲学中之"造物"观念、"制造而后成"观念，否定中国哲学中之"无有主之者"、"能自造自成"观念，换言之，否定中国哲学中之"自然"观念。艾儒略《三山论学记》为之。

（八）以西洋哲学中之"形式－质料"观念释读中国哲学中之"太极"，并将"太极"规定为"质料"。艾儒略《三山论学记》为之。

（九）以柏拉图之"善的理念"界定"天主"，并以其为超出中国哲学之"理气"之上。艾儒略《三山论学记》为之。

（十）以西洋哲学中之"实体－属性"观念，释读中国哲学中之"体－用"关系。艾儒略《三山论学记》为之。

（十一）以西洋哲学中之"形式－质料"观念，释读"万物"之生成，并把中国哲学中之"太极"界定为"原质"（纯质料），相对的另一端"纯形式"则被称为"作者"。艾儒略《三山论学记》为之。

(十二)以西洋哲学中之"实在论"观念,释读中国哲学中之"火、气、水、土"等概念。艾儒略《三山论学记》为之。

(十三)以亚里士多德之"形式－质料"学说,释读中国哲学之"天"与"理"的关系。孙璋《性理真诠》为之。

(十四)以西洋哲学中之"形式－质料"学说,否定周敦颐之"太极图说",并于"太极"之上另行添加"上主"。孙璋《性理真诠》为之。

总之中西哲学第一次深层次的交锋、实质的交锋,是发生在明末清初,它已完全超出了"技术"、"科学"的层面,而深入到了中、西哲学的核心。儒、西关系已经得到广泛而深入的探讨,此种探讨正是"中国近代儒学"的任务与职责。可惜它没有进入龚自珍的视野,也被后世撰写中国近代儒学史的专家,忽略了。

我们读三百年后冯友兰先生撰写的《新理学》、金岳霖先生撰写的《论道》等"现代"著作,依然发现其根本思维方式,并没有超出明末清初的那场讨论,顶多只是那场讨论的延续与"重版"。《新理学》就是"形式－质料"、"本体－现象"等观念下的"中国哲学",《论道》就是"潜能－现实"、"本体－现象"等观念下的"中国哲学"。三百余年间中国哲学的"近代化"与"现代化"路线,就是从利玛窦、艾儒略等人到冯友兰、金岳霖等人的那条线,就是以西洋哲学中之"本体论式思维"重构中国本土哲学的那条线。抓住这条线,方能在中国近代儒学史上找到自己的一席之地。

卒于鸦片战争期间的龚自珍,刚好处于这条路线的中段,理应对儒、西关系做出更深层的处理。可惜他没有。蒋大椿先生谓:"龚自珍所生活的嘉庆和道光前期,中国与西方思想界还是基本隔绝的,他还不可能从西方理论工具中找到研究问题的逻辑起点。"[①]试图为龚自珍找到推脱责任的理由,显然是不可行的。

---

① 蒋大椿:《龚自珍历史认识思想略探》,《近代史研究》1995年第1期,第62—74页。

第四节　近代儒学之"清道夫"

然则龚自珍对"近代儒学"就没有贡献吗？当然是有的。但贡献在何处，尚有不同说法。

刘学文撰《龚自珍的诸子哲学和逻辑》，谓龚自珍的"诸子哲学"中"还有借鉴西学来发展诸子学的部分"，并定其性为"近代"："龚对西学的研究当然还因时代的局限而大欠缺，但其求实、重利的哲学精神，则已于中学和策论无不贯彻，谓之近代诸子学术精神，亦无不可。"[①]以"求实"、"重利"为"近代"精神，当然是允许的；但此种精神同样存在于中国的古代，谓其为"古代"精神，亦无不可。关键是"求实"、"重利"之源，在龚自珍的理论架构中，此种精神是源于中国哲学，还是源于西洋哲学？源于中国，则我们不谓其已踏入"近代"；源于西洋，则我们可谓其已踏入"近代"。因为所谓古代、近代的划分，本身就是一种"西洋思维"或"西学思维"，未必适用于，甚至根本不适用于中国思想的发展脉络。

龚自珍被称为"近代思想"之先驱，学界给出的最主要的理由，一是其"尊情说"，二是其"重私说"，三是其"重我说"，四是其"进化说"。兹分别论之。

"尊情说"见于其《宥情》及《长短言自序》二篇。《宥情》一文以甲、乙、丙、丁、戊五人之辩论发其端：

甲提出"重情"之观点："有士于此，其于哀乐也，沈沈然，言之而不厌，是何若？"

[①] 刘学文：《龚自珍的诸子哲学和逻辑》，《商丘师范学院学报》2003年2月第19卷第1期，第1—4页。

乙援引儒家圣人之言责难之:"是媒嫚之民也。……圣人不然,清明而彊毅,无畔援,无歆羡,以其旦阳之气,上达于天。阴气有欲,岂美谈耶?"

丙则援引佛经之言赞成之:"西方之志曰:欲有三种,情欲为上。西方圣人,不以情为鄙夷,子言非是。"

丁又区分情与欲,指出乙、丙两者之非:"乙以情隶欲,无以处夫哀乐之正而非欲者,且人之所以异于铁牛、土狗、木寓龙者安在? 乙非是。丙以欲隶情,将使万物有欲,毕诡于情,而情且为秽墟,为罪薮,丙又非是。是以不如析言之也。"

戊则引佛家"纯想即飞,纯情即坠"之言,否定乙、丙、丁三者:"西方之志又有之,纯想即飞,纯情即坠,若是乎其概而诃之也,不得言情,或贬或无贬,汝言皆非是。"

龚自珍最后给出自己的观点:否定乙之言论,以为儒家是"重情"的;否定戊之言论,以为佛家是"重情"的。故作《宥情》一文申论之:"予童时逃塾就母时,一灯荧然,一砚一几时,依一妪抱一猫时,一切境未起时,一切哀乐未中时,一切语言未造时,当彼之时,亦尝阴气沈沈而来袭心,如今闲居时,如是鞠已,则不知此方圣人所诃欤,西方圣人所诃欤? 甲乙丙丁戊五氏者,孰觉我欤,孰诟我欤? 姑自宥也,以待夫覆鞠之者。"①

后又撰《长短言自序》,以"宥情说"为基础,进一步提出"尊情说":"情之为物也,亦尝有意乎锄之矣;锄之不能,而反宥之;宥之不已,而反尊之。"何为"尊","尊"与"宥"有何不同? 龚自珍答曰:"无住为尊,无寄为尊,无境而有境为尊,无指而有指为尊,无哀乐而有哀乐为尊。"②

"重私说"见于其《论私》一篇。该文首先从某"朝大夫"受朋友请

---

① 龚自珍:《龚自珍全集》,第89—90页。
② 龚自珍:《龚自珍全集》,第232—233页。

谒,转而"讦其友于朝",并以自己之行为为"大公无私"之事发端,"纵论私义"云:"天有闰月,以处赢缩之度,气盈朔虚,夏有凉风,冬有燠日,天有私也;地有畸零华离,为附庸闲田,地有私也;日月不照人床闼之内,日月有私也。"①这与传统中国"天无私覆,地无私载,日月无私烛,四时无私行"之论,可谓完全相反,不能不说是一种"反动"。

该篇又分析"圣帝哲后,明诏大号,勋劳于在原,咨嗟于在朝"的理由:"庇我子孙,保我国家而已。"何以不爱他人之国家而爱其国家,何以不庇他人之子孙而庇其子孙?答案只能是"有私"。忠臣忧悲,忠臣何以不忠他人之君而忠其君?孝子涕泪,孝子何以不慈他人之亲而慈其亲?寡妻守雌,寡妻贞妇何以不公此身于都市?答案只能是"有私"。对于忠臣、孝子、贞妇之类,"圣哲之所哀,古今之所懿,史册之所纪,诗歌之所作"②,说明我们的历史与文化是倾向于歌颂这种"有私"的。

然则中国历史上"大公无私"之论,"究其所为之实"如何?答案只能是"伪"。子哙号称天下之至公,却以八百年之燕"欲予子之";汉哀帝号称天下之至公,却不念高皇帝之艰难、二百祀之增功累胙,"欲以予董贤"。足证帝王之"有私"。墨翟兼爱无差等,可谓"天下之至公无私",孟子却以"无父"斥之;杨朱号称"天下之至公无私",却主张"拔一毛利天下不为",被孟子斥为"无君"。足证"无私"与否是完全没有标准的。后世之言"大公无私"者,尚没有杨、墨之贤:"杨不为墨,墨不为杨,乃今以墨之理济杨之行,乃宗子哙,肖汉哀,乃议武王、周公,斥孟轲,乃别辟一天地日月以自处。"③杨、墨真心实意言"大公无私",尚不能真得;后世之人虚情假意言"大公无私",更无论矣。

如果说"狸交禽媾,不避人于白昼",是一种"无私",则人类交媾

---

① 龚自珍:《龚自珍全集》,第92页。
② 龚自珍:《龚自珍全集》,第92页。
③ 龚自珍:《龚自珍全集》,第92页。

"必有闺阃之蔽,房帷之设,枕席之匿,赪颜之拒",就是一种"有私"。如果说禽之"径直"相交,一视无差,无有亲疏,是一种"无私",则人类"必有孰薄孰厚之气谊,因有过从谳游,相援相引,款曲燕私之事",就是一种"有私"。按理思想家应倡行人类之"有私",却反言"大公无私","今日大公无私,则人耶,则禽耶"?① 显然是去人类而就禽兽之举。

龚自珍以为中国典籍里本就有"有私"之论:或言"先私而后公",如"《七月》之诗人";或言"先公而后私",如"《大田》之诗人"、"《楚茨》之诗人";或言"公私并举",如"《采蘋》之诗人";或言"公私互举",如"《羔羊》之诗人";等等。假如只允许讲"大公无私",则"《羔羊》之大夫可以诛,《采蘋》之夫人可以废,《大田》《楚茨》之诗人可以流,《七月》之诗人可以服上刑"。② 既非如此,则"有私"之一论就不能断然予以否定。

"重我说"见于龚自珍《壬癸之际胎观第一》及《壬癸之际胎观第二》等篇。其言"我",实际讲的就是"众人","众人之宰,非道非极,自名曰我"。与"众人"相对的另一方,就是所谓"圣人","圣人也者,与众人对立,与众人为无尽"。③ 这是一种"轻圣人而重众人"之思想,亦与传统思想之主流刚好相反,亦可谓是一种"反动"。被学者视为"近代人文主义的开端"。④

《壬癸之际胎观第一》开篇即言:"天地,人所造,众人自造,非圣人所造。……我光造日月,我力造山川,我变造毛羽肖翅,我理造文字言语,我气造天地,我天地又造人,我分别造伦纪。"⑤"我"创造了一切,然则"我"又是自何而来呢?"我"是自己创造自己:"众人也者,骈化而群

---

① 龚自珍:《龚自珍全集》,第92页。
② 龚自珍:《龚自珍全集》,第92—93页。
③ 龚自珍:《龚自珍全集》,第12页。
④ 李振纲:《论龚自珍的批判意识与启蒙精神》,《燕山大学学报》2001年5月第2卷第2期,第1—6页。
⑤ 龚自珍:《龚自珍全集》,第12—13页。

生,无独始者。有倮人已,有毛人,有羽人,有角人,有肖翅人。毛人、羽人、角人、肖翅人也者,人自所造,非圣造,非天地造。"①"我"不为任何东西所创造,却又能创造一切东西,"重我"至此,"尊我"至此,当然是很罕见的。

"我"不仅是天地万物之创造者,且是天地万物之立法者。《壬癸之际胎观第二》开篇云:"既有世已,于是乎有世法。""世法"自何而来,来源于"我"之立:"民我性不齐,是智愚、彊弱、美丑之始;民我性能记,立彊记之法,是书之始。"②同理,"民我性能测,立测之法,是数之始";"民我性能分辨,立分辨之法有四……,是方位之始";"民我性善病,……医之始";"民我性能类,故以书书其所生……,是谱牒世系之始";"民我性不齐,夫以倮人食毛羽人,及男女不相部,名之为恶矣,其不然者名为善矣,是名善恶之始"。③ 数理、方位、医学、宗法等等,就是所谓"世法"。这些"世法"不是天地所造,不是圣人所造,而是"民我"所造,"民我"所立。

"民我"不是别的,就是"他人"和"我",就是"他我"与"自我",换言之,就是千千万万、千差万别之"我"。"我"而能成为"世法"之源,而能在整体之先独立取得自身之价值,这在传统思维框架中是难以想象的。《壬癸之际胎观第四》又强调"心之力",谓"心无力者,谓之庸人。报大仇、医大病、解大难、谋大事,皆以心之力"④,亦为传统思维框架中所缺少。

"进化说"见于龚自珍《五经大义终始》诸篇。陈其泰先生释"五经大义终始"云:"何谓'五经大义终始'?是指从儒家经典中寻绎出古代文明演进的主线,划分其大的发展阶段。"并谓:"他所言'终始',便是

---

① 龚自珍:《龚自珍全集》,第13页。
② 龚自珍:《龚自珍全集》,第14页。
③ 龚自珍:《龚自珍全集》,第14页。
④ 龚自珍:《龚自珍全集》,第15—16页。

哲学观上、历史观上的概念,即发展的开始、终结和中间的阶段。"龚自珍从儒家经典中寻绎出了古代文明演进之怎样的规则呢?陈其泰先生答曰:"龚自珍是进步的今文经学家,其哲学观点的核心是发展、进化的,……他观察社会的历史,贵发展、贵变易、重视阶段的特点。"①换言之,陈先生以为龚从儒家经典中找到了"进化论"。这当然具有很强的"近代性"。

《五经大义终始论》云:"……圣人之文,贵乎知始与卒之间也。圣人之道,本天人之际,胪幽明之序,始乎饮食,中乎制作,终乎闻性与天道。民事终,天事始,鬼神假,福祲应,圣迹备,若庖牺、尧、舜、禹、稷、契、皋陶、公刘、箕子、文王、周公是也。"②此段话被陈先生释为"进化"之言:"这是就上古文明起源过程概括言之,即认为先有经济活动,然后才有各项制度,最后才有意识形态。由此可见,重视历史的发展演进的阶段特点,是龚氏公羊学观点的一大特色。"③

《五经大义终始论》又云:"聪明孰为大?能始饮食民者也。……是故饮食继天地。……民饮食,则生其情矣,情则生其文矣。情始积,隆隆然!始盈也,莫莫然!求之空虚,望望然!……故曰:观百礼之聚,观人情之始也,故祭继饮食。"④此段话也被陈先生释为"进化"之论:"按孔颖达之意,八政基本上就是施行政教并列的八个方面。龚自珍却据之来论证上古文明发生、发展的过程,并且划分为三大阶段,这是思想认识的升华。……龚自珍用阶段发展的观点论上古文明起源,与他揭露黑暗现实、呼吁挽救危机的态度是相一致的。"⑤

《五经大义终始答问一》云:"三世,非徒《春秋》法也。《洪范》八政配三世,八政又各有三世。……食货者,据乱而作。祀也,司徒、司寇、

---

① 陈其泰:《公羊三世说与龚自珍的古代社会历史观》,《浙江学刊》1997年第3期,第91—109页。
② 龚自珍:《龚自珍全集》,第41页。
③ 陈其泰:《公羊三世说与龚自珍的古代社会历史观》,《浙江学刊》1997年第3期,第92页。
④ 龚自珍:《龚自珍全集》,第41—42页。
⑤ 陈其泰:《公羊三世说与龚自珍的古代社会历史观》,第92—93页。

司空也,治升平之事。宾师乃文致太平之事,孔子之法,箕子之法也。"①《五经大义终始答问八》云:"通古今可以为三世,《春秋》首尾,亦为三世。大桡作甲子,一日亦用之,一岁亦用之,一章一蔀亦用之。"②此两段话同样被陈先生释为"进化"之论:"龚自珍对公羊哲学'变易'、'进化'的精髓体会深刻。他还阐发了'三世说'的发展阶段论,可以用于考察大的历史过程,也可以用于一个历史时期,或社会发展的某一方面,而不应当只把'三世'的观点局限于《春秋经》一书。"③

除以上"尊情说"、"重私说"、"重我说"与"进化说"之外,还有一个"非五行说"值得我们关注。因为"五行说"是传统思维框架的支柱之一,抽去这根支柱,则有可能使传统思想大厦坍塌。至少可以为接纳西洋思想腾出一席之地。

龚自珍《非五行传》云:"凡五行,为灾异,五行未尝失其性也。成、周、宣榭火,御廪灾,桓、僖庙灾,非火不炎上也;亡秦三月火,火炎上如故。平地出水,水未尝不润下也;河决瓠子,决酸枣,乃至尧时怀山而襄陵,水润下如故。关门铁飞,金从革如故。桑穀生朝,桑穀非不曲直也;雨木冰,桃李冬华,霜不杀草,草木曲直如故。无麦无禾,是旸雨不时之应,非土不稼穑。"④

丁四新先生以为龚自珍对于传统的阴阳五行说,大致作了三方面的改造:一是以实效实功之原则批判之;二是将其从传统本体论与生成论中剥离,为"穷通变久"之变法思想提供理论基础;三是分离阴阳与五行,肯定前者而否定后者。丁先生以为龚自珍《非五行传》等篇,

---

① 龚自珍:《龚自珍全集》,第46页。
② 龚自珍:《龚自珍全集》,第48页。
③ 陈其泰:《公羊三世说与龚自珍的古代社会历史观》,第93页。对龚自珍以上观点之性质,学界有不同判定。如陈鹏鸣先生就判其为进化论与循环论之"混合":"由于公羊三世说本身就是进化论与循环论的混合物,故而龚自珍的思想中也是既有进化观点,又有循环论因素。"文见陈鹏鸣:《龚自珍与常州学派》,《江汉论坛》1996年第11期,第60—63页。
④ 龚自珍:《龚自珍全集》,第130页。

批判刘向《五行传》矫揉五行之性,拼接五行与灾异之做法,力图归还五行之本来面目;又批判汉人揉改五经,揉改五行以迁就灾异感应之整套学说,彻底否定五行灾异与社会变易之联系;更提出"五行不再当令"①之"革命性"命题,试图根本废止五行之说,随之为根本废止"它所特有的系统、整体和有机联系的思想模式与价值"打开方便之门。②

抽掉"五行说"这根支柱,有可能使"机体论"之思维体系坍塌,并以西洋"机械论"体系填充之,这一所谓"近代化过程"也许是肇端于明末清初西方来华之传教士;但龚自珍至少是承其绪者,并于其间起了推波助澜的作用。丁先生总结说:"他对五行灾异感应之学所作的批判也为后人所继承,并由此为实学和西方科学的传入开辟了道路。而他对阴阳五行这个整体所取的间接否定的态度,则被后人推到极致,偏执于否定而无回旋,最后直欲将阴阳五行有机整体理论从实学和中医中剔除而后快,这或许是龚自珍当初所始料未及的吧?"③

从这个意义上讲,"非五行说"也许比"尊情"、"重私"、"进化"诸说,更能标志龚自珍之"近代性"。因为"中国近代哲学"之实质,不过就是以西洋"机械论"哲学体系,肢解甚至消灭中国传统"机体论"哲学体系而已。

这也正是儒、西关系之实质:以西学中之"机械论"思维,取代儒学中之"机体论"思维,被学者默认为"儒学的近代化与现代化"。龚自珍"间接否定"儒学中"机体论"之思维,但并未取西学中"机械论"之思维填充之,故著者不视其为"近代儒学"之"开端",只视其为"近代儒学"之"清道夫"。

---

① 龚自珍:《古史钩沉论四》,《龚自珍全集》,第27页。
② 丁四新:《龚自珍的阴阳五行观及其历史影响》,《江西社会科学》1995年第5期,第42—46页。
③ 丁四新:《龚自珍的阴阳五行观及其历史影响》,第46页。

第五节　龚自珍思想之评价

清光绪二十八年（1902），梁启超先生撰《论中国学术思想变迁之大势》，在最后部分"近世之学术（起明亡以迄今日）"的第三节"最近世"论及龚自珍，多以"西学"解读之。曰："集中如《古史钩沉论》、《乙丙之际箸议》、《京师乐籍说》、《尊任》、《尊隐》、《撰四等十仪》、《壬癸之际胎观》等篇，皆颇明民权之义。其余东鳞西瓜，全集往往见。"①

又云："又颇明社会主义，能知治本。（龚集《平均篇》云：'至极不祥之气郁于天地之间，郁之久，乃必发为兵燹，为疫疠，……其始不过贫富不相齐之为之尔，小不相齐渐至大不相齐，大不相齐则至丧天下。'此近世泰西社会学家言根本之观念也。）"②

再云："语近世思想自由之向导，必数定庵。吾见并世诸贤，其能为现今思想界放光明者，彼最初率崇拜定庵。当其始读定庵集，其脑识未有不受其刺激者也。夫以十年以来，欧美学澎湃输入，虽乳臭之子，其渺思醰说，皆能轶定庵，顾定庵生百年前而乃有此，未可以少年喜谤前辈也。"③

总之，梁启超先生在此处，或以"民权"释读龚氏，或以"社会主义"释读龚氏，或以"欧美学"释读龚氏，要之总以"西学"释读龚氏。

1920年10月，梁先生撰《清代学术概论》，在第二十二节再次以"西学"释读龚氏："段玉裁外孙龚自珍，……颇似法之卢骚，喜为要眇之思，其文辞俶诡连犿，当时之人弗善也。……虽然，晚清思想之解

---

① 梁启超：《饮冰室合集·文集之七》，中华书局，1989年，第96页。
② 梁启超：《饮冰室合集·文集之七》，第96页。
③ 梁启超：《饮冰室合集·文集之七》，第97页。

放,自珍确与有功焉。光绪间所谓新学家者,大率人人皆经过崇拜龚氏之一时期。初读定庵文集,若受电然。……然今文学派之开拓,实自龚氏。"①

在所有有关龚自珍的评论中,章太炎先生的评价是最低的,其《校文士》、《太炎文录》中"自珍文文贵于世"、"将汉种灭亡之妖邪"等语,不仅蔑视龚自珍,而且从学理上根本否定了龚自珍的今文经学思想。而梁启超先生的评价却是最高的,以为其今文经学思想有"暗合"于"西学"的地方,是中国迎接"西学"之准备。

著者以为梁启超以"西学"释读龚自珍,是把龚自珍放到所谓"近代"框架下进行考评,自然是很好的一种思路,这是其得。其失则在于,他以为龚自珍思想中已有"西学"成分,至少已"发明"西学之义,此又不尽然。"西学"并未进入龚自珍视野,龚并未主动地去解决儒、西关系问题。所以他只是"近代儒学"之"清道夫"。

---

① 梁启超:《饮冰室合集·专集之三十四》,第54页。

第二章

魏源的儒学

魏源(1794—1857),原名远达,字默深。湖南邵阳人。道光进士。清思想家、史学家、文学家。曾从刘逢禄学《公羊春秋》,好今文经学。倡"通经致用"之学。有《古微堂集》、《元史新编》、《老子本义》、《诗古微》等著述行世,今人编有《魏源集》。

第一节 进入其视野之"西学"

"师夷长技以制夷"所说的"长技",究竟包含哪些内容,学者并无统一的看法。但从魏源思想的总体框架来看,似乎是以"技术"为主,不涉及"科学",更不涉及"思想"。

道光二十年(1840)八月,英军攻占定海,魏源就英俘口供并其他材料,撰《英吉利小记》,首次提出"欲师夷技收夷用"之构想①,此处"夷技"专指"技术"。

道光二十一年(1841)八月,英军攻陷镇海,钦差大臣裕谦自杀殉国,曾得裕谦延致幕府的魏源,感而著《圣武记》,再次提出"以彼长技,御彼长技"之口号。此处"长技"亦以"技术"为主,包括兵制兵饷、掌故考证、事功杂述、议武等内容。继而撰《道光洋艘征抚记》(上、下),提出更明确之口号,曰:"尽收外国之羽翼为中国之羽翼,尽转外国之长技为中国之长技。"②此处"羽翼"与"长技",亦未超出"技术"范畴,主要是"购洋炮洋艘,练水战火战"③等。

林则徐禁烟失败,被发配新疆,途中于道光二十一年六月会魏源于镇江,嘱魏源以其所译《四洲志》及所辑《澳门月报》为基础,编《海国图志》。先有50卷本面世,后扩至60卷,再扩至100卷。魏源自述其编撰之动机云:"是书何以作?曰:为以夷攻夷而作,为以夷款夷而作,为师夷长技以制夷而作。"④此处所谓"长技",是否依然只局限于"技术"层面呢?

主观上的确如此。他明言"夷之长技三:一战舰,二火器,三养兵练兵之法"⑤,此三项均属"技术"层面。但其又有言曰:"人但知船炮为西夷之长技,而不知西夷之所长,不徒船炮也。"⑥是不是魏源已从西人那里发现超出"技术"层面的"长技"呢?似又不是。他的解释是"赡之厚故选之精,练之勤故御之整","刀械则昼夜不离,训练则风雨无阻","鱼贯肩随,行列严整"⑦等等。这是属于军容军纪。"养兵练兵之法"方面的,虽比"船炮"高出一层,但依然只能归诸"技术"层面。

---

① 魏源:《寰海(十一首)》,《魏源集》,中华书局,1976年,第805页。
② 魏源:《魏源集》,第206页。
③ 魏源:《魏源集》,第206页。
④ 魏源:《海国图志》,中州古籍出版社,1999年,第67页。
⑤ 魏源:《海国图志》,第99页。
⑥ 魏源:《海国图志》,第103页。
⑦ 魏源:《海国图志》,第103页。

我们读其《筹海篇》，满目所见，都只是"技术"词汇，曰："筹夷事必知夷情，知夷情必知夷形，请先陈其形势。"①又曰："故可乘而不乘，非外夷之不可用也，需调度外夷之人也。"②又曰："然则欲制外夷者，必先悉夷情始。欲悉夷情者，必先立译馆，翻夷书始。欲造就边才者，必先用留心边事之督抚始。"③再曰："我有铸造之局，则人习其技巧，一二载后，不必仰赖于外夷，如内地钟表亦可以定时刻，逮二十五年大修之期，即可自行改造，一也。……不致以昂价膺物受欺，二也。……守在四夷，折冲万里，三也。……以用财为节财，四也。……其文吏愿乘海艘入京者，听，惟不许承办船工，五也。……故知水师不能舍船械而空谈韬略，武备不能舍船炮而专重弓马，六也。"④

可知《海国图志》"师夷长技"之主观出发点，是唯以"技术"为西人之"长技"。李泽厚先生撰《十九世纪改良派变法维新思想研究》，亦对此有明确判定。他以为《海国图志》总结性地提出了反抗侵略的两大纲领——"以夷攻夷"与"师夷长技以制夷"，前者是对西方列强自由竞争时代争夺国际市场之矛盾并试图加以利用之"粗浅幼稚的认识"，后者是经仔细考察、科学研究后得出之"抵抗侵略战争的有效方案"。但其主要内容"还只是军事方面的战略战术和购置制造新式枪炮"，其对"长技"的认识"还完全停留在武器和'养兵练兵之法'的狭隘范围内"。⑤

然李先生没有注意到主观与客观之分：魏源撰《海国图志》，主观上只引进"养兵练兵"之法，客观上却超出了这个范围，已经"接触了西方科学、民主思想"。⑥

---

① 魏源：《海国图志》，第97页。
② 魏源：《海国图志》，第98页。
③ 魏源：《海国图志》，第99页。
④ 魏源：《海国图志》，第100—101页。
⑤ 李泽厚：《中国思想史论》中册，安徽文艺出版社，1999年，第373页。
⑥ 张立芳：《论魏源在中国近代化思想中的历史地位》，《东方论坛》1998年第3期，第27—30页。

《大西洋》篇介绍"瑞士国",以之为"西土之桃花源",其中一项重要原因,是其政治上的民主,"皆推择乡官理事,不立王侯,如是者五百余年,地无鸣吠,西土羡之","仍其旧俗,共推乡官理事……诸大国不得钤制"。① 又介绍"英吉利国",涉及其"律好司"(Law House)即法院,"巴厘满"(Parliament)即国会,"甘文好司"(Goverment House)即内阁,"布来勿冈色尔"(Privg Cormcil)即枢密院等政治内容,并称赞其政治体制,谓:"始革世袭之职,皆凭考取录用,开港通市,日渐富庶,遂为欧罗巴大国。"② 又论其国家决策过程谓:"甘文好词,理各部落之事,并赴巴里满衙门会议政事,……统共六百五十八名,各由各部落议举殷实老成者充之,遇国中有事,即传集部民至国都巴厘满会议。嗣因各部民不能俱至,故每部落各举一二绅耆,至国会议事,毕各回,后复议定公举之人常住甘文好司衙门办事,国家亦给以薪水。"③ 又论其"政事"谓:"国中有大事,王及官、民俱至巴厘满衙门,公议乃行(民即甘文好司供职之人),大事则三年始一会议。设有用兵和战之事,虽国王裁夺,亦必由巴厘满议允。国王行事有失,将承行之人交巴厘满议罚。凡新改条例,新设职官,增减税饷及行相币,皆王颁巴厘满,转行甘文好司而分布之。惟除授大臣及刑官,则权在国王。各官承行之事,得失勤怠,每岁终会核于巴厘满,而行其黜陟。"④ 这不是抽象的民主政治的介绍,而是非常具体、非常细致的介绍。

《英吉利国广述》一节又介绍英国"议会"民主体制云:"其乡绅之会,则各邑士民所推选者,议国大小事,每年征赋若干,大臣贤否,筹画藩属国事宜,斟酌邻国和战,变置律例,舌辩之士,尽可详悉妥议奏闻。其五爵之会亦如之。遇国有大臣擅权,其乡绅即禁止纳饷。计乡绅六百五十八人,自每年十二月至次年四五月,皆云集焉。若乡绅有罪,惟同僚能

---

① 魏源:《海国图志》,第 316—317 页。
② 魏源:《海国图志》,第 318 页。
③ 魏源:《海国图志》,第 319 页。
④ 魏源:《海国图志》,第 320 页。

监禁之。英国之人自立,悉赖此乡绅。苟或加害,则众皆协力抗拒。"①

《外大西洋》篇介绍"弥利坚"(又称"美理哥国")即美国之政治体制,谓:"国制,首领之位,以四年为限,华盛顿在位二次,始末八年,传与阿丹士(按:即约翰·亚当斯)。"②又云:"美理哥国有都城之官,有各部落之官。各部落内,一首领,一副领,议拟人员无定数。公选议事者,或十余人,或数十人,无定。各省设一公堂,为首领、副领及士人议事之所。事无大小,必须各官合议,然后准行。即不咸允,亦须十人中有六人合意,然后可行。本省之官,由本省之民选择会举。"③此为地方民主体制之详细介绍。

又云:"都城内有一统领为主,一副领为佐,正副统领亦由各人选择。每省择二人至都城,合为议事阁,又选几人合为选议处。统领每年收各省饷项,除支贮库不得滥用外,每年定例享禄二万五千元。若非三十五岁以上,及不在本地生者,皆不能任此职。例以四年为一任,期满别选,如无贤可代者,公举复任。若四年未满,或已身没,或自解任,则以副统领当之。副统领不愿,则推议事阁之首。若亦不愿,则以选议处之首护理。设终无人愿当此职,则吏政府移文于各部首领,遍示士民速举焉。统领三职,文武官皆听其号令。若遣使于邻邦,或迎使别国,皆统领主之。副统领亦由民选举,亦四年一任,享禄每年五千元,所司无事,不过议事居首而已。"④此为总统、副总统民选体制之详细介绍。

又云:"至议事阁与选议处,皆以每年十二月内之初礼拜一日,齐集都城公所会议。议事阁之职,每部有二人,计二十六部五十二人。选议处共二百四十三人。以议事阁五十二人,分为三等,以二年为期,轮退后复择新者,是以每等以六年为一任,不过或先或后而已。又定例,年未及三十以上者,不能当此职。议事处则以二十五岁以上为例,

---

① 魏源:《海国图志》,第334页。
② 魏源:《海国图志》,第384页。
③ 魏源:《海国图志》,第387页。
④ 魏源:《海国图志》,第387页。

二年为一任,期满别选,以十二月初礼拜之一日齐集会议。凡国中农务、工作、兵丁、贸易、赏罚、刑法、来往、宾使、修筑基桥之事,皆此时议之。"①此为众议院(议事阁)与参议院(选议处)民选体制之详细介绍。

之下详细介绍政府(吏政府)建制,分别论及户政府、兵政府、礼政府、驿政府等机构。又详细介绍"国之大政"、"新国制例"、"议事人"、"县官之职"、"国中察院"、"律例院"、"刑法"、"济贫之法"、乡县等级"学馆"及"大学馆"等等之情形②,几成美国政治体制之"百科全书"。并称赞其为"可垂奕世而无弊",云:"二十七部酋分东西二路,而公举一大酋总摄之,匪惟不世及,且不四载即受代,一变古今官家之局,而人心翕然,可不谓公乎?议事听讼,选官举贤,皆自下始,众可可之,众否否之,众好好之,众恶恶之,三占从二,舍独徇同,即在下预议之人,亦先由公举,可不谓周乎?"③

可知以英、美为代表的西方民主体制,已经纤细毕露地进入魏源的视野;亦可知在《海国图志》的时代,中国已具备一切的外部条件去了解、接受西方的民主体制。只是内部的条件还不具备,还没有找到接纳此种制度的土壤。此时正当日本启动"明治维新"前约二十六年。

由此可得出两点结论:第一,进入魏源视野的西学已远远超出"技术"之范围;第二,《海国图志》之最可关注然尚未被关注之重点,不在西洋"技术"之介绍,而在西洋"政事"之介绍。

第二节　对于儒学之态度

中华书局1976年3月版《魏源集》之"前言",谓魏源思想中"有明

---

① 魏源:《海国图志》,第387页。
② 魏源:《海国图志》,第387—395页。
③ 魏源:《海国图志》,第369页。

显的尊法反儒的倾向",谓其视"六经"为"诗文"、"文献",视孔孟之徒为"庸儒"、"腐儒",视周孔之书为"误天下"、"同于异端"。① 此种判定,当然跟当时"意识形态"的大环境有关。

"尊法反儒"之判定的主要依据,是如下一段话:"庄生喜言上古,上古之风必不可复,徒使晋人糠粃礼法而祸世教;宋儒专言三代,三代井田、封建、选举必不可复,徒使功利之徒以迂疏病儒术。君子之为治也,无三代以上之心则必俗,不知三代以下之情势则必迂。读父书者不可与言兵,守陈案者不可与言律,好剿袭者不可与言文。善琴弈者不视谱,善相马者不按图,善治民者不泥法。无他,亲历诸身而已。读黄、农之书,用以杀人,谓之庸医;读周、孔之书,用以误天下,得不谓之庸儒乎?靡独无益一时也,又使天下之人不信圣人之道。……君子学古之道,犹食笋而去其箨也。"②

此段话以"反儒"释读之,实有些"太过";以"历史进化论"释读之③,实有些"太高"。此段话有"反儒"之意,但不是一般地"反儒",只是反对不分时间、地点的、无条件的那个"儒"。此段话又有"不反儒"之意,只要儒是有条件的,它就不反。"不泥法",就是有条件地"讲法";"亲历诸身",就是结合此时此地的情势"讲儒";周、孔之书固然可"用以误天下",但在另一些条件下又是可"用以治天下"的;"食笋而去其箨",讲的就是有条件地"食",而非无条件地"食"。"儒"而有条件,就不是"庸儒"。条件是什么?条件就是"三代以上,天皆不同今日之天,地皆不同今日之地,人皆不同今日之人,物皆不同今日之物"④。注重于"今日",是我们释读魏源思想的根本坐标。

魏源对于儒家宗师,多有赞颂。撰《孔孟赞》,谓:"始知圣贤之学

---

① 魏源:《魏源集》"前言",第10页。
② 魏源:《默觚下·治篇五》,《魏源集》,第49页。
③ 袁伟时:《从魏源看19世纪中国哲学》,《学术研究》1996年第四期,第32—37页。
④ 魏源:《默觚下·治篇五》,《魏源集》,第47页。

一贯同揆,如月落千潭而一印。"①撰《曾子赞》,谓:"以言大节,则讬孤寄命而有余;以言大勇,则任重道远而可必。"②撰《颜冉赞》,谓:"一则严视听言动于四勿,一则出门使民如宾祭之敬恭。宜乎可为邦,可南面,而用行忧世之相同。"③撰《孟子补赞》,谓:"宜乎泰山岩岩之象,江汉浩浩之流,配神禹,称鲁邹,而百世无休。"④撰《周程二子赞》,谓:"宜乎动而无动,静而未静,上同于孔子之毋意必固我,下同于孔子之无欲而静。"⑤撰《程朱二子赞》,谓:"虽均未光风霁月,而均守规矩准绳。……宜乎为吴草庐、王文成所同诤。"⑥撰《朱子赞》,谓:"宜求其德感之所以然,始知公之见尊信于世者,不尽在乎著述。"⑦撰《陆子赞》,谓:"宜乎教人能使旦异而晡不同,与程朱文成并立,皆百世之师,如伊尹惠夷颜孟之不妨小异。"⑧撰《朱陆异同赞》,谓:"南渡以来,足踏实地,惟二公皆严公乎义利,宜其兴起百世,顽廉懦立。"⑨撰《杨子慈湖赞》,谓:"至于以《大学》《系辞》多非夫子之言,此则公自成家,非后学所敢轻议。"⑩撰《王文成公赞》,谓:"道学传孟陆之统,事功如伊尹之任,与程朱皆百世之师,如夷惠各得其所近之性。"⑪撰《明儒高刘二子赞》,谓:"皆同于孔子不逾矩,……皆能先立其大,乃本然之良知,不待于致。"⑫

以上对于历代儒者的赞颂,在"反儒"的心境之下,是写不出来的。

---

① 魏源:《默觚下·治篇五》,《魏源集》,第315页。
② 魏源:《默觚下·治篇五》,《魏源集》,第316页。
③ 魏源:《默觚下·治篇五》,《魏源集》,第316页。
④ 魏源:《默觚下·治篇五》,《魏源集》,第317页。
⑤ 魏源:《默觚下·治篇五》,《魏源集》,第317页。
⑥ 魏源:《默觚下·治篇五》,《魏源集》,第317页。
⑦ 魏源:《默觚下·治篇五》,《魏源集》,第318页。
⑧ 魏源:《默觚下·治篇五》,《魏源集》,第318页。
⑨ 魏源:《默觚下·治篇五》,《魏源集》,第318页。
⑩ 魏源:《默觚下·治篇五》,《魏源集》,第319页。
⑪ 魏源:《默觚下·治篇五》,《魏源集》,第319页。
⑫ 魏源:《默觚下·治篇五》,《魏源集》,第320页。

第三节　儒学方面之成就

魏源的"先秦儒学正宗论",是最受学界关注的一个理论。何谓"先秦儒学正宗论"？就是以先秦儒学为正宗,而以后世儒学为旁门;以关心现实之儒学为真传,而以脱离现实之儒学为歧路;崇周公孔孟之儒学,而抑孟子后之儒学。故"儒学正宗论"是希望以先秦儒学为对抗欧风美雨之最后支柱(此与明末清初西方传教士之"先秦儒学正宗论"相同)。

被称为"哲学名著"①的《默觚》,就是"先秦儒学正宗论"的代表作。该书仿《荀子》体例,以《诗经》作结,分"学篇"与"治篇"两大部,前者述"正宗"的修身之道,后者述"正宗"的治国平天下之道,以"儒学正宗"应对当时"三千年未有之变局"。

"学篇"凡十四节。第一节崇伊尹与傅说:"觉伊尹之所觉,是为尊德性;学傅说之所说,是为道问学。自周以前言学者,莫先于伊傅二圣,君子观其会通焉。"②又崇《尚书·洪范》与《丹书》:"自孔孟以前言学者,莫粹于冉、范二谟,君子体诸旦明焉。"③又崇曾晳、曾参"曾晳不禁曾参之狷,曾参不师曾晳之狂,斯圣道之所以庞"。④

然有抑孟子之言,曰:"古人言学,惟对勘于君子小人,未有勘及禽兽者。惟孟子始言人禽几希之界,又于鸡鸣善利分舜跖之界。"⑤又曰:"古人言学,惟自勘于旦昼,未有勘及梦寐者。惟孟子始言夜气平旦之养,好恶与人几希。"⑥又有抑汉儒之言,曰:"豪杰而不圣贤者有之,未

---

① 孙功达:《魏源与先秦儒学》,《兰州教育学院学报》1997年第1期,第10—16页。
② 魏源:《默觚上·学篇一》,《魏源集》,第1页。
③ 魏源:《默觚上·学篇一》,《魏源集》,第1页。
④ 魏源:《默觚上·学篇一》,《魏源集》,第1页。
⑤ 魏源:《默觚上·学篇一》,《魏源集》,第2页。
⑥ 魏源:《默觚上·学篇一》,《魏源集》,第3页。

有圣贤而不豪杰者也。贾生得王佐之用,董生得王佐之体,合之则汉世颜伊之俦,不善学之则为扬雄、王通之比。"①又有抑宋儒之言,曰:"宋儒矫枉过正,而不知与《六经》相违。"②

第二节有崇子夏、子张之言,曰:"求人益我者,进德之事,子夏之言近之;以我益人者,成德之事,子张之言近之。"③第三节有崇周公、文、武、孔子之言,曰:"圣其果生知乎,安行乎?孔何以发愤而忘食,姬何以夜坐而待旦,文何以忧患而作易,孔何以假年而学易乎?"④第四节有崇孔子而抑宋儒之言,曰:"凡不学之人,患莫甚于货色;学道之人,患莫甚于好名。而皆起于我见。世儒多谓孟子言寡欲,不言无欲,力排宋儒无欲之说,为出于二氏。不知孔子言无我,非无欲之极乎?"⑤第七节有崇尧、舜、禹、稷之言,曰:"耕苍莽之野,钓寂寞之滨,而乐尧舜之道焉,故可以达,可以穷,可以夷狄患难。故颜回、禹、稷同道。……先忧后乐之谓也。"⑥

第九节有崇颜渊、仲弓、曾子、子羔、子路、周公、仲尼等先儒之言,曰:"至德以为道本,颜渊、仲弓以之;敏德以为行本,孝德以知逆恶,曾子、子羔、子路之徒以之。……师以贤得民,子思、孟子当仁于齐鲁;儒以道得民,诸子身通六艺,友教于西河。……惟周公、仲尼内圣外王,以道兼艺,立师儒之大宗。"⑦又有崇"三代以上"而抑"三代以下"之言,曰:"三代以上,君师道一而礼乐为治法;三代以下,君师道二而礼乐为虚文。"⑧第十二节似有兼蓄并收之言,曰:"方隅之士,入主出奴,日相斗战,物而不化,岂知大人殊途共归,百虑一致,无不代行而错明乎?

---

① 魏源:《默觚上·学篇一》,《魏源集》,第4页。
② 魏源:《默觚上·学篇一》,《魏源集》,第3页。
③ 魏源:《默觚上·学篇一》,《魏源集》,第7页。
④ 魏源:《默觚上·学篇一》,《魏源集》,第9页。
⑤ 魏源:《默觚上·学篇一》,《魏源集》,第11页。
⑥ 魏源:《默觚上·学篇一》,《魏源集》,第19页。
⑦ 魏源:《默觚上·学篇一》,《魏源集》,第22页。
⑧ 魏源:《默觚上·学篇一》,《魏源集》,第23页。

孔老异学而相敬,夷惠异德而同圣,箕比异迹而同仁,四科并出于尼山,九流同宗乎古帝。……其轨辙不同者,道之并育并行所以大。"①

然第十三节又有崇先秦儒者之言,曰:"孔子登东山而小鲁,登泰山而小天下,况君子登颜孟之东山,登周公孔子之泰山乎?牺、农、黄、唐、禹、汤、文、武,圣之高曾也;周、孔,圣之祖父也;颜、曾,圣之宗子也;孟子,圣之别子也。"②魏源所崇先秦儒者中,孟子之地位依然最低,"相比较而言,魏源不十分喜欢孟子,特别是对轲死其学不得真传深表不满。……一时性致上来,便对孟子也就大不敬"③。

孙功达分析魏源"先秦儒学正宗论"说:"从表面上看,魏源热衷于先秦儒学,实质上他试图摆脱'游谈无根'的心学、一味考据的汉学,而去寻找有用之学。"④以心学、汉学为无用,也许是乱世与衰世之共同心理,魏源自难以外之。然心学、汉学是否真的无用,学者当三思而后言。魏源之志可嘉,之心可谅,然其学却未必尽善。

第四节 儒、西关系之处理格式

魏源之目标在"制夷"。"制夷"之武器自何而来?答曰:不外两途。一来自"夷",故要"师夷";二来自"我",故要"师古"。然"师夷"与"师古"之间,至少有三重关系:主以"师夷",辅以"师古";主以"师古",辅以"师夷";"师夷"与"师古"并重。此即儒、西关系之格式。魏源最终采取了何种格式呢?

---

① 魏源:《默觚上·学篇一》,《魏源集》,第28—29页。
② 魏源:《默觚上·学篇一》,《魏源集》,第31页。
③ 孙功达:《魏源与先秦儒学》,《兰州教育学院学报》1997年第1期,第10—16页。
④ 孙功达:《魏源与先秦儒学(续)》,《兰州教育学院学报》1997年第2期,第60页。

学界基本认定,魏源采取了第二种格式。也就是说,他当时(一)不认为儒学已完全失去"制夷"的力量,(二)不认为西学已完全具备"制夷"的力量。他力图在儒学中找到接纳西学的土壤。

"以经接西"是他采取的主要方式,包括"以《书》接西"、"以《诗》接西"、"以《易》接西"等。于《书》,撰《书古微》,"所以发明西汉《尚书》今、古文之微言大谊,而辟东汉马、郑古文之凿空无师傅也"①。于《诗》,撰《诗古微》,"所以发挥齐、鲁、韩三家诗之微言大谊,补苴其罅漏,张皇其幽渺,以豁除《毛诗》美、刺、正、变之滞例,而揭周公、孔子制礼正乐之用心于来世也"②。于《礼》,撰《礼记别录考》,"兴礼以维教,经正而民兴,当可事半功倍"③。于《春秋》,撰《公羊春秋论》,又撰《董子春秋发微》,"所以发挥《公羊》之微言大谊,而补胡母生《条例》、何邵公《解诂》所未备也"④。又撰《公羊古微》、《两汉经师今古文家法考》等书,以"微言大谊"之形式完成其"以经接西"之使命。

以公羊三世说接西洋进化论,是魏源"以经接西"之一例。魏源相信历史无法退步,如他谓:"租庸调变而两税,两税变而条编。变古愈尽,便民愈甚。虽圣王复作,必不舍条编而复两税,舍两税而复租庸调也。乡举里选变而门望,门望变而考试,丁庸变而差役,差役变而雇役,虽圣王复作,必不舍科举而复选举,舍雇役而为差役也。兵甲变而府兵,府兵变而彍骑,而营伍,虽圣王复作,必不舍营伍而复为屯田,为府兵也。天下事,人情所不便者变可复,人情所群便者变则不可复。江河百源,一趋于海,反江河之水而复归之山,得乎?履不必同,期于适足;治不必同,期于利民。"⑤又相信后世可胜于三代,如他谓:"后世之事,胜于三代者三大端:文帝废肉刑,三代酷而后世仁也;柳子非封

---

① 魏源:《书古微序》,《魏源集》,第 109 页。
② 魏源:《诗古微序》,《魏源集》,第 119—120 页。
③ 魏源:《魏源集》,第 123 页。
④ 魏源:《董子春秋发微序》,《魏源集》,第 134—135 页。
⑤ 魏源:《默觚下·治篇五》,《魏源集》,第 48 页。

建,三代私而后代公也;世族变为贡举,与封建之变为郡县何异。"①又相信"太古之道"并非完全失去效用,如他谓:"然则太古之道,徒无用于世乎?……夫治始黄帝,成于尧,备于三代,奸于秦,迨汉气运再造,民脱水火,登衽席,亦不啻太古矣。……时不同,无为亦不同;而太古心未尝一日废。"②无法退步之观念,后世胜于三代之观念,"太古之道"抑或有用之观念等等,都可归于儒家经典中之"微言大谊"。其与西洋"进化论"并非同一种理论,但却完全可以成为接纳西洋"进化论"之具。

以《周易》之"尚变"思想接纳西洋之变革论,是魏源"以经接西"之又一例。魏源相信《系辞》之"备物利用"思想,谓:"《易》十三卦,述古圣人制作,首以田渔、耒耜、市易,且舟车致远以通之,击柝弧矢以卫之,……无非以足食足兵为治天下之具。"③又相信《易》之"乾以易知,坤以简能"、"易简而天下之理得矣"等说,如他谓:"彼谓变通济运者,所益固在国计,……圣人举事,无一不根柢于民依而善乘夫时势,故举一事而百顺从之。以是知儳然不终日之中,必无易简良法,而事之可久可大者,必出于行无所事也。"④又相信《系辞》"穷则变,变则通"等思想,如他谓:"天下无数百年不弊之法,无穷极不变之法,无不除弊而能兴利之法,无不易简而能变通之法。……宜民者无迁途,实效者无虚议,大人化裁通变之事也。"⑤"备物利用"之观念,"易简"之观念,"变通"之观念等等,均可归入《易经》之"微言大谊"。其与西洋之"功利"、"革命"诸观念,原非一事,然不妨碍其成为接纳西洋此等观念之具。

魏源"以经接西"并非"以西变经","以儒接西"并非"以西变儒"。魏源之目标是"制夷"而非"变古";"师夷"之目标是"变西"而非"变中"。对此陈鹏鸣有论曰:"魏源的大同理想几乎全是对前人思想的继

---

① 魏源:《默觚下·治篇九》,《魏源集》,第60页。
② 魏源:《论老子二》,《魏源集》,第258页。
③ 魏源:《默觚下·治篇一》,《魏源集》,第36页。
④ 魏源:《海运全案跋》,《魏源集》,第413—414页。
⑤ 魏源:《筹䃎篇》,《魏源集》,第432页。

承,他没有能像其后康有为那样,以西欧的空想社会主义来改造传统的大同理想,因而在深度上,没能达到康有为的水平,依然保留在传统之中,从而表现出很大的局限性。"①认识到魏源尚未"以西变中",是很重要的。然以尚未"以西变中"为无"深度",为有"很大的局限性",却又表现出论者之局限。

第五节 中华文明固有观念之存留

魏源既尚未"以西变中",则传统思想体系之大厦,在魏源那里尚未坍塌。此大厦之几根主要的支柱,魏源尚未拆毁之。

首先,也是最根本的,对中华文明之自信心还没有丧失。《海国图志·筹海篇·议战》论及"天下有不可强者三",一曰有人力无财力,二曰有财力无人力,三曰有人力财力无物力,魏源以为此三种情形于当时中国均不存在,"人才非不足,明矣","财非不足,明矣","材料又非不足,明矣"②。对于中华文明,魏源有充足之信心:"中国智慧,无所不有,历算则日月薄蚀,闰余消息,不爽秒毫;仪器则钟表晷刻,不亚西土;至罗针、壶漏,则创自中国而后西行;穿札扛鼎,则无论水陆,皆擅勇力。"③又曰:"因其所长而用之,即因其所长而制之。风气日开,智慧日出,方见东海之民犹西海之民,云集而鹜赴,又何暂用而旋辍之有?……故知国以人兴,功无侥成,惟厉精淬志者,能足国而足兵。"④只要中国"厉精淬志",没有不能"制夷"的理由。这样的自信心在魏源那里,还没有丧失。《古微堂内集》提出"势变道不变"("气化无一息不

---

① 陈鹏鸣:《魏源与今文经学》,《历史教学》1998年第10期,第10—13页。
② 魏源:《海国图志》,第102页。
③ 魏源:《海国图志》,第102页。
④ 魏源:《海国图志》,第103页。

变者也,其不变者道而已,势则日变而不可复者也。")之观念,正昭示着魏源对于中华文明之"文化自尊心"与"文化自信心"①,或曰"自我文化身份认同"。这是跟所谓"时代、阶级、文化的局限",跟所谓"'夜郎自大'的愚昧、虚骄的幻想"②没有关联的。

其次,中华文明固有的"天人合一"观念,尚没有被拆毁。其言曰:"天左旋,日月五星右转,一经一纬而成文,故人之目右明,手右强,人之发与蛛之网、螺之蚊、瓜之蔓,无不右旋而成章。"③又曰:"人知地以上皆天,不知一身内外皆天也。""人赖日月之光以生,抑知身自有其光明与生俱生乎?灵光如日,心也,神光如月,目也。"④又曰:"人之生也,有形神,有魂魄,……虽然,其聚散、合离、升降、劝戒,以何为本,以何为归乎?曰:以天为本,以天为归。……大本本天,大归归天,天故为群言极。"⑤又曰:"人者,天地之仁也。人之所聚,仁气积焉;人之所去,阴气积焉。"⑥又曰:"夫贤人者,天地之心也。"⑦此类"以天为极"、"天人合一"之话语,在西洋文明体系中是不被承认的。

第三,中华文明固有的"不自大而大"、"先立乎其大者"等生命智慧,还没有被拆毁。其言曰:"然则人之自大也,适所以自小与!君子惟不自大,斯能成其大。"又曰:"愈内敛则愈无物我,而与天地同其大;愈外鹜则愈歧畛域,而与外物同其小。"⑧又曰:"方隅之士,入主出奴,日相斗战,物而不化,岂知大人殊途共归,百虑一致,无不代行而错明乎?"⑨又曰:"为治者不专注其大,而但事节目,则安危否泰之大端失之

---

① 姚武:《论魏源思想在中西文化对话中的文化意义》,《邵阳学院学报》2005年2月第4卷第1期,第7—9页。
② 周向阳:《论魏源的中华优越观》,《湖南师范大学社会科学学报》2001年5月第30卷,第252—254页。
③ 魏源:《默觚上·学篇四》,《魏源集》,第10页。
④ 魏源:《默觚上·学篇五》,《魏源集》,第12—13页。
⑤ 魏源:《默觚上·学篇一》,《魏源集》,第5页。
⑥ 魏源:《默觚下·治篇三》,《魏源集》,第44页。
⑦ 魏源:《默觚下·治篇十六》,《魏源集》,第80页。
⑧ 魏源:《默觚上·学篇三》,《魏源集》,第9页。
⑨ 魏源:《默觚上·学篇十二》,《魏源集》,第28页。

目睫矣;用人者不务取其大,而专取小知,则卓荦俊伟之材失之交臂矣。"①又曰:"大匠不斲,大庖不豆,大勇不斗,大政不险,天下大器也,君相大官也,处大官者不欲小察,不欲小智,不矜小艺,据其要,制其总,若摄气母于北斗之枢,以斡万物有余矣。"②又曰:"度内之事,中人可能;度外之功,非豪杰不能。世俗所谓度外,君子所谓性分内也。天下大事,或利于千万世者,不必利于一时;或利于千万人者,不必利于一夫;或利于千万事者,不必利于一二端。故非任事之难,而排庸俗众议之难。"③"谋全局"优先于"谋一域","谋万世"优先于"谋一时",此种"中国思维"在魏源那里还存在。

第四,中华文明固有的"循环论"及"物极必反"等观念,还没有完全被拆毁。其言曰:"暑极不生暑而生寒,寒极不生寒而生暑。屈之甚者信必烈,伏之久者飞必决。故不如意之事,如意之所伏也;快意之事,忤意之所乘也。众所福,君子不福,不福其祸中之福也;众所利,君子不利,不利其害中之利也。消与长聚门,祸与福同根。"④又曰:"古今宇宙,其一大弈局乎! 天时有从逆,地理有险易,人情有爱恶,机事有利害,而攻取之局生焉。……故禅让一局也,征诛一局也,传子传贤一局也。……自三代之末至于元二千年,所谓世事理乱、爱恶、利害、情伪、吉凶、成败之变,如弈变局,纵横反覆,至百千万局,而其变几尽。而历代君相深识远虑之士,载在史册者,弈谱固已详矣。"⑤此种思维并非所谓"进化论历史观"⑥,更非所谓"不能脱离阴阳互变和五行循环的机械运动论"⑦。"进化论历史观"是西洋之专利,"机械运动论"亦是西

---

① 魏源:《默觚下·治篇一》,《魏源集》,第37页。
② 魏源:《默觚下·治篇二》,《魏源集》,第39—40页。
③ 魏源:《默觚下·治篇七》,《魏源集》,第52页。
④ 魏源:《默觚上·学篇七》,《魏源集》,第18页。
⑤ 魏源:《默觚下·治篇十六》,《魏源集》,第78—79页。
⑥ 陈鹏鸣:《魏源与今文经学》,《历史教学》1998年第10期,第10—13页。
⑦ 王耀伦:《魏源与中国近代思想文化》,《宁波教育学院学报》1999年9月第1卷第1期,第20—25页。

洋之专利,均是"小尺度"之理论。魏源既保留了中华文明之"大尺度",则没有"进化论历史观"与"机械运动论",就是很自然的。

第六节 魏源思想之评价

梁启超撰《论中国学术思想变迁之大势》,在《近世之学术(起明亡以迄今日)》之第三节"最近世"论及魏源,曰:"魏氏又好言经世之术,为《海国图志》,奖厉国民对外之观念。其书在今日,不过束阁覆瓿之价值。然日本之平象山吉田松蒲西乡隆盛辈,皆为此书所激刺,间接以演尊攘维新之活剧。不龟手之药一也,或以霸,或不免于洴澼絖,岂不然哉。"①日本"尊攘维新"者,为何如此看重魏源呢?为何视其思想为"不龟手之药",而中国人却认为其只有"束阁覆瓿"之价值?

李泽厚撰《中国近代思想史论》,在"十九世纪改良派变法维新思想研究"一节论及魏源,曰:"由于历史的限制,魏源'师夷长技'的内容和对西方'长技'的认识还完全停留在武器和'养兵练兵之法'的狭隘范围内。但重要的是,与当时及以后占统治地位的顽固思想不同,魏源在其时代的可能情况下,最早具有和提供了'师夷长技以制夷'这样一种新鲜思想,它具有着新的原则指导意义。尽管'长技'内容随时代和认识的深化而大有不同,但'窥其所长,夺其所恃'的'师长'主张('师其所长,夺其所恃')却一直是以后许多先进人士为拯救中国抵抗侵略而寻求真理的思想方向。"②

李泽厚以为"长技"之内容并不重要,重要的是"师夷长技以制夷"这种形式,它本身具有不涉及"长技"内容的"原则指导意义"。认识到

---

① 梁启超:《论中国学术思想变迁之大势》,《饮冰室合集·文集之七》,第97页。
② 李泽厚:《中国近代思想史论》,《中国思想史论(中)》,安徽文艺出版社,1999年,第373页。

这一点很重要,可惜李先生没有深论。著者的解读是:"师夷"之目标是为了"制夷",而不是为了"制中";吃药之目标是为了"治病",而不是为了"治己"。因病吃药而最终让自己死于药,是不值得的;因倡"师夷"而最终让自己死于夷,是不值得的。学西洋文化是为了起中华文化之衰、救中华文化之弊,若最终的结果是杀死中华文化,是不值得的。

日本也曾经衰败,二战惨败几至于亡国,但日本人从来没有去怪罪自己的文化;他们也"师夷",也学习西洋文化,但从来不会以杀死自己的文化为目标。在这一点上,魏源的思维和他们是一致的,所以他们才视魏之思想为"不龟手之药"。李泽厚所谓"原则指导意义",也正可以从这个角度去解读。

中国人学习西洋,不是"师夷长技以制夷",而是"师夷长技以制中",不是因病吃药以治病,而是因病吃药以杀身。在这样的思维框架下,病未愈而身先死,衰未起而文已亡,可不哀哉!只有中国人才以为建新城必得先拆毁旧城,搞现代化必得先消灭传统,学西洋文化必得先杀死中华文化,可不哀哉!

魏源之原则于今日,恐怕并非只有"束阁覆瓿"之价值。中国人是否也该像日本维新先贤那样,以之为"不龟手之药"?!

第三章

冯桂芬的儒学

冯桂芬(1809—1874),字林一,号景庭,一号敬亭,晚年自号邓尉山人。江苏吴县人。道光进士。清思想家、学者。曾主讲金陵、上海、苏州诸书院,重经世致用之学。倡改良主义。有《校邠庐抗议》《显志堂稿》等著述行世。

梁启超于1922年撰《五十年中国进化概论》,分中国"近代"(此"五十年"大体相当于现今学界所说之"近代")之进化为三期:第一期以曾国藩、李鸿章、郭嵩焘、冯桂芬、张佩纶、张之洞等为代表,"从器物上感觉不足",觉得在船坚炮利方面"有舍己从人的必要";第二期以康有为、梁启超、章炳麟、严复等为代表,"从制度上感觉不足",觉得中国衰败的根本"都为的是政制不良";第三期以"许多新青年"等为代表,"从文化根本上感觉不足",希望能够"鼓起勇气做全部解放的运动"。第一期大致从鸦片战争持续到甲午战役前,第二期大致从甲午战役持续到民国六七年间(约二十年),第三期大致始于"欧洲大战告终"的"最近二三年间"。① 第三期大致是以1919年"五四运动"为起点。

"器物"方面的西化,是"近代化"之第一步;"制度"方面的西化,是"近代化"之第二步;"文化根本"方面的西化,是"近代化"之第三步。冯桂芬处在"近代化"的第一期,故其"近代性"是得到梁启超的肯定的。

第一节　所采"西学"已涉及"制度"层面

按照梁启超"三期"之说,冯桂芬被划入第一期,"从器物上感觉不足"。总体上来看,这样的判定是不错的,但冯氏思想在某些方面却超出了这个范围,不只是"从器物上感觉不足"。

《校邠庐抗议》的第一议"公黜陟议",已涉及官制的问题。议中提到"会推之法"与"保举之法"等,已多少涉及"基层民主选举"之问题。其言曰:"道在以明会推之法,广而用之;又以今保举之法,反而用之。会推必重臣之贵,今广之于庶僚;保举为长吏之权,今移之于下位。……夫乡人皆好恶之,未可就平人言之也,至于官,则未有乡人皆好而非好官者,即未有乡人皆恶而非劣员者。故此法至当不易。"②把原来"重臣"才有的"会推权",普遍下放到"庶僚",这就是"基层民主选举";把原来"长吏"才有的"会推权",普遍下放到"下位",这就是"基层民主选举"。对于平民而言,乡人皆好之,未必是好人,乡人皆恶之,未必是坏人;但对于官员来说,乡人皆好之,一定是好官,乡人皆恶之,一定是坏官。这是一个屡试不爽的办法。"公黜陟议"所讲的"公",实际

---

① 梁启超:《五十年中国进化概论》,《饮冰室合集·文集之三十九》,第39—48页。
② 冯桂芬:《校邠庐抗议》,中州古籍出版社,1998年,第72—73页。

就是"票选"的意思:"以得举多少为先后",实际就是"以得票多少为先后";"核其得举最多者",实际就是"核其得票最多者";"取千百人之公论",实际就是"取千百人之投票";"考官、学政皆由举",实际就是"考官、学政皆由票选"。总之,此议是希望以"票选之官制"取代"考试之官制",以"公举"取代"科举",曰:"公论所在,岂不胜于一日之试哉!"①

《校邠庐抗议》之第六议"复乡职议",同样涉及"基层民主选举"的问题。其言曰:"县留一丞,或簿为副。驻城各图,满百家公举一副董,满千家公举一正董,里中人各以片楮书姓名,保举一人,交公所汇核,择其得举最多者用之。……正副董皆三年一易。其有异绩殊誉功德在闾里者,许人荐举,有过者随时黜之。见令丞簿尉,用绅士礼,文用照会,有罪即与凡民同。如是则真能亲民,真能治民。"②由当地居民"公举"地方官员,且"三年一易","随时黜之",完全是当时西方国家的一种做法,冯桂芬试图将其移植中土。

《校邠庐抗议》之第二十六议"收贫民议",已涉及"分配制度"、"福利制度"、"救济制度"、"义务教育制度"等问题。此处冯氏重点介绍了"荷兰国"、"瑞颠国"两国之方法:"一荷兰国,有养贫、教贫二局,途有乞人,官若绅辄收之。老幼残疾入养局,廪之而已;少壮人教局,有严师,又绝有力,量其所能为而日与之程,不中程者痛责之,中程而后已。国人子弟有不率者,辄曰'逐汝,汝且入教贫局',子弟辄詟,为之改行。以是国无游民,无饥民。一瑞颠国,设小书院无数,不入院者,官必强之。有不入书院之刑,有父兄纵子弟不入书院之刑。以是国无不识字之民。"③荷兰的养贫、教贫二局之设,均是政府行为,当然属于"制度"层面的问题;瑞颠(即瑞典)的"强制义务教育",亦是政府行为,当然亦

---

① 冯桂芬:《校邠庐抗议》,第73页。
② 冯桂芬:《校邠庐抗议》,第92—93页。
③ 冯桂芬:《校邠庐抗议》,第154页。

属于"制度"层面的问题。冯桂芬欲将其移入中土,"期于境无游民、无饥民、无妓女乃已"①,当然涉及"改制"的问题。

同理,《校邠庐抗议》之第二十八议"复陈诗议",涉及"舆论监督"的问题,跟"制度"有关;第三十一议"变科举议"及第三十二议"改会试议"、第三十三议"广取士议"、第三十四议"停武试议",涉及"选官方式"的问题,跟"制度"有关;第三十五议"减兵额议",涉及"精兵简政"的问题,亦跟"制度"有关。

第二节 所采"西学"已涉及"学理"层面

冯桂芬所采"西学"涉及"制度"层面,"从制度上感觉不足",已入梁启超所说的第二期。其所采"西学"若涉及"文化"层面,"从文化根本上感觉不足",则就已入梁启超所说的第三期了。此说能不能成立呢?兹请分析之。

《校邠庐抗议》之第三十九议"采西学议",已涉及"学理"与"文化"的问题。如它说:"据西人舆图所列,不下百国。此百国中经译之书,惟明末意大里亚及今英吉利两国书,凡数十种。其述耶稣教者,率猥鄙无足道,此外如算学、重学、视学、光学、化学等,皆得格物至理,舆地书备列百国山川厄塞风土物产,多中人所不及。……亦学士之羞也。"②这是从算学、重学、视学、光学、化学、地理学等方面"感觉不足"。又说:"今欲采西学,宜于广东、上海设一翻译公所,选近郡十五岁以下颖悟文童,倍其廪饩,住院肄业,聘西人课以诸国语言文字,又聘内地名师,课以经史等学,兼习算学。(一切西学皆从算学出,西人十岁外

---

① 冯桂芬:《校邠庐抗议》,第155页。
② 冯桂芬:《校邠庐抗议》,第209页。

无人不学算,今欲采西学,自不可不学算,或师西人,或师内地人之知算者,俱可。)"①这是从语言文字、算学等方面"感觉不足"。

《校邠庐抗议》之第三十八议"善驭夷议",亦涉及"学理"与"文化"的层面。如它说:"夷人动辄称理,吾即以其人之法还治其人之身,理可从,从之,理不可从,据理以折之。诸夷不知三纲,而尚知一信,非真能信也,一不信则百国群起而攻之,钳制之,使不得不信也。吉勇烈之事,即能为理屈之明证。"②这是从"理"、"信"方面"感觉不足"。

另"上海设立同文馆议"亦涉及"学理"与"文化"的层面。其言曰:"至西人之擅长者,历算之学,格物之理,制器尚象之法,皆有成书,经译者十之一二耳。必能尽见其未译之书,方能探赜索隐,由粗迹而入精微。我中华智巧聪明,必不出西人之下,安知不冰寒于水、青出于蓝?轮船火器等制,尽羿之道,似亦无难,于洋务岂曰小补之哉!"③这是指出西人在"学理"与"文化"方面的擅长之处,没有明显的"感觉不足"的意思。

冯桂芬"感觉不足"的重点在"器物"层面,如"绘地图议"、"均赋税议"、"兴水利议"、"改河道议"、"劝树桑议"、"壹权量议"、"稽户口议"、"折南漕议"、"利淮盐议"、"改土贡议"、"罢关征议"、"节经费议"、"筹国用议"、"重酒酤议"、"杜亏空议"、"制洋器议"、"重专对议"、"以工巧为币议"、"用钱不费银议"等等,均以论及"器物"层面为主。至于"制度"层面的"感觉不足",并非冯氏论述的重心;"文化"层面的"感觉不足",更非重心。他从"文化"的某些方面,如化学、算学、地理学等,感觉到了不足,但并未"从文化根本上感觉不足"。故将冯氏纳入梁启超所说的第三期,乃是不妥的。完全纳入第二期,也有不妥的地方,因为他毕竟是以"器物"为重。谓其处第一期与第二期之过渡阶段,似亦有问题。

---

① 冯桂芬:《校邠庐抗议》,第210页。
② 冯桂芬:《校邠庐抗议》,第205页。
③ 冯桂芬:《校邠庐抗议》,第251页。

第三节　固守"中华文化之自信"

问题就出在第三十七议"制洋器议",该议之主旨是认定中华文明在"文化根本上"无待于洋人,"在制度上"无待于洋人;唯一有待于洋人者,只在船坚炮利方面,只在"器物"层面。

该议说:"以今论之,约有数端:人无弃材不如夷,地无遗利不如夷,君民不隔不如夷,名实必符不如夷。四者道在反求,惟皇上振刷纪纲,一转移间耳,此无待于夷者也。"①什么叫"道在反求"? 就是"可从固有文化中找到解决的办法",不必仰赖于"西洋文化"。解决"人无弃材"的问题,不必仰赖于"西洋文化";解决"地无遗利"的问题,不必仰赖于"西洋文化";解决"君民不隔"的问题,不必仰赖于"西洋文化";解决"名实必符"的问题,不必仰赖于"西洋文化"。那什么地方有赖于"西洋文化"呢?

该议的答案是:只在"船坚炮利"这一件事情上有赖于"西洋文化"! 其言曰:"至于军旅之事,船坚炮利不如夷,有进无退不如夷,而人材健壮未必不如夷。是夷得其三,我得其一,故难胜。北兵亦能有进无退,是我得其二,故间胜。粤人军械半购诸夷而不备,并能有进无退,是我得其二有半,故半胜。……夫得二之效,亦道在反求,而无待于夷。然则有待夷者,独船坚炮利一事耳。魏氏源论驭夷,……独'师夷长技以制夷'一语为得之。"②此处讲到众多的"不如夷",但并未丧失"中华文化之自信",而是相反,认为这诸多的"不如夷"是可以返回本国文化传统中找到解决办法,"无待于夷者"的。"然则有待于夷者,独

---

① 冯桂芬:《校邠庐抗议》,第198页。
② 冯桂芬:《校邠庐抗议》,第198页。

船坚炮利一事耳"一语,表明冯桂芬对"中华文化"寄予厚望,并没有"从制度上"感觉其不足,更没有"从文化根本上"感觉其不足。

故著者以为"制洋器议",乃是一篇"中华文化宣言",乃是一篇"西学东渐背景下中华文化告全球人类书"。此"宣言",此"告书",置于西元1861年之中国,似有"盲目自信"之嫌;置于今日之中国,则正适时矣。百五十年来,列强不能亡中国,其力不足耶?非也!其力足以亡中国若干次,然而不能亡者,非不欲也,实不能也。为何而不能?"中华文化"固在,"中华文化"未亡。冯桂芬当时有这样的"文化自信",今日之中国人更要有这样的"文化自信"。

冯桂芬最可宝贵的品质,是不把一时一地之失败怪罪到我们生存的这片土地,相反是以怜惜的态度去看待它。他以中国为"广运万里地球中第一大国",说:"截赢补缩,约南北八千里,东西万一千里,为方一里者八千八百万,是一国而居地球十有五分之一也。余百许国,俄、英、法、米为大,……我中华幅员八倍于俄,十倍于米,百倍于法,二百倍于英,地之大如是;五州之内,日用百须,无求于他国而自足者,独有一中华,地之善又如是。虽彼中舆地书,必以中华首列,非畏我,非尊我,直以国最大,天时、地利、物产无不甲于地球而已。"①"地之大如是","地之善又如是",然则"受制于小夷",何也?这片土地有罪吗?冯桂芬断然答曰:这片土地无罪。"而今顾觍然屈于四国之下者,则非天时、地利、物产之不如也,人实不如耳。"②

冯桂芬最可宝贵的品质,是不把一时一地之失败怪罪到自己的祖先头上,相反是以敬爱之心去看待他们。他说:"彼人非魁首重瞳之奇,我人非僬侥三尺之弱,人奚不如?且中华扶舆灵秀,磅礴而郁积,巢、燧、羲、轩数神圣,前民利用所创始,诸夷晚出,何尝不窃我绪余,人

---

① 冯桂芬:《校邠庐抗议》,中州古籍出版社,1998年,第197页。囿于当时地理知识,所述各国面积比,不实。

② 冯桂芬:《校邠庐抗议》,第197页。

又奚不如？"就优生学、生物学的方面说，中国人不劣于洋人；就文化与文明的创造方面说，中国人优先于洋人。如此则冯氏说"人实不如"，不是指我们的祖先，而是指我们自己："则非天赋人以不如也，人自不如耳。天赋人以不如，可耻也，可耻而无可为也；人自不如，尤可耻也，然可耻而有可为也。如耻之，莫如自强。"①这一时一地之失败，是自己不争气，不能怪我们的祖先。

"天赋人以不如"，我们没有办法；"人自不如"，我们是有办法的，这个办法就是"自强"。"天赋人以不如"，我们感到"可耻"；"人自不如"，我们尤应感到"可耻"。这才是中国人对待失败的正当态度：不怨天，不怨地，不怨祖先，不怨神灵，只怨我们自己。

冯桂芬最可宝贵的品质，是不把一时一地之失败怪罪到自己的文化头上，相反对自己先人创造的文化充满自信。他说："夫九州之大，亿万众之心思材力，殚精竭虑于一器，而谓竟无能之者，吾谁欺？惟是输俘之巧，至难也，非上知不能为也。圬镘之役，至贱也，虽中材不屑为也。愿为者不能为，能为者不屑为，必不合之势矣，此所以让诸夷以独能也。"②我们的"文化"没有让我们的"上知"用心于"器物"，甚至即"中材"亦不屑为，这是我们的"文化"之优点，不是缺点。"夫穷兵黩武，非圣人之道，原不必尤而效之"③，这又是我们"文化"之优点，不是缺点。只要转身过来，用心于"器物"，就不可能再"让诸夷以独能"。"中华之聪明智巧，必在诸夷之上，往时特不之用耳。上好下甚，风行响应，当有殊尤异敏，出新意于西洋之外者。始则师而法之，继则比而齐之，终则驾而上之。自强之道，实在乎是。"④

"且用其器，非用其礼也，用之乃所以攘之也。"⑤这就是冯桂芬对

---

① 冯桂芬：《校邠庐抗议》，第197页。
② 冯桂芬：《校邠庐抗议》，第198—199页。
③ 冯桂芬：《校邠庐抗议》，第200页。
④ 冯桂芬：《校邠庐抗议》，第199页。
⑤ 冯桂芬：《校邠庐抗议》，第200页。

待西洋文化的态度。我们可以使用西洋的先进武器,但不可以全盘推行西洋文化;使用其先进武器,只是为了反抗其侵略。这个态度是一个正确的态度:"器物"层面的西化是可以的,"制度"层面的西化亦是可以的,唯独"文化根本"层面的西化是不可以的。因为这是一个民族的根本,"忘本",乃是"根本上的错误"。

冯桂芬"制洋器议"给我们指出了两个前途,一个是"我中华始可自立于天下",另一个是"我中华且将为天下万国所鱼肉"。实现第二个前途很容易,学"五四新青年",放弃自己的"文化"就行了;实现第一个前途也很容易,学冯桂芬诸人,固守自己的"文化"就行了。"自信"是成败之关键,"文化自信"是成败之关键,"中华文化之自信"是"我中华始可自立于天下"之关键。

第四节 所守"儒学"止于"制度"层面

冯桂芬所采"西学"已涉及"制度",所守"儒学"亦至"制度"层面而止。冯桂芬所论,没有上升到"文化根本"与"观念大义"层面。

《校邠庐抗议·自序》开篇即讲"三代圣人之法",认为"三代圣人之法,未尝有此弊"[①]。此处"三代圣人之法"主要指"器物"与"制度"层面,如"圣人兵农合一,车徒、马牛、甲兵出自民间之法"、"圣人文武不分之法"、"圣人百亩而彻之法"、"圣人四百里粟、五百里米之法"、"圣人尽力沟洫之法"、"圣人乡举里选之法"、"圣人宗以族得民之法"、"圣人悬鞀建铎庶人传语之法"、"圣人分田制禄之法"、"圣人不铸刑书之法"、"圣人守在四夷之法"、"圣人梓匠名官仓庾世氏之法",等等。这些"器物"与"制度"层面的"三代圣人之法",并未过时,只要以恰当的

---

① 冯桂芬:《校邠庐抗议》,第67页。

方式把它们恢复起来就行,"去其不当复者,用其当复者,所有望于先圣后圣之若合符节矣"①。

"善驭夷议"提到"理"与"三纲":"夷人动辄称理,吾即以其人之法还治其人之身,理可从,从之,理不可从,据理以折之。诸夷不知三纲,而尚知一信,非真能信也,一不信而百国群起而攻之,钳制之,使不得不信也。"②"理"有中西之分,"西理"可以从则从,不可从则据"中理"以折之。此处所谓"理"即"道理",依然没有上升到"文化根本"与"观念大义"的层面。至于"三纲"与"信",亦只涉及伦理道德规范,即"制度"层面。

"采西学议"论及"伦常名教",依然是"制度"层面的:"夫学问者,经济所从出也。太史公论治,曰'法后王',为其近己而俗变相类,议卑而易行也。愚以为在今日,又宜曰'鉴诸国',诸国同时并域,独能自致富强,岂非相类而易行之尤大彰明较著者!如以中国之伦常名教为原本,辅以诸国富强之术,不更善之善者哉!"③"经济"是经世济民之意,亦即"三代圣人之法"。这些"器物"与"制度"层面的东西,来源于一个更高的层面——"文化根本"与"观念大义",冯桂芬此处称之为"学问"。冯氏并未说"以中国之学问为原本",只说"以中国之伦常名教为原本",表明冯氏固守之"中学"或"儒学"只止于"制度",而未达于"文化"。"伦常名教"属"中用"范畴,"富强之术"属"西用"范畴,冯氏在这里所讨论的,是"中用"与"西用"之关系。

第五节 儒、西关系之处理格式:"中体西用"说辨正

如此则冯桂芬只讨论到"中用"与"西用"之关系问题,而没有讨论

---

① 冯桂芬:《校邠庐抗议》,第68页。
② 冯桂芬:《校邠庐抗议》,第205页。
③ 冯桂芬:《校邠庐抗议》,第211页。

到"中体"与"西体",或"中体"与"西用",或"西体"与"中用"之关系问题。如此则以"中体西用"指称冯氏处理儒、西关系之格式,乃是有问题的。

冯桂芬论儒、西关系最为著名的有三段话,一段就是上面所引"以中国之伦常名教为原本,辅以诸国富强之术"一段,见于"采西学议"。

第二段见于《校邠庐抗议·自序》,谓:"桂芬读书十年,在外涉猎于艰难情伪者三十年,间有私议,不能无参以杂家,佐以私臆,甚且羼以夷说,而要以不畔于三代圣人之法为宗旨。……明知有不能行者,有不可行者,夫不能行则非言者之过。而千虑一得,多言或中,又何至无一可行!"①"羼以夷说",是不是已涉及"西体"呢?就全部《校邠庐抗议》所论"西学"看,此处所谓"夷说"只涉及"器物",间或涉及"制度"与"学理"。但"制度"尤其"学理",并非冯氏论述之重点。"三代圣人之法",上文已言,只涉及"器物"与"制度"的层面,未上升到"文化根本"。"羼以夷说",就是"以西用而补中用";"不畔于三代圣人之法",就是"不以西用而否定中用"。这是一个问题的两方面:正面说是"羼",反面说是"不畔"。

第三段见于"收贫民议",曰:"法苟不善,虽古先吾斥之;法苟善,虽蛮貊吾师之。……不可以夷故而弃之也。"②此处"法"同于"三代圣人之法"。

由于冯氏所论未涉及"中体"与"西体",故其儒、西关系之处理格式,不可称为"中体西用",亦不可称为"西体中用",只可称为"中用加西用"。

以"中体西用"界定冯桂芬的学者很多。如袁钰认为冯氏的《校邠庐抗议》"对于'中学为体,西学为用'的论式的形成起了承先启后的作用"③,认为冯氏"本辅论"之时代作用就在于"首创出以'中体西用'类

---

① 冯桂芬:《校邠庐抗议》,第68—69页。
② 冯桂芬:《校邠庐抗议》,第154页。
③ 袁钰:《"中体西用"文化观的形成和发展》,《山西大学师范学院学报》1998年第4期,第19页。

型的论式来提倡西学,开一代新风",认为正是从冯氏"本辅论"起,"'中体西用'文化观的基本构架才成型"。①

任汝平认为冯氏之"本辅论"乃是"中体西用"思想的"最早表述","它成为进步的、具有资产阶级改良色彩的洋务运动的指导思想,产生了极深远的影响"。②

高焕认为冯氏之"本辅论"乃是"'中学为体,西学为用'理论的滥觞","成为以后颇为流行的中体西用说的蓝本,影响甚大",后来洋务派的"中体西用"说、改良派的"道本器末"诸说,"都出自于此"。③ 认为《校邠庐抗议》是"以重新认识和处理中西文化关系为特色的新的文化思潮的最早代表作",认为冯氏之"本辅说""从理论上提出了'中学为体,西学为用'的模式,……上启林魏,下对同时代产生的洋务派和资产阶级维新派都产生了很大的影响"。④

周妤、梁杏茹认冯桂芬为"洋务派中体西用思潮和戊戌维新思潮的先导"⑤,认冯氏"本辅论"为"著名论断",认为"这一著名论断成为此后洋务运动中处理中西文化的基本模式——'中学为体,西学为用'的蓝本"⑥,认为洪仁玕、冯桂芬之思想代表了"19世纪60年代洋务运动前夕中西文化观的最高水平",认为他们的中西文化观"在中国近代思想发展史具有一定的历史地位和积极的影响,是洋务派中体西用思潮和戊戌维新思潮的先导"。⑦

王艳玲直接认为冯桂芬提出了"中体西用"模式⑧,认为冯氏之"本辅论"是"'中体西用'模式的雏形",它成为"整个洋务思潮的理论基础

---

① 袁钰:《"中体西用"文化观的形成和发展》,第20页。
② 任汝平:《冯桂芬与近代中国的觉醒》,《宜春学院学报》2001年第1期,第64页。
③ 高焕:《从〈校邠庐抗议〉看冯桂芬的中西文化观》,《龙岩师专学报》2004年第1期,第42—43页。
④ 高焕:《从〈校邠庐抗议〉看冯桂芬的中西文化观》,第50页。
⑤ 周妤、梁杏茹:《洪仁玕冯桂芬中西文化观比较论》,《船山学刊》2005年第1期,第189页。
⑥ 周妤、梁杏茹:《洪仁玕冯桂芬中西文化观比较论》,第190页。
⑦ 周妤、梁杏茹:《洪仁玕冯桂芬中西文化观比较论》,第193页。
⑧ 王艳玲:《〈校邠庐抗议〉与冯桂芬采西学思想探微》,《长沙大学学报》2005年第3期,第49页。

和文化纲领,从19世纪后叶至20世纪,都是余绪不绝",认为它"是后来中体西用说的源头",认为冯氏"为中国人提供了一个可以接受的中西文化架构模式","代表了当时中国人认识世界的最高水平"①。

认为冯桂芬处理儒、西关系之格式是"中体西用",几乎已成学界共识。但细究冯氏思想,则知此种共识未必妥当。冯氏要"采西学",但其"采"之方式却只是移西法入中国之土壤,并未涉及"中体"问题,亦非"以中用为体,以西用为用"。既非以"中体"为"体",亦非以"中用"为"体",可知"中体"之说从任何角度看,都是难以成立的。

冯氏"采西学",实际就是"采西法"。"采"之方式就是先定中方之土壤,然后移植之。如"公黜陟议"是要移植西洋之票选制,于基层以票选代科举,移植之法是先找好中方之土壤。这"土壤"就是《尧典》"师锡"之说、《礼记》"爵人于朝,与众共之"之说、《论语》"举直错诸枉则民服"之说、《孟子》"国人皆曰贤,然后察之,见贤焉然后用之"之说,等等。② 找到了这些学说,也就找到了移植西洋"公举"制的"土壤",找到了嫁接西洋"公举"制的"接点"。"土壤"和"接点"不是"体",故不可以"中体"称之。

"改河道议"欲移植"西人刷沙之法","土壤"与"接点"是什么呢?是《周髀算经》"故禹之所以治天下者,此数之所由生也"之言,是汉赵君卿"禹治洪水,决流江河,望山川之形,定高下之势,除滔天之灾,释昏垫之厄,使东注于海而无浸溺,乃勾股之所由生也"之言,总之是"中学"中"治水之必用算学"之理。此理"古之人有行之者矣"③,只是其法未传承下来,今正好以"西法"补之。此处之"土壤"与"接点",亦不得称为"中体"。

"罢关征议"欲移植西人之"关税制度",冯氏找到的"土壤"与"接

---

① 王艳玲:《〈校邠庐抗议〉与冯桂芬采西学思想探微》,第51页。
② 冯桂芬:《校邠庐抗议》,第72—73页。
③ 冯桂芬:《校邠庐抗议》,第117页。

点"是《礼记·王制》中"市廛而不征,关讥而不征"之言,是《孟子》中"文王治岐,关市讥而不征"之言,是《周礼》中有关"关市之征"的记载,是《管子·霸形》中"关讥而不征,市书而不赋"之言,等等。① 这些"土壤"与"接点",亦非"中体"。

"收贫民议"欲移植西人"社会救济"之法,冯氏找到的"土壤"与"接点"是"三代圣人之法",如宗教有不足资之之法、州党有相赒相捄之谊、国家有赈穷恤贫之令、党庠术序遍于郊陬、野人士女咸知学问等等。②"礼失而求诸野",中国原本就是"堂堂礼义文物之邦"③,故接受"夷法"是很容易的。

"复陈诗议"欲移植西人"舆论监督"之法,冯氏找到的"土壤"与"接点"是中国原有的"圣人盖惧上下之情之不通,而以诗通之"之传统,以及黄帝立明台之议、尧有衢室之问、舜有告善之旌、禹立谏鼓而备讯、晋文听舆人之诵、子产不毁乡校、行人振木铎徇于路以采诗、遣輶轩之使采异方言、男年六十女年五十无子者官衣食之使之民间求诗、命太诗陈诗以观民风等传统做法。④"而言者无罪,闻者足戒,微而显,婉而讽,莫善于诗,后世以为迂阔而废之"⑤。原来就有基础,只是恢复而已。

"专专对议"欲移植西人"专对得人"之法,此时海外诸夷一如中国春秋时之列国:"势力相高,而言必称理;谲诈相尚,而口必道信;两军交战,不废通使;一旦渝平,居然与国;亦复大侵小、强陵弱,而必有其借口之端,不闻有不论理、不论信,如战国时事者。……是专对得人之效也。"⑥"专对得人"就是重视"谈判高手",这方面中国有深厚之"土

---

① 冯桂芬:《校邠庐抗议》,第138—139页。
② 冯桂芬:《校邠庐抗议》,第154页。
③ 冯桂芬:《校邠庐抗议》,第155页。
④ 冯桂芬:《校邠庐抗议》,第160页。
⑤ 冯桂芬:《校邠庐抗议》,第160页。
⑥ 冯桂芬:《校邠庐抗议》,第214—215页。

壤":"春秋时以善辞令为学问之一端,若臧文仲、子产之类,代有其人。夫子论士品,以使于四方不辱君命居于孝弟信果之上。又曰:'诵《诗》三百,不能专对,虽多亦奚以为。'可见当时专对之重。列国以后,此学遂废,间有如富弼、曹利用诸人,止一人一事,艳为美谈,盖不为专才久矣。"①废而再复,较之全新移植,相对比较容易。

整部《校邠庐抗议》几乎全都采用此种"以中学为土壤移植西学"之方式,此种方式并非"中学为体,西学为用",而只是"中用加西用",根本不涉及"中体"的问题,也不涉及"以中为体"的问题。反倒有点类似于"西学中源说"的思维方式,都是力图在"中学"原有传统中找到移植或嫁接"西学"之"土壤"或"接点"。

总之,以"中体西用"界定冯桂芬之儒、西关系处理格式,乃是不恰当的,至少是不准确的。对此,早有极少数学者注意到,如吕实强就直接以"似是而非"评判此种界定,认为此种界定"不仅似是而非,更掩蔽不少冯氏思想的真实价值",认为"就冯氏思想作整体的观察,则甚易发现,其决无'中学为体、西学为用'的观念",谓:"以此,就其全部有关言论加以观察,应该可以确定,他确能破除中西之见、古今之见,而将各种学理,放置于平等地位,加以客观研究,进而综合创造,超越前人。"②此处是以"儒西并尊"或"中西并尊"格式界定冯桂芬。这样明确否定以"中体西用"界定冯氏思想的文字,在学界并不多见。

第六节 与曾国藩之关系

如果从思想上去看,曾国藩试图以"儒门增科"之方式接纳"西

---

① 冯桂芬:《校邠庐抗议》,第214页。
② 吕实强:《冯桂芬的政治思想》,《中华文化复兴月刊》1971年2月第4卷第2期,第5—12页。

学",似乎比冯桂芬"以中学为土壤移植西学"之方式,更接近中国学术几千年的发展脉络。

蒋广学认为冯桂芬《校邠庐抗议》中的"采西学议"是受曾国藩思想影响的产物。他引"诸国同时并域,独能自致富强,岂非相类而易行之尤大彰明较著者?如以中国之伦常名教为原本,辅以诸国富强之术,不更善之善者哉"一段话后,说:"这就是中体西用,典型地反映了曾国藩的思想。"①然著者以为,曾国藩之儒、西关系处理格式是"中体中用加西用";冯桂芬之儒、西关系处理格式是"中用加西用",没有涉及"中体"问题,亦未"以中为体"。故以冯为"反映"曾,似不恰当。

王艳玲则有相反的认识,认为不是曾影响了冯,而是冯影响了曾:"其采西学、谋自强思想是在民族危急关头儒家文化积极入世哲学的最佳张扬,对曾国藩、李鸿章、奕䜣等洋务首领有不可忽视的影响。……曾国藩、李鸿章、奕䜣等无疑都是较为出色的'取法'者,是冯桂芬思想的较为称职的实行者。"②如此则是曾"反映"了冯之思想,而不是冯"反映"了曾之思想,与蒋广学之说相反。

咸丰十一年(1861)十月十六日,曾国藩在日记中记曰:"午刻,江苏上海庞宝生派户部主事钱鼎铭来请兵,携有书函……问之,系冯桂芬敬亭手笔。钱君在坐次哭泣,真不异包胥秦庭之请矣。"③

冯桂芬撰成《校邠庐抗议》(1861),即抄录一份寄呈曾国藩索序,于是有《曾文正公复冯宫允书》,云:"又蒙示以校邠庐大论四十首,属为序跋。细诵再四,便如聆叶水心、马贵与一辈人议论,足以通难解之结,释古今之纷。"并告以 1861 年 11 月举行乡试一事,请冯桂芬共商:"届时务恳台从枉过金陵,藉展良觌,而斯事亦得折衷至当。……俟台

---

① 蒋广学:《曾国藩:近代中国政治与文化保守主义思潮的奠基者》,《江苏社会科学》2005 年第 5 期,第 204 页。
② 王艳玲:《〈校邠庐抗议〉与冯桂芬采西学思想探微》,《长沙大学学报》2005 年第 3 期,第 52 页。
③ 《曾国藩全集·日记(一)》,岳麓书社,1987 年,第 674 页。

族至金陵之日,鬯聆至论,以祛疑滞。"①

同治元年(1862)九月十七日,曾国藩日记曰:"冯敬亭,名桂芬,寄投《邠庐初稿》二册,共议四十二篇。粗读十数篇,虽多难见之施行,然自是名儒之论。"②同月二十一日又记曰:"令李子真抄冯敬亭议、苏辛词。"③

同治二年四月二十四日记曰:"见赵惠甫,鬯谈,阅冯景亭所拟减苏松太浮粮摺子。"④

同治三年九月初五日记曰:"中饭后,写冯景亭信一封。"⑤同年十月三十日记曰:"见客,坐见者五次,冯景亭、晏彤甫坐最久。"⑥同年十一月初四日记曰:"早饭后清理文件,见客一次,围棋一局。旋出门拜客数家,李少荃、冯景亭两处久谈。"⑦十一月十二日记曰:"午正,朱久香前辈来,宜春宇学使、冯景亭、潘季玉来中饭,申初散。"⑧同月十六日记曰:"记数语于冯景亭所著议四十篇之首,温李太白七古。五点睡。"⑨

西元1861—1863年间,曾国藩与冯桂芬过从甚密。冯三十一岁(1840年)中进士,授翰林院编修。1853年,太平天国定都南京。冯以在籍京官之身奉旨回籍苏州,办团练以抗太平军。1860年4月,李秀成所率太平军陷苏州,冯丧师失地后避居上海,入李鸿章幕,设会防局抵抗太平军。不久,太平军又占常州、嘉兴等地,进逼上海。两江总督何桂清由是被革职拿问,曾国藩受命代行其职。曾赏冯之才,有意延其入幕,但未果。

---

① 冯桂芬:《校邠庐抗议》,上海书店出版社,2002年,第3页。
② 《曾国藩全集·日记(二)》,第804页。
③ 《曾国藩全集·日记(二)》,第806页。
④ 《曾国藩全集·日记(二)》,第885页。
⑤ 《曾国藩全集·日记(二)》,第1056页。
⑥ 《曾国藩全集·日记(二)》,第1072—1073页。
⑦ 《曾国藩全集·日记(二)》第1074页。
⑧ 《曾国藩全集·日记(二)》,第1077页。
⑨ 《曾国藩全集·日记(二)》,第1078页。

第七节　冯桂芬思想之评价

20世纪50—60年代,中国学术界在"以阶级斗争为轴心"之大的研究背景下,曾就冯桂芬及其思想的阶级属性问题,展开热烈讨论。大致有四派意见。

第一派以冯氏为"地主阶级改革派",代表人物有周辅成、赵靖、李泽厚等。周撰《冯桂芬的思想》,载《历史教学》1953年第9期;赵撰《试论冯桂芬思想的阶级属性》,载《学术月刊》1962年第10期;李撰《十九世纪改良派变法维新思想研究》,载《新建设》杂志1956年第4、5期,后收入《中国近代思想史论》(人民出版社,1979年)一书。此种划分是将冯桂芬与龚自珍、魏源、林则徐等并列。

第二派以冯氏为"地主阶级洋务派",代表人物有王栻、徐仑等。王撰《冯桂芬不是一个具有资产阶级思想的改良主义者》,载《南京大学学报》1956年第3期;徐撰《论冯桂芬的政治思想》,载《学术月刊》1963年第8期。此种划分是将冯桂芬与曾国藩、李鸿章等并列。

第三派以冯氏为"从地主阶级中分化出来的初步具有资产阶级观点的改良派",代表人物有石峻、任继愈、朱伯崑等。石、任、朱三人编《中国近代思想史讲授提纲》,认为冯等"从封建统治阶级中逐渐分化出来,初步提出了具有资产阶级观点的改良主义思想"[①]。此种划分是将冯与容闳、王韬及稍后的薛福成、马建忠等并列。

第四派以冯氏为"近代资产阶级改良派",代表人物有陈旭麓等。陈撰《论冯桂芬的思想》,载《学术月刊》1962年第3期,认为冯"虽然不是具有完全意义的资产阶级改良主义,却是属于资产阶级改良主义的

---

① 石峻、任继愈、朱伯崑编:《中国近代思想史讲授提纲》,人民出版社,1955年,第52页。

范畴,是中国近代资产阶级改良主义思潮通过地主阶级知识分子的最初表现"。① 又撰《关于〈校邠庐抗议〉一书——兼论冯桂芬的思想》,载《新建设》杂志1964年第2期,认为《校邠庐抗议》是"地主阶级改革思想向资产阶级改良主义过渡"之"过渡开始的代表性著作",是"资产阶级改良主义思潮"之"较早出现的著作"②。此种划分按理应将冯桂芬与康有为、梁启超、谭嗣同等并列,但陈先生却依然还是将其与王韬、何启、薛福成等并列。

"阶级属性"是学术研究的一个坐标,但却不是最主要的坐标,尤其不是唯一坐标。著者欲设立的坐标是"文化根本"与"观念大义",凡坚守"中华文化"之"文化根本"与"观念大义"者,均应肯定。这个坐标与"阶级属性"之坐标,可以一致,但却未必一致。

陈景彦《晚清时期中日知识分子的西方观比较研究——以冯桂芬与左久间象山为例》一文,提到日本幕府末期思想家左久间象山(名启,字子明,号象山,1811—1864)处理儒、西关系的一种格式——"东洋道德,西洋艺术"论。③ 此种格式的根本特性是"中西并盛":"人谓泰西之学盛,孔子之教必衰;予谓泰西之学行,孔子之教滋得其资。夫泰西之学,艺术也;孔子之教,道德也。道德譬则食也,艺术譬则菜肉也。菜肉可以助食气,孰谓可以菜肉而损其味也。""方今之时,以汉土圣贤道德仁义之教为经,以西洋艺术诸科之学为纬,兴皇国之威,实为良策也。"④ 此种格式又可名"中经西纬",中西之间地位平等,没有主从关系。

这种格式告诉我们,"近代化"未必要以毁灭"本国文化"为前提,

---

① 陈旭麓:《论冯桂芬的思想》,《学术月刊》1962年第3期,第13页。
② 陈旭麓:《关于〈校邠庐抗议〉一书——兼论冯桂芬的思想》,《新建设》杂志1964年第2期,第90—91页。
③ 陈景彦:《晚清时期中日知识分子的西方观比较研究——以冯桂芬与左久间象山为例》,《吉林大学社会科学学报》2003年第2期,第65—66页。
④ 〔日〕佐藤昌介:《日本思想大系55》,转引自陈景彦:《晚清时期中日知识分子的西方观比较研究——以冯桂芬与左久间象山为例》。

"现代化"未必要以毁灭"本国文化"为前提,儒学与西学是可以并存的,中学与西学是可以"并盛"的。"中经西纬"就是一种"并盛"的格式。中国"近代"与"现代"思想家之错,就在这里:以为不"破旧",就不可能"立新";以为不"去中",就不可能"采西";以为不毁灭"中华文化",就不可能实现"近代化"与"现代化"。

# 第四章

曾国藩的儒学

曾国藩(1811—1872),原名子城,字伯涵,号涤生。湖南湘乡人。清末理学思想代表人物之一。曾从倭仁、唐鉴习程朱理学,兼习思孟学派与陆王心学。倡"诚"、"命"、"复性"诸说与"孔门四科"之学。有《曾文正公全集》行世,今人编有《曾国藩全集》。

第一节 "道统"之存留

判定曾氏是否完成了"中国传统文化的近代化",标准不在西学,而在中学。换言之,不在他采了多少"西学",而在他留了多少"中学"。如果"道统"之整体框架尚存,尚未被西学完全取代,则不得视为"近代化"已完成;如果"道统"之整体框架坍塌,西式框架取而代之,则可视

为"近代化"已完成。因为现行学术框架中的"近代化"与"现代化",实际上就是"西化"或"欧美化"。

以此观之曾氏,"道统"之整体框架并未坍塌,他亦完全不欲以西式框架取而代之,故"最终完成"之说,似难以成立。"道统"之整体框架为何?就是所谓"大人视野"与"宇宙背景":中国哲人考虑一切问题,都要将其置于"宇宙背景"上去衡量,如置"生"之问题于"宇宙背景"而有所谓"大生",置"死"之问题于"宇宙背景"而有所谓"大死",置"利"之问题于"宇宙背景"而有所谓"大利",置"心"之问题于"宇宙背景"而有所谓"大心",置"仁"之问题于"宇宙背景"而有所谓"大仁",诸如此类,不胜枚举。西洋哲学则反之,完全拆除这个"宇宙背景"而谈论一切,完全不能上升到这个"宇宙背景"的高度。以中国术语言之,就是"学不际天人"。这是中西学问的最根本不同。所谓"近代化",就是拆除这个"宇宙背景";所谓"中国传统文化的近代化",就是把中国传统文化从这个"宇宙背景"中剥离。剥离之后,中国传统文化还剩下什么呢?一堆"乱码","不可思议"的一堆"无意义"的句辞。所以不是采了"西学"就完成了"中国传统文化的近代化",关键要看在采"西学"的同时,是否以不带"宇宙背景"的"西学",拆除了"中学"那个赖以立命的"宇宙背景"。

捍卫"道统"就是捍卫这个"宇宙背景",就是捍卫"大人视野"。曾国藩就是一个这样的人,就是"西学东渐"之后最后一批这样的人之一。他之后还有冯桂芬,还有张之洞等"中体西用"论者,他们也号称捍卫"道统",但其所捍卫者并非此"宇宙背景"与"大人视野",而是所谓"伦常名教",这就把捍卫的对象"矮化"了。

清同治元年(1862)四月十一日,曾氏夜读《论语》、《朱子》、《孟子》、《陶诗》后,"三更睡,倒床即成寐矣,是日又写扁字二十余个"。"静中,细思古今亿万年无有穷期,人生其间,数十寒暑,仅须臾耳。大地数万里不可纪极,人于其中寝处游息,昼仅一室耳,夜仅一榻耳。古人书籍,近人著述,浩如烟海,人生目光之所能及者,不过九牛一毛耳。事变万端,美名百途,人生才力之所能办者,不过太仓之一粒耳。知天之长而吾所历者短,则遇忧患横逆之来,当小忍以待其定;知地之大而吾所居者小,则遇荣辱争夺之境,当退让以守其雌;知书籍之多而吾所见者寡,则不敢以一得自喜,而当思择善而约守之;知事变之多而吾所办者少,则不敢以功名自矜,而当思举贤而共图之。夫如是,则自私自满之见,可渐渐蠲除矣。"①这就是把人生的各方面,放到"宇宙背景"上来考量。这是中国先哲惯用的思维方式。在这样的"宇宙背景"下,人缺少"西学"中所谓"独立"、"平等"、"自由选择"等等之设定。

道光二十二年(1842)十月二十六日,曾氏撰《致澄弟温弟沅弟季弟》书,以"笑其志之小,而所忧之不大"告诫之:"君子之立志也,有民胞物与之量,有内圣外王之业,而后不忝于父母之生,不愧为天地之完人。故其为忧也,以不如舜不为周公为忧也,以德不修学不讲为忧也。是故顽民梗化则忧之,蛮夷滑夏则忧之,小人在位贤才否闭则忧之,匹夫匹妇不被已泽则忧之,所谓悲天命而悯人穷。此君子之所忧也。若夫一身之屈伸,一家之饥饱,世俗之荣辱得失、贵贱毁誉,君子固不暇忧及此也。"②"民胞物与之量"讲的就是"宇宙背景","悲天命而悯人穷"讲的就是"宇宙背景"。就是要把一身之屈伸放到"宇宙背景"上来考量,把一家之饥饱放到"宇宙背景"上来考量,把世俗之荣辱得失、贵贱毁誉放到"宇宙背景"上来考量。

又撰《笔记二十七则·名望》,强调"知识"之重要性:"知识愈高,则天之所以责之者愈厚;名望愈重,则鬼神之所以伺察者愈严。故君子之自处,不肯与众人絜量长短。以为己之素所自期者大,不肯自欺其知识以欺天也。己之名望素尊,不肯更以鄙小之见贻讥于神明也。"③撰《笔记二十七则·君子小人》,强调"物我无间":"大哉言乎!

---

① 《曾国藩全集·日记》之"同治元年四月十一日",岳麓书社,1988年,第739页。
② 《曾国藩全集·家书》,岳麓书社,1985年,第39页。
③ 《曾国藩全集·诗文》,岳麓书社,1986年,第361—362页。

仁者物我无间之谓也,一有自私之心,则小人矣。义者无所为而为之谓也,一有自利之心,则小人矣。……所谓小人者,识见小耳,度量小耳。……君子则不然,广其识,则天下之大,弃若敝屣,尧舜之业,视若浮云。宏其度,则行有不得,反求诸己,己所不欲,勿施于人。乌有所谓自私自利者哉?"①视天下之大如"敝屣",视尧舜之业如"浮云",表示曾氏确有超出一般"俗儒"之视野,在"立德"、"立功"、"立言"之"三不朽"之上,还有一种"立天地"之冲动,或曰"为天地立心"之冲动,"物我无间"就是"立天地"之基础。在《顺性命之理论》一文中,此种冲动被称为"可以尽己之性,即可以尽人物之性"、"有以立吾命,即有以立万物之命"②。

曾氏撰文,时刻不忘这个"宇宙背景"。撰《送郭筠仙南归序》,谓:"苟尤大者不利于用,而大者琢之成器,则君子取其大者焉。天赋大始,人作成物。传曰:人不天不因,天不人不成。"③撰《书扁鹊仓公传》,谓:"夫执技以事上,名一能以济人,此小人之事也。大人者,德足以育物,智足以役众,彼诚有所择,不宜于此津津也。"④撰《送陈岱云出守吉安序》,谓:"父母者,育我;天者,先父母而生我;君者,后天而成我者也。有不忍忘本于父母者,而后爱身以及子姓;有不忍忘本于天者,而后爱吾君以及人民庶物。"⑤撰《书学案小识后》,谓:"人者,天地之心也。圣人者,其智足以周知庶物,其才能时措而咸宜。……盖欲完吾性分之一源,则当明凡物万殊之等,欲悉万殊之等,则莫若即物而穷理。"⑥撰《君子慎独论》,谓:"惟夫君子者,……屋漏而懔如帝天,方寸而坚如金石。独知之地,慎之又慎。此圣经之要领,而后贤所切究者也。"⑦撰《原才》,谓:"然则转移习俗而陶铸一世之人,非特处高明之地

---

① 《曾国藩全集·诗文》,第380页。
② 《曾国藩全集·诗文》,第134页。
③ 《曾国藩全集·诗文》,第155页。
④ 《曾国藩全集·诗文》,第158页。
⑤ 《曾国藩全集·诗文》,第164页。
⑥ 《曾国藩全集·诗文》,第165页。
⑦ 《曾国藩全集·诗文》,第81页。

者然也。"①

我们读曾氏所撰所有文字,似觉这个"宇宙背景",从来没有离开过他的视野。

第二节 "道统"之内涵与性质

儒家"道统"之说,始于《论语·尧曰》:"尧曰,咨,尔舜,天之历数在尔躬,允执其中,四海困穷,天禄永终。舜亦以命禹。"此为尧传舜,舜传禹之统。

孟子接续之,并定五百年为期:"五百年必有王者兴,其间必有名世者。"②并谓:"由尧舜至于汤,五百有余岁"、"由汤至于文王,五百有余岁"、"由文王至孔子,五百有余岁"③。此为尧舜传汤,汤传文王,文王传孔子,孔子传孟子之统。

西汉扬雄再接续之:"或闻五百岁而圣人出,有诸?曰:尧舜禹,君臣也,而并;文武周公,父子也,而处;汤孔子数百岁而生。"④此为否定孟子"五百年"之期,并非否定孟子所定之统绪。

唐韩愈撰《原道》,以"儒统"而辟"佛统"与"老统",谓:"夫所谓先王之教者何也?博爱之谓仁,行而宜之之谓义,由是而之焉之谓道,足乎己无待于外之谓德。……曰:斯道何道也?曰:斯吾所谓道也,非向所谓老与佛之道也。尧以是传之舜,舜以是传之禹,禹以是传之汤,汤以是传之文武周公,文武周公传之孔子,孔子传之孟轲。轲之死,不得

---

① 《曾国藩全集·诗文》,第182页。
② 《孟子·公孙丑下》。
③ 《孟子·尽心下》。
④ 《法言·五百》。

其传焉。荀与扬也,择焉而不精,语焉而不详。"①这是在尧、舜、禹、汤、文、武、周公、孔、孟之后,勉强加上一个荀与扬。之后就是韩愈本人。

南宋朱熹则另行排定统绪:不以韩愈上承孟子,而以周敦颐、程颢、程颐上承孟子,朱熹本人则上承周、程。

可知韩愈所排"道统"与朱熹所排"道统",上半截相同,均是尧传舜,舜传禹,禹传汤,汤传文、武、周公,文、武、周公传孔子,孔子传孟轲。差别只在下半截:韩愈以为是孟轲传韩愈;朱熹则以为是孟轲传周、程,周、程传朱熹。韩愈之"道统"偏于以"德"排序,朱熹之"道统"则偏于以"理"排序。

曾国藩之"道统"则着力于"宇宙背景"与"大人视野",试图超越"德"与"理",而另行构筑中华文明之"道统"。这个"道统"不仅是儒家的,更是涵盖儒、释、道各家的。《圣哲画像记》云:"姚姬传氏言学问之途有三:曰义理,曰词章,曰考据。戴东原氏亦以为言。如文、周、孔、孟之圣,左、庄、马、班之才,诚不可以一方体论矣。至若葛、陆、范、马,在圣门则以德行而兼政事也,周、程、张、朱,在圣门则德行之科也,皆义理也。韩、柳、欧、曾、李、杜、苏、黄,在圣门则言语之科也,所谓词章者也。许、郑、杜、马、顾、秦、姚、王,在圣门则文学之科也,顾、秦于杜、马为近,姚、王于许、郑为近,皆考据也。此三十二子者,师其一人,读其一书,终身用之,有不能尽。若又有陋于此,而求益于外,譬若掘井九仞而不及泉,则以一井为隘,而必广掘数十百井,身老力疲,而卒无见泉之一日。其庸有当乎?"②又云:"文周孔孟,班马左庄,葛陆范马,周程朱张,韩柳欧曾,李杜苏黄,许郑杜马,顾秦姚王,三十二人,俎豆馨香,临之在上,质之在旁。"③

"义理"有义理之统绪,如文、周、孔、孟、周、程、张、朱;"词章"有词

---

① 《韩愈集》,《传世藏书》别集第 2 册,海南国际新闻出版中心,1996 年,第 176 页。
② 《曾国藩全集·诗文》,第 205—251 页。
③ 《曾国藩全集·诗文》,第 252 页。

章之统绪,如韩、柳、欧、曾、李、杜、苏、黄;"考据"有考据之统绪,如许、郑、杜、马、顾、秦、姚、王。曾国藩以为"道统"是"不可以一方体论"的,最好是分科而言"道统"。这就可纠韩愈"道统"之偏与朱熹"道统"之偏。

《王船山遗书序》云:"昔仲尼好语求仁,而雅言执礼,孟氏亦仁礼并称。盖圣王所以平物之情,而息天下之争,内之莫大于仁,外之莫急于礼。自孔孟在时,老庄已鄙弃礼教,杨墨之指不同,而同于贼仁。厥后众流歧出,载籍焚烧,微言中绝,人纪紊焉。汉儒掇拾遗经,小戴氏乃作记,以存礼于什一。又千余年,宋儒远承坠绪,横渠张氏乃作《正蒙》,以讨论为仁之方。船山先生注《正蒙》数万言,注《礼记》数十万言,幽以究民物之同原,显以纲维万事,弭世乱于未形。其于古昔明体达用,盈科后进之旨,往往近之。"①仁为体而礼为用,就此体用之统绪而言,是孔子传孟子,孟子传汉儒(如小戴氏),汉儒传宋儒(如张横渠),横渠传王船山,王船山传曾国藩。

冯友兰撰《中国哲学史新编》,曾说明曾氏力挺船山学之理由,谓:"曾国藩所保卫的中国传统文化,主要是宋明道学。他是一个道学家,但不是一个空头道学家。他的哲学思想的发展有两个阶段,其主要标志是由信奉程朱发展到信奉王夫之。……王夫之的《正蒙注》以及全部《船山遗书》正是他所要寻找的武器。"②曾氏力挺王夫之,是因为王夫之代表了曾氏心中高于"政统"的那个"道统";曾氏尤重《读道鉴论》及《张子正蒙注》,只因为此二书代表了曾氏心中高于"政统"的那个"道统"。"道统"是经,是常,"政统"是权,是暂,"政统"可变而"道统"不可变。有了对于"道统"的信心,曾国藩就有了战胜一切的力量。

从张横渠到王船山,从王船山到曾国藩的这个"道统",核心内容

---

① 《曾国藩全集·诗文》,第277—278页。
② 冯友兰:《中国哲学史新编》第六册,人民出版社,2007年,第76页。

就是：“荒山敝榻，终岁孳孳，以求所谓育物之仁，经邦之礼，穷探极论，千变而不离其宗，旷百世不见知，而无所于悔。”①"育物之仁"、"穷探极论"云云，以今语言之，就是要把一切所为放到"宇宙背景"上去考量，此即所谓"大人视野"。捍卫此"宇宙背景"者，即是"道统"之一环；摒弃此"宇宙背景"者，即不在"道统"之列。张横渠守此最力，故曾氏宗之；王船山守此亦最力，故曾氏亦宗之。

此"宇宙背景"化为"文章之道"，就是所谓"光明俊伟"："文章之道，以气象光明俊伟为最难而可贵。如久雨初晴，登高山而望旷野；如楼俯大江，独坐明窗净几下而可以远眺；如英雄侠士褐裘而来，绝无龌龊猥鄙之态。此三者，皆光明俊伟之象。文中有此气象者，大抵得于天授，不尽关乎学术。自孟子、韩子而外，惟贾生及陆敬舆、苏子瞻得此气象最多。阳明之文，亦有光明俊伟之象，虽辞旨不甚渊雅，而其轩爽洞达如与晓事人语，表里粲然，中边俱澈，固自不可几及也。"②"文章之道"也有一个"道统"，就是由孟子而韩子，由韩子而贾生，由贾生而陆敬舆，由陆敬舆而苏子瞻，由苏子瞻而王阳明，由王阳明而曾国藩。这个"道统"的核心，也是所谓"宇宙背景"与"大人视野"。

"道统"虽可分科而言，然各科"道统"均得指向一个共同的目标，一个共同的"极"，就是所谓的"宇宙背景"。旅行之路有千万条，均依"北辰"而得定位；学问之路有千万条，均依"宇宙背景"而得定位。这"宇宙背景"就是各科"道统"所共有的"极"。捍卫此"极"，就是捍卫了中华文明之总体框架；放弃此"极"，就是放弃了中华文明之总体框架。洪秀全欲放弃之，故曾国藩誓死捍卫；满人入主中原欲放弃之，故王船山誓死捍卫。

朱东安撰《曾国藩的洋务思想与中国传统文化》一文，曾予曾氏以极高评价，目曾为儒学第三期发展之代表："如果说儒家文化可以分为

---

① 《曾国藩全集·诗文》，第278页。
② 《曾国藩全集·读书录》，岳麓书社，1989年，第367页。

早、中、晚三个发展时期,并有与之相应的三个代表人物的话,那么早期为孔子,中期为朱熹,而末期就是曾国藩了。"①此又构成一个新的"道统",曾氏三居其一。

然朱文对曾氏所捍卫的那个"道统"之性质的判定,却是有问题的。它以为这个"道统"已经走到绝路,故应以洪秀全之方向为方向:"曾国藩所代表的传统文化体系,与它所维护的封建制度一样,已经走到了穷途末路,已经不能完全适应时代的需要。新的思想文化体系虽然尚未形成,更无以取代其在意识形态领域中的统治地位,而其思想萌芽却已破土而出,并向旧的思想文化体系发起猛烈冲击,展开武器的批判。而洪秀全就是这一新的萌芽的代表。他虽然失败了,但却代表了历史的未来和发展方几(向)。"②洪秀全失败已一个半世纪,中华民族也正走在"复兴"之路上,却不是朝着洪秀全的方向走的。要想证明洪秀全"代表了历史的未来和发展方向",并不是一件容易的事情。

朱文又以"糟粕"评曾国藩所捍卫的那个"道统":"有人说,曾国藩镇压太平天国是为了维护中国的传统文化。那么,他要维护的首先就不是精华,而是它的糟粕。……必须首先对它进行批判,打破其思维体系,否则,就不可能将那层层围裹盘根错节的糟粕剔除出去,也不可能将那你中有我、我中有你的精华提取出来。因此,五四新文化运动功不可没,当时提出打倒孔家店的口号是完全必要的,……不打破旧的思想文化体系,新的思想文化体系也就建立不起来。"③

就如北京旧城一样,直到今天人们还是认为"不拆毁旧城,新城就建立不起来"。既然我们知道北京旧城是"中华文明最高的结晶与最后的精华",我们为什么不可以在这旧城的旁边去另建被视为"精华"

---

① 朱东安:《曾国藩的洋务思想与中国传统文化》,《船山学刊》1996年第2期,第191—205页。
② 朱东安:《曾国藩的洋务思想与中国传统文化》,第191—205页。
③ 朱东安:《曾国藩的洋务思想与中国传统文化》,第191—205页。

的西式新城？既然我们知道我们先人亿万斯年所创造的文化是一个"体系",是一个完整的"思想文化体系",我们为什么不可以把它放到一边,另行去构筑被视为"代表了历史的未来和发展方向"的西式"思想文化体系"？在胡同里拓汽车道,在四合院里盖摩天大楼,就是"不打破旧的思想文化体系,新的思想文化体系也就建立不起来"这种思维模式的产物。

曾国藩所捍卫的那个"道统",不过就是一个"宇宙背景"与"大人视野"而已。这个"道统"即使不是"精华",也并非时人所谓的"糟粕"。西洋三百年"工业文明",不讲"宇宙背景",不讲"大人视野",只讲"自我中心",只讲"国家中心",只讲"人类中心",几乎把天人关系、把人与物之关系,引入绝境。我们从那里还能看得到"未来"与"方向"吗,还能找得到我们心灵的归依吗？我们为什么又不能够说,张横渠、王船山、曾国藩等人所捍卫的那个"道统",那个"宇宙背景"与"大人视野",或许正代表了人类的"未来"与"方向"？

第三节 作为体系之"儒学"

朱东安《曾国藩的洋务思想与中国传统文化》视曾为儒学第三期发展的"代表人物"[①]。李细珠《理学与"同治中兴"》一文,则视曾为"理学经世派"的代表[②]。这表示学术界有一个大致相同的认定,就是认为曾国藩曾经构筑过一个作为体系的"儒学"。

这个作为体系的"儒学",自"理"一方面而观之,就是所谓"理学"。李细珠《理学与"同治中兴"》一文以为这个"理学"代表了"晚清理学发

---

① 朱东安:《曾国藩的洋务思想与中国传统文化》,《船山学刊》1996年第2期,第191—205页。
② 李细珠:《理学与"同治中兴"》,《学术月刊》1999年第3期,第102—107页。

展的两个路向"之一,其特点是"部分地吸收或有限度地接纳西方文化","对待西方文化持有较为开放的心态","有限度地吸纳西学"。①张昭军《曾国藩理学思想探析》一文以为这个"理学"包含如下特色:一曰以宋学为宗,但不废汉学;二曰以辞章之学为理学之助;三曰以经世致用为重;四曰礼理并举,自礼而发明理。其核心是经世致用,"其中,曾国藩的理学经世倾向最为明显。他明确提出把经济之学纳入理学范畴,并见诸事功,成为晚清理学经世思想的集大成者"②。武道房《曾国藩理学思想发微》一文则以"较为完整的理学思想体系"许曾氏,认为此体系包含"本体论、认识论、修养论"等内容,"主体内容是继承宋学而来,但也有他自己的发明与创造"③。程志华《晚清理学狭小范域的丰富和拓展》一文,亦认曾氏确有哲学上的创造,"丰富和发展了晚清理学的狭小范域"。其特点是"在拓展经世济民之洋务时,并未遗弃理学之义理",把"经济"嵌入儒者之事,不仅提升了"经济"及学习西学的重要性,"更重要的还在于它为儒者学习西学进而对传统儒学补空救弊扫清了理论障碍"④。总之,学界基本认定曾氏"理学"之创造,是在"经世"一方面,而非在"义理"一方面。

曾国藩作为体系的"儒学",自"礼"一方面而观之,就是所谓"礼学"。梁世和《曾国藩的礼学与黑格尔的精神哲学》一文,以"礼"为曾氏思想之核心,认为他"把义理学、考据学、经济学、词章学综合于礼学","他认为只有这种综合的、博通的礼学才是大儒、道儒之学,而精于一艺之学的则是小儒和陋儒"。其特点是"力图融通中学与西学",开洋务派"中体西用"思想之先声。⑤ 林存阳《曾国藩礼学思想论》一

---

① 李细珠:《理学与"同治中兴"》,第102—107页。
② 张昭军:《曾国藩理学思想探析》,《北京师范大学学报》2004年第3期,第84—90页。
③ 武道房:《曾国藩理学思想发微》,《江苏社会科学》2005年第5期,第206—213页。
④ 程志华:《晚清理学狭小范域的丰富和拓展》,《哲学研究》2005年第8期,第38—42页。
⑤ 梁世和:《曾国藩的礼学与黑格尔的精神哲学》,《河北科技大学学报》2002年9月第2卷第3期,第49—53页。

文,亦以"卓有建树"评曾氏,称其为"晚清儒臣中最有成就者"。认为其成就就是以"礼学"作为"会贯汉、宋,打破二家症结的途径",从"理学"转向"礼学","承顾炎武之绪,倡为自治、治人之礼说"。①

曾国藩作为体系的"儒学",自"经"一方面而观之,就是所谓"经学"。陈戍国《曾国藩与经学》一文,许曾氏"经学家"之名,认为"此公尊经重礼,服膺孔孟程朱,对礼学与《四书》中义理之学的研究颇为用功,颇为深入"。②

分途而论,则曾氏之"儒学"可为"理学",亦可为"礼学"或"经学",此为观察问题角度不同所致,非内容有殊也。然以上之各观察角度,还是有局限,还是不能跳出"儒学"以判定曾国藩"儒学体系"之得失。

在儒、释、道三家之中,曾氏以儒为宗,自无疑问。然曾氏并不以儒为樊篱,而成一种"兼容并包"之局,此点常为学界所忽略。如《管子》一书,曾氏亦读之,并记曰:"有感斯有应,有往斯有来,有实斯有名,有形斯有势,故为政者当尽其在我者,务其远者大者。"③《庄子》之书,曾氏亦读之,并谓:"庄子自以为游方之外,不婴世冈。余读《养生主》、《人间世》等篇,其持身涉世,用心亦何苦也!"④《淮南子》之书,曾氏亦读之,并记曰:"泰族者,聚而又聚者也。始之又始,曰泰始;一之又一,曰泰一;伯之前有伯,曰泰伯;极之上有极,曰太极。以及泰山、泰庙、泰坛、泰折,皆尊之之辞。"⑤《楚辞》、《阮步兵集》、《陶渊明集》、《谢康乐集》、《鲍参军集》、《谢宣城集》、《李太白集》、《杜少陵集》、《陆宣公集》、《白氏长庆集》、《李义山集》、《杜樊川集》、《山谷诗集》、《剑南诗集》、《元遗山诗集》、《望溪文集》、《文选》等书,曾氏均涉猎之,不限于"儒"之一家。

其于道家诸人,时有表扬之言。如《笔记二十七则》论"文"曰:"造

---

① 林存阳:《曾国藩礼学思想论》,《船山学刊》2006年第1期,第18—21页。
② 陈戍国:《曾国藩与经学》,《湖南大学学报》2004年7月第18卷第4期,第3—4页。
③ 《曾国藩全集·读书录》,第183页。
④ 《曾国藩全集·读书录》,第187页。
⑤ 《曾国藩全集·读书录》,第192页。

句约有二端:一曰雄奇,一曰惬适。雄奇者,瑰伟俊迈,以扬马为最;诙诡恣肆,以庄生为最;……学者之识,当仰窥于瑰伟俊迈,诙诡恣肆之域,以期日进于高明。"①《劝学篇示直隶士子》谓:"其文经史百家,其业学问思辨,其事始于修身,终于济世,百川异派,何必同哉! 同达于海而已矣。"②此已明示"百川归海,殊途同归"之胸襟。

《养晦堂记》谓:"昔周之末世,庄生闵天下之士湛于势利,汩于毁誉,故为书戒人以暗默自藏,……君子之道,自得于中,而外无所求。饥冻不足于事畜而无怨,举世不见是而无闷,自以为晦,天下之至光明也。"③《圣哲画像记》谓:"庄子有言:大惑者,终身不解;大愚者,终身不灵。……余惧蹈庄子不解不灵之讥,则取足于是终身焉已耳。"④又云:"自文王、周、孔三圣人以下,……己则自晦,何有于名? 惟庄周、司马迁、柳宗元三人者,伤悼不遇,怨悱形于简册,其于圣贤自得之乐,稍违异矣。然彼自惜不世之才,非夫无实而汲汲时名者比也。"⑤《笔记二十七则》又云:"庄子有言:刻核太甚,则人将以不肖之心应之。……至哉言乎! 故勉强之为道甚博,而端自强怒始。"⑥《笔记十二篇》云:"庄子云:两军相对,哀者胜矣。……亦即孟子'生于忧患,死于安乐'之指也。"⑦《格言四幅书赠李芋仙》谓:"以才自足,以能自矜,则为小人所忌,亦为君子所薄。老庄之旨,以此为最要,故再三言之而不已。……庄生尤数数言此。吾最爱《徐无鬼》篇中语曰:学一先生之言,则暖暖姝姝,而私自悦也。又曰:以贤临人,未有得人者也,以贤下人,未有不得人者也。"⑧《孟子要略》卷五谓:"盖学道而独得于心,无与晤语,则尚

---

① 《曾国藩全集·诗文》,第 373 页。
② 《曾国藩全集·读书录》,第 443 页。
③ 《曾国藩全集·读书录》,第 222 页。
④ 《曾国藩全集·读书录》,第 249—250 页。
⑤ 《曾国藩全集·诗文》,第 251—252 页。
⑥ 《曾国藩全集·诗文》,第 378 页。
⑦ 《曾国藩全集·诗文》,第 391 页。
⑧ 《曾国藩全集·诗文》,第 432—433 页。

友古人以发其志趣。若孔子见文于琴,遇姬于梦,及《论语·微子》篇中所论列是也。其后如庄周、荀卿、扬雄、王通之书,亦往往抗论古人,评骘当世。孟子七篇,尤数数称述先民。"①

总之,若将曾国藩之"儒学"置于儒、释、道三教之总体格局下来考量,则知曾氏所捍卫者,并非仅为儒学之"德"或"理",更为儒学倡导之"宇宙背景"与"大人视野"。倡导此"宇宙背景"与"大人视野"者,在中华文明中不止"儒学"一家,故曾氏亦并不自限于"儒"之一家,而是兼采百家。凡讲此"宇宙背景"与"大人视野"者,均宜采纳之。

第四节 "西学"采纳之限度

曾国藩采"西学",究竟采到了一个什么程度,这涉及曾氏在"西学东渐"中之定位问题,故有稍加讨论之必要。

曹建英《试论曾国藩对西方文化的态度及其后果》一文,以为曾氏采"西学"主要有如下诸项:西方军事技术;西方近代实用技术;西方近代教育方法;希望引进西方技术人才。②

冯会明《试论曾国藩对"西学东渐"的贡献》一文,则以"劳苦功高"评曾氏,认为其采"西学"已经范围极广,如制造炮船、创翻译馆译西书、设新式学堂、派留学生出国等。曾氏准李善兰之议,在江南制造局内设立翻译馆,组织大批中外学者翻译西书,对此文章予以极高评价,认为其(1)打破了教会垄断译书之格局,扩大了译书之范围与自决权;(2)奠定了中国多种近代科学之基础;(3)使西方科技逐渐传入中国,

---

① 《曾国藩全集·诗文》,第600页。
② 曹建英:《试论曾国藩对西方文化的态度及其后果》,《湘潭师范学院学报》1994年4月第15卷第2期,第52—55页。

造就了大批科技人才;(4)扩大了国人视野,予中国思想界以有力影响。①

梁霖《浅论曾国藩与中国传统文化的嬗变》一文,则以"为西学东渐拓开门洞者"评曾氏,谓:"曾国藩为西学东渐拓开门洞,而西学东渐之后,向西方追求真理的人们则开始走出了传统。……剧变的时代,使曾国藩不自觉地成了传统文化嬗变的历史中介。"②

童远忠《曾国藩晚年对近代西方文化的认识》一文,则将曾氏延揽科技人才、制器、译西书、选派留学生等四项"洋务活动",纵向排列,认为它们"体现了曾国藩在洋务问题上认识逐步发展的几个阶段":第一阶段由仿制炮船认识到基础理论、科技资料之重要;第二阶段由重基础理论、科技资料认识到组织人才译西书之重要;第三阶段由重西书之译认识到直接派人到西国留学之重要。但"对于西方社会政治制度则完全排斥"。③

曾氏所采"西学"将置于何地,李细珠《理学与"同治中兴"》一文以为是置于"孔门"之下,将"孔门三科"发展成"孔门四科":"如唐鉴所言,此前儒学内部一般只分为义理、考据、词章三门,'经济'被包含在义理之内而没有独立的地位。只有到曾国藩,才把'经济'之学独立出来,将儒学'三门'发展为'孔门四科'。"④对于曾氏的此一发展,陆宝千《清代思想史》评价很高,谓:"苟曾文正公所倡'贯性型'的礼学传承不绝,则议会制度可为礼学所涵摄,西方之民主制度可与儒家心性之学相结合,中国之政治当可转一新境界。"⑤如此则曾氏所采"西学"虽限

---

① 冯会明:《试论曾国藩对"西学东渐"的贡献》,《上饶师专学报》1995年8月第15卷第3期,第86—90页。
② 梁霖:《浅论曾国藩与中国传统文化的嬗变》,《南京社会科学》1998年第6期,第48—51页。
③ 童远忠:《曾国藩晚年对近代西方文化的认识》,《钦州师范高等专科学校学报》1998年12月第13卷第4期,第56—59页。
④ 李细珠:《理学与"同治中兴"》,《学术月刊》1999年第3期,第102—107页。
⑤ 陆宝千:《清代思想史》,第八章《晚清理学》,上海:华东师范大学出版社,2009年,第435页。

于科技,然已为"无限采纳"打开了方便之门。

对此韩立君《简评曾国藩经世致用思想》一文,亦有论列,谓:"他所说的经济,包括了政治、经济、军事、天文、地理等涉及国家治理的各门学科知识。……并把各门、各家的学问统统融入儒学本源之中,使之更为丰富、焕发活力。……可视为他'外王'的具体表现。"①叶兴艺《曾国藩与"西学东渐"》一文则解读为承认"西学"之存在与先进:"的确,这是一个破天荒的创举,不仅承认了西方学术的存在和先进,并且打破了根深蒂固的夷夏之辨的观念,在中国教育史上产生了深远的影响。容闳后来不无夸张的说法是中肯的:'中华学子得到文明教育,是受之于曾国藩的遗泽。'"②程志华《晚清理学狭小范域的丰富和拓展》一文又解读为以"经济"强化"义理"并进而维护"道统":"……(他)惟恐儒者文人溺于'经济'之学而迷失了'义理'航标。这样,实际上曾国藩把'经济'嵌入了儒者之事。这种观点在当时不仅提升了'经济'及学习西学的重要性,更重要的还在于它为儒者学习西学进而对传统儒学补空救弊扫清了理论障碍。"③

以"儒门增科"的方式采纳"西学",其提供的空间究竟有多大呢?是不是如朱东安《曾国藩的洋务思想与中国传统文化》一文所言,"对西方的政治制度与思想体系,诸如共和国制度与自由、平等、博爱等,是决不会引进的。而对近代中国来说,这正是不该缺少而恰恰缺少的东西,也是导致中国落后于西方的根本所在"。④ 其所提供的空间仅限于西洋科技吗?

---

① 韩立君:《简评曾国藩经世致用思想》,《辽宁师范大学学报》2000年第23卷第1期,第101—103页。
② 叶兴艺:《曾国藩与"西学东渐"》,《21世纪》2003年第3期,第48—49页。
③ 程志华:《晚清理学狭小范域的丰富和拓展》,《哲学研究》2005年第8期,第38—42页。
④ 朱东安:《曾国藩的洋务思想与中国传统文化》,《船山学刊》1996年第2期,第191—205页。

第五节 "师夷智"问题

　　学界已普遍关注到曾国藩"师夷智"之说,若"师夷智"不局限于科技,则曾氏采"西学"之范围,就可能要比科技宽泛很多。

　　曾氏"师夷智"之说,见于其咸丰十年(1860)十一月初八日所撰《遵旨复奏借俄兵助剿发逆并代运南漕摺》,云:"抑臣窃有请者,驭夷之道,贵识夷情。……无论目前资夷力以助剿济运,得纾一时之忧。将来师夷智以造炮制船,尤可期永远之利。"①"师夷智以造炮制船",并非就是只师造炮制船之智;若"夷智"仅限于造炮制船,当然还是没有超出科技之范围。

　　曹建英《试论曾国藩对西方文化的态度及其后果》一文以为"智"之内涵要比"技"之内涵大很多,"技"限于武器,"而'智'则既包涵了'坚船利炮',而且还包涵'制器之器'及与之有关的科学文化知识"。②此论诚然。曾氏确已走出"炮船"时代,力图进一层向中国人输入"炮船所以为炮船之理",而这就涉及所谓"科学文化知识",以克服"虽日习其器,究不明夫用器与制器之所以然"之问题。此"之所以然",就是所谓"科学文化知识"。

　　曾氏一旦认识到"翻译一事,系制造的根本",便立即接受李善兰之建议,在江南制造局设翻译馆,"专择有裨制造之书,详细翻出"。此后十余年间,译书近百部二百三十余册,内容已涵盖西洋军事学、工艺学、医学、地理学、地质学、数学、测量学、化学、物理学等诸多领域,包

---

① 《曾国藩全集·奏稿》,岳麓书社,1987年,第1271—1272页。
② 曹建英:《试论曾国藩对西方文化的态度及其后果》,《湘潭师范学院学报》1994年4月第15卷第2期,第52—55页。

括中国第一本符号代数学专著(李善兰译)、中国第一本微积分专著(李善兰译)、中国第一本概率论专著(华蘅芳译)、中国第一部定性化学和定量化学分析专著(徐寿译)、中国第一部矿物学专著(华蘅芳译)、中国第一部地质学专著(华蘅芳译)、中国第一部天体力学专著(李善兰、徐建寅译)等。此处"夷智"的领域,已经非常广阔。

熊吕茂、肖高华《论曾国藩传统文化观向近代文化观的演变》一文,认为曾氏之采"西学"已由技术、物质的层面,进至"文化科学"的层面,其所谓"夷智"已包括"算学、术数及机械制造、绘图测算等近代文化科学知识",他"已经站在一个更高的角度去认识西方近代文化"。[①] 除此之外,曾氏"师夷智"似还应包括"招智巧洋人来为我用"和派"幼童出洋"两方面。前一方面是直接使用"夷智",后一方面是直接"师仿"夷智。

然则"师夷智"是曾国藩的独创吗?龚自珍、魏源、林则徐诸先贤中,似已有人提出过"师夷智"的问题,但"师夷智可期永远之利"之说法,确是曾氏之独创。

第六节 格致书院之问题

上海格致书院有功于"西学东渐"者甚大,此份功劳可否计入曾国藩之名下,对曾氏地位之评判,会有影响。

就大局而言,上海格致书院之输入西学,原亦只是曾氏所开创并领导之"洋务运动"的一部分,其功计入曾氏名下,亦非绝对不可。然曾氏毕竟没有直接参与其事(其弟曾国荃曾直接参与书院考试之命题

---

① 熊吕茂、肖高华:《论曾国藩传统文化观向近代文化观的演变》,《文史博览》2005年Z1期,第87—89页。

与评卷),坐揽其功似又不妥。

然上海格致书院之活动,却不能说与曾国藩无关。叶兴艺以为徐寿等人是"在曾国藩的支持下"创建格致书院的。① 王扬宗以为格致学院的兴起与曾国藩江南制造局翻译馆的停办有直接关系:"尽管格致书院的创办人和中西董事以徐寿、傅兰雅等江南制造局的科技翻译家为主,但在1913年格致书院分办之前,格致书院并没有编译过任何科技著作。民国初年,在格致书院南迁龙华之后,徐华封开始聘人翻译科技著作,当与江南制造局翻译馆的停办不无关系。"②

江南制造局翻译馆停办于民国元年(1912)冬,局新任督理陈洛书以翻译馆、天文馆、图书处等局中十三家机构为"与局事无甚关系者",一律撤销。徐寿之三子徐华封(1858—1928)呼请保留翻译馆未果,转而主持格致书院之重建与经营,继续展开其父在江南制造局翻译馆所创之译书事业。故可将格致书院之输入西学视为江南制造局翻译馆输入西学之延续。

上海格致书院之主体力量,基本上为翻译馆之原班人马:1874年3月成立之董事会五名成员中,傅兰雅(英国圣公会传教士)曾长期供职于江南制造局翻译馆,有"江南制造局中有卓越成就的西方学者中的'泰斗'"之誉;伟烈亚力(英国传教士)亦曾受聘于江南制造局翻译馆。后增加中籍董事,有学者徐寿、徐建寅、华蘅芳、王韬、赵元益等,几无一不出身曾国藩领导之翻译馆。1886—1894年间书院季课及春秋特课之命题与评卷人,如邵友濂、薛福成、周馥、龚照瑗、许应镃、盛宣怀、胡燏棻、李鸿章、吴引孙、曾国荃、傅兰雅、沈秉成、聂缉椝、刘坤一、裴式模、李正荣、郑观应、刘麟祥等,几无一不是曾国藩之"洋务骨干"。书院之历任华人董事,如唐廷枢、徐寿、华蘅芳、王荣和、徐建寅、李凤苞、徐华封、张焕纶、王韬、赵元益、李平书等,亦无不与曾国

---

① 叶兴艺:《曾国藩与"西学东渐"》,《21世纪》2003年第3期,第48—49页。
② 王扬宗:《上海格致书院的一份译书清单》,《中国科技史杂志》2006年第1期,第54—60页。

藩之"洋务"有关。总之，上海格致书院输入"西学"之功，曾国藩可计一份。

上海格致书院输入"西学"已到何种程度，我们读郝秉键《晚清民间知识分子的西学观》一文，可略知梗概。其所输入之西洋科学，已涵盖光学、声学、化学、电学、热学、天文学、地理学、医学、地质学等领域。其所输入之西洋哲学，已涵盖亚里士多德之物质构成论、培根之"唯物经验认识论"、培根之"新工具"、斯宾塞之教育学及其"可知论"与"不可知论"、达尔文之进化论，等等。①

在西洋科学思想与西洋哲学思想的影响下，格致书院之学生已对中式科学与哲学思想提出怀疑。这意味着"西学"之输入已开始影响到中国社会。此种影响最实质的内容，就是以"机体论"为基础的"中式哲学"让位给以"机械论"为基础的近代"西式哲学"，以"波与场"为基础的"中式科学"让位给以"原子论与粒子论"为基础的近代"西式科学"。这就是所谓"中国哲学的近代化"，这就是所谓"中国科学的近代化"。

第七节　儒、西关系之处理格式

曾国藩对儒、西关系的处理格式，被学界定性为"中体西用"。

冯会明《试论曾国藩对"西学东渐"的贡献》一文谓曾氏"宣扬鼓吹封建伦理纲常，其西化主张，也仅停留在'中学为体，西学为用'的基础上，有很大的局限性"。②

---

① 郝秉键:《晚清民间知识分子的西学观》,《清史研究》2006 年 8 月第 3 期,第 77—87 页。
② 冯会明:《试论曾国藩对"西学东渐"的贡献》,《上饶师专学报》1995 年 8 月第 15 卷第 3 期, 第 86—90 页。

童远忠《曾国藩晚年对近代西方文化的认识》一文谓"曾国藩的洋务观本身缺乏向西方近代文化各个方面纵深伸展的内在动力",曾氏的目标是"力图通过这种中西结合的教学方式,把留学生培养成通晓西洋技艺,又属守封建纲常、不忘祖宗典制的封建地主阶级人才",而此种思想也就"奠定了洋务派'中学为体,西学为用'的纲领"。①

熊吕茂、肖高华《论曾国藩传统文化观向近代文化观的演变》一文谓曾氏"不自觉地在思想文化上迈出了'中学为体、西学为用'的步履,并努力付诸于实践,发动了开启中国近代化步伐的洋务运动",认为曾氏是以"中国传统文化"为体,以"西方近代文化"为用,兼有"中国传统文化的化身"与"中国近代文化的主要代表"之双重身份。②

蒋广学《曾国藩:近代中国政治与文化保守主义思潮的奠基者》一文则认为曾氏之思想比魏源、徐继畬"落后了一个时代",在曾氏影响下"形成了一种中学为体、西学为用的思想与学术结构,这一思想奠定了近代政治和文化保守主义的理论基础"。③

以"中体西用"定性曾国藩对儒、西关系之处理格式,基本已成学界"定论"。唯见曹建英《试论曾国藩对西方文化的态度及其后果》一文明确提出了异议,云:"诚然,曾国藩对西方文化所知甚少。但我们也不赞成有关曾国藩学习西方文化是搞'中体西用',完全为封建统治服务的论断。"理由是:(1)当时中学与西学是两种学术体系,并不具备19世纪末20世纪初之政治意义;(2)凡有民族责任感之人均必以维护传统文化为基础学习外国文化;(3)引进西方近代政治文化乃"资产阶级的历史使命",以之要求"封建地主阶级"之代表的曾氏,乃是"苛求

---

① 童远忠:《曾国藩晚年对近代西方文化的认识》,《钦州师范高等专科学校学报》1998年12月第13卷第4期,第56—59页。
② 熊吕茂、肖高华:《论曾国藩传统文化观向近代文化观的演变》,《文史博览》2005年Z1期,第87—89页。
③ 蒋广学:《曾国藩:近代中国政治与文化保守主义思潮的奠基者》,《江苏社会科学》2005年第5期,第199—205页。

前人";(4)引进外来文化时完全"不考虑本阶级的利益"实属反常,"在世界上尚找不到先例"。①

曹文的反驳有相当道理,但稍显单薄。可不可以用"中体西用"界定曾国藩,关键是看我们对"体"、"用"如何理解。按中国传统的解释,体、用是不可分离的,目之用为视,其性曰明,耳之用为听,其性曰聪,目不能擅耳之用,耳亦不能擅目之用,否则就是"非分"。同理,中学有中学之体与用,西学有西学之体与用,中学之体无以擅西学之用,西学之体亦无以擅中学之用。"中体西用"如何能够成立呢?如谓"男体女用"、"马体牛用"、"木体草用",能够成立吗?严复有言:"有牛之体,则有负重之用,有马之体,则有致远之用,未闻以牛为体,以马为用者也。"②

纯粹概念上既说不通,我们就必得对"中体西用"之说另行做出解释。《哲学大辞典·中国哲学史卷》的解释是:"以传统的'器变道不变'为依据,主张以中国封建主义文化即纲常名教为根本,吸收西方科学技术和具体文化措施以为用。"③《中国大百科全书·哲学》的解释是:"'中学为体',是强调以中国的纲常名教作为决定国家社会命运的根本;'西学为用',是主张采用西方资本主义国家的近代科学技术,效仿西方国家在教育、赋税、武备、律例等方面的一些具体措施,举办洋务新政,以挽回清王朝江河日下的颓势。"④学界基本认定"中国纲常名教"就是"中体"所讲的那个"体","西方近代科学技术"就是"西用"所讲的那个"用"。

如此则我们就不能以"中体西用"界定曾国藩,因为曾氏捍卫于"中学"者,决非止于"纲常名教";曾氏采纳于"西学"者,亦决非止于

---

① 曹建英:《试论曾国藩对西方文化的态度及其后果》,《湘潭师范学院学报》1994年4月第15卷第2期,第52—55页。
② 严复:《与〈外交报〉主人书》,《严复集》第三册,中华书局,1986年,第558—559页。
③ 冯契主编:《哲学大辞典·中国哲学史卷》,上海辞书出版社,1985年,第117页。
④ 胡绳主编:《中国大百科全书·哲学》,中国大百科全书出版社,1987年,第1229页。

"科学技术"。采"西学"部分前文已论及,兹专论卫"中学"部分:曾氏一生所捍卫者,止于"纲常名教"吗?

"纲常"者,三纲五常是也。三纲者,君为臣纲,父为子纲,夫为妻纲;五常者,仁、义、礼、智、信是也。"名教"者,"以名为教"之谓也,立名分,定名目,号名节,制功名,以各就其位,各司其职为目标。可知"纲常名教"在现代学术框架中,是属于"道德"之层面。

然曾国藩所捍卫者,并非止于"道德"之层面。他以王船山为师,船山以张横渠为师,横渠以孟子为师,其所"师"者,已远远超出"道德"之上。

《王船山遗书序》谓:"昔仲尼好语求仁,而雅言执礼。孟氏亦仁礼并称,盖圣王所以平物我之情,而息天下之争,……又千余年,宋儒远承坠绪,横渠张氏乃作《正蒙》,以讨论为仁之方。船山先生注《正蒙》数万言,注《礼记》数十万言,幽以究民物之同原,显以纲维万事,弭世乱于未形。其于古昔明体达用,盈科后进之旨,往往近之。"又云:"用是,其身长遁,其名寂寂,其学亦竟不显于世。荒山敝榻,终岁矻矻,以求所谓育物之仁、经邦之礼。穷探极论,千变而不离其宗;旷百世不见知,而无所于悔。"①

"平物我之情","天地境界"也;"息天下之争","道德境界"也。"幽以究民物之同原","天地境界"也;"显以纲维万事","道德境界"也。"求所谓育物之仁","天地境界"也;"求所谓经邦之礼","道德境界"也。曾氏看任何问题,均是先"天地境界",而后"道德境界",以"道德"为"天地"之延伸,其所捍卫者,当然不会以"道德"为止。

很多人不能理解,曾国藩以"清廷重臣"之身,为何要力挺具有"强烈反清意识"的船山之学,并经自己之手,使其走出湖湘之地而成"显学"。船山之学中究竟有什么东西在吸引曾氏呢?曾氏在与太平军鏖战之际夜以继日刻行《船山遗书》,战事愈紧,刻行愈急,究竟是出于什

---

① 《曾国藩全集·诗文》,第 277—278 页。

么考虑呢?

船山《读通鉴论·宋文帝》云:"儒者之统,与帝王之统并行于天下,而互为兴替。其合也,天下以道而治,道以天子而明;及其衰,而帝王之统绝,儒者犹保其道以孤行而无所待,以人存道,而道不可亡。"①其《读通鉴论·东晋成帝》又云:"天下所极重而不可窃者二:天子之位也,是谓治统;圣人之教也,是谓道统。治统之乱,……夷狄窃之,不可以永世而全身;……道统之窃,沐猴而冠,……而受罚于天,不旋踵而亡。"②

船山之学的核心,就在这里:有一个"儒者之统"高居于"帝王之统"之上,有一个"道统"高居于"治统"之上,有一个"圣人之教"高居于"天子之位"之上,有一个"道"高居于"天子"之上。"天子"可变,但"道"不可变;"天子"可废,但"道"不可废;"天子"可替,但"道"不可替;"天子"可乱,但"道"不可乱;"天子"可亡,但"道"不可亡。

船山《张子正蒙注·序论》又上推"张子之学",再上推"孔孟之志"。"张子之学"与"孔子之志"兹不论,"孟子之志"又是什么呢?还是《读通鉴论》的这样一种思维:"君子"所代表的"道统"高居于"君主"所代表的"治统"之上;"道统"永远是"治统"之师。"故将有大有为之君,必有所不召之臣。欲有谋焉,则就之。其尊德乐道,不如是,不足与有为也。故汤之于伊尹,学焉而后臣之,故不劳而王;桓公之于管仲,学焉而后臣之,故不劳而霸。"③"仁道"之于一国一族,是至尊之价值标准与最高之评判尺度,"君主"亦不得逾越之。"君子"更不得"枉道而从彼",不管是"枉尺而直寻",还是"枉寻而直尺"④,均不行。"古之人未尝不欲仕也,又恶不由其道,不由其道而往者,与钻穴隙之类也。"⑤总之孟子认定"君主"之上,还有一个"道"在,还有一个"理"在。

---

① 王船山:《读通鉴论·宋文帝》,《读通鉴论》(中册),中华书局,1975年,第429页。
② 王船山:《读通鉴论·东晋成帝》,《读通鉴论》(中册),第352页。
③ 《孟子·公孙丑下》。
④ 《孟子·滕文公下》。
⑤ 《孟子·滕文公下》。

自孔孟而至张横渠,自张横渠而至王船山,曾国藩要捍卫的就是这个"统",就是这个"学统"与"道统",其核心就是认定,最后的"体"不在"天子",不在"君主",不在"帝王",不在"治统",亦不在"纲常名教"。不在"道德",而在"平物我之情",在"究民物之同原",在"求所谓育物之仁"。相对于此"体","道德"只是"用";相对于此"体","政治"只是"用";相对此"体","经济"、"技术"等等更只是"用"。"用"是可以变的,是可以替的,是可以亡的。

曾氏《讨粤匪檄》云:"粤匪窃外夷之绪,崇天主之教,……举中国数千年礼义人伦,诗书典则,一旦扫地荡尽,此岂独我大清之变,乃开辟以来名教之奇变,我孔子、孟子之所痛哭于九原!凡读书识字者,又乌可袖手安坐,不思一为所也!"①学者引用此段话,只注意到其"护清"之一面,而未注意到其"反清"之一面。其"岂独我大清之变"之言,显示曾氏是把太平天国定性为"亡天下"之举,而非仅仅是"亡国"之举。"亡国"只是"亡清廷",肉食者谋之即可;"亡天下"是"亡中华文明"、"亡天地境界",此则匹夫之贱,有与责焉耳!曾氏明确地把自己进攻太平天国之行为定性为:防止"亡天下",而非仅防止"亡国"。

这里贯穿的,照样还是王船山的思想:"治统"与"道统"合,则"天下以道而治,道以天子而明",此时的"治统"与"天子"就是可以保留的;"治统"与"道统"不合,则"帝王之统绝,儒者犹保其道以孤行而无所待,以人存道,而道不可亡",此时的"治统"与"天子"就是可以去除的,可以替换的。"清廷"合于"道",则捍卫之;"清廷"不合于"道",则拒斥之。太平天国不合于"道",不能代表这个"道统",焉有不拒斥之理。②

章太炎《太炎文录续编·书曾刻船山遗书后》对此有明确之言,

---

① 《曾国藩全集·诗文》,第232页。
② 曾国藩曾冒死上《敬陈胜德三端预防流弊疏》、《敬陈皇上预防流弊疏》,评咸丰帝极苛,可参阅。

曰："王而农著书，壹意以攘胡为本。曾国藩为清爪牙，踣洪氏以致中兴，遽刻其遗书，何也？衡湘间士大夫以为国藩悔过之举，余终不敢信。最后有为国藩解者曰：夫国藩与秀全其志一而已矣，秀全急于攘满洲者，国藩缓于攘满洲者。……李鸿章、刘坤一、张之洞之伦，对抗大命，乔然以桓文自居。巡防军衰，而后陆军继之，其卒徒皆汉种也。于是武昌倡义，尽四月而清命斩，夫其端实自国藩始。刻王氏遗书者，固以自遂其志，非所谓悔过者也。"①既只以"道统"为"体"，只以"道统"为最后依归，则"亡清廷"亦可以成为曾国藩的一个选项，至此则曾国藩氏与船山，殊途而同归矣。

总之，曾氏所捍卫者，只是一个"宇宙背景"与"大人视野"，只是学人或知识分子对于政治的最后一份批判权与评判权，只是"学统"对于"治统"的优先权与终审权。以此而观，能否用"中体西用"界定曾国藩对儒、西关系之处理，关键看我们如何解释"中体"。若只将"中体"解释为"纲常名教"，则不能界定之；若已将"中体"解释为高于"治统"的那个"道统"，解释为"宇宙背景"与"大人视野"，则可以界定之。

然则学界已习于以"纲常名教"指称"中体"，故著者以为不宜以"中体西用"界定曾国藩。若必得以专称名之，则宜号为"中体中用加西用"。

第八节　曾国藩思想之评价

曾国藩去世后二十四年，梁启超撰《西学书目表序例》（光绪二十二年，1896），论曾氏云："海禁既开，外侮日亟，曾文正开府江南，创制造局，首以译西书为第一义。数年之间，成者百种。"②又云："已译诸

---

① 《章太炎全集》（五），上海人民出版社，1985年，第123页。
② 梁启超：《西学书目表序例》，《饮冰室合集·文集之一》，第122页。

书,中国官局所译者,兵政类为最多,盖昔人之论,以为中国一切皆胜西人,所以不如者兵而已。西人教会所译者,医学类为最多,由教士多业医也。制造局首重工艺,而工艺必本格致,故格致诸书虽非大备,而崖略可见。惟西政各籍,译者寥寥。官制学制农政诸门,竟无完帙。"① 此处是将曾氏制造局所译西书,放到清末"西学东渐"之全局上来定位,以明其"三居其一"之影响。

曾氏去世后三十年,梁撰《新民说》(光绪二十八年),在"论私德"一节,再次论及曾氏,云:"曾文正者,近日排满家所最唾骂者也,而吾则愈更事而愈崇拜其人。吾以为使曾文正生今日而犹壮年,则中国必由其手而获救矣。彼惟以天性之极纯厚也,故难行破坏可也;惟以修行之极严谨也,故虽用权变可也。故其言曰:扎硬寨,打死仗;曰:多条理,少大言;曰:不为圣贤,便为禽兽,莫问收获,但问耕耘。彼其事业之成,有所以自养者在也;彼其能率厉群贤以共图事业之成,有所以孚于人且善导人者在也。吾党不欲澄清天下则已,苟有此志,则吾谓曾文正集,不可不日三复也。夫以英美日本之豪杰证之则如彼,以吾祖国之豪杰证之则如此,认救国之责任者,其可以得师矣。"② 此处是将曾氏之德才放到清末"救国"之大背景上来定位,以明曾氏"救国之师"之地位。

曾氏去世后四十四年,梁撰《曾文正公嘉言钞序》(民国五年,1916),予曾氏极高之评价:"曾文正者,岂惟近代,盖有史以来不一二睹之大人也已;岂惟我国,抑全世界不一二睹之大人也已。然而文正固非有超群绝伦之天才,在并时诸贤杰中称最钝拙,其所遭值事会,亦终身在拂逆之中。然乃立德立功立言三并不朽,所成就震古铄今,而莫与京者,其一生得力在立志,自拔于流俗,而困而知,而勉而行,历百千艰阻而不挫屈,不求近效,铢积寸累,受之以虚,将之以勤,植之以

---

① 梁启超:《西学书目表序例》,《饮冰室合集·文集之一》,第124页。
② 梁启超:《新民说》,《饮冰室合集·专集之四》,第134页。

刚,贞之以恒,帅之以诚,勇猛精进,坚苦卓绝,如斯而已,如斯而已!孟子曰:人皆可以为尧舜,尧舜信否尽人皆可学焉而至,吾不敢言。若曾文正之尽人皆可学焉而至,吾所敢言也。何也?文正所受于天者,良无以异于人也。且人亦孰不欲向上,然生当学绝道丧、人欲横流之会,窳败之习俗,以雷霆万钧之力相罩相压,非甚强毅者,固不足以抗围之。……且既思以己之所信易天下,则行且终其身以转战于此浊世,若何而后能磨练其身心,以自立于不败,若何而后能遇事物泛应曲当,无所挠枉,天下最大之学问,殆无以过此。非有所程式而养之于素,其孰能致者?曾文正之殁,去今不过数十年,国中之习尚事势,皆不甚相远,而文正以朴拙之姿,起家寒素,饱经患难,丁人心陷溺之极运,终其生于挫折讥妒之林,惟恃一己之心力,不吐不茹,不靡不回,卒乃变举世之风气而挽一时之浩劫。彼其所言,字字皆得之阅历而切于实际,故其亲切有味,资吾侪当前之受用者,非唐宋以后儒先之言所能逮也。孟子曰:闻伯夷之风者,懦夫有立志。又曰:奋乎百世之上,百世之下闻者莫不兴起。况相去仅一世,遗泽未斩,模楷在望者耶!则兹编也,其真全国人之布帛菽粟而斯须不可去身者也。"①此处关键,在"立德立功立言三并不朽"与"思以己之所信易天下"两句,是将曾氏一生得失放到"天下最大之学问"的大背景上来定位,告诉自卑之国人"尽人皆可学焉而至"之理。

曾氏去世后四十八年,梁撰《清代学术概论》(民国九年),在第二十九节再论曾氏制造局译西书及选派留学生之功,云:"自明徐光启、李之藻等广译算学、天文、水利诸书,为欧籍入中国之始,前清学术,颇蒙其影响,而范围亦限于天算。'雅片战役'以后,渐忾于外患,洪杨之役,借外力平内难,益震于西人之'船坚炮利'。于是上海有制造局之设,附以广方言馆,京师亦设同文馆,又有派学生留美之举。而目的专在养成通译之才,其学生之志量,亦莫或逾此。故数十年中,思想界无

---

① 梁启超:《曾文正公嘉言钞序》,《饮冰室合集·文集之三十四》,第1—2页。

丝毫变化，惟制造局中尚译有科学书二三十种，李善兰、华蘅芳、赵仲涵等任笔受，其人皆学有根柢，对于所译之书，责任心与兴味皆极浓重，故其成绩略可比明之徐李。"①此处是将曾氏之"西学东渐"界定为明末"西学东渐"之延续。

总起来看，梁启超之"曾论"偏重于"人生大义"，谓曾氏为后世之楷模。比较而论，章太炎之"曾论"则偏重于"民族大义"，谓曾氏有"覆满"之力然未能尽其责。

章撰《检论·杂志》云："曾国藩者，誉之则为'圣相'，谳之则为'元凶'。要其天资，亟功名善变人也。始在翰林，艳举声律书法，以歆诸弟。稍游诸公名卿间，而慕声誉，沾沾以文辞蔽道真。金陵之举，功成于历试，亦有群率张其羽翮，非深根宁极，举而措之为事业也。所志不过封徹侯，图紫光。既振旅，始为王而农行遗书，可谓知悔过矣！其功实方诸唐世王铎、郑畋之伦。世传曾国藩生时，其大父梦蛟龙绕柱，故终身癣疥如蛇蚹，其征也。凡有成勋长誉者，流俗必傅之神怪。唐人谓郑畋之生，妊于死母，其夸诬盖相似。死三十年，其家人犹曰'吾祖民贼'。悲乎！虽孝子慈孙，百世不能改也。"②因其立足于以"汉族罪人"评曾氏，故所得结论与梁启超刚好相反。梁以曾为胸怀大志之"豪杰"，而章则以之为追求功名利禄之"鼠辈"，以"吾祖民贼"责之。

章又撰《检论·对二宋》，驳宋教仁许国藩、左宗棠"无忝于英雄"之论："曾、左之伦，起儒衣韦带间，驱乡里服耒之民，以破疆敌。宗棠又能率南旅，西封天山，置其叛迹，则上度皇甫规嵩，下不失为王铎、郑畋。命以英雄，诚不虚。夫风教有变移，而古今无常序。当曾、左时，文化盛在中江以下，湖南处势稍僻，左学艺未兴，魏源、汤鹏、邹汉勋者，觊而一睹，其学术终未就成也。曾国藩虽多识，其部属良将罗泽南辈，财窥朱元晦之小学耳。……是以曾、左用之，为能有功。今湖南文

---

① 梁启超：《清代学术概论》，《饮冰室合集·专集之三十四》，第71页。
② 《章太炎全集》（三），上海人民出版社，1984年，第583页。

学日盛,乃与江左代兴矣。……夫文学盛,则人自以为高材,莫肯率服;仕宦达,则夸奢中其心,而势利移其志。假令曾、左生于今日,成功大名,终不可就。非其材之绌也,时地异矣。"①总之,只以曾氏为特定时间、特定地点之"英雄",为"湖南文学未盛"时之偶然产物,在他时他地,"成功大名,终不可就"。

章又撰《检论·近思》,益责曾国藩以"汉族大义",云:"湘军之夷洪氏,名言非正也。洪氏以夏人挞建夷,不修德政,而暴戮是闻,又横张神教,以轶干之。曾国藩、左宗棠之起,其始不过卫保乡邑,非敢赞清也。当是时,骆秉章、向荣始知名义。……湘人虽蔑易秉章,又甚恶向荣为人,卒不能干正义。故其檄书不称讨叛,独以异教愆礼数之。洪氏已弊,不乘方伯四岳之威,以除屑旁,而流大汉之岂弟,是以没世不免恶名。……如曾、左、张、刘者,上不敢为伯王,而下犹不欲为馈赠割赂之主,此之易行,而犹几不可觊,则中夏之迹,殆乎熄矣。"②"大汉"、"中夏"云云,均是以"汉族大义"责曾国藩,认为在这一点上,曾等是"没世不免恶名",因为他们有"除屑旁"之能力,然却不敢为。

章更撰《书曾刻船山遗书后》,以为曾国藩本就有"乘胜仆清"之志,只是因为情势有变,未及速成。其言曰:"王而农著书,壹意以攘胡为本。曾国藩为清爪牙,踣洪氏以致中兴,遽刻其遗书,何也?……刻王氏遗书者,固以自道其志,非所谓悔过者也。余谓国藩初起抗洪氏时,独以拒祆教、保桑梓为言,或云檄文宜称大举义旗以申天讨者,国藩不肯用。然则种族之辨,夫固心知之矣。洪氏纲纪不具,又衷于异教之说,士大夫虽欲为之谋,不可得。国藩之屈而之彼,势也。及金陵已下,戏下则有惰归之气,而左、李诸子新起,其精锐乃逾于旧,虽欲乘胜仆清,物有相制者矣。独有提挈湘淮,以成百足之势,清之可覆与否,非所睹也。"文章对王闿运"其性不爱国至是,谓其志覆满洲可乎"

---

① 《章太炎全集》(三),第600页。
② 《章太炎全集》(三),第625—628页。

一问题的回答是:"夫其力足以制洪氏,智足以弊清宗,以之应远西,其
闇劣乃如是,此非独国藩一人然也。……故曰世有一得而一失者,以
是谓其不欲覆清,则未可也。"①此处谓曾氏有"覆满洲"之志,与前面所
论稍有出入。可知章氏论曾之观点,前后有变化。

史家萧一山所撰《曾国藩传》,对章太炎"志覆满洲"之说,持完全
否定的态度。萧云:"章先生即知道他'不敢赞清',而以'异教愆礼'数
洪、杨,足征国藩是为文化而战争,为宗教而战争,自不能以民族大义
责之!"②又谓:"事后论人,自己不免忘掉时代环境了!他们在实际上
确把满清的政权转移于汉人,无形中又增加了会党的势力,替民族革
命隐隐做下驱除艰难的工作,就在这一点来讲,也算功可补过吧!况
且他们的眼光,已着重在全世界上,帝国主义者以方张之势,压迫欺凌
我们,汉满的畛域,究竟是可有可无的。为整个中华民族谋出路,计划
出一种复兴的方案,守旧维新,安内攘外,虽然没有达到救国救世的目
的,毕竟是个不世出的哲人,值得我们称赞的啊!"③在曾氏视野中,真
正的"异族"不是满人,而是洋人,真正要应对的不是满人之统治,而是
洋人之欺凌,故以"汉族大义"责曾氏,乃是降低了曾氏的眼光。萧一
山之驳斥章太炎,就是指章降低了曾氏的眼光,曾氏当时已是立足于
"全世界",而不是"汉满的畛域"。

冯友兰撰《中国哲学史新编》第六册,在"曾国藩"一章亦专节驳章
太炎之论。谓:"若说曾国藩在主观上本来就有取清廷而代之或排满
的思想,那就是臆测了,没有什么迹象可以作为根据。从曾国藩的家
庭出身及所受的教育看,他不可能有这样的思想。"④

对于曾氏为何不"乘胜仆清"之问题,冯友兰亦有明确之答案:
"……他根本没有推翻满清的思想。打下南京以后,他的想法是要在

---

① 《章太炎全集》(五),第123—124页。
② 萧一山:《曾国藩传》,海南出版社,2001年,第21页。
③ 萧一山:《曾国藩传》,第22页。
④ 冯友兰:《中国哲学史新编》第六册,第371页。

东南半壁推行洋务,然后以此为基础推行到全国。"①冯以为曾氏与清廷在对付太平天国的问题上,是"同床异梦,同归殊途",目的相同,出发点不同,"清廷的出发点是维持自己的统治,曾国藩的出发点是保卫传统文化"②。冯又以为曾氏刻行《船山遗书》重在其政治意义,"其政治意义是要以此书丰富中国古典哲学的宝库,加强中国传统文化的阵地,从而加强他自己保卫中国传统文化的阵地"③。冯又以为曾氏虽非"志覆满洲"者,然"客观上"却为"覆满清"准备了人力与物力,"曾国藩虽然没有推翻清廷的思想,但是在客观上他确实使汉人的势力在清廷的政治上占了优势",可名曰"汉人优势派",曾氏是这一派"第一代领袖"。④

总之,冯友兰设专节驳章太炎,乃是以为章不该"壹意"以"汉族大义"责曾氏。"章炳麟的这篇文章以满汉之争为中心问题,他对这个问题是敏感的。同盟会本以排满为其宗旨之一,但清朝交出政权以后,它就把'排满'改为'联满',主张汉、满、蒙、回、藏五族共和",冯以为"时至今日,在中华民族的大团结之中,满汉之争也成了历史了"。⑤

萧一山与冯友兰之驳章太炎,出于一个共同的目标,就是以"文化大义"之坐标取代章太炎"汉族大义"之坐标,并进而把曾国藩抬升到一个新的高度去定位。

这个新的高度就是"文化","文化"之于"政治",是更高层次的坐标。萧一山视曾氏"为文化而战争,为宗教而战争"之说,就是立于这个坐标而成立的。他以曾氏为"不出世的哲人",也是立于这个坐标而成立的。他又引郭斌和氏《曾文正公与中国文化》(初载民国二十一年

---

① 冯友兰:《中国哲学史新编》第六册,第 373 页。
② 冯友兰:《中国哲学史新编》第六册,第 371 页。
③ 冯友兰:《中国哲学史新编》第六册,第 372 页。
④ 冯友兰:《中国哲学史新编》第六册,第 373 页。
⑤ 冯友兰:《中国哲学史新编》第六册,第 373 页。

十一月七日天津《大公报·文学副刊》)一文之言语为自己张目,曰:"我国过去被教育目的,不在养成狭隘之专门人才,而在养成有高尚品格多方发展之完人。求之西方,以英国牛津、剑桥两大学之教育理想,与此为最近似。曾文正公即我国旧教育理想与制度下所产最良之果之一。故能才德俱备,文武兼资。有宗教家之信仰,而无其迷妄;有道德家之笃实,而无其迂腐;有艺术家之文采,而无其浮华;有哲学家之深思,而无其凿空;有科学家之条理,而无其支离;有政治家之手腕,而无其权诈;有军事家之韬略,而无其残忍。西洋历史上之人物中,造诣偏至者固甚多,然求一平均发展,道德、文章、事功三者之成就与文正相比者,实不数数觏。而文正之在中国,则虽极伟大,也不过为中国正统人物中之一人。呜呼!斯真中国教育之特色,中国文化之特色也。"①

萧一山认为,郭氏此一评论"较之梁先生的评论深刻多了"②,就是指"文化大义"之坐标高于"人生大义"之坐标而言。故梁启超虽也曾以"立德、立功、立言三并不朽"评曾国藩,"但梁先生还不晓得曾文正公之所以伟大,因为他是中国文化的产物"③。萧氏以为梁先生还没有使用"文化大义"之坐标。

萧一山以"文化大义"评曾氏,认为"曾国藩的事业之成就,完全由学问而来,无关乎命运"④。谓:"他生平的事业,完全是从学问修养而来的。"⑤又以"文化大义"评曾氏之"救国方案",谓:"他的救国方案,是分作两个方面进行:一方面要守旧,那就是说,恢复民族固有的美德,以'公'、'诚'的精神教育来改造旧社会;另一方面要革新,那就是说,接受西洋文化的一部分,以'炮'、'船'的科学机械来建设新事业。革

---

① 萧一山:《曾国藩传》,第24—25页。
② 萧一山:《曾国藩传》,第25页。
③ 萧一山:《曾国藩传》,第24页。
④ 萧一山:《曾国藩传》,第27页。
⑤ 萧一山:《曾国藩传》,第197页。

新守旧同时进行,这是经世学的必然道理,也是曾国藩对我国近代史的大贡献。"① 故曾氏的"救国方案",实际就是一个"返本开新"、"继往开来"的方案,也就是一个"文艺复兴"的方案,此种方案在人类文明发展史上,曾屡试不爽。

萧一山又以"文化大义"之坐标,解释曾国藩为什么"救了满清"。当时"中国文化"面临的威胁,不来自"满清",而来自西洋,"他怕满清的灭亡,要引起长期的内乱。……在闭关自守无外人干涉的时代,内乱虽给人民无穷的痛苦,尚不至于亡国。到了十九世纪,有帝国主义者环绕着,长期内乱就能引起亡国之祸。曾国藩所以要维持满清,最大的理由在此"②。维系一息"文脉"之不坠,被萧一山评为目光远大:"何况舍弃了自己民族的立场,根本上又是不可能的事呢!我们佩服曾文正公,就因为他有这种远大的眼光,就因为,我们要救国家、救民族,还离不开这种原则。"③

以"文化大义"为坐标评判曾国藩者,还有哲学史家冯友兰。他在《中国哲学史新编》第六册"曾国藩"章④,明确论定"文化"乃曾氏之目标:"曾国藩所保卫的中国传统文化,主要是宋明道学。他是一个道学家,但不是一个空头道学家。他的哲学思想的发展有两个阶段,其主要标志是由信奉程朱发展到信奉王夫之。这个发展是在和他的对立面作斗争中实现的。"⑤

既以"文化大义"评曾氏,则曾氏与洪、杨之争,当然就被判为"文化之争"。对此冯友兰说:"照这些话看起来,曾国藩和太平天国的斗争,是中西两种文化、两种宗教的斗争,即有西方宗教斗争中所谓'圣

---

① 萧一山:《曾国藩传》,第179—180页。
② 萧一山:《曾国藩传》,第178—179页。
③ 萧一山:《曾国藩传》,第180页。
④ 名曰《所谓"同治中兴"和"同治维新"的中心人物——曾国藩》。国人撰写《中国哲学史》,很少为曾氏设专章,可知冯很看重曾氏。
⑤ 冯友兰:《中国哲学史新编》第六册,第355—356页。

战'的意义。这是曾国藩和太平天国斗争的历史意义。曾国藩认识到,在这个斗争中所要保护的是中国的传统文化,特别是其中的纲常名教。……纲常名教对于神权政治来说还是进步的,因为它是建立在人权之上的。……曾国藩的成功阻止了中国的后退,他在这一方面抵抗了帝国主义的文化侵略,这是他的一个大贡献。"[1]又说:"就是太平天国要毁灭中国传统文化,推行基督教的'教义';曾国藩要维护中国传统文化,维护他自己的'教义'。……他认为太平天国是用武力推行其'教义',他也只得用武力去对付,这就叫'不得已而用之'。"[2]

既以"文化大义"评曾氏,则曾氏日以继夜刻行《船山遗书》,当然就被判为"文化之举"。对此冯友兰说:"1852年起,曾国藩在政治上和军事上成为洪秀全和太平天国的对立面。在这场斗争中,曾国藩自觉地以道学的教义与对方的基督教教义相对抗。……这时候更发现王夫之的《正蒙注》以及全部《船山遗书》正是他所要寻找的武器。正因为《船山遗书》中的教义是他所需要的武器,我们才能理解,为什么他在和太平军作战的最紧张、最激烈的时刻,竟然刊刻《船山遗书》。"[3]此"教义"的核心内容,就是所谓"气学":"曾国藩之所以接受并信奉从张载到王夫之的气学,这是由于,在与太平天国的斗争中,在教义方面,只有气学的'气'不可能曲解为类似上帝的东西,而理学的'理'和心学的'心'都有可能解释为类似上帝的东西,所以只有气学可以与洪秀全的'上帝'划清界线。曾国藩未必自觉到这一点,但这一点确实能划清两种对立的教义的界线。"[4]此处"文化"的内容已不再限于"纲常名教",而是已上升到"气学"的高度。

以"文化大义"为坐标评判曾国藩,也许要优于以"汉族大义"为坐标评判曾氏,也优于以"人生大义"为坐标评判曾氏。然"文化"是可以

---

[1] 冯友兰:《中国哲学史新编》第六册,第354—355页。
[2] 冯友兰:《中国哲学史新编》第六册,第364页。
[3] 冯友兰:《中国哲学史新编》第六册,第356页。
[4] 冯友兰:《中国哲学史新编》第六册,第359页。

分层的,"制度层"之文化,不同于"器物层"之文化;"观念层"之文化,又不同于"制度层"之文化。吾人谓曾氏"为文化而战争",是为"器物层"之文化而战争,为"制度层"之文化而战争,还是为"观念层"之文化而战争?故于"文化大义"之坐标,吾人必得做出具体规定,方能对于曾国藩给出恰当之判定。

萧一山的界定是止于"恢复民族固有的美德",当然是属于"制度层"。冯友兰的界定已涉及"气学",似已上升到"观念层";但他于此层只是一笔带过,并未深究。他讲得更多的,更着意的,是"纲常名教"。除前段所引有关"纲常名教"的话外,他又说:"他的基本思想是保卫中国封建社会中的纲常名教,这在他的《讨粤匪檄》中已经清楚地表现出来了,这是讨太平天国的檄文,也是他的政治宣言。"①《中国哲学史新编》第六册"曾国藩"章之全章的结论是:"总起来说,曾国藩镇压了太平天国,阻止了中国的中世纪化,这是他的功;他的以政带工延迟了中国近代化,这是他的过。他的思想是一贯的,那就是保卫中国传统文化,其主要内容是纲常名教,即所谓'礼'。但因形势变了,所应付处理的问题不同,所以功过各异。"②

总之萧一山、冯友兰诸家使用"文化大义"之坐标,基本均以"制度层"之文化为限,而未上升到"观念层"之文化。使用"文化大义"之坐标评曾国藩,是其得;未将"文化"之内涵推展到"观念"之层面,是其失。著者则以为,吾人当特别注意"视念"一层,因为曾氏所捍卫者,主要是"中国式思维",是以"机体论宇宙观"对抗洪、杨所宣讲之"机械论宇宙观"。冯先生提到的"气学",就是中国人"机体论宇宙观"的一部分;曾氏捍卫"气学",就是在捍卫"机体论宇宙观"。这是中国人所强调的"宇宙背景",也是中国人所强调的"大人视野"。

故"文化大义"之坐标的顶点,是"观念大义"之坐标。吾人评判曾

---

① 冯友兰:《中国哲学史新编》第六册,第369页。
② 冯友兰:《中国哲学史新编》第六册,第369页。

国藩,就当从这个顶点俯视而观。观之结果,就是认定曾氏之所为是以机体论对抗机械论,以现象论对抗本体论,以理性主义对抗宗教信仰,以连体论对抗个体论,以循环论对抗进化论,以关系主义对抗本质主义,以中式科学对抗西式科学,等等。所谓"近代化",是以后者化前者;所谓"反近代化",是以前者化后者。但这里的"反近代化",反而恰好是中国人所需要的"真近代化"。以西洋之立场观之,曾国藩是个"反近代化者",而非"近代化者";但以"中国立场"观之,曾国藩又不是"反近代化者",而是"真近代化者"。曾国藩"延迟了中国近代化",核心就是延迟了中国"观念层"文化的"近代化"。这应是他的功绩与贡献。

评判历史人物,坐标总可以是多重的。梁启超等设立"人生大义"之坐标,让我们看到作为"个人"的曾国藩之一面;章太炎等设立"民族(汉族)大义"之坐标,让我们看到作为"族人"的曾国藩之一面;萧一山、冯友兰等设立"文化大义"之坐标,让我们看到作为"文人"的曾国藩之一面;著者设立"观念大义"之坐标,又让我们看到作为"哲人"的曾国藩之一面。所谓"仁者见之谓之仁,智者见之谓之智",完全是因为坐标的不同,结论其实是可以互补的。一个"千面的"曾国藩,才有可能是一个"真实的"曾国藩;反之,一面或几面,总是离"真实"太远。

总之在中国近代儒学史上,曾国藩也许是阻止儒学在"观念"层面"被近代化"的最为关键的人物。

第五章
郭嵩焘的儒学

郭嵩焘(1818—1891),字伯琛,号筠仙,一号云仙,晚年号玉池老人。湖南湘阴人。道光进士。清思想家、学者。曾主讲城南书院。倡"制度西化"。著述很多,有《礼记质疑》、《大学中庸质疑》、《订正家礼》、《周易释例》、《毛诗约义》、《史记札记》、《使西纪程》、《养知书屋遗集》、《郭嵩焘日记》等。今人编有《郭嵩焘奏稿》、《郭嵩焘诗文集》等。

梁启超撰《五十年中国进化概论》(1922),将郭嵩焘置于"近代"之进化的第一期,与曾国藩、李鸿章、冯桂芬、张佩纶、张之洞等辈并列。然郭氏之思想却有超出此辈之处,就是不仅"从器物上感觉不足",且更"从制度上感觉不足",这后一层是第一期诸公所没有的。梁把"从制度上感觉不足"置入第二期,归功于康有为、梁启超、章炳麟、严复诸公。如此则郭氏就是"身"在第一期,而"心"在第二期,是一个"身心分裂"的思想家,他之不得志于当时,因而就是很自然的。

以第一期之"身"而有第二期之"心",正是郭氏出类拔萃于同辈诸公的地方。

第一节 并未主张"观念西化"

"制度西化"并非西化之顶点,相对于"文化根本"与"观念大义"而言,"制度"依然是"末",依然是"用",不管是"政治制度"、"法律制度"还是"道德制度"。郭嵩焘主张"制度西化",但并未主张"观念西化",这是吾人评判郭氏应注意的关键点。

在光绪三年《请饬总署会商驻京公使严订神甫资格以免发生教案片》中,郭氏论耶教云:"臣等查天主教创自摩西,耶稣基督始立教名。数百年而阿剌伯回教兴。又千余年,路德演立西教,而耶苏教兴。希腊为西洋文字之祖,亦缘饰基督之教为希腊教,其原皆出于摩西。……盖西洋立教,各有宗主。德、义、日近罗马,皆习天主教;德、瑞以西至英、美,皆习耶苏教;土耳其以东习回教;俄国最北,自习希腊教。截然各立界限,或君民异教,强使从之,辄至滋生事端。……独中国圣人教,广大精微,不立疆域。是以佛教衍于汉初,天主教、回教传于唐世。"①西洋立教,是"截然各立界限";"中国圣人之教",却是"不立疆域"。两相比较,轩轾立见。郭氏以"广大精微,不立疆域"的"中国圣人之教"为优胜。

在《募修上林寺小引》中,郭氏又论及耶教:"夫彼教所以觉悟愚民,常有所偏胜。晋梁以来,释、老代兴,乃今而俱衰微,则耶稣之强民以崇事者兴焉。佛之教,日引召其徒,修而行之,其传有所归,而其流

---

① 郭嵩焘:光绪三年《请饬总署会商驻京公使严订神甫资格以免发生教案片》,《郭嵩焘奏稿》,岳麓书社,1983年,第369页。

有所止,使人知其为教,犹不逾乎心性。以无急折而入于耶稣也,倘亦吾儒之志也与!"①佛教之为教,"不逾乎心性",耶稣之为教,则"逾乎心性";佛教之为教,不"强民以崇事",耶稣之为教,则"强民以崇事"之。故当兴释教以抵耶教,防止"急折而入于耶稣"之局面的出现。郭氏以弘扬"明心见性之旨"的本土宗教为优胜。

在《复姚彦嘉》之信函中,郭氏又论耶教云:"西洋为祸之烈,莫如洋烟,而相与以行教为事。二者迥异,而固中国人心所深恶者。蒙以为泰西之教,其精微处远不逮中国圣人,故足以惑庸愚,而不能以惑上智。士大夫诚恶之,惟当禁,吾民使不从教。为家长者,约束其家;为乡长者,约束其乡。其权在我,于彼传教之人不足校也。"②"泰西之教"精神,"远不逮中国圣人",故当约束而禁之,此即郭氏对于"中学"之自信。

在咸丰五年十二月十九日之日记中,郭氏论耶教云:"景教起于唐时,即今之天主教,佛经谓之婆罗门。……元世祖时,西人马加入仕中国,至同平章事,后逃回本土,剿窃宋儒之绪余,始以辟佛为事,创立耶稣、十字架等名目,其教大行,各国翕然从之。明宣德时,西人有路德者,复辟天主教礼拜耶稣像及十字架之谬,专心事天为主,别名为耶稣教,而后天主、耶稣复分为二,其实回回之天方教,亦同出一原。所传之书皆纰缪,无足观览。"③"剿窃宋儒之绪余",此即郭氏对于"中学"之自信;"无足观览",此即郭氏对于"西学"之不信。

在咸丰六年二月初九日之日记中,郭氏论耶教云:"有麦都事者,西洋传教人也,自号墨海老人。……其《耶苏教或问》,乃多取儒家之义相比驳,而袭引佛氏地狱之说,诋娸诬罔,以推重其术,则此数君者附会援引之勤,恐不得为无过也。"④"多取儒家之义相比驳",此即郭氏对于"中学"之自信与对于"西学"之不信。

---

① 《郭嵩焘诗文集》,岳麓书社,1984年,第82页。
② 《郭嵩焘诗文集》,第202页。
③ 《郭嵩焘日记》第一卷,湖南人民出版社,1981年,第7—8页。
④ 《郭嵩焘日记》第一卷,第33页。

在咸丰六年正月二十五日之日记中，郭氏论"地动说"云："邵位西来谈，因及西洋测天之略。近见西洋书，言日不动而地动，颇以为疑。位西则言：地本静，而天以气鼓之，即易所谓承天而时行也。张子《正蒙》已主此说，近日西洋畅发其说，以日为主，五星环之，地轮又环其外。……惟佛先见及此，所以有大千世界之论。经星各自为一世界，而光与此地轮足以相及，故休咎亦与之相应。"①"张子《正蒙》已主此说"，此即郭氏对于"中学"之自信；"近日西洋畅发其说"，此即郭氏对于"西学"之不信。

在《丁冠西〈中西闻见录选编〉序》中，郭氏论"西学"云："夫西学之借根方，代传为东方法，中国人所谓立天元也。西人用之，锲而不已，其法日新，而中国至今为绝学。冠西主讲同文馆，始用以为教，汲汲焉勤诲而不倦。自明季利玛窦倡西学于中国，近伟勒亚力所著书尤精，冠西遂讲明而传习之。……昭示天下学者，俾知西学之渊源，皆三代之教之所有事，而冠西之为人，为足任道艺相勖之资，为尤难能也。"②"西人用之"，此即郭氏对于"西学"之不信；"西学之渊源，皆三代之教之所有事"，此即郭氏对于"中学"之自信。

郭氏所持"西学中源说"，为一股时代思潮，然常为中国学者所诟病，以为不过是"夜郎自大"而已，至少是"不知天高地厚"。然郭氏等辈"夜郎自大"，是在西人"夜郎自大"之后；郭氏等辈"不知天高地厚"，是在西人"不知天高地厚"之后。"西学中源说"之提出，是在"中学西源说"之后，是为应对西洋耶稣会士"中学西源说"才提出的。西洋耶稣会士倡"中学西源"是"夜郎自大"，郭氏等辈为何不能倡同样亦只是"夜郎自大"的"西源中学"；西洋耶稣会士倡"中学西源"是"不知天高地厚"，郭氏等辈为何不能倡同样亦只是"不知天高地厚"的"西学中源"。中国学人本极谦虚，若非洋人先提"中学西源"，他们是决不会提

---

① 《郭嵩焘日记》第一卷，第26页。
② 《郭嵩焘诗文集》，第68页。

"西学中源"的。

中国学者诟病"西学中源说",固然有理,但首先当诟病"中学西源说",因为此说在学术上比"西学中源说"更难以立足。

第二节 "二流文明说"或"半文明说"辨正

学界有一种"二流文明"或"半文明"的说法,以为郭嵩焘已经认定,相对于西洋文明,中华文明已沦为"二流文明"或"半文明"。

如郭汉民谓:"郭嵩焘还认识到,区分夷夏的标准是文明程度的高低,是教化之有无。……郭氏的这些言论从根本上否定了'华夷秩序'和'夷夏之辨'的旧观念,认定西洋教化远胜于秦汉以来的中国,……其文明程度高于中国。"[①]

又如田永秀、鲜于浩谓:"首先,他认为中国文化已经远远落后于欧洲,否定了中国流传二千余年的华夷观念等文化优越论。……能看到西方文化上的先进,承认并正视中国文化落后的中国人,却属凤毛麟角了。而郭嵩焘就是这寥若晨星的人物。"[②]

又如周行之谓:"郭氏在出使英、法之前,已因认为洋人也有'文明'而大遭物议。出使之后,由于亲自目睹耳闻,更感本国之不如。"[③]

又如朱薇说:"他认识到西方资本主义文化已经从整体上全面超越了中国传统的礼教文化,中国在世界上实已沦为文化二流之国了。"[④]

---

① 郭汉民:《郭嵩焘对西方的认识及其思想超越》,《湖南师范大学社会科学学报》2000 年第 2 期,第 103 页。
② 田永秀、鲜于浩:《试论郭嵩焘对西方文化的认识及对中国文化的反思》,《西南交通大学学报》2000 年第 3 期,第 29 页。
③ 周行之:《郭嵩焘的"洋务"见解》,《湖南大学学报》2004 年第 6 期,第 34 页。
④ 朱薇:《中国近代化历程中的郭嵩焘》,《炎黄春秋》2005 年第 3 期,第 78 页。

冯吉红亦谓："他认为西方文化并不比中国文化差,甚至比中国文化更为先进。……他彻底抛弃了'华夏文化中心论',……因而他大胆地接受了从总体上用'文明'与'半文明'来界定中西文化之间的差异与优劣。"①

说郭氏已承认"西洋文明优越论",已承认中国为"文化二流之国",已承认中国为"半文明之国",乃是一种"速断",是难以立足的。郭氏批"中国文化"甚严,但矛头所指只及"器物"的层面,又及"制度"的层面,从未在"文化根本"或"观念大义"层面视中国为"二流",视中国为"半文明"。这是郭氏所把持的底线,有了这条底线,郭氏就不会走上"自毁文化"之路。

郭氏读《论语》,喟然叹曰："呜呼!是言也,尽万世之变而无以逾焉者也。"②这是对"文化根本"与"观念大义"的认同。郭氏读《孟子》,亦叹曰："呜呼,孟子之言至矣!"③这也是对"文化根本"与"观念大义"的认同。《复何镜海》谓："承示近日读《易》以穷天人之变,读《论语》以求性道之归,论学论治,备于是矣。"④这是对"文化根本"与"观念大义"的认同。《复罗小溪》谓："鄙人近数年颇有悟于《周易》言几之旨,以为道非诚不立,非几不行,事之大小,天下之治乱,皆有几者行其间,天也,固人也。"⑤这也是对"文化根本"与"观念大义"的认同。

咸丰八年八月二十日日记云："天下之理,一阴一阳而已。阳,君子也;阴,小人也。阳长则阴消,阴长则阳消,天地之行为运,人之赞天地为事功。天之运,无形者也;人之事功,有形者也。故运不可言,而事功可言。阴阳之消,有消之者;阴阳之长,有长之者。……家国天下

---

① 冯吉红:《略述郭嵩焘的西方文化观》,《怀化学院学报》2006年第3期,第78页。
② 《郭嵩焘诗文集》,第6页。
③ 《郭嵩焘诗文集》,第9页。
④ 《郭嵩焘诗文集》,第150页。
⑤ 《郭嵩焘诗文集》,第167页。

之盛衰,友朋之离合,人之从违,未有不由此者也。"①同月二十七日日记云:"天地大气之运行,实有顺逆二者。……二气之运行,如暑至而热,冻极而寒,皆确有此气。惟其弥纶旁薄,而亿万人转旋其中,故神而妙耳。"②同月二十九日日记云:"和乐是心之体,所谓满腔恻隐,盎然如太和元气,流行于天地之间也。精明是心之用,所谓在我之权度,精切不差,截然若万物之各正其性命也。"③

咸丰八年九月二十日日记云:"《中庸》一书,圣人之道推阐尽致,以慎独为入德之门,以知仁勇三者为造道之纲,以诚为体道之极,以制礼作乐为行道之验,为[以]成物参天地为尽道之实,以尽人合天为修道之功。推究其致,总归入内省不疚、无恶于志八字上。"④咸丰八年十月二十日日记云:"予谓孟子穷理尽性以至于命,程子以穷理尽性四字释此语,而不及立命之说。朱子谓天命即天道之流行而赋于物者,所谓天命之谓性也。……圣人到五十时,已自与天合撰,所以能知天,所以能立命。"⑤同月二十四日日记又云:"如坤之象曰:乾以刚修己,克己复礼之道也;坤以柔治人,民胞物与之道也。"⑥咸丰十年闰三月十一日日记云:"吾人行事,必具有天下一家、万物一体之心,乃能于事有济。"⑦同月十四日日记云:"诚者,非自成己而已也,所以成物也。圣贤只是以成物为心,所以能尽己性,即能尽人之性。实觉得有一腔不忍人之心,日加积累填满去,此是圣人言仁之实际。"⑧

"阴阳"、"赞天地"、"天地大气"、"成物参天地"、"穷理尽性"、"民胞物与"、"以成物为心"等等,这些观念不来自西洋,而是标准的"中国

---

① 《郭嵩焘日记》第一卷,第 153—154 页。
② 《郭嵩焘日记》第一卷,第 156 页。
③ 《郭嵩焘日记》第一卷,第 158 页。
④ 《郭嵩焘日记》第一卷,第 167 页。
⑤ 《郭嵩焘日记》第一卷,第 180 页。
⑥ 《郭嵩焘日记》第一卷,第 181 页。
⑦ 《郭嵩焘日记》第一卷,第 346 页。
⑧ 《郭嵩焘日记》第一卷,第 347 页。

制造"。郭氏反复论及,一再揣摩,不见"二流"之讥,亦不见"半文明"之讥,而是肯定之,实行之,认真阐发之。讲"器物西化",不足以使中华文明成"二流";讲"制度西化",亦不足以使中华文明成"二流";唯有讲"观念西化",才可能使中华文明成"二流"。而"观念西化"却是郭嵩焘所不讲的。

可知郭氏并未承认"西洋文明优越论",并未认中国为"文化二流之国"与"半文明之国",至少在"文化根本"与"观念大义"层面是如此。

第三节 固守"儒学"与"中学"

姚曙光撰《先行于西学踯躅于理学——郭嵩焘"本末"思想评析》一文,认定:"从先行,到踯躅,到回归,郭嵩焘没有越出儒学的樊篱。"[①]并且认为"对儒学自信、自觉、自审,对异质的西方文化有相对平和的心态,一种没有丧失文化主体地位的海纳百川的大气与豪气,体现在一批湖南仕宦和士子的时代应对的言行中。"[②]其中郭氏具"重要代表性"。此种判定,就跟"文化二流"或"半文明"之判定,处于刚好相反的地位:郭氏依然是在"中国式思维"的框架下思维,依然固守着"儒学"与"中学"。

此种"没有丧失文化主体地位"的大气与豪气,究竟是好还是不好,各人自有不同看法。姚文就持否定的看法,认为"这种文化优越感成为吸收西方先进文化的阻碍",并认为这是一种"悲剧"[③]。著者则持

---

① 姚曙光:《先行于西学踯躅于理学——郭嵩焘"本末"思想评析》,《江苏大学学报》2003年第2期,第32页。
② 姚曙光:《先行于西学踯躅于理学——郭嵩焘"本末"思想评析》,第29页。
③ 姚曙光:《先行于西学踯躅于理学——郭嵩焘"本末"思想评析》,第29页。

肯定的看法,认为这不是"悲剧",也非吸收外来文化之"阻碍",相反还是吸纳消化外来文化之唯一前提。没有这样的"文化主体地位",而去盲目吸收外来文化,恰如给死马注射强心针,再名贵的药物也是枉然。

郭嵩焘倡导的"西化"层次与领域,超过同辈诸公许多,但他却没有放弃这个"文化主体地位"。他撰《大学章句质疑》二卷,是对这个"文化主体地位"的坚守,说:"嵩焘于朱子之书,沉潜有年,而知圣人尽性以尽人物之性,统于明德新民二者,而其道一裕之学。学者,致知诚意,极于修身止矣。致知之道广,而具于心者约;诚意之功严,而尽天下之事固无不包也。格物者,致知之事也。物者何?心身家国天下是也。格物之事何?所以正之修之治之平之者是也。格者,至也,穷极物之理而不遗;格者,又明有所止也,揆度物之情而不逾其则。知此则大学一书完具无缺,数百年之辨争,盖皆求之于外,而于中之要领,有未究也。用其书以求朱子之学深味而行之,可也;强大学之书以从朱子,比类而附之,循章以求之,则亦徒见其陵越而已。"①又谓:"致知所以在格物者,极吾知之量不能逾乎物之则也,致知即知止之义。"②

又撰《礼记质疑》四十九卷,也是对这个"文化主体地位"的坚守,说:"窃论礼者,征实之书,天下万世人事之所从出也。得其意而万事可以理,不得其意则恐展转以自悟者多也。"③又说:"化即程子变化气质之化,化者,变之甚也,逐物而流,随物而迁,久之遂与物化,而好恶随以转移。物至之知亦迷惑而丧其守,于是心知气体一沦于物,莫能自主,故曰化物。"④"味也,声也,色也,人欲之所附以行者也,而天命之精聚焉。人秉五行之秀以生,有口自能知味,有耳自能审声,有目自能辨色,圣人为之判五味之宜,辨五色之正,察五色之文,而天理之流行依乎人心之感应,以为之则。是以味声色三者,五行万物自然之符,即

---

① 郭嵩焘:《大学章句质疑》,"自序",光绪十有六年思贤讲舍开雕。
② 郭嵩焘:《大学章句质疑》,第7页。
③ 郭嵩焘:《礼记质疑》,"自序",光绪十有六年思贤讲舍开雕。
④ 郭嵩焘:《礼记质疑》,光绪十有六年思贤讲舍开雕,第5页。

民生日用自然之序,非是则天地之用穷,民生日用之经亦废。人之生生于味声色之各有其情。故礼者,治人情者也,非能绝远人情以为礼者也。"①

又撰《中庸章句质疑》二卷,也是对这个"文化主体地位"的坚守,说:"嵩焘少读是书,亦时有疑义,君臣父子兄弟夫妇朋友之为达道,尽人所知也,知仁勇之为达德,尽人所能言也,然何以行之一生知安行数者之分为达德言也,所以行之又何义也?中庸于此三者,言之详矣。……读中庸者,能知知仁勇三者之所以行其于圣贤成己成物之功,亦足窥其崖略矣。"②又谓:"中庸喫紧在慎独,而推本性之原于天,以见人之所以与天地同量者,其原固无二也。……性丽于道而原于天,以待体于人,则人自效其成能而物无与,注以人物各循其自然,而谓之道,疑所谓自然者,天道之无为者也。率乎性而为道,圣人尽性之功也,人道也。天既命于人而有性,而凝之以为道,则此道字不必虚属之天。率性者,人道之有事乎。率也,非循其自然之谓也。"③

又撰《论士》、《文中子论》、《朱子家礼》五卷、《玉池老人自序》等,又于湖南城南书院、思贤讲舍等地讲论船山学、礼学、庄子学等,目的只有一个,就是固守"儒学"与"中学",坚守中华文明之"文化主体地位"。

第四节 儒、西关系之处理格式

学界几乎均不以"中体西用"判郭嵩焘,而是相反,认为他突破了

---

① 郭嵩焘:《礼记质疑》卷九,第17页。
② 郭嵩焘:《中庸章句质疑》,"自序",光绪十有六年思贤讲舍开雕。
③ 郭嵩焘:《中庸章句质疑》上卷,第2—3页。

"中体西用"之框架。

如张良俊《郭嵩焘对"中体西用"模式突破的贡献》一文,就认郭氏"否定了'中体西用'的认识基础,也揭露了其逻辑荒谬"①,是对"中体西用"模式的"勇敢挑战"②。冯吉红《略述郭嵩焘的西方文化观》一文亦认郭氏"突破了'中体西用'的文化取舍模式,开启了维新变法思想的先河"③,"不拘泥于传统的'中体西用'模式"④。

学界所谓"中体西用",严格讲来是特指洋务派的儒、西关系处理格式,分解讲来就是"中体中用加西用",就是吸纳"西用"以卫"中体"。这个格式近代以来受到广泛的批评,其中批评的关键点,是认定"中体"之捍卫乃是错误的。

其实问题的关键不在要不要捍卫"中体",而在要捍卫怎样的"中体";问题的关键也不在要不要吸纳"西用",而在要吸纳怎样的"西用"。假如洋务派认定的"中体"就是专制制度,就是纲常名教,则这样的"中体"当然是不值得捍卫的;假如洋务派认定的"西用",就是"器物",就是"船坚炮利",则这样的"西用"当然是不充分的。

从"器物"、"制度"、"文化根本"三个层面来看"中学"与"西学",则知中、西各有本末与体用。相对于"制度"而言,"器物"是末,是用;相对于"文化根本"而言,"制度"又成为末,成为用。洋务派主张"器物西化",相对于"制度"而言,当然是一种"中体西用";但相对于"文化根本"而言,它不过又是一种"中用加西用"。郭嵩焘主张"制度西化",相对于"制度"而言,它当然突破了"中体西用"之框架;但相对于"文化根本"而言,它依然只是一种"中用加西用"。

假如我们以"制度"为本,为体,则可判定郭氏突破了、超越了"中体西用";假如我们以"文化根本"为本,为体,则又可判定郭氏依然属

---

① 张良俊:《郭嵩焘对"中体西用"模式突破的贡献》,《南昌大学学报》1995 年第 3 期,第 87 页。
② 张良俊:《郭嵩焘对"中体西用"模式突破的贡献》,第 91 页。
③ 冯吉红:《略述郭嵩焘的西方文化观》,《怀化学院学报》2006 年第 3 期,第 78 页。
④ 冯吉红:《略述郭嵩焘的西方文化观》,第 79 页。

于"中体西用",只是比洋务派的"中体西用"高了一个层次,可以称之为"高级中体西用"。

采纳"西学"亦然。主张"器物西化",只涉及"西用";主张"制度西化",亦只涉及"西用";只有主张"观念西化",以"西式思维"替代"中式思维",才涉及"西体"的问题。如此则可发问,郭氏之"西化"已涉及"西体"吗?

《伦敦致李伯相》论"西体"云:"日本在英国学习技艺二百余人,……在此学习律法。……讲求经制出入,谋尽仿效行之。所立电报信局,亦在伦敦学习,有成即设局办理。而学兵法者甚少。盖兵者,末也,各种创制皆立国之本也。"①此处郭氏是以"制度"即"各种创制"为本、体,而以"器物"即"坚船利炮"为末、用。

《复姚彦嘉》论"西体"云:"鄙人常论办理洋务之节要三:上焉者力求富强之术,……凡为富强,必有其本。人心风俗政教之积,其本也。以今日之人心风俗而求富强,果有当焉,否耶?贤如幼帅,于此亦未能深察也。"②此处郭氏是以"人心风俗政教"为本、体,而以"富强"为末、用,大致也是以"制度"和"器物"对举。

《寄李傅相》论"中体"云:"富强者,秦汉以来所称太平之盛轨也,行之固有本矣,渐而积之固有基矣。振厉朝纲,勤求吏治,其本也;和辑人民,需以岁月,汲汲求得贤人用之,其基也。未闻处衰敝之俗,行操切之政,而可以致富强者。"③此处郭氏同样是以"器物"如"富强"等为末、用,而以"制度"如"振厉朝纲,勤求吏治"等为本、体。

《致李傅相》又论"中体"云:"要之国家大计,必先立其本。其见为富强之效者,末也。本者何?纪纲法度、人心风俗是也。无其本而言富强,只益其侵耗而已。贤者于此固当慎之。"④此处郭氏同样是以"富

---

① 《郭嵩焘诗文集》,第190页。
② 《郭嵩焘诗文集》,第200页。
③ 《郭嵩焘诗文集》,第221页。
④ 《郭嵩焘诗文集》,第240页。

强"为末、用,而以"制度"如"纪纲法度、人心风俗"等为本、体。

《与友人论仿行西法》论"中体"与"西体"云:"窃论富强者,秦汉以来治平之盛轨,常数百年一见,其源由政教修明,风俗纯厚,百姓家给人足,乐于趋公,以成国家磐固之基,而后富强可言也。施行本末,具有次第,然不待取法西洋,而端本足民,则西洋与中国同也。……今言富强者,一视为国家本计,与百姓无与。抑不知西洋之富专在民,不在国家也。"①此处郭氏中、西并论,同样是以"富强"为末、用,而以"制度"如"政教修明,风俗纯厚"等为本、体。

《铁路议》再论"中体"与"西体"云:"虽然,为是者有本有末。知其本而后可以论事之当否,知其末而后可以计利之盈绌。本者何?人心风俗而已矣。末者何?通工商之业,立富强之基,凡皆以为利也。人心厚、风俗纯,则本治;公私两得其利,则末治。"②此处郭氏是以工商、逐利、富强等为末、用,而以"人心风俗"等为本、体。

又光绪元年《条议海防事宜》论"中体"与"西体"云:"窃以为方今之急,无时无地不宜自强,而行之必有其本,施之必有其方。本者何?正朝廷以正百官,大小之吏择人而任之,则本立矣。方者何?求富与强之所在而导民以从之,因民之利而为之制,斯利国之方也。"③此处郭氏亦以"富强"为末、用,而以"制度"为本、体。

总起来看,郭氏在论及洋务、夷务或西化时,始终是以军事、经济等为末、用,而以政教、风俗等为本、体,这在同辈诸公中,是一种很特别的思维。基此郭氏的"采西学"主张,亦以"采制度"为重点;"采器物"只是"采制度"的预备与基础。他以为"采器物"不是不重要,只是不要以"采器物"为满足。而这就超越了洋务派的立场,在儒、西关系的处理格式方面,构建出一种"高级中体西用论"。这可算是郭氏在

---

① 《郭嵩焘诗文集》,第254—255页。
② 《郭嵩焘诗文集》,第553页。
③ 《郭嵩焘奏稿》,第340页。

儒、西关系处理格式方面的第一项贡献。

郭氏在儒、西关系处理格式方面的第二项贡献,是提出"西洋立国有本有末"论。光绪元年《条议海防事宜》在提出"急通官商之情"、"通筹公私之利"、"兼顾水陆之防"、"先明本末之序"四大建议之后,总论"西学"之本末云:"嵩焘窃谓西洋立国有本有末,其本在朝廷政教,其末在商贾,造船、制器相辅以益其强,又末中之一节也。故欲先通商贾之气,以立循用西法之基,所谓其本未遑,而姑务其末者。"①此处是明言"西体"与"西用":"西体"在"朝廷政教"等,属于"制度"层面;"西用"在商贾、造船、制器等,属于"器物"层面。中国有自己之"中体中用",西洋亦有自己之"西体西用",这是近代中国思想家首次明确肯定"中西各具本末体用"。从而也就间接否定了"西洋物质文明,中国精神文明"之说。

《条议海防事宜》又说:"西洋之法,通国士民一出于学,律法、军政、船政,下及工艺,皆由学升进而专习之,而惟任将及出使各国,必国人公推以重其选。"②此处是讲"学校制度"与"教育制度",依然还是以"制度"论"西体",还没有上升到"文化根本"与"观念大义"层面。

《条议海防事宜》又以"中西各具本末体用论"责洋务派之不实:"舍富强之本,图而怀欲速之心,以急责之海上,将谓造船、制器,用其一旦之功,遂可转弱为强,其余皆可不问,恐无此理。造船、制器,沿海诸省当任其功,各海口机器局亦当渐穷其巧,而求所以自强之术,固有自其本末条理,非数言所能尽。"③只求西洋之末,而不问西洋之本,以求末为满足,此正洋务派之根本弱点。

总之,郭氏论"西学",是以"制度"为重点,以为"制度"就是"西体";其论"中学",既讲"制度",又讲"文化根本",以为"制度"是"中

---

① 《郭嵩焘奏稿》,第345页。
② 《郭嵩焘奏稿》,第344页。
③ 《郭嵩焘奏稿》,第346—347页。

体","文化根本"亦是"中体"。就"器物"、"制度"层面而言,他已放弃"华夏优越论",承认中不如西;就"文化根本"层面而言,他并未放弃"华夏优越论",反是肯定西不如中。

如此则郭氏对于"中体西用模式"的"突破",就具有多重的意义:就其只论及"制度"为"西体"而言,他的儒、西关系处理格式可称为"中体中用加西体西用";若以"文化根本"为"西体",则其儒、西关系处理格式又可称为"中体中用加西用";若不论中学西学,吾人只承认"文化根本"为"体","制度"、"器物"为用,则其儒、西关系处理格式就只能是"中体中用加西用"。

总之,郭氏在洋务派的"器物西化"之上,重点强调"制度西化",就其对"西体"的理解而言,是一种"西体西用"格式。然就著者对"西体"的理解而言,他依然只讲到"西用","制度西化"依然只是"西用之采纳",依然是一种"西用"格式。若再加上"中体",就是"中体西用",就是比洋务派高出一个层次的"高级中体西用"。

郭氏明确提出"中西各具本末体用论",是在光绪元年(1875),而严复提出类似主张是在光绪二十八年,故可谓郭氏此点是一项贡献。严氏《与〈外交报〉主人书》载于光绪二十八年《外交报》第九、十期,其论"中西体用"云:"夫中国之开议学堂久矣,虽所论人殊,而总其大经,则不外中学为体,西学为用也;西政为本,而西艺为末也;主于中学,以西学辅其不足也;最后而有大报学在普通,不在语言之说。之数说者,其持之皆有故,而其言之也,则未必皆成理。……体用者,即一物而言之也。有牛之体,则有负重之用;有马之体,则有致远之用。未闻以牛为体,以马为用者也。中西学之为异也,如其种人之面目然,不可强谓似也。故中学有中学之体用,西学有西学之体用,分之则并立,合之则两亡。议者必欲合之而以为一物,且一体而一用之,斯其文义违舛,固已名之不可言矣,乌望言之而可行乎?"①

---

① 王栻主编:《严复集》第三册,中华书局,1986年,第558—559页。

牛有"牛体牛用",马有"马体马用",中学有"中体中用",西学有"西体西用",这就是所谓"中西各具本末体用论"。其思维格式与郭氏完全相同,然却晚出,虽其论证较郭氏更为系统完整,但不能谓郭氏无贡献。

总之,郭氏在儒、西关系处理格式方面至少有两项贡献:一是以"制度"为"西体",主张中国应"制度西化";二是主张"中西各具本末体用",证明"西洋立国有本有末"而非仅限于末之理。此两项均突破了洋务派的思维,均突破了"中体西用模式"。故就其自身立场视之,其格式是"中体中用加西体西用";就吾人之立场视之,其格式则为"中体中用加西用",或简称曰"高级中体西用"。

第五节 对王船山及其思想之推崇

前谓郭氏固守儒学与中学,并未放弃中学之"文化根本"与"观念大义",已列示证据如上。兹以其"船山观"为一视角,更证此说之不诬。

《彭笙陔〈明史论略〉序》赞船山云:"独船山王氏《通鉴论》、《宋论》,通古今之变,尽事理之宜,其论事与人,务穷析其精微,而其言不过乎则。嵩焘尝欲综论元、明二代之史,以附船山之后,而未敢遽也。"[①]此处推崇王船山之"史学思想"。

《重修〈南岳志〉序》赞船山云:"当顺治初元,船山王氏纂辑《莲峰志》,为衡山之一峰,其事典则,其文雅驯。凡历二百二十年,威毅伯曾公刊行王氏遗书,其书始显。又二十年,次青衡山志成,尽揽七十二峰之胜,而其体例犹受成船山。"[②]此处推崇王船山之"文章"。

---

① 《郭嵩焘诗文集》,第67页。
② 《郭嵩焘诗文集》,第85页。

《船山祠碑记》赞船山云:"自有宋濂溪周子倡明道学,程子、朱子继起修明之,……然六七百年来,老师大儒,缵承弗统,终无有卓然能继五子之业者。……若吾船山王先生者,岂非其人哉!"①此处推崇王船山之"道学"。

又云:"尤心契横渠张子之书,治《易》与《礼》,发明先圣微旨,多诸儒所不逮;于《四子书》研析尤精;盖先生生平穷极佛老之蕴,知其与吾道所以异同,于陆王学术之辨,尤致严焉。其所得于圣贤之精,一皆其践履体验之余,自然氿于人心。至其辨析名物,研求训诂,于国朝诸儒所谓朴学者,皆若有以导其源,而固先生之绪余也。"②此处推崇王船山之"义理"与"训诂"。

《船山先生祠安位告文》赞船山云:"而其斟酌道要,讨论典礼,兼有汉、宋诸儒之长。至于析理之渊微,论事之广大,千载一室,抵掌谈论,惟吾朱子庶几仿佛,而固不逮其精详。"③此处推崇王船山学理之"精详",以为其超过朱子。

《船山祠祭文》赞船山云:"惟先生根柢六经,渊源五子。养气希踪于孟氏,《正蒙》极诣于横渠。于《易》、《礼》尤极精求,视陈、项更标新旨。允宜追配七十子,位两庑程、邵之班。"④此处推崇王船山传承孟子与张载。

《船山祠祭文》赞船山"衍关闽濂洛之宗风,发《易》、《礼》、《诗》、《书》之秘钥"⑤。《船山先生像赞》赞船山"约礼明性,达变持危,阐扬正学,是曰先知,二百余年,星日昭垂,私心之契,旷世之师"⑥。

《请以王夫之从祀文庙疏》赞船山云:"我朝经学昌明,远胜前代,

---

① 《郭嵩焘诗文集》,第512页。
② 《郭嵩焘诗文集》,第512—513页。
③ 《郭嵩焘诗文集》,第538页。
④ 《郭嵩焘诗文集》,第539页。
⑤ 《郭嵩焘诗文集》,第542页。
⑥ 《郭嵩焘诗文集》,第544页。

而暗然自修,精深博大,罕有能及衡阳王夫之者。……所著经说,言必徵实,义必切理,持论明通,确有据依,亦可想见其学之深邃。"①此处推崇王船山之"经学"。

又云:"其尤精者,《周易内传》《读四书大全》,实能窥见圣贤之用心,而发明其精蕴,足补朱子之义所未备。……尤于陆王学术之辨,析之至精,防之至严,卓然一出于正,惟以扶世翼教为心。"②此处推崇王船山之"易学"与"经学"。

咸丰八年七月二十六日之日记赞船山云:"予谓船山苦节,当时无及者。……乙舟因述往岁为袁漱六撰船山祠联云:'痛哭西台,当时水殿仓皇,知己犹余瞿相国;栖迟南岳,此后名山著述,比肩惟有顾亭林。'"③此处推崇王船山之"气节"。

王立新曾撰《跨越历史的心灵沟通》一文,谓郭氏"不愧为船山思想二百余年之后的第一个真正的知音",认定"郭嵩焘对船山的评价超过鸦片战争以前所有对船山的评价",包括陶澍、贺长龄、邓显鹤、段谔庭、唐鉴、魏源、罗典等湘人,甚至"较曾国藩的看法更宏阔,更能接近船山思想的真谛"。④

若此种说法是对的,则更证明郭氏固守中学之"文化根本"与"观念大义"之不诬。因为船山就是中学"文化根本"与"观念大义"之"卫士",推崇船山无异于推崇中学之"文化根本"与"观念大义"。

船山《黄书·原极》云:"故圣人先号万姓而示之以独贵,保其所贵,防其终乱,施于孙子,须于后圣,可禅,可继,可革,而不可使夷类间之。"⑤《春秋家说》卷三中又云:"中国于夷狄弗言战。……殄之不为不仁,欺之不为不信,斥其土夺其资不为不义。苟与战而必败之也,殄之

---

① 《郭嵩焘奏稿》,第351页。
② 《郭嵩焘奏稿》,第351—352页。
③ 《郭嵩焘日记》第一卷,第147页。
④ 王立新:《跨越历史的心灵沟通》,《湖南科技学院学报》2005年第9期,第191—193页。
⑤ 王船山:《黄书·原极》,《思问录俟解黄书噩梦》,王伯祥点校,中华书局,2009年,第103页。

以全吾民之谓仁,欺以诚行其所必恶之谓信,斥其土则以文教移其俗,夺其资而以宽吾民之力之谓义。仁义以信,王伯之所以治天下,匡人道也。"①此均为捍卫中学之言论。

冯友兰论船山云:"在学问广博和体系庞大这两方面,他都可以成为后期道学的主将,跟前期道学的主将朱熹并驾齐驱。"②又说:"他的著作对于中国封建文化和古典哲学作了总结,可以为继承人所凭借,这是他的最大的贡献。"③船山之于"中学",是承上启下者,其于中学之"文化根本"与"观念大义",常以"不可使异类间之"的态度捍卫之。则可知郭嵩焘捍卫船山,实际上就是在捍卫中学之"文化根本"与"观念大义",与曾国藩之捍卫船山,目标相同。

第六节 "控御夷狄之道绝于天下"论

郭氏以为中国原本有一套"控御夷狄之道",但"西夷之祸"到来之时,此道已绝于天下。此道之根本是"和"而非"战",是"以理折"而非"以力争"。

《〈罪言存略〉小引》论云:"其时于泰西政教风俗,所以致富强,茫无所知,所持独理而已。……凡洋人所要求,皆可以理格之,其所抗阻,又皆可以礼通之。……盖南宋以来诸儒之议论,锢蔽于人心七八百年,未易骤化也。"④"以理格之"曾是中国"控御夷狄之道",但被南宋以来诸儒所否定。

《复方子听》论云:"尝论中国之控御夷狄,太上以德(周武王、成王是也,后世无能行之),其次以略(汉唐之事是也),其次以威(汉武帝于

---

① 王船山:《春秋家说》,《船山全书》第五册,岳麓书社,1993年,第347页。
② 冯友兰:《中国哲学史新编》(下卷),第279页。
③ 冯友兰:《中国哲学史新编》(下卷),第280页。
④ 《郭嵩焘诗文集》,第35页。

匈奴,唐太宗于突厥诸国是也),其次以恩(汉之于西域,唐之于回纥、吐蕃,北宋之于契丹是也),而信与义贯乎四者之中,而不能外。……事有成败,理有得失,不相掩也。今天下能辨此者,舍我而谁哉!"①"战"不在"中国之控御夷狄"的方法之中。

《与龙皞臣》论云:"西夷之祸,自谓能见及之而痛言之。……窃独深念古人之言与其行事始末,自南宋以来,控御夷狄之道绝于天下者七百余年。老朽不才,直欲目空古人,非直当世之不足与议而已。"②此处又指责"南宋以来"诸儒。

《与曾中堂》论云:"夷人之与中国交涉者,一曰商,一曰教,一曰兵,三者相倚以行,而各异用。……然至屈抑其教,必求以兵胁之。兵不得商人之助其费,不敢擅发也。既发兵,则教与商俱退听焉。故夷人之兵亦不易发。酝酿之久,激使一逞,必出兵费求和而后已。世人愦愦,不加察耳。……则不专论势之强弱,而论理之是非。愿熟筹之。"③此处说明"反战"之理由。

《与曾沅甫》论云:"来书谓鄙人稍能通知事务,可以赞益中丞是也。然兄所知,知其理而已。天下藉藉,与为义愤而无当于理,则鄙人为优。……自南宋以来,议论猥繁,而控御夷狄之道绝于天下者五百余年。贤者惟知引身以避之而已。"④此处又指责"南宋以来"诸儒。

《与陈懿叔》论云:"其颇自任者,则《绥边徵实》一书,取秦汉以来中外相制之宜,辨证其得失,而不必以成败为是非。其于经世致远之略,粗有发明。自南宋以来议论多,而控御夷狄之道绝于天下者五百余年。'徵实'者,以砭南宋后虚文无实之弊也。此书出,后世必有信吾之说以求利济于天下者。此鄙人之志事也。"⑤此处责"南宋以来"诸

---

① 《郭嵩焘诗文集》,第148页。
② 《郭嵩焘诗文集》,第165页。
③ 《郭嵩焘诗文集》,第174—175页。
④ 《郭嵩焘诗文集》,第177页。
⑤ 《郭嵩焘诗文集》,第179页。

儒，倡"不必以成败为是非"。

《伦敦致李伯相》论云："……虽然，考古证今，知其大要，由汉、唐推之三代经国怀远之略，与今日所以异同损益之宜，独有以知其深。窃以为南宋以来，此义绝于天下者七百余年，此则区区所独自信而无敢多让者也。惟中堂采择上陈，推而行之，所以裨益国家必多矣。"①此处又斥"南宋以来"诸儒。

《复姚彦嘉》论云："吏治之偷敝如故也，民气之壅塞如故也，而彼眈眈环视之洋人，亦必求所以应之。应之维何？曰理而已矣。审吾所据之理，必有道以通之；审彼所据之理，必有辞以折之。常使理足于己，而后感之以诚，守之以信，明之以公，竭一人之力，控制指麾而无不如意，则亦可以求数十百年之安。……吾心所据之理有余，安坐以应人之变，而必无有困辱折挠，若以前之为者，此可以理决也。"②此处谓"以理折之"。

《致李傅相》论云："嵩焘以为兵者，不得已而用之，苟可以已，用兵何为？自古用兵，先审曲直。无故授人口实，遂激其怒以求逞，在我已属无名。推极于用兵，亦当竭情尽虑，先为之程，以蓄积其势，审求事变，坚持一意，以理自处。圣贤之当事任，无以易此。"③此处明确反对"用兵"。

《复曾沅甫宫保》论云："生平读书观理，颇能窥知三代政教源流本末，汉唐以后规模局势，得失安在，所以终能自立者安在？下视南宋以下诸贤之议论，犹蚊蚋之集于污渠，不屑较量也。是以屡上言洋务当以了事为义，不当以生衅构兵为名。"④此处斥"南宋以下诸贤"，同时反对"构兵"。

《致李伯相》论云："嵩焘十余年来干冒众人议论，以求处置西人之

① 《郭嵩焘诗文集》，第195页。
② 《郭嵩焘诗文集》，第200页。
③ 《郭嵩焘诗文集》，第205页。
④ 《郭嵩焘诗文集》，第207—208页。

方,……窃以为处置西洋,始终无战法。彼其意在通商,即以通商应之。"①此处又反"战"。

《致李傅相》论云:"洋患至今日,无可补救,急求应付之方,可以尊国体、安边圉,为中国之利,其大要在知所务而已。是故与洋人周旋,可以理喻,而不可以力诎;可以情遣,而尤不可以坐置不论。"②又云:"……夷狄之民,与吾民同也:趋利避害同,喜谀恶直同,舍逆取顺同,求达其志而不乐阻遏其气同。贤者以理折衷,可以利之顺之,亦未尝不可直言之因而阻遏之。取足于理,强者亦可使退听。……是故洋务者,治国平天下之一端也,其所以为用各异,而其用同。能教化整齐其民,以控御夷狄固沛然有余矣。"③此处明确倡导"理喻"说、"情遣"说、"以理折衷"说,反对"用兵",反对"贸然构衅"、反对"开衅"。

《再致李傅相》论云:"西洋积强已数百年,而慎言战,创定万国公法以互相禁制,每一用兵,或数年,或十数年,必分胜负乃已。故可以理折,而不可以力争也。御之得其道,足与共享其逸。一劳则恐永不能逸。"④此处又倡"以理折",反对"以力争"。

《致彭宫保》论云:"然嵩焘独有深忧者:法人滋扰越南,以求通商滇境,当事不务探求其情,以理开谕之,贸焉与之构兵,而于地势军情,又多不能考究,不独急沿海之防,且更督及江防。"⑤此处反对与法国"构兵"。又云:"西洋之患亟矣!中外诸公懵然焉莫测其所由,先无以自处。主战愈力,自处愈穷。一将之能,而偃然恃以为安,一战之胜,而嘎然据以为喜。以当小敌不足,况若西洋之气方盛,而势方强者乎!彼固无求倾中国之心,何为激之使狂逞也?"⑥此处更提出"主战愈力,

---

① 《郭嵩焘诗文集》,第212页。
② 《郭嵩焘诗文集》,第214页。
③ 《郭嵩焘诗文集》,第216—217页。
④ 《郭嵩焘诗文集》,第219页。
⑤ 《郭嵩焘诗文集》,第222页。
⑥ 《郭嵩焘诗文集》,第224页。

自处愈穷"之"骇人"命题。

《复李次青》论云:"西洋之入中国,诚为天地一大变。其气机甚远,得其道而顺用之,亦足为中国之利。而五十年来办理洋务,日趋歧左,正坐一二贤者高视阔论,专习南宋以后嚣张之习,由北宋以前上推至汉唐,规模事迹且不暇讨论,无论三代。是以其局愈蹙,其势亦愈穷。……三代圣人抚绥中外,宽之以情,隆之以礼,其言具在,而在今日尤为安危利病之大几。"① 此处又倡三代圣人"控御夷狄之道",而反对"南宋以后嚣张之习"。

《拟销假论洋务疏》论云:"窃见办理洋务三十年,中外诸臣一袭南宋以后之议论,以和为辱,以战为高,积成数百年气习。其自北宋以前,上推至汉、唐,绥边应敌,深谋远略,载在史册,未尝省览。"② 此处更欲有"和非为辱,战非为高"之论。

《办理洋务横被构陷折》论云:"窃查西洋通商已历一千四百余年,与历代匈奴、鲜卑、突厥、契丹为害中国,情形绝异,始终不越通商之局。国家当一力讲求应接之术,战、守、和三者俱无足言,而仍以自求富强为本。臣此言实屡见之论奏,不自日记始。"③ 西洋列强志在"夺利"而非"掠土",故战、守、和均无从讲起。

《俄人构患已深遵议补救之方折》论云:"廷臣主战,只是一隅之见,似宜斟酌理势之平,求所以自处,而无急言用兵。……窃以为国家办理洋务,当以了事为义,不当以生衅构兵为名。"④ 此处又反对"用兵"。

《因法事条陈时政疏》论云:"外蕃各国,盛衰强弱,或数十年数百年一变,惟西洋一主通商,历久不变。其占踞地方远至数万里,皆以通商为名,初无穷兵之心,而数反数复,必因衅以逞兵。亦并无争地之

---

① 《郭嵩焘诗文集》,第 225 页。
② 《郭嵩焘奏稿》,第 359 页。
③ 《郭嵩焘奏稿》,第 388 页。
④ 《郭嵩焘奏稿》,第 397 页。

心,而屡战屡进,即乘势以掠地。南洋各岛,侵占殆遍,无不由此。是以交涉西洋通商事宜,可以理屈,万不以力争;可以诚信相孚,万不可以虚伪相饰;可以借其力以图自强,万不可怯其强以求一逞。"①此处又明确倡导"以理屈"而反"以力争"。又云:"用兵太失权衡。窃观汉、唐名臣,史传所载疏论,皆以谏止征讨为义,从无敢有倡言用兵者。南宋之世,假复仇为名,而言始嚣。嗣是八九百年,相与以用兵主战为常谈。"②此处又贬南宋而褒汉、唐。

又云:"臣窃以为与西洋交兵,百胜不足为喜,数败亦不足为忧。……方今所患,独有洋务。西洋兵力之强,制造之精,从古未有。而各国环列,互相钳制,又其志专在通商,即有需索,皆可据理驳诘。故尝以谓今日洋务,战、守、和三者皆无可言,惟在随事应付而已。……一失其宜,徒以长洋人之气,而所处日穷。五十年来,每一用兵,即国家多损一分元气,前事可为殷鉴。"③此处又反对"交兵"、"用兵"。

咸丰十年八月初五日日记论云:"故中列之相制,强则拓地千里,可以战,可以守,而未始不可以和,汉之于匈奴、唐之于回纥、吐蕃是也。弱则一以和为主,南宋之犹赖以存是也。而终南宋之世,二百余年亦未尝废战。史册具在,可考而知也。而论控制夷狄之大,常一以守为本,计战与和二者,因时度势,存乎当国者之运量而已。未有不问国势之强弱,不察事理之是非,惟瞋目疾呼,责武士之一战,以图快愚人之心,如明以来持论之乖戾者也。"④此亦为"反战"之言论。

咸丰十年九月二十四日日记云:"仆自与闻夷务,居海上一年,稍知夷情之曲折与事局之始末,而因以通悉古今大局。自汉唐以来,所以控驭夷狄者,皆颇能知其节要。而觉南宋以后,议论事局,与古一变。学士大夫习为虚骄之论,不务考求实际,迄今六七百年,无能省悟

---

① 《郭嵩焘奏稿》,第404页。
② 《郭嵩焘奏稿》,第409页。
③ 《郭嵩焘奏稿》,第410页。
④ 《郭嵩焘日记》第一卷,第393页。

者。……自三代以来,抚御夷狄,时移势变,为法不同,其以理定曲直则均也。"①此处倡"以理定曲直"而反对"南宋以后"主战之议论。

台湾成功大学中文系教授周行之先生曾撰《郭嵩焘的"洋务"见解》一文,为郭氏以上反对"用兵"、"和非为辱,战非为高"等言论辩解,谓:"一再败于鸦片战争及英法联军之后,清廷朝野上下,昧于形势而又有心雪耻,于是主战者形成一股强大势力。郭氏深知,洋人原以相互'通商'为目的,因遭清廷拒绝,加以官吏及民间之阻难,终至引起战争。因而郭氏力主一面图谋自强,一面以谈和为因应之方,在力不如人之时,惟有以'理'抗'力'。不幸其言未被清廷采纳,终有'甲午'及'八国联军'之惨败。"②并认为郭氏所谓"洋务",即是现今之"国际关系"或"外交","战、守、和"之"和"中的"定岁币之等差",即是现今之"外援",所倡之"势"与"理",亦是"国际交往中的两项要点"。③ 现今"政治解决"既已成为联合国处理国际冲突之主导原则,既已成为中国处理国际关系之主导原则,则谓郭氏为近代中国"国际关系"理论中倡导"政治解决"之先驱,亦不为过矣。

第七节　中华复兴"三百年说"

在光绪六年(1880)二月十三日之日记中,郭氏提出中华复兴"三百年说",谓:"故尝论泰西勤求武事,万难及其百一。然有贤者起,竭三十年之力为之,亦可谓有成效。制造之精,竭五十年之力为之,亦庶几什一望见其涯略。若此者,其源皆在学校。学校之起,必百年而后

---

① 《郭嵩焘日记》第一卷,第400—401页。
② 周行之:《郭嵩焘的"洋务"见解》,《湖南大学学报》2004年第6期,第32页。
③ 周行之:《郭嵩焘的"洋务"见解》,第35页。

有成。用其百年之力,以涤荡旧染;又用其百年之力,尽一世之人才而磨砻之;又用其百年之力,培养渐积以使之成。以今日之人心风俗言之,必有圣人接踵而起,垂三百年而始有振兴之望。为自秦汉以来四千年流极败坏之久,愚积之深,非是不能有成也。若如圣祖以至乾隆之季一百三十余年间,重之以精求学校之实,鼓舞人才,以使之务实求精,其庶几可望也。俯仰今昔,慨然伤怀,能知此义者谁哉?"①

"器物西化",三五十年可有成效;"制度西化",必垂三百年方有"振兴之望";郭氏未主张"观念西化"。此即郭氏有关中华复兴"三百年说"。

邹红霞分析此"三百年说"云:"可以说郭嵩焘是中国近代史上最早从宏观上、总体上对中国传统文化进行尖锐批判,并认为需要加以改造的人。"②此有"过誉"之嫌,因为郭氏并未主张"观念西化"。

张卫波视此"三百年说"为"渐强"思想,并认为"渐强"思想的形成"是郭嵩焘考察和探索西方文化的归宿,标志着他的中西文化观不再是单纯的比较和选择,而已转化为一种政治理想,即利用西方文化实现富强的愿望"。③从"政治理想"的高度看郭氏反对急功近利的"三百年说",确为的见。

"渐强"就是"改良",而不是"革命"。郭氏看重南宋以前中国的"控御夷狄之道",批评"南宋以后"的"主战"言论,基调是"改良"而非"革命";自觉地不惜尽毁声誉地与清廷朝野上下的主战派背道而驰,讲求的也是"改良"而非"革命"。光绪元年的《条议海防事宜》也是以此为基调:"自古国家大利之所在,皆成于渐而起于微,断无一蹴而即臻富强之理。"④总之倡"渐进"而反"激进",乃是郭氏一贯的思路,也是

---

① 《郭嵩焘日记》第四卷,湖南人民出版社,1983年,第19页。
② 邹红霞:《论郭嵩焘对传统文化的批判》,《湖南师范大学社会科学学报》2000年第2期,第110页。
③ 张卫波:《简论郭嵩焘西方文化观的形成与转变》,《聊城师范学院学报》2001年第1期,第67页。
④ 《郭嵩焘奏稿》页346。

"三百年说"之核心。

郭氏提出"三百年说",是在光绪六年(1880),三百年后应是西元2180年。第一个一百年(1880—1980)中国底定政局,开始"器物西化";第二个一百年(1980—2080)中国完成"器物西化",开始"制度西化";第三个一百年(2080—2180)中国完成"制度西化",开始"文化复兴"。固守中华文明之"文化根本"与"观念大义"是很关键的,反对"观念西化"是很关键的,因为假如这一道防线守不住,三百年的努力就会变成一种"虚无"。

关键是"文化",守住了"文化",中华民族还有希望;守不住"文化",则中华民族自此而绝,而与古巴比伦、古埃及、古印度同其命运,而变成"古中国"矣。

以此而观郭氏之"三百年说",确为当时之"高见",于今仍是"高见"。予中华复兴以"三百年"之期,不长也不短,可谓恰到好处。中国太大了,"文化"太厚了,三百年脱胎换骨不算长。

关键是要有信心,要对自己的"文化"与"文明"有信心,要有郭嵩焘这样的坚守与高瞻远瞩。不能学第三期的"全盘西化者",竞相以否定自己的"文化"与"文明"为能事。

假如中国人不能在第二个一百年找回对于自己"文化"与"文明"之信心,第三个一百年的"文化复兴"就会是一句空话。假如这种状况成真,则中国三百年的"西化"努力就是一场噩梦,世界上唯一不曾中绝的文明,就会如镜花水月,变成"遗址"与"遗迹"。

第八节 "中式"人生观

郭氏《致笙陔叔》论自我云:"居官居乡,一以直道行之,所信此心此理而已,不顾人喜怨。非敢为崛强也,性自定尔。往在军中数年,未尝添置升斗之田,而人动曰所获盈万,吾弗辨也。每岁资助亲友较多于存与,不以人议吾之富,遂怀顾忌也。"①此为典型的"中式贫富观"。

在《致沈幼丹制军》中论自我云:"病体益衰,精力短乏,尤不堪事任。外度之世,内度之身,自计己审。若徒以人言而已,生世不过百年,百年之后,此身与言者之口俱尽,功名无显于时,道德无闻于身,谁复能举其姓名者?区区一时之毁誉,其犹飘风,须臾变灭,良亦无足计耳。"②此为典型的"中式毁誉观"。

《曾宫保五十寿序》论自我云:"嵩焘以为国家之所以待功臣,与功臣所以自待,当各尽其宜。……士之求自遂其志,诚有不得已耳。为天下者,宁使士之志不尽得所安,而要使其才皆足以自达。苟才足以自达,而志亦毕矣。士毕其志,而国家之治亦隆矣。"③此为典型的"中式才志观"。

《周筱松先生八十寿序》论云:"尝论人生才志之所极,各视其量以为程。其量恢恢乎有容,斯所及者远,而所涵蓄为尤大,虽极崇高富贵,其心终若不自慊而常欿然。视所受于天者未有能尽也,是故忧虞之意多,而欢欣愉快之时少。至终其身困穷抑厄,或积一生之勤苦,博一官,效一职,以自慰其读书求志之心,而泰然有以自得,于人世无所动其歆羡。二者之于天下,未数数然也。夫居大受之地,而啕然以惧,与小有所就而敛然以自抑,是皆内有以自求于心,而无累于物。道之隆杀固殊焉,而为量一也。"④此为典型的"中式忧乐观"。

《张蓼潭七十寿序》论云:"士大夫居官而无益于国,居乡而无益于邻里,是与林之鹤、渊之鱼、深山之木石无异,虽寿千百,亦奚以为?生而有益于人,虽一乡一邑,所施不远,而乡邑之人望其寿考期颐,以长

---

① 《郭嵩焘诗文集》,第186页。
② 《郭嵩焘诗文集》,第197页。
③ 《郭嵩焘诗文集》,第262页。
④ 《郭嵩焘诗文集》,第303页。

享其利济,其爱而祝之也,乃不容已。"①此为典型的"中式邻里观"。

咸丰八年十一月十一日日记论云:"吾亦窃笑诸人目光不能盛寸。天下事是非利害,久而后定。今日以是为非,以非为是,利害亦时颠倒交错其中。至于久,利者必是,害者必非。天下万世之利害,吾身固自任之。人须放开眼孔,念及数十百年以后,此心方有把捉。"②此为典型的"中式利害观"。

咸丰九年三月二十六日日记云:"须是大火流金而清风穆然,严霜杀物而和气蔼然,阴霾翳空而慧日朗然,洪涛倒海而砥柱屹然,方是宇宙内真人品。古人闲适处,今人却忙过了一生。古人实受处,今人又虚度了一世。谈纷华而厌,或见纷华而喜。语淡泊而欣,或处淡泊而厌。须扫除浓淡之见,欣厌之情,才可以忘纷华而甘淡泊也。"③此为典型的"中式浓淡欣厌观"。

咸丰九年十一月初五日日记云:"天下未尝无人,待朝廷大气转移之。大气谓何?诚而已矣!有壁立千仞之象,令人不敢干以私,方见力量。……恶人在位弗去,不祥;力能去之而任其播恶于众,是谓拂天地之性,而亏本明之心,不祥莫大焉。"④此为典型的"中式朝野观"。

咸丰十年七月十八日日记云:"知天下之险阻荼毒,皆命之所必受;知物情之刻核残忍,皆道之所能格。是以惛肌肤、戮妻子而不动,受垢污、被攘夺而不怼。不足于物,有余于己;不足于身,有余于心。君子出身以任家国之事,所守者道也,所重者耻也,所惜者名也,存亡者天也,死生者命也。宠不惊而辱不屈者,君子之贞也。乐则行,而忧则危者,大人之时也。"⑤此为典型的"中式君子观"。

咸丰十一年正月初四日记云:"张子言:人苟志趣不远,心不在焉,

---

① 《郭嵩焘诗文集》,第305页。
② 《郭嵩焘日记》第一卷,第192页。
③ 《郭嵩焘日记》第一卷,第238页。
④ 《郭嵩焘日记》第一卷,第272页。
⑤ 《郭嵩焘日记》第一卷,第385页。

虽学无益。有限之心,只可求有限之事。欲致博大之事,必以博大之心求之,所谓智周乎万物,而道济天下者也。"①此为典型的"中式大心观"。

咸丰十一年八月二十二日日记云:"天地之气,聚散攻取百涂,然其为理也,顺而不妄。大其心,则能体天下之物。大人者,有容物,无去物,有爱物,无徇物。……学问须严密,体会愈细密,愈广大,愈谨确,愈高明。……君子不以天下万物挠己,己立矣,则运天下、济万物必有余裕。"②此又为典型的"中式君子观"。

总之郭嵩焘之人生观,乃完全是"中式"的,他不可能走上"西洋文明优越论"或"中华文明二流论"之路。他讲中华文明为"二流"或"半文明"(half-civilized,他译为"哈甫色维来意斯得"),是转述"欧洲诸国"的观点,且仅限于"器物"与"制度"的层面。至于"文化根本"与"观念大义",他是始终坚守的,在这一点上,他跟曾国藩没有什么不同。

第九节 郭嵩焘思想之评价

梁启超《五十年中国进化概论》置郭氏于"近代"第一期,造成郭氏之"身心分裂",前文已论其不妥,兹不赘。冯友兰《中国哲学史新编》有一个"五种意见"说,可略加讨论。

冯氏以为"近代各时期"对于"夷之长技"有深浅不同之认识,依次为"师其武器"(早期实业时期)、"师其宗教"(太平天国时期)、"师其经济"(洋务派)、"师其政治"(戊戌变法)、"师其文化"(五四运动时期)。③

---

① 《郭嵩焘日记》第一卷,第427页。
② 《郭嵩焘日记》第一卷,第498—499页。
③ 冯友兰:《中国哲学史新编》第六册,《中国哲学史新编》(下卷),人民出版社,2007年,第292页。

以此而观郭嵩焘,则应置其于"师其政治"一派。

然冯氏又谓:"魏源所认识的'夷之长技'主要是在物质文明方面。照上边所说的,他也注意到美国的宪法'可垂奕世而无弊',但只是附带提起,并没有把政治改革提出来。这也是当时先进人物所共同有的局限性。第一次鸦片战争的打击只能使这些人们觉醒到这一步,要进一步地觉醒还需要第二打击,那就是1894年的中日甲午之战。"①在第二次的打击到来之前,郭氏已认识到"政治改革"的重要性,已"从制度上感觉不足",故其"先知先觉"之自许,并非全无依据。

光绪五年四月初二日日记云:"夫惟其知也,以先知觉后知,以先觉觉后觉,予于此亦有所不敢辞,于区区世俗之毁誉,奚校哉!"②"有所不敢辞"就是以"先知先觉"自许。

故著者以为宜将郭氏及其思想定位为:中国"制度西化"之"先知先觉者"与中国"文化根本"、"观念大义"之坚定守望者。以"体用"思维言之,就是"中体中用加西用";若以"制度"为西体,则又为"中体中用加西体西用"。

郭氏之儒学,因而也就成为中国近代儒学史的重要一环。

---

① 冯友兰:《中国哲学史新编》(下卷),第337页。
② 《郭嵩焘日记》第三卷,第861页。

第六章

王韬的儒学

王韬(1828—1897),原名利宾,字仲弢,号紫铨,别号弢园老人、天南遯叟。江苏苏州人。清思想家、学者。曾于香港主编《循环日报》,晚年任上海格致书院掌院。倡"君主立宪制"。有《弢园文录外编》、《弢园尺牍》等数十种著述行世,今人编有《弢园文新编》等。

对于王韬思想之"近代性",肯定者有之,否定者有之,非议者亦有之。

王一川《王韬——中国最早的现代性问题思想家》,直接以"现代性"界定王韬,认为他"是中国最早的集中、全面而系统地觉察到现代性问题的思想家",认为他在诸多方面"作了富于原创意义的现代性转变尝试","是难能可贵的现代性开启者或先行者之一",说:"只要中国的现代性进程仍在继续,那么,王韬的思索就仍会闪烁其智慧的光芒。"[①]这是到目前为止,学界给予王韬思想的"最高"定位。

---

① 王一川:《王韬——中国最早的现代性问题思想家》,《南京大学学报》1993年第3期,第58—66页。

第一节 "世界主义"视野

王韬已具备自觉的"世界主义"视野,总是把中国放到世界背景上来考察。

《变法中》云:"自明季利玛窦入中国,始知有东西两半球,而海外诸国有若棋布星罗。至今日,而泰西大小各国无不通和立约,叩关而求互市,举海外数十国悉聚于一中国之中,见所未见,闻所未闻,几于六合为一国,四海为一家。秦汉以来之天下,至此而又一变。"①中国一直在"变",但"变"的背景有不同:当上古之天下一"变"而为中古之天下,欧洲未变富强;当中古之天下一"变"而为三代之天下,欧洲未变富强;当三代之天下一"变"而为秦汉以来之天下,欧洲未变富强。但自明季利玛窦入中国以来,中国之变便不能不面对一个富而强大的欧洲:同有舟,彼以轮船胜;同有车,彼以火车胜;同有驿递,彼以电音胜;同有火器,彼以枪炮胜;同有备御,彼以炮台水雷胜;同有陆兵水师,彼以兵法胜。中国除了"师其长而成一变之道",已没有别的出路。

《变法自强上》云:"总之,欧洲升平之局,识者以为恐未能持久,而亚洲变故之生,亦岂人事之所能逆忆。惟先尽其在我,以听之于天而已。尽其在我,则莫先乎变法自强。今日之当变者有四:一曰取士,二曰练兵,三曰学校,四曰律例。"②中国"变法自强"的成败,取决于中国自己,更取决于欧洲之局:欧洲之局不平,俄、英、法等无暇东顾,则中国有机会;欧洲之局平,大国竞相东图,则中国无机会。这是站在世界立场对中国"变法自强"之观察。

---

① 王韬:《弢园文录外编》,中华书局,1959 年,第 13 页。
② 王韬:《弢园文录外编》,第 37 页。

英国之入侵中国，站在中国自身之角度，固是一种不幸；但若站在世界格局观察，却又未必尽为不幸。王韬在《英待中国意见不同》一文中分析认为，英国在今日"要当强中国以自辅"，而非"欲弱中国以自炫其威权"。因为一个强大的中国与英合好，有利于英国应对俄人之东图及印度之崛起。①《中外合力防俄》一文亦持相同见解，认为亚洲防俄之主力在中国，其次在印度之英，再次在日本。②《英欲中国富强》一文更是直接说："英于是熟思审处，以为此非致中国富强不为功。中国既富且强，……而西北可以永无俄患，欧洲之局可不至于再变，此非英之为中国，而实以自为也。英、中合，普、俄沮，而英仍可结法以为援。故曩者英、法助土以制俄，此为欧洲大局计也。今者英国强中以御俄，虽为亚洲计，而实不止为亚洲计也。"③"英国强中以御俄"，这就是当时中国在当时世界格局中之位置。又如《上丁中丞书》所言："英知中国在今日可强而不可弱。盖强则足为英国助，而弱则欧洲诸国将乘之而起以从而觊觎者，不独一俄也。英今日之所请于我国者，实欲增广其贸易而已。"④

对当日"世局"或"时势"，王韬明确定性为一个"大的春秋战国"，是人类之"春秋战国时代"。《合六国以制俄》以"战国"喻"世局"："呜呼！俄罗斯今日之在欧洲，其犹战国时之秦哉。……其最与俄近者，土耳机也。……则土犹战国时之韩也，且夫俄何尝一日忘土哉！……此外，与俄近者莫如墺，……则墺犹战国时之魏也。其次则普，普犹战国时之赵也，……意大利界于欧洲之中，……则犹战国时之燕也。至英、法两大国，则犹战国时之齐、楚也。……若夫西、荷、比、嗹、葡、瑞各国，犹泗上十二诸侯也。"⑤在对待俄土之争问题上，他提醒欧洲诸国"毋蹈昔时六国之覆辙"。

---

① 王韬：《弢园文录外编》，第105—106页。
② 王韬：《弢园文录外编》，第114—115页。
③ 王韬：《弢园文录外编》，第133页。
④ 王韬：《弢园文新编》，李天纲编校，三联书店，1998年，第287页。
⑤ 王韬：《弢园文录外编》，第118—119页。

《西国兵额日增》则以"春秋"喻"世局":"欧洲诸国之在今日亦犹春秋时之列邦,若俄,若普,若英,若法,何异乎晋、楚、齐、秦也。"①基此王韬认为当日"有欧洲士人倡为弭兵之说",乃是不能成立的。《普法战纪前序》亦以"春秋"喻"世局":"以春秋列国之大势例之欧洲,普仅等宋、卫焉耳,英、法、俄、奥,则晋、楚、齐、秦也。……然而法国之兴衰强弱,实为欧洲变局一大关键。"②《送黎侍郎回越南前序》则以"春秋战国"喻"世局":"欧洲诸国之在今日,其犹春秋时之列国,战国时之七雄也。英、法、普、俄四大并峙,其犹晋、楚、齐、秦欤,奥、意、土介其间,亦犹韩、魏也,西、葡、比、嗹、瑞、荷亦犹泗上十二诸侯也。……土为西欧之保障,犹之韩、魏之附秦也,韩、魏强则足以阻秦之东,土能自立则俄人不得复西,此其大势之较然者也。"③

中国所面临的这个"春秋战国",至少有两个根本的特性,一是"以力服人",二是"背信弃义"。"欧洲固战斗之国也,未有升平三四十年而无兵革者","夫欲救欧洲之大局以定于一尊,非出于战不可"。④ 这就是"以力服人"。"今远人之势,张且盛矣","早有以窥我之微矣"。⑤ 这就是"以力服人"。"其间情伪相感,利害相攻,强并弱,众暴寡,不知凡几,而莫能有以一之"⑥。这就是"以力服人"。

至于"背信弃义",王韬则有《泰西立约不足恃》之专文分析之:"故夫约之立也,己强人弱,则不肯永守;己弱人强,则不能终守;或彼此皆强,而其约不便于己,亦必不欲久守。"⑦立约对于"泰西各国"而言,乃是"讬诚信以相孚,假礼义以相接","或意有所欲取而姑以此款之,或计有所欲行而先以此尝之,若利无所得,则先不能守矣",因为他们相

---

① 王韬:《弢园文录外编》,第134页。
② 王韬:《弢园文录外编》,第229页。
③ 王韬:《弢园文录外编》,第242页。
④ 王韬:《土胜俄不足恃》,《弢园文录外编》,第126页。
⑤ 王韬:《粤逆崖略》,《弢园文录外编》,第174页。
⑥ 王韬:《地球图跋》,《弢园文录外编》,第279页。
⑦ 王韬:《地球图跋》,《弢园文录外编》,第128页。

信武力,"千百年以来,皆以兵力相雄长,稍有龃龉,则枪炮交袭,杀人如麻,曾不爱惜"。"泰西各国"之间之立约情形如此,它们与中国之间之立约情形亦会如此,故王韬提醒中国当事者:"约可恃而不尽可恃","约不可恃,道在自强"。①

在这样一个"以力服人"、"背信弃义"的"世局"中,中国还有"咸鱼翻身"的机会吗?对此王韬没有流露出丝毫的悲观情绪:他以为列强环伺中国,于中国而言不是挑战,而是机遇,恰为中国"咸鱼翻身"之"天赐良机"。《六合将混为一》表达了"天下归中"的自信:"道无平而不陂,世无衰而不盛,屈久必伸,否极必泰,此理之自然也。凡今日之挟其所长以凌制我中国者,皆中国之所取法而资以混一土宇也。……故谓六合将混而为一者,乃其机已形,其兆已著。"②完成"混一土宇"、"混而为一"之"世界大同"之大业,最终将假中国人之手,因为中国终究将学会"以其人之道还治其人之身"。

《答强弱论》以列强环伺为中国之"福",云:"合地球东西南朔九万里之遥,胥聚之于一中国之中,此古今之创事,天地之变局,此岂出于人意计所及料哉,天心为之也。……天之聚数十西国于一中国,非欲弱中国,正欲强中国,非欲祸中国,正欲福中国。故善为用者,可以转祸而为福,变弱而为强。不患彼西人之日来,而但患我中国之自域。无他,在一变而已矣。"③"罗马盛于汉,西域回部盛于唐,西班牙盛于宋,葡萄牙、荷兰盛于明,而今皆无闻",考察世界各国兴衰强弱之机,王韬已有"中华复兴"之预感:"天其或者将大有造于中国也乎!"④《普法战纪后序》也持相同见解:"不知彼今日所挟以陵蔑诸国者,即他日有圣人起所以混同万国之法物也。"⑤

---

① 王韬:《地球图跋》,《弢园文录外编》,第128—129页。
② 王韬:《地球图跋》,《弢园文录外编》,第138—139页。
③ 王韬:《地球图跋》,《弢园文录外编》,第201页。
④ 王韬:《地球图跋》,《弢园文录外编》,第202页。
⑤ 王韬:《地球图跋》,《弢园文录外编》,第234页。

《代上苏抚李宫保书》以"不世出之机"视中国:"合地球东西南朔九万里之遥,胥聚于我一中国之中,此古今之创事,天地之变局,所谓不世出之机也。"①中国之被列强之害愈深,其奋起之力便会愈强,"夫天下大利之所在即大害之所在,至危之所乘即至安之所乘","夫天下之为吾害者,何不可为吾利","天下聚数十西国于一中国,非欲弱中国,正欲强中国,以磨砺我中国英雄智奇之士","去害就利,一切皆在我之自为"。②《上丁中丞书》以"振兴自励之机"视中国:"俄与普亲,英与法比,四国并峙而称雄,法弱而英势孤矣,此欧洲近时将变之局也。窃以为此正天与我中国振兴自励之机也。……或者天殆以磨砺我英雄智奇之士,奋发为雄,洞悉枢机,揣摩政要,俾百废具举。"③

以上就是王韬"世界主义"视野之大概。这个"世界主义"视野被朱维铮评为"旧式的世界主义",谓:"贯穿王韬政论的是一种旧式的'世界主义'的理想。……在此层面,王韬仍是一个'世界主义'者,仍然指望一个'车同轨,书同文,行同伦'的世界,人类在制度、行为、语言、生产、生活中必然会出现某些一致,而通商贸易和战争兼并将在世界趋同中起作用。"④又被王一川评为"中国式的'全球化'理论"或"全球化问题的中国式论述",谓:"因此,王韬的'天下'概念是对中国古代宇宙观的一种突破,代表着一种全新的现代世界'道同'宇宙观。"⑤既是"全新"的现代世界宇宙观,则其"世界主义"就当是"新式的",而非"旧式的"。

中国传统的"世界主义"立足于中国看世界,把世界放到中国之大背景上来定位;王韬的"世界主义"则立足于世界看中国,把中国放到

---

① 王韬:《弢园文新编》,第241页。
② 王韬:《弢园文新编》,第240—242页。
③ 王韬:《弢园文新编》,第266页。
④ 《弢园文新编·导言》,第13—14页。
⑤ 王一川:《中国的"全球化"理论——王韬的"地球合一"说》,《四川外语学院学报》2001年第2期,第3页。

世界之大背景上来定位。如果说传统"世界主义"是"旧式的",则王韬之"世界主义"就是"新式的";如果说王韬之"世界主义"是"旧式的",则传统"世界主义"就是"新式的"。不管是朱维铮之"旧式"说,还是王一川之"新式"说,均不否认王韬已立足世界看中国之事实。

把"中国"视为世界中之一国,且为处于弱势中之一国,乃是一种重大的"视角转换";认此一国正得"天赐良机",列国环伺不为祸而为福,亦是一种极端正的"处世心态"。无此心态,则阵脚全乱矣。

第二节 "儒学"与"中学"之"不变"地位

在王韬的《变法》一文中,儒学得到充分的肯定。其言曰:"夫孔之道,人道也,人类不尽,其道不变。三纲五伦,生人之初已具,能尽乎人之分所当为,乃可无憾。圣贤之学,需自此基。"①《变法》一文是讲"变"的,却又明言"其道不变",莫非自相矛盾?其实只要注意文化的分层,王韬此处就没有矛盾可言。他讲"变法",要变的是"器物"与"制度";他讲"其道不变","不变"的是"文化根本"与"观念大义"。董仲舒讲"天不变道亦不变",并非指所有的东西都不变,只是"文化根本"与"观念大义"不变。

自"变"一方面而观之,王韬以为中国无时不在"变法"中:"泰西人士尝阅中国史籍,以为五千年来未之或变也。夫中国亦何尝不变哉!巢燧羲轩,开辟草昧,则为创制之天下;唐虞继统,号曰中天,则为文明之天下;三代以来,至秦而一变;汉唐以来,至今日而又一变。西人动讥儒者墨守孔子之道而不变,不知孔子而处于今日,亦不得不一变。……由此观之,中国何尝不变哉!即欧洲诸国之为治,亦由渐而

---

① 王韬:《弢园文录外编》,第12页。

变,初何尝一蹴而几,自矜速化欤?"①孔子既讲"因",也讲"革",既讲"不变",也讲"变"。他答颜子之问为邦,强调行夏之时,乘殷之辂,服周之冕,于三代之典章制度斟酌得中,求不悖于古,亦以宜乎今。答子夏之问,强调殷因于夏礼,所损益可知也,周因于殷礼,所损益可知也,其或继周者,虽百世可知也。这是讲"因",讲"不变"。同时又讲"革",讲"变":"言其常,则一王继治,有革有需,势不能尽废前代之制而不用;言其变,则未及数百年而祖龙崛起,封建废而为郡县,焚诗书,坑儒士,乐坏礼崩,法律荡然,亦孔子之所未及料者也。"②

在列强环伺之下,中国的目标是"变","必且尽用泰西之法而驾乎其上";同时又是"不变","文化根本"与"观念大义"不能变。因为"文化根本"与"观念大义"是本,"器物"与"制度"是末,"此皆器也,而非道也,不得谓治国平天下之本也"③。儒学在此处,处于"本"的位置,不在"变法"的范畴之列。

《英欲中国富强》一文同样强调"孔孟之道"的"不变"地位:"论者谓富强之道,必当仿效西法,则其效易于速见。惟恐识见拘墟,智虑浅薄,以为舍己从人,必不可行。不知事贵变通,势无中立,今在中土,既创开辟以来未有之局,亦当为开辟以来未有之事,则庶不至甘居乎西国之后。至于孔孟之道,自垂天壤,所谓人道也。有人此有道,固阅万世而不变者也,而又何疑焉!"④

《纪卜斯迭尼教》一文不把"儒"矮化为一般之"教",而以为中西各"教"有归一于"儒"之趋势:"向者余尝论千百年之后道必大同,至今日而益信。夫天生民而立之君,作之师,使司牧之,教导之,不独治其身,亦以治其心。礼乐制度所以范其外,仁义道德所以化其内。惟渐渍于无形,然后能范围而不过,此天下所以治也。上古之世,尧舜禹汤文

---

① 王韬:《弢园文录外编》,第10—11页。
② 王韬:《弢园文录外编》,第11页。
③ 王韬:《弢园文录外编》,第12页。
④ 王韬:《弢园文录外编》,第133页。

武,皆以圣人而在天子之位,教养兼施,民知兴感,故三代之盛,几于刑措不用。后世圣人穷而在下,不能见诸实事,而乃托之空言,藉以挽回世道人心,于是而道立教兴焉。……汉时佛教始入中国,世遂以儒、释、道三教并称,不知儒固生人同具之道,本无所谓教也。"①以儒、释、道并称三教,实有矮化"儒"之嫌。西国之教亦然,王韬列举者,有犹太教、挑筋教、摩西教、希腊教、景教、回教、天主教、耶稣教、祆教、柳艮教、卜斯迭尼教等等,然其说理,王韬以为"实非道之至者也"。即使把它们做一些改进,亦不过"合乎我中国圣贤所云矣",亦不过"其古圣贤之徒欤"。②

《地球图跋》更以耶教之东渐与儒学之西渐为两个同时并进的运动:"综地球诸国而观之,虽有今昔盛衰大小之不同,而循环之理,若合符节。天之理好生而恶杀,人之理厌故而喜新。泰西之教曰天主,曰耶稣,皆贵在优柔而渐渍之,于是遂自近以及远,自西北而至东南,舟车之制,至极至精,而遂非洪波之所能限,大陵之所能阻。其教外则与吾儒相敌,而内则隐与吾道相消息也。西国人无不知有天主耶稣,遂无不知有孔子,其传天主耶稣之道于东南者,即自传孔子之道于西北也。将见不数百年,道同而理一,而地球之人,遂可为一家。今世之览地球图者,当以是说语之,此之谓善观地球图者。"③地球一家之道,实含有"孔子之道"。

《杞忧生易言跋》重申列强环伺"非我国之祸,正我国之福"④之理,认为不仅政治、经济方面"西人在今日所挟以轻藐我中国者,即他日有圣王起所藉以混同万国之法物也",而且在文化方面,也是一个重要的机遇:"器则取诸西国,道则备自当躬,盖万世而不变者,孔子之道也,儒道也,亦人道也。道不自孔子始,而道赖孔子以明。昔者孟子距杨墨,功不在禹下;昌黎辟释氏,功不在孟子下;今杞忧生论教一篇,功不

---

① 王韬:《弢园文录外编》,第161—162页。
② 王韬:《弢园文录外编》,第162—163页。
③ 王韬:《弢园文录外编》,第279—280页。
④ 王韬:《弢园文录外编》,第323页。

在孟子、昌黎下。……我于此正可励精壹志,以自振兴,及时而黾勉焉,而淬厉焉,耻不若西国尚可有为也。夫诚耻不若西国则自能及西国而有余矣。"①

中国的富强不必以废除"孔孟之道"为前提,不必以废除"中学"为前提,这于王韬乃是十分明确而自觉的观念。"器物"可以西化,"制度"可以西化,但"文化根本"是不可以西化的。王韬倡导西化最力,但同时却又是维护"道统"最力之人。这中间不存在什么自相矛盾。

第三节 "道统"之维系

《弢园文录外编》的第一文就是《原道》,阐明中国之"道统"的永久价值以及这个"道统"必能假西洋"器物"文明而益彰之理。

开篇言中国"道统"之内涵:"天下之道,一而已矣,夫岂有二哉!道者,人人所以立命,人外无道,道外无人。故曰:圣人,人伦之至也,盖以伦圣而非以圣圣也。于以可见,道不外乎人伦。苟舍人伦以言道,皆其歧趋而异途者也,不得谓之正道也。是以儒之为言,析之则为需人,言人不可以须臾离者也。"②

接下来讨论"儒道"与"异道"之关系:"我国所奉者孔子,儒教之宗也。道不自孔子始,而孔子其明道者也。今天下教亦多术矣,儒之外有道,变乎儒者也;有释,叛乎儒者也。推而广之,则有挑筋、景教、袄教、回教、希腊教、天主教、耶稣教,纷然角立,各自为门户而互争如水火。耶稣教则近乎儒者也,天主教则近乎佛者也,自余参儒佛而杂出者也。"③

---

① 王韬:《弢园文录外编》,第 323—324 页。
② 王韬:《弢园文录外编》,第 1 页。
③ 王韬:《弢园文录外编》,第 1 页。

若沿"道统"之流而溯其源,穷"道统"之端而竟其委,则知"天下之道,其始也由同而异,其终也由异而同"。以此王韬分析"以政统教"之中国有别于"以教统政"之泰西者,在"术"而不在"道":"儒者本无所谓教,达而在上,穷而在下,需不能出此范围。其名之曰教者,他教之徒从而强名之者也。我中国以政统教,盖皇古之帝王皆圣人而在天子之位,贵有常尊,天下习而安之。自西南洋而外,无不以教相雄长。泰西诸国皆以教统政,盖獉狉之气倦而思有所归,高识之士以义理服之,遂足以绥靖多方,而群类赖以生长,功德所及,势亦归焉。泰西立国之始,所以皆有一教以统之者也。"①

"天下之道"为何始于"由同而异",王韬以为是环境使然:"天下之人,陆阻于山,水限于海,各自为教而各争其是,其间有盛有衰,有兴有灭,与人事世运互为消长。如道教一变而为异端,佛教流入中国而微,挑筋教、景教、祆教今并无闻焉。回教虽尚遍于天下,而其衰亦甚矣。近惟天主、耶稣两教,与儒教屹然鼎峙。天主教中所有瞻礼科仪炼狱忏悔,以及禁嫁娶茹荤,无以异乎缁流衲子,此殆不及耶教所持之正也。"②

"天下之道"为何又将"由异而同",王韬以为是因为可假之"器物"已产出于西洋:"今日欧洲诸国日臻强盛,智慧之士造火轮舟车,以通同洲异洲诸国,东西两半球足迹几无不遍,穷岛异民几无不至,合一之机将兆于此。夫民既由分而合,则道亦将由异而同。形而上者曰道,形而下者曰器,道不能即通,则先假器以通之,火轮舟车,皆所以载道而行者也。东方有圣人焉,此心同此理同;西方有圣人焉,此心同此理同也。盖人心之所向,即天理之所示,必有人焉,融会贯通而使之同。"③

---

① 王韬:《弢园文录外编》,第1—2页。
② 王韬:《弢园文录外编》,第2页。
③ 王韬:《弢园文录外编》,第2页。

"天下之道"之"由异而同",是同于东方之心之理,还是同于西方之心之理,王韬之答案似偏于东方:"故泰西诸国今日所挟以凌侮我中国者,皆后世圣人自作,所取以混同万国之法物也。此其理,中庸之圣人,早已烛照而券操之。其言曰:天下车同轨,书同文,行同伦。而即继之曰:天之所覆,地之所载,日月所照,霜露所坠,舟车所至,人力所通,凡有血气者,莫不尊亲,此之谓大同。"①"天下之道"将假西洋之"器物"而趋同于"中庸之圣人"。

《西人重日轻华》一文分析洋人重日轻华之现象,批驳其"中国以大而弱,日本以小而雄,在能与不能之间而已"等言论:"窃以为西人所见,浅之乎视中国也。我中国之所恃者,道而已矣。天不变,道不变。夫以刚道治天下者必折,以柔道治天下者必久。彼轻改祖宗之宪章,斲削天地之菁华,苦生民以媚远人,竭脂膏以奉外物,其外庞然,而其内嚣然,正所谓疾在膏肓而犹不知自治也。若夫我之所以治国者,其先取之于渐,其后持之以恒。渐则斯民由之而不惊,恒则斯民守之而不改,乃所谓善变者也。彼西人乌足以知之哉!"②

中日之别,一取刚道,一取柔道,一取突变,一取渐变。日本虽快,然无以恒久;中国虽慢,然能恒而久之。最后的结局一定是中超于日。其根本原因,在中日所恃者有不同:中国之所恃者,道而已矣;日本之所恃者,力而已矣。尚力者,先胜而后败;尚道者,虽败而终胜。吾人若能放大视野看王韬之分析,则知其言不差;若能拉长时间看王韬之分析,则信其说必验。此亦证中国"道统"之力量。

《各国教门说》则在中外教理之对比中,肯定中国"道统"之价值:"当我中国未通于外,所行者惟尧舜禹汤文武周孔之道,所谓人道也,言为人不能出乎此道之范围也,本无所谓教也。"③佛教行于印度,回教

---

① 王韬:《弢园文录外编》,第2页。
② 王韬:《弢园文录外编》,第131—132页。
③ 王韬:《弢园文录外编》,第208页。

盛于天方,天主耶稣教被于西洋。印度佛教又分而为三(墨那敏教、喇嘛教、墨鲁赫教),天方回教亦分为三(由斯教、穆罕默教、北阿厘教),天主耶稣教亦分为三(加特力教、波罗特士敦教、额利教)。佛教行于中南东三印度,而缅甸,而暹罗,而西藏,而青海,而南北蒙古;回教行于西印度之巴社、阿丹而西之阿非利加洲,而东之葱岭左右,哈萨克、布鲁特诸游牧,而天山南路诸城郭,以及欧罗巴洲之土耳其;天主耶稣教行于大西洋之欧罗巴各国,大西洋之米利坚各国。"天下皆有一教以为纲经,盖膺世教民之所不废也"①。

佛教、回教、天主耶稣教,这是三大文明体系,在这三大文明体系之外屹立的,王韬以为就是上述中华文明之"道统"。这个"道统"不仅是可以自立于天壤的,更是其他各教之源:"印度自佛未出世以前,皆婆罗门教,以事天治人为本,即彼方之儒也。自佛教兴而婆罗门教衰,佛教衰而婆罗门教复盛。一盛为耶稣之天主教,再盛为穆罕默德之天方教,皆婆罗门之支变。盖欧洲之学,其始皆根于印度,由渐而西,故天主、天方有时皆不出乎儒教之宗旨。即我中国自古至今,道术分裂,儒分八,墨分三,老庄之道亦分为数支,盖与佛教、回教、天主教之分门别户,同源异流,无以殊也。"②

列强环伺,齐集于中国,王韬以为是机遇而非挑战。列教环伺,各文明齐会于中土,王韬同样认为是机遇而非挑战:"今中国各教皆备,虽其教旨各殊,而奉天治人则一也。安知昔之以远而离者,今不以近而合乎!将来必有人焉,削繁黩要,除伪归真,汰华崇实,去非即是,而总其大成者。"③中国人将以中华文明为根基而总各文明之大成,这是王韬对于中华"道统"之信心。

《杞忧生易言跋》对中华"道统"之坠落表示出极大担忧:"呜呼!

---

① 王韬:《弢园文录外编》,第207页。
② 王韬:《弢园文录外编》,第208页。
③ 王韬:《弢园文录外编》,第208页。

此我中国五帝三王之道将坠于地而不可收拾矣。古来圣贤所以垂法立制者,将废而不复用。用夏变夷则有之矣,未闻变于夷者也。诚如杞忧生说,是将率天下而西国之也。"①在"文化根本"层面,在"观念大义"层面,"率天下而西国之",也许会是吾中华民族最悲惨之结局。中华之亡,必亡于是矣。

《答包荇洲明经》表现出同样的担忧:"所可惧者,中国三千年以来所有典章法度,至此几将播荡澌灭。鄙人向者所谓天地之创事,古今之变局,诚深忧之也。"②

《漫游随笔》记载王韬"吾道其西"之努力:"其中肄业生之年长者,……特来问余中国孔子之道,与泰西所传天道若何。余应之曰:孔子之道,人道也。有人斯有道,人类一日不灭,则其道一日不变。……由今日而观其分,则同而异;由他日而观其合,则异而同。前圣不云乎,东方有圣人焉,此心同此理同也,西方有圣人焉,此心同此理同也。请一言以决之,曰:其道大同。诸问者俱为首肯。"③

《扶桑游记》再次重申中华"道统"之永恒性:"席间论中西诸法,余曰:法苟择其善者,而去其所不可者,则合之道矣。道也者,人道也,不外乎人情者也。苟外乎人情,断不能行之久远。故佛教、道教、天方教、天主教,有盛必有衰。而儒教之所谓人道者,当与天地同尽。"④儒教为可久可大之教,佛、道诸教则无以"行之久远"。

王韬曾撰有《弢园经学辑存六种》,包括六十卷之《春秋左氏传集释》、三卷之《春秋朔闰至日考》、一卷之《春秋日食辨正》、一卷之《春秋朔至表》、二十四卷之《皇清经解校勘记》、八卷之《国朝经籍志》。此六书均王韬旅居苏格兰北境小村落时所作。《弢园经学辑存序》云:"余闻君言,为憮然者久之,震旦孔孟之道,昭垂天壤,泰西自通中土三百

---

① 王韬:《弢园文录外编》,第321—322页。
② 王韬:《弢园文新编》,第254页。
③ 王韬:《弢园文新编》,第356页。
④ 王韬:《弢园文新编》,第362页。

余年,未有译四子五经宣示其国中者,今有之,自君始,吾道其西矣乎!"又谓:"中西之学,自此可以互相传述,岂如向者之有所扞格哉!"(吴宝恕撰,光绪十三年)可知王韬用力于经学,亦是其维系中华"道统"之一种努力,因为"经学"很大程度上乃是"发明道统"之学,而非仅为"训诂之学"。

第四节　儒、西关系之处理格式

读九卷本《格致书院课艺》(另见《格致课艺汇编》十三册,应为该书之异本),可知王韬监掌上海格致书院时,其学生已提出过多种处理儒、西关系的方案。

如赵元益说:"学无常师,中人以身心性命、三纲五常为格致之根源,西人亦当加意求,而后不违于名教;西人以水火光声化算电热为格致之纲领,中人亦当潜心研究,而后可至于富强。兼听并观,周咨博访,勿傲己长,勿责人短,彼此相资,各得其益。庶几异者日少,同者日多,由格致而渐臻于平治,无难也。"①这是一个"兼听并观"、"中西相资"的方案。

又如彭瑞熙说:"格致二字本出中国之书,译者从意义相近取而文之耳。考西人器数之学本名东来法,则原本盖可知矣。世有讲求格致者,以道为经,以艺为纬,则中西一贯,亦何异之有哉!"②这是一个"中经西纬"的方案。

再如钟天纬说:"格致之学,中西不同。自形而上者言之,则中国先儒阐发已无余蕴;自形而下者言之,则泰西新理方且日出不穷。盖

---

① 王韬:《癸巳秋季特课》,《格致书院课艺》第二卷,1887年。
② 王韬:《癸巳秋季特课》,《格致书院课艺》第二卷,1887年。

中国重道轻艺,故其格致专以义理为重;西国重艺轻道,故其格致偏于物理为多。此中西之所由分也。"①这是一个"中上西下"或"中道西艺"的方案。

王韬本人提出的方案,给人印象最为深刻者,是所谓"儒门增科",这是曾国藩等人已经提到过的一种儒、西关系处理格式。

在《变法自强》一文中,王韬论及"取士"制度之改革,认为可以"乡举里选"和"考试"两途并进:乡举里选者,可分孝弟贤良、孝廉方正、德著行修、茂才异等四科,不必考试;考试者,可分经学、史学、掌故之学、词章之学、舆图、格致、天算、律例、辨论时事、直言极谏十科,取之为士,试之以官。此外武科"亦宜废弓刀石而改为枪炮"。②

撇开武科不谈,在原有的科举框架之下,王韬已将西学增为考试科目,这就是所谓"儒门增科"。这个方案兼顾了推荐与考试两种方式、中学与西学两种学问,不失为一种走向"野无遗贤,朝无倖位"③之方案。

《臆谭》中之《取士》一篇,亦论及"儒门增科",王韬称为"增制科,开荐举,而间行以科目"。具体的增科方案是分为经籍史义、诗赋策论、经济时务、舆地天文、格致历算、兵刑钱谷六科,兼顾中学与西学。方式亦分推荐与考试两种:考试者,在兵法、吏治、水利、边防、艺术、地理等任一方面有一材一能者,均可兼收并蓄,"期有以佐为政之实用";推荐者,则责成督抚、藩臬、道府、州县进行,由下以达上,"以民间推选之多寡,定其人品行之邪正,声望之贤否,众人好恶之所归"④。在这里,官员的选拔有两途,一是票选,二是考试。票选之弊可由考试纠正之,考试之弊可由票选纠正之。"如是而人才不生,风俗不厚者,未之有也"⑤。如此之政治体制改革方案,于今仍有极强之现实价值。

---

① 王韬:《丁亥课艺》,《格致书院课艺》(九卷本)第四卷,1889年。
② 王韬:《弢园文录外编》,第38页。
③ 王韬:《弢园文录外编》,第38页。
④ 王韬:《弢园文录外编》,第373页。
⑤ 王韬:《弢园文录外编》,第373页。

《代上苏抚李宫保书》则提到"八科"之说:"今请分八科以取士,拔其尤者以荐诸上:一曰直言时事,以觇其识;二曰考证经史,以觇其学;三曰试诗赋,以觇其才;四曰询刑名钱谷,以观其长于吏治;五曰询山川形势军法进退,以观其能兵;六曰考历算格致,以观其通;七曰问机器制作,以尽其能;八曰试以泰西各国情事利弊语言文字,以观其用心。行之十年,必有效可见。"①八科中就有新增的"西学"。

最详尽的"儒门增科"方案,出现在《救时刍议》中。该文所提应对七千年未有之大变局的"四策"之第一策就是"改科举"(余为禁鸦片、务海战、理财用)。"改科举"不是"废科举",只是在原有的选官框架下,增加西学之科目,王韬称为"以西学增入政科"。②

具体方案为:合"五经"、"四书"为"六经","而增入西学以试士"。"西学"之内容含西国之几何学、化学、重学、热学、光学、天文地理学、电学、兵学、动植学、公法学等。其中以几何学为首。仍保留"中学"之内容,以《易经》为首,其次为《书》,其次为《诗》,其次为《春秋》,其次为"四书",最后为《礼》;"四书"为一经,《春秋》合三传为一经,《礼》合《周礼》《仪礼》为一经。中学、西学一人全通者,为全才;次之则以一人通中学两经、通西学两学为限;通两经者必通《易经》,其他任选,通西学者必通几何学,其他任选;通两经者,必知四经大义,否则不取,通两学者,必知余学大义,否则不取;考六经时题必全节,不用搭截,考西学时增加面试,采西国考试法损益之;初改时若考西学者不满额,可留待将来。武举保留,但在弓马刀石外,得增枪炮击刺,且试者必明六经大义与中西兵法,否则不取。

另或有通六经而不能通西之一学者,全通西学而不能通一经者,通六经而不能为文八股者,全通西学而笔不能文者,武力绝世而不娴弓马者,等等,则属于王韬所谓的"奇杰之士",也就是"偏才"或"特殊

---

① 王韬:《弢园文新编》,第245页。
② 王韬:《弢园文新编》,第327页。

人才"。对他们,王韬主张"皆于正科之外,别行保举以擢用,终不使天下有弃才也"。① 此外还有"女教",西国极重视,立有女书院,王韬以为"中国宜仿其意,以收内助"。具体办法是各省立女学校,延女师教之,习六经六学。有才华者,"贱得为贵妻,妇得为夫师"。"立女学校教之,女才出矣"。②

王韬以为这个"儒门增科"的选官方案,终必达到"天下其宗中国"之宏伟目标:"总之,人才者天所生,科举者人才所出。科举不善,则才多抑郁,天无如何。夫六经载道,穷经所以行道。中国数千年精神,悉具于六经。而西学者,缵六经之未具,又非中国诸子百家所能言。故浅而用之,西学皆日用寻常之事;扩而精之,西学即身心性命之原。改科举而增入西学,擅两家之长,挹全地之精。(按:此处中学、西学之关系并非本末、道器之关系,值得吾人特别关注。)中国地方万里,才智之士数十万。五六十年而后,西学既精,天下其宗中国乎!"③ 只有"中学",已无法实现"天下其宗中国"之目标;只有"西学",更无法实现"天下其宗中国"之目标。

但王韬已明确意识到这个过程的艰难:"然此非一时所能断而行之,其必由之以渐乎! 不然者,西学即开别科,缙绅家父兄子弟,每误为外洋之奇技淫巧,与圣人六经之旨异而不敢尝。而敢尝者,又多读书不就无赖之人,其弊或至以西学诋六经,而即为学六经者之所笑。其能望天下真才之迭出哉?!"④

王韬头一个担心是"以六经诋西学",第二个担心才是"以西学诋六经"。此后历史的发展证明,第一个担心是没有必要的,真正出现的只有第二个担心。中国学者头脑西化之快,远远超出王韬之想象,"以六经诋西学"者寡矣,以"西学诋六经"者则如过江之鲫,浩浩荡荡。故

---

① 王韬:《弢园文新编》,第 328 页。
② 王韬:《弢园文新编》,第 328 页。
③ 王韬:《弢园文新编》,第 328—329 页。
④ 王韬:《弢园文新编》,第 329 页。

王韬之后的中国亦尽见"读书不就无赖之人"。如此则必然愈来愈远离"天下其宗中国"之目标。

第五节 "西化"之限度

在"器物"、"制度"与"文化根本"三层次中,王韬主张"器物西化"与"制度西化",但却反对"文化根本西化"或"观念大义西化"。

"器物西化"如购炮买舰之类,被王韬视为最低层次的西化,认为"器物西化"是末,"制度西化"才是本。故其提出拯救中国的诸多方案,均以强调"制度西化"为主。其《洋务》一文论"器物西化"与"制度西化"之关系说:"盖洋务之要,首在借法自强。非由练兵士,整边防,讲火器,制舟舰,以竭其长,终不能与泰西诸国并驾而齐驱。顾此其外焉者也,所谓末也。至内焉者,仍当由我中国之政治,所谓本也。其大者,亦惟是肃官常,端士习,厚风俗,正人心而已。两者并行,固已纲举而目张。而无如今日所谓末者,彼袭其皮毛;所谓本者,绝未见其有所整顿。故昔时患在不变,而今时又患在徒变。"①"器物西化"必与"制度西化"并而行之,才能收纲举目张之效;不讲"制度西化",只是"徒袭其皮毛"。

《变法》一文认为有四样东西"皆宜亟变者也",一曰取士之法宜变也,二曰练兵之法宜变也,三曰学校之虚文宜变也,四曰律例之繁文宜变也。"四者既变,然后以西法参用乎其间。……盖其变也,由本以及末,由内以及外,由大以及小,而非徒恃乎西法也。"②此四方面基本是讲"制度西化"。《治中》一文论"水师宜立专局训习技能","陆营宜改

---

① 王韬:《弢园文录外编》,第33—34页。
② 王韬:《弢园文录外编》,第14—15页。

营制汰军额简丁壮厚饷糈","战船宜易帆舶为风轮火艚","器械宜易弓矢刀矛以火器"。① 四个方面的"当变者",似兼及"器物西化"与"制度西化"两方面。

《重民》一篇则涉及"政治制度西化"之问题。文章认为泰西以三种政制立国,一曰君主制,二曰民主制,三曰君民共主制。行君主制者,有俄、奥、普、土诸国;行民主制者,如法、瑞、美诸国;行君民共主制者,有英、意、西、葡、嗹诸国。君主制的特点是"一人主治于上,而百执事万姓奔走于下,令出而必行,言出而莫违";民主制的特点是"国家有事,下之议院,众以为可行则行,不可则止,统领但总其大成而已";君民共主制的特点是"朝廷有兵刑礼乐赏罚诸大政,必集众于上下议院,君可而民否,不能行,民可而君否,亦不能行也,必君民意见相同,而后可颁之于远近"。② 比较三种政制,王韬以为"君民共主制"较适合于中国:"君为主,则必尧舜之君在上,而后可久安长治。民为主,则法制多纷更,心志难专壹,究其极,不无流弊。惟君民共治,上下相通,民隐得以上达,君惠亦得以下逮,都俞吁咈,犹有中国三代以上之遗意焉。"③

王韬以为英国所采"君民共主制",是泰西诸国最好的,"实为泰西诸国所闻风向慕"④。至于中国"三代以上",推行的也是"君民共主制",行"君主制"乃自秦而始:"三代以上,君与民近而世治;三代以下,君与民日远而治道遂不古若。至于尊君卑臣,则自秦制始。……呜呼!彼不知民虽至卑而不可犯也,民虽至愚而不可诳也。"⑤政制改革的目标是"民以为不便者不必行,民以为不可者不必强"。⑥

《达民情》一篇,亦论及"政治制度西化":"试观泰西各国,凡其骎

---

① 王韬:《弢园文录外编》,第25页。
② 王韬:《弢园文录外编》,第22—23页。
③ 王韬:《弢园文录外编》,第23页。
④ 王韬:《弢园文录外编》,第24页。
⑤ 王韬:《弢园文录外编》,第23—24页。
⑥ 王韬:《弢园文录外编》,第24页。

骎日盛,财用充足,兵力雄强者,类皆君民一心。无论政治大小,悉经议院妥酌,然后举行。……由此观之,中国欲谋富强,固不必别求他术也。能通上下之情,则能地有余利,民有余力,闾阎自饶,盖藏库帑无虞匮乏矣。由是而制器则各呈其巧,练兵则各尽其材。上下同心,相与戮力,又安见邦本既固而国势不日隆者哉!"①实现"君民共主",被抬到最基础之地位。

《禁鸦片》一文赞英国政制说:"英国于国家大事,多民为主而非君为主,苟民皆欲禁,君亦不能强民以不禁。"②《纪英国政治》一文赞英国政制说:"由此观之,英不独长于治兵,亦长于治民,其政治之美,骎骎乎可与中国上古比隆焉。其以富强雄视诸国,不亦宜哉!"③《上当路论时务书》赞英国政制说:"治民之要,在乎因民之利而导之,顺民之志而通之。即如泰西诸国,亦非徒驰域外之观者也,其善于治民者莫如英,……夫如是,然后能行之久远。"④英国式的"君民共主制",似是王韬心中最为理想的"制度西化"模式。

《除弊》一文论及"所当因革者"六条,基本属于"制度西化"范畴:清仕途,裁冗员,安置旗民,废河工,捐妄费,撤厘金。⑤《拟上当事书》则描绘出一个较为完整的近代化方案:一曰练兵,二曰造船,三曰制器,四曰选士,五曰储材,六曰重艺术,七曰开垦各矿、广采五金,八曰筑路,九曰理财,十曰慎遣使臣,十一曰厚待外人,十二曰固守邦交。"以上十有二条,皆善后事宜,所当亟行者也。而富国强兵,睦邻备远,亦不外乎是矣。"⑥这个近代化方案既涉及"器物西化",亦涉及"制度西化"。

相对于"制度西化"而言,"器物西化"是末,"制度西化"是本;相对

---

① 王韬:《弢园文录外编》,第68页。
② 王韬:《弢园文录外编》,第104页。
③ 王韬:《弢园文录外编》,第109页。
④ 王韬:《弢园文录外编》,第298页。
⑤ 王韬:《弢园文录外编》,第42—43页。
⑥ 王韬:《弢园文新编》,第347页。

于"观念西化"而言,"制度西化"是末,"观念西化"是本。王韬已上升到"制度西化"之层面,尤其是倡导"政治制度西化",他是不是同时亦倡导"观念西化"或"文化根本西化"呢?答曰:否!王韬讲"西化"止于"制度",他对于"文化根本"有坚定不移之捍卫。

《原人》捍卫着中国人的"夫妇观":"有天地然后有万物,有万物然后有男女,有男女然后有夫妇,有夫妇然后有父子,有父子然后有君臣上下,而知礼义之所措。……天之道一阴而一阳,人之道一男而一女,故诗始关雎,易首乾坤,皆先于男女夫妇之间再三致意焉。……故欲齐家治国平天下,则先自一夫一妇始。"①

《答强弱论》捍卫着中国人的"世界观":"天盖欲合东西两半球联而为一也,然后世变至此乃极,天道大明,人事大备。间尝笑邵康节元会运数之说为诬诞,今而知地球之永,大抵不过一万二千年而已。始辟之一千年,为天地人自无而有之天下;将坏之一千年,为天地人自有而无之天下;其所谓世界者,约略不过万年,前五千年为诸国分建之天下,后五千年为诸国联合之天下。盖不如此,由世变不极,地球不毁,人类不亡。我故曰:善变者,天心也。庄子曰:天地不仁,以万物为刍狗。旨哉言乎!"②

《华夷辨》捍卫着中国人的"华夷观":"自世有内华外夷之说,人遂谓中国为华,而中国以外统谓之夷。此大谬不然者也。禹贡画九州,而九州之中,诸夷错处。周制设九服,而夷居其半。春秋之法,诸侯用夷礼则夷之,夷狄之进于中国者则中国之。夷狄虽大曰子,故吴楚之地皆声名文物之所,而春秋统谓之夷。然则华夷之辨,其不在地之内外,而系于礼之有无也,明矣。苟有礼也,夷可进为华;苟无礼也,华则变为夷。岂可沾沾自大,厚己以薄人哉!"③

---

① 王韬:《弢园文录外编》,第4—6页。
② 王韬:《弢园文录外编》,第202—203页。
③ 王韬:《弢园文新编》,第296页。

《代上广州府冯太守书》捍卫着中国人的"圣教观"。所提五条建议——广贸易以重货财、开煤矿以足税赋、设保险以广招徕、改招工以杜弊病、杜异端以卫正学——之最后一条,就是专门捍卫中国人之"圣教观"的:"天下之变,愈出而愈奇,杨、墨、庄、老自内而勃兴者也,佛、回、景、祆自外而流入者也。子舆氏距杨墨,昌黎氏辟佛,何则?以其害于孔子之道也。至回、景、祆诸教之进中国,无一人斥其非者,以其道不足与辨也。"①

天主教、耶稣教假洋人天算舆图格致之学而东来,"皆足为人心风俗之大害",原因就是它们正毁坏中国人的"圣教观":"杨墨之徒不敢与孔子为敌,而孟子犹且距之。佛生西土,其道虽悖孔子,而不敢毁孔子。今天主、耶稣二教,居然以孔子为不足法,圣教为不足遵,昌言于众中而莫敢谁何,此真生民以来所未有也。顾出自西人之口,犹可言也。甚有儒冠而兽行者,一为衣食所驱,遂至随声吠影,恬然不知耻,悍然罔所顾,此不独名教之罪人,实民心之蟊贼,为王法所必诛。……中国之人,每好异而喜新,一若教中之理,事事皆可从,而惟弃绝祖宗,停斥祭祀,为子孙之心所不忍出。"②

《代上苏抚李宫保书》捍卫着中国人的"处世观":"我中国先文教而后武功,重德性而轻诈力,不以近功易远略,耻机心而贱机事。视之若甚拙且钝焉,采之若可狎而侮焉,而久之为其所化而不知,或阴中其病而罔觉。是实能以至柔克至刚,至弱克至强也。自古仁义为国,其敝也衰,甲兵为国,其亡也蹶。是以泰西诸国,其兴勃然,而亡亦忽焉。不见罗马盛于汉,荷兰盛于唐,西班牙盛于宋,葡萄牙盛于明,而今皆衰矣。就在中国而观,商之鬼方,周之玁狁,汉之匈奴,晋之拓跋五胡,唐之吐蕃回纥,宋之契丹女真,其种类或存或亡。而所谓中国者,数千年以来如故也。政事法令未尝改易,土地人民未尝损失。且唐时回人之散居天下,

---

① 王韬:《弢园文新编》,第306页。
② 王韬:《弢园文新编》,第306—307页。

至今何如？宋时犹太人之入处河南,至今何如？奈何欲以暂来之西人,易数千年之中国！用夏变夷则有之矣,未闻变于夷者也。"①

中华文明之"观念体系",实为退却之最后防线,不守则"亡天下"矣;中华文明之"文化根本",实为退却之最后防线,不守则"亡天下"矣。王韬守之,此即其"观念大义"。

第六节 "民族文化自信"之坚守

反对"观念西化"与坚守"民族文化自信",实乃一体之两面:不有"民族文化自信",则不会反对"观念西化";不反对"观念西化",则无以建立"民族文化自信"。王韬之反对"观念西化",正基于其对于"民族文化"持有坚定不移之信心。

《变法》一篇称赞中华之"物质文明"以及中国学习西法之能力:"铜龙沙漏,璿玑玉衡,中国已有之于唐虞之世;钟表之法,亦由中国往;算法借根方,得自印度;火器之制,宋时已有,如金人之守汴,元人之攻襄阳,何尝不恃炮火,其由中国传入可知也。其他如火轮舟车,其兴不过数十年间而已,而即欲因是笑我中国之不能善变,毋乃未尝自行揆度也欤！吾知中国不及百年,必且尽用泰西之法而驾乎其上。……无其法,则不思变通,有其器,则必能仿效。西人即不从而指导之,华人亦自必竭其心思材力以专注乎此。"②"器物文明"之仿效是最为简单的,故王韬开出"不及百年"之预期。

《使才》一篇称赞中国人才辈出:"今我国人才彪蔚,炳炳麟麟,文章经济足以华国而耀远者,讵乏其人！将见后来宣上德而树远威,必

---

① 王韬:《弢园文新编》,第248页。
② 王韬:《弢园文录外编》,第11—12页。

有班定远、傅介子其人者出焉,引上国以自重,辑强邻以来归,必有随何、陆贾其人者出焉。"①

《洋务在用其所长》一篇称赞中国地大物博:"故吾尝谓,中国之士博古而不知今,西国之士通今而不知古。……夫我中国乃天下至大之国也,幅员辽阔,民族殷繁,物产饶富,苟能一旦奋发自雄,其坐致富强,天下当莫与颉颃。……强邻悍国虽有觊觎,亦不敢发。自此,可措天下于磐石之安,而致苞桑之固。"②

《亚洲半属欧人》亦谓:"而地球中精美之所存,英华之所蕴,则莫若中国。……地球中灵秀沃腴之壤,不过数处,而以中国为巨擘,地球之人,无不欣羡焉。"③

《欧洲各都民数》一文称赞中国人口众多:"四大洲中,林林总总,当不知其凡几,而欧洲不过二百数十兆,中国一国得四百余兆,然则生齿之繁,莫如中国。以中国一国之人数,已可抵欧罗巴一洲而有余,岂不盛哉!如就地球四大国而计之,版图户口亦以中国为巨擘。俄罗斯方七十二兆里,户口七十五兆;英吉利方八十兆里,户口二百零九兆;合众国方三十兆里,户口三十二兆;中国方五十兆里,户口四百兆。是则天下诸邦人民之众,无有出于中国上者。顾有众尤贵能善用其众,则富强之术,保卫之方,可不亟讲也哉!"④"人口众多"未必尽是"负担","能善用其众"就不是"负担"。西洋近代文明驱人口而递减,并不能代表人类文明之发展方向。

《遣使亲俄》则称赞中国之国际地位,认为中国乃"天下之关键":"至今日而中国之安危强弱在善处英俄之间,而英俄安危强弱之所系,亦在乎中国。盖中国者,天下之关键也。以地势观之,关欧洲之全局则在土耳机,系地球之全局则在我中国。英人之意,既欲强中以御俄,俄人

---

① 王韬:《弢园文录外编》,第59页。
② 王韬:《弢园文录外编》,第83页。
③ 王韬:《弢园文录外编》,第137页。
④ 王韬:《弢园文录外编》,第98页。

之意,独不能使我中国亲俄以制英耶! 此犹之战国之齐,附秦则秦强,附楚则楚奋。故英俄在今日,亦莫如结中国以自重,而中国亦宜联络于二者以恒享其安。"①不管天下如何重建,中国终将"系地球之全局"。

《西人重日轻华》称赞中国之"政治文明"与"精神文明":"地球四大洲,亚细亚幅员为最广,风气之开亦独先。中国圣圣相承,皆以达人而居天子之位。制礼作乐,肇启文明,故三千年前,已为声名文物之邦,威德覃敷,震于遐迩。海外大小诸国,其仰慕我中华如在天上。日本虽在东瀛,与我中国一海遥隔,而文字攸同,风俗无异,一切制度大都采自汉唐。"②

《六合将混为一》亦谓:"中国自三代以还,其间不无陵替之端,其治不无舛谬之迹,然未及百余年必有圣君贤相出而整顿之,以挽回气运而旋转乾坤。其所不足者,武备之精,机变之巧,如泰西各国以势力相雄长,以情伪相攻夺而已。"③

《中国自有常尊》则称赞中国完全具备"仆而后起"、"睡而后醒"之能力:"中国,天下之首也,尊无异尚,此古之通义,而非徒以口舌争者也。若夫盛衰之势,强弱之形,则自元黄剖判以来,原无一定,固不得藉一时之盛,恃一日之强,而辄夜郎自大也。"④历史证明,"以势力相雄长,以情伪相攻夺"完全不是长治久安之道,故该文又说:"然则恃强以凌弱,虽事有不同,时有久暂,而其卒底于灭亡者,固亘古如一辙也。何也? 尊卑之分不明,逆理犯顺,生人之道灭矣。……本之先拔,未有能久而不蹶者也。"⑤

历史上之中国常是弱而不亡、衰而有终,以此知中国终将有复兴之一日:"故知中国有时而弱,然弱亦足久存;中国未常(尝)无衰,然衰要有终极。盖彝伦所系,统纪所存,一旦圣君应运而兴,贤臣相辅为

---

① 王韬:《弢园文录外编》,第117—118页。
② 王韬:《弢园文录外编》,第129—130页。
③ 王韬:《弢园文录外编》,第138页。
④ 王韬:《弢园文录外编》,第139页。
⑤ 王韬:《弢园文录外编》,第140页。

理,励精图治,上邀无着,下顺舆情,则强者亦将失其强,而尊卑以明矣。势无陂而不平,道无往而不复,观诸上古之迹,验诸近今之事,当不河汉乎斯言!"①中国强时,有一个可尊贵的地位;有时而弱,亦能保持其可尊贵的地位而不坠。这就叫"中国有常尊"。原因是什么?原因就在中国从不"恃强以凌弱",原因就在中国从不"以势力相雄长,以情伪相攻夺"。这就叫做"中国自有常尊"。

《普法战纪代序》亦谓:"中国之兴,沛然天下莫之能御!"②时机成熟,中国想不富强都难。《火器略说后跋》又谓:"以中国人民之众,甲兵之广,财用之裕,物力之富,更益之以强兵讲武,奋发有为,虽雄长于天下不难,而何虑乎欧洲!"③

《续选八家文序》称赞中华文明之影响力:"我观日东,在昔虽与我瀛海相隔,不通往来,而其实同文之国也。尊崇孔孟,设立学宫,其承道学,即濂洛关闽之绪也,其论诗文,即汉魏唐宋元明之遗也。学校中所诵习者,皆我中国之经史子集也。"④

《救时刍议》将中国复兴之基筑于经济发展之上:"夫农商者,财之源。西北与东南农商既理,则天下食足货通而财赢,上下俱足。理财用十年,中国之气振;理财用三十年,中国之气大振。于以养天下之儒士,则科举人才不可胜用;养天下之战士,则海战精强足御外侮。中国既富且强,而日臻上理,有舜禹之心,而事业则过之。于戏!不其盛哉!"⑤经济"三十年大振",屡验不爽之言也。

《论大地九州之外复有九州》一文,乃"中学现代释读"之典型篇章,完全秉承了中华文明在释读中发展、在释读中延续之核心精神。战国邹衍释读尧、禹时代所区之"九州",仅居天下八十一分之一,"中国名曰赤县神州,赤县神州内,自有九州。中国外如赤县神州者九,乃

---

① 王韬:《弢园文录外编》,第140页。
② 王韬:《弢园文录外编》,第238页。
③ 王韬:《弢园文录外编》,第278页。
④ 王韬:《弢园文录外编》,第261页。
⑤ 王韬:《弢园文新编》,第334页。

所谓九州也"。此即所谓"九大州说":如"中国"者九,此九州之外"乃有大瀛海环其外","于是有裨海环之,人民禽兽莫能相通"。这是将儒家"九州说"释读成"大九州"。王韬则更以现代地球观念"证明"大九州之说"可得而实指其地矣"。①

"大九州说"通过王韬的现代释读,就成为一种完整的合乎现代科学的中国人之"全球观"。此种"全球观"始于战国之邹子,邹子又"必有所授,非尽无稽"。② 可知中国之合乎科学的"全球观",至少已有三千多年之历史。王韬虽是假"薛叔耘"("薛星使")之名成此现代释读,然至少他是承认此说"固近而可征也"、"其说殆信而有征也"。③ 中华五千年文明中,能行此现代释读之说,多如牛毛。只要对自己的文化有充分"自信",就不怕没有释"古典"为"现代"的机会。

以此而知"中华文明"之"现代化",不在以"西学"取代"中学",而在以"中学"之固有框架重释"西学",又以"西学"之固有框架重释"中学"。双向"释读"之后,构建合乎"中学"之固有思维方式的新的"中学体系"。以"西学"取代"中学",则"中华文明"亡矣,"中华民族"亡矣。对"中学"作现代释读,构筑"新中学体系",则"中华文明"不亡,"中华民族"不亡。"中华文明"屡仆而屡起,赖此现代释读;"中华民族"屡睡而屡醒,赖此现代释读。

第七节 "本末"观念

鉴于"本末"观念在近代中国的重要性,兹述王韬之"本末"观。
《洋务》以"借法自强"为末,"肃官常,端士习,厚风俗,正人心"为

---

① 王韬:《弢园文新编》,第337页。
② 王韬:《弢园文新编》,第335页。
③ 王韬:《弢园文新编》,第338页。

本:"盖洋务之要,首在借法自强,非由练兵士,整边防,讲火器,制舟舰,以竭其长,终不能与泰西诸国并驾而齐驱。顾此其外焉者也,所谓末也。至内焉者,仍当由我中国之政治,所谓本也。其大者,亦惟是肃官常,端士习,厚风俗,正人心而已。两者并行,固已纲举而目张。而无如今日所谓末者,徒袭其皮毛;所谓本者,绝未见其有所整顿。"①"徒袭其皮毛"是指"末"这一部分,"本"则尚未开始。又谓:"风俗厚,人心正,可使制梃以挞秦楚之坚甲利兵矣。西法云乎哉,而西法自无不为我用矣。此由本以治末,洋务之纲领也,欲明洋务,必自此始。"②此处亦以"风俗厚,人心正"为本,而以"西法"为末。

《设领事》以"举贤任能"等为本,以"练兵选士"等为末:"夫有国家者,在乎举贤任能,敬教劝学,通商惠农,所谓本也。练兵选士,制器造舟,开矿理财,所谓末也。睦邻柔远,一视同仁,破除畛域,相见以天,此以尽乎内者也。遣使臣,设领事,通文告之词,浃往来之谊,此以尽乎外者也。本末兼备,内外交修,则庶乎可矣。"③

《欧洲将有变局》以"富强"为本,以"其余"为末:"今日我国之要图,首在富强。欲强则自练兵始,欲富则自治民始,此二者皆本也,其余则末而已矣。仿效西法,崇尚西学,次第以行之可也,而其大端则在得人始。"④"富强"为本之说亦见于《兴利》一文:"如是天下何由而治?盖富强即治之本也。……故舍富强而言治民,是不知为政者也。"⑤《理财》亦以"富足"为本,"其余"为末:"今天下理财之急务,在乎节浮开流,革奢崇俭,所以富国而足民者,其大要不外于此。盖此乃本也,而其余则末也。"⑥又谓:"财阜俗康,而天下自治,此所谓本也。其余一切理财之说,皆末也。本立而末举,然后次第行之,乃始不止以救一时之

---

① 王韬:《弢园文新编》,第33—34页。
② 王韬:《弢园文新编》,第35页。
③ 王韬:《弢园文新编》,第62页。
④ 王韬:《弢园文新编》,第96页。
⑤ 王韬:《弢园文新编》,第45页。
⑥ 王韬:《弢园文新编》,第380页。

急,而可以巩万世之基。"①

《纪英国政治》以"政治"为本,以"水师"等为末:"顾论者徒夸张其水师之练习,营务之整顿,火器之精良,铁甲战舰之纵横无敌,为足见其强;工作之众盛,煤钱之充足,商贾之转输负贩及于远近,为足见其富。遂以为立国之基在此。不知此乃其富强之末,而非其富强之本也。英国之所恃者,在上下之情通,君民之分亲,本固邦宁,虽久不变。观其国中平日间政治,实有三代以上之遗意焉。……由此观之,英不独长于治兵,亦长于治民,其政治之美,骎骎乎可与中国上古比隆焉。其以富强雄视诸国,不亦宜哉!"②其所以"富强"者,在"政治之美",故"政治"为本,"富强"为末。

《平贼议》以"民治"为本,以"兵治"为末:"当今平贼要务,首在治兵与治民而已。治兵则在良将,治民则在良有司。兵治,平贼之末;民治,平贼之本。盖未有民不治而贼平者也。"③此处"民治"亦属"政治"范畴。"兵治"作为"平贼之末",只能"治其表";"民治"作为"平贼之本",方能"治其里"。"表里兼该,本末交尽,而天下有不乂安者乎!"④

《上当路论时务书》以"治民"为本,以"仿效西法"为末:"西学西法非不可用,但当我相辅而行之可已。书有之曰:民惟邦本,本固邦宁。故治民本也,仿效西法其末也。……如西国之法,斵削之尤甚者也,必也择其善而去其不善,不必强我以就人,而在以彼之所学,就我之范围,神明变化焉而民不知。"⑤此处核心是反对"舍己以从人"⑥,反对"强我以就人",故"我"为本而"人"为末,"中国"为本而"西法"为末。

《与周弢甫徵君》以本末而分中西:"盖中国以为用心之精不在于是,韬故曰:形而上者中国也,以道胜;形而下者西人也,以器胜。如徒

---

① 王韬:《弢园文新编》,第382页。
② 王韬:《弢园文新编》,第107—109页。
③ 王韬:《弢园文新编》,第186—187页。
④ 王韬:《弢园文新编》,第192页。
⑤ 王韬:《弢园文新编》,第297—298页。
⑥ 王韬:《弢园文新编》,第297页。

颂美西人而贬己所守,未窥为治之本原者也。"①西人有道有器,于中国则以器胜;中人亦有道有器,于西人则以道胜。非谓中人尽有道,而西人仅有器也。换言之,王韬此处是以为"中国"之道胜于"西人"之道,而"西人"之器胜于"中国"之器,两者互有胜负,不可扬人而贬己,扬西而贬中。著者以为此种说法非全无道理。

《救时刍议》又言:"夫六经载道,穷经所以行道,中国数千年精神悉具于六经。而西学者,缵六经之未具,又非中国诸子百家所能言。"②六经属于"道",而西学属于"未具",此处亦是以本末关系而区分中学与西学,而以"中学"为本,"西学"为末。与上文以道器关系而区分中西,可以互补。

中国哲学之思维的特点是"本末无定位":相对于"制度"而言,"器物"是末而"制度"是本;相对于"观念"而言,"制度"是末而"观念"是本。关键是看"上下文",在甲种"上下文"中为本者,在乙种"上下文"中变为末;在乙种"上下文"中为本者,在丙种"上下文"中变为末。故王韬时而以"富强"为本,时而以"富强"为末,并非自相矛盾,只因其处于不同的"上下文"中。

中国之所谓"近代化",第一步是所谓"器物西化",此时"制度"与"观念"是本;第二步是所谓"制度西化",此时"观念"是本。洋务派守的是"制度"之本,王韬守的是"观念"之本与"文化根本"之本。

第八节 "中式"人生观

人生观是儒学思想的一部分,因为儒家最为讲究言行一致、理论与实践一致。

---

① 王韬:《弢园文新编》,第194页。
② 王韬:《弢园文新编》,第328页。

王韬撰《择友说》,倡导儒家"取友之道":"取友之道,人品为先,学问文章,其末事尔。顾交友最难于知人,其始要不可不择也。择而后交则寡尤,交而后择则多怨。"①又谓:"故以势交者,势败则散;以利交者,利尽则疏。然则择交当奈何?当今之世,品高行直者既已罕觏,惟有求其气谊融洽,性情投合者斯可耳。羲《易》有曰:同声相应,同气相求。《礼》曰:营造同术,合志同方。皆可为取友之法。"②又把"友"放到"五伦"之背景上定位:"呜呼!论友在今日,抑末矣。揆其本原,朋友居五伦之一,固与君臣父子夫妇昆弟并重。……故朋友一道,可通于君臣。故其间遇合隐显,数不可知。"③

《智说》倡导"五德归智"之论:"世以仁义礼智信为五德,吾以为德唯一而已,智是也。有智则仁非伪,义非激,礼非诈,信非愚。盖刚毅木讷近仁,仁之偏也;煦妪姑息近仁,亦仁之偏也。慷慨奋发近义,复仇蹈死近义,皆未得义之中也。礼拘于繁文缛节,周旋揖让,则浅矣。信囿于硁硁自守,至死不变,则小矣。而赖智焉,有以补其偏而救其失。智也者,洞澈无垠,物来毕照,虚灵不昧,运用如神。其识足以测宇宙之广,其见足以烛古今之变,故四者皆赖智相辅而行。苟无以济之,犹洪铲之无薪火,巨舟之无舟楫也,安能行之哉!世人不知智之为用,故作智说以明之。"④以"智"而统率儒学之全体,是中国哲学批评由第一期("德为先")进入第二期("智为先")之关键,亦是儒、释二教最终并轨而生成宋明"新儒学"之节点。宋明"新儒学"非他,儒之"善与德"与释之"智与慧"之合成品也。王韬"重智",实为中国哲学批评第二期之余绪。

《华胥实录序》于"宇宙背景"上定位"人生":"夫人处宇宙间,犹蜎蠕耳,其所历之富贵声华,曾不能一瞬,则生平之丰啬荣辱,悲喜合离,

---

① 王韬:《弢园文录外编》,第184页。
② 王韬:《弢园文录外编》,第184页。
③ 王韬:《弢园文录外编》,第184—185页。
④ 王韬:《弢园文录外编》,第186页。

境也,遇也,而无非梦也。石火电光,镜花泡影,应作如是观。"①论及自我,则云:"嗟予不幸,脚插尘中,凡前之因果,后之轮回,俱未可知,而一身所值之境遇,俯仰间遂有为陈迹者,余独何心,谁能堪此!……故余以生为至悲,以梦为至乐,人虽觉而如梦,余虽梦而犹觉。……是以所离者身,所合者心;有心中之心难以离,遂有身外之身作以合。呜呼!榖不并时,死不同穴,而祇于梦之顷,亲其謦欬,接其形容,以聊诉缠绵郁结,其缘为何如耶!我生不辰,素心莫慰,彼苍者天,曷此其极!"②《幽梦影序》亦以"梦"定位人生:"夫人生于世,原不过一梦耳。梦而至于影,斯更涉于微茫已。"③

《弢园尺牍序》述"不乐为世所用"之生活理想:"呜呼!余虽非忘世者流,而亦不乐为世所用。麋鹿野性,自幼已然,其不能远城市逃山谷者,为饥所驱,迫于衣食计也。使有二顷田、五亩园、万卷书,即当闭户谢客,长与世绝,而毋至于敝精劳神,与悠悠行路之人相周旋揖让也。此固素志之不可诬也。"④《与英国傅兰雅学士》亦谓:"韬生平所好,在驰马春郊,徵歌别墅,看花曲院,载酒旗亭。此固骋一时之乐事,快平日之豪情,踪迹多在张园、徐墅间。"⑤

《重订西青散记跋》述对于遇与不遇之"平等观":"西青散记于士之遇不遇,皆作平等观:富贵何荣,贫贱何辱!文章功业,其道一也。不妄感慨而感慨真,不妄悲叹而悲叹切。幽栖草泽,伏处岩阿,得以自全其物外之天。其视黼黻庙廊,刻划金石,等浮云于一瞥者,固何如也。人必具此胸襟,而后可读西青散记。"⑥

《弢园老民自传》兴"无子"之叹:"老民无子,有女二:长曰婉,字苕

---

① 王韬:《弢园文录外编》,第 213 页。
② 王韬:《弢园文录外编》,第 213—214 页。
③ 王韬:《弢园文录外编》,第 265 页。
④ 王韬:《弢园文录外编》,第 262 页。
⑤ 王韬:《弢园文新编》,第 325 页。
⑥ 王韬:《弢园文录外编》,第 275 页。

仙,归吴兴茂才钱徵,早殒;次曰娴,字樨仙,生不能言。呜呼!老民既无子矣,而复夺其女,不解造物者所以待之抑何刻酷至斯哉!自始祖必宪至今二百四十余年,七叶相承,五代单传,仅得男子十有五人。老民以下有从侄三人,相继夭没。于是自明以来,巍然硕果,仅存老民一人而已。天之所废,谁能兴之!天不独厄老民,而或将并以毒王氏也,恐王氏一线之延,至老民而斩矣。噫嘻!不大可痛欤!尤可异者,曾王父娶于沙氏,大父娶于李氏,父娶于朱氏,其家并无后。老民弟娶于夏氏,鬐龀俱亡。老民先娶于杨氏,危乎不绝如缕;继娶于林氏,亦已不祀。祖姑嫁于汪,伯姑嫁于曹,宗祧并绝。老民族党无存,密亲盖寡,侧身天地,形影相吊,岂天之生是使独欤!老民每一念及,未尝不拔剑斫地,呵壁问天也!"①此为典型"中式人生观";西人无子,未必有如此之悲叹。盖中之学人以"可久可大"为理想,于天地欲可久可大,于国家民族欲可久可大,于家庭亦欲可久可大。

《与友人》述一种"大人生观",亦可谓"中式生命观":"大千世界,无量众生中,而有一我虱于其间,虽至爱如父母,至亲暱如妻子,不能喻我心之悲忧惨怛,代我身之疾痛困苦也。所堪自喻者,耳目口鼻知想意识也。天地间有一我,人不为多,无一我,人不为少。朋友交游,亲戚昆弟中,有一我不足奇,无一我不足异。即知我喜我者,亦不过为我悼惜数日而已。即至爱如父母,至亲暱如妻子,亦不过痛哭丧明,哀恸失声,呼天抢地,愿随泉下而已。我在世间见人忽而生,忽而死,忽而长,忽而老,或漠然置之,或有时动于心,一哀而出涕。我于人如此,人于我可知矣。

"我父母死,我不能与之俱死,饮食衣服如故也,游戏徵逐如故也。而光天化日之下,已无我父母之声音笑貌矣,即索之幽冥杳渺亦不可得。人生则气聚,死则气散,既死后之有无,不得而知。佛氏所云轮回之说者,谬也。我妻死,我不能为之不娶,琴瑟好合如故也,闺房宴笑

---

① 王韬:《弢园文录外编》,第331页。

如故也。而茫茫万劫,永无相见之期,悠悠廿载,并无入梦之夕。命绝缘尽则死,夭殇短折亦数之莫逃。佛氏谓人深于情者可结再生缘,亦妄也。

"人生事事可以身亲尝其境,独至死之一境,断不能亲尝而告人。见人死则幸我之尚生,而又惧我之必死。自生人以来,死者不知其几那由他,几恒河沙,从未闻有自死重甦者。即有之,皆言如梦初醒,言或至冥中者,则由心所造也。盖一切幻境,都由心造。佛氏入中国,有天堂地狱之说,世间无智无愚,皆坚信不变。生时常存此境,于心病剧时,即现此境。故为冤孽索命不死者,非真有鬼也,平时馁气之所乘,良心之所发也。人生行事,善恶不能自知,但有歉然于良心者即为恶。盗窃奸杀,其始皆知其不可,而易一念仍为者,良心昧也。然昧者必有时而明,死时即以其良心自讼矣。一切刀山剑岭,镬坑血湖,皆其良心自刑也。人生不能无死,壮岁而死与百年而死,等死耳!

"快哉!东坡之言曰:猪羊蒜韭,逢著便喫;生老病死,符到便行。此老胸中固空洞无一物也。世间自促其死者多矣,非顺受其正者也。每念人生忙迫一场便休,为之三叹。呜呼!世之营营不息,奄奄旋没者多矣,殊未达耳。愚人以死为悲,圣人以死为休。夜台冥漠,我与共息!"①

就气魄之大、胸襟之广、境界之高而言,此《与友人》实近代以来之不二篇章,可圈可点者多有。既可承苏东坡前后《赤壁赋》之胸怀,又可明曾国藩同治元年(1862)四月十一日读完程子、朱子等书后所撰"日记"之境界,殊为难得。

则可知真通"中学"者,无不有"古今亿万年无有穷期"、"大地数万里不可纪极"(曾国藩语)之"大人视野"。王韬不过是其中一人耳。

---

① 王韬:《弢园文新编》,第276—277页。

第七章
康有为的儒学

　　康有为(1858—1927),原名祖诒,字广厦,号长素,一号更生。广东南海人。光绪进士。清末民初政治家、思想家、哲学家。曾主持"戊戌变法",失败后亡命海外。学理上曾受著名学者朱次琦之影响。倡"托古改制"。著述甚丰,有《礼运注》、《新学伪经考》、《大同书》、《论语注》、《中庸注》、《孟子微》等。今人编有《康有为全集》十二册。

　　著者拟将康有为儒学思想分四期来处理:甲午国耻前为第一期(1858—1895),基本思想格局为"援西入儒(中)";自甲午战败至戊戌变法以及出亡海外前期为第二期(1895—1903),基本思想格局为"以西化儒(中)";出亡海外后期为第三期(1903—1913),基本思想格局为"儒(中)西并尊";民国二年归国后为第四期(1913—1927),基本思想格局为"以儒(中)化西"。贯穿各时期的一根主线,就是"尊孔"。

第一节　第一期："援西入儒(中)"

康氏 1886 年撰《康子内外篇》，论及"儒西关系"或"中西关系"问题。"理学篇"云："内外有定而无定，方圆、阴阳、有无、虚实、消长，相倚者也，犹圣之人与佛也。义理有定而无定，经权、仁义、公私、人我、礼智，相倚者也，犹中国之与泰西也。"①在义理方面，中西有一种"相倚"的关系。

"性学篇"又云："天地之理，惟有阴阳之义无不尽也，治教亦然。今天下之教多矣：于中国有孔教，二帝、三皇所传之教也；于印度有佛教，自创之教也；于欧洲有耶稣；于回部有马哈麻。自余旁通异教，不可悉数。然余谓教有二而已：其立国家、治人民，皆有君臣、父子、夫妇、兄弟之伦，士、农、工、商之业，鬼、神、巫、祝之俗，诗、书、礼、乐之教，蔬、果、鱼、肉之食，皆孔氏之教也，伏羲、神农、黄帝、尧、舜所传也，凡地球内之国，靡能外之；其戒肉不食，戒妻不娶，朝夕膜拜其教祖，绝四民之业，拒四术之学，去鬼神之治，出乎人情者，皆佛氏之教也。耶稣、马哈麻、一切杂教皆从此出也。圣人之教，顺人之情，阳教也；佛氏之教，逆人之情，阴教也。故曰：理惟有阴阳而已。"②"孔氏之教"属阳，"佛氏之教"属阴，两者合则阴阳备，其余各教，包括"耶稣之教"，不过由此派生的"杂教"而已。谓"耶稣之教"由中国阴、阳二教所派生（佛氏之教产生于印度，发展于中国），乃是"援西入儒"的一种尝试。

"肇域篇"又云："以地球论之，政教、文物之盛，殆莫先于印度矣。印度枕昆仑，中引一脉，敷散平原，周阔万里。欧洲及亚非利加为左

---

① 《康有为全集》第一集，姜义华等编校，中国人民大学出版社，2007 年，第 100 页。
② 《康有为全集》第一集，第 103 页。

翼,中国及南洋诸岛为右翼。印度居中,于昆仑为最近,得地气为最先,宜其先盛也。至于佛,盖其末法矣。中国在昆仑山为东龙,先聚气于中原,自汉以后,然后跨江以至闽、粤,跨海以至日本。盖地球之运,固如是也。波斯、犹太于昆仑为西龙,故其文物次于中国。欧洲最远,故最迟,至罗马而乃盛也。印度政教最先,无疑也。"①以文明发达之时间先后证先印度、次中国、次欧洲之顺序,是"援西入东"的一种尝试,也是"援西入中"的一种尝试。

"肇域篇"又云:"就西人所引,文学、政教多得于印度者。以算法言,得于印度,然则其以借根为东来法,所谓东,即印度也。印度有塔,经文多称麋阁,西人之室,多为楼塔,然则楼塔出在印度也。欧人文学左行,以音成字,与印度同。所谓'我家闻根教,清净在音闻',则文学出自印度也。西人礼拜,牧师、神父以不娶行教,称师历而不称君历,出自佛教也。……达摩挟衣钵而东来,利玛窦挟国器而西至,隋通日本,唐使新罗,咸赖僧人以通国事,其效固然矣。"②此处为"援西入东"。

约撰于1888年前的《实理公法全书》,收纳了许多"西学"之内容,然"释读框架"却是中式的。如其中"门"的划分,就完全是一个"中式框架",分为夫妇门、父母子女门、师弟门、君臣门、长幼门、朋友门、礼仪门、刑罚门、教事门、治事门等,基本上是依照中国"五伦"的框架而展开。但各门之内容却含有"西学"成分,如"总论人类门"所列六条"公法"为:(1)人有自主之权,(2)以平等之意,用人立之法,(3)以互相逆制之法,凡地球古今之人,无一人不在互相逆制之内,(4)以兴爱去恶立法,(5)重赏信罚诈之法,(6)制度咸定于一,如公议以某法为公法,既公共行用,则不许有私自行用诸比例之法者。③"自主"、"平等"、"公议"云云,大致是属于"西学"的内容。

---

① 《康有为全集》第一集,第112页。
② 《康有为全集》第一集,第112页。
③ 《康有为全集》第一集,第148页。

又如"夫妇门"所列"公法"为:"凡男女,如系两相爱悦者,则听其自便,惟不许有立约之事。倘有分毫不相爱悦,即无庸相聚。其有爱恶相攻,则科犯罪者以法焉。"并加按语云:"此乃几何公理所出之法,盖天既生一男一女,则人道便当有男女之事。既两相爱悦,理宜任其有自主之权,几何公理至此而止。"①"听其自便"、"有自主之权"云云,大至也属于"西学"的内容。

又如"君臣门"所列"公法"为:"立一议院以行政,并民主亦不立。"并加按语云:"君臣一伦,亦全从人立之法而出,有人立之法,然后有君臣。今此法权归于众,所谓以平等之意用人立之法者也,最有益于人道矣。"②"长幼门"所列"公法"为:"长幼平等,不以人立之法施之。"③"朋友门"所列"公法"为:"朋友平等。"④"议院"、"平等"诸说,总不出"西学"范围。

以中式的"释读框架"接纳"西学"内容,亦是一种很好的"援西入中"、"援西入儒"的方式,且理应成为"中国学者"看待世界文明的主流方式。

何为"文明"?文明不过就是不同的"释读框架"而已。各民族站在不同的角度、不同的层面解释世界,就形成各自不同的"释读框架",一种"释读框架"就代表一种"文明"。所以内容可以丢,但"框架"不能丢,丢了"框架",则一种文明便无以自立。

何谓"援西入中"?就是以中式框架化解"西学"。何谓"援中入西"?就是以西式框架化解"中学"。以西式框架化解"中学",此为"西洋学者"之本分。

1888年10月康有为撰写的《论时务》,论明了先"中学"后"西学"之次第,也是"援西入中"的一种尝试。其反对派遣未习"中学"者留洋

---

① 《康有为全集》第一集,第149页。
② 《康有为全集》第一集,第152页。
③ 《康有为全集》第一集,第153页。
④ 《康有为全集》第一集,第153页。

之策,云:"今遣学童,彼年既少,性质见识未定,易为西学所染,学即有成,徒为西人添奴隶耳,又缴帑不赀而学不成,非策也。"①正确的做法是先试以"中学",然后放洋:"其论以《孝经》、《四书》、《诗》、《书》、《易》、三礼、三传、宋儒五子书为题,专以讲明义理、激励忠孝、发挥孔子之道为主,其策以中国相传治法及外国礼俗教治为问。"②先"中学",就是要先立起中式"释读框架",先建立"中式坐标",然后去化解"西学"。若无此坐标,就算"西学"有成,亦不过"徒为西人添奴隶耳"。清末以降之中国学人,诚有饱学之士,然"徒为西人添奴隶耳"者亦不少。

撰于1888年前后的《笔记》,再一次强调先"中学"后"西学"的次第:"今遣学童,彼年既少,性质见识未定,易为西学所染,学即有成,徒为西人添奴隶耳。又费帑不赀而学不成,非策也。……其游历人改作游学人,准其向该国使臣呈改。若用此策,十年之内使才辈出,杂学之才盖亦不胜用矣。其游历人至总署注册者,先觅同乡官出保'身家精白,文字清通,品德不劣'字样呈递,然后面试注册。其论以《孝经》、《四书》、《诗》、《书》、《易》、三礼、三传、宋儒五子书为题,专以讲明义理、激励忠孝、发晖孔子之道为主。其策以中国相传治法及外国礼俗教治为问。"③

撰于1891年夏、冬间的《与朱一新论学书牍》反对"阴祖耶苏"之责:"不图足下阅门人课部有西学者,遂谓仆欲嬗宋学而兴西学,且援观人于微之义,谓仆取释氏之权实互用,意谓阳尊孔了·阴祖耶苏耶!是何言欤!马舌牛头,何其相接之不伦也!不待自省,相去乖绝,虽正敬足下,此说实在不辨之例。……窃以足下不独不知仆,且不知西人,并未尝精意穷经,于孔子之道之大,未能知之也。"④"阳尊孔子,阴祖耶苏"之格式,被康有为斥为"马舌牛头",他本人当然不会采用此种格式去处理儒、西关系。

---

① 《康有为全集》第一集,第166页。
② 《康有为全集》第一集,第167页。
③ 《康有为全集》第一集,第206页。
④ 《康有为全集》第一集,第323页。

《与朱一新论学书牍》又倡导"儒西不相碍"等说:"故知西人学艺,与其教绝不相蒙也。以西人之学艺政制,衡以孔子之说,非徒绝不相碍,而且国势既强,教藉以昌也。(彼国教自教,学艺政制自学艺政制,亦绝不相蒙,譬之金元入中国,何损于孔子乎?)方今四海困穷,国势微弱,仆故采用其长,门人问者,亦以告之。后生读书无多,不得其根本节目,不大斥之,则大誉之,经屡批斥,或加勒帛,且颇禁读之。缘学者不知西学,则愚暗而不达时变;稍知西学,则尊奉太过,而化为西人。故仆以为必有宋学义理之体,而讲西学政艺之用,然后收其用也。故仆课门人,以身心义理为先,待其将成学,然后许其读西书也。"①除"儒西不相碍"之说外,此处还重申了"先中后西"之说,必先有"中学",后纳"西学","然后收其用也"。"稍知西学,则尊奉太过,而化为西人"之学术现象,受到康有为严正斥责。

撰于1991年的《与洪右臣给谏论中西异学书》,先论"中西异学",后转而"抑西尊中"。其论"中西异学"云:"窃见近人言洋学者,尊之如帝天,斥之为夷狄,仆以为皆未深求其故者也。夫中西之本未绝异有二焉:一曰势,一曰俗。二者既异,不能以中国之是非绳之也。何谓势异?中国自从三代故为一统之国,地广邈,君亦日尊。以一君核万里之地,而又自私之,驾远驭,势有所限,其为法也守,其为治也疏,听民之自治。然亦幸赖其疏且守,若变而密,则百弊丛生矣。泰西自罗马之后,分为列国,争雄竞长,地小则精神易及,争雄则人有愤心,故其君虚己而下士,士尚气而竞功,下情近而易达,法变而日新。此势之绝异也。中国义理,先立三纲,君尊臣卑,男尊女卑,积之久,而君与男子,纵欲无厌,故君尊有其国,男兼数女。泰西则异是:君既多,则师道大行,而教皇统焉,故其纪元用师而不用君;君既卑,于是君民有平等之俗;女既少,则女不贱,于是与男同业,而无有别之义。此俗之绝异也。夫中国之教,所谓亲亲而尚仁,故如鲁之秉礼而日弱;泰西,所谓尊贤

---

① 《康有为全集》第一集,第324—325页。

而尚功,故如齐之功利而能强。所以至此者,盖由所积之势然,各有本末,中国、泰西,异地皆然,然不可一二言断是非也。"①

又论"抑西尊中"云:"然泰西之政,比于三代,犹不及也。三代有授田之制以养民,天下无贫民,泰西无之。三代有礼乐之教,其士日在揖让中,以养生送死,泰西则日思机智,惟强己而轧人,故其教养皆远逊于我先王也。"又云:"公谓西国之人专而巧,中国之人涣而钝,此则大不然也。我中人聪明为地球之冠,泰西人亦亟推之。自墨子已知光学、重学之法,张衡之为浑仪,祖暅之为机船,何敬容之为行城,顺席之为自鸣钟,凡西人所号奇技者,我中人千数百年皆已有之。泰西各艺皆起百余年来,其不及我中人明矣。……我聪明之士,则为诗文无用之学,以其愚下者为之,即有精巧者,又未尝鼓励也,则安能致巧?是盖政教之异,不得归咎于中人涣且钝也。"②"我中人聪明为地球之冠",这也许就是一个"事实判断",不能因为洋人三百年的"优秀"就否定"我中人"之"优秀"。就算它不是一个"事实判断","中国学者"也应该有这样的追求,有这样的坚持,有这样的自信。

撰于1891年的《新学伪经考》,基本未涉及儒、西关系问题,但有一段论中西文字的话可录之:"凡文字之先必繁,其变也简。故篆繁而隶简,楷真繁而行草简。人事趋于巧便,此天智之然也。以造文之始,必多为笔墨形象,而后其意始显。及其通用,但使为记号,而已可共晓。今泰西文自巴比伦文字而变为犹太,再变为希腊,又变为拉丁,然后为今法文,英文又从法文而变之,以音纪字,至简者也;拉丁之字稍繁焉。侍郎郭嵩焘使其地,得其三千年前古文字,皆是象形,与中国钟鼎略同。然则文字未有不始于繁,而终于简者也。"③此处比较中西文字,未见其抑中而扬西,与"五四式学者"力主废除汉字者,迥然不同。

---

① 《康有为全集》第一集,第336页。
② 《康有为全集》第一集,第337页。
③ 《康有为全集》第一集,第408—409页。

撰于1893年的《倡办南海同人局学堂条议》，倡导"中西学并教"，所列章程第一款为："设立学堂，中西学并教，中学课经、史、词、章，延一学问博雅者为院长，延一深通英文、数学者为西学教习，脩金随时酌议。"然"中西学并教"并非不分轻重，而是以"中学"为主，以"西学"为兼："吾乡人于西学颇得先声，考外国乡落皆有藏书楼，其学规皆通外国语言文字，而国家亦有同文、方言之馆。吾局亟宜因此时变，推广此意，设立学堂，讲求中国经、史、词、章，以通古今，兼习外国语言文学，以通中外。庶上以成人才而光国，下以开风气而厚生，善益莫大。"①先通"中学"，后习"西学"，主以"中学"，兼以"西学"，也就是"先中后西"、"中主西兼"，这个次序是不能颠倒的，这个轻重也是不能颠倒的。这也是康有为"援西入中"的一种方式。

撰于1894年的《桂学答问》，同样坚持这个"先中后西"的立场："圣道既明，中国古今既通，则外国亦宜通知。譬人之有家，必有邻舍，问其家事、谱系、田园，固宜熟悉。邻舍某某乃全不知，可乎？况乎相迫而来，我之所为，彼皆知之，彼之所为，我独不闻。尤其立国练才之道，今为学者略举其一二。若仅通外学而不知圣学，则多添一外国人而已，何取焉！"②不通"西学"只是不足，不通"圣学"则是丧本，先要"固本"，然后才能"强用"。

康有为此处所列"西学"诸书，涉及地志、律法、政俗、科学、交涉、数学等方面。地志如《瀛寰志略》、《英法俄美国志》、《万国通鉴》、《万国史记》、《四裔年表》、《日本图经》、《日本新政考》等；律法如《万国公法》、《星轺指掌》等；政俗如《列国岁计政要》、《西国近事汇编》、《西国学校论略》、《德国议院章程》、《西事类编》、《西俗杂志》、《普法战纪》、《铁轨道里表》、《使西记程》、《曾侯日记》、《环游地球日记》、《四述奇书》、《出使英法义比四国日记》、《使东述略》等；科学如《谈天》、《地理

---

① 《康有为全集》第二集，第8页。
② 《康有为全集》第二集，第23页。

浅识》、《天文图说》、《动物学》、《植物学》、《光学》、《声学》、《电学》、《重学》、《化学》、《西学大成》、《全体新论》、《化学养生论》、《格致鉴原》、《格致释器》、《格致汇编》等；交涉如《夷艘寇海记》、《中西纪事》、《中西关系略论》、《各国和约》等；数学如《几何原本》、《代数术》、《微积分》、《微积溯源》、《代微积拾级》、《数学启蒙》、《行素斋数学》等。[①]

康氏在此处强调的读书次第是："第一经义，第二史学，第三子学，第四宋学，第五小学及职官、天文、地理及外国书，第六辞章，第七涉猎。"[②] 又谓："为学之始，先以一二月求通孔子大义为主。五经、四书固所自熟，将《公羊》、《繁露》、《白虎通》、《孟子》、《荀子》、《大戴记》、《韩诗外传》、《尚书大传》及三史、《儒林传》、汉人经说，讲求而贯通之。是月也，但兼看《小学》及《宋元学案》，以为清心寡欲之助。诸书既通，则可分类并致，周、秦、西汉之子说可毕，三史亦通，《说文》、地图亦有所入，考订、议论、目录之书粗涉，词章亦以暇讽诵，外国要书及天文、地理亦讲贯毕。及半年以后，浩然沛然，旁薄有得，各经说，各史学，群书百家，皆可探讨，期年而小成，有基可立矣。"[③] 排到最先位置的是"孔子大义"，排到最末位置的是"外国要书及天文、地理"，可知康氏"先中后西"、"中主西兼"之立场，是很坚定的。当然，这也是"先儒后西"、"儒主西兼"之立场。

第二节　第二期："以西化儒（中）"

一、戊戌变法期间："以西化儒"与"以西化中"

光绪二十一年（1895）4月，清廷与日本签订《马关条约》，丧权辱

---

① 《康有为全集》第二集，第23页。
② 《康有为全集》第二集，第24页。
③ 《康有为全集》第二集，第24页。

国,号为"国耻"。

5月2日,康有为撰《上清帝第二书》(即《公车上书》),对于"本国文化"之信心开始动摇,"民族文化自信"渐失。开始转向用"以西化儒"之格式处理儒、西关系。

该书云:"宋臣姚燮谓:我之所为,彼皆知之,彼之所为,我独不闻,安得不为所制乎?尝考泰西之所富强,不在炮械军兵,而在穷理劝学。彼自七八岁人皆入学,有不学者责其父母,故乡塾甚多。其各国读书识字者,百人中率有七十人。其学塾经费,美国乃至八千万。其大学先徒,英国乃至一万余。其每岁著书,美国乃至万余种。其属郡县,各有书藏,英国乃至百余万册。所以开民之智者亦广矣。而我中国文物之邦,读书识字仅百之二十,学塾经费少于兵饷数十倍,士人能通古今、达中外者,郡县乃或无人焉。夫才智之民多则国强,才智之士少则国弱。土耳其天下陆师第一而见削,印度崇道无为而见亡,此其明效也。故今日之教,宜先开其智。"① "泰西之所富强,不在炮械军兵,而在穷理劝学",这是康氏对于中学与西学、儒学与西学之关系的重新定位,也是影响后世中国学人踏上"全盘西化"之路的一个关键判定。泰西之富强既源于其"学理",则中国富强之路就只有一条:弃中学以就西学。这是与"援西入中"完全不同的一个立场。

《上清帝第四书》(1895年6月30日)分析"泰西所以富强之由",不再只讲"穷理劝学"一项,而是并讲三项:一项是"千年来诸国并立也",一项是"立科以励智学也",一项是"设议院以通下情也"。自第一项而对"本国文化"提出批评云:"中国自古一统,环列皆小蛮夷,故于外无争雄竞长之心,但于下有防乱弭患之意。至于明世,治法尤密。"② 自第二项而对"本国文化"提出批评云:"以八股取士,以年劳累官,务困智名勇功之士,不能尽其学。一职而有数人,一人而兼数职,务为分

---

① 《康有为全集》第二集,第42页。
② 《康有为全集》第二集,第82页。

权制肘之法,不能尽其才。"①自第三项而对"本国文化"提出批评云:"道路极塞,而散则易治。上下极隔,而尊则易威。国朝因用明制,故数百年来大臣重镇,不闻他变。……若使地球未辟,泰西不来,虽后此千年率由不变可也。"②

一方面是批评"本国文化",目的在"以西化中";另一方面是赞美"西洋文化",目的也是"以西化中"。总之在康有为思想的第二期,"以西化中"是一个基本立场。

1896年至1897年间,康氏讲学于万木草堂,门人张伯桢辑为《南海师承记》,书中依然持"以西化中"之立场:"夫天下极深之理,一绘以显浅之图,则妇孺能明,庸愚索解。泰西教童子,自五岁至八岁,即以器学示之,如抛地球之类。自八岁至十二岁,即以印图示之。自十二岁至十六岁,自十六岁至二十三岁,仍习其业,朝夕讲求,凡一切物体皆能绘以图,或悬诸壁,或置之案,昭然森列,举目周知。昔美国芝加高大会之役,尽将罗马宫室、日耳曼宫室、巴比伦宫室、埃及宫室、红皮土番宫室、苗瑶洞之宫室,种种色色,光怪陆离,足括天下之奇观矣。故图表之学,泰西最盛。卑斯麦破法国,每兵一地图置于身。昔年刘永福征倭,全军十四万人,只有南海梁某绘得一图,比之卑斯麦之兵相去甚远。故曩者割巴面尔与俄国,举朝君臣大夫士庶皆愕震骇,未知何地。图学之不讲求,流弊如此。泰西强而中国弱,固其宜也。"③此处指出"图表之学"或"图学"方面的"中不如西",目的也是在"以西化中"。

1898年春撰《日本书目志》,立场还是一样的:"吾中国,大地之名国也,今则耗矣,哀哉! 以大地万国皆更新,而中国尚守旧故也。……物新则壮,旧则老,新则鲜,旧则黯,新则洁,旧则败,天之理也。今中

---

① 《康有为全集》第二集,第82页。
② 《康有为全集》第二集,第82页。
③ 《康有为全集》第二集,第230页。

国亦汲汲思自强而改其旧矣,而尊资使格,耆老在位之风未去,楷书割截之文,弓刀步石之制未除,补缀其一二,以具文行之,譬补漏糊纸于覆屋破船之下,亦终必亡而已矣。"①"终必亡"一语,乃是对"本国文化"提出的最严厉批评。

又云:"然泰西之强,不在军兵炮械之末,而在其士人之学、新法之书。凡一名一器,莫不有学:理则心伦生物,气则化光电重,蒙则农工商矿,皆以专门之士为之。此其所以开辟地球,横绝宇内也。……泰西于各学,以数百年考之,以数十国学士讲之,以功牌科第激厉之,其堂室门户,条秩精详,而冥冥入微矣。吾中国今乃始舍而自讲之,非数百年不能至其域也。彼作室而我居之,彼耕稼而我食之,至逸而至速,决无舍而别讲之理也。"②又云:"然即欲刮目取火以求明矣,而泰西百年来诸业之书万百亿千,吾中人识西文者寡,待吾数百万吏士识西文而后读之,是待百年而后可,则吾终无张灯之一日也。"③又云:"则欲译泰西诸学之要书,亦必待之百年而后可,彼环数十国之狡焉,思启者岂能久待乎?是诸学终不可得兴,而终不能求明而自强也。"④"非数百年不能至其域"、"是待百年而后可"、"必待之百年而后可"等语,乃是对于"西洋文化"的最高褒奖。

一方面是对"本国文化"的最严厉批评,另一方面是对"西洋文化"的最高褒奖,其"以西化中"之立场,不言自明。

《日本书目志》又以为"西洋史学"优于"中国史学",欲在史学方面实现"以西化中":"昔者大地未通,号史学者只识本国而已,其四裔记载仅为附庸。今则环球通达,天下为家,谈瀛海者,悉当以履门庭数米监视之。援古证今,会文切理,一开口即当合万国论之,否则虽以钱、王之学,亦村学究而已。然且地球之国,启自泰西,其政学、律例、风

---

① 《康有为全集》第三集,第263页。
② 《康有为全集》第三集,第263页。
③ 《康有为全集》第三集,第263页。
④ 《康有为全集》第三集,第263页。

俗,皆出于希腊、罗马。而法为罗马之宗邦,美开民主之新义,百余年来,为地球今古万岁转轴之枢,凡有三大端焉:一自倍根创新学而民智大开,易守旧而日新;一自哥伦布辟新地而地球尽辟,开草昧而文明;一自巴力门倡民权而君民共治,拨乱世而升平。故近今万国史学关涉重大,尤非旧史可比哉!……而《历史哲学》、《欧罗巴文明史》、《泰西通鉴》及《揽要》、《纲记》诸书,备哉粲烂,其印度、希腊、罗马、埃及、佛国革命史,皆可考焉。我之自论,不如鉴于人言,可去忌讳而洞膏肓,若鉴而用焉,皆药石也。支那诸史皆吾事,谓吾支那者,佛语也,若其教育、问答、试验诸书,以发童蒙,犹有裨焉。"①"粲烂"、"可考"、"药石"、"有裨"云云,均为"以西化中"之前提;"我之自论,不如鉴于人言"等语,更是"以西化中"之直白。

《日本书目志》甚至主张"以日为师":"日本以武门柄政,旧无国史,至德川氏始崇文学,而物茂卿、新井君美、赖襄之流乃出,始著史事,正史体裁犹未备,本无可采焉。惟自维新以来,大变政俗,以成富强。夫更化之初,变守旧之人心;推行之始,去积久之宿弊。新旧相接,其龃龉极多;甲乙相牵,其因连极远。先后缓急,其施用易误;宽猛互病,其操纵多方。有一失宜,哗阻即见。吾中国言变法数十年,而每变一法,弊端百出,反为守旧有藉口为攻击之地,而国未尝少收其效。夫道必有径,事必有门,层累艰阻,入焉而后知曲折,税银历过而乃出。日本与吾同在东方,同文同俗,同政同教,吾藉日本为经途,为探路,而后安步从之,蚁封九曲,从容驾驶,尽弃阻坂而驱坦途。以吾土地之大,人民之多而且智,而又先得乡导之宜,其速治而立效,虽数倍于日本可也。"②"安步从之"云云,就是"以日为师",或曰"以日化中"。至于"日本之路"是否可以,康氏此处并未深究。

《日本书目志》列举西洋"议院书"四十种后又云:"《尧典》曰:辟四

---

① 《康有为全集》第三集,第311—312页。
② 《康有为全集》第三集,第317—318页。

门,明四目,达四聪。《盘庚》:登进厥民,命众悉至于庭。《洪范》:谋及卿士,谋及庶人。《孟子》:左右皆曰贤,诸大夫皆曰贤,未可也,国人皆曰贤,然后用之;左右皆曰可杀,诸大夫皆曰可杀,勿听,国人皆曰可杀,然后杀之。黄帝曰'合宫',尧曰'总章',三代曰'明堂'。中国古固有议院哉!通天下之气,会天下之心,合天下之才,政未有善于议院者也。泰西之强基此矣,日本又用之而强矣。"①"中国古固有议院"之说,是以西洋议院制度强行"生解"中国古代政制,是政治制度方面的"以西化中"。

《日本书目志》又欲在"教育"方面实现"以西化中":"泰西之强,吾中人皆谓其船械之精、军兵之炼也,不知其学校教育之详也。故五十年来,吾中国亦讲军兵炮械,费帑万万,而益以藉寇兵而赍敌粮耳。此中西强弱之大键,不可不明辨也。日人之变法也,先变学校,尽译泰西教育之书、学校之章程。倍根氏之《教育学》,为泰西新变第一书,鲁氏、如氏、麟氏条理尤详矣。若《教育学新论》、《原论》、《普通学》诸书,备哉粲烂,无微不入矣。吾中国以先圣之教为文化大国,然士人知国而不知教,故重人主之富贵,而轻圣人之道义。……故危亡中国者,教为之也,非先圣之教也。……野皆愚民,庠皆愚士,朝皆愚吏,于此而国不危也,可得乎?试考各国教法之精粗疏密,可以知国之强弱盛衰矣。若夫其农工商业有专学,单级高等有别科,师范教育有细目,学校管理有法,教室教具有法。其他《澳独佛瑞学校概论》、《日本德国合级小学校》、《公私学校比较论》、《学校通纪》,皆兼备各国,精微详尽,皆可参观而思兼之,亦得失之林矣。观国者必本于是焉。"②又云:"能举一国之男女童而悉教之有法,则有四万万之才,何可当也!若举一国之男女童而不教之,或教之非其法,则举四万万之人而沉瘵之也。……令四万万之童幼不收其用而增其愚,此皆由小学之法之失也。"③此处康

---

① 《康有为全集》第三集,第330页。
② 《康有为全集》第三集,第408页。
③ 《康有为全集》第三集,第409页。

氏欲以"西式教育"化解"中式教育"。

1898年6月17日所撰《变法先后有序乞速备乾断以救艰危折》，论及政治上的"以西化中"："臣考察西论政，有三权鼎立之义。三权者，有议政之官也，有行政之官也，有司法之官也。夫国之政体，犹人之身体也。议政者譬若心思，行政者譬如手足，司法者譬如耳目，各守其官，而后体立事成。……今日岌岌救危，非有雷霆万钧之勇，不能振敝起衰；非设专一论思之官，不能改制立法。"①

1898年6月19日的《请御门誓众开制度局以统筹大局折》亦论及政治上的"以西化中"："臣愚以为，皇上不欲变法自强则已，若欲变法而求下手之端，非开制度局不可也。"②开制度局要涉及法律、度支、学校、农、工、商、矿、铁路、邮政、海军、民兵、民政等方面的变革，要涉及变科举、开学会、译西书、广游历以开民智等方面的问题，但更为根本的是政治上的变革："今之言变法者，皆非变法也，变事而已。言兵制，言学校，言铁路矿务，无论如何，大率就一二事上变之，而不就本原之法变之。故枝枝节节，迄无寸效。"③"本原之法"是什么？就是政治，就是政治上的"以西化中"。只有这样的变才非"变事"，而为"变法"："皇上已深知变法，而臣犹为此言者，以方今不变固害，小变仍害，非大变、全变、骤变，不能立国也。"④"全变"之说，已多少具有"全盘西化"的意味。

1898年6月所撰《日本变政考》，再次论及政治上的"以西化中"："泰西以财富兵力横行地球，越数万里而灭人国，削人土。咸惊其兵舰之精奇，或骇其制造之新巧。吾中国甲午以前所论西人，大率如此。近自甲午败后，讲求渐深，略知泰西之强，不在炮械军兵，而在学校，于是言学校者渐多矣。实未知泰西之强，其在政体之善也。其言政权有

---

① 《康有为全集》第四集，第86页。
② 《康有为全集》第四集，第88页。
③ 《康有为全集》第四集，第88页。
④ 《康有为全集》第四集，第87页。

三：其一立法官，其一行法官，其一司法官。立法官，论议之官，主造作制度，撰定章程者也；行法官，主承宣布政，率作兴事者也；司法官，主执宪掌律，强愆纠谬者也。三官立而政体立，三官不相侵而政事举。……今吾中国百司，皆行法之官，无立法之官也。维新之际，由旧必蹶。而一切新政，交部议之，是以行法官为立法官，犹以手足而兼心思，虽竭蹶从事，而手足之愚，岂能思乎？惟有乱败而已。日人变法之始，即知此义，定三权之官，无互用之害，立参与议立法官，故其政日新月异，而愈能通变宜民，盖得泰西立政之本故也。"①"三权分立"既是泰西富强之本，中国欲致富强，于政体一端自不能不"以西化中"："今欲行新法，非定三权，未可行也。"②

《日本变政考》又云："日本变法之始，先正定官制，可谓知本矣。……日本变法所以能有成者，以其变官制也。而其最要者，尤在分议政、行政为二官。盖行政官者，犹人之有肢体也；议政官者，犹人之有心思也。有肢体而无心思，不能成人；有行政而无议政，不能成国。今中国自总署各部，皆行政之官，而有事辄下之使议，是以手足而代心思之任，必不能当矣。故今日最急之务，当仿日本成法，设集议院以备顾问，然后一切新政，皆有主脑矣。"③此又为政治上之"以西化中"。

1898年8月所撰《请定立宪开国会折》，再次论及"政治西化"问题："臣窃闻东西各国之强，皆以宪法、开国会之故。国会者，君与国民共议一国之政法也。盖自三权鼎立之说出，以国会立法，以法官司法，以政府行政，而人主总之，立定宪法，同受治焉。人主尊为神圣，不受责任，而政府代之。东西各国，皆行此政体，故人君与千百万之国民，合为一体，国安得不强？吾国行专制政体，一君与大臣数为共治其国，

---

① 《康有为全集》第四集，第115页。
② 《康有为全集》第四集，第115页。
③ 《康有为全集》第四集，第135页。

国安得不弱?盖千百万之人胜于数人者,自然之数矣。……伏乞上师尧舜三代,外采东西强国,立行宪法,大开国会,以庶政与国民共之,行三权鼎立之制,则中国之治强,可计日待也。"①此处明确将"政治西化"目标定位为"行三权鼎立之制"。

1898年8月之《请君民合治满汉不分折》立场相同:"窃惟东西各国之所以致强者,非其政治之善、军兵炮械之精也,在其举国君民合为一体,无有二心也。……盖民合于一,而立宪法以同受其治,有国会以会合其议,有司法以保护其民,有责任政府以推行其政故也。"②又云:"若圣意既定,立裁满汉之名,行同民之实,则所以考定立宪国会之法、三权鼎立之义,凡司法独立,责任政府之例,议院选举之法,各国通例具存,但命议官遍采而慎择之,在皇上一转移间耳。合举国四万万人之身为一体,合四万万人之心为一心,其谁与吾敌!而岂复四顾旁皇,瞻畏邻敌哉?"③"三权鼎立"被视为拯救中国之唯一良方。

二、出亡海外前期:"以西化儒"与"以西化中"

光绪二十四年(1898)九月二十一日,慈禧太后发动政变,光绪帝遭幽禁,"戊戌六君子"被杀,康、梁出亡海外,变法至此失败。史称"百日维新"(1898.6.11—9.21)。

出亡海外前期(1898—1903),康有为并未放弃其"以西化中"之立场。1898年12月撰《论中国变政并无过激》,驳斥海外所谓"变法过激论"。关于"变科举",康氏的立场依然是:"是故以西人学校取士之法而论,则科举在所必废,而后始可以得真才。"关于"变官制",康氏的立场依然是:"吾闻日人变政也,布置在二十年以前,而收效在二十年以后。官制者,又为政治之所从出,及今为之,尚恐其不及也。"关于"变

---

① 《康有为全集》第四集,第424页。
② 《康有为全集》第四集,第425页。
③ 《康有为全集》第四集,第426页。

学校",康氏的立场依然是:"大学专门学,以四年为率,学二十年而才成,循序而升,维日维岁,盖育才若斯之难也。"①总之康氏的观点是"并非过激":"中国与日本人有同种同文同教之乐,远师欧美,近法明治,其成功更自易易,故三年而法度立。积数千年自尊自大古老之国,不有疾风,不有迅雷,而欲百果草木皆甲拆也,难矣哉!且后此当行之事甚繁也,若犹是泄泄沓沓,则中国变政之日久矣,于此何取焉?"②

1899年撰《致及门诸子书》,还是主张"西化":"方今中国之危,实在学术与人才两乏之故。地球万国,日日维新,科学新理,层出不穷。而我则仍守其旧,又何可长也。……惟有激厉志气,讲求新学,或大祸可免,而中国可强。……今中国皆无特出之才,凡国家之学,政教之理,治财治兵,皆宜用新法。"③

1900年7月撰《拳匪之乱天为复圣主而存中国说》,依然承认"泰西之理"乃是"人类公理":"夫以百年来各国之新政、新学、新法,诚人类公共之理,大地日新之机,进化自然之数。苟违其理,则陨落危亡立致矣。然以中国之旧弊,压力之层积,联力之深厚,障网亿重,弥天塞地,欲一旦荡涤而扫除之,有以知其难也。……历观各国之变法,皆流血成河,牵动大局,何况危弱如中国之地位者乎?"④

又有《答某国大员问新党执政之外交政策》(1900年7月),坚持"西化"之必要性:"西人各学,实为日新日精,将来中国各种科学皆开,必当请西人为之教习。我国土地至大,遍及州县,用人无数。昔日本变法,西士至于千人,我国十倍日本,当用西人几至万人。"又云:"内地农、工、商、矿各事,皆当整顿开创,皆当用西法行之。所有农、工、商、矿各事,用西人不可限量。"又云:"凡西人之在我内地,身命财产,我皆当极力保护之。"⑤

---

① 《康有为全集》第五集,第48页。
② 《康有为全集》第五集,第49页。
③ 《康有为全集》第五集,第131页。
④ 《康有为全集》第五集,第235页。
⑤ 《康有为全集》第五集,第239页。

1900年12月7日所撰《代上海国会及出洋学生复湖广总督张之洞书》，更是极言"泰西之理"为"地球之公理"："耳食一二西事，知之未全，便又自以为深通西学，于文明之学术，世界之公理，未尝梦见，亦未肯虚心求益，是实公之病根。"①又云："夫人人有自主之权一语，今日欧美诸国，无论其为政治家，其为哲学家，议会之所议，报章之所载，未有不重乎是者。若欲尽举其说，盈箱累箧而不能尽。列国著名之士，如法国之爱耳喜斯、孟德斯鸠、福禄特尔、卢骚、脱尔告、康德尔赛，英国之陆克、弥勒约翰、斯宾塞尔，德之堪德诸人，其所著之书，何一不言自由，何一不言平等，何一不言民权。此数人者，生于康、梁之前，昌言自主，欧美已实受其福。公目未睹西籍，亦将以康、梁之门徒死党罗织之乎？若以人人有自主之权为惨礉凶险，诬罔不道，犯上作乱，则诸人将为天下之罪人，何以声名遍于全球，各国争译其书，政治家人人仰之为山斗，其故何也？无他，公理之于地球，犹衣食之于吾身，不可一日无者。乃欧西诸名士，竭毕生之力以发明之。公一旦尽举而归之康、梁，且目为康、梁之唾余，毋亦太重视康、梁，而自安固陋矣。"②此处以西洋"自由"、"平等"、"民权"为"地球之公理"。

又云："且更征之各国之实例：法之革命也，天赋人权之说，载于宪法；美之独立也，权利自由之书，布之列邦；其他各国所有者，曰人民言论思想之自由权、曰出版之自由权、曰从教之自由权、曰立会之自由权、曰居住移转之自由权、曰身体之自由权、曰住所之自由权、曰信书秘密之自由权、曰产业之自由权，载之宪法，布之通国，人人实享其利益。岂亦在沪习闻者乎，岂亦以康、梁之说为新奇而私淑者乎，岂所谓求己之学乎，中国有一于是乎？公试一考西史，当亦哑然自笑矣。总之人人有自主之权，为地球之公理，文明之极点，无可訾议者也。若欲知其理之所以然，则诸家之说，原书具在，其理甚精，可详考也。"此处

---

① 《康有为全集》第五集，第328页。
② 《康有为全集》第五集，第328—329页。

以西洋"天赋人权"、"权利自由"、"人人有自主之权"为"地球之公理"。

又云:"国会者,立此会以兴中国者也,非发为议论以备采择者也。盖立会者,各有宗旨,不必仿上议院,不必仿下议院,备有自由。暴君不可得而制,民贼不可得而夺者也。故地球之上,苟称文明国者,其宪法所载,必使人人有立会之自由权。诚以会党者,国民之元气也。法无革命党,何以成民主?德无国民党,何以成联邦?意大利无烧炭党,何以脱外国之拘绊而成新造之国?凡兹三国,雄视于宇内,独立于地球,其始也皆自立会,且其立会之时,遭当事之忌不亚于今日。岂发为议论以备采择哉?"①此处以"人人有立会之自由权"为"地球之公理"。

又云:"今日地球通矣,公理愈发明矣。以公之学问见识,而欲与地球上之公理为敌,多见其不知量也。"②"公之左右,固多洋官西士,若一问之,其人虽陋,必不肯诬其本国,灭此公理,以求合公意者。"③"若夫许外国人之来就学,固出于欲普文明之学于地球之公心,其优待也,优其士之志也,非与别国之朝廷讲交谊、尽酬酢也。"④"勿谓天下可欺,勿谓公理可诬,自今以往,毋再饶舌,言尽于此,惟公自思。"⑤

《代上海国会及出洋学生复湖广总督张之洞书》,乃是20世纪开局之年中国顶级学者所撰"普世价值宣言",能普世者,"西学西理"也,被普世者,"中学中理"也。"五四"后"全盘西化"之源始在兹,今日中国学界喜言"普世价值"者之祖宗在兹,"中学中理"在近代全线崩溃之端绪在兹。

1900年12月所撰《驳之洞劝戒文》,又有"以西化儒"之言论:"若夫人人有自主之权,此又孔、孟之义也。《论语》曰:我不欲人之加诸我也,吾亦欲无加诸人。言己有主权,又不侵人之主权也。孔子曰:匹夫

---

① 《康有为全集》第五集,第330页。
② 《康有为全集》第五集,第331页。
③ 《康有为全集》第五集,第333页。
④ 《康有为全集》第五集,第334页。
⑤ 《康有为全集》第五集,第334页。

不可夺志也。又曰:己欲立而立人,己欲达而达人。己有立达之权,又使人人有之也。孟子曰:天之生斯民也,使先知觉后知,使先觉觉后觉也。人人直接于天而有主权,又开人人自主之权也。其他天爵自尊,藐视大人,出处语默,进退屈伸,皆人自主之。《易》曰:确乎不拔。《礼》曰:强立不反。贵自主也。故《春秋》书晋侯杀其世子申生,明父不得杀子;书天王杀其弟妄夫,明兄不得杀弟;书卫刺其大夫买,明君不得杀臣。以人皆天生,虽君、父不能专杀之也。地球各强国,人民无不有自主之权者。其有长上,以力压之者,无不死败。此又揽近百年事而可见。[①]"人人有自主之权","西学西理"也;"孔、孟之义","中学中理"也。以"孔、孟之义"而迎合"人人有自主之权",就是以"中学中理"而迎合"西学西理",就是以"西学西理"强行"生解""中学中理",就是"援儒入西",就是"以西化儒"。这样的思维方式,乃是百年以来中国学界之"主流学问框架"。

第三节 经学中之"以西化儒"

一、《中庸注》:"以西化儒"

出亡海外前期,康有为"避地于槟榔屿英总署之明夷阁",恨《中庸》一篇之"大义未光,微言不著","遂虑掩先圣之隐光,而失后学之正路",乃著《中庸注》,清光绪二十七年(1901)成书。先载《不忍》杂志第四册(1913),后由上海广智书局单行(1916),并收入《万木草堂丛书》。

《中庸注》何所作也?"以西化儒"之作也!详言之,"以西洋进化论生解儒学"之作也!既如是,则"反映了作者戊戌变法失败后的保守

[①] 《康有为全集》第五集,第337页。

思想和消极情绪"①之判定,乃不攻自破矣。

《中庸》云:"忠恕违道不远,施诸己而不愿,亦勿施于人。"康氏注云:"人莫不爱己,己欲立而立人,己欲达而达人,己所不欲,勿施于人。张子所谓以爱己之心爱人,则尽仁,孔子告子贡以一言行终身者。推己及人,乃孔子立教之本;与民同之,自主平等,乃孔子立治之本。故子思特揭之。"②此处是以西洋"自主平等"之说释读儒学。

《中庸》云:"故天之生物,必因其材而笃焉。故栽者培之,倾者覆之。"康氏注云:"天之生人,一视无私,而有富贵贫贱、愚智寿夭、安乐患难、诸夏夷狄之万殊迥别,惟有因之而已。譬如草木,美种而壮良者,天则繁植之;恶种而微弱者,天则剪覆之也。物竞天择,优胜劣败,孔子发天因之理以劝之,竞于大德,而后克受天休也。"③,此处是以西洋"进化论"及"社会达尔文主义"释读儒学。

《中庸》云:"故君子尊德性而道问学,致广大而尽精微,极高明而道中庸,温故而知新,敦厚以崇礼。"康氏注云:"然天人进化,无有穷尽,不可守旧以自安。凡已过之故迹,可温寻考验,以证其得失。凡未著之新理,可深思力索,以知其变通。夫故者,大地千万年之陈迹,不温寻之,则不知进化之由,虽欲维新而恐误;新者,万物无穷尽之至理,不考知之,无以为进化之法,虽能胜古而亦愚。孔子甚爱古迹,尤好新法。法者,其义相关,故戒守旧之愚害,而亦不可为灭古之卤莽了。"④此处是以西洋"进化论"释读儒学。

《中庸》云:"王天下有三重焉,其寡过矣乎!"康氏注云:"三重者,三世之统也。有拨乱世,有升平世,有太平世。拨乱世,内其国而外诸夏;升平世,内诸夏而外夷狄;太平时,内外远近大小若一。每世之中,又有三世焉。则据乱亦有乱世之升平、太平焉;太平世之始,亦有其据

---

① 《哲学大辞典·中国哲学史卷》,第117页。
② 《康有为全集》第五集,第374页。
③ 《康有为全集》第五集,第376—377页。
④ 《康有为全集》第五集,第386页。

乱、升平之别。每小三世中,又有三世焉。于大三世中,又有三世焉。故三世而三重之,为九世。九世而三重之,为八十一世。展转三重,可至无量数,以待世运之变,而为进化之法。此孔子制作所以大也。盖世运既变,则旧法皆弊而生过矣。故必进化而后寡过也。"①此处是以西洋"进化论"释读儒学。

《中庸》云:"故君子之道,本诸身,征诸庶民,考诸三王而不谬,建诸天地而不悖,质诸鬼神而无疑,百世以俟圣人而不惑。"康氏注云:"三十年为一世,百世则三千也。孔子发明据乱、小康之制多,而太平、大同之制少,盖委曲随时,出于拨乱也。孔子之时,世尚多稚,如养婴儿者,不能遽待以成人,而骤离于襁褓。据乱之制,孔子之不得已也。然太平之法、大同之道,固预为灿陈,但生非其时,有志未逮耳。进化之理,有一定之轨道,不能超度。既至其时,自当变通。"②此处是以西洋"进化论"释读儒学。

《中庸》云:"万物并育而不相害,道并行不相悖。小德川流,大德敦化。此天地之所以为大也。"康氏注云:"盖尝论之,以古今之世言之,有据乱、升平、太平之殊,不可少易。而以大地之世言之,则亦有拨乱、升平、太平之殊,而不可去一也。即以今世推之,中国之苗瑶侗僮,南洋之巫来由吉宁人、非洲之黑人、美洲之烟剪人,今据乱世之据乱矣;印度、土耳其、波斯颇有礼教政治,可谓据乱之升平矣;若美国之人人自主,可谓据乱之太平矣。今治苗瑶黎侗、非洲黑人之法,必设以酋长,别其男女,教之读书,粗定法律,严其争杀,导之礼让,斯可矣。若遽行美国之法,则躐等而杀争必多。待进化至于印度、波斯,乃可进变于美国也。太平与据乱相近而实远,据乱与升平相反而实近。而美国风俗之弊坏,宜改良进化者,其道固多。若所以教中国之苗人、非洲之黑人,则教据乱之法,尚不能去也。将来太平之世,各种未齐,亦必有

---

① 《康有为全集》第五集,第387页。
② 《康有为全集》第五集,第388页。

太平之据乱者存,此亦无如何者也。故今者大地之中,三世之道并行,法则悖矣,而治世之意各得其宜,则未尝小悖也。中国之苗瑶侗僮、番黎狆狑,与我神明之胄并育一也,各用其据乱、升平之道而不相害。美洲之土人与白人并育一也,各用其据乱、升平之道而不相害。非洲黑人与白人并育一也,各用据乱、升平之道而不相害。若夫一世之中,条理万千,乃成治法,如百川之纷流焉。礼仪三百,威仪三千,孔子之小德也;若其大者,无论治法之相反相悖,要以仁民爱物,加厚而进化之知仁勇,孔子之大德也。惟其道能错行代明,并育不害,并行不悖,此孔子所以与天地同大也。"①此处先以西洋"进化论"释读儒学,然后以"儒化进化论"释读"世界史"。

《中庸》云:"惟天下至诚,为能经纶天下之大经,立天下之大本,知天地之化育,夫焉有所倚?"康氏注云:"知天地之化育,盖言《易》也。《易》道阴阳,言天地之道,万物之理,消息之微,死生之故,变通进化之故,尤为微妙。"此处是以西洋"进化论"释读儒学。

二、《孟子微》:"以西化儒"

出亡海外前期,康有为又撰《孟子微》,继续其"以西化儒"之旅。

《孟子微》撰于清光绪二十七年(1901),初刊于《不忍》杂志第一册,曾选载于《新民丛报》第十、十三、十七、十九、二十号。后收入《康南海文集汇编》(1914),另有上海广智书局万木草堂丛书本(1916)。

全书以类编形式,将《孟子》七篇重新勒为十八篇,分别为:总论、性命、心身、仁义、礼智、孝弟、仁不仁、王霸、仁政、同民、政制、外交、战、贵耻、师友、辨说、论古、辟异。每篇分若干章,每章之后加上康氏之长篇按语与评论。全书之中心思想是以"西学西理",尤其是西洋之"进化论""生解"儒学。认为颜渊死后,传孔子《春秋》三世、大同之学者,惟孟子一人而已,而后世《孟子》诸注家却并未发明此义。

---

① 《康有为全集》第五集,第390页。

《孟子微》之"序"云："《春秋》本仁,上本天心,下该人事,故兼据乱、升平、太平三世之制。子游受孔子大同之道,传之子思。而孟子受业于子思之门,深得孔子《春秋》之学而神明之。"①又云："然则孟子乎,真传子游、子思之道者也,直指本来,条分脉缕,欲得孔子性道之原、平世大同之义,舍孟子乎莫之求矣。颜子之道不可得传,得见子游、子思之道,斯可矣。孟子乎,真孔门之龙树、保罗乎！……孟子之义,由子游、子思而传自孔子,非孟子所创也。民贵君轻,乃孔子升平之说耳。"②

　　《孟子微》之"《新民丛报》本序"云："举中国之百亿万群书,莫如《孟子》矣。传孔子《春秋》之奥说,明太平大同之微言,发平等同民之公理,著隶天独立之伟义,以拯普天生民于卑下钳制之中,莫如孟子矣！"③"平等同民之公理"属于"西学西理",撰写《孟子微》之目的,就在以"西学西理"重新释读(或曰"发明")"孔孟之义"。

　　《孟子·滕文公上》"滕文公为世子"一段,康氏释读云："盖天之生物,人为最贵,有物有则,天赋定理,人人得之,人人皆可平等自立,故可以全世界皆善。……尧舜者,太平大同之道也,孔子立三世,有拨乱,有升平,有太平。家天下者,莫如文王,以文明胜野蛮,拨乱升平之君主也;公天下者,莫如尧舜,选贤能以禅让,太平大同之民主也。"④此处以西洋"平等"之说、"进化"之说、"民主"之说释读儒学。

　　《孟子·公孙丑上》"孟子曰:人皆有不忍人之心"一段,康氏释读云："不忍人之心,仁也,电也,以太也,人人皆有之,故谓人性皆善。……人道之仁爱,人道之文明,人道之进化,至于太平大同,皆从此出。……言性善者,平世之法,令人人皆有平等自立,故其法进化向上为多,孟子之说是也。各有所为,而孟子之说远矣。待人厚矣,至平

---

① 《康有为全集》第五集,第411页。
② 《康有为全集》第五集,第412页。
③ 《康有为全集》第五集,第412页。
④ 《康有为全集》第五集,第413页。

世之道也。人人有是四端,故人人可平等自立。"①此处以西洋"电"之说、"以太"之说、"进化"之说、"平等"之说释读儒学。

《孟子·尽心上》"孟子曰:君子之于物也,爱之而弗仁"一段,康氏释读云:"孔子立三世之法:拨乱世仁不能远,故但亲亲;升平世仁及同类,故能仁民;太平世众生如一,故兼爱物。仁既有等差,亦因世为进退大小。大同之世,人人不独亲其亲,子其子;禹稷当平世,视人溺犹己溺,人饥犹己饥,人人平等,爱人若己,故平世之仁广远,不独亲亲矣。……凡世有进化,仁有轨道,世之仁有大小,即轨道大小,未至其时,不可强为。孔子非不欲在拨乱之世遽行平等、大同、戒杀之义,而实不能强也。可行者乃谓之道,故立此三等以待世之进化焉。"②此处以西洋"平等"之说、"进化"之说释读儒学。

《孟子·万章上》"天之生此民也,使先知觉后知"一段,康氏释读云:"以仁为任,民智未开则觉其愚,民有患难则同其凶,故一在觉民,一在救民,此乃天生人道之公理也。人人皆天生,故不曰国民而曰天民。人人既是天生,则直隶于天,人人皆独立而平等,人人皆同胞而相亲如兄弟。"③此处以西洋"人道之公理"之说、"独立而平等"之说释读儒学。

《孟子·尽心上》"天下有善养老,则仁人以为己归矣"一段,康氏释读云:"愚谓生人皆同胞同与,只有均爱,本无厚薄,爱之之法,道在平均。虽天之生人,智愚强弱之殊,质类不齐,竞争自出,强胜弱败,物争而天自择之,安能得平?然不平者天造之,平均者圣人调之。……至各国殖民之地,若新辟之美洲,草昧之巴西,则固可行之。英人傅氏,言资生学者,亦有均民授田之议。傅氏欲千人分十里地以生殖,千人中士农工商之业通力合作,各食其禄,此则孔子分建之法,

---

① 《康有为全集》第五集,第414页。
② 《康有为全集》第五集,第415—416页。
③ 《康有为全集》第五集,第417页。

但小之耳,终不能外孔子之意矣。盖均无贫、安无倾,近美国大倡均贫富产业之说,百年后必行孔子均义,此为太平之基哉!"①此处以西洋"进化"之说、"资生"之说、"均贫富"之说释读儒学。

《孟子·梁惠王下》"左右皆曰贤,未可也"一段,康氏释读云:"此孟子特明升平,授民权、开议院之制,盖今之立宪体,君民共主法也。今英、德、奥、意、日、葡、比、荷、日本,皆行之。左右者,行政官及元老顾问官也;诸大夫,上议院也;一切政法,以下议院为与民共之,以国者,国人公共之物,当与民公任之也。孔子之为《洪范》曰'谋及卿士,谋及庶人'是也,尧之师锡众曰'盘庚之命众至庭',皆是民权共政之体,孔子创立,而孟子述之。惜后世人君,为老子、韩非尊君卑臣、刑名法术、督责钳制所乱,此法不行耳。然斟酌于君民之间,升平之善制也。"②此处以西洋之"民权"之说、"君主立宪制"、"民权共政之体"释读儒学。

《孟子·尽心下》"民为贵,社稷次之,君为轻"一段,康氏释读云:"此孟子立民主之制,太平法也。盖国之为国,聚民而成之,天生民而利乐之。民聚则谋公共安全之事,故一切礼乐政法皆以为民也。但民事众多,不能人人自为公共之事,必公举人任之。所谓君者,代众民任此公共保全安乐之事,为众民之所公举,即为众民之所公用。民者如店肆之东人,君者乃聘雇之司理人耳。民为主而君为客,民为主而君为仆,故民贵而君贱易明也。众民所归,乃举为民主,如美、法之总统。然总统得任群官,群官得任庶僚,所谓得乎丘民为天子,得乎天子为诸侯,得乎诸侯为大夫也。今法、美、瑞士及南美各国皆行之,近于大同之世,天下为公,选贤与能也。孟子已早发明之。"此处以西洋"民主之制"、"选举之法"释读儒家。

《孟子·离娄下》"禹、稷当平时,三过其门而不入"一段,康氏释读

---

① 《康有为全集》第五集,第420页。
② 《康有为全集》第五集,第421页。

云:"《春秋》要旨分三科,据乱世、升平世、太平世,以为进化。《公羊》最明,孟子传《春秋公羊》学,故有平世、乱世之义,又能知平世、乱世之道各异。……故独立自由之风,平等自主之义,立宪民主之法,孔子怀之,待之平世,而未能遽为乱世发也。以乱世民智未开,必当代君主治之,家长育之,否则团体不固,民生难成。未至平世之时而遽欲去君主,是争乱相寻,至国种夷灭而已。……故君主之权、纲统之役、男女之别、名分之限,皆为乱世法而言之。至于平世,则人人平等有权,人人饥溺救世,岂复有闭门思不出位之防哉?若孔子生当平世,文明大进,民智日开,则不必立纲纪、限名分,必令人人平等独立,人人有权自主,人人饥溺救人,去其塞,除其私,放其别,而用通、同、公三者,所谓易地则皆然,故曰'礼时为大'。"①此处以西洋"进化"之说、"独立自由"之说、"平等自主"之说、"人人平等独立"之说、"人人有权自主"之说释读儒学。

《孟子·尽心上》"孟子曰:万物皆备于我矣,反身而诚"一段,康氏释读云:"至于推行为太平道,则推己及人,莫如强恕。则人己不隔,万物一体,慈悯生心,即为求仁之近路。曾子言孔子之道,忠恕而已。仲弓问仁,孔子告以己所不欲,勿施于人。子贡问终身行,孔子告以恕。故子贡明太平之道曰:我不欲人加诸我,吾亦欲无加诸人。人人独立,人人平等,人人自主,人人不相侵犯,人人交相亲爱,此为人类之公理,而进化之至平者乎!此章孟子指人证圣之法、太平之方,内圣外王之道,尽于是矣,学者宜尽心焉。"②此处以西洋"独立"、"平等"、"自主"之说以及"进化"之说释读儒学。

《孟子·告子上》"孟子曰:乃若其情,则可以为善矣"一段,康氏释读云:"此明天生民以物则善性,人人可为善也。……盖惟人人有此性,而后得同好仁而恶暴,同好文明而恶野蛮,同好进化而恶退化。积

---

① 《康有为全集》第五集,第421—422页。
② 《康有为全集》第五集,第422—423页。

之久,故可至太平之世、大同之道、建德之国也。若无好懿德之性,则世界只有退化,人道将为禽兽相吞食而立尽,岂复有今之文明乎?此孟子探天则而为言,推人道于至贵,令人不自暴弃,以为太平之基者乎!其情可为善,乃所谓善,此孟子性善说所由来也,即董子以为善质者也。"①此处以西洋"进化"之说释读儒学。

《孟子·离娄上》"孟子曰:天下有道,小德役大德"一段,康氏释读云:"此明仁不仁之敌不敌。人道竞争,强胜弱败,天之理也。惟太平世,则不言强力,而言公理。言公理,则尚德尚贤。然而文王以百里而兴,纣以天下而亡,则仁最强,不仁为最弱矣。秦、隋之全盛,而胡亥、杨广亡于匹夫。汉光武、唐太宗、宋太祖皆起布衣而有天下。览观今古,故孔子诵《诗》至此曰'大哉天命',君子不可不戒惧,黎民不可不劝勉也。"②此处以西洋之"进化"之说、"公理"之说释读儒学。

《孟子·梁惠王上》"孟子见梁襄王"一段,康氏释读云:"此言能仁而不嗜杀者,能一天下。……孟子此言,可谓深切,足为万世法矣。若天下之定于一,此乃进化自然之理。……故禹时万国,汤时三千国,武王时千七百国,春秋时兼并余二百余国,孟子时七国,卒并于秦。汉时开陇、蜀、粤、闽、交趾,通西域三十六国。至元时奄有印度、波斯、天方、西伯利部而一亚洲。即泰西亦自亚力山大兼并希腊十二国,埃及、波斯、罗马继之,乃成大国。凡大地皆自小并至大,将来地球亦必合一,盖物理积并之自然。……孟子此言,盖出于孔子大一统之义。将来必混合地球,无复分别国土,乃为定于一、大一统之征,然后太平大同之效乃至也。"③此处以西洋"进化"之说释读儒学以及中国史、世界史。

《孟子·滕文公上》"滕文公问为国"一段,康氏释读云:"孔子道主

---

① 《康有为全集》第五集,第 426—427 页。
② 《康有为全集》第五集,第 448 页。
③ 《康有为全集》第五集,第 451 页。

进化,不主泥古,道主维新,不主守旧。时时进化,故时时维新。《大学》第一义在新民,皆孔子之要义也。孟子欲滕进行于平世,去其旧政,举国皆新,故以仁政新之。盖凡物旧则滞,新则通;旧则板,新则治;旧则锈,新则光;旧则腐,新则鲜。伊尹曰:用其新,去其陈,病乃不存。天下不论何事何物,无不贵新者。孟子舍新子之国,盖孔门非常大义,可行于万世者也。"①此处以西洋"进化"之说释读儒学。

《孟子·梁惠王下》"庄暴见孟子"一段,康氏释读云:"孟子善于说辞,纳约自牖,因小事而皆见民义。如此独乐不如与人乐,少乐不若与众乐,实是人情。故非地球太平大同,人人独立平等,民智大开,尽除人患,而致人乐,不能致众乐也。孟子一通仁说,推波助澜,逢源左右,触处融碎。今泰西茶会动至数千人,赛会燃灯至数百万人,其余一切会,皆千数百人,皆得众乐之义。孟子为平等大同之学,人己平等,各得其乐,固不肯如暴君民贼,凌虐天下,以养一己之体,而但纵一人之欲,亦不肯为佛氏之绝欲、墨子之尚俭,至生不歌,死无服,裘葛以为衣,跂屩以为服,使民忧,使民悲也。"②此处以西洋"平等"之说释读儒学。

《孟子·万章上》"万章曰:尧以天下与舜,有诸"一段,康氏释读云:"此明民主之义。民主不能以国授人,当听人之公举。《记·礼运》所谓'大道之行,天下为公,选贤与能'也。朝觐、讴歌、讼狱所归者,天下归往,谓之王,民之所归,即天之所与也。故《书》曰:灵承于帝,灵承于旅。三人占,则从二人,讴歌朝觐同,则归多者得举。不之者,言少耳。以民情验天心,以公举定大位,此乃孟子特义,托尧舜以明之。"③此处以西洋"民主"之说释读儒学。

《孟子·万章上》"万章问曰:人有言,至于禹而德衰"一段,康氏释

---

① 《康有为全集》第五集,第455页。
② 《康有为全集》第五集,第462页。
③ 《康有为全集》第五集,第463页。

读云:"此明君民共主之义。民思贤主,则立其子,如法之再立罅礼拿破仑第三也。或民主,或君主,皆因民情所推戴,而为天命所归依,不能强也。乱世、升平世、太平世,皆有时命运遇,不能强致,大义则专为国民。若其因时选革,或民主,或君主,或君民共主,迭为变迁,皆必有之义,而不能少者也。即如今大地中,三法并存,大约据乱世尚君主,升平世尚君民共主,太平世尚民主矣。此孟子遍论三世立主之义,其法虽不同,而其因时得宜,则一也。"①此处以西洋"民主"之说释读儒学。

《孟子·尽心上》"公孙丑曰:伊尹曰:予不狎于不顺,放太甲于桐,民大悦"一段,康氏释读云:"此二章,明君不仁可放弑之义。民者,天所生也。国者,民共立也。民各营其私业,必当有人代执其公事。如一公司之有千万分,不能不举一司理人以代理焉。君者,国民之代理人也。代理人以仁养民,以义护民,众人归心,乃谓之君。所谓天下归往,谓之王则可。常为司理,如有侵吞,已当斥逐,况于残虐为民贼乎?亿兆怒之,无助之者,是谓'一夫'。孟子正共名曰'贼',去其所有曰'一夫'。英杀其君查理第十一,而议院开;法杀路易、逐罅礼拿破仑,而民权定;奥逐飞蝶南,而立宪成;意之奈坡里,则逐其王,至从他国矣。公理既明,民权大倡,孟子实为之祖也。……若平世,则民权既兴,宪法大定,不贤则放逐,乃公理也。"②此处以西洋"民主"之说、"民权"之说、"公理"之说释读儒学。

《孟子·告子下》"任人有问屋庐子曰:礼与食孰重"一段,康氏释读云:"此明乡饮酒燕飨亲迎之礼。盖食色性也,圣人因人道而节文以礼,制为乡饮酒礼、公食大夫礼、飨礼、宴礼、十昏礼,与天下行之,以为人道之弥文。饮酒之礼,则一饮百拜。亲迎之礼,则男先于女。饮食易贪,不以退让,故累揖累拜。男子太强,教以平等,故御轮执辔。分

---

① 《康有为全集》第五集,第464页。
② 《康有为全集》第五集,第465页。

阶直让,奠雁至门,平等之道,廉让之义,于兹寓焉。"①此处以西洋"平等"之说释读儒学。

《孟子·离娄下》"子产听郑国之政"一段,康氏释读云:"孟子明平政之义。天生人本平等,故孔子患不均。《大学》言平天下,不言治天下。《春秋》、孟子言平世,不言治世,盖以平为第一义耳。平政者,行人人平等之政。如井田,其一端也。孔子、孟子欲天下之人无一夫失所,仅济一人,非所尚也,故借子产而明之。"②此处以西洋"平等"、"人人平等"之说释读儒学。

《孟子·滕文公下》"圣王不作,诸侯放恣,处士横议"一段,康氏释读云:"数论、时论、尼犍、耆那,佛氏号四大外道而辟之,若孟子之辟杨、墨矣。耆那教至今犹在印度,其徒二十五万人,若佛教几绝无人,但不传教入中土,故人不知之。此犹孔子一统,而老学犹存焉。希腊、波斯,则有祚乐阿士对之教,必亦诸子并出。是时诸子杂出,立说者二十余人。自腓利细底首传印度四韦陀,波斯祚乐阿士对反腓尼基之学,其说主一神,生而有一动一静,而生五行,颇同吾太极生两仪之说。兑剌士继之,首创三百六十五日为年,以水为万物之本,犹中土天一生水之义也。其弟子阿那吉满大创言月无光,为日所照,以万物自有根本,隐而不露,无穷无尽。巴拉国拉士主诚意省身,修威仪,信轮回,并教男女以天文地理,动植之物皆出于数。仁诺注内士善诗,独尊上帝,以为人心皆同,故日以周游劝教为事。把门义兑以人物皆生于暖气,人智分有定无定二者。阿那基内美士创黄黑道,以气为万物之本。希拉基督士亦以气为物本,而根于火,以变化生物皆出于火,其理至精矣,非世诈伪,高尚不仕。阿那哥拉士为索格底之师,以万物皆有元质,无终始而有聚散,至无而会至有,至小而成至大,然元质尚有主宰之者。敌恶知内士以万物皆有吸拒,以物生于气,气生于魂,魂出于

---

① 《康有为全集》第五集,第466页。
② 《康有为全集》第五集,第472页。

活,活出于灵明。恩比多吉立士则明地、水、火、风四元,而主仁明轮回。敌魔基督士发天地皆虚、一切惟心之说。百罗发有疑无信之教。地傲皆内士以苦行名于世,若陈仲子。爱比去路以纵身欲穷天理,若杨朱。仁诺主明理行善,安命守道,与朱子近。及索格底出,则为道德之宗。其弟子伯拉多,再传亚利士滔图,皆守其说。而亚利士滔兼及物理学,而攻诡辨之教,怀疑之教,与孟子略同矣。"①此处以亚里士多德释读孟子,以整个"古希腊哲学史"释读孟子辟杨、墨之背景。因此段文字写于1901年,故在"西洋哲学输入中国史"及"中西哲学比较研究史"上,亦应占重要地位。

《孟子·滕文公上》"有大人之事,有小人之事"一段,康氏释读云:"中古人与人争地,故以灭国俘虏为大功。上古人与兽争,故以烈山泽、逐禽兽为大功。尧舜之时,兽蹄鸟迹之道交于中国。至周公时,尚以兼夷狄、驱猛兽为言。今则中原大地,猛兽绝迹,田猎无取,此后人道大强,兽类将灭。盖生存竞争之理,人智则灭兽,文明之国则并野蛮,优胜劣败,出自天然。而所以为功者,亦与时而推移。野蛮既全并于文明,则太平而大同矣。猛兽既全并于人类,惟牛马犬羊鸡豕豢养服御者存,则爱及众生矣。此仁民爱物之等乎?"②此处以西洋"进化"之说、"文明野蛮"之说释读儒学。

《孟子·滕文公上》"夷子曰:儒者之道,古之人若保赤子"一段,康氏释读云:"爱无差等,与佛氏冤亲平等相近。平等之义,但言人类平等则可,孔子所以有升平、太平之说。若爱,则虽太平、大同亦有差等,盖差等乃天理之自然,非人力所能强为也。父母等于路人,以路人等于父母,恩爱皆平,此岂人心所忍出乎?离于人心,背于天理,教安能行?故孟子以墨子为无父也。孟子直指礼教之本,发明其天良,于是夷子怃然。盖亦知其教不可行矣。"③此处以西洋"平等"之说释读儒学。

---

① 《康有为全集》第五集,第493—494页。
② 《康有为全集》第五集,第496页。
③ 《康有为全集》第五集,第497页。

《孟子·公孙丑下》"彼一时,此一时也。五百年必有王者兴,其间必有名世者"一段,康氏释读云:"平世曰平,乱世曰治,此进化之差也。不忍之心,圣贤至盛,安民之志,朝夕系怀。不获乎上,无以治民,既遇英主,更思藉手。此三章见孟子忠厚之心,爱恋之意,拳拳知遇,感人至怀。"①此处以西洋"进化"之说释读儒学。

总之,《孟子微》者,"以西化儒"之作也。"西"指的就是"西学西理"。"西学西理"指的就是"进化"之说、"平等"之说、"民权"与"民主"之说、"公理"之说等等。

三、《礼运注》:"以西化儒"

出亡海外前期,1901—1902 年间,康有为避居新加坡、印度,遍注四书,兼注《礼记·礼运》,继续其"以西化儒"之旅。

《礼运注》之"叙"载于 1913 年《不忍》杂志第五册,正文则连载未毕。1916 年上海广智书局出单行本。全书主旨则以西洋"进化"之说,溶合今文《春秋》之公羊三世说,对《礼记·礼运》分条评注,阐发"孔氏之微言真传"。认为"今者中国已小康矣,而不求进化,泥守旧方,是失孔子之意,而大悖其道";认为"进化"之阶梯只能"循序而行",不能"躐等"。

《礼记注》之"叙"云:"读至《礼运》,乃浩然而叹曰:孔子三世之变,大道之真,在是矣;大同小康之道,发之明而别之精,古今进化之故,神圣悯世之深,在是矣;相时而推施,并行而不悖,时圣之变通尽利,在是矣。是书也,孔氏之微言真传,万国之无上宝典,而天下群生之起死神方哉!"②又云:"今者中国已小康矣,而不求进化,泥守旧方,是失孔子之意,而大悖其道也,甚非所以安天下乐群生也,甚非所以崇孔子同大地也。且孔子之神圣,为人道之进化,岂止大同而已哉!"③此处均以西

---

① 《康有为全集》第五集,第 502 页。
② 《康有为全集》第五集,第 553 页。
③ 《康有为全集》第五集,第 553—554 页。

洋"进化"之说释读儒学。

《礼运》"昔者,仲尼与于蜡宾"一段,康氏释读云:"孔子以群生同出于天,一切平等,民为同胞,物为同气,故常怀大同之志,制太平之法,而生非其时,不能遽行其大道。"①此处以西洋"平等"之说释读儒学。

《礼运》"孔子曰:大道之行也,与三代之英"一段,康氏释读云:"大道者何?人理至公,太平世大同之道也。三代之英,升平世小康之道也。孔子生据乱世,而志常在太平世,必进化至大同,乃孚素志。至不得已,亦为小康。而皆不逮,此所由顾生民而兴哀也。"又云:"讲信修睦者,国之与国交,人之与人交,皆平等自立,不相侵犯。"又云:"公者,人人如一之谓,无贵贱之分,无贫富之等,无人种之殊,无男女之异。分等殊异,此狭隘之小道也;平等公同,此广大之道也。"②此处以西洋"进化"之说、"平等"之说释读儒学。

《礼运》"孔子曰:呜呼哀哉！我观周道,幽、厉伤之,吾舍鲁何适矣"一段,康氏释读云:"孔子以大同之道不行,乃至夏、殷、周三代之道皆无征而可伤。小康亦不可得,生民不被其泽。久积于心,乃触绪大发,而生哀也。孔子于民主之治,祖述尧舜;君主之治,宪章文武。然周亡于幽、厉,平王夷为列国,王迹已熄,天下不康,遂为乱世。茫茫天地,浮海居夷,亦无所就。既生于鲁,舍之何适?况鲁犹秉礼,犹叩一变至道也。"③此处以西洋"民主"之说释读儒学。

《礼运》"故圣人耐以天下为一家,以中国为一人者"一段,康氏释读云:"此为人道之义,自一人、一家、一国施之者也。其他国与国交,人与人交,平等而可絜矩,至公而可互行者,则信睦为凡人之公利,争杀为凡人之公患。故讲信修睦,尚让禁夺,实为人道之公理,可行之天下。"④

---

① 《康有为全集》第五集,第554页。
② 《康有为全集》第五集,第555页。
③ 《康有为全集》第五集,第557页。
④ 《康有为全集》第五集,第561页。

此处以西洋"平等"之说释读儒学。

《礼运》"五行之动,迭相竭也"一段,康氏释读云:"五行之名,不过化物明理,不必泥金、木、水、火、土也。印度以地、水、火、风为四行,希腊亦同,加以气为一行,此求之实义者。要大地前圣之制,若行其意,犹同近言六十四原质,恐将来亦可破,但在前民用而已。"①此处以西洋之"希腊哲学"以及科学中"元素"之说释读儒学。

《礼运》"故人者,天地之心也,五行之端也"一段,康氏释读云:"盖物得五行之余气,而人得五行端首之气,故超然贵于万物也。以其有智慧文理,故口能食味,耳能别声,目能被色,精益求精,以求进化,礼以节之,此所以日启文明也。"②此处以西洋"进化"之说释读儒学。

《礼运》"故圣人修义之柄,礼之序,以治人情"一段,康氏释读云:"如人道之用,不出饮食、衣服、宫室、器械、事为,先王皆有礼以制之。……后此之以楼代屋,以电代火,以机器代人力,皆可例推变通,尽利实,为义之宜也。拘者守旧,自谓得礼,岂知其阻塞进化、大悖圣人之时义哉!此特明礼是无定,随时可起,无可泥守也。"③此处以西洋"进化"之说释读儒学。

四、《春秋笔削大义微言考》:"以西化儒"

出亡海外前期,康有为又补撰《春秋笔削大义微言考》(1901年补作),以稽考形式,阐发孔子笔削《春秋》之微言大义。认为"当今进至升平",应"君与臣不隔绝而渐平,贵与贱不隔绝而渐平,男与女不压抑而渐平"。又以西洋"政体"学说释读"公羊三世说":"《春秋》始于据乱,立君主;终于升平,为立宪,君民共主;终于太平,为民主。"全书以此为"释读框架",解读全部"中国史"与"世界史",并最终归依于社会

---

① 《康有为全集》第五集,第562页。
② 《康有为全集》第五集,第563页。
③ 《康有为全集》第五集,第568页。

渐进、君主立宪、民权平等之追求。

该书之"自序"云:"孔子之道,其本在仁,其理在公,其法在平,其制在文,其体在各明名分,其用在与时进化。夫主乎太平,则人人有自立之权;主乎文明,则事事去野蛮之陋;主乎公,则人人有大同之乐;主乎仁,则物物有得所之安;主乎各明权限,则人人不相侵;主乎与时进化,则变通尽利。"①又云:"亦庶几孔子太平之仁术、大同之公理不坠于地,中国得奉以进化,大地得增其文明。"②此处均以西洋之"进化"之说、"平等"之说释读儒学。

在卷一"隐公"部分,康氏释读云:"孔子以人世宜由草昧而日进于文明,故孔子曰以进化为义,以文明为主。"③此以西洋"进化"之说为"释读框架"。

又云:"每变一世,则愈进于仁。仁必去其抑压之力,令人人自立而平等,故曰升平。至太平,则人人平等,人人自立,远近大小若一,仁之至也。此如土耳其、波斯、印度,则日教以西欧之法度,渐去其生民之压力,而升之于平。而美国之文明,已至升平者,亦当日求进化,乃能至太平也。""其他一切进化之法,以求进此世运者,皆今日所当有事也。"此处以西洋"平等"之说、"进化"之说为"释读框架"。

全书分隐公、桓公、庄公(闵公附)、僖公、文公、宣公、成公、襄公、昭公、定公、哀公,凡十一卷,全部采西洋"进化"、"平等"或"民权"诸说为"释读框架",实为发明"西学西理"之作也。

在卷八"襄公"部分,康氏释读云:"从夷狄而灭人,则中国不复存矣。按孔子所以重中国者,谓先王礼乐、文章、政治之所存,人道之文明也。文明国当崇礼义,不当不仁而自黩伐。然以文明灭文明国,虽无道而文明无损也;若文明国从野蛮以灭文明国,则胥天下而为野蛮,

---

① 《康有为全集》第六集,第3页。
② 《康有为全集》第六集,第4页。
③ 《康有为全集》第六集,第11页。

而文明扫地、人道退化矣。此生民非常之大忧也。故孔子不与之。"①此处以西洋"进化"之说为"释读框架"。

又云:"然地势虽殊,种族犹争。生存竞争,强胜弱败,其理一也。峨特之侵于欧北,回部突厥之据君士坦丁,大势亦同。当时希腊恶马其顿为夷狄,而为亚力山大所灭,且混一埃及、波斯。罗马恶沙立曼为夷狄,而为沙立曼所分,遂开今法、德、奥、英,至后世皆以为文明矣。此皆据乱世自然之理。若今则渐入升平世,无复有野蛮乱文明者,只有以文明兼野蛮。至太平之时,则大地种族混合,天下如一,治化大同,无复文明、野蛮之别矣。"②此处亦以西洋"进化"之说为"释读框架"。

在卷九"昭公"部分,康氏释读云:"孔子贵进化而恶退化,以野蛮主文明是退化也,孔子所不许。然孔子所谓中国、夷狄,非以其地也,但以其文野之别耳。中国而能文明也,则可主中国;中国而野蛮也,则亦不可主中国。故孔子至公者也。又别灭、获,以别君臣各得其名分也。野蛮而稍有文明者,则孔子进也。"③此处以西洋"进化"之说为"释读框架"。

在卷十"定公"部分,康氏释读云:"孔子言公,纯乎公理者也。其行而文明也,则野蛮亦文明之;其复野蛮也,则野蛮之。故文明、野蛮无定地,无定人,惟行是视。凡师兵入国,多掠人妻、居人室,此野蛮莫甚之行,而号称文明之国者多行之。英、美、德、法、俄、日、意、奥八国之师入顺天犹然,俄、法、德最甚,此亦还为野蛮者矣。"④此处亦以西洋"进化"之说为"释读框架"。

在卷十一"哀公"部分,康氏释读云:"太平之世,大国小国皆平等,故无所详略。今欧洲希腊、荷兰、比利时、瑞典诸小国,皆与俄、英诸大

---

① 《康有为全集》第六集,第221页。
② 《康有为全集》第六集,第236页。
③ 《康有为全集》第六集,第268页。
④ 《康有为全集》第六集,第283页。

国平等。日耳曼诸小国,若汉堡、罕伯雷,十数里小国,亦与诸大国平等。乃至南美诸小国,苟得在公法之列,无不平等。亦可谓升平之世矣。"①此处以西洋"平等"之说为"释读框架"。

《春秋笔削大义微言考》之结尾部分云:"《春秋》托始文王,以为人道之始。故一部《春秋》,皆言人道,发人道平等、自立、自主之理,不及鸟兽道。孔子以天为体,以物为胞,众生同出,推恩亦同,但施之有次第耳。故亲亲而后仁民,仁民而后爱物。先其国而后诸夏,先诸夏而后夷狄。至于人人平等自立,远近大小如一,人道备矣,次当德及鸟兽,言及豚鱼。"②此处以西洋"平等"、"进化"之说为"释读框架"。

又云:"人道有正道,文明、平等、自立、仁心、公理,正道也,皆拨乱之法。但正道有三,有据乱之正,有升平之正,有太平之正,各视其时所当世而与之推迁。所谓'溥博渊泉而时出之'也。孔子有此文明正道,托之鲁《春秋》隐元年至哀十四年史文之中,各寓其义,分张为据乱世、升平世、太平世。于是人事浃,王道备。其有同在一时而治化迥异者,如今美国之自由,当进以太平;欧洲之政治,当进以升平;非洲之野蛮,当进以据乱。且据乱之中,又有升平、太平。"③此处以西洋之"平等"、"进化"之说为"释读框架"。

又云:"虽法制不同,然各得其所,要于进化而已,实道并行而不悖也。进治鸟兽,则为颂平之据乱;进治昆虫,则为颂平之升平;进治草木,则为颂平之太平。推至诸星诸天,进化无穷,道亦无穷,皆并行而不悖也。孔子祖述尧舜,宪章文武,故《诗》托始文王,《书》托始尧舜。治法进化,由君主而及民主,文王为君主之圣,尧舜为民主之圣。《春秋》始于据乱,立君主;中于升平,为立宪,君民共主;终于太平,为民主。"④此处以西洋"进化"之说为"释读框架"。

---

① 《康有为全集》第六集,第 298—299 页。
② 《康有为全集》第六集,第 309 页。
③ 《康有为全集》第六集,第 310 页。
④ 《康有为全集》第六集,第 310 页。

总之，西洋"平等"、"民主"、"进化"诸说，乃是康有为《春秋笔削大义微言考》之主体"释读框架"。

此"释读框架"有一个很大的毛病，就是以"泰西"为进化的顶极，把"泰西文明"拔得太高。视"泰西文明"为"据乱"可矣，顶多拔为"升平"；视其为"太平"，实在有吹捧之嫌。何也？"泰西文明"者，"杀人，利己，寡廉，鲜耻"之文明也，此等"文明"实无异于"野蛮"。"民主"亦远非"太平之法"，在诸种政制中，"民主"亦恐"末法"而已。由是观之，康有为"三世进化"之说，有其得，亦有其失。其得者，以为中国不能"遽行民主"也；其失者，以为泰西民主为"太平之法"也。

五、《论语注》："以西化儒"

出亡海外前期，避居印度期间，康有为又于光绪二十八年（1902）补撰成《论语注》二十卷，继续其"以西化儒"之旅。

《论语注》继续以西洋"进化"、"平等"诸说释读儒学，不过在"三世进化"说之外，另行增加了一项以西洋"博爱"说释读孔子之"仁"的内容，以为孔子之"仁"即西洋之"博爱"。

总之以"西学西理"为"框架"，以"中学中理"为"材料"，以"西学西理"为"刀俎"，以"中学中理"为"鱼肉"，仍为《论语注》一书之主体框架。换言之，"西为刀俎，中为鱼肉"仍是康氏持守之"学问框架"，亦是中国所谓"近代化"普遍遵守的"行为框架"。中国学界所谓的"近代化"与"现代化"，指的就是"西为刀俎，中为鱼肉"。

《论语·学而》"子赣曰：贫而无谄，富而无骄"一段，《论语注》释读云："谄，佞谀也，卑媚之容。马六尺曰骄，喻高倨之态，此人处贫富所不能免者。若不以贫屈于人，不以富加于人，完人道自立之界，而不侵犯人界。子赣不欲人加，亦不加人，盖倡自由平等之学。"①此处以西洋

---

① 《康有为全集》第六集，第386页。中华书局单行本《论语注》此处子贡亦作"子赣"，今从之。见其1984年1月第1版，第13—14页。下引《公冶长》、《雍也》、《子路》诸篇，情形相同。

"自由平等之学"释读儒学。

《论语·为政》"子曰:为政以德,譬如北辰,居其所而众星拱之"一段,《论语注》释读云:"所谓乾元用九,见群龙无首,而天下治。行太平大同之政,人人在宥,万物熙熙,自立自由,各自正其性命。……升平世则行立宪之政,太平世则行共和之政。……人人共之以成大同,故端拱而致太平,如北极不动,而众星共绕而自团行也。无他,惟天下为公,故无为而治也。"①此处以西洋"自由"之说、"立宪"与"共和"之说释读儒学。

《论语·为政》"子张问:十世可知也"一段,《论语注》释读云:"人道进化皆有定位,自族制而为部落,而成国家,由国家而成大统。由独人而渐立酋长,由酋长而渐正君臣,由君主而渐为立宪,由立宪而渐为共和。……盖自据乱进为升平,升平进为太平,进化有渐,因革有由。验之万国,莫不同风。……孔子之为《春秋》,张为三世:据乱世则内其国而外诸夏,升平世则内诸夏而外夷狄,太平世则远近大小若一。盖推进化之理而为之。"②此处以西洋"君主"、"立宪"、"共和"之说以及"进化"之说释读儒学。

《论语·八佾》"子曰:人而不仁,如礼何"一段,《论语注》释读云:"盖人者,仁也,取仁于天,而仁也以博爱为本,故为善之长。有仁而后人道立,有仁而后文为生。苟人而不仁,则非人道。盖礼者仁之节,乐者仁之和。不仁则尢其本,和节皆无所施。"③

《论语·八佾》"林放问礼之本"一段,《论语注》释读云:"文明既进,则乱世之奢,文明以为极俭。世愈文明,则尚奢愈甚。若于三代珠盘玉敦之时,而必反之污尊抔饮生番野蛮之俗,以致人道之退化,非止事不可行,亦大失孔子意矣。天未丧斯,文不在兹。《公羊》称孔子为文王,盖孔子为文明进化之王,非尚质退化者也。"④此处以西洋"进化"

---

① 《康有为全集》第六集,第387页。
② 《康有为全集》第六集,第393页。
③ 《康有为全集》第六集,第394页。
④ 《康有为全集》第六集,第395页。

之说释读儒学。

《论语·八佾》"子曰:夷狄之有君,不如诸夏之亡也"一段,《论语注》释读云:"此论君主、民主进化之理。盖孔子之言夷狄、中国,即今野蛮、文明之谓。野蛮团体太散,当立君主专制以聚之,据乱世所宜有也;文明世人权昌明,同受治于公法之下,但有公议民主,而无君主。二者之治,皆世界所不可少,互有得失。若乱世野蛮有君主之治法,不如平世文明无君主之治法。"①此处以西洋"进化"之说、"文明野蛮"之说、"君主民主"之说以及"人权"之说等,释读儒学。

《论语·八佾》"君子无所争,必也射乎"一段,《论语注》释读云:"然进化之道,全赖人心之竞,乃臻文明;御侮之道,尤赖人心之竞,乃能图自存。不然,则人道退化,反于野蛮,或不能自存而并于强者。""今各国皆立议院,一国之御侮决于是,一国之图存决于是,两党之胜负迭进立于是。以争而国治日进而不敢退,以争而人才日进而不敢退,如两军相当,气衰则败。"②此处以西洋"进化"之说、"议院"之说释读儒学。

《论语·八佾》"子谓《韶》,尽美矣"一段,《语论注》释读云:"孔子明人道之公理,贵和亲而贱征伐,尊大同而薄小康。舜者,天下为公,选贤与能,大同之道,民主之法也。武王者,作谋起兵,以正君臣,以立田里,世及为礼,城郭沟池以为固,小康之道,君主之法也。"③此处以西洋"民主君主"之说释读儒学。

《论语·里仁》"子曰:能以礼让为国乎"一段,《论语注》释读云:"孔子生当据乱之世,故将发让义以救之。民主首尧舜,君主首文王,至德称泰伯,古贤称伯夷,皆美其让也。人人能让,则上者高蹈,中者守界,而天下平矣。后汉让产让爵者相望,风俗最美。此孔子

---

① 《康有为全集》第六集,第 395 页。
② 《康有为全集》第六集,第 396 页。
③ 《康有为全集》第六集,第 401 页。

之大化也,国病之圣药也。孔子不甚言国义,盖圣人言论皆为天下万世立公律,不暇为区区一国计也。"①此处以西洋"民主君主"之说释读儒学。

《论语·公冶长》"子赣曰:我不欲人之加诸我也,吾亦欲无加诸人"一段,《语论注》释读云:"子赣不欲人之加诸我,自立自由也;无加诸人,不侵犯人之自立自由也。人为天之生,人人直隶于天,人人自立自由。不能自立,为人所加,是六极之弱而无刚德,天演听之,人理则不可也。人各有界,若侵犯人之界,是压人之自立自由,悖天定之公理,尤不可也。子赣尝闻天道自立自由之学,以完人道之公理,急欲推行于天下。孔子以生当据乱,世尚幼稚,道虽极美,而行之太早,则如幼童无保傅,易滋流弊,须待进化至升平太平,乃能行之。……近者世近升平,自由之义渐明,实子赣为之祖,而皆孔学之一支一体也。"②此处以西洋"自主自由之学"、"天演进化"之说释读儒学。

《论语·公冶长》"颜渊、季路侍,子曰:盍各言尔志"一段,《论语注》释读云:"盖孔子之志,在大同之道,不能行于时,欲与二三子行之。……大同者,孔门之归宿,虽小康之世未可尽行,而孔门远志则时时行之,故往往于微言见之。……人道多偏枯,多险波,无由成公德,合天亲,致平等,共进化,故有一夫不得所,伤圣人之心,害大众之化。故大同必老安、少怀、友信,绝去仅私其家之事,乃可成大同之道也。"③此处以西洋"平等"之说、"进化"之说释读儒学。

《论语·雍也》"子见南子,子路不悦"一段,《论语注》释读云:"旧俗男女相见,君夫人礼宾,如今泰西仪。自阳侯杀缪侯而娶其夫人,故大飨废夫人之礼,自是男女别隔。孔子以人权各有自立,大同固可相见,盖特行之,故见南子。子路习闻小康之制,以为男女不当见,尤疾

---

① 《康有为全集》第六集,第405页。
② 《康有为全集》第六集,第411页。
③ 《康有为全集》第六集,第415页。

淫乱之人,因疑怪孔子。盖笃守小康者,见大同之举动无不怪也。旧注以为疑,亦泥于小康之道,故不能明。"①此处以西洋"人权"之说、"进化"之说释读儒学。

《论语·雍也》"子赣曰:如有博施于民而能济众,何如"一段,《论语注》释读云:"博爱之谓仁。盖仁者,日以施人民、济众生为事者。……孔子以仁为施济之理,若能博济众生,令一夫无失其所,一物皆得其生,则非徒有仁人之心,必有圣人之才,有圣人之道,神而不测,乃可致也。然且万物并育而相害,博施于民已极难,博济众生为尤难。不杀众生之义,乱世、升平未能行之,须至人人平等之后,至人、物平等之时,太平时之太平,乃能行之。……进化有次第,当据乱之世去此甚远,实未能一超直至也。"②此处以西洋"博爱"之说、"平等"之说、"进化"之说释读儒学。

《论语·述而》"子钓而不纲,弋不射宿"一段,《论语注》释读云:"愚谓天地者生之本,众生原出于天,皆为同气,故万物一体,本无贵贱,以公理论之,原当戒杀。惟进化有次第,方当据乱世时,禽兽逼人,人尚与禽兽争为生存。……盖进化有渐进,仁民有渐进,爱物亦有渐进,此皆圣人所无可如何,欲骤进而未能者。今已数千年,尚未戒杀,非徒不能不杀物,人道尚相争相杀,其去众生平等之世甚远也。"③此处以西洋"进化"之说、"平等"之说释读儒学。

《论语·述而》"子曰:若圣与仁,则吾岂敢"一段,《论语注》释读云:"圣者,神明人道之变化;仁者,元德博爱,人道之备也。为之,谓为仁、圣之道。"④此处以西洋"博爱"之说释读儒学。

《论语·泰伯》"曾子曰:士不可以不弘毅,任重而道远"一段,《论语注》释读云:"仁者公德,博爱无私,万物一体者。人者仁也,故人人

---

① 《康有为全集》第六集,第423页。
② 《康有为全集》第六集,第424页。
③ 《康有为全集》第六集,第431页。
④ 《康有为全集》第六集,第434页。

皆有仁之责任，人人皆当相爱相救。为人一日，即当尽一日之责，无可辞避。"①此处以西洋"博爱"之说释读儒学。

《论语·泰伯》"子曰：兴于诗，立于礼，成于乐"一段，《论语注》释读云："愚观泰西学校，必有诗、礼、乐三者，以为学级，人人童而习之。其诗歌，皆有爱国爱种，兴起其仁心；其礼，自饮食、起居、宾客、军国之礼皆熟习，而有以固其肌肤之会、筋骸之节，以应人接事；其乐，则凡歌词、琴曲、跳舞，岁时皆习熟，而有以陶畅其性灵，舞蹈其手足，故人多成材。一切科学皆为专门，惟诗、礼、乐为普通之学，无人不习。孔子之道乃大行于欧美，而反失于故国也。今学者更当光复故物，以求成材矣。"②此处以"泰西学校"之制释读儒学。

《论语·泰伯》"子曰：巍巍乎，舜、禹之有天下也，而不与焉"一段，《论语注》释读云："盖行其救人之素志，则一物不得所，若己饥溺之。然天下虽大，自至人视之，犹一映也。苟无此夙志大识，则一命之荣，震动其心，死生其命矣，况天下乎？此实为立宪君主之法，虽有天下而实公天下，故不与。舜恭己垂裳，南面无为。禹之劳为公仆，而不敢有君天下之心。借舜、禹以明之，孔子之微言也。"③此处以西洋"君主立宪"之制释读儒学。

《论语·泰伯》"子曰：大哉尧之为君也，巍巍乎"一段，《论语注》释读云："孔子志在大同、天下为公之世，故最尊尧舜。……其示现之迹，或以君而创民主之事，或以民而为教主之业，广大高明，血气尊亲，然声色之化民，末也。上天之载，无声无臭，微妙广远，无所不在，为太平世之民主可也，为乱世之君主可也，为选用舜、禹、皋陶、益可也，兼容共工、骧兜可也。龙蛇杂沓，兰艾并生，此天所以为大也。来为中国之圣人可也，来为此地之教主可也。"④此处以西洋"君主"、"民主"之说释

---

① 《康有为全集》第六集，第438页。
② 《康有为全集》第六集，第438—439页。
③ 《康有为全集》第六集，第441页。
④ 《康有为全集》第六集，第441—442页。

读儒学。

《论语·子罕》"子畏于匡,曰:文王既没,文不在兹乎"一段,《论语注》释读云:"盖至孔子而肇制文明之法,垂之后世,乃为人道之始,为文明之王。盖孔子未生以前,乱世野蛮,不足为人道也。盖人道进化以文明为率,而孔子之道尤尚文明。……盖孔子上受天命,为文明之教主、文明之法王,自命如此,并不谦逊矣。"①此处以西洋"进化"之说、"文明野蛮"之说释读儒学。

《论语·先进》"子路问:闻斯行诸"一段,《论语注》释读云:"兼人,谓胜人也。有父兄在,服从之义也。闻斯行之,自由之义也。孔子两义并存,各视其人而药之,亦各视其时而施之。非其时、非其人而妄行自由不可,非其时非其人而妄行服从亦不可也。"②此处以西洋"自由"之说释读儒学。

《论语·颜渊》"樊迟问仁,子曰:爱人"一段,《论语注》释读云:"仁者无不爱,而爱同类之人为先。知者无不知,而知善恶之人为当务之急。盖博爱之谓仁,孔子言仁万殊,而此以爱人言仁,实为仁之本义也。"③此处以西洋"博爱"之说释读儒学。

《论语·子路》"樊迟问仁"一段,《论语注》释读云:"此行已接物之公理。公理既备,则不徒在礼义文明之邦皆尊信,即在夷狄野蛮之国,而公理不可废,亦必不见弃也。仁本为公理,人能尽公理者,无在而不可行焉矣。"④此处以西洋"公理"之说释读儒学。

《论语·子路》"子贛问曰:乡人皆好之,何如"一段,《论语注》释读云:"此为采乡评、合公论言之。风俗未美,则乡论亦不可据。…圣人之论人,不采诸众誉,而并察诸众毁,盖不为恶人所毁,亦必无可信者也。后世仅知采众好,则所得皆媚世合污之人,所由不入于尧舜之道

---

① 《康有为全集》第六集,第445—446页。
② 《康有为全集》第六集,第468页。
③ 《康有为全集》第六集,第478页。
④ 《康有为全集》第六集,第484页。

也。若行议会之选举,先选一次举乡望之善者,乃由众善者复选之,庶几得人。然若不善人多而善人少,则好恶必失其真矣。"①此处以西洋"选举"之制释读儒学,然主旨在说明中土"选举"之善。

《论语·宪问》"子思曰:克、伐、怨、欲不行焉,可以为仁矣"一段,《论语注》释读云:"若仁,则为元德,有恻怛之心,博爱之理,天地一体,万物同气,能制其魄者。仅能克己自守,尚未有益于人,故未及能仁也,故孔子云不知。"②此处以西洋"博爱"之说释读儒学。

《论语·宪问》"子路问君子,子曰:修己以敬"一段,《论语注》释读云:"不分种族,皆与安平,此尧舜犹病不能,极言其难也。安人,小康之治也;安百姓,大同之治也。而必始于修己以敬,自明其明德,而后明明德于天下也。为治无论如何,务在安之。而已安之,必养其欲,适其性,因其情。束缚压制,则不能安,自由自立,而后能安。圣人之所以为圣,日思所以安人者而已。"③此处以西洋"自由"、"平等"之说释读儒学。

《论语·卫灵公》"子曰:无为而治者,其舜也与"一段,《论语注》释读云:"舜任官得人,故无为而治。盖民主之治,有宪法之定章,有议院之公议,行政之官,悉由师锡,公举得人。故但恭己,无为而可治。若不恭己,则恣用君权,挠犯宪法,亦不能治也。故无为而治,君无责任,而要在恭己矣。此明君主立宪,及民主责任政府之法。今欧人行之,为孔子预言之大义也。"④此处以西洋"民主"、"君主立宪"之制释读儒学。

《论语·季氏》"丘也闻有国有家者,不患寡而患不均"一段,《论语注》释读云:"此言近虽为季氏发,然太平大同之治,亦不过均而已,均则无贫。今各国人群会党宗旨,不出于此,岂非至言乎?⑤此处以西洋

---

① 《康有为全集》第六集,第486页。
② 《康有为全集》第六集,第488页。
③ 《康有为全集》第六集,第499页。
④ 《康有为全集》第六集,第501页。
⑤ 《康有为全集》第六集,第511页。

"人群会党"之制释读儒学。

《论语·季氏》"孔子曰:天下有道,则礼乐征伐自天子出"一段,《论语注》释读云:"由此推之,一统之君主专制,百世希不失。盖由乱世而至升平,则君主或为民主矣。大地各国略近,三千年皆大变,亦自然之数也。故孔子言继周百世可知,言百世之后如夏商周,君主之治也。"①此处以西洋"君主民主"之说释读儒学。

《论语·季氏》"天下有道,则政在大夫"一段,《论语注》释读云:"政在大夫,盖君主立宪。有道,谓升平也。君主不负责任,故大夫任其政。"又云:"大同,天下为公,则政由国民公议。盖太平制,有道之至也。此章明三世之义,与《春秋》合。"②此处以西洋"君主立宪"之说、"国民公议"之说释读儒学。

《论语·子张》"子夏曰:虽小道,必有可观者焉"一段,《论语注》释读云:"百家众技,凡有立于世者,其中各有精妙,有可观览,……不如孔子之大道,故君子择焉,忘乎大道,则不暇为小道也。此子夏专为学孔子大道发之,乃为传教之高言。而天下之人甚多,安得尽为传教者?但各执一技,求精致用。近世若哥白尼之天文学、斯密亚丹之资生学、奈端之重学、富兰克令之电学、华忒之机器,皆转移世宙,利物前民,致远甚矣。言各有为,学者勿泥于言,而不通其意也。"③此处以西洋"科学"释读儒学,视"科学"为"小道"。

《论语·子张》"子夏曰:博学而笃志,切问而近思,仁在其中矣"一段,《论语注》释读云:"孔门教人,以求仁为事。但空言博爱无私,从何下手?故必自道问学、尊德性先之。此皆学问、思辨之事,未及乎力行而为仁。"④此处以西洋"博爱"之说释读儒学。

《论语·尧曰》"宽则得众,敏则有功,公则说"一段,《论语注》释读

---

① 《康有为全集》第六集,第512页。
② 《康有为全集》第六集,第512页。
③ 《康有为全集》第六集,第531页。
④ 《康有为全集》第六集,第531页。

云:"论帝王之德,心有此三者乃成。……《孟子》于终篇述尧、舜、汤、文,《论语》终篇亦论尧、舜、汤、武,一以见民主公天下之善,一以见革命诛民贼之功。皆孔门之微言,托于终篇以寓大义者也。"①此处以西洋"民主"、"革命"之说释读儒学。

《论语·尧曰》"子张曰:何谓惠而不费"一段,《论语注》释读云:"民利于佚乐,则食味、别声、被色而歌舞之;民利于自由,则言论思想,听其自由;民利于公同,则合民之所有,而为之立公路、公学、公囿、公养疾、公养老。皆不费于国而民大得。所因者,国家全不干预;为政者,但代民经理而已。孔子此言,尽为政之法矣。为国事而自行保护,为公众而自享利益,虽人人为兵,亦不敢怨。凡有仁政,皆立举行,仁声仁闻,洋溢天地,得所欲矣,而未尝贪。小大众寡,皆天所生,人人平等,不须严卫。……今美国利民之道,仁民之制,劳民之方,平等之制,皆行孔子之政。言简意该,以此继帝王之道,可为平世民政之法也。"②此处以西洋"自由"之说、"平等"之说以及"美国利民之道"等释读儒学。

总之,《论语注》者,"以西化儒"之作也。

第四节 《大同书》:从"以西化儒"转向"儒(中)西并尊"

出亡海外前期,避居印度期间,康有为又撰《大同书》,完成其"以西化儒"之旅,并同时转向"儒西并尊"与"中西并尊"之格式。

《大同书》初成于清光绪二十七至二十八年间(1901—1902),后经屡次增补,至晚年定居上海时方成定稿。先在《不忍》杂志刊发甲、乙

---

① 《康有为全集》第六集,第539页。
② 《康有为全集》第六集,第539—540页。

两部(1913),后由上海长兴书局出版单行本(1919),中华书局又出钱定安整理之十卷本(1935)。另有北京古籍出版社本(1956)及英国伦敦英译本(1958)等。

《大同书》是一部怎样的作品呢？是一部"普世价值"之作。今之学者言"普世价值"者众,然不及康有为者多有。时间上晚康氏百年不说,思想上几尽以"西学西理"为"普世价值",远不及康氏"儒(中)西并尊"之"学问框架"。

设若地球上现有之文明全是"旧楼",如中华文明为"旧东楼",伊斯兰文明为"旧中楼",西洋文明为"旧西楼",其他文明为"旧配楼";又设若我们要重建的人类文明是"新楼",我们要构建的"普世价值"为"新楼"。则我们要问：推到"旧楼"而砌"新楼","旧楼"价值几何？"新楼"何以能立？凭空而砌"新楼"是不可能的,砌"新楼"必以"旧楼"为材料。如此则我们要问："旧东楼"能贡献材料吗？能贡献何种材料？"旧西楼"能贡献材料吗？能贡献何种材料？"旧配楼"能贡献材料吗？能贡献何种材料？今之言"普世价值"者,必须回答这些问题。

康有为《大同书》,就是推倒全部"旧楼"而重砌"新楼"之一部书,这"新楼"的名字叫"太平"或"大同",通行其中的价值观就是所谓"普世价值"。然则康有为重砌"新楼",回答了上述问题没有呢？答曰：回答了。他在《大同书》之结尾说："耶教以尊天爱人为诲善,以悔罪末断为悚恶,太平之世,自能爱人,自能无罪；知天演之自然,则天不尊,知无量众魂之难立待于空虚,则不信末日之断,耶稣之教,至大同则灭矣。回教言国,言君臣、夫妇之纲统,一入大同即灭,虽有魂学,皆称天而行,粗浅不足征信,其灭更先。大同太平则孔子之志也,至于是时,孔子之三世之说已尽行,惟《易》之阴阳消息,可传而不显矣,盖病已除矣,无所用药,岸已登矣,筏亦当舍。故大同之世,惟神仙与佛学二者大行。盖大同者,世间法之极；而仙学者长生不死,尤世间法之极也；

佛学者不生不灭,不离乎世而出乎世间,尤出乎大同之外也。至是则去乎人境而入乎仙、佛之境,于是仙、佛之学方始矣。仙学太粗,其微言奥理无多,令人醉心者有限;若佛学之博大精微,至于言语道断,心行路绝,虽有圣哲无所措手,其所包容尤为深远。况又有五胜三明之妙术,神通连用,更为灵奇。故大同之后,始为仙学,后为佛学,下智为仙学,上智为佛学。仙、佛之后则为天游之学矣,吾别有书。"①

康氏心目中的学问序列是这样的:"西学西理"如耶教、进化论等,只代表"升平世"之价值,至"大同世"则灭;伊斯兰文明着意于国家、君臣、夫妇之纲统,亦只代表"升平世"之价值,至"大同世"则灭;"中学中理"如孔子之学,则代表"太平世"之价值,为"世间法"之极致,但不适用于"出世间";"中学中理"如仙学与佛学,则代表"出世间"之价值,适用于"大同世"实现之后,其顺序又是先仙学,后佛学;仙学、佛学之后,则是所谓"天游之学"。简言之,康氏心目中的学问序列是:第一层是"西学西理"与伊斯兰文明;第二层是孔子之学;第三层是仙学与佛学;第四层是"天游之学"。

第四层《大同书》言之不详,兹另论。就前三层而言,能贡献于"普世价值"最大者,当为仙学与佛学,其次是孔子之学,其次是"西学西理"与伊斯兰文明。由于《大同书》所砌之"新楼",以"太平"、"大同"为主体,不以"升平"为归宿,于是"普世价值"之构成就以"孔子之学"为主,兼及仙学与佛学。总之"普世价值"者,在康氏心目中主体乃是"中学中理",而非"西学西理",与当今学界尽以"西学西理"为"普世价值"者,刚好相反。

此正《大同书》之价值所在。《大同书》者,光大"中学中理"之作也。至少,乃是"儒(中)西并尊"之作也。且看其"抑西"之言论。

论及"老寿之苦",《大同书》云:"欧美人人自立,然老而贫者,子更不养,穷独无告;老而富者,亲戚毒之以分其产,寡得保首领以没者。

---

① 康有为:《大同书》,北京古籍出版社,1956年,第301页。

是故贫贱而寿,则有沟壑断弃之忧;富贵而寿,则有死丧疾病之苦。"①西洋"人人自立"之价值观,并不优于中土"父慈子孝"之价值观。

论及"有国之害",《大同书》云:"泰西兵祸尤剧。自埃及、巴比伦、西里亚、啡尼基、希腊各国相争互攻,时战时和,与我春秋同,今不详及。……及拿破岺起,三年间破意大利,并伦巴国,侵奥而再破之,虏教王,平埃及,攻西里亚。虽海军为英将军萧利孙所破,又与英、奥、俄、突、奈波里五联军战。及为帝,破奥、俄之联军,取奈波里,覆巴泰非,灭西班牙、葡萄牙,与英大战。大破奥而割其地,且并荷兰。后以五十五万人攻俄,死者三十万。各国皆反击法军而复立其后,歼法军于滑铁卢,而流拿破岺,兵祸乃止,然欧人死五百万。故夫亚历山大、嬴政、摩诃末、成吉斯、拿破岺者,皆古今命世之雄,而杀人如麻,实莫大之民贼也。……统欧洲自罗马以还,大战八百余,小战勿论,其膏涂原野,惨状何可言耶!"②西洋盛赞之"国家主义"价值观,并不优于中土所持之"天下主义"价值观。

论及"去种界同人类",《大同书》云:"美洲烟剪之土人,今皆为白人所驱,所余不及百万。澳洲之土人,百年前数凡百万,今仅万数。檀香山之岛人,今亦零落余数万。即印度数千年前之土民,亦为亚利安族所夷灭。以此而推,今若非洲之黑人虽有万万,千数百年后皆为白人所夷灭,否则白黑交种,同化于白人,此天演之天可逃者也。……故放黑奴之高义,林肯能糜兵流血以为之。而至今美国之人,不肯与黑人齿,不许黑人同席而食,同席而坐,不许黑人入头等之舟车,不许黑人入客店。黑人之被选举为小吏者,美国人犹共挤之。黑人之有学行着,总统礼之,美国人犹非笑之。"③西洋高举"人人平等"之价值观、"人权"之价值观,原来不过是"种族灭绝"与"种族歧视"之掩护。

---

① 康有为:《大同书》,第49页。
② 康有为:《大同书》,第65—67页。
③ 康有为:《大同书》,第117—118页。

论及"妇女之苦",《大同书》云:"男与女虽异形,其为天民而共受天权一也。人之男身,既知天与人权所在,而求与闻国政,亦何抑女子,攘其权哉!女子亦何得听男子独善其权,而不任其天职哉!若谓女子无才识耶,则如罗兰夫人实为法国党魁,驱率群议员而受命矣,岂不能胜一议员之任耶!其他各国女才,著书言国政,助夫任大事者,无待缕数矣。而各国举大统领、宰相者未闻,乃至并数百之议员,不闻举一女子参预其列。夫国之有代议员者,原取诸民,一以明公共平等之义,一以选才识通达之人。夫以才识论,则数万万之女子,夫岂无人;以公共平等论,则君与民且当平,况男子之与女子乎!贵女且为帝王,过于贱男子多矣,岂能为帝王而不能为议员欤!甚怪欧美日言平等,而乃不平若是也!男子既以同形,党而力抑女子,已为可怪;女子亦自安于异形党,退谢而不求,尤为可奇。"①西洋所谓"男女平等"之背后,施行的亦不过是"男尊女卑"而已。

论及"欧美人子之薄报",《大同书》云:"然今欧美号称文明者也,其父母之养子教子,劬劳辛勤,无以异于中国也。……至于父老母寡,亦绝无同居迎养之事,无问寝视膳之仪,无疾痛疴痒之义。其子而富贵也,则日赴燕会游戏,仅偕其妇,无有如中国之奉养侍游者。……欧美人营业逐利,无远不届,既少子孙常住,又多岁月即迁,无宗族之同居,无祠庙之追远,盖视墓亦不数十年而置之,仅悬遗像以寄相思,亦不过与良朋等耳。此后无春秋之祭,无忌日之思,无孙、曾、云、来之贻,以视中国世传数十,祠墓常修,祭祀常洁,思慕常感者,其去极远矣,其报太薄矣。"②西洋之"薄报"不比中土之"厚报"更"文明",倡导"薄报"并不就是"文明"。

论及"欧美薄父母由于重夫妇",《大同书》云:"夫今欧美之治近于升平矣,然父子之道何其有施而无报哉,何以知有夫妇而不知有父子

---

① 康有为:《大同书》,第130页。
② 康有为:《大同书》,第175—177页。

如此哉！何以夫妇同乐而致老父寡母茕茕寡懂、饥寒无养如此哉！推其立义，盖本于自由自立而来。……然因是之故，乃至父母贫病而不见侍养，人子富贵而不预懂游。父子既不同居，祖孙更同陌路。吾与欧美人游，寡见有抚其孙者，况曾玄乎！乃至老父寡母，茕独寡懂，穷困无养而亦听之，律以欠借不还之道，义既不完，理亦不公。盖徇夫妇之欲而忘父母之恩，违谬甚矣！"①西洋"重夫妇而轻父母"，比之中土"重父母而轻夫妇"，究竟哪一种更"文明"呢？

论及"商不行大同则人种生诈性而多余货以珍物"，《大同书》云："近自天演之说鸣，竞争之义视为至理，故国与国陈兵相视，以吞灭为固然。人与人机诈相陷，以欺凌为得计。百事万业，皆祖竞争，以才智由竞争而后进，器艺由竞争而后精，以为优胜劣败乃天则之自然，而生计商业之中，尤以竞争为大义。此一端之说耳，岂徒坏人心术，又复倾人身家，岂知裁成天道、辅相天宜者哉！"西洋"优胜劣败"之说，莫非比中土"裁成天道、辅相天宜"之说更"文明"？

论及"全地大同公政府政体"，《大同书》云："政党之事，惟竞争乃能进化，不竞争则不进，然竞争则坏人心术矣。今立宪之政体，其行政之诸长皆出于全国政党竞争，大昏博夜，喧走道途，号召徒党，密谋相攻，或至动兵行刺。若议举之先，兆人万众旁皇奔走，大罗酒食以媚庶人，所取既未必公，即公亦出大争，坏人心术，侵人根种，此大不可。大同之世，无有国争，无秘谋，大举须假权于行政之长及立统领之人。万几、百政、法律、章程，皆由大地大众公议，余事则各度小政府专行，事事皆由公举。"②"政党政治"者，"据乱世之政"也，其义未达"升平"，何以能成"普世价值"？"政党政治"只适宜于"据乱世"，其非人类政治之终极诉求者明矣。

论及"四禁"，《大同书》云："人之性也，莫不自私。夫惟自私，故事

---

① 康有为：《大同书》，第177—178页。
② 康有为：《大同书》，第260页。

竞争,此自无始已来受种已然。原人之始,所以战胜于禽兽而独保人类,据有全地,实赖其有自私竞争致胜之功也。其始有身,只知有身而自私其身,于是争他身之所有以相杀;其后有家,则只私其家,于是争他家之所有以相杀;有姓族部落,则只私其姓族部落,于是争他姓族部落之所有以相杀;有国,则只私其国,于是争他国之所有以相杀;有种,则只私其种,于是争他种之所有以相杀。以强凌弱,以勇欺怯,以诈欺愚,以众暴寡。其妄谬而有一知半解如达尔文者,则创天演之说,以为天之使然,导人以竞争为大义,于是竞争为古今世界公共之至恶物者,遂揭日月而行,贤者皆奉之而不耻,于是全地莽莽,皆为铁血,此其大罪过于洪水甚矣!夫天演者,无知之物也;人义者,有性识之物也。人道所以合群,所以能太平者,以其本有爱质而扩充之,因以裁成天道、辅相天宜,而止于至善,极于大同,乃能大众得其乐利。若循天演之例,则普大地人类……卒为大鸟兽所食而已。"①"一知半解"、"古今世界公共之至恶物"、"大罪过于洪水甚矣"等言,乃是康有为对西洋"进化论"所作之最严厉的批评,直可为章太炎"俱分进化论"(1906)之先声。

"抑西"言论之外,《大同书》又常言"西不如中"。兹略举几例。

论及"人有不忍之心",《大同书》云:"欧美略近升平,而妇女为人私属,其去公理远矣,其于求乐之道亦未至焉。神明圣王孔子早虑之,忧之,故立三统三世之法,据乱之后,易以升平、太平,小康之后,进以大同。曰'穷则变',曰'观其会通以行其典礼',盖深虑守道者不知变而永从苦道也。"②"西学西理"的最高境界,只及"升平"而已,"中学中理"则于"升平"之上立"太平"、"小康"之上立"大同",两相比较,"西不如中"矣。

论及"压制之苦",《大同书》云:"欧洲号称文明,而贵族、僧族、士族、平民族、佃民族、奴族,虽经今千年之竞争大戮,而诸级未能尽去,

---

① 康有为:《大同书》,第285页。
② 康有为:《大同书》,第8页。

至今贵族、平民两争峙焉。缅甸、马尕，王族，贵族、平民、奴族之分愈甚。大抵愈野蛮，则阶级愈多，愈文明，则阶级愈少，此其比例也。中国有一事过绝大地者，其为寡阶级乎！……孔子首扫阶级之制，讥世卿，立大夫不世卿、士无官之义。经秦汉灭后，贵族扫尽，人人平等，皆为齐民。虽陈群立九品之制，晋复有华腴寒素之分，显官皆起自高门，寒族不得居大位。然至唐时以科举取士，人人皆可登高科而膺朊仕，有才则白屋之子可至公卿，非才则公卿之孙流为皂隶，自非乐丐奴虏之贱，无人不可以登庸，遂至于全中国绝无阶级。以视印度、欧洲辨族分级之苦，其平等自由之乐，有若天堂之视地狱焉。此真孔子之大功哉！"①欧美号称"平等"，然"阶级"甚严；中土被西洋指责为"无平等"，然全无"阶级"。可知西洋不比中土更文明，由"无阶级"一点可确证"西不如中"矣。

论及"孝报欧美不如中国，耶教不如孔教"，《大同书》云："今欧美人之养子，亦赖其国律有养子之责，故不得已而养之。假无国律，必皆如法之妇人，无有愿出力以养子者。……故欧美富人之死，多以千百万之藏施于公家之学堂医院，盖以子亦不亲，既已费无利之大本，岂再甘以一生赀本尽与之哉？盖亦人情之自然也。夫父子天性，岂待国律责之哉！凡律者，皆不得已强人之情而为之者也。中国无此律，而爱子尤挚，育子尤多，而一生所得功业尽遗其子，盖报与不报之异也。或谓人为天生，非父母所得而私也，人为国民，非父母所得而有也。耶教尊天而轻父母，斯巴达重国而合国民，故其报父母亦甚轻也。然报施者天理也，子而为天养育，为国养育，不须父母之抚养，则不报可也。既已藉父母而后能育能成，已受父母莫大无穷之恩矣，而无锱铢之报，非道也。故人子而经父母之顾复、抚育、教学者，宜立孝以报其德。吾从中国也，吾从孔子也！"②"欧美不如中国"，岂只在"孝报"一端？"耶

---

① 康有为：《大同书》，第45—46页。
② 康有为：《大同书》，有178—179页。

教不如孔教",岂只在"孝报"一端?"欧美不如中国"、"耶教不如孔教",乃是康有为儒学思想中之关键命题,惜学者不重视之。

《大同书》有"抑西"之论,有"西不如中"之论,然则《大同书》只为"抑西"之作吗?是又不然。于"普世价值"而言,"中学中理"合者则尊之,违者则抑之;同理,"西学西理"合者则尊之,违者则抑之。换言之,在康有为之理论架构中,"普世价值"非尽为"西学西理",故对"西学西理"有尊有抑;"普世价值"非尽为"中学中理",故对"中学中理"亦同样有尊有抑。尊"西学西理"及"中学中理",吾人称之为"儒(中)西并尊";抑"西学西理"及"中学中理",吾人称之为"儒(中)西并抑"。

论及"欲去国害必自弭兵破国界始",《大同书》云:"然则欲弭兵而去国,天下为一,大地大同,岂非仁人结想之虚愿哉?然观今之势,虽国义不能骤去,兵争不能遽弭,而以公理言之,人心观之,大势所趋,将来所至,有必讫于大同而后已者,但需以年岁,行以曲折耳。孔子之太平世,佛之莲花世界,列子之甗瓶山,达尔文之乌托邦,实境而非空想焉。"①"孔子之太平世",儒也;"达尔文之乌托邦",西也。此处当为"儒西并尊"。

论及"中西有无族制之得失",《大同书》云:"夫中国祠墓之重,尊祖追远之义至美矣,其不祭祠墓者,是为忘本,至不教矣,而大地各文明国咸无之。印度则焚其先骸而无墓焉,欧人之于墓,于子礼,于孙止,子他徙则亦止,若祠庙则万国所无也。中国敬宗收族之事至美,族人之所赖矣,然亦万国之所无也。而欧美之以文明称,以强大称,且过于中国也。欧美之捐千百万金钱,以为学院、医院、恤贫、养老院,以泽被一国者,不可数也。就收族之道,则西不如中;就博遍之广,则中不如西。是二道者,果孰愈乎?夫行仁者,小不如大,狭不如广。以是决之,则中国长于自殖其种,自亲其亲,然于行仁狭矣,不如欧美之广大

---

① 康有为:《大同书》,第69页。

矣。仁道既因族制而狭,至于家制则亦然。"①一方面讲"西不如中",一方面又讲"中不如西",是一个"儒(中)西并尊"的态度。

论及"奖仁",《大同书》云:"即前古之教主圣哲,亦以大同之公理品其得失高下,而合祀以崇敬之。亦有限制焉,凡其有功于人类、波及人世大群者乃得列。若其仅有功于一国者,则虽若管仲、诸葛亮之才,摈而不得与也;若乐毅、王猛、耶律楚材、俾士麦者,则在民贼之列,当刻名而攻之,抑不足算矣。若汉武帝、光武、唐太宗皆有文明之影响波及亚洲,与拿破仑之大倡民权为有功后世者也。自诸教主外,若老子、张道陵、周、程、朱、张、王、余、真、王阳明、袁了凡,皆有影响于世界者也;日本之亲鸾、耶教之玛丁路德,亦创新教教者也;印度若羯摩、富兰那、玛努与佛及九十六道与诸杂教之祖;欧美则近世创新诸哲,若科仑布、倍根、佛兰诗士。凡有功于民者,皆可尊之。"②马丁·路德、培根诸辈,西士也;老子、程、朱诸辈,中士也。此处当为"中西并尊"。

"儒(中)西并尊"的反面,当然就是"儒(中)西并抑"。

论及"刑措",《大同书》云:"夫公理本无善恶是非,皆听圣者之所立。佛法戒淫,则孔子之有妻亦犯戒律,当堕地狱矣;孔子言不孝无后为大,则佛、耶二教主亦犯戒律矣;莲华生、亲鸾及玛丁路德公然在佛、耶界内创新教而行淫,然天下亦无有非之者,且多从之者;西藏红教居大半,皆居莲华;日本亲鸾教,从者人过千万;路德新教,则过万万矣。故知善恶难定,是非随时,惟是非善恶皆由人生,公理亦由人定。我仪图之,凡有害于人者则为非,无害于人者则为是。"③"公理本无是非善恶"、"公理亦由人定"之类,乃是康有为有关"普世价值"之关键命题。由是而观,西之人以"西学西理"为"普世价值",中之人以"中学中理"

---

① 康有为:《大同书》,第172—173页。
② 康有为:《大同书》,第277页。
③ 康有为:《大同书》,第282页。

为"普世价值",均在情理之中。惟中之人自我阉割,净以"西学西理"为"普世价值",则超出情理矣!此段言论可谓"儒西并尊"与"儒西并抑"之结合。

论及"去类界爱众生",《大同书》云:"孔子以祖宗为类之中,故尊父母。子女者爱类之本也,兄弟宗族者爱类之推也,夫妇者爱类之交也。若使与兽交者,则不爱之矣。自此而推之,朋友者,以类之同声气而爱之也;居臣者,以类之同事势而爱之也;乡党者,以类之同居处而爱之也;为邑人、国人、世界人,以类之同居远近而为爱之厚薄也。以形体之一类为限,因而经营之,文饰之,制度之,故杀人者死,救人者赏,济人者誉,若杀他物者无罪,救济他物者无功。尽古今诸圣聪明才力之所营者,不过以爱其人类,保其人类,私其人类而止。若摩西、摩诃末者,以立国为事,自私其乡国,率人以食人,其为隘陋残忍,不待摈斥。即中国诸圣乎,耶稣乎,祚乐阿士对乎,索格拉底乎,言论心思之所注,亦不过私其同形之人类,于天生万亿兆物之中,仅私一物,爱一物,保一物。以私一物,爱一物,保一物,则不惮杀戮万物,矫揉万物,刻斲万物,以日奉其同形之一物。其于天也,于爱德也,所得不过万亿兆之一也;其于公理也,于爱德也,所失已万亿兆之多。已乎,已乎,公之难乎,爱德之羞乎!"① 此处斥责"人类中心论",是连同"中国诸圣"与西洋耶稣、苏格拉底等并斥的。

《大同书》讲"抑西",讲"西不如中",同时又讲"抑中",讲"中不如西",此为"儒(中)西并抑"之立场;《大同书》讲"尊西",讲"中不如西",同时又讲"尊中",讲"西不如中",此为"儒(中)西并尊"之立场。合而言之,就是"儒西并尊"与"中西并尊"。前文已言,《大同书》乃是康有为儒学思想之转折点:从"以西化儒"转向"儒西并尊",从"以西化中"转向"中西并尊"。转变后的立场,上文已证之。然则《大同书》中,还能见及"以西化儒"、"以西化中"之立场吗?答曰:还能见及。兹略举

---

① 康有为:《大同书》,第287—288页。

几例以明之。

论及"压制之苦",《大同书》云:"遂至于全中国绝无阶级,以视印度、欧洲辨族分级之苦,其平等自由之乐有若天堂之视地狱焉,此真孔子之大功哉!"[1]此处以西洋"平等自由"之说释读孔子。

论及"初设公议政府为大同之始",《大同书》云:"各国主权甚大,公政府不能设总统,并不能立总理。但立议长,于派遣各员中公举为之,以举者多数充选,如联军之有统帅也。然议长并无权,不过处众人之中,凡两议人相等者,多一人之数以决所从耳。自尔之后,公政府体裁坚定,孔子曰:见群龙无首,吉,乾元用九,天下治也。"[2]论及"四禁",《大同书》又云:"太平之世,人人平等,无有臣妾奴隶,无有君主统领,无有教主教皇,孔子所谓'见群龙无首天下治'之世也。"[3]此处以西洋"公政府"之说及"平等"之说释读"群龙无首"。

论及"去级界平民族",《大同书》云:"方今各国,奴隶之制尽解,卖家人口之风已禁,即俄最多奴,亦已除免。我国孔子创无奴之义,光武实施免奴之制,实于大地首行之,其于平等之道有光哉!林肯以铁血行之,风动大地,然尚为光武之后学而已。"[4]又云:"孔子手定六经,灭去奴隶,其于人类,有天子、诸侯、大夫、士、庶民之等,无有为奴者也。故六经无'奴隶'字,《论语》'箕子为奴',盖纣之暴以叔父为奴用耳,非真奴也。……嗟乎,孔教之行,免奴之制,中国先创二千年矣,真于大地最光哉!"[5]此处均以西洋"废奴"之事与"平等"之说释读"孔子"与"孔教"。

论及"妇女之苦",《大同书》又云:"欧美则妇女一嫁,即改姓从夫,……夫名与身孰大乎?人所以光耀于千万年,震动于千万里,皆以

---

[1] 康有为:《大同书》,第45—46页。
[2] 康有为:《大同书》,第76页。
[3] 康有为:《大同书》,第284页。
[4] 康有为:《大同书》,第110页。
[5] 康有为:《大同书》,第11页。

名存故也,故志士舍身而殉名,以名重于身也。齐景为国君而名不称,伯夷饿死而百世称之,孔子曰:疾没世而名不称。今乃夺人姓名,其悖公理而争天权,尤莫甚焉!此惟唐宋君主专制之威,乃间有夺人之宗而赐姓者,而欧美之男子,乃人人尽夺妇女之姓字,——今世所诵称之罗兰,实其夫姓名也。——此其与君主之专制间有夺姓者,尤过之。孔子之著《春秋》也,于鲁女曰伯姬,曰季姬,于夫人曰成风,曰齐姜,明著其姓字,何尝如欧美从夫之姓,亦何有以夫姓冠其本姓,如近世之陈女配李姓即称为李陈氏者哉!此孔子立女子之平等自立之大义也,而何可背之哉!"又云:"《礼运》记孔子之立大同制也,曰'女有归','归'者,岿然独立之象,所以存其自立之权也。"①此处以"女子之平等自立"之说释读孔子,并以此斥责欧美之非。

论及"抑女有害于立国传种,宜解禁变法,升同男子,乃合公理而益人种",《大同书》云:"治分三世,次第救援:囚奴者,刑禁者,先行解放,此为据乱;禁交接、宴会、出入、游观者,解同欧美之风,是谓升平;禁仕宦,选举、议员、公民者,许依男子之例,是谓太平。此孔子之垂教,实千圣之同心,以扫除千万年女子之害,置之平等,底之大同,然后无量年、无量数之女身者,庶得免焉。"②此处以"平等"之说释读"孔子之垂教",并低判欧美为"升平"。

总之,《大同书》中,第二期"以西化儒(中)"之立场犹在,但已不是主体框架。《大同书》之主体框架,已转向"儒西并尊"与"中西并尊"。自此而言,《大同书》乃是康有为第二期立场之终结,又是其第三期立场之开端。第三期主体立场为"儒西并尊"与"中西并尊";亦或有"以西化儒(中)"之立场参杂其间,然不再为主体矣。康有为出亡海外,亲历西洋各国,所见并非如想象中之美好。

---

① 康有为:《大同书》,第136页。
② 康有为:《大同书》,第162页。

第五节 第三期:"儒(中)西并尊"

一、游记与《会见记》:"儒(中)西并尊"

出亡海外后期(1903—1913),乃是康有为儒学思想之第三期,其基本格式为"儒(中)西并尊"。兹略论之。

1904年撰《意大利游记》,"尊西"与"尊中"并具。其言曰:"今者重都府、通道路、速邮传、立银行四大政,与其法律大行于欧洲,为盛强之一大原因焉。我国地土广大逾罗马,而不知大治道路以速通之;以金银贮库,而不知立国家银行以操纵财权焉。于以文明不兴,盗乱难平,财货绌滞,甚非统驭大国之道,则愧于罗马矣。而数千年无一作者,道路间有开辟,而银行未识创设。以唐太宗、宋艺祖、明太祖及燕王棣之雄武硕画,才臣如鲫,而思不及此,岂不异哉!"①此为"尊西"之论也。

又云:"今欧洲新理,多皆国争之具,其去孔子大道远矣。一二妄人,好持新说,以炫其博。迷于一时之权利,而妄攻道德。乃辄敢攻及孔子,以为媚外之倡。必欲使己国数千年文明尽倒,国教俱无,而后快其猖狂纵欲之私,以助其成名之具,无论其力未能也。"又云:"吾昔者视欧美过高,以为可渐至大同,由今按之,则升平尚未至也。孔子于今日,犹为大医王,无有能易之者。"②此均"尊中"之论也。

又云:"佛兼爱众生,而耶氏以鸟兽为天之生以供人食,其道狭小,不如佛矣,他日必以此见攻。……耶教以天为父,令人人有四海兄弟之爱心,此其于欧美及非亚之间,其补益于人心不鲜。但施之中国,则

---

① 《康有为全集》第七集,第388页。
② 《康有为全集》第七集,第374页。

一切之说,皆我旧教之所有。"此并尊"西学西理"与"西学中理"之论也。

1904年又撰《德国游记》,亦采"儒(中)西并尊"之立场。其"尊西"云:"尝论德近世人才,以路德、康德、俾士麦为三杰。路德创新教而拨旧教,为欧土教门之杰第一;康德兼综心、物二理,集欧土哲理之大成,为哲理之杰第一;俾士麦合日耳曼数十邦为一统,文治武功俱冠欧土,为功业之杰第一。三杰俱生于德,教宗、哲理、功业三者俱占第一,亦足见日耳曼人才之盛矣。"①

其"尊儒"云:"观此乃叹孔子之粹美也。即佛、梵尚不至酿大争乱焉,胜于耶、回矣。盖立教太强,强则必争,种祸之因在此。孔子之道宽柔以教,故失之弱;然因乎人情,而又为三统三世以待其变,其兹可久乎!"②又云:"夫中国民但无选举权耳,若论自由,则自由之年代,自由之程度,已至先而至极矣。"③

又云:"路德创开新教,今四百年间行遍大地,已逾万万人,实为日耳曼第一人才。以儒教之朱子、佛教之慧能比之,拨弃旧教而一统则过之,若法力气势之披猖,似尚未能逮彼也。"④此为"中西并尊"之论。

1904年之《英国监布烈住大学华文总教习斋路士会见记》,乃是康有为儒学思想方面的一份重要文献,也是"中西哲学比较研究史"上的一件重要作品。文中批判"以欧美一日之富强而尽媚之"、"见吾国一日之弱遂以为绝无足取焉"之学风,至今仍具有现实意义。

《会见记》反对以"媚外自轻"、"媚外自弃"、"媚外忘耻"之方式处理儒(中)西关系,然则其正面主张又如何呢?答曰:"儒(中)西并尊"。其言曰:"吾观夫欧人之变法也,利用其新,而不必尽弃其旧。英尤有焉!双轮并驰,徐以俟其得失耳。……斟之酌之,损之益之,断之续

---

① 《康有为全集》第七集,第411页。
② 《康有为全集》第七集,第411页。
③ 《康有为全集》第七集,第438页。
④ 《康有为全集》第七集,第409页。

之,务得其宜,则变通尽利矣。"①"用新留旧","双轮并驰",此即为欧人之变法模式,亦当为中国之变法模式。

《会见记》又云:"吾国向来只知保守,当万国交通竞争之世,而行以数千年朽弊在之旧法,必不能竞存于新世之中,是则不可不大变。故当戊戌时,吾甘冒犯一国之怒而毅然思变之。今之时,人人亦既知变,则应就轨道之可循者寻求之,亦有宜温故存旧者。苟不问其可否,一概屏除,见西法则师之,见我法即弃之,既不能保存国粹,则无深情雅性、逸旨高怀,而人格斯下。且夫一国之立,自有其固定之精神,不在其表面之形式。若只知事事从人,以顺为正,是奴仆也。此在野蛮之国则可,岂具有数千年文明之中国而亦甘为婢妾之行哉?"②一方面是"温故存旧",一方面是"师法欧美",二者并举,方为正途。合而言之,就是"温故知新":不能只讲"故"而不讲"新",亦不能只讲"新"而不讲"故"。

《会见记》亦有"物质救国"之主张,云:"吾夙昔未出游,因就欧美百年来之表面观之,惊惧颇甚,以为其教化之至极盛矣。今既久进其国,乃觉彼之俗化尚远不若我东汉及宋明之世,不过道路、宫室、器用、兵械之精良,乃因新学之汽电发明而遂超我,与教化都不相关也。吾国苟稍能致力物质,自强之后,通译诸经之精义微言,则最切于人道,而为彼土所未能至者。……而今欧美则犹在据乱之时期,欲升平而未之至也。"③又云:"要之,吾国人得种之慧,好学之笃,横大地而无与让。……而挟吾国人士之多,以讲求物质,妙抒新理,则吾国之盛强,吾学之修明,万国应无与我竞者矣!"④以上均倡"物质救国论"。

"物质救国论"本身就是一个"儒(中)西并尊"的方案:"物质"方面"尊西","教化"方面"尊儒(中)"。故《会见记》亟言"中国教化"之重要

---

① 《康有为全集》第八集,第38页。
② 《康有为全集》第八集,第52页。
③ 《康有为全集》第八集,第27页。
④ 《康有为全集》第八集,第31页。

性:"吾国人士,若不念神明之种而甘为野蛮禽兽也,则相约而从之,曰中国无教、无教主可也。苟吾国人士稍能自念身为神明之胄,而不甘遂沦为野蛮禽兽也,其慎无盲从妄说而亦曰吾中国无教、无教主也。知吾国教最文明、最精深,然后吾种贵;知吾国产有教主,道最中庸、最博大、最进化、最宜于今世,可大行于欧美全地,莫不尊亲,然后吾种贵;知吾国有最盛美之教,有神明圣王之教主,我全国及各教宜尊奉之,庶将来使大地效之拜之,如欧人之尊敬耶稣然,然后吾种贵。能知吾种贵,然后不媚外为奴,不称人世纪,而卓然自立。知自立而后学盛道尊,而后种强民贵焉。兹事所关者大,可不留意而毋忽耶!"①

"中国教化"者,"国教"也。"国教"乃是"物质救国论"之底线:机器可变,政治制度可变,惟"国教"不可变也。

二、《物质救国论》:"儒(中)西并尊"

"物质救国论"的反面是"道德保育论",一方面要大讲"物质学",同时又必大讲"道德哲学"。大讲"物质学"者,"尊西"也;大讲"道德哲学"者,"尊儒(中)"也。

《物质救国论》(1904)云:"故以欧美人与中国比较,风俗之善恶,吾未知其孰优也。推其孰为冲繁简僻乎,则道德俗尚之醇美浇漓可推也。如以物质论文明,则诚胜中国矣。若以道德论之,则中国人数千年以来受圣经之训,承宋学之俗,以仁让为贵,以孝弟为尚,以忠敬为美,以气节名义相砥,而不以奢靡侈争竞为尚,则谓中国胜于欧美人可也。即谓俗尚不同,亦只得谓互有短长耳。"②此处尊西洋之"物质",同时尊中土之"道德"。

又云:"吾既遍游亚洲十一国、欧洲十一国,而至于美。……欧洲

---

① 《康有为全集》第八集,第36页。
② 《康有为全集》第八集,第67页。

百年来最著之效,则有国民学、物质学二者。中国数年来,亦知发明国民之义矣。但以一国之强弱论焉,以中国之地位,为救急之方药,则中国之病弱非有他也,在不知讲物质之学而已。中国数千年之文明实冠大地,然偏重于道德哲学,而于物质最缺然。……夫势者,力也,力者,物质之为多。故方今竞新之世,有物质学者生,无物质学死。小国若缅甸、安南、高丽,无物质学者立死;文明大国若突厥、波斯、西班牙,无物质学者,少辽缓其死,然削弱危殆而终归于亡。"①此处尊西洋"物质学"或"物质之学",同时尊中土之"道德哲学"。

又云:"盖深知彼己之短长,极校国力之厚薄,乃知强弱之故,不在人民之多寡、土地之大小,而在物质工艺之兴盛与否也。故遍观各国,有物质学者盛强,无物质学者衰微。……俄本野蛮,政法皆无,所乏非独物质也。若中国则数千年之政法,本自文明,所乏者独物质耳。若能如彼得之聚精会神,率一国之官民,注全力以师各国之长技,则中国之盛强,远过于俄彼得,又可断断也。"②此处尊西洋"物质工艺"与"物质学",同时尊中土之"政法"与"文明"。

又云:"故合种种而论之,我国人今之败于欧人者,在此一二百年间。而所最大败远不如之者,即在一二百年间新发明之工艺、兵炮也。……然则吾国人之所以逊于欧人者,但在物质而已。物质者,至粗之形而下者也。吾国人能讲形而上者,而缺于形而下者。然则今而欲救国乎?专从事于物质足矣。于物质之中,先从事于其工艺、兵炮之至粗者,亦可支持焉。若舍工艺、兵炮而空谈民主、革命、平等、自由,则使举国人皆卢骚、福禄特尔、孟的斯鸠,而强敌要挟,一语不遂,铁舰压境,陆军并进,挟其一分时六百响之炮,何以御之?……则所谓举国四万万之卢骚、福禄特尔、孟的斯鸠或康德、斯宾塞、倍根、笛卡儿,进而人人为柏拉多、亚里士多图、耶苏与佛,无数无量,亦皆供人宰

---

① 《康有为全集》第八集,第63页。
② 《康有为全集》第八集,第65页。

割之具、奴虏之用而已。"①此处尊西洋之"物质"、"工艺兵炮"、"形而下者",同时尊中土之"形而上者"。

又云:"夫百年来欧人之强力占据大地者,非其哲学之为之也,又非其民权自由致之也,以物质之力为之也。……故魏源深谓师其长技以制之。当时固未知欧人之别有文明、道德、法律、政治、文学、哲理之盛,而就中国本有之文明论之,则保国之道,中国所缺乏者,乃最在物质。……然则魏默深之论,至今犹为至论也。曾文正、李文忠、郭筠仙皆颇从默深之说,又皆居要地,惜乎其未能深讲而力行之也。"②此处尊西洋"物质之力",同时尊中土"本有之文明"。

又云:"欧人之强也,数百年来,学校之间,说三变矣。自古文学复倡后,始则为人道学,近数十年来则为国民学,终则为物质学。……而以今日中国之所最乏者,则在物质也。无物质之实用,而徒张国民之虚气以当大敌,亦犹制梃以挞秦楚也,必不能也。盖精神之本,又在人道学之道德礼义,而不能以国民虚矫之气当之也。……以中国之人道学固备矣,且有过于欧人矣。……其所绝无而最缺,而不能以立国者,则在物质之一事也,故吾之于物质学,最为深切而谆谆也。"③此处尊西洋之"物质"、"物质学",同时尊中土之"人道学"。

如此则《物质救国论》者,"儒(中)西并尊"之作也,"物本教末"之作也。处理儒(中)西关系,采"儒(中)西并尊"之立场;处理物质学与教化学之关系,则采"物本教末"之立场。因"物质学"盛强于西洋,"教化学"盛强于中土,故《物质救国论》又暗藏"西本中末"之格式矣。

然则"物本"之"物"确指为何?答曰:一曰"物质"也,一曰"物质学"也。"物质"者,工艺、兵炮、铁轨、电线之类也;"物质学"者,化、光、电、重、天文、地理、动植、生物之类也。关于"物质学"之内容,《物质救

---

① 《康有为全集》第八集,第67—68页。
② 《康有为全集》第八集,第71—72页。
③ 《康有为全集》第八集,第72—73页。

国论》曾以美国为例,列出六科:机器、工程、化学、农、商、矿。机器科四年课程为:算学、物理、化学、兵操、器械、工程、天文等。工程科四年课程为:算学、物理、化学、绘图、兵操、练身、机械、地质等。化学科四年课程为:算学、物理、化学、绘图、兵操、练身等。① 可知"物质学"者,"自然科学"也。"物质救国"在器物层面,就是工艺、兵炮救国;在学理层面,就是"自然科学"救国。"自然科学"为本,"社会科学"为末。这跟中国最近三十年之实际情况,有高度的"相似性"。

《物质救国论》之"序"云:"乙未、戊戌以前,举国鼾睡,无可言也。至庚子以后,内外上下,非不知吾国之短,而思变法以自立矣。则举措茫然,不知欧美富强之由何道,而无所置足也。议者纷纭,各自以其测天之识而猖狂论之,谓天圆覆犹笠也,谓地平方犹块也。当同、光之初,曾文正、李文忠、沈文肃诸公,草昧初开,得之太浅,则以为欧美之强者,在军兵炮舰,吾当治军兵炮舰以拒之,而未知彼军兵炮舰之有其本也。至乙未东败之后,知之渐进,以为欧美之强在民智,而开民智在盛学校也。于是十年来,举国争事于开学矣。至戊戌之后,读东书者日盛,忽得欧美之政俗学说,多中国所无者,震而惊之,则又求之太深,以为欧美致强之本,在其哲学精深,在其革命自由,乃不审中国病本之何如,乃尽弃数千年之教学而从之。于是辛丑以来,自由、革命之潮弥漫卷拍,几及于负床之孙、三尺之童,以为口头禅矣。医论日以多,药方日以难,脉证日以乱,病势日以深。当此危命如丝、弥留喘息之时,言学之参术,既迟不及救;言自由、革命之天雄大黄,则益以促其生。俄之破坏中立,既欲窥新疆,英伸手取藏,而德则忍俊不禁,明索山东矣。大势岌岌,瓜分可忧,而我举国上下,尚复瞽者论目,盲人骑马。危乎哀哉,其可畏也!"②

此处把"物质救国论"置于清末以降各种救国方案之大背景上来

---

① 以上见《康有为全集》第八集,第91—92页。
② 《康有为全集》第八集,第63页。

定位:曾、李、沈等人之"军事救国论","得之太浅";乙未东败之后之"教育救国论",亦只是"知之渐进";戊戌之后之"学术救国论"、"革命自由救国论",仍是"不审中国病本之何如"。总之康氏自认"物质救国论"不同于洋务运动之"中体西用论",亦不同于戊戌变法之"君主立宪论",更不同于辛丑以降之"自由革命论",但没有明白说出差异何在。

"富强高于民主"、"富强高于自由"、"富强高于人权",乃《物质救国论》之"微言大义",读者宜关注焉。

三、《物质救国论》之后:"儒(中)西并尊"

《物质救国论》之"序"云:"方草各国游记,而苦时日之难毕也,先为《物质救国论》以发明之,冀吾国吏民上下,知所鉴别,而不误所从事焉。"① 可知《物质救国论》是在撰写"列国游记"的间歇,抽空完成的,是"列国游记"主旨思想的一次总结。故它所反映的是康有为整个第三期(出亡海外后期,1903—1913)的思想格式,与其之后的其他作品,格式相同。

1904 年《恶士弗大学图记》云:"而吾国人今以欧美一日之强,未尝考察,想象如帝天,自视为野蛮,则奇愚莫有甚焉。忘祖媚外,抑何不自立乃尔耶?夫中国之立学最久,……真可雄矜于万国,永为大地第一文明古物者矣。"② 这是一个"中西并尊"的态度。

1904 年《欧美学校图记英恶士弗大学校图记》云:"盖人之为道,知新与温故皆不可缺,进取与保守皆不可无,稍有所偏,皆足致病。相其时宜,步骤驰驱,天马鸣銮,温然中节。……然今既人人知变,则自有轨道可寻,亦自有宜温故存旧者。苟不问可否,一概扫除,见西法辄师之,见我法即弃之,既不保存国粹,则无深情雅性逸旨高怀,而人格

---

① 《康有为全集》第八集,第 64 页。
② 《康有为全集》第八集,第 109 页。

将下。且立国自有精神,不在形式。若事事从人,以顺为正,是为奴婢也。此野蛮之国则可,岂有数千年文明之中国而为婢仆之行哉!"①这也是一个"中西并尊"的态度。

1905年《法兰西游记》云:"欧美百年之横于大地,如飘风暴雨之不能终朝耳,何足畏乎?以吾国辟地之广大,殖种之繁庶,教化之深厚,生质之聪敏,无在非具为地球主人翁之资。欧美人虽强盛,不过百年,资吾先驱耳。横览大地,吾何有焉?皇皇神州,惟吾国乃能保存吾固有,以化大地,而何事自乔入谷,以媚外苟存乎?"②又云:"以吾文明之本皆具,自由平等之实久得,但于物质、民权二者少缺耳。但知所缺在物质、民权,则急急补此二者可也。"③以上均采"中西并尊"之态度。

1906年《日耳曼沿革考》云:"今欧洲之强乃出幸致,所变新法之安乐富强者,不过数十年。我中国收之,即可立致富强安乐,为大地霸。然则欧洲百年间虽为大地富乐强霸之主,而千余年受战争惨酷之祸。我国数十年间虽遭凌弱,而前后万数千年得安乐强霸。以算学乘除之,孰为得失?岂可以彼一二日之盛而尽称之?吾仍以孔子之义为美,而欧法虽幸中,仍为失也。"④又云:"欧洲自科仑布寻新地,倍根发新学,华忒利汽机之后,别为新世界。其艺、乐、兵、律之精密,固自绝出于前古而无可比较焉,此必当师之者也。若夫政、俗、伦、教之间,与吾互有得失,而其百年前之事不如我者尤多。岂可以彼一日之强,而尽媚以为美善耶?"⑤以上均采"中西并尊"之立场。

1907年2月《西班牙游记》云:"观此院也,吾重伤于欧民也。彼十七纪以前,殆无日离甲胄剑戟弓弩之世也。其以精枪横行,仅三百余年耳。吾崇祯时炮、康熙时枪已甚精,但无竞争之国,偃武修文,销锋

---

① 《康有为全集》第八集,第117—118页。
② 《康有为全集》第八集,第165页。
③ 《康有为全集》第八集,第201页。
④ 《康有为全集》第八集,第242页。
⑤ 《康有为全集》第八集,第250页。

为器,故不事此,因以不进也。夫道得失相反以相成,神奇为臭腐,臭腐复为神奇。吾国文治之至而遂衰也,欧人争乱之极而遂进也。故夫言道之难也,有所偏重者必偏亡。印度戒杀生言仁太甚则亡,中国重文化言安太甚则弱。"①此处亦持"中西并尊"之立场。

1908年2月8日《复刘观察士骥书》云:"且中国数千年之为治,实至奇异,而为大地万国之所无。盖立法至疏,设官至少,人民以为天下□□,而不知有国而爱之,可谓之无官、无律、无国,而能长治久安,远过欧美者,不过以一部《论语》治之,人人崇礼信、尚廉耻、知孝弟而已。吾久居欧美,乃叹孔子之教之绝异而至美也。今将欲富强乎不难,但言之既渐隳廉耻而坏人心,吾方耻之。然以救国之故,处竞争之势,终无以易之。则道有阴阳,药有标本,因时为急,无如何者矣。(吾国可谓道德齐礼,欧美可谓道政齐刑、民免无耻。今之盛称法治者,未知其故也。)"②此处乃为"儒西并尊"之立场。

1908年5月《补奥游记》云:"一国之所以立,在言语、历史、教宗,此国人之精神所托也。日本自无教主,可不必计。若我中国,既以儒为国教数千年矣,国人之风俗、心思骨干,皆自儒教孕育而成。但当与时扩充,勿以旧说缚束新世界之心思耳。……无知者以欧美人一日之强,乃动以彼族一切为文明,而旧俗若等于野蛮者,至欲并灯烛一切扫除之。试问意、奥、班又为何洲之国乎?欧人昔师我东方之灯烛以为光明,今人乃必欲舍光明而师欧人之黑暗,不辨得失,媚外而已,何文明之云?"③此处既有"儒西并尊",又有"中西并重"。

1910年9月30日《记中国宜用孔子纪年》云:"今之人贵文明而贱野蛮,岂非内诸夏而外夷狄欤?美、瑞之选贤能为民主,岂非所谓天下为公欤?但今未离内其国之时,故太平大之道犹有待耳。……国土万

---

① 《康有为全集》第八集,第281页。
② 《康有为全集》第八集,第371页。
③ 《康有为全集》第八集,第396—398页。

千,旋立旋灭,置大地中如泡影耳。惟教主久而愈尊,亦有道而无国。然而万国中诞降教主,而国大能自立者惟我耳。以远鬼神而务民义,故政治修;以不娶同姓,故人民繁;以文武并尚,不徒诵经膜拜,故国能大。试校之犹太、印度诸国而可知也。"①此处基本上还是"儒西并尊"。

1912年5—6月《中华救国论》云:"故其政教并行,亦如双轮并驰,一前一后,一上一下,相牵相掣而得其调和也。然则法国虽大变,而尚有教存焉,不若吾国之并政教而尽变之,空空如也,一无所有。而美、法之美,未必可学也,惟有乱而已。"②又云:"今共和成立已数月矣,五族既合,民心已一,乱无可虑。所独忧者,万国眈眈,暴民攘攘,乱舞傞傞,颠倒衣裳,再失其道,自取分亡,则五千年之文明,万里之广土,四万万之华胄,将为奴隶,耗矣哀哉!若能为之有序,措之得宜,讲乎外势而先弭内乱,以国为重而民从之,有政党内阁以为强力政府,行保民之政,富而教之,保中国已有之粹而增其未备,则中国之强,可计日而待也。"③"保中国已有之粹而增其未备",是一个"保中增西"的方案,当然是"中西并尊"的。

1912年10月7日《孔教会序》云:"基督尊天养魂,忏恶劝善,行之欧美,成效久彰矣。然孔子之道,以人为天所生,故尊天,以明万物皆一体之仁;又以人为父母所生,故敬祖以祠墓,著传体之孝。若基督只明尊天,而敬祖阙焉。今岂能举中国四万万人之祠墓而一旦尽废之,若今不尊孔,则何从焉?将为逸居无教之民欤?暴戾恣睢,以快嗜欲而近于禽兽乎?则非待烹灭绝种而何!"④这是一个"儒西并尊"的立场。

又云:"夫孔子之道,本于天而不远人。人之性出于天,故因人性以为道。……苟非若婆罗门之去肉出家、墨子之非乐不歌,则普大地

---

① 《康有为全集》第九集,第162—163页。
② 《康有为全集》第九集,第316页。
③ 《康有为全集》第九集,第328页。
④ 《康有为全集》第九集,第346页。

万国之人,虽欲离孔教须臾而不能也。……苟非生于空桑、长于孤岛无人之地,则是道也,凡普大地万国之人,虽欲离孔教须臾而不能也。非惟中国为然也,恻隐羞恶,知虑进取,人之性也,扩而充之,以为仁义智勇之德,虽禽兽亦有是一二焉,但不能合而扩充耳。则是道也,凡普大地万国之人,虽欲离孔教须臾而不能也。"①此处"普大地万国"之说,已超出"儒西并尊"之立场,而开始走向"以儒化西"。"以儒(中)化西",刚好就是康有为儒学思想第四期之立场。

第六节　第四期:"以儒(中)化西"

民二归国,结束长达十五年的亡命海外生涯,康有为的儒学思想发生了根本转变:儒学(甚至广义地说中学)已不再只是"治中国"之药方,而是扩大为"平天下"之药方,已不再只是"治一国"之药方,而是扩大为"治万国"之药方。其思想格式于是从第三期之"儒(中)西并尊",转变成"以儒(中)化西"。

此时的"儒(中)学"在康氏心目中,已可以单独成为一种"普世价值"。这就比《大同书》前进了一大步:《大同书》是采"合儒(中)西"而成"普世价值"的立场。或者换言之,《大同书》只是从消极立场反对"西学西理"单独成为"普世价值";第四期则是从积极立场肯定"中学中理"可以单独成为"普世价值"。

康氏曾谓:居西洋愈久,愈觉中土之可贵。吾人同样可以说:愈是了解"西学西理",愈觉"中学中理"之深邃广大。"中学中理"之价值与意义,不是靠自身获得的,而是在与"西学西理"的比较中获得的。

1913 年 2 月 11 日《〈中国学会报〉题词》云:"夫立国之道,本末精

---

① 《康有为全集》第九集,第 343—344 页。

粗，其运各有在矣。吾中国以文明号于大地者也，吾之教化哲学，为欧美人所称久矣。数千年之文教，不能以数十年之贫弱屈也。吾何以能为万里一统之大国，吾何以能为四万万人同居之大族，吾何以能保五千年之文明？若埃及乎，则文明久灭矣；希腊乎，则人种灭绝矣；波斯乎，久为回教所散矣；印度乎，久为异教异族所范矣。惟我中国，则五千年光大宏巨，长久而无恙。自欧人后起外，大地古国乎，惟我中国而已。其所由得此之故，吾国人不可不深长思矣。虽政治、物质之末，逊于欧人，而自有国魂主之，乃能以永久而不敝矣。夫所谓中国之国魂者何？曰：孔子之教而已。孔子之教，自人伦、物理、国政、天道，本末精粗，无一而不举也。"①此处以"孔子之教"既优于埃及、希腊、波斯、印度之教，又优于欧美之教。

又云："孔子为中国改制之教主，为创教之神明圣王。孔子以前之道术，则孔子集其大成；孔子以后之教化，则吾中国人饮食男女、坐作行持、政治教化、矫首顿足，无一不在孔子范围中也。岂惟中国，东亚皆然。若日本之强，以欧美之政治、物质为其皮肤，以孔子之教为其神骨者也。今日本人家诵《论语》，国尊儒学至矣，是以有乃木之感。而我自有教主，乃反不知而废弃之。若废弃孔子，则中国之教化尽矣。父不父，子不子，夫不夫，妇不妇，则无以为家；行不知所行，言不知所言，立不知所立，则无以为身；怅怅何之，茫茫何适，不知所师从，不知所效法，则无以为心。若夫纪纲荡扫，礼俗凌夷，国无以为国，则成效可睹矣。夫至四万万之人，行不知所往，言不知所从，怅怅何之，茫茫无适，是谓之丧心病狂，国为离魂。夫至于举国离魂，丧心病狂，而日蒙之以欧美之皮毛，即使染为碧瞳，粉成白脸，饰成金发，而曰吾为欧美人矣，人无不大笑之。即为欧美人，而若班、葡之危弱，墨、中南美之乱暴，奚取焉？"②此处以为"孔子之教"已经超出中国之域，而成为东亚

---

① 《康有为全集》第十集，第16页。
② 《康有为全集》第十集，第17—18页。

之"共同价值"。

1913年3月《拟中华民国宪法草案》云:"夫古文明国,若埃及、巴比伦、亚述、希腊、印度,或分而不能合,或寡而不能众,小而不能大,或皆亡而种亦灭。其有万里之广土,四万万之众民,以传至今日者,惟有吾中国耳。所以至此,皆赖孔教之大义结合之,用以深入于人心。故孔教与中国,结合二千年,人心风俗,浑合为一,如晶体然,故中国不泮然而瓦解也。若无孔教之大义,俗化之固结,各为他俗所变、他教所分,则中国亡之久矣。……且夫佛、耶、回教,皆全地大教,而久行于中国者也。回教既非宜于今进化之世矣;佛、耶二教虽美,而尊天养魂,皆为个人修善忏罪之义,未有详人道政治也,则于国无预也。惟孔教本末精粗,四通六辟,广大无不备,于人道尤详悉,于政治尤深博。故于立国为尤宜。……在外人于孔教犹特尊之,乃吾国人于自产之教主,受晶体之遗化,乃不思保全之乎?"①此处比较儒、佛、耶、回四教,以为最宜成为"普世价值"者,惟儒教而已。

1913年4月《以孔教为国教配天议》云:"《论语》曰:仁者爱人,泛爱众。韩愈《原道》,犹言博爱之谓仁。《大学》言平天下,曰絜矩之道。《论语》子贡曰:我不欲人之加诸我也,吾亦欲无加诸人。岂非所谓博爱、平等、自由而不侵犯人之自由乎?《论语》、《大学》者,吾国贯角之童,负床之孙,所皆共读而共知之。昔日八股之士,发挥其说,鞭辟其义,际极人天,是时欧人学说未出未发,患国人不力行也。乃今得博爱、平等、自由六字,奉为西来初地之祖诀,以为新道德,品而以为中国所无也。真所谓家有锦衣,而宝人之敝屣也。夫《论语》、《大学》,孔子之学也,非僻书也,而今妄人不学无知,而欲以新道德为旧道德也。……以《论语》、《大学》、《中庸》之未知未读,而妄攻孔子为旧道德,妄攻中国无新道德,之人也,妄人也,之说也,瞽说也,岂足较哉?然而竟有惑焉者。举国之人饮狂泉,则以不狂为狂,昔为谬譬之言,今

---

① 《康有为全集》第十集,第82页。

为实事也。嗟夫！吾四万万同胞,得无误饮狂泉乎？盍醒乎来！……凡五洲万国,教有异,国有异,而惟为僧出家者不行孔子夫妇之一道而已。此外乎,凡圆颅方趾号为人者,不能出孔子之道外者也。"①全球人类既均无出"孔子之道"之外,则"孔子之学"为"普世价值"必矣。

1920年前《与日人某君笔谈》云："以今欧美人著书,无不以孔子为教,但中国蟊贼自攻耳。佛、耶两教只言神魂,而不言人道。孔子则自人生之内而饮食居处、衣服行为,外而人伦事物,无在不为之品节,故曰不可须臾离也。因天生之人性以立教,故曰谁能出不由户。若婆罗门之不娶不食,一旬一食,三日一食,则诚非孔教矣。否则不论何教,凡被服别声,饮食男女,皆在孔教范围之中也。但孔子不自尊,不托天神,为人生不可离之道。譬君主然,乱世则专制君主,平世则立宪君主,孔子如立宪君主,公其理于天下,不自尊焉。乃人道之至也。"②"皆在孔教范围之中"、"公其理于天下"等言,均是强调以"孔教"为"普世价值"。

1923年4月《开封演讲辞》云："孔子圆通无碍,随时变通,无所不有,无可议者也。今之新学,自欧美归者,得外国一二学说,辄敢妄议孔子。岂知欧战之后,欧美人于边沁功利之说、克斯黎天演优胜劣败之论,行之已极,徒得大战之祸,死人千余万,财力皆竭,于是自知前人学说之未善。各国博士乃求于孔子之道,觉其人道切于人用,乃日渐尊崇之。吾尝见严复之书札：静观欧洲三百年之文明,只重物质,然所得不过杀人利己、寡廉鲜耻而已。回思孔子之道,真觉量同天地,泽被寰区。此非仆一人之私言,乃欧美学者之公论也。严又陵亦欧洲学者,翻译欧洲学说甚多,且旧归心基督教者,然晚年其论如此。又近有通博之学者,久游欧洲,昔甚反攻孔子者,今亦改而尊崇孔子。亦可知真理之不可破矣。"③"量同天地,泽被寰区"之说,自然带有"普世价值"

---

① 《康有为全集》第十集,第92—93页。
② 《康有为全集》第十一集,第118—119页。
③ 《康有为全集》第十一集,第238—239页。

之意味。

1923年4月《保定河北大学演讲辞》云:"一念之微,影响至巨。故孔子专从人身日用上设想,由小而推大,而天下之万事万物皆不外是矣。今俄克鲁泡金所言互助学说,即孔子之言仁。仁从二人,非互助而何?又如杜威所言之自由,则孔子'尽其性,则能尽人之性',尽其性,即杜威力言自由。赫胥黎《天演论》言优胜劣败之说,即《中庸》所谓'栽者培之,倾者覆之'。《春秋》三世,《礼运》小康、大同,各有分别。盖孔子之教无所不有,虽欲攻之,无从而攻之。既无从而攻之,则当学之法。"①此处仍带有"以西化儒(中)"之痕迹,但其目的是为了证明儒学之"无所不有"与"无从而攻之",是为了证明"孔子之教"就是最好的"普世价值"。

1923年6月《济南演讲辞》云:"法国克斯黎天演优胜劣败之论,行之已极,徒得大战之祸。于是知前人学说之末善,各国博士乃求之孔子之道,觉其人道切于人用,乃日渐尊崇之。吾尝见严复之书札曰:静观欧洲三百年之文明,只重物质,然所得不过杀人利己、寡廉鲜耻而已。回思孔子之道,真觉量同天地,泽被寰区。此非仆一人之私言,乃欧美学者之公论也。此亦可见公理之所在。"②此处以"公理"称"孔子之道",亦有"普世价值"之意味。

1923年9月6日《答培山儒会书》云:"彼欧人者,向溺于边沁功利之说、赫胥黎天演优胜劣败之义。乃自德国死人千万,惨伤满目,乃知其欧美学说之不足。而求之万国,惟有孔子仁让之悦,足以救之。故近者欧美大尊孔学,此亦见圣道之至,所谓闇然日章,凡有血气,莫不尊亲也。……其必有光大之一日也。"③此处乃是典型的"以儒化西"、"以儒救西"之言论。

---

① 《康有为全集》第十一集,第240—241页。
② 《康有为全集》第十一集,第249页。
③ 《康有为全集》第十一集,第263页。

1923年10月7日《孔子圣诞日演讲辞》云:"近人多有攻击孔子者,而攻击者日日在孔子道之中,但彼不学而不知耳。孔子之道,包括天人,遍周文物,乃至鬼神、山川、昆虫、草木、大小、精粗、本末,四通六辟,无乎不在。故谓范围天下而不遏,曲成万物而不遗也。"①此处又以"孔子之道"为"普世价值"。

1923年11月《长安演讲录》云:"吾于患难处,以天游以为解忧之良方。自哥白尼出,知地为日之游星,而自古一天地之说破,地为天中最细物耳。人居地球之上,当知地球面积不过二万七千余里,合四百八十余万丈法里,一万二千八百粁。自德、俄外,各国际同盟会者四十五国,然居地面上,犹一村族耳。各国犹之比邻,一国犹之一家,同国之人犹之父子兄弟。故曰圣人能以天下为一家,中国为一人,乃实在事理,非为大言也。"②此处言"圣人"之言可为"普世价值"。

又云:"人知万物为天所生,则万物一体,人当本天之仁爱以爱万物、爱同类。同类之人,与吾同此耳目、同此心思者也。是以基督教言博爱,佛教言慈悲、言众生平等,孔子言仁。盖教主皆以慈爱为主,然亲亲、仁民、爱物有次第焉。言博爱而不言爱物,则爱之义未广。言众生平等而不分等差,则事有难行。……同类之中,又不能人人一律仁之爱之,故必由近及远、由亲及疏焉。吾有一杯茶、一升米,吾饮食之,先奉吾父母、兄弟、妻子而不及其他者,非不欲爱同类也,以尽请诸君饮之食之,力有不能、势有不可也。"③耶教之爱不及于物,狭矣;佛教之爱平及于万灵,不现实矣;惟儒教之爱有亲亲而仁民、仁民而爱物之次第,既广大又切实可行。三教比较,康氏以为当以儒教为优。若言"普世价值",儒教最有资格。

又云:"盖孔子之教,人类所不能外,中西一也。"④又云:"孔教中

---

① 《康有为全集》第十一集,第268页。
② 《康有为全集》第十一集,第271页。
③ 《康有为全集》第十一集,第280页。
④ 《康有为全集》第十一集,第283页。

庸,以智、仁、勇三达德为要。大概佛家言广大圆明,智也;耶言博爱,仁也;回教勇猛严敬,勇也。知各教不外智、仁、勇,则吾人之求智、仁、勇以立道德之基,以宏道德之量,不可不勉也。"①此处不仅以儒教为"普世价值",且以为佛、耶、回三教不过各为儒教之一个环节而已。此也许真为康氏约九十年前之真知灼见? 虽内容有不妥,然"格局"不为错。

第七节 贯穿各期之一条主线:"尊儒(中)"

康有为在第一期"援西入儒(中)",他是"尊儒(中)"的;在第二期"以西化儒(中)",他是"尊儒(中)"的;在第三期"儒(中)西并尊",他是"尊儒(中)"的;在第四期"以儒(中)化西",他更是"尊儒(中)"的。"尊儒(中)"之立场,他终身坚守。

《康子内外篇·肇域篇》(1886)从全球地理大势上论"中国"之可尊:"中国在昆仑山为东龙,先聚气于中原,自汉以后,然后跨江以至闽粤,跨海以至日本。盖地球之远,固如是也。波斯、犹太于昆仑为西龙,故其文物次于中国。欧洲最远,故最迟,至罗马而乃盛也。"②

《与潘文勤书》(1888)从幅员、人口、历史上论"中国"之可尊:"夫以中国二万里之地,四万万之人,二帝三王所传礼治之美,列祖列宗缔构人心之固,君权之尊,四洲所未有也。使翻然图治,此真欧洲大国之所望而畏也。"③

《广艺舟双楫》(1890)论中国"文字"之可尊:"中国自有文字以后,

---

① 《康有为全集》第十一集,第 287 页。
② 《康有为全集》第一集,第 112 页。
③ 《康有为全集》第一集,第 169 页。

皆以形为主,即假借、行草亦形也,惟谐声略有声耳。故中国所重在形。外国文字皆以声为主,即分篆、隶、行、草亦声也,惟字母略有形耳。中国之字,无义不备,故极繁而条理不可及;外国之字,无声不备,故极简而意义亦可得。盖中国用目,外国贵耳,然声则地球皆同,义则风俗各异。致远之道,以声为便。然合音为字,其音不备,牵强为多,不如中国文字之美备矣。"①

《与洪右臣给谏论中西异学书》(1891)论中国"人种"之可尊:"我中人聪明为地球之冠,泰西人亦亟推之。……凡西人所号奇技者,我中人千数百年皆已有之。泰西各艺皆起百余年来,其不及我中人明矣。"②

《桂学答问》(1894)论"孔学"之可尊:"孔子所以为圣人,以其改制,而曲成万物,范围万世也。其心为不忍人之仁,其制为不忍人之政。仁道本于孝弟,则定为人伦;仁术始于井田,则推为王政。"③

《上清帝第四书》(1895年6月30日)论"先圣义理"之可尊:"况中国地方二万里之大,人民四万万之多,物产二十六万种之富,加以先圣义理入人之深,祖宗德泽在人之后,下知忠义而无异心,上有全权而无掣肘,此地球各国之所无,而泰西诸国之所羡慕者也。"④

《南海师承记》(1896—1897)论"孔子"之可尊:"天下所宗师者,孔子也。义理制度皆出于孔子,故学者学孔子而已。孔子去今三千年,其学何在?曰在六经。夫人知之,故经学尊焉。"⑤

《日本书目志》(1898)论"六经"之可尊:"政治之学最美者,莫如吾《六经》也。尝考泰西所以强者,皆暗合吾经义者也。……故凡泰西之强,皆吾经义强之也;中国所以弱者,皆与经义相反者也。"⑥

---

① 《康有为全集》第一集,第254页。
② 《康有为全集》第一集,第337页。
③ 《康有为全集》第二集,第18页。
④ 《康有为全集》第二集,第83页。
⑤ 《康有为全集》第二集,第211页。
⑥ 《康有为全集》第三集,第328页。

又论《春秋》之可尊:"《春秋》者,万身之法,万国之法也。尝以泰西公法考之,同者十八九焉。盖圣人先得公理,先得我心也,推之四海而准也。"①

又论"四维"之可尊:"管子曰:礼义谦耻,是谓四维,四维不张,国乃灭亡。儒以忠信为甲胄,礼义为干橹,自非生番野蛮之国,未有不贵道德修身者。此万国古今之通理。国之强盛弱亡,不视其兵甲之多寡,而视其风俗道德之修不修。"②

《中庸注》(1901年3月)论"孔子之教"之可尊:"天下之为道术多矣,而折中于孔子。……因使孔子之教,广大配天地,光明并日月,仁育覆后世、充全球。"③又论"中庸"之可尊:"天下之道教多矣,然如耳目鼻口,各得一偏,寡能齐天地之容、协群生之宜者。惟孔子中庸之道,虽极平常,而实诣其至极。"④又论"兼言鬼神"之可尊:"佛氏专言鬼,耶氏专言神,孔子兼言鬼神,而盛称其德。"⑤

《孟子微》(1901)论孟子之可尊:"夫人有患难,孰不欲人救之;人有仇雠,谁不欲人复之? 有救难复仇者,民皆归之,人人欲戴以为主。天下归往,谓之王矣,复何畏于大国焉! 耶苏专以救民为义,摩诃末(按:即穆罕默德)专以复仇为义,而成两大教主,民皆归之。得孟子单义如此,而诸君诸国无如何,足见孟子树义之坚,而包括之大,切于人心矣。"⑥又论孔子之可尊:"盖知孔子之道之大,乃知诸教之小也。"⑦

《论语注》(1902)论孔子之可尊:"使当时孔子西浮印度、波斯以至罗马,东渡日本以开美洲,则大教四流,大同太平之道,当有一地早行

---

① 《康有为全集》第三集,第357页。
② 《康有为全集》第三集,第396页。
③ 《康有为全集》第五集,第369页。
④ 《康有为全集》第五集,第371页。
⑤ 《康有为全集》第五集,第376页。
⑥ 《康有为全集》第五集,第460页。
⑦ 《康有为全集》第五集,第480页。

之也。传教救人,宜出海外,后学当以孔子、子路为法,无惮艰远矣。"① 又论"贵中"之可尊:"以仁为主,当以智为役。若但仁而不学,亦不可行也。佛、耶为高而难行,孔子贵中而可行。孔子与佛、耶之异在此,学者可留心参之。"②又云:"中者,无过不及。允执厥中者,中庸之德,中和之理,用其中于民,中国政术、学术尊奉之。此为公理之极,放之四海万国而准者也。"③

《大同书》(1902)论"中国文字"之可尊:"及国界已除、种界已除后,乃并本国、本种之语言而并舍之,其文字则留为博古者之用,如今之希腊、拉丁文及古文篆隶、印之霸厘及山士诰烈可也。(中国文乃有韵味者,不易去也。)"④又论中国"文字语言"之可尊:"择大地各国名之最简者如中国,采之附以音母,以成语言文字,则人用力少而所得多矣。计语言之简,中国一物一名,一名一字,一字一音。印度、欧洲一物数名,一名数字,一字数音。故文字语言之简,中国过于印度、欧美数倍。故同书一札,中国速于欧美、印度数倍;若以执事谈言算之,中国人寿亦增于印度、欧美数倍矣。"⑤

又论"孔子纪年"之可尊:"三国时,君士但丁始从耶教,于是耶教大盛于六朝、唐时,于是以耶教纪年,追推上世,并定前数以纪之。而自唐、宋间欧洲诸国并起,而教皇独尊,其以教主纪元以归统一,实便于人事也。是时回教亦极盛,相与以教纪年。而印度僧人亦有自尊其教,因以佛纪年者。……凡人服从君主之权势,不如服从教主之道德,且以教主纪年,于义最大,于力最省,允为宜也。若中国既非耶教,自宜以孔子纪年。……然诸教竞争,各尊其教,谁肯俛就?人人各有自主之权、自由之理,不能以多数胜少数论也。"⑥

---

① 《康有为全集》第六集,第 409 页。
② 《康有为全集》第六集,第 423 页。
③ 《康有为全集》第六集,第 537 页。
④ 康有为:《大同书》,第 77 页。
⑤ 康有为:《大同书》,第 82—83 页。
⑥ 康有为:《大同书》,第 88—89 页。

《比利时游记》(1904)论中国"霸资"之可尊:"今者鲑格纳所创之霸义既盛,则有霸资者必借大国乃行之。而地球国之至大,人民至多,能比欧土全洲者,惟有我国。而以莫大之国,又复同文、同教、同俗,结力至大且厚,然则天留我国以霸资者实自二千年之统一得之。吾国人幸生此伟大莫比之国,横视全球,无当我者。"①

《补奥游记》(1908年5月)论中国"平等无级自由"之可尊:"吾国民无级,人人平等,以地大,故官虽少尊,而人人可得科第而为之,故自由已甚,民气久平,不可以欧人相比例矣。夫大道之行,事理之变,皆自不平而渐底于平,如水流之就下,然但需时耳。故孔子之立升平世、太平世,乃人道之必至,而无可遁者乎!中国平等无级自由之乐,诚为大地之最先进者哉!"②

《中华救国论》(1912年5—6月)论中国"教化"之可尊:"逸居无教则近禽兽,今是野蛮之国,犹有教以训其俗,岂可以五千年文明之中国,经无量数先圣哲之化导,而等于无教乎?今以中国之贫弱,及前清之失道,人民慕欧思美,发愤革而易其政可也,然岂可并数千年之教化尽扫而弃之?"③

《丁巳代拟诏书》(1917)论中国"教化"之可尊:"东西相反而相成,冰炭极反而同用。惟今中国之立国,非采东西之新法、新学、新艺,则不能图富强;非保中国之教化、礼俗、道揆,则不能固根本。孔子不云乎,温故而知新。调和新旧,各得其宜,勿令偏颇,以得中和。"④

《赠刘海粟创办美术学校序》(1921)论"中国画"之可尊:"吾藏宋时油画,已开欧人之先。气运既生动,写形复毕肖,其美至矣,感人深矣。吾遍观各国画院,周游大地,观古文明国突厥、波斯、印度之画,皆迹象板滞而无神韵,不足与于斯文。即欧土自十五纪前,只写神画,亦

---

① 《康有为全集》第七集,第491页。
② 《康有为全集》第八集,第404页。
③ 《康有为全集》第九集,第325页。
④ 《康有为全集》第十集,第399页。

复钝滞少生气,无秀韵。盖自十五纪前,大地之画,无如中国宋画者。"①

《〈江南万里楼词钞〉序》(1924)论中国"语文"之可尊:"大地万国语文,皆用拼音。惟中国语文,虽有谐声而用单文,故有属对。夫一阴一阳之谓道,中国文词穷奇偶骈俪之工,整齐绮丽之极,万国无比焉!"②

《与刘太希函》(1926年10月)论中国"大学"之可尊:"德之榿损伯大学,英之剑桥,法之维曼,皆在西历千二百年后。而白鹿洞乃创自唐代,实为环球最古之大学。"③

第八节　康有为思想之评价

梁启超《南海康先生传》称康有为是"宗教家",并以"孔教之马丁路得"誉之。认为其"发明孔子之道者"约有六义:(一)孔教者,进步主义非保守主义;(二)孔教者,兼爱主义非独善主义;(三)孔教者,世界主义非国别主义;(四)孔教者,平等主义非督制主义;(五)孔教者,强立主义非巽懦主义;(六)孔教者,重魂主义非爱身主义。④认为中国不可直采耶教,此康氏之得也;认为西洋有耶教,故中土必创孔教以应之,此康氏之失也。梁启超肯定康氏之创教,誉之以"孔教之马丁路得",实偏离"中式思想"之真相。

"中式思想"者,"无主文明"也。天何以覆?天自为之,非外力为之。地何以载?地自为之,非外力为之。四时何以行?四时自为之,

---

① 《康有为全集》第十一集,第154页。
② 《康有为全集》第十一集,第330页。
③ 《康有为全集》第十一集,第449页。
④ 梁启超:《南海康先生传》,《饮冰室合集·文集之六》,中华书局,1989年,第67页。

非外力为之。凡何以成圣？凡自为之，非外力为之。"无主文明"就是认定天地万物各各自化，完全无需上帝，完全无需"第一推动力"。自力高于外力，此"中式思想"也；外力高于自力，此"西式思想"也。自力已足，无需外力，此"中式思想"也；自力不足，非借外力不能成功，此"西式思想"也。总之中土以"无主"为根本，西洋以"有主"为根本。

西洋所以立国者，以"有主主义"立之也；中土所以立国者，以"无主主义"立之也。若以为西洋有耶教，中土就必得有孔教，表面看是"儒(中)西并尊"，实质上依然是"以西化儒(中)"。依然是以西洋所以立国者为中土所以立国。而这就抹煞了"中华文明"之特殊性。

"中华文明"最关键之元素是"无彼岸"、"无天堂"，所以能够倾其全力把此岸建成彼岸，把人间变成天堂。中华民族未来之复兴，也只能沿着这条"无彼岸"、"无天堂"的道路走，而不能跑到西洋的道路上去。所以如果康氏果真为"孔教之马丁路得"，则是其失也，而非其得也，是其毁也，而非其誉也。在一个无主的文明头上安"主"，在一个自力的文明头上安"外力"，在一个无彼岸、天堂的文明头上安"彼岸"、"天堂"，在一个无宗教的文明头上安"宗教"，大师不为也。

梁启超《清代学术概论》第二十四节评康氏《大同书》云："虽然，有为著此书时，固一无依傍，一无勦袭，在三十年前，而其理想与今世所谓世界主义、社会主义者多合符契，而陈义之高且过之。呜呼！真可谓豪杰之士也已。"①"陈义之高且过之"，讲的是《大同书》已实现了对于"西学西理"(如世界主义、社会主义等)之超越。这个评价，用之太早。换言之，不宜用于康氏之早期，而应用于康氏之晚期，尤其是"民二归国"之后。

上文已言，《大同书》只是从"以西化儒(中)"之格式转向"儒(中)西并尊"之格式的过渡性作品，其重要性是已认识到"中学中理"有等同于"西学西理"之价值，且仅限于此。至于"超越西学西理"，此时并

---

① 梁启超：《清代学术概论》，《饮冰室合集·专集之三十四》，第60页。

无明确意识。明确肯定"中学中理"有超越于"西学西理"之价值者,是在"民二归国"之后。这个认识的转变,是以十六年间亲历"欧洲十一国"及美国等三十一国为背景的。没有这个背景,他的认识不会转变得如此彻底而坚决。

钱穆《中国近三百年学术史》分析康氏《大同书》云:"长素思想之来历,在中国则为庄子之寓言荒唐,为墨子之兼爱无等,又炫于欧美之新奇,附之释氏之广大,而独以孔子为说。分析《大同书》含义,虽若兼容并包,主要不过两端:一曰平等博爱,此西说也,而扬高凿深之,乃不仅附会之于墨翟,并牵率之于释迦;一曰去苦求乐,此则陈义甚浅,仅着眼社会外层之事态,未能深入人性、物理之精微。"①钱穆批评康氏"去苦求乐"之说"陈义甚浅",实即对于西洋"功利主义"之批评,因为西洋"功利主义"即是算计苦乐并进而"去苦求乐"之学。至于前一批评,实即道出了康氏"儒(中)西并尊"之立场,"中"则有墨、释之学,"西"则有"平等博爱"之学。

钱穆又以"极端守旧"定性康氏晚年思想:"则长素主张变法之极端激昂,居可见矣。乃自戊戌出亡,辛亥归国,而其思想乃以极端守旧闻。民国二年癸亥,长素创为《不忍》杂志,著论大率笃旧之谭也。"②然此处并未评定"守旧"之得失。

对于康氏"孔教论"之批评,钱穆有一得一失。一得者,谓康氏"始终尊孔"也;一失者,谓康氏"尊孔即尊西"也。其言曰:"长素自维新一变而为顽固,又各趋其极端,而尚有一始终不变之说联系其间者,曰尊孔。方其讲学长兴,固以光昌孔道自任矣;及创为《不忍》诸论,仍以尊孔为职志。"③此言其"始终尊孔","以尊孔一念为之贯也"④。

又云:"西洋有教主,长素则以孔子为教主;西洋有宪法,长素乃以

---

① 钱穆:《中国近三百年学术史》,商务印书馆,1997年,第738页。
② 钱穆:《中国近三百年学术史》,第753页。
③ 钱穆:《中国近三百年学术史》,第763页。
④ 钱穆:《中国近三百年学术史》,第778页。

《春秋》为宪法。然长素既主国魂之论,谓立国各有本末,独谓《春秋》之为宪法,不限于一国一时,此则中国有国魂,而西洋可以无国魂,又推孔子太过,仍陷于矛盾冲突之例也。……依长素之言,不啻若谓孔子之大义在中国,而微言则入西洋矣。……故康氏之尊孔,并不以孔子之真相,乃自以所震惊于西俗者尊之,特曰西俗之所有,孔子亦有之而已。是长素尊孔特其貌,其里则亦如彼《不忍》诸论所讥之无耻媚外而已耳。"①此言其"尊孔即尊西","尊孔即媚外","以尊西俗者为尊孔"②,"以尊西俗者为尊孔"③,"尊孔实为尊西洋"④,"以尊西俗为尊孔"⑤。

吾人所以谓钱穆以"尊孔即尊西"评康氏是一种失,只因为此种评判完全不合于康氏第一期与第四期之思想实际。第一期"援西入儒(中)",是以"中学中理"为刀俎,以"西学西理"为鱼肉,不存在"尊西"的问题。第四期"以儒(中)化西",是以"中学中理"为大视野,以"西学西理"为小视野,以中土为较高级社会形态("升平世"),以西洋为较低级社会形态("据乱世"),也不存在"尊西"的问题。换言之,康有为"始终尊孔",却并不"始终尊西",此所以不能谓"尊孔即尊西"也,此所以钱穆之评判有失也。

然则第二期"以西化儒(中)"是不是"尊孔即尊西"呢?有时候是,但并非尽然。第三期"儒(中)西并尊"是不是"尊孔即尊西"呢?基本上不是。处在二、三期转折点上的《大同书》,就明确地把"尊孔"限定为"中学中理"。如其言"论万国有人伦而族制莫如中国之盛,故人类最繁"⑥,此可判为"尊孔",然不得判为"尊西"。又言"论有父子之道人类乃强盛"⑦,此可判为"尊孔",不得判为"尊西"。又言"论孝为报

---

① 钱穆:《中国近三百年学术史》,第778—780页。
② 钱穆:《中国近三百年学术史》,第781页。
③ 钱穆:《中国近三百年学术史》,第782页。
④ 钱穆:《中国近三百年学术史》,第782页。
⑤ 钱穆:《中国近三百年学术史》,第783页。
⑥ 康有为:《大同书》,第171页。
⑦ 康有为:《大同书》,第174页。

德宜重"、"论欧美人子之薄报"、"论欧美薄父母由于重夫妇"①，此可判为"尊孔"，不得判为"尊西"。又言"论孝报欧美不如中国，耶教不如孔教"②，更是只可判为"尊孔"，不可判为"尊西"。更言"耶稣之教，至大同则灭"、"故大同之后，始为仙学，后为佛学，下智为仙学，上智为佛学"③，表明康有为只把"西学西理"视为人类历史某个阶段（如据乱世，顶多升平世）之学问，不视为"普世价值"，更不视为"最高真理"。"最高真理"、"最高学问"、"普世价值"之类，只能到东方，到"中学中理"中去寻求。

总之康氏"尊孔"，不是为了"尊西"，有时"尊西"，只是为了更好地"尊孔"，故"尊孔非尊西"也。如此则可断言，钱穆"尊孔即尊西"之评判，乃是一种误判，非为"的论"也。

陈独秀评判康有为，有一得两失。一得者，谓康氏仿耶教而立孔教"实为不必也"；一失者，以为康氏处理儒（中）西关系之格式"同于叶德辉、张之洞"也；再失者，以为康氏政治上以虚君共和代民主共和乃是"一文不值"也。

1916年10月1日陈独秀在《新青年》第二卷第二号刊发《驳康有为致总统总理书》，云："吾最后尚有一言以正告康先生曰：吾国非宗教国，吾国人非印度犹太人，宗教信仰心，由来薄弱。教界伟人，不生此土，即勉强杜撰一教宗，设立一教主，亦必无何等威权，何种荣耀。……吾民之德敝治污，其最大原因，即在耳目头脑中无高尚纯洁之人物为之模范，社会之中枢，万事循之退化。……若康先生者，吾国之耆宿，社会之中枢也，但务端正其心，廉洁其行，以为小子后生之模范，则裨益于风俗人心者，至大且捷，不必远道乞灵于孔教也。"④西洋

---

① 康有为：《大同书》，第175—176页。
② 康有为：《大同书》，第178页。
③ 康有为：《大同书》，第301页。
④ 陈独秀：《驳康有为致总统总理书》，《陈独秀著作选》第一卷，任建树等编，上海人民出版社，1993年，第217—218页。

强盛,非赖耶教;中土强盛,又何必立孔教而后为。中国五千年强盛,非立教促成;二百年衰败,亦非无教而致。故立教非为拯救中国之良方。陈独秀评康氏仿耶教而立孔教为"不必",是其得也。

1916年12月1日陈独秀在《新青年》第二卷第四号刊发《孔子之道与现代生活》,云:"不图当日所谓离经畔道之名教罪人康有为,今亦变而与夫未开化时代之人物之思想同一臭味。其或自以为韩愈、孟轲,他人读其文章,竟可杂诸《翼教丛篇》、《劝学篇》中,而莫辨其伪。"①《翼教丛篇》者,湖南叶德辉反驳康派言论之代表作品也;《劝学篇》者,河北张之洞反驳康派言论之代表作品也。杂康氏于其中"莫辨真伪",是谓康氏同叶、张两氏一样反对在中国施行"西洋文明大原之自由平等民权诸说"、"祇知歆羡坚甲利兵"。②此一评判实为不当,叶、张二氏讲"中体西用",康氏并不多讲;康氏讲"儒(中)西并尊",讲"以儒(中)化西",叶、张二氏亦不讲之。最为关键的是,康氏讲求政治制度之变革,改君主制为虚君共和制,主张"变体";而叶、张二氏不主张"变体",反主张以西式武器"卫体"。这两种态度是有本质之不同的。总之以康氏与叶、张二氏为"同格",乃陈独秀之失也。

1918年3月15日陈独秀在《新青年》第四卷第三号刊发《驳康有为〈共和平议〉》,云:"《共和平议》卷首题言,用《吕览》之例,有破其说者,酬千圆。吾观吕氏书,其自谓不能易一字,固是夸诞,然修词述事,毕竟有可取处。若康氏之《共和平议》,虽攻之使身无完肤,亦一文不值! 盖其立论肤浅,多相矛盾,实无被攻之价值也。"③"一文不值"、"无被攻之价值"等评论,实在太苛。

检视《共和平议》,其言"中国若行民主虽有雄杰亦必酿乱而不能救国"④,难道一文不值吗? 其言"中国必行民主制国必分裂"、"中国若

---

① 陈独秀:《孔子之道与现代生活》,《陈独秀著作选》第一卷,第230页。
② 陈独秀:《孔子之道与现代生活》,《陈独秀著作选》第一卷,第230页。
③ 陈独秀:《驳康有为〈共和平议〉》,《陈独秀著作选》第一卷,第348—349页。
④ 《康有为全集》第十一集,第15页。

仍行民主始于大分裂渐成小分裂终遂灭亡"①,难道一文不值吗?苏联其例也,南斯拉夫其例也!其言"民主政体可行于小国不可行于大国"、"民主能行于大国只有一美然美有特因"②,难道一文不值吗?其言曰"天下古今民主国无强者"、"罗马与英皆由民主改君主而后盛强"③,难道一文不值吗?总之,"富强高于民主"之论,难道一文不值吗?以"一文不值"驳《共和平议》,实即以"一文不值"驳"虚君共和"④。难道"虚君共和"果真一文不值吗?英、日等国即以"虚君共和"而致强盛,怎么能说"一文不值"呢?

冯友兰评判康有为,亦有一得一失。以"格义"评康氏,且认为其"必有",是其得也;没有对中之人"用西方文化的模式去套中国传统文化"这种学术格式提出批评,是其失也。

冯氏《中国哲学史新编(下卷)》云:"康有为的思想带有时代的特点,这个特点可以称为'格义'。……他是以旧的解释新的,以中国固有的文化的眼光批评西方传来的文化。……在这种情况下,他们不免用中国的历史去套西方的历史,用中国的理论去套西方的理论,这也可称为'格义'。这种互相解释和批评,是两种文化在接触和融合的过程中所必有的现象。"⑤用"中学中理"去套"西学西理",以"中学中理"为刀俎而以"西学西理"为鱼肉,被肯定为"必有的现象",此乃冯氏评康氏之得。

《中国哲学史新编(下卷)》又云:"但在近代维新时期中,主要倾向是从中国传统文化的观点看西方文化,用中国传统文化的模式去套西方文化。在现代革命时期中,主要倾向是从西方文化的观点看中国传统文化,用西方文化的模式去套中国传统文化。前者是用旧的批评和

---

① 《康有为全集》第十一集,第16—17页。
② 《康有为全集》第十一集,第47—49页。
③ 《康有为全集》第十一集,第49页。
④ 驳"一言民主共和之害,一言虚君共和之利",见《陈独秀著作选》第一卷,第348页。
⑤ 冯友兰:《中国哲学史新编(下卷)》,人民出版社,2007年,第400—401页。

赞赏新的,后者是用新的批评和赞赏旧的。"①于"中国学者"而言,究竟该用"中学中理"去套"西学西理",还是该用"西学西理"去套"中学中理",冯氏没有给出一个答案,此其失也。就康氏而言,其第一期"援西入儒(中)"、第四期"以儒(中)化西",就是用"中学中理"去套"西学西理";其第二期"以西化儒(中)",就是用"西学西理"去套"中学中理"。康氏最后以"以儒(中)化西"为归宿,表明他自己的立场是很明确的:"中国学者"理应采取"以儒(中)化西"之格式。

总之冯氏不肯定康氏"以儒(中)化西"之立场为"必有",不对两种立场之取舍给出一个明确态度,且未对中之人"用西方文化的模式去套中国传统文化"这种学术格式提出批评,乃是其失。

---

① 冯友兰:《中国哲学史新编(下卷)》,第401页。

第八章

章太炎的儒学

章太炎(1869—1936),名炳麟,初名学乘,字枚叔,一字梅叔,别号太炎。曾改名绛。浙江余杭人。清末民初革命家、思想家、学者。曾师事俞樾。学问广博,于哲学、史学、文学、语言学、逻辑学等,均有建树。哲学上倡"俱分进化"、"一切唯心"诸说。著述极丰,有《章氏丛书》、《章氏丛书续编》、《章氏丛书三编》等行世,今人编有《章太炎全集》六册。

章太炎处理儒、西关系之格式,大致是始于"援儒入西",中经"儒西并尊",止于"援西入儒"或"援西入中"。以"体用模式"视之,实际上就是"吸纳西体西用之中体中用"。此种格式乃是对龚自珍、魏源、冯桂芬以降儒西关系处理格式之突破。

第一节　引进西洋自然科学与"以西释中"

光绪十七年至十九年(1891—1893),章氏肄业于杭州诂经精舍,留下读书札记若干,编为《膏兰室札记》(今存三卷),系考释儒家经籍或周秦诸子等著作中字义之书。

其考释之工具,已有源于"西学"者,如卷三《天》云:"麟按:天为积气,古人已知之。然未明言其旨趣。苟误仞为天自有气,为万物之元,则误矣。何者？果如其说,则日月行星,皆受气于天,天气当较万物为厚,而愈近天则气愈厚,愈远天则气愈薄。今何以地球以上,愈高而气愈薄耶？然则天必非万物所禀气矣。盖恒星皆日,其旁皆有行星,行星皆地。凡地球不知恒河沙数,每一地球,皆有空气。自空气中望外,不甚了了。昔人谓之蒙气,合无数地球之蒙气,望之则似苍苍者,斯所谓积气,斯所谓天,仍皆地气,非自成一气也。王育说奇字无云:天屈西地为无。夫天屈西北,即折柱之妄言耳,未为典要也。余谓无字从天而屈之,正谓天本无物。仲任徒以天意为人心,非有实物。而不知即苍苍之体,亦未尝于行星外自有一物也。天且无物,何论上帝！六经言上帝者,皆可以仲任说说之。至言天体,则犹未尽。凡施功于地球,以光热生长万物者,惟日耳。古圣知苍苍之体未尝有,而从俗称之为天,且时时称道,昭其寅畏,亦以民志未可苟违而已。然其意所尊事者,则固在日矣。故曰郊之祭也,大报天而主日。报天,从俗之言也;主日,圣人之精意也。"[①]

以上是引进西洋19世纪天文学之成果,并以其天体运动诸理论,重新释读中土典籍之"天"与"气"。

---

① 《章太炎全集》(一),上海人民出版社,1982年,第292—293页。

卷三《万物疏证》之"小引"云:"算术积世愈精,然欧几里生周末,《几何原本》遂为百世学者所宗,是算理固备于二千年前矣。中国惠施与欧几里时代相先后,其说见于《庄子》者,人第以名家缴绕亲之,不知其言算术,早与几何之理相符。间及致用,亦自算出,今录《天下》篇历物之意一节,为之疏证,以见保氏古学,固佚存于他书矣。"①明末徐光启已引介欧几里德《几何原本》入中国,但未及以其理释读中国思想。章氏以"欧氏几何"释读惠施之"历物十事",实乃中国哲学史上之奇章,胡适、冯友兰诸辈未及也。

该章释"历物"云:"巧历亦谓巧算也,然则历物之意,即算物之意也。仅言其意,则与几何仅言其理者同,其致用者尚少也。"②

该章释"至大无外,谓之大一,至小无内,谓之小一"云:"点、线、面、体,各以形殊。然点即小体,体即大点,其为一均也。几何以点为小极,体为大极,即此理矣。体大者,至空气愈高愈薄,至不及一刹那,修不可尽,如不绝根,是为无外。点小者,至原质,以化学法分之,不可破,是为无内。"③"不可破"之说,乃西洋哲人之思维,中土哲人无此"玄想"矣。换言之,中土哲人不讲"原质",只讲"关系",故以为"原质"必得还原为"关系"。"原质"还原为"关系",则"原质破矣"。

该章释"无厚,不可积也,其大千里"云:"此言极塙,试以方圆言,两者各相函也。于圆界作切线为方形,方在圆外,则圆为有,而圆界外所截皆无矣。于圆径作对角,凡四斜线而成方形,方在圆内,则方为有,而方边外所截皆无矣。然圆界方边,无论几何,其外所截,从其内而为大小,故曰其有厚,大者,其无厚,亦大。推之无穷数,其率若一,岂但千里哉!凡三角、觚棱、诸等边形,无论大小,其本形与虚线,皆有定率,理并放此。"④

---

① 《章太炎全集》(一),第243页。
② 《章太炎全集》(一),第243页。
③ 《章太炎全集》(一),第244页。
④ 《章太炎全集》(一),第244页。

该章释"天与地卑,山与泽平"云:"天与地非真齐也,圆球一大一小,度数相合。人南北行,则南北极与之高下,是曰比也。山与泽非真平也,其在地面,一坳一突,薄若橘皮,本无足数。且山高至十五里止,海亦深至十五里止。对面有火山,则本处海底必深,所谓川竭而谷虚,邱夷而渊实也。是山之突,泽之坳,相抵则均,是曰平也。"①"山高至十五里止",是谓高于十五里则山无以承受;"海深至十五里止",是谓深于十五里则地无以承受。如是类推,则城之中轴大于十五里,是否意味着城亦无以承受?按之果然。元大都据《周礼·考工记》有关"帝王之都"之理想布局而建,其中轴线之长为十五里(南起今天安门,北迄今健德桥);明代南移五里而重建,北京城中轴线之长仍为十五里(南起永定门,北迄钟鼓楼)。可知中国都城之营造,乃据于天地之数也。

该章释"日方中方睨,物方生方死"云:"赤道下日中,太平洋日睨。东半球之昼,西半球之夜,故曰日方中方睨也。然则朝菌日及,同时在此则生,在彼则死,不其然乎?"②

该章释"大同而与小同异,此之谓小同异。万物毕同毕异,此之谓之大同异"云:"大同者,十百千万亿兆也。小同者,诸式方也。开平方则百万兆可得根,而十千亿为幻根。开立方则千兆可得根,而十百万亿为幻根。是为大同与小同异。线一乘方而扁为面,二乘方而高为体,三乘方而长,则反为线矣,四乘方复扁为面,五乘方复高为体,六乘方复长为线。自此以至无穷,循环不已。间三则同式,不论次之多少也,故开方同式则毕同,异式则毕异。是为万物毕同毕异。"③

该章释"南方无穷而有穷"云:"地球圆形,虽有椭势,可勿论也。然海舶航往来东西,则如环无端。南北圆线,亦周帀无穷。而不能绝冰海而来往,是无穷而有穷矣。"④

---

① 《章太炎全集》(一),第245页。
② 《章太炎全集》(一),第245页。
③ 《章太炎全集》(一),第245页。
④ 《章太炎全集》(一),第246页。

该章释"今日适越而昔来"云:"东西距一百八十度,则此方日加矣,彼方子,一以为朔日,一以为晦日矣。设能速行如电气,自此至彼才数小时,则至者以为朔,而主人方以为晦也,是为今日适越而昔来。"①

该章释"连环可解也"云:"凡形圆而相错者,皆曰连环。设两摆线,其圆界轨道相交,是连环也,而未尝不可解也。"②

该章释"我知天下之中央,燕之北,越之南,是也"云:"夫以地面言之,赤道下为中,安得无定?特以地为球形,则必以辐线所凑之一点为中。而地面尚相距万四千余里也,人既不能至球心,则所立处何一得为中央?若必加以矫称,虽燕北、越南,与昆仑何异哉!"③

该章释"泛爱万物,天地一体也"云:"孰能离空气以生者?"④

以上惠施"历物十事",除最后一项外,章氏均以"欧氏几何"释读之。很有新意,只是未必恰当。然亦可以见出章氏在19世纪末年对于"西学"了解之程度。

《膏兰室札记》卷三接下来有一章《附辩者与惠施相应光学三条》,是对上述《历物疏证》章的补充说明。此章引进的是西洋光学理论,并以此理论释读公孙龙学派的三个命题:"目不见"、"飞鸟之景未尝动也"、"镞矢之疾而有不行不止之时"。

其释"目不见"云:"人目如透光镜,若审视一物,其物形必收聚于筋网,是即物上各点光影聚于筋网上一点也。且两物离目有远近,则不能同时于筋网上成像,故于目前悬纱簾,稍远置字一幅,目视纱簾,即不能见字。目视字,即不能见纱簾。而物上有光,则光与物能两见,是非物影借光以聚于筋网乎?然必谓目不见,亦名家鈲析过当语,实则当曰目非光不见也。"⑤

---

① 《章太炎全集》(一),第246页。
② 《章太炎全集》(一),第246页。
③ 《章太炎全集》(一),第246页。
④ 《章太炎全集》(一),第247页。
⑤ 《章太炎全集》(一),第247页。

其释"飞鸟之景未尝动也"云:"司马云:鸟之蔽光,犹鱼之蔽水。鱼动蔽水,而水不动。鸟动影生,影生光芒。亡非往,生非来。《墨子》曰:影不徙也。按:光顺直线而行,故阻光之质能成影,质动而影不动也。"①

其释"镞矢之疾而有不行不止之时"云:"行止相反,无中立之理,此非光学无以解之。盖目能暂留光点,故以光点旋转成规,视之则成一大光圈,而不见质点之离移。试以速率极大之炮弹,于暗空中打过,忽发电光,即见炮弹在空中若有不动之状,此即镞矢之说也。夫炮弹镞矢实动,而人视之若不动,谓之行不可,谓之止不可,故曰不行不止也。"②

《膏兰室札记》卷三《青宁生程,程生马,马生人说》一章,则是引进西洋生物学,并以此理论释读庄子之说。《庄子·至乐》有言曰:"青宁生程,程生马,马生人,人又反入于机。万物皆出于机,皆入于机。"③章氏释读云:"解者或以程为豹,以马为六畜之马,殊无义。孙荣枝曰:马,野马也。余甚韪之,因而推究其说,按上文云:羊奚比乎不箰,久竹生青宁。司马云:青宁,虫名,而未言其为何虫。余谓此即微生物。以海深水一滴,用显微镜窥之,有活物二万六千五百是也。青宁生程者,《说文》云:程,品也,十发为程,十程为分。是程者,微分所积,有度可量,人目所能见,不藉于镜矣。微生物积而为可度之物,是谓青宁生程。程生马者,《逍遥游》野马,司马云:春月泽中游气也。崔云:天地间气如野马驰也。此即空气,空气即风,风字从虫,因空气中有虫也。可度之微物,积而为空气,则《逍遥游》所云:野马也,尘埃也,生物之以息相吹也。此两言生,皆谓积成,与上下文生字稍异。马生人者,人非空气不生也。人之炭气复归于空气,人之骸肉复反为微生物,故曰人又反入于机。"④

---

① 《章太炎全集》(一),第247—248页。
② 《章太炎全集》(一),第248页。
③ 陈鼓应:《庄子今注今译》(中),中华书局,2009年,第494页。
④ 《章太炎全集》(一),第248—249页。

《膏兰室札记》卷三《无秋豪之微,蘆苻之原,四达无境,通于无圻》一章,又引进西洋哲学上之"原子论"与科学上之"元素论",并以此理论释读《淮南子》之说。《淮南子·俶真训》有言曰:"夫秋豪之末,沦于无间,而复归于大矣。蘆苻之原,通于无壑,而复反于敦庞。若夫无秋豪之微,蘆苻之厚,四达无境,通于无圻,而莫之要御夭遏者,其袭微重妙,挺挏万物,揣丸变化,天地之间,何足以论之。"①

章氏释读云:"此即精求原质之理也。英人李提摩太云:化学积六十余原质所作。然原质又系何物?格致家则谓若干阿屯。阿屯者,其小无内之称也。若用极好之显微镜窥之,能将一分之质视为三百丈之长,则此虽至小之物,可加三十万倍,然犹未见质中之阿屯也。格物家谓将阿屯一分寸分为五千万分,可得阿屯之大小焉。又阿屯之最相近者为实质,光不能透入其间。不相近者为流质,光略能透入阿屯入内。若相隔远者为气质,日光透入,内外玲珑。故格致家常言,万物中阿屯常动,但迟速不同。若使傍火热,则近处阿屯之动速,可成流质。若冰化水然。倘再加以火热,则动更速,而化成气,如水变气然。气行之最缓者,为红光哆哒之气,每秒钟动四百五十八兆兆次。何谓哆哒?盖空气在海面则浓,在高山则淡,若去地球一二百里外,即为哆哒气。惟哆哒之气更淡,而通内外五星诸世界焉。黄光哆哒气,每秒钟动五百三十五兆兆次。青光哆哒气,动六百三十二兆兆次。紫光哆哒气,动七百廿七兆兆次。盖按天上虹霓而言,红一边最迟,渐速至紫光一边,可见五色胥关哆哒气动宕迟速次数。然欲量其迟速,其法用凸面镜置于平面玻璃上,其镜当中与玻璃紧相依处,是黑光。周外一层层,即有五色相间。推算哆哒气浪动宕之数,多寡可由此而知。且哆哒之气尤淡,玻璃虽系实质,其阿屯不能隔哆哒之气使之不透光也。(以上李说)。"②"阿屯"即 atom 之音译,今译为"原子"者。以上为章氏对西洋

---

① 《诸子集成》第七册,上海书店影印出版,1986 年,第 25 页。
② 《章太炎全集》(一),第 249—250 页。

"原子说"与"元素说"之详尽介绍。

章氏又以此释《淮南子》之说云:"盖豪末芦苻,即原质也。无秋豪之微,芦苻之原,四达无境,通于无圻,即阿屯与哆哒也。凡原质,以同类相合,积小成巨者,若磺气凝结为磺。是以异类相合成物者,如轻气一、养气八成水,石精养气成石灰。是原质质点极小,故喻以豪末芦苻,至成物则极大,故曰复归于大,复反于敦庞。至于阿屯,则更由原质而求原,其小无内,故曰无秋豪之微,芦苻之原也。原质六十四,复求原,则为阿屯,而空气中养气、淡气、炭气等,亦皆原质之一。然则哆哒为空气之尤淡者,较淡氮尤淡焉。是虽不得比于阿屯,为原质之原,而亦原质中之至小者也。故亦以无秋豪之微、芦苻之原喻之。哆哒通内外五星诸世界,是谓四达无境,通于无圻也。虽玻璃实质,其阿屯不能隔哆哒之气使不透光,所谓莫之要御夭遏也。然则无秋豪之微、芦苻之厚,兼阿屯哆哒言也。四达无境,通于无圻,而莫要御夭遏者,专就哆哒言之也。"①"哆哒"究指何,尚待考,但不外是对西洋"科学"之引介。

上引《淮南子》一段话之前,还有另一段话,云:"有未始有有始者,天气始下,地气始上,阴阳错合,相与优游竞畅于宇宙之间。被德含和,缤纷茏苁,欲与物接,而未成兆联。"②章氏又以西洋"原子说"、"元素说"释读之:"此原质中之空气也。空气在地极厚,层层递减,至一百五十里而极薄。凡地以上皆得言天,空气有吸力,故使天气下,亦有倒压力,故使地气上也。"③

《淮南子》再云:"有未始有夫未始有有始者,天含和而未降,地怀气而未扬,虚无寂寞,萧条霄霁,无有仿佛气遂,而大通冥冥者也。"④章氏再释云:"此阿屯也。《天文训》云:太始生虚霩,虚霩生宇宙,宇宙生气,气有涯垠,此哆哒也。哆哒可以言无穷,而通于五星,则至此轨道,

---

① 《章太炎全集》(一),第250页。
② 《诸子集成》第七册,第19页。
③ 《章太炎全集》(一),第250页。
④ 《诸子集成》第七册,第19页。

亦有穷尽,故曰气有涯垠。"①

《訄书》初刻于清光绪二十五年(1899),重刊于光绪三十年,也可反映章氏在19、20世纪之交对于"西学"的知晓度。《原人》篇云:"余以所闻:名家者流,斥天下之中央,则燕之北、越之南是已。然则自大瀛海以内外,为潬洲者五,赤黑之民,冒没轻儳,不与论气类。如欧美者,则越海而皆为中国。其与吾华夏黄白之异,而皆为有德慧术知之氓。是故古者称欧洲曰大秦,明其同于中国,异于荤鬻、獯戎之残忍。彼其地非无戎狄也。处冰海者,则有哀斯基穆人。烬瑞西、普鲁士而有之者,则尝有北狄。俶扰希腊及雅典者,则尝有黑拉古利夷族。夫孰谓大地神皋之无戎狄,而特不得以是杚白人耳。戎狄之生,欧、美、亚一也。"②"冰海",北冰洋;"哀斯基穆",爱斯基摩;"瑞西",瑞士;"黑拉古利",赫剌古利,古希腊北部之主。以上反映出章氏对于当时"人种地理学"之认知程度。

《訄书》之《序种姓上》云:"凡地球之上,人种五,其色黄、白、黑、赤、流黄。画地州处,风教语言,勿能相通。其小别六十有三。(西人巴尔科所分)。然自大古生民,近者二十万岁,(近世人类学者以石层、橐骨推定生民之始,最近当距今二十万年。如《旧约》所述,不逾万年,其义非是。)丞有杂殽,则民种羯羠不均。古者民知渔猎,其次畜牧,逐水草而无封畛。重以部族战争,更相俘虏,羼处互效,各失其本。燥湿沧热之异而理色变,牝牡接构之异而颅骨变,社会阶级之异而风教变,号令契约之异而语言变。故今世种同者,古或异;种异者,古或同。要以有史为限断,则谓之历史民族,非其本始然也。言人种学者,一曰太初有黄、黑二民,或云白、黑,又曰生民始黄。人各异议,亡定说。"③以上反映出章氏对于当时西洋"人种学"、"民族学"之认知程度。

---

① 《章太炎全集》(一),第251页。
② 徐复:《訄书详注》,上海古籍出版社,2000年,第195页。
③ 徐复:《訄书详注》,第215—216页。

《序种姓上》又云:"宗国加尔特亚者,盖古所谓葛天,地直小亚细亚南。其人种初为叶开特亚,后与西米特科种合,生加尔特亚人。其《旧纪》曰:先鸿水有十王,凡四十三万二千年。鸿水后八十六王,凡三万三千九十一年。其次有米特亚僭主,八王,二百二十四年。其次十一王,其次为加尔特亚朝,四十九王,四百五十八年。其次为亚拉伯朝,九王,二百四十九年。其次四十五王,五百二十六年。(其书为巴比伦人披落沙所纪,披落沙,共和纪元五百八十年人。)然始统一加尔特亚者,为萨尔宫一世,当共和纪元以前二千九百六十年。(共和纪元与欧洲耶稣纪元相差八百四十一算。)其后至亚拉伯朝,以巴比伦为京师,当共和纪元前七百四年。其后二百五十年,为小亚细亚灭之。萨尔宫者,神农也,(或称萨尔宫为神农,古对音正合。)促其音曰石耳。(《御览》七十八引《春秋命历序》曰:有神人名石耳,号皇神农。)先萨尔宫有福巴夫者,伏戏也。后萨尔宫有尼科黄特者,黄帝也。其教授文字称苍格者,苍颉也。其他部落或王于循米尔,故曰循蜚;或王于因梯尔基,故曰因提;或王于丹通,故曰禅通。东来也,横渡昆仑。昆仑者,译言华(俗字花)土也,故建国曰华。……君长四州,故有四岳;长民十二,故有十二牧;民曰黑头,故称黔首;文字如楔,故作八卦;陶土为文,故植碑表;尊祀木星,故占得岁;异名纪月,(如《释天》'正月为陬'以下十二名,巴比伦亦有之。)故贞孟陬。故曰:中国种姓之出加尔特亚者,此其徵也。"①此处转述欧洲学者"中国文明西源"与"华夏种族源于巴比伦"等谬说,可知章氏熟悉当时西洋学术界动态,并试图拿洋人之说重新释读中国文明史。

"中华文明西源论"或"中华文明西元论",在19世纪与20世纪之际,蔚为西洋学术界一大思潮,有拉克伯里(Lacouperie)等名家倡之,使当时中国诸多大学者信以为真,如刘光汉之《华夏篇》、《思故国篇》,黄节之《立国篇》,蒋观云之《中国人种考》等等。章太炎此篇亦是。

---

① 徐复:《訄书详注》,第227—229页。

《訄书》之《原变》篇云:"人谓紫脱华于层冰,其草最灵。(……案:紫宫,即北极。今北冰洋亦有浮生之草,斯即紫脱矣。本非奇卉,以致远物为奇尔。)紫脱非最灵也,其能寒过于欸冬已。鼠游于火,忍热甚也。海有象、马,嘘吸善也。物苟有志,彊力以与天地竞,此古今万物之所以变。变至于人,遂止不变乎?人之相竞也,以器。……石也,铜也,铁也,则瞻地者以其刀辨古今之期者也。……武库之兵,出之典瑞,以为聘祭之币。斯无以竞矣,竞以器。……竞以礼。竞以形……若是,人且得无变乎?浸益其智,其变也侗长硕岸而神明;浸损其智,其变也若跛鳖而愚。其变之物,吾不能知也。要之,蜕其故用而成其新用。"①此处是以达尔文之"生物进化论"(严复译为"物竞天择,适者生存"之"天演论")讲论生物之"变"与人之"变","变"的原因就是"彊力以与天地竞"。

《族制》篇甚至直接引用达尔文之说,云:"是无他,大自然之洮汰与人为之洮汰,优者必胜,而劣者必败。"②《订文》篇亦有"吾闻斯宾塞尔之言曰"等语③。又,章氏译《斯宾塞文集》与严复译《天演论》几乎同时,可知章氏对西洋当时之"生物进化论"与"社会达尔文主义"等新说,是相当了解的。

《訄书》之《订文》篇云:"有通俗之言,有科学之言,此学说与常语不能不分之由。今若犕举其略:炭也,铅也,金刚石也,此三者质素相同,而成形各异,在化学家可均谓之炭。日与列宿,地与行星,在天文亦岂殊物,然施之官府民俗,则较然殊矣,夫盘盂钟镈,皆冶以金,几案杯箸,皆雕以木,而立名各异,此自然之理。然苟无新造之字,则器用之新增者,其名必彼此相借矣。即如食煤曰煤,古树入地所化,亦因其形似而曰煤,不知此正宜作墨尔。曩令古无墨字,则必当特造矣。"④

---

① 徐复:《訄书详注》,第301—306页。
② 徐复:《訄书详注》,第320页。
③ 徐复:《訄书详注》,第371页。
④ 徐复:《訄书详注》,第402页。

"有通俗之言"云云,论及西洋"科学语言"与"日常语言"之区分,涉及当时西洋"语言学";"炭也,铅也"云云,涉及当时西洋之"化学";以下并涉及当时西洋之"天文学"、"矿物学"等等。

此外,章氏还撰有《儒术真论》,认为只有"视天",而无"真天",以西洋天文学重释中国"天为积气"说。撰有《视天论》,依据西洋自然科学,解释宇宙万物之生物,驳斥中国"天有真形"说。撰有《谈天》,引介康德"星云假说"等西洋天文学说,并以此重释中国之"宣夜说"。①

第二节 引进西洋社会科学与"以西释中"

《訄书》之《原学》篇,乃当时之"世界学术导论",很能见出章太炎当日之学术视野。

其言曰:"视天之郁苍苍,立学术者无所因。各因地齐、政俗、材性发舒,而名一家。希腊言:海中有都城曰韦盖,海大神泡斯顿常驰白马,水上而为波涛(《宗教学概论》)。中国亦云:此非宾海者弗能虑造是也。伯禹得龟文,谓之九畴。惟印度亦曰:鸿水作,韦斯挐化鱼,视摩挐以历史,实曰《鱼富兰那》。二谶之迹,国有大川,而馈饷其诬。寒冰之地言齐箫,暑湿之地言舒绰,瀛陽之地言恢诡,感也。故正名隆礼兴于赵,并耕自楚,九州五胜怪迂之变在齐稷下。地齐然也。

"七雄构争,故宋钘、尹文始言别宥,以聏合驩,以调海内。雅典共和之政衰,贵族执政,而道益败。故柏拉图欲辨三阶,以哲学者操主权,德在智,其次军士,德在勇,其次农工商,德在节制。(柏拉图生于贵族,素贱平民主义,至是惩贵族主义,故构此理想政体。)周室坏,郑国乱,死人多而生人少。故列子一推分命,归于厌世,御风而行,以近

---

① 参张昭君:《章太炎对天人关系的近代阐释》,《中国文化研究》,2001年冬之卷。

神仙。希腊之末,甘食好乐,而俗淫湎。故斯多葛家务为艰苦,作《自裁论》,冀脱离尘垢,死而宴乐其魂魄。此其政俗致之矣。

"倍根性贪墨,为法官,以贿败。以是深观,得其精和,故能光大冥而倡利己。路索穿窬脱纵,百物无所约制。以是深观,是其精和,故能光大冥而极自由。庄周曰:封侯与治狯者,其方同也。惟其材性也。

"夫地齐阻于不通之世,一术足以杚量其国民。九隅既达,民得以游观会同,斯地齐微矣。材性者,率特异不过一二人,其神智苟上阒青天,违其时则舆人不宜。故古者有三因,而今之为术者,多观省社会,因其政俗,而明一指。"①

就世界范围观之,学术之发展无非受三大因素制约,一曰"地齐",二曰"政俗",三曰"材性"。因"地齐"而成一家之言者,有古希腊、中国与印度等学说之区分,中国内部又有赵、楚、齐等之区分。因"政俗"而成一家之言者,中国有宋钘、尹文、列子等学说之区分,西方则有柏拉图、斯多葛派等学说之区分。因"材性"而成一家之言者,则有弗兰西斯·培根、让·雅克-卢梭等学说之区分。近世以降,世界大通,"地齐"与"材性"对学术之影响愈来愈小,"政俗"成为制约或开启学术之最主要因素。欲成一家之言,多数情况下只有"观省社会,因其政俗"一途。

此篇《原学》,是就中、西、印三大学术体系而论学术之"因",是一篇"世界学术原因论",也是一篇"世界学术导论",其视野与观点,均是相当"近代"的。

《訄书》之《订孔》篇引介日本学者远藤隆吉《支那哲学史》之观点:"孔子之出于支那,实支那之祸本也。夫差《韶》、《武》,制为邦者四代,非守旧也。处于《人表》,至严高,后生自以瞻望弗及,神葆其言,革一义若有刑戮,则守旧自此始。故更八十世而无进取者,咎亡于孔氏。祸本成,其胙尽矣。(远藤氏《支那哲学史》)。"②《支那哲学史》撰成于

---

① 徐复:《訄书详注》,第37—43页。
② 徐复:《訄书详注》,第44页。

日本明治三十三年(1900)四月,清光绪二十八年(1902)十二月中国学人金范臣译其为中文,易名为《中国哲学史》。此书中译本之出版(1902)早于章太炎《訄书》重刊本之出版(1904)。

《订孔》篇又引介西洋哲学中的认识论与论理学等:"其正名也,世方诸忉识论之名学,而以为在琐格拉底、亚历斯大德间。(桑木严翼说。)由斯道也,虽百里而民献比肩可也。"①日本学人桑木严翼撰《荀子之论理学》,以西洋之"论理学"即逻辑学,释读中国之"正名学"。中土学者从之,故译 Logic 为"名学"、"名理学"、"辩学"、"论理学"、"理则学"等,如严复译穆勒《逻辑体系》为《穆勒名学》。以西洋之 Logic 释读中土之"名",实乃扞格不入,因为苏格拉底、柏拉图、亚里士多德所开创之西式"形式逻辑",是一种"主谓式句辞",讲究的是"定义"与"定性主义",而中土"名学"却是一种"函数式句辞",讲究的是"训义"与"随性主义"。一重"基础主义",一重"关系主义",如何能相通呢?近世以降日人于中土"为恶多端",其中一大端就是以"西式思维"解构"中国哲学",化"中国哲学"为"乱码"。中土学者盲从之,遗毒至今。此处章太炎氏引桑木严翼之论,似亦是承认其以 Logic 释"名"之做法。

《订孔》篇又引介西洋政治哲学,云:"白河次郎曰:纵横家持君主政体,所谓压制主义也;老庄派持民主政体,所谓自由主义也;孔氏旁皇二者间,以合意干系为名,以权力干系为实,此儒术所以能为奸雄利器。使百姓日用而不知,则又不如纵横家明压制也。"②此处又是引日人之言,以西洋"君主政体"、"民主政体"、"立宪政体"等说释读中土哲人之"政治思想"。梁启超先生从之,而撰有《先秦政治思想史》;杨幼炯先生又从之,而撰有《中国政治思想史》。"日式思维"几成中土治"中国政治思想史"者之摆不脱的梦魇。然此处章太炎在引用白河次

---

① 徐复:《訄书详注》,第47页。
② 徐复:《訄书详注》,第52页。

郎之后加有"案语",似不同意白氏对于孔氏之责难:"案:所谓旁皇二者间者,本老氏之术,儒者效之,犹不若范蠡、张良为甚。庄周则于《马蹄》《胠箧》诸论,特发老氏之覆。老、庄之为一家,亦犹输、墨皆为艺士,其攻守则正相反,二子亦不可并论也。故今不以利器之说归曲孔氏。"①可知章氏所反对者,只是白河次郎以孔氏为"旁皇"于"君主政体"与"民主政体"之间之观点,而非"君主政体"、"民主政体"之坐标本身。殊不知中土政治思想家,绝无讲"君主政体"者,亦绝无讲"民主政体"者,只有讲"无主政体"者。"无主"方为中土政治思想家之最高追求。

《訄书》之《王学》篇又引介欧洲大陆哲学:"性情之极,意识之微,虽空虚若不可以卷握,其鳃理纷眨,人鬓鱼网,犹将不足方物。是故古之为道术者,以法为分,以名为表,以参为验,以稽为决,其数一二三四是也(《庄子·天下篇》语)。《周官》、《周书》既然,管夷吾、韩非犹因其度而章明之。其后废绝,言无分域,则中夏之科学衰。况于言性命者,抱蜀一趣,务为截削省要,卒不得省,而几曼衍,则数又亡以施。故校以浮屠诸论,泰西惟心合理之学说,各为条牒,参伍以变者,蛰之与昭,跛之与完也。"②"蛰之以昭"在学术上属于"发明"之类,"跛之与完"在学术上属于"增益"之类。章氏在此处似是不反对以"佛学"发明、增益"王学",亦不反对以"西学"发明、增益"王学"。"泰西惟心合理之学说"就是指欧洲大陆哲学,包括与唯物论相对的"唯心论"、与经验论相对的"唯理论"等。以"西学"释读"王学",此后来贺麟、牟宗三、唐君毅诸先生所为。

《王学》篇又引介欧陆对面之英国哲学:"尝试最观守仁诸说,独'致良知'为自得,其他皆采自旧闻,工为集合,而无组织经纬。夫其言'人性无善无恶',此本诸胡宏。(胡宏曰:'凡人之生,粹然天地之心,

---

① 徐复:《訄书详注》,第52—53页。
② 徐复:《訄书详注》,第111页。

道义完具,无适无莫,不可以善恶辨,不可以是非分。'又曰:'性者,善不足以言之,况恶耶?')而类者也,陆克所谓"人之精神如白纸"者也'。"①"陆克"今译约翰·洛克(John Locke,1632—1704),近世英国哲学家。"白纸"云云,即指其著名之"白板说"(theory of tabula rasa),以为人心如"白板",无任何记号与观念,全部知识均导源于经验。洛克倡此说,只为与欧陆笛卡尔诸辈唱反调,后者倡"天赋观念论",洛克即以"白板说"对抗之。

此种"白板说"实与"王学"不同。王门弟子所谓"四句教"——"无善无恶是心之体,有善有恶是意之动,知善知恶是良知,为善去恶是格物"②——中,"无善无恶"之论似与"白板说"相同,故被章太炎氏判为"类者"。实则"白板说"讲的是"无性","无善无恶说"讲的是"无定性"。"无性"强调先天不具任何"性","无定性"则是强调先天不具固定之"善性"或固定之"恶性"。"无善无恶"只是指"无定善与无定恶",非就善恶"本身"而言。正因"无定善",故任何人可以"为善";正因"无定恶",故任何人可以"去恶"。"良知"之目标在此,"格物"之目标在此,"王学"全体之目标只在此。"王学"承孟子之学而来,孟子有"四端"之说,讲仁、义、礼、智"四端"与生俱来,不可以"白板说"释之。"王学"承其绪,亦不否认"四端"说,当然亦不可以"白板说"释之。章氏试图以洛克"白板说"释读中土之"王学",似仍属陷于"日式思维"而不能自拔。

《王学》篇又引介古希腊苏格拉底之哲学:"其曰'知行合一',此本诸程颐,(程颐曰:'人必真心了知,始发于行。如人尝噬于虎,闻虎即神色乍变;其未噬者,虽亦知虎之可畏,闻之则神色自若也。又人人皆知脍炙为美味,然贵人闻其名而有好之之色,野人则否。学者真知亦然,若彊合于道,虽行之必不能持久。人性本善,以循环而行为顺,故

---

① 徐复:《訄书详注》,第113页。
② 王阳明:《传习录下》,《王文成公全书》第三册,上海:商务印书馆,1933年,第26页。

烛理明,则自乐行。'案:此即知行合一之说所始。)而紊者也,徒宋鈃所谓'语心之容,命之曰心之行'者也。(案:以色变为行,是即以心之容为心之行也。此祇直觉之知,本能之行耳。自此以上,则非可以征色发声,遽谓之行也。然程说知行,犹有先后。希腊琐格拉底倡知德合一说,亦谓了解善为何物,自不得不行之,并有先后可序。王氏则竟以知行为一物矣。卒之二者各有兆域,但云不知者必不能行,可也,云知行合流同起,不可也。虽直觉之知、本能之行,亦必知在行先,徒以事至密切,忘其距离,犹敏钟而声发,几若声与敏同起。然烛而暗除,不见暗为烛所消。其实声浪、光浪,亦非不行而至,其间固尚有忽微也。要之程说已滞于一隅,王氏衍之,其缪滋甚。)"①最后"案语"中,章氏反对以苏格拉底"知德合一说"释读王阳明"知行合一说",但似不反对以其释读程颐之"程说",认为"苏说"与"程说"均是"犹有先后",均是有"先后可序"。章氏又用西洋物理学中"声浪"、"光浪"不可能"不行而至"等说,反驳王阳明"知行合一说",自是有误读,因为"声浪"、"光浪"云云,是讲"时间在先",而"知行合一"云云,则应指"逻辑先后"也。"中式思维"讲"时间先后",但尤重"逻辑先后"。

《訄书》之《颜学》篇首次给出"西方哲学"一词:"观今西方之哲学,不齑万物为当年效用,和以天倪,上酌其言,而民亦沐浴膏泽。虽玄学理学,至于浮屠,未其无云补也。用其不能实事求是,而觙理紾者多。又人人习为是言,方什伯于生物,是故文实颠偾,国以削弱。今即有百人从事于三物,其一二则以爱智为空言,言必求是,人之齐量,学之同律,既得矣!虽无用者,方以冥冥膏泽人事,何滞迹之有?颜氏徒见中国久淹於文敝,故一切以《地官》为事守,而使人无窈窕旷闲之地。非有他也,亦不知概念抽象则然也。虽然,自荀卿而后,颜氏则可谓大儒矣。"②除"西方之哲学"一词外,此处还论及"爱智"、"概念"、"抽象"

---

① 徐复:《訄书详注》,第114—115页。
② 徐复:《訄书详注》,第129—130页。

等,均是西洋哲学的专有词汇。

《訄书》之《订文》篇引介西洋之"文字学":"吾闻斯宾塞尔之言曰:有语言然后有文字。文字与绘画,胡非有二也,皆昉乎营造宫室而有斯制。营造之始,则昉乎神治。有神治,然后有王治。故曰:五世之庙,可以观怪。禹之铸鼎而为离彲,屈原之观寝庙而作《天问》,古之中国尝有是矣。奥大利亚与南亚非利加之野人,尝垩涅其地,彤漆其壁,以为画图。其图则生人战斗,与上古之异事,以敬鬼神。埃及小亚细亚之法,自祠庙宫寝而外,不得画壁,其名器愈陵。……于是有墨西哥之象形字。其后愈省,凡数十画者,殺成一画,于是有埃及之象形字。凡象形字,其沟陌又为二:一以写体貌,一以借形为象,所谓'人希见生象,而按其图以得仿佛'是也。乃若夫人之姓氏,洲国山川之主名,主形者困穷,乃假同音之字以依托之,于是有谐声字,则西域字母根株于是矣。人之有语言也,固不能遍包众有,其形色志念之相近者,则引伸缘傅以为称。俄而聆其言者,眩惑如占覆矣,乃不得不为之分其涂眕,而文字以之挚乳。故数字之义,祖祢一名,久而莫踪迹之也。今英语冣数,无虑六万言,(斯氏道当时语。)言各成义,不相陵越。东西之有书契,莫繇是者,故足心表西海。"①此为当时西洋"文字学"、"语言学"之成果的介绍。"斯宾塞尔"即英国19世纪哲学家、社会学家赫伯特·斯宾塞(Herbert Spencer,1820—1903),实证主义为其主要代表思想之一。又倡导"进化论",但不是达尔文及其宣传者赫胥黎(Thomas Henry Huxley,1825—1895)的被严格限定在生物界的进化论,而是一种"非法越权"的进化论,以为物竞天择之进化原则不仅适用于动植物界,亦适用于无机界与人类社会,故是一种"普泛主义的进化论"。把"进化论"之论域泛化,可以称之为"斯宾塞主义",此种主义对中国之影响远远超过"达尔文主义"。

《訄书》之《订文》篇附"正名杂义"云:"覃及西域,言正名者众矣。

---

① 徐复:《訄书详注》,第371—372页。

夫三段之条,五旌之教,是有专家,不得采撼。"① 此处"三段之条"是引介西洋形式逻辑之"三段论法","五旌之教"是引介印度学者通习之五种科目。"三段论法"于明末已有引介,章氏此处只是重申。但《菿汉微言》却欲以"三段论法"释读"中式逻辑":"证以推理之术,印度有因明,远西有三段论法,此土《墨子》有《经》上下,其为三支比量,若合符契。"此恐为以西洋"三段论法"释读墨学之最早尝试,影响以后几乎所有"中国逻辑史"之研究者。

此篇《正名杂义》,原名《文学说略》,连载于《新民丛报》第五、九、十五号(光绪二十八年)。除以上"形式逻辑"外,该篇又引介西洋"语言学":"姊崎正治曰:表象主义亦一病质也。凡有生者,其所以生之机能,即病态所从起。故人世之有精神见象、社会见象也,必与病质偕存。马科斯牟拉以神话为言语之瘿疣,是则然矣。抑言语者本不能与外物混合,则表象固不得已。若言雨降,风吹,皆略以人事表象。繇是进而为抽象思想之言,则其特征愈箸。若言思想之深远,度量之宽宏,深者所以度水,远者所以记里,宽宏者所以形状空中之器,莫非有形者也,而精神见象以此为表矣。若言宇宙为理性,此以人之材性表象宇宙也。若言真理,则主观客观初无二致,此以主观之承仞,客观之存在,而表象真理也。要之,生人思想必不能腾跃于表象主义之外。有表象主义,即有病质凭之。"② 此处论及日本学者姊崎正治及西洋语言学家马科斯牟拉(又译麦克斯牟拉或马格斯牟拉),介绍了其学说。"表象主义"、"精神现象"、"社会现象"、"理性"、"主观客观"、"真理"云云,完全是"近代学术"之"作派",可知中国所谓"近代学术"乃完全照搬"日式",中"日式"之毒深且巨矣。

《正名杂义》又引介"希腊文学":"世言希腊文学,自然发达,观其秩序,如一岁气候,梅华先发,次及樱华,桃实先成,次及柿实。故韵文

---

① 徐复:《訄书详注》,第381页。
② 徐复:《訄书详注》,第394—395页。

完具而后有笔语,史诗功善而后有舞诗(蹬江保《希腊罗马文学史》)。韵文先史诗,次乐诗,后舞诗。笔语先历史、哲学,后演说。"①又引介日本之"修辞学":"武岛又次郎作《修辞学》,曰:言语三种,适于文辞,曰见在语、国民语、箸名语,是为善用法。反之,亦有三种,曰废弃语、外来语、新造语,施于文辞,是为不善用法。"②又引介英国之"文艺学":"亚诺路得《评判论》曰:孰为见在?在视其施于体格、关于目的者而定之,不在常谈之有无也。"③亚诺路得即英国19世纪文艺评论家、诗人Matthew Arnold,今译"阿诺德"者。《评判论》疑即阿诺德之著作《批评论文集》(二卷)。

《訄书》之《平等难》篇引介西洋人类学与社会学:"乃夫男女之辨,非苟为抑扬而已。山气多男,泽气多女。泽女不骈适则不夫,山女不适骈则不养,(俄罗斯人威斯特马科《婚姻进化论》有此说,今本之。)数也。"④威斯特马科即芬兰人类学家、社会学家Westermarck,又译威斯特马克,以研究原始社会婚姻、家庭制度意见独出摩尔根之外而闻名。又引介"普鲁士宪法":"虽舜与造父者,亦若是厚薄之,况不易之剂量哉?(案:普鲁士宪法,女子不得嗣君位,此大陆主义与偏岛固殊,亦剂量然也。)"⑤

《訄书》之《通法》篇引介西洋之民主政体:"其县邑有议院。……议民者,西方以为议员,良奥通达之士,以公民参知县政者也。贱民者,西方以为私人厮役扈养,不及以政,不得选人,亦不得被选者也。此其名号炳然。国命不出于议郎,而县顾独与议民图事,与今俄罗斯相类。"⑥

---

① 徐复:《訄书详注》,第436页。
② 徐复:《訄书详注》,第440—441页。
③ 徐复:《訄书详注》,第448页。
④ 徐复:《訄书详注》,第477—478页。
⑤ 徐复:《訄书详注》,第479页。
⑥ 徐复:《訄书详注》,第511页。

《訄书》之《商鞅》篇以"西方政治家"释"法家"："商鞅之中于逸诽也二千年,而今世为尤甚。其说以为自汉以降抑夺民权,使人君纵恣者,皆商鞅法家之说为之倡。乌虖,是惑于淫说也甚矣！法者,制度之大名。周之六官,官别其守而陈其典,以扰乂天下,是之谓法。故法家者流,则犹西方所谓政治家也,非膠于刑律而已。"①以"西方所谓政治家"释"法家",影响后世学者甚多。

《訄书》之《刑官》篇引介西洋"三权分立说"："西方之言治者,三分其立法、行政、司法,而各守以有司。惟刑官独与政府抗衡,苟傅于辟,虽达尊得行其罚。昔者周公以《立政》为宪法,……此其刑官殊于百工之征也。欧洲法家之训曰：王者无恶,神圣而不可侵。……此谓匹夫之恶,其训不可用。而法律不箸其条,独以侵人田器,予其请求。（西方以田器兴讼者,若讼君则曰请求）。此虽立宪,犹恣人君,使得以一身为奸盗不轨也。……中国以专制名,尚制是术,彼欧洲则阙者,何也？"②此又为一篇"中西政制比较"之专论。

《訄书》之《定律》篇亦可视为"中西法律制度比较"之专论,其中提出了"参中西之律以制断,而不以概域中"③之重要命题。《訄书》之《弭兵难》篇亦为"中西军事比较"之专论,其中提出了"列强必不肯弭兵于中国"之重要命题："今以中国之兵甲,与泰西诸疆国相权衡,十不当一,一与之搏击,鲜不溃靡。是故泰西诸国之兵可弭,而必不肯弭兵于中国。譬之盗有所劫略,其于群盗之所怀挟婴缠,则勿取焉,至于弱人则不在是列。虽厥角稽首,与之指九天以为誓,其何益哉！"④

《訄书》之《厚教》篇引介西洋之"宗教学",提出"无教非诟,有教非宠"之重要命题："一方部成而有政教,……学术申,宗教诎,至于今世,或言中国无教。教者,人目能视火而具,拂遍庶虞。无教非诟,有教非

---

① 徐复：《訄书详注》,第565—566页。
② 徐复：《訄书详注》,第587—589页。
③ 徐复：《訄书详注》,第599页。
④ 徐复：《訄书详注》,第647页。

宠也。余闻姊崎生言教,齐物论而贵贱泯,信善哉!"①西人以"有教"为荣,诟病中国无教;中土学者盲从之,亦以"中国无教"为耻,亟欲引西教而拜之。章太炎氏力斥此论,真极为难得也。此又可知章氏有遵从"日式"处,然不盲从"日式"。

《原教》篇又云:"观诸宣教师所疏录,多言某种族无宗教者,若非洲内地黑人、脱拉突非古野人、新基尼亚野人。……然人类学诸大师,往往与是说歫拒,咸知以宗教者,人类特性之一端也。梯落路曰:言民有无教者,繇其说解宗教过狭小矣。(《原始人文》第一卷。)而载路亦言:格以人种学说,必无无教之民。(《民教学·序论》。)西尼突尔亦云。然则虽在犷顽至愚之伦,而其征仿于神也,如璋圭壎篪取携矣。"②此两段文字,除引介日人姊崎生之"宗教学"外,还引介了西洋传教士之"宗教学"、梯落路《原始人文》之"宗教学",以及载路《民教学》之"宗教学"等。

《原教》篇又引介法国哲学家孔德等人之"宗教哲学":"且熒惑者,劣民所特具,及其文明而自磨灭。今宗教文明者,其根本皆自外来,章章也。(如堪德云:道德所因,或因美术,或因政治家之奇策,或如正统家云有一定之圣人。)然其始幽灵之崇拜,与一神之崇拜,则不可辨章已。……以是知宗教虽有高下,亦时并出同流者。夫组织宗教与民间宗教,非宣教师所谓贞信熒惑者邪?观其气类濡染,亦可见其相因互通也。"③"堪德"云云,即法国 19 世纪哲学家 Auguste Comte (1798—1857),今译孔德者。其晚年热衷于"人道教"(以"人"而非"神"为崇拜对象)之构建。

《訄书》之《哀清史》篇引介西洋之"史学":"或曰:西方晳人之史,种别为书。若汉之十志与儒林、货殖诸传,述其委悉,皆可令各为一

---

① 徐复:《訄书详注》,第 665 页。
② 徐复:《訄书详注》,第 666 页。
③ 徐复:《訄书详注》,第 674—675 页。

通,与往者二十二家异其义法。今作史者,方欲变更,虽斩焉无忧也。抑吾未闻事迹不具而徒变更义法者。夫近事闻其省,不闻其勅,故聘而上襄,以造《中国通史》。"①该篇所附"中国通史略例"又云:"西方作史,多分时代;中国则惟书志为贵,分析事类,不以时代封画。二者亦互为经纬也。"②又云:"西方言社会学者,有静社会学、动社会学二种,静以臧往,动以知来。通史亦然。"③又云:"亦有草昧初启,东西同状,文化既进,黄白殊形,必将比较同异,然后优劣自明,原委始见。是虽希腊、罗马、印度、西膜诸史,不得谓无与域中矣。若夫心理、社会、宗教各论,发明天则,烝人所同,于作史尤为要领。"④又云:"孟德斯鸠所谓'古事谈话'者,实近史之良箴矣。"⑤此处章氏欲合"西式史学"与"中式史学"之优而另著一新式"中国通史",惜未竟成。

总起来看,《訄书》论学已有极强烈之"西学背景",于"西学"之各方面、各领域均有引介,并欲以"西学"格式重释"中学"。其格式上承明末"以中释西",下拒清末"以西释中",时而"以中释西",时而"以西释中",而居其中间焉。

载于《章太炎全集》的《太炎文录初编》之"别录"部分,收集章氏辛亥革命时期之学术论文若干篇,其中多有引介西洋"社会科学"者。

《无神论》云:"世之立宗教、谈哲学者,其始不出三端:曰惟神、惟物、惟我而已。……(近人又谓笛加尔说近于数论,其实不然。笛氏所说,惟'我思我在'一语与数论相同耳,心、物二元实不相似。)"⑥此处引介法国哲学家笛卡儿之哲学。笛卡儿(Rene Descartes,1596—1650),西洋近代哲学创始人之一,西洋近代唯理论之开山祖。

---

① 徐复:《訄书详注》,第856页。
② 徐复:《訄书详注》,第860页。
③ 徐复:《訄书详注》,第863页。
④ 徐复:《訄书详注》,第867—868页。
⑤ 徐复:《訄书详注》,第868页。
⑥ 《章太炎全集》(四),上海人民出版社,1985年,第395页。

《无神论》又云："近世斯比诺莎立泛神之说,以为万物皆有本质,本质即神。其发见于外者,一为思想,一为面积。凡有思想者,无不具有面积;凡有面积者,无不具有思想。是故世界流转,非神之使为流转,实神之自体流转。离于世界,更无他神;若离于神,亦无世界。此世界中,一事一物,虽有生灭,而本体则不生灭,万物相支,喻如帝网,互相牵制,动不自由。乃至三千大千世界,一粒飞沙,头数悉皆前定,故世必无真自由者。"①此处引介荷兰哲学家斯宾诺莎之哲学。斯宾诺莎(Benedict Spinoza,1632—1677),笛卡尔二元论之批评者,唯物主义唯理论之典型代表。

《建立宗教论》云："又如康德,既拨空间、时间为绝无,其于神之有无,亦不欲遽定为有,存其说于纯粹理性批判矣。逮作实践理性批判,则谓自由界与天然界范围各异。以修德之期成圣,而要求来生之存在,则时间不可直拨为无;以善业之期福果,而要求主宰之存在,则神明亦可信其为有。夫使此天然界者,固一成而不易,则要求亦何所作用?知其无得,而要幸于可得者,非愚则诬也!康德固不若是之愚,亦不若是之诬,而又未能自完其说。"②此处引介德国哲学家康德之哲学。康德(Immanuel Kant,1724—1804),德国古典哲学创始人,以三大批判著作构建"批判哲学"体系。

《四惑论》云："是故伊黎耶派哲学之言曰:空间者,自极小之尘点成;时间者,自极小之刹那成。所谓动者,曰于极小之时间通过极小之空间耳。然当其通过空间也,不得不停顿于空间。第一刹那,停顿于空间也;第二刹那,亦停顿于空间也;第三刹那,犹之停顿于空间也。始终停顿,斯不得谓之为动。飞箭虽行,其实不行也。(案:此与《庄子·天下》篇所引名家说同。)"③此处引介古希腊爱利亚派哲学。

---

① 《章太炎全集》(四),第400—401页。
② 《章太炎全集》(四),第408页。
③ 《章太炎全集》(四),第449页。

此派之代表人物芝诺(Zenon of Eleates,约前490—前436)以"二分法"、"阿基里与龟"、"飞矢不动"、"运动场"四事证"运动不真",被亚里士多德视为"辩证法之发明人"。章氏此处介绍的是其四论证之一"飞矢不动"。

《四惑论》又云:"真持惟物论者,在印度有斫婆迦师,在欧洲有吼模耳。……吼模之言曰:弄球者先转一球,进而击触他球,则他球亦转,其势流注相迁,而不可以先转为后转之因,后转为先转之果。诸言因者,非五根所能感触,得一现象,而归之于不可见之因,谬矣。因云,果云,此皆联想所成。联想云何?凡同一事物而屡见者,即人心之习惯所由生。初见一事,前有此,后有彼;继见一事,前有此,后有彼。如是更十百次,皆前有此,后有彼,遂以此为彼因,彼为此果,其实非有素定也。且夫白日舒光,爚火发热,亦其现象则然;以为日必舒光,火必发热,则不可。惟根识所触证者,有日与火之现象,必有光与热之现象随之。以吾心之牵联,而谓物自牵联,乃豁然定为因果。若就物言,日自日耳,何与于光;火自火耳,岂关于热。安见有日必有光,有火必有热者?余谓吼模之说,犹未究也。正感觉时,惟有光相热相,非有日相火相。日与火者,待意识取境分齐而为之名,故光与热为现象,光上之圆形锐形亦为现象,而日与火为非现象。若专信感觉者,日、火尚不可得,况可言其舒光发热之功能哉?夫既遮拨因果,则科学所证明者,一切不得许为极成,非独遮拨因果而已。科学之说,既得现象,亦必求其本质。而吼模之说,惟许现象,不许本质,则原子之义自摧。由是观之,惟物论成,则科学不得不破。"①此处引介并分析英国哲学家休谟之哲学。休谟(David Hume,1711—1776),西洋近代怀疑论、不可知论之创始人,以对"因果关系"之批判而下启康德"批判哲学"、孔德"实证哲学"之构建。章氏此处重点介绍并分析了其"因果关系出于联想"之理论。

---

① 《章太炎全集》(四),第452—453页。

《四惑论》又云:"斯宾塞尔著综合哲学,分可知、不可知为二篇,曰:时间空间不可知,力不可知,物质不可知,流转不可知。而又崇重科学,以为最上。然力与物质且不可知,则科学之根已绝,虽有所建立发明,如海市寻香城耳。物质既不可知,则惟求之现象。而现象与现象之因果,于此心界虽可知,于彼物界诚有此因果否,亦不可知。则名言堑绝,无可为趋入之途矣。即实而言,惟物之与惟心,其名义虽绝相反,而真惟物论乃即真惟心论之一部。"① 此处又引介、分析英国哲学家斯宾塞之哲学。斯宾塞(Herbert Spencer,1820—1903),实证主义主要代表之一,社会有机体论创始人之一,中、晚年撰成 10 卷本《综合哲学》,试图构建打通哲学、物理学、生物学、心理学、社会学、伦理学等等之统一理论体系。

可知辛亥时期章太炎引介西洋社会科学,已较《訄书》时期深且细矣。

第三节 对于"西学"之批评

引介"西学"而不盲从"西学",是为章太炎之立场,亦是中土学者当有之立场。

"甲午国耻"后,严复译《天演论》,系统引介西洋"进化论",使中土学者几于悉皆盲从之,以讲论"进化论",讲论"物竞天择,适者生存"为荣。"进化论"蔚为一种思潮,"进化论格式"成为当时及以后中土学者分析中国政治、经济、文化、宗教、社会等之"固定格式"。如严复本人就于民国二年(1913)4 月 12 日至 5 月 2 日在北京《平报》分十二次连载《天演进化论》,以"进化论"之格式分析当日中国,代表着典型的"以西

---

① 《章太炎全集》(四),第 453 页。

释中"、"援中入西"之学术方向。

在此之前章太炎氏则已于另一方向展开对"进化论"之批评,以阻止盲从之势。兹以其1906年9月发表于《民报》第七期之《俱分进化论》为例说明之。《俱分进化论》先言进化论在西洋之发展历程:"近世言进化论者,盖昉于海格尔氏,虽无进化之明文,而所谓世界之发展即理性发展者,进化之说已蘖芽其间矣。达尔文、斯宾塞尔辈应用其说,一举生物现象为证,一举社会现象为证。如彼所执终局目的,必达于尽美醇善之区,而进化论始成。同时即有赫胥黎氏与之反对,赫氏持论,徒以世运日进,生齿日繁,一切有情,皆依食住,所以给其欲求者,既有不足,则相争相殺,必不可已,沾沾焉以贫乏失职为忧,而痛心于彗星之不能拂地,以埽万物而剿绝之。此其为说,亦未为定论也。当海格尔始倡发展论时,索宾霍尔已与相抗,以世界之成立由于意欲盲动,而知识为之仆隶。盲动者,不识道途,惟以求乐为目的,追求无已。如捷足者之逐日月,乐不可得,而苦反因以愈多。然后此智识者,又为意欲之诤臣,止其昌狂妄行,与之息影于荫下也。则厌世观始起,而稍稍得望涅槃之门矣。其说略取佛家,亦与僧佉论师相近,持论固高,则又苦无证据。"①此处对西洋"进化论"各说——从海格尔、索宾霍尔到达尔文,从达尔文到赫胥黎、斯宾塞——之介绍,是极完备和公允的。

《俱分进化论》又云:"虽然,吾不谓进化之说非也。即索氏之所谓追求者,亦未尝不可称为进化。若云进化终极必能达于尽美醇善之区,则随举一事无不可以反唇相稽。彼不悟进化之所以为进化者,非由一方直进,而必由双方并进。专举一方,惟言智识进化可尔。若以道德言,则善亦进化,恶亦进化;若以生计言,则乐亦进化,苦亦进化。双方并进,如影之随形,如罔两之逐影。非有他也,智识愈高,虽欲举一废一而不可得。曩时之善恶为小,而今之善恶为大;曩时之苦乐为小,而今之苦乐为大。然则以求善、求乐为目的者,果以进化为最幸

---

① 《章太炎全集》(四),第386页。

耶,其抑以进化为最不幸耶？进化之实不可非,而进化之用无所取,自标吾论曰《俱分进化论》。"①此处对"进化论"之批评,不啻对中土盲从者之当头棒喝。其批评其实还很保守,只斥"进化之用",不斥"进化之实",其实"进化之实"亦至今"未为定论也"。即便如此,也已足为"警世恒言"矣。

《俱分进化论》以生物为例斥"进化之用":"今夫有机物界以乳哺动物为最高,在乳哺动物中,又以裸形而两足者为最高,无爪牙而能御患,无鳞毛而能御寒,无羽翼而能日驰千里,此非人之智识比于他物为进化欤？以道德言,彼虽亦有父子兄弟之爱,顾其爱不能持久,又不知推充其爱,组织团体以求自卫,聚麀之丑,争食之情,又无时或息也。人于前者能扩张之,於后者能禁防之,是故他物唯有小善,而人之为善稍大。虽然,人与百兽其恶之比较为小乎,抑为大乎？虎豹以人为易与而啖食之,人亦以牛羊为易与而啖食之。牛羊之视人,必无异于人之视虎豹,是则人类之残暴,固与虎豹同尔。虎豹虽食人,犹不自残其同类,而人有自残其同类者！太古草昧之世,以争巢窟、竞水草而相杀者,盖不可计,犹以手足之能,土丸之用,相觗相射而止。国家未立,社会未形,其殺伤犹不能甚大也。既而团体成矣,浸为戈矛剑戟矣,浸为火器矣,一战而伏尸百万,蹀血千里,则杀伤已甚于太古。纵令地球统一,弭兵不用,其以智谋攻取者,必尤甚于畴昔。何者？杀人以刃,固不如杀人以术,与接为构,日以心斗,则驱其同类,使至于悲愤失望而死者,其数又多于战,其心又憯于战,此因虎豹所无,而人所独有也。由是以观,则知由下级之乳哺动物以至人类,其善为进,其恶亦为进也。"②

《俱分进化论》述"善恶苦乐同时并进"之"原理"云:"善恶何以并进？一者由熏习性。生物本性无善无恶,而其作用可以为善为恶。是

---

① 《章太炎全集》(四),第386—387页。
② 《章太炎全集》(四),第387页。

故阿赖邪识惟是无覆无记,其末那识惟是有覆无记,至于意识而始兼有善恶无记。纯无记者名为本有种子,杂善恶者名为始起种子。一切生物无不从于进化之法而行,故必不能限于无记,而必有善恶种子与之杂糅,不杂糅者惟最初之阿米巴尔。自尔以来由有覆故,种种善恶渐现渐行,熏习本识成为种子。是故阿赖邪识亦有善恶种子伏藏其间,如清流水杂有鱼草等物。就轮回言,善恶种子名为羯磨业识,此不可为常人道者;就生理言,善恶种子则亦祖父遗传之业识已。种子不能有善而无恶,故现行亦不能有善而无恶。生物之程度愈进而为善,为恶之力亦因以愈进,此最易了解者。二者由我慢心,由有末那执此阿赖邪识,以为自我,念念不舍,于是生四种心。希腊古德以为人之所好,曰真曰善曰美,好善之念惟是善性,好美之念是无记性,好真之念半是善性,半无记性。虽然,人之所好止于三者而已乎?若惟三者,则人必无恶性,此其缺略可知也。今检人性好真好善好美而外,复有一好胜心。好胜有二:一有目的之好胜,二无目的之好胜。凡为追求五欲财产权位名誉而起竞者,此其求胜非以胜为限界,而亦在其事其物之可成,是为有目的之好胜;若不为追求五欲财产权位名誉而起竞争者,如鸡如蟋蟀等,天性喜斗,乃至人类亦有其情,如好弈棋与角力者,不必为求博赒,亦不必为求名誉,惟欲得胜而止,是为无目的之好胜。此好胜者,由于执我而起,名我慢心,则纯是恶性矣。是故真善美胜四好,有兼善恶无记三性,其所好者不能有善而无恶,故其所行者亦不能有善而无恶。生物之程度愈进,而为善为恶之力亦因以愈进,此亦易了解者。若在一人,善云恶云,其力皆强,互相抵抗,甲者必为乙者征服而止,固非善恶兼进。而就一社会、一国家中多数人类言之,则必善恶兼进。"①

《俱分进化论》又举三例以证之:(一)欧洲各国,(二)日本,(三)中国。欧洲各国自斯巴达、雅典时代以至今日,贵族平民之阶级、君臣男

---

① 《章太炎全集》(四),第389—390页。

女之崇卑日渐划削,人人皆有平等之观,"此诚社会道德之进善者";但是同时,风教陵迟,志节颓丧,"其进于恶也,盖已甚矣"。日本维新以后,奉法守节胜于往古,轻果好斗之风渐转而为国家死难,"此固社会道德之进善者";但是同时,诸公卿间刚严直大者不可复睹,士人之倜傥非常者已不常见,学术已常为政府、常为富贵利禄而动者,"其恶之进,亦既如此矣"。至于中国,"自宋以后有退化而无进化,善亦愈退,恶亦愈退,此亦可为反比例也"。尾生之信、沮溺丈人之节,已不复见;豫让、聂政、荆轲之侠烈,已不复见;墨翟之仁、庄周之高、陈仲子之廉介,已不复见。此为善之退化。东汉风俗殊胜,而奸雄亦出其间。唐世急科名、趋利禄者日多,而高洁者亦因以愈多。乃至近世,"朝有谀佞而乏奸雄,野有穿窬而鲜大盗,士有贿行而无邪执,官有两可而少顽嚚,方略不足以济其奸,威信不足以和其众,此亦恶之退化也"。①

章太炎以"俱分进化论"而斥西洋"直线进化论",足证当日中土学者之"原创性"尚有最后之遗存。

英人甄克思(E. Jenks,1861—1939)以"进化论"而论人类历史,于1900年著成 *A History of Politics* 一书,认为人类社会存在一由"野蛮社会"至"宗法社会",再至"国家社会"之进化历程。此书一般中译为《社会进化简史》。严复于清光绪三十年(1904)译出交商务印书馆出版,定名为《社会通诠》。"通诠"者,"普世之解释"也。从书名即可看出,严复当时必定相信"进化论"乃是解释人类历史"普遍必然"之"不二格式"。其译序云:"夫天下之群众矣,夷考进化之阶级,莫不始于图腾,继以宗法,而成于国家。方其为图腾也,其民渔猎,至于宗法,其民耕稼。而二者之间,其相嬗而转变者以游牧。最后由宗法以进于国家,而二者之间,其相受而蜕化者以封建。方其封建,民业大抵犹耕稼也。独至国家,而后兵、农、工、商四者之民备具,而其群相生相养之事,乃极盛而大和,强立蕃衍而不可以尅灭。此其为序之信,若天之四

---

① 《章太炎全集》(四),第390—391页。

时,若人身之童少壮老,期有迟速,而不可或少紊者也。"①

从"野蛮社会"进化到"宗法社会",再由"宗法社会"进化到"国家社会",被严复视为"若天之四时","不可或少紊者",各地区、各民族、各国家于此只有"迟速"之不同,没有"有无"之不同。以现行术语言之,此被严复视为"客观规律"。此在西洋学术界,确被视为"客观规律",摩尔根《古代社会》如是说,恩格斯《家庭、私有制与国家的起源》(1884)如是说,甄克思的《社会进化简史》同样如是说。直到如今,中土大部分学者依然在这个"西式轮盘"上转悠。总觉得把"中国人的历史",把"中国历史"放到这个轮盘上转不出头绪。既是"客观规律",又为何与"中国历史"扞格不入呢?

中土学者中最早质疑这个"西式轮盘"者,恐怕就是章太炎。1907年3月,章氏《社会通诠商兑》刊发于《民报》第十二期,正式对这个"西式轮盘"提出挑战。文章首先指斥甄氏不了解东方历史:"英人甄克思著《社会通诠》,侯官严复译述著录。其所言不尽关微旨,特分图腾社会、宗法社会、军国社会为三大形式而已。甄氏之意,在援据历史,得其指归。然所征乃止赤、黑野人之近事,与欧、美、亚西古今之成迹,其自天山以东,中国、日本、蒙古、满洲之法,不及致详,盖未尽经验之能事者。"②所谓"客观规律"云云,其实只适用于"赤、黑野人之近事",既不适用于"欧、美、亚西古今之成迹",亦不适用于天山以东"中国、日本、蒙古、满洲之法"。所谓"客观规律"云云,其实只对西洋部分地域、部分时段是"客观"的。

《商兑》又云:"严氏皮傅其说,以民族主义与宗法社会比而同之。今之政客,疾首于神州之光复,则谓排满者亦宗法社会之事,于是非固无取,于利害则断其无幸。夫学者宁不知甄氏之书卑无高论,未极考索之智,而又非能尽排比之愚,固不足以悬断齐州之事,如严氏者,又

---

① 严复:《译〈社会通诠〉自序》,王栻主编:《严复集》第一册,中华书局,1986年,第135页。
② 《章太炎全集》(四),第322页。

非察于人事者耶？人心所震矜者，往往以门户标榜为准，习闻其说以为神圣，而自蔽其智能。以世俗之顶礼严氏者多，故政客得利用其说以愚天下。"①学者不质疑这个"西式轮盘"，乃是"自蔽其智能"；政客不质疑这个"西式轮盘"，乃是因为它可被利用"以愚天下"。

《商兑》又对译者严复之学术水平提出质疑："抑天下固未知严氏之为人也，少游学于西方，震叠其种，而视黄人为猥贱，若汉，若满，则一丘之貉也！故革命、立宪，皆非其所措意者，天下有至乐，曰营菟裘以娱老耳。闻者不憭，以其邃通欧语，而中国文学湛深如此，益之以危言足以耸听，则相与尸祝社稷之也亦宜。就实论之，严氏固略知小学，而于周秦两汉唐宋儒先之文史，能得其句读矣。然相其文质，于声音节奏之间，犹未离于帖括。申夭之态，回复之词，载飞载鸣，情状可见。盖俯仰于桐城之道左，而未趋其庭庑者也。至于旧邦历史，特为疏略，辄以小说杂文之见，读故府之秘书。扬迁抑固，无过拾余沫于宋人，而自晋宋以下，特取其一言一事之可喜者，默识不忘于其胸府，当时之风俗形势，则泊然置之。夫读史尽其文不尽其质，于藏往则已疏矣，而欲以此知来，妄其颜之过厚耶！观其所译泰西群籍，于中国事状有豪毛之合者，则矜喜而标识其下；乃若彼方孤证，于中土或有牴牾，则不敢容喙焉。夫不欲考迹异同则已矣，而复以甲之事蔽乙之事，历史成迹合于彼之条例者则必实，异于彼之条例者则必虚；当来方略合于彼之条例者则必成，异于彼之条例者则必败。抑不悟所谓条例者，就彼所涉历见闻而归纳之耳，浸假而复谛见亚东之事，则其条例又将有所更易矣。"②"彼之条例"即所谓"西式轮盘"。

《商兑》又以社会科学与自然科学之有别，证"西式轮盘"不适用于中土："社会之学与言质学者殊科，几何之方面，重力之形式，声光之激射，物质之分化，验于彼土者然，即验于此土者亦无不然。若夫心能流

---

① 《章太炎全集》(四)，第322—323页。
② 《章太炎全集》(四)，第323页。

行,人事万端,则不能据一方以为权概,断可知矣。且社会学之造端,实惟殽德,风流所播,不逾百年,故虽专事斯学者,亦以为未能究竟成就。盖比列往事,或有未尽,则条例必不极成。以条例之不极成,即无以推测来者。夫尽往事以测来者,犹未能得什之五也,而况其未尽耶?严氏笃信其说,又从而为之辞,并世之笃信严氏者,复冀为其后世,何其过也!"①

"殽德"即孔德(I. A. M. F. X. Comte, 1798—1857),法国哲学家,实证主义之奠基人,社会学之创立者。以为惟社会学方为进入实证阶段之科学,因而是最后、最高、最复杂、最重要之科学。章氏多次多处讲到孔德及其社会学,应对其有相当了解。

以"西式轮盘"套用到中土,《商兑》以为会出现三种情况:(一)甄氏《社会通诠》"固有未尽者";(二)"甄氏之所不说,而严氏附会以加断者";(三)"因严氏一二狂乱之词,而政客为之变本加厉者"。②《商兑》一一予以辨析之。第一种情况如以甄氏所说"宗法社会"释中国固有之"宗法社会",以为"于中国未必能合也"。甄氏所言"宗法社会"之异于"军国社会"者有四端:一曰"重民而不地著",二曰"排外而锄非种",三曰"统于所尊",四曰"不为物竞"。"以此四端与中国固有之宗法相较,……然与甄氏所述四端,则皆有不相契合者。"③"一曰怀土重迁之性,惟农民为最多,而宗法社会所凭依者,泰半不出耕稼,一去其乡,田土亦随之而失。……故甄氏第一条义与中国固有之宗法不合也。二曰中国宗法盛行之代,春秋以前,本无排外之事,而其时外人亦鲜内入。……故甄氏第二条义与中国固有之宗法不合也。三曰宗法统于所尊,其制行于元士以上,族人财产有余则归之宗,不足则资之宗,上至世卿而宗子常执大政,所以拱枰其下者,恃有政权以行其刑罚

---

① 《章太炎全集》(四),第323—324页。
② 《章太炎全集》(四),第324页。
③ 《章太炎全集》(四),第326页。

耳。……故甄氏第三条义与中国固有之宗法有合于古,不合于今也。四曰《周礼》言以九职任万民,此宗法盛行时代之制也,至于业不得更,法不得变,于古籍无文。……故甄氏第四条义与中国固有之宗法,若古若今,都无所合也。"①

最后的结论只能是:"夫甄氏以其所观察者著之书,其说自不误耳。而世人以此附合于吾土,则其咎不在甄氏,而在他人。若就此四条以与中国成事相稽,惟一事为合古,而其余皆无当于古。今则今宗法,必有差愈于古宗法者,古宗法亦有差愈于甄氏所见之宗法者。要之,于民族主义皆不相及,此其论则将及于严氏。"②"宗法社会"是"西式轮盘"的一个环节或梯级,章氏已证明此环节或梯级无法套用于中土。

甄氏所得之"规律"不源于中土,因而亦不合于中土,已如上言。此外尚有"甄氏之所不说,而严氏附会以加断者":"甄氏之言曰:宗法社会以民族主义为合群者也。此未尝谓民族主义即宗法社会,而特宗法社会所待以合群者,亦籍此民族主义耳。然则民族主义之所成就者,不专于宗法社会而止,较然著矣。严氏之言则曰:中国社会宗法而兼军国者也。故其言法也,亦以种不以国。……民族犹是民族也,惟军国与宗法其大小异,故其成绩亦异。世之不怿于宗法社会者则有矣,惧民族主义之行而中国之衰微复如东周,其沦陷或同于罗马,危心疾首,鼻涕长一尺以对吾说也则宜。反而观吾党所持者,非直与宗法无似,而其实且与之僢驰。同人,同人,为严氏所号咷久矣,其亦今而后笑欤!"③

第三种情形是"因严氏一二狂乱之词,而政客为之变本加厉者":"严氏所说曰:民族主义不足以遂强吾种耳。使空有民族主义之名而无其具,则诚宜严氏所讥,此吾党汉民所已言者。是亦非独民族主义然也,虽曰言帝国主义、社会主义、人道主义,而无术以行之,由掷落亦

---

① 《章太炎全集》(四),第326—330页。
② 《章太炎全集》(四),第330页。
③ 《章太炎全集》(四),第331—335页。

犹是也。今之政客则以为虽有其具,其义必有非而无是,其势必有败而无成。此又于严氏所说附之增语,其咎复不在严氏矣。……宁为鸡口,毋为牛后,与使他人啗我而饱也。宁自啗而不足。权藉之于功利,诚有不相调适者。法人有言:所志不成,当尽法国而成蒿里,以营大冢于其上。士苟知此,彼天然淘汰,优胜劣败之说,诚何足以芥蒂乎?循四百兆人之所欲击,顺而用之,虽划类赤地,竟伸其志可也!今之所辩,以《社会通诠》为限,则其言如上而止。"①

以上质疑"西式轮盘"之为"客观规律",是章太炎对于"西学"之一种批评。其反对建立"孔教",亦是对于"西学"之一种批评,因为倡立"孔教"者是受"西学"之蛊惑,以为西洋既是赖"耶教"而昌盛,中土亦必步其后尘,不赖"教"无以昌盛,此"教"即"孔教"也。康有为撰《孔子改制考》,欲"发明儒为孔子教号,以著孔子为万世教主";严复与孔教会代表陈焕章、夏曾佑、梁启超、王式通诸人从之,上书请于宪法中明定"孔教为国教"。起而驳斥者,就有章太炎,其理论依据就是中土"素无国教"之历史。

当1913年北京孔教会成立、力倡"定孔教为国教"时,章氏发表《驳建立孔教议》,明确反对此举:"近世有倡孔教会者,余窃訾其怪妄。宗教至鄙,有太古愚民行之,而后终已不废者,徒以拂俗难行,非故葆爱严重之也。中土素无国教矣。舜敷五教,周布十有二教,皆掌之司徒。其事不在庠序,不与讲诵。是乃有词教令,亦杂与今世社会教育同类,非宗教之科。《易》称圣人以神道设教,斯即盥而不荐,禘之说也。禘之说孔子不知,号曰设教,其实不教也。"②

中土"素无国教",是不是中土不曾昌盛呢?是又不然:"人思自尊,而不欲守死事神,以为真宰,此华夏之民所以为达。"③"素无国教"不仅不曾妨碍中土昌盛,反而正是中土昌盛之原因。西洋设立"国

---

① 《章太炎全集》(四),第335—337页。
② 《章太炎全集》(四),第194—195页。
③ 《章太炎全集》(四),第195页。

教"，是不是正乃西洋昌盛之原因呢？是又未必："视彼佞谀上帝，拜谒法皇，举全国而宗事一尊，且著之典常者，其智愚相去远矣！……是故智者以达理而洒落，愚者以怀疑而依违，总举夏民，不崇一教。今人猥见耶苏、路德之法，渐入域中，乃欲建树孔教以相抗衡。是犹素无创痍，无故灼以成瘢，乃徒师其鄙劣，而未有以相君也。"①康有为、严复、梁启超诸辈倡建"孔教"，是为了抗衡"耶教"，于事恐有补，但于理则不通。有"国教"者"愚"，无"国教"者"智"；有"国教"者"鄙劣"，无"国教"者"达理而洒落"。素无国教者倡立国教，乃是自取其辱。

孔子有功于中土，但因其有功而立为教主，未必就是最好的报答方式。《驳建立孔教议》云："盖孔子所以为中国斗杓者，在制历史、布文籍、振学术、平阶级而已。"②自孔子作《春秋》，然后纪年有次，事尽首尾，丘明衍传，迁固承流，史书始粲然大备，椠则相承，仍世似续，令晚世得以识古，后人因以知前，"此其有造于华夏者，功为第一"；自孔子观书柱下，述而不作，删定六书，布之民间，然后人知典常，家识图史，"其功二也"；自孔子布文籍，又自赞《周易》，吐《论语》，以寄深湛之思，于是大师接踵，宏儒郁兴，虽所见殊途，而提振之功在一，"其功三也"；自孔子布文籍，又养徒三千，与之驰骋七十二国，辨其人民，知其土训，识其政宜，门人余裔，起而干摩，与执政争明，哲人既萎，曾未百年，六国兴而世卿废，民苟怀术，皆有卿相之资，由是阶级荡平，寒素上遂，至于今不废，"其功四也"。③

"总是四者，孔子于中国，为保民开化之宗，不为教主。世无孔子，宪章不传，学术不振，则国沦戎狄而不复，民陷卑贱而不升，欲以名号加于宇内通达之国，难矣。今之不坏，系先圣是赖！是乃其所以高于尧舜文武而无算者也！若夫德行之教，仁义之端，《周官》已布之齐民，

---

① 《章太炎全集》（四），第195页。
② 《章太炎全集》（四），第196页。
③ 《章太炎全集》（四），第196—197页。

列国未尝坠其纲纪。故上有蘧瑗、史鳅之贤，下有沮溺、荷蓧之德，风被土宇，不肃而成，固不悉自孔子授之。孔氏书亦时称祭典，以纂前志，虽审无鬼之诬，以不欲高世骇俗，则不暇一切粪除，亦犹近世欧洲诸哲，于神教尚有依违。故以德化，则非孔子所专；以宗教，则为孔子所弃。今忘其所以当尊，而以不当尊者奉之，适足以玷阙里之堂，污泰山之迹耳！谈者或曰：崇孔教者，所以旁慰沙门，使蒙古西藏无携志。此尤诳世之言。二藩背诞，则强邻间之，给以中国废教藉口，其实非宗教所能训也。……孔教本非前世所有，则今者固无所废；莫之废，则亦无所建立矣。愚以为学校瞻礼，事在当行，树为宗教，杜智慧之门，乱清宁之纪，其事不便！"①

以上斥西洋及中土学者"国必有教"说，至今仍有现实意义。因为如今仍有学者鼓吹"国教"，舍"孔教"而迎"耶教"，欲定"耶教"为中国之"国教"。

第四节 对于"儒学"之批评

章太炎对于"西学"不盲从，并起而批驳之；对于"儒学"亦采取同样态度，不盲从，并起而批驳之。其"斥儒"之早、之力，均为"五四学者"所不能及。

《訄书》重订本之《订孔》篇，首先引日人远藤隆吉《支那哲学史》之斥孔言论："孔子之出于支那，实支那之祸本也。夫差第《韶》、《武》，制为邦者四代，非守旧也。处于人表，至严高，后生自以瞻望弗及，神葆其言，革一义若有刑戮，则守旧自此始。此更八十世而无进取者，咎亡于孔氏。祸本成，其胙尽矣。"远藤氏以孔子为中华之"祸本"，对此章

---

① 《章太炎全集》（四），第197—198页。

太炎氏的态度是:"凡说人事,固不当以禄胙应塞,惟孔氏闻望之过情有故。曰六艺者,道墨所周闻,故墨子称《诗》、《书》、《春秋》多太史中秘书。女商事魏君主也,衡说之以《诗》、《书》、《礼》、《乐》,从说之以《金版》、《六弢》。异时老墨诸公不降志于删定六艺,而孔氏擅其威。遭焚散复出,则关轴自持于孔氏,诸子欲走,职矣。"①

《订孔》篇又云:"《论语》者晻昧,《三朝记》与诸告饬、通论多自触击也。下比孟轲,博习故事则贤,而知德少歉矣。荀卿以积伪俟化治身,以隆礼合群治天下。不过三代,以绝殊瑰,不贰后王,以綦文理。百物以礼穿縠,故科条皆务进取而无自戾。其正名也,世方诸仞识论之名学,而以为在琐格拉底、亚历斯大德间(桑木严翼说)。由斯道也,虽百里而民献比肩可也。其视孔氏,长幼断可识矣。"②

《订孔》篇又云:"夫孟、荀道术皆踊绝孔氏,惟才美弗能与等比,故终身无鲁相之政,三千之化。才与道术,本各异出,而流俗多视是崇堕之。近世王守仁之名其学,亦席功伐己。曾国藩至微末,以横行为戎首,故士大夫信任其言,贵于符节章玺。况于孔氏尚有踊者! 孟轲则踬矣,虽荀卿却走,亦职也。(荀卿学过孔子,尚称颂以为本师,此则如释迦初教本近灰灭,及马鸣、龙树特弘大乘之风,而犹以释迦为本师也。)夫自东周之季,以至禹,《连山》息,《汩作》废,《九共》绝,墨子支之,祇以自陨。老聃丧其征藏,而法守亡,五曹无施。惟荀卿奄于先师,不用。名辩坏,故言毂;进取失,故业堕。则其虚誉夺实以至是也。"③此为高后世儒者而低孔。

《订孔》篇又引日人白河次郎之斥孔言论:"纵横家持君主政体,所谓压制主义也。老庄派持民主政体,所谓自由主义也。孔氏旁皇二者间,以合意干系为名,以权力干系为实,此儒术所以能为奸雄利器。使

---
① 《章太炎全集》(三),第134页。
② 《章太炎全集》(三),第134—135页。
③ 《章太炎全集》(三),第135页。

百姓日用而不知,则又不如纵横家明言压制也。"对此章太炎的态度是:"所谓旁皇二者间者,本老氏之术,儒者效之,犹不若范蠡、张良为甚。庄周则于《马蹄》,《胠箧》诸论,特发老氏之覆。老、庄之为一家,亦犹输、墨皆为艺士,其攻守则正相反,二子亦不可并论也。故今不以利器之说,归曲孔氏。"①

《订孔》篇给孔子最终的定位是史学家:"虽然,孔氏,古良史也。辅以丘明,而次《春秋》,料比百家,若旋机玉斗矣。谈、迁嗣之,后有《七略》。孔子后,名实足以侊者,汉之刘歆。"②给予"古良史"之定位,表明章太炎之"订孔"只订其"独尊",而不订其"史学"。

《訄书》重订本之《学变》篇斥儒者"苟得利禄":"汉晋间,学术则五变。董仲舒以阴阳定法令,垂则博士,教皇也。使学者人人碎义逃难,苟得利禄,而不识远略。故杨雄变之以《法言》。"③

《訄书》重订本之《学蛊》篇斥欧阳修"不通六艺":"修之不通六义,正义不习,而瞍以说经,持之无故,谗之以御人,辞人也。不辨于名理,比合训言,反覆其文,自以为闻道,遭大人木彊,而已得尸其名,以色取仁,居之不疑矣。"④

《訄书》重订本之《王学》篇斥王阳明"立义至单":"王守仁南昌、桶冈之功,职其才气过人,而不本于学术。其学术在方策矣,数传而后,用者徒以济诈,其言则祇益缦简粗觕。何也?王守仁之立义,至单也。……夫浮屠不以单说成义,其末流禅宗者为之。儒者习于禅宗,虽经论亦不欲睹,其卒与禅宗偕为人鄙。义窶乏而尚辞,固薶质也。尝试最观守仁诸说,独'致良知'为自得,其他皆采用旧闻,工为集合,而无组织经纬。"⑤

---

① 《章太炎全集》(三),第135—136页。
② 《章太炎全集》(三),第135页。
③ 《章太炎全集》(三),第144页。
④ 《章太炎全集》(三),第146页。
⑤ 《章太炎全集》(三),第148—149页。

《訄书》重订本之《明独》篇斥儒家重"群"而扼杀个性:"不眛于独,古者谓之圣之合莫。抱蜀不言,而四海譁应,人君之独也。握其节,莫与分其祳,士卒无敢不用命,大率之独也。用心不枝,孑然与精神往来,其立言诵千人,和万人,儒、墨之独也。闭阁而省事,思凑单微,发其政教,百姓悦从如蒲苇,卿大夫之独也。总是杂术也,以一身教乡井,有贤不肖或韉之,或挞之,或具染请之,皆磬折而愿为之尸,父师之独也。"①儒家重"群",所重只是"小群",故上述之"独"亦只是"小独",而"小独"同样是对个性的扼杀:"繇是言之,小群,大群之贼也;大独,大群之母也。"②"大独"与"大群"方是真正的"个性解放"。

《与人论朴学报书》斥儒学不合于现代生活:"抑自周孔以逮今兹,载祀数千,政俗迭变,凡诸法式,岂可施于辁近?故说经者,所以存古,非以是适今也。先人手泽,贻之子孙,虽汙垢伫劣者,犹见宝贵,若曰尽善,则非也。……皇汉迄今,政在专制,当代不行之礼,于今无用之仪,而欲肄之郡国,渐及乡遂,何异宁人欲变今时之语,返诸三代古音乎?……故知通经致用,特汉儒所以干禄,过崇前圣,推为万能,则适为桎梏矣。"③"于今无用",乃是相当严厉的批评。

《驳康有为论革命书》斥儒学被清廷用为"愚民之计":"今彼满洲者,其为归化汉人乎,其为陵制汉人乎?……徒以尊事孔子,奉行儒术,崇饰观听,斯乃不得已而为之,而即以便其南面之术,愚民之计。"④又斥儒学为无用之学:"理学诸儒,如熊赐履、魏象枢、陆陇其、朱轼辈,时有献替,而其所因革,未有关于至计者。虽曾、胡、左、李之所为,亦曰建殊勋、博高爵耳,功成而后,于其政治之盛衰、宗稷之安危,未尝有所筹画焉。"⑤

---

① 《章太炎全集》(三),第239页。
② 《章太炎全集》(三),第239页。
③ 《章太炎全集》(四),第153—154页。
④ 《章太炎全集》(四),第174页。
⑤ 《章太炎全集》(四),第183页。

《大乘佛教缘起考》斥孔学与老学"一原":"以此土成事例之,孔父绪言,著在《论语》,而《诗传》、《礼记》旁出者多。乃至庄周、韩非录其故言,或与儒家绝异。夫外道经中之录佛语,亦犹庄周、韩非之记孔说也。若在纯儒,必不信此为谛实,此为正道,亦犹小乘诸师之见也。然达者则知孔、老一原,与佛初出家时尝访阿罗、逻郁、陀罗诸仙同例。佛与外道互有通途,孔与庄、韩亦非隔绝。故录在彼书者,转可信为胜义。通儒大乘所见,亦相符矣。佛语录入外道书中,及灭度千百年后,忽录入佛经中,犹此土薛据、孙星衍辈皆去孔子千百余岁,而撷取诸子所载,以为《孔子集语》也。"①

对于章太炎批评"儒学"之举,学界有较高之评价。如张昭君《章太炎的儒学思想与五四新文化思潮》一文,就认为章氏之"订孔斥儒"对"五四"新文化思想"有直接影响"。吴虞之"反孔非儒",得益于章氏良多;陈独秀之"批孔非儒",与章氏之斥儒"主旨基本上相同";鲁迅、钱玄同诸人"打倒孔家店"之论,是对章氏"订孔"思想之发展;胡适《说儒》承章氏《原儒》而来,其《论戴东原哲学》乃基于章氏《释戴》、《悲先戴》而成;等等。②总之"五四学者"之"毁儒",当是以章太炎之"非儒"为源。

第五节 试图"以儒兼百家"

章太炎对"西学"不盲从,表现在引进"西学",同时又批评"西学";对"儒学"不盲从,同样表现在"非儒",同时又不"毁儒"。"以儒兼百家",是其不"毁儒"之明证。

---

① 《章太炎全集》(四),第476—477页。
② 张昭君:《章太炎的儒学思想与五四新文化思潮》,《孔子研究》1999年第2期,第15—19页。

章氏《答张季鸾问政书》(1935)云:"今日宜格外阐扬者,曰以儒兼侠,故鄙人近日独提倡《儒行》一篇。宜暂搁置者,曰纯粹超人超国之学说。"①"以儒兼侠",是他处理"儒、侠之关系"之格式,同样地,他也试图以此格式处理"儒、墨之关系"、"儒、道之关系"、"儒、法之关系"等等,从而有"以儒兼墨"、"以儒兼道"、"以儒兼法"等建构。此即所谓"以儒兼百家"。

《訄书》初刻本之《儒墨》篇,"以儒兼墨"之作也。其言曰:"《春秋》、《孝》皆变周之文,从夏之忠;而墨子亦曰法禹。不法其意而法其度,虽知三统不足以为政。鳌于圣哲者,非乐为大;彼苦身劳形以忧天下,以若自毃,终以自堕者,亦非乐为大。"②又云:"乌乎! 佚、翟之祸,至自弊以弊人,斯亦酷矣。诋其'兼爱'而谓之'无父',则末流之嚱言,有以取讥于君子,顾非其本也。张载之言曰:'凡天下疲癃残疾鳏寡孤独,皆吾兄弟之颠连而无告者。'或曰其理一,其分殊,庸渠知墨氏'兼爱'之旨,将不一理而殊分乎! 夫墨家宗祀严父,以孝视天下,孰曰无父? 至于陵谷之葬,三月之服,制始于禹。禹之世,奔命世也,墨翟亦奔命世也。伯禽三年而报政,曰革其故俗,丧三年乃除。大公反之,五月而报政。然则短丧之制,前倡于禹,后继踵于尚父。惟晏婴镌之,庐杖衰麻,皆过其职。墨子以短丧法禹,于晏婴则师其嬲齿,而不能师其居丧,斯已左矣。虽然,以短丧言,则禹与大公皆有咎,奚独墨翟? 以蔽罪于兼爱,谓之无父,君子重言之。"③

《訄书》初刻本之《儒道》篇,"以儒兼道"之作也。其言曰:"学者谓黄老足以治天下,庄氏足以乱天下。夫庄周愤世湛浊,已不胜其怨,而托卮言以自解,因以弥论万物之聚散,其于治乱也何庸?"④又云:"老氏之清静,效用于汉,然其言曰:将欲取之,必固与之。其所以制人者,虽

---

① 张勇编:《章太炎学术文化随笔》,中国青年出版社,1999年,第168页。
② 《章太炎全集》(三),第8页。
③ 《章太炎全集》(三),第8—9页。
④ 《章太炎全集》(三),第9页。

范蠡、文种不阴鸷于此矣。故吾谓儒与道辨,当先其阴鸷,而后其清静。韩婴有言:行一不义,杀一不辜,虽得国可耻。儒道之辨,其扬攉在此耳。然自伊尹、大公,有拨乱之才,未尝不以道家言为急。迹其行事,与汤、文王异术,而钩距之用为多。今可睹者,犹在《逸周书》。老聃为柱下史,多识掌故,约《金版》、《六弢》之旨,箸五千言,以为后世阴谋者法。其治天下同,其术甚异于儒学者矣。故周公讬齐国之政,而仲尼不称伊、吕,抑有由也。"①又云:"且夫儒家之术,盗之不过为新莽;而盗道家之术者,则不失为田常、汉高祖。得木不求赢,财帛妇女不私取,始与之,而终以取之,比于诱人以《诗》、《礼》者,其庙筭已多。夫不幸汙下以至于盗,而道犹胜于儒。然则愤鸣之夫,有讼言伪儒,无讼言伪道,固其所也。虽然,是亦可谓防窃钩而逸大盗者也。"②

《訄书》初刻本之《儒法》篇,"以儒兼法"之作也。其言曰:"自管子以形名整齐国,箸书八十六篇,而《七略》是之曰道家。然则商鞅贵宪令,不害主权术,自此始也。道其本已,法其末已。今之儒者闻管仲、申、商之术,则震粟色变曰:而言襃伯,恶足以语治!试告以国侨、诸葛亮,则诵祝冀为其后世,而不知乔、亮之所以司牧万民者,其术亦无以异于管仲、申、商也。"③又云:"然则儒者之道,其不能捥法家亦明已。今夫法家亦得一于《周官》,而董仲舒之《决事比》引儒附法,则吾不知也。夫法家不厌酷于刑,而厌密于律。……仲舒之《决事比》援附格令,有事则有例,比于酇侯《九章》。其文已冗,而其例已繁。已用之,斯楚之可也!箸之简牍,拭之木觚,以教张汤,使后之廷尉,比而析之,设法如牛毛,其卒又以为故事,然后舍生人之能而行偶人之道,悲夫!儒之戾也,法之弊也。"④又云:"吾观古为法者,商鞅无科条,管仲无五曹令。其上如流水,其次不从则大刑随之。贵其明信,不曰攉轻重。

---

① 《章太炎全集》(三),第9—10页。
② 《章太炎全集》(三),第10页。
③ 《章太炎全集》(三),第10页。
④ 《章太炎全集》(三),第10—11页。

子弓曰：居敬而行简，以临其民。乌乎！此可谓儒法之君矣。"①

《訄书》初刻本之《儒侠》篇，"以儒兼侠"之作也。其言曰："漆雕氏之儒废，而闾里有游侠。侠者无书，不得附九流，岂惟儒家摈之，八家亦并摈之。然天下有亟事，非侠士无足属。侯生之完赵也，北郭子之白晏婴也，自决一朝，其利及朝野。其次聂政，则击刺之萌而已矣。"②又云："且儒者之义，有过于'杀身成仁'者乎？儒者之用，有过于'除国之大害，扞国之大患'者乎？得志有夏后，不得志有比干、鬻龙逄，儒者颂之，任侠之雄也。夫平原君僭上者也，荀卿以为辅；信陵君矫节者也，荀卿以为拂。世有大儒，固举侠士而并包之，而特其感慨奋厉，矜一节以自雄者，其称名有异于儒焉耳。"③又云："大侠不世出，其次为朱家、剧孟，其次为荆轲、高渐离，其次为郭解、原涉，冒法抵禁，儒者睨之不比人，而平津侯得以行其议。执四累之下，以例四累之上，论已颇矣！且成安君以儒者称，然始与张耳为刎颈之交，卒相妒如仇雠。比于朱、剧，不得为牧圉。然则儒不发冢乎？诵《诗》、《书》者不庳于揘勇者乎？夫儒有其下，侠有其上，言儒者操上，而言侠者操下，是以累寿不相遇。章子曰：得志有夏后，不得志有比干、鬻龙逄，儒者颂之，任侠之雄也。"④

《訄书》重订本之《儒侠》篇且增语曰："故击刺者，当乱世则辅民，当治世则辅法。治世知其辅法，而法严诛于刺客，何也？训曰：大臣能厚蓄积者，必浚民以得之，如子孙之善守，是天富不道之家也。故不若恣其不道以归于人。彼攻盗亦挈取于不道矣，法则无赦，何者？盗与刺客冒法抵禁者众，则辅法者不得独赏以生。哲王者知其裨补于政令，而阴作其气，道之以义方已矣。今之世资于孔氏之言者寡也，资之莫若十五儒，'虽危起居，竟信其志'，'引重鼎不程其力，鸷虫攫搏不程勇'者。"⑤

---

① 《章太炎全集》(三)，第 11 页。
② 《章太炎全集》(三)，第 11 页。
③ 《章太炎全集》(三)，第 11—12 页。
④ 《章太炎全集》(三)，第 12 页。
⑤ 《章太炎全集》(三)，第 141 页。

《訄书》初刻本之《儒兵》篇,"以儒兼兵"之作也。其言曰:"夫机之在心也,疾视作色,无往而非杀,无杀而非兵。兵也者,威也;威也者,力也。民之有威力,性也。武者不能革,而工者不能移,岂必至于折天柱,绝地维哉!儒者曰:我善御寇,不禽二毛,不鼓不成列,虽文王之用师,莫我胜也。君子曰:田儓!其一曰我善御敌,仰屋以思,为兵法百言,虽以不教民战,可也。君子曰:黠而愚,偶差智,故而骏。夫治兵之道,莫经治气。以白梃遇刃,十不当二;以刃遇火器,十不当一;以火器遇火器,气不治,百不当一。治气者,虽孟、荀与穰苴,犹是术也。有本有末而已矣!"①又云:"末而末者,可以撄其本。故蹴鞠列于技巧,棋势、皇搏列于艺术,不知者以为嬉戏也。其知者以为民性有兵,不能旦旦而用于寇,故小作其杀机,以鼓其气,与儒者之乡射其练民气同。虽孟、荀与穰苴犹是术也,此兵之本也。"②又云:"若夫临敌之道则有矣:方机动时,其疾若括镞,非先治气,则机不可赴;赴机以先人,而人失其长技矣。故曰:知者善度,巧者善豫,羿死桃棓不给射,庆忌死剑不给搏。王守仁知气,此所以成胜。"③

此处明确提出了"儒本兵末"之格式,"儒、兵关系"之处理,是"以儒为本,以兵为末"。所谓"以儒兼兵",实即为"儒本兵末"。若将此格式推而广之,则章太炎实已有"儒本墨末"、"儒本道末"、"儒本法末"、"儒本侠末"之思维,而至于"儒本西末",从而上承自冯桂芬至张之洞"中体西用"之余绪。如此则章太炎于《訄书》初刻时,抑或尚未有"新格式"之创建。

学者谓《訄书》中《儒墨》、《儒道》、《儒法》、《儒兵》等文是以诸子学说之长来补儒学之不足④。若此说不妄,则所谓"以儒兼百家",实即"以百家补儒学之不足",实即"以儒为本,以百家为末"。章氏"归儒"之心,昭然若揭矣!

---

① 《章太炎全集》(三),第12—13页。
② 《章太炎全集》(三),第13页。
③ 《章太炎全集》(三),第13页。
④ 郭玉卿:《从〈儒侠〉的变动看章太炎的尚武思想》,《洛阳师范学院学报》2006年第1期,第129页。

第六节 "援佛入儒"与"援西入儒"

"以百家补儒学之不足",还只是"以中补中"、"援中入中";实际上,章太炎儒学思想中还有一个"以佛补中"、"援佛入儒"的问题。

此问题已有学者关注,如张春香《章太炎"儒行"救国论评析》就谓:"章太炎中年'扬佛抑儒',晚年回归儒学,提倡'儒行',但并未放弃佛学,而是以庄证孔,援佛入儒,为'儒行'精神寻找一种本源性力量。"①

1913年章太炎撰《驳建立孔教议》,反对在中国立孔为教。然而1906年章氏撰《建立宗教论》,却是主张在中国立佛为教的。莫非这是章氏理论的不能"自圆"? 细按之,他的思想基本还是前后一贯的。《建立宗教论》是欲建立"无神教",中土哲学本就是"无神教",他当然不会反对以"孔学"为"教"。他反对的是"有神",是立孔子为"神",立孔子为"主"。其中土"素无国教"之说,讲的就是中土"素无教主","素无神"。一"无主",一"有主",乃是中西文明之根本差异所在。章太炎反对"建立孔教",是为了维护这个"无主文明";主张建立"无神"之教,也是为了维护这个"无主文明"。

《建立宗教论》论欧洲"有主文明"云:"贝尔巴陀氏继康德后建立列夏尔说,已云有睿智之空间、睿智之时间矣。不识此义,而谓惟有空名,都无实性,生人心识,岂于空无所依而起此觉? 故曰损减执者,不知依他起自性也。而彼增益执者,则又反是。说神我者,以为实有丈夫,不生不灭。其说因于我见而起,乃不知所谓我者,舍阿赖耶识而

---

① 张春香:《章太炎"儒行"救国论评析》,《湖北大学学报》2006年第3期,第351页。

外,更无他物。此识是真,此我为幻,执此幻者以为本体,是第一倒见也。"①又云:"说物质者,欧洲以为实有阿屯,印度以为实有钵罗摩怒,执为极细,而从此细者剖之,则其细至于无穷。名家所谓'一尺之锤,日取其半,万世不竭'者,彼不能辞其过矣。执为无原,离于色声香味触等感觉所取之外,惟其中心力存。此虽胜于极细之说,然未见有离于五尘之力,亦未见有离力于五尘。力与五尘,互相依住,则不得不谓之缘生。既言缘生,其非本体可知。然则此力、此五尘者,依于何事而能显现?亦曰心之相分,依于见分而能显现耳。此心是真,此质是幻,执此幻者以为本体,是第二倒见也。"②

又云:"说神教者,自马步诸述而上至于山川土穀,稍进则有祠火,与夫尊祀诸天之法,其最高者,乃有一神、泛神诸教。其所崇拜之物不同,其能崇拜之心不异。……则以为我身而外,必有一物以牵逼我者,于是崇拜以祈获福。此其宗教,则烦恼障实驱使之。……且以万有杂糅,梦不可理,而循行规则,未尝愆于其度,必有一物以钤辖而支配之,于是崇拜以明信仰。此其宗教,则所知障实驱使之。不能退而自观其心,以知三界惟心所现,从而求之于外。于其外者,则又与之以神之名,以为亦有人格。此心是真,此神是幻,执此幻者以为本体,是第三倒见也。"③

执"我"为本体、执"质"为本体、执"神"为本体,乃是西洋"有主文明"之三大"倒见",此等分析之深刻,清末以降鲜见第二家。认识论上的"我"、形而上学中的"质"与宗教上的"神",在西洋哲学中乃是一脉相延的。

《建立宗教论》以此分析"西洋哲学"云:"故曰增益执者,亦不知依他起自性也。若尔,则二种边执者,固不知有依他起自性矣。亦有能

---

① 《章太炎全集》(四),第 406 页。
② 《章太炎全集》(四),第 406 页。
③ 《章太炎全集》(四),第 406—407 页。

立本体,能遣空名,而卒之不得不密迩于依他者,特无此依他之名以为权度,虽其密意可解,而文义犹不得通。如柏拉图可谓善说伊跌耶矣,然其谓一切个体之存在,非即伊跌耶,亦非离伊跌耶(按:"伊跌耶"疑即 idea,今译"理念")。伊跌耶是有,而非此则为非有,彼个体者则兼有与非有。夫有与非有之不可得兼,犹水火相灭,青与非青之不相容也。伊跌耶既是实有,以何因缘不遍一切世界,而令世界尚留非有?复以何等因缘令此有者能现景于非有而调合之,以为有及非有?若云此实有者本在非有以外,则此非有亦在实有以外。既有非有可与实有对立,则虽暂名为非有,而终不得不认其为有,其名与实适相反矣。……又如康德既拨空间、时间为绝无,其于神之有无,亦不欲遽定为有,存其说于《纯粹理性批判》矣。逮作《实践理性批判》,则谓自由界与天然界范围各异。以修德之期成圣,而要求来生之存在,则时间不可直拨为无;以善业之期福果,而要求主宰之存在,则神明亦可信其为有。夫使此天然界者固一成而不易,则要求亦何所用?知其无得而要幸于可得者,非愚则诬也!康德固不若是之愚,亦不若是之诬,而又未能自完其说。"①此种对于柏拉图、康德等西哲之批评,至今犹能成立。

《建立宗教论》以"三性"——遍计所执自性、依他起自性、圆成实自性——判分宗教之高下,得出的结论是:"故如美洲之摩门,印度之湿婆韦纽,西藏之莲华生教,专以'不律仪'为务者,无足论矣。反是,虽崇拜草木、龟鱼、徽章、咒印者,若于人道无所陵藉,则亦姑容而并存之。彼论者以为动植诸物于品庶为最贱,今以人类而崇拜之,则其自贱滋甚。若自众生平等之见观之,则大梵安荼、耶和瓦辈,比于动植物,其高下竟未有异也,然而不可为训者何也?彼以遍计所执自性为圆成实自性也。言道在稊稗、屎溺者,非谓惟此稊稗、屎溺可以为道;言墙壁、瓦砾咸是佛性者,非谓佛性止于墙壁、瓦砾。执此稊稗、屎溺、

---

① 《章太炎全集》(四),第 407—408 页。

墙壁、瓦砾,以为道只在是,佛祇在是,则遍计所执之过也。非特下劣诸家为然也,高之至于吠陀、基督、天方诸教,执其所谓大梵、耶和瓦者,以为道祇在是,神祇在是,则亦限于一实,欲取一实以概无量无边之实,终不离于遍计矣。不得已而以广博幽玄之说附之,谓其本超象外,无如其'有对之色'为之碍也。非特神教为然也,释教有无量寿佛之说,念之者得生净土,永不退转。其始创此'易行道'者,固以遍教僧俗,使随顺法性而得入尔。而拙者震于功德庄严,悦忽如闻铃网之声,如见曼陀罗华之色,由其欣羡三界之心以欣净土,净土本净,而以所欣者垢之,则何以异于人天诸教?是故以遍计所执而横称为圆成实者,其疵玷则既然矣。"①摩门、湿婆韦纽、莲华生教等,被判为"下劣诸教";佛教、基督教、伊斯兰教等,被判为"以遍计所执而横称为圆成实者"。这些宗教均不适用于中国。

  中国要建立的宗教是"无神教":"然则居今之世欲建立宗教者,不得于万有之中而横计其一为神,亦不得于万有之上而虚拟其一为神。所以者何?诸法一性即是无性,诸法无性即是一性,此般若精妙之悉檀,亦近世培因辈所主张也。……由此故知,冒万有者惟是概念,知为概念即属依他,执为实神即属遍计。于概念中立真如名,不立神名,非斤斤于符号之差殊,由其有执一无执异尔。"②"无执"之教,一定就是"无神教"。而"无神教"是以"自识"为根本核心的宗教:"上来所说,诸事神者,皆起于增益执;泛神之说虽工,而由不了依他,故损减自心而增益外界。其可议者,犹在今之立教,惟以自识为宗。识者云何?真如即是惟识实性,所谓圆成实也。而此圆成实者,太冲无象,欲求趋入,不得不赖依他。逮其证得圆成,则依他亦自除遣。故今所归敬者,在圆成实自性,非依他起自性。若其随顺而得入也,则惟以依他为方便。一切众生同此真如,同此阿赖耶识,是故此识非局自体,普遍众

---

① 《章太炎全集》(四),第408—409页。
② 《章太炎全集》(四),第409—410页。

生,惟一不二。若执着自体为言,则惟识之教即与神我不异。以众生同此阿赖耶识,故立大誓愿,尽欲度脱等从生界,不限劫数,尽于未来。若夫大圜星界、地、水、火、风无生之物,则又依众生心而生幻象。众生度尽,则无生之物自空。是故有度众生,无度四大。"①

对于"立教以惟识为宗,识之实性而即是真如,既无崇拜鬼神之法,则安得称为宗教"之问题,《建立宗教论》的回答是:"凡崇拜者,固人世交际所行之礼。故诸立神教者,或执多神,或执一神,必以其神为有人格,则始可以稽首归命之礼行之,其崇拜诚无可议。然其神既非实有,则崇拜为虚文尔。若以别有本体而崇拜之,本体固无人格,于彼无人格者而行人世交际之礼,比之享爰居以九韶者,盖尤甚焉!是故识性真如本非可以崇拜,惟一切事端之起必先有其本师。"②

"无神"可以成"教",这在中国与印度都有思想资源:"以本师代表其事而施以殊礼者,宗教而外,所在多有。士人之拜孔子,胥吏之拜萧何,匠人之拜鲁般,衣工之拜轩辕,彼非以求福而事之,又非如神教所崇拜者,本无其物而事之。以为吾之学术出于是人,故不得不加尊礼,此于诸崇拜中,最为清净。释放亦尔,诸崇拜释迦者,固以二千六百岁前尝有其人,应身现世,遗风绪教,流传至今,沐浴膏泽,解脱尘劳,实惟斯人之赐,于是尊仰而崇拜之,尊其为师,非尊其为鬼神。虽非鬼神,而有可以崇拜之道,故于事理皆无所碍,此亦随顺依他则然。"③

又以中土禅宗为榜样:"若夫沙门之破偶像者则有矣,禅宗丹霞,尝烧木佛,此固著在耳目。而今之丛林规则,起于百丈,百丈固言:'惟立法堂,不建佛殿。'则无造像之事可知也。至云门之诃佛,则非特破相,而亦破名。文偃诵经,见有佛初降世经行七步之说,书其后曰:'我

---

① 《章太炎全集》(四),第 414—415 页。
② 《章太炎全集》(四),第 416 页。
③ 《章太炎全集》(四),第 416 页。

若看见,一棒打杀,与狗子吃!'今立教仪,不得如云门之猖狂,亦不可效天祠之神怪,若百丈所建立,庶几可乎!"①在中国建立"无神教",仿禅宗大致可行。

此种"无神教"还是应当有专职僧徒:"或举赫尔图门之说,以为宗教不可专任僧徒,当普及白衣而后可。若是,则有宗教者亦等于无宗教。自我观之,居士、沙门二者不可废一。宗教虽超居物外,而必期于利益众生。若夫宰官吏人之属,为民兴利,使无失职,此沙门所不能为者。乃至医匠陶冶,方技百端,利用厚生,皆非沙门所能从事。纵令勤学五明,岂若专门之善,于此则不能无赖于居士。又况宗教盛衰,亦或因缘国事,彼印度以无政之故而为回种所侵,其宗教亦不自保,则护法之必赖居士,明矣。……赫氏所言,但及人天小数,此固可以家说户知者,然非所论于大乘。"②

构建"无神教"就是以"学"为"教",然反对立"学者"为"教主",故《建立宗教论》有"哲学"与"宗教"互变之说:"借观科学诸家,凡理想最高者,多不应用,而应用者率在其次之人。何独于宗教而不然耶?尝试论之,世间道德率自宗教引生,……则道德普及之世,即宗教消镕之世也。于此有学者出,存其德音,玄其神话,而以高尚之理想经纬之以成学说。若中国这孔、老,希腊之琐格拉底、柏拉图,皆以哲学而为宗教之代起者。琐氏、柏氏之学缘生基督,孔子、老子之学迁为汉儒,则哲学复成宗教。至于今斯二教者,亦骎骎普及于国民矣。一自培庚、笛加尔辈,一自程朱陆王诸儒,又复变易旧章,自成哲学。程朱陆王固以禅宗为其根本,而晚近独逸诸师亦于内典有所摭拾。则继起之宗教,必释教无疑也。"③

以"学"为"教",不立"教主",构建一种"无主文明",正乃中国之传

---

① 《章太炎全集》(四),第417页。
② 《章太炎全集》(四),第417—419页。
③ 《章太炎全集》(四),第418—419页。

统,亦"中式思维"所以贡献于人类文明之根本。章太炎《答铁铮》一文对此亦有觉察:"明之末世与满洲相抗,百折不回者,非耽悦禅观之士,而姚江学派之徒。日本维新亦由王学为其先导。王学岂有他长,亦曰'自尊无畏'而已!其义理高远者,大抵本之佛乘,而普教国人则不过斩截数语,此即禅宗之长技也。仆于佛学,岂无简择?盖以支那德教虽各殊途,而根原所在悉归于一,曰'依自不依他'耳。上自孔子至于孟荀,性善性恶互相阋讼,讫宋世则有程朱,与程朱立异者复有陆王,与陆王立异者复有颜李,虽虚实不同,拘通异状,而自贵其心,不以鬼神为奥主,一也。佛教行于中国,宗派十数,独禅宗为盛者,即以自贵其心,不援鬼神,与中国心理相合。……法相或多迂缓,禅宗则自简易,至于自贵其心,不依他力,其术可用于艰难危急之时,则一也。"①

"援佛入中",以"中式心理"而重构佛教,所得就是禅宗;"援西入中",以"中式心理"而重构宗教,所得就是章氏所谓"无神教"。故《建立宗教论》、《答铁铮》等作品,被学者视为"援佛入儒"之作。② 从"儒佛汇通"的角度去看,这个判定是对的。但不全面。因为《建立宗教论》、《答铁铮》等作品,还有一个"儒西汇通"、"援西入中"的问题。

前文言中西文明之别,一"无主文明"也,一"有主文明"也。如何"汇通",如何"援入"呢?若"以西释中"、"援中入西",则在本有之"无主文明"上加"主";若"以中释西"、"援西入中",则就西洋之"有主文明"去其"主",然后吸纳之。中土学人常采用前一种方式,章太炎则坚持采用后一种方式。

《建立宗教论》以"执我"、"执质"、"执神"为西洋及一切"有主文明"之三大"倒见",就是章太炎"去主"的一种努力。"倒见"者,"颠倒之见",将"颠倒之见"颠倒之,就是"正见",就可以吸纳到"中学"中。

---

① 《章太炎全集》(四),第369—370页。
② 张春香:《章太炎"儒行"救国论评析》,《湖北大学学报》2006年第3期,第349—352页。张昭君:《章太炎对儒家宗教性问题的近代阐释》,《东北师大学报》2001年第6期,第25—26页。

去"我执"就是还原到"识",去"质执"就是还原到"缘",去"神执"就是还原到"心"。总之"去执"就是"去主","去主"就是还原到"中式思维"之"功能主义"、"职能主义"与"关系主义"。完成此"去主",就可以开始"援西入中"、"援西入儒"。

《答铁铮》云:"今之夸者,或执斯宾塞尔邻家生猫之说,以讥史学。吾不知禹域以内为邻家乎,抑为我寝食坐作之地乎?人物制度、地理风俗之类为生猫乎,抑为饮食衣服之必需者乎?"①又云:"且中国历史自帝纪、年表而外,犹有书志、列传,所记事迹、论议、文学之属,粲然可观;而欧洲诸史专述一国兴亡之迹者,乃往往与档案相似。今人不以彼为谱牒,而以此为谱牒,何其妄也!"②此两处均明确反对以"西学"妄解"中学",以"西学"贬抑"中学"。

《答铁铮》又云:"此明万物本体即是鬼神,无有一物而非鬼神者,是即斯比诺莎泛神之说。泛神者,即无神之逊词耳。盖孔子学说受自老聃,老子言象帝之先,既谓有先上帝而存者。庄生继之,则云道在蝼蚁、稊稗、瓦甓、屎溺,而终之以汝唯莫必,无乎逃物,则正所谓体物而不可遗者。无物非道,亦无物非鬼神,其义一致。此儒、老皆主泛神之说也。"③此处欲援斯宾诺莎之泛神论入儒与道。

《答铁铮》又明确表达了章太炎氏"中土无主文明高于西洋有主文明"之立场:"而中国依自不依他之说,远胜欧洲神教,亦见德人沙麽逊《黄祸论》中。今乃弃此特长,以趋庳下,是仆所以无取也。往者作《无神论》,大为基督教人所反对,广州教会有《真光报》,以仆为狂悖至极。吾以理内之言相稽,而彼以理外之言相应,此固无庸置辨。……要之仆所奉持,以'依自不依他'为枭极。佛学、王学虽有殊形,若以楞伽、五乘分教之说约之,自可铸镕为一。王学深者,往往涉及大乘,岂特天

---

① 《章太炎全集》(四),第371页。
② 《章太炎全集》(四),第371页。
③ 《章太炎全集》(四),第372页。

人诸教而已。及其失也，或不免偏于我见。然所谓我见者，是自信，而非利己，犹有厚自尊贵之风。尼采所谓超人，庶几相近。(但不可取尼采贵族之说。)排除生死，旁若无人，布衣麻鞵，径行独往，上无政党猥贼之操，下作懁夫奋矜之气，以此揭橥，庶于中国前途有益。……而基督教正在天、人二乘之间，是则即而用之，可矣。"①尼采号称"上帝死了"，乃西洋现代哲学中反"有主文明"之第一人，故章氏以为可援入"中学"。而于"有主"之基督教，章氏则主张"即而用之可矣"，就是当成"权宜之计"来处理。

中土"无主文明"既"远胜欧洲神教"，则章太炎当然不主张行基督教于中国。"援西入中"决非"援基督教入中国"。其《无神论》一文，对基督教有相当深刻之剖析："基督教之立耶和瓦也，以为无始无终，全知全能，绝对无二，无所不备，故为众生之父。就彼所说，其矛盾自陷者多，略举其义如左。"②

其斥所谓"无始无终"云："无始无终者，超绝时间之谓也。既已超绝时间，则创造之七日，以何时为第一日？若果有第一日，则不得云无始矣。若云创造以前固是无始，惟创造则以第一日为始。夫耶和瓦既无始矣，用不离体，则创造亦当无始。假令本无创造，而忽于一日间有所创造，此则又类僧佉之说。未创造时所谓'未成为冥性'者，正创造时所谓'将成为胜性'者。彼耶和瓦之心，何其起灭无常也？其心既起灭无常，则此耶和瓦亦必起灭无常，而何无始之云？既已超绝时间，则所谓末日审判者，以何时为末日？果有末日，亦不得云无终矣。若云此末日者惟是世界之终，而非耶和瓦之终，则耶和瓦之成此世界，坏此世界，又何其起灭无常也！其心既起灭无常，则此耶和瓦者亦必起灭无常，而何无终之云？是故无始无终之说，即彼教所以自破者也。"③

---

① 《章太炎全集》(四)，第374—375页。
② 《章太炎全集》(四)，第396页。
③ 《章太炎全集》(四)，第396页。

其斥所谓"全知全能"云:"全知全能者,犹佛家所谓萨婆若也。今试问彼教曰:耶和瓦若果欲人之为善乎,抑欲人之为不善乎?则必曰:欲人为善矣!人类由耶和瓦创造而成,耶和瓦既全能矣,必能造一纯善无缺之人,而恶性亦无自起。恶性既起,故不得不归咎于天魔。虽然,是特为耶和瓦委过地耳。彼天魔者,是耶和瓦所造,抑非耶和瓦所造耶?若云是耶和瓦所造,则造此天魔时已留一不善之根,以为诱惑世人之用,是则与欲人为善之心相刺谬也。若云非耶和瓦所造,则此天魔本与耶和瓦对立,而耶和瓦亦不得云绝对无二矣。若云此天魔者违背命令,陷于不善,耶和瓦既已全能,何不造一不能违背命令之人,而必造此能违背命令之人?此塞伦哥自由之说,所以受人驳斥也。若云耶和瓦特造天魔以侦探人心之善恶者,耶和瓦既已全知,则亦无庸侦探。是故全知全能之说,又彼教所以自破者也。"①

其斥所谓"绝对无二"云:"绝对无二者,谓其独立于万有之上也。则问此耶和瓦之创造万有也,为于耶和瓦外无质料乎,为于耶和瓦外有质料乎?若云耶和瓦外本无质料,此质料者皆具足于耶和瓦中,则一切万有亦具足于耶和瓦中,必如庄子之说,自然流出而后可,亦无庸创造矣。且既具足于耶和瓦中,则无时而无质料,亦无时而无流出。此万有者必不须其相续而生,而可以遍一切时,悉由耶和瓦生,何以今时万有不见有独化而生者?若云偶尔乐欲,自造万有,乐欲既停,便尔休息,此则耶和瓦之乐欲无异于小儿游戏,又所谓起灭无常者也。若云耶和瓦本有质料,如鞞世师所谓陀罗骠者,则此质料固与耶和瓦对立。质料犹铜,而耶和瓦为其良冶,必如希腊旧说,双立质料工宰而后可,适自害其绝对矣。是故绝对无二之说,又彼教所以自破者也。"②

其斥所谓"无所不备"云:"无所不备者,谓其无待于外也。则问耶和瓦之创造万有也,为有需求乎,为无需求乎?若无需求则亦无庸创

---

① 《章太炎全集》(四),第396—397页。
② 《章太炎全集》(四),第397页。

造,若有需求此需求者当为何物何事？则必曰:善耳,善耳！夫所以求善者,本有不善,故欲以善对治之也。今耶和瓦既无所不备,则万善具足矣,而又奚必造此人类以增其善为？人类有善,于耶和瓦不增一发；人类不善,于耶和瓦无损秋毫。若其可以增损,则不得云无所不备也。且世界之有善恶,本由人类而生。若不创造人类,则恶性亦无自起。若云善有不足,而必待人类之善以弥缝其缺,又安得云无所不备乎？是故无所不备之说,又彼教所以自破者也。"①

以上四说驳斥既毕,章氏作出总结:"基督教人以此四因,成立耶和瓦为众生之父。夫其四因本不足以成立,则父性亦不极成。虽然,姑就父性质之,则问耶和瓦者为有人格乎,为无人格乎？若无人格则不异于佛家所谓藏识,藏识虽为万物之本原,而不得以藏识为父。所以者何？父者有人格之名,非无人格之名。人之生也亦有赖于空气、地球,非空气、地球则不能生,然不闻以空气、地球为父,此父天母地之说所以徒为戏论也。若云有人格者,则耶和瓦与生人各有自性,譬如人间父子,肢体既殊,志行亦异,不得以父并包其子,亦不得以子归纳于父。若是,则非无所不备也,非绝对无二也。若谓人之圣灵皆自耶和瓦出,故无害为无所不备,亦无害为绝对无二者,然则人之生命亦悉自父母出,父母于子女又可融合为一耶？且所以称为父者,为真有父之资格乎,抑不得已而命之乎？若其真有父之资格者,则亦害其绝对无二。所以者何？未见独父而能生子者,要必有母与之对待。若是,则耶和瓦者必有牝牡之合矣。若云不待牝牡可以独父而生,此则单性生殖,为动物最下之阶,恐彼耶和瓦者乃不异于单性动物。而夜光、浸滴诸虫,最能肖父,若人则不肖亦甚矣。若云不得已而命之者,此则无异父天母地之说,存为戏论,无不可也。"②

又云:"如上所说,则能摘其宗教之过,而尚不能以神为绝无。尝

---

① 《章太炎全集》(四),第397—398页。
② 《章太炎全集》(四),第398页。

试论之曰:若万物必有作者,则作者亦更有作者,推而极之,至于无穷。然则神造万物,亦必被造于他,他又被造于他。此因明所谓犯无穷过者。以此断之,则无神可知也。虽然,亦不得如向、郭自然之说。夫所谓自然者,谓其由自性而然也。而万有未生之初本无自性,即无其自,何有其然?然既无依,自亦假立。若云由补特加罗而生,而此补特加罗者亦复无其自性。是故人我之见,必不能立。若云法则固然,而此法则由谁规定?佛家之言'法尔',与言'自然'者稍殊,要亦随宜假说,非谓法有自性也。本无自性,所以生迷,迷故有法,法故有自,以妄为真,以幻为实,此则诚谛之说也。"①最后破"有主"而倡"无主"。

章太炎破"有主"而倡"无主",反对行耶教于中国之立场,乃是一贯的。1906年《东京留学生欢迎会演说录》云:"若说那基督教,西人用了原是有益,中国用了却是无益。因中国人的信仰基督,并不是崇拜上帝,实是崇拜西帝。……所以中国的基督教总是伪基督教,并没有真基督教。但就是真基督教,今日还不可用。因为真基督教,若野蛮人用了,可以日进文明;若文明人用了,也就退入野蛮。"②

1912年1月《中华民国联合会第一次大会演说辞》又云:"中国本无国教,不应认何教为国教,虽许信教自由,然如白莲、无为等教,应由学部检定教理,方予公行。政教分离,中国旧俗,其僧侣及宣教师,不许入官,不得有选举权。"③

援西洋"有主文明"入中土"无主文明",必先"去主"而后行。其"主"表现于科学者,"原子论"也;表现于哲学者,"本体论"也;表现于宗教者,"上帝论也"。"去主"就是去其原子论,就是去其本体论,就是去其上帝论。章氏已提出"去主"之任务,但未深究"去主"之后如何"援西入中"。此固为时代之局限也。

---

① 《章太炎全集》(四),第398—399页。
② 张勇编:《章太炎学术文化随笔》,中国青年出版社,1999年,第92页。
③ 张勇编:《章太炎学术文化随笔》,第149页。

去西洋之"原子论",则归于中土之"波论与场论",此"中式科学"也;去西洋之"本体论",则归于中土之"现象论与关系论",此"中式哲学"也;去西洋之"上帝论",则归于中土之"无神教",此"中式宗教"也。"援西入中"、"援西入儒"之核心,是以"中式思维"解构"西式思维",而不是相反。

第七节　对于"中学"之自信

章氏1910年撰《论教育的根本要从自国自心发出来》,强调"自国自心"之重要性:"本国没有学说,自己没有心得,那种国,那种人,教育的方法,只得跟别人走。本国一向有学说,自己本来有心得,教育的路线自然不同。……中国学说,历代也有盛衰,大势还是向前进步,不过有一点儿偏胜。"①

又指斥中土学者之"偏心":"到底中国不是古来没有学问,也不是近来的学者没有心得,不过用偏心去看,就看不出来。怎么叫做偏心?只佩服别国的学说,对着本国的学说,不论精粗美恶,一概不采,这是第一种偏心。在本国的学说里头,治了一项,其余各项,都以为无足重轻,并且还要诋毁。就像讲汉学的人,看见魏晋人讲的玄理,就说是空言,或说是异学;讲政事的人,看见专门求是、不求致用的学说,就说是废物,或说是假古玩。仿佛前人说的,一个人做弓,一个人做箭,做弓的说:'只要有我的弓,就好射,不必用箭。'做箭的说:'只要有我的箭,就好射,不必用弓。'这是第二种偏心。"②

又反对学者鹦鹉学舌,人云亦云:"但听了别国人说,本国的学说

---

① 张勇编:《章太炎学术文化随笔》,第271页。
② 张勇编:《章太炎学术文化随笔》,第275页。

坏,依着他说坏,固然是错;但听了别国人说,本国的学说好,依着他说好,仍旧是错。为甚么缘故呢?别国人到底不明白我国的学问,就有几分涉猎,都是皮毛,凭他说好说坏,都不能当做定论。"①

又强调"不该听别人的话":"又像一班无聊新党,本来看自国的人,是野蛮人;看自国的学问,是野蛮学问。近来听见德国人颇爱讲支那学,还说中国人民,(是)最自由的人民;中国政事,是最好的政事。回头一想,文明人也看得起我们野蛮人,文明人也看得起我们野蛮学问。大概我们不是野蛮人,中国的学问,不是野蛮学问了。在学校里边,恐怕该添课国学汉文。有这一种转念,原说他好,并不说他不好,但是受教的人,本来胸中像一块白绢,惟有听受施教的话,施教的人却该自己有几分注意,不该听别人的话。何不想一想,本国的学问,本国人自然该学,就像自己家里的习惯,自己必定应该晓得,何必听他人的毁誉?……古人说的,'以管窥天,以蠡测海'。……一任他看成野蛮何妨。……日本人治中国学问,这样长久,成效不过如此,何况欧洲人只费短浅的光阴,怎么能够了解?"②

又厌恶学日本人的"小家模样":"可见别国人的支那学,我们不能取来做准,就使是中国人不大深知中国的事,拿别国的事迹来比附,创一种新奇的说,也不能取来做准。强去取来做准,就在事实上生出多少支离,学理上生出多少谬妄,并且捏造事迹。……大凡讲学问施教育的,不可像卖古玩一样,一时许多客人来看,就贵到非常的贵;一时没有客人来看,就贱到半文不值。自国的人,该讲自国的学问,施自国的教育,像水火柴米一个样儿,贵也是要用,贱也(是)就要用,只问要用,不问外人贵贱的品评。……至于别国所有中国所无的学说,在教育一边,本来应该取来补助,断不可学《格致古微》的口吻,说别国的好学说,中国古来都现成有的。要知道凡事不可弃己所长,也不可攘人

---

① 张勇编:《章太炎学术文化随笔》,第 275—276 页。
② 张勇编:《章太炎学术文化随笔》,第 278—279 页。

之善。弃己所长,攘人之善,都是岛国人的陋见,我们泱泱大国,不该学他们小家模样!"①

1910年章氏又撰《留学的目的与方法》,痛斥中土学人的"迷信"习性:"照以上的话,求学不过开自己的智,施教不过开别人的智,是最大的坦途了。既然求智,就应该把迷信打破。迷信不是专指宗教一项,但凡不晓得那边的实际,随风逐流,胡乱去相信那边,就叫做迷信。中国十几年前,相信欧洲的学问,没有路去求,求着教士,就觉得教士是无所不知无所不能。后来听到福建严几道的话,渐渐把迷信教士的心破了,又觉得严几道无所不知无所不能。后来有游学日本的风气,渐渐把迷信严几道的心又破了,又觉得日本的博士学士,无所不知无所不能。及到日本来了,晓得分科,也知道一个人不能无所不知无所不能,但看日本全体的学者,依然觉得无所不知无所不能。不是一边的迷信破了,一边的迷信又起么?"②

又视别国的学问只是"借来的钱":"大概看前人已成的书,仿佛是借钱一样,借了来,会做买卖,赢得许多利息,本钱虽则要还债主,赢利是自己所有。若不会做买卖,把借来的钱,死屯在窖子里头,后来钱还是要还债主,自己却没有一个赢余。那么就求了一千年的学,施了一千年的教,一千年后的见解,还是和一千年前一样,终究是向别人借来的,何曾有一分自己的呢?如果说自己没有,只好向别国去求,别国的学问,或者可以向别国去求,本国的学问,也能向别国去求么?就是别国的学问,得了来,还是借来的钱,必要想法子去求赢利,才得归自己享用。若只是向别国去求呢,中国人没有进境,去问欧洲人,欧洲人没有进境,又去问甚么洲的人呢?……中国就不然,自己本来有自己的学问,只见一天精密一天,就是采取别国,也都能够转进一层。"③

---

① 张勇编:《章太炎学术文化随笔》,第285—286页。
② 张勇编:《章太炎学术文化随笔》,第290—291页。
③ 张勇编:《章太炎学术文化随笔》,第294—295页。

《菿汉雅言札记》认为"中学"在四个方面长于"西学":"先生云:中夏政制,长于异国者四物:一曰仁抚属国;二曰教不奸政;三曰族性无等;四曰除授有格。"①

1906年《国学讲习会序》已把"国学"提升到"国家之存灭"的高度:"夫国学者,国家所以成立之源泉也。吾闻处竞争之世,徒恃国学固不足以立国矣,而吾未闻国学不兴而国能自立者也。吾闻有国亡而国学不亡者矣,而吾未闻国学先亡而国仍立者也。故今日国学之无人兴起,即将影响于国家之存灭,是不亦视前世为尤岌岌乎?"②

1922年《国学概论》认定"中国哲学"有高于"欧西哲学"之处:"以哲学论,我们可分宋以来之哲学、古代底九流、印度底佛法和欧西底哲学四种。欧西底哲学,都是纸片上底文章,全是思想,并未实验。他们讲唯心论,看着的确很精,却只有比量,没有现量,不能如各科学用实地证明出来。这种只能说是精美底文章,并不是学问,禅宗说'猢狲离树,全无伎俩',是欧西哲学绝佳比喻;他们离了名相,心便无可用了。宋明诸儒,口头讲的原有,但能实地体认出来,却也很多,比欧西哲学专讲空论是不同了。"③又云:"西洋哲学,文字虽精,仍是想象如此,未能证之于心,一无根据,还不能到宋学的地步,所以彼此立论,竟可各走极端的。这有理论无事实的学问,讲习而外,一无可用了!"④

1935年《章氏星期讲演会记录》以"爱国心"为"一国之主宰":"自有《春秋》,吾国民族之精神乃固,虽亡国者屡,而终能光复旧物,还我河山,此一点爱国心,蟠天际地,旁礴郁积,隐然为一国之主宰,汤火虽烈,赴蹈不辞,是以宋为元所灭而朱明起,明为清灭而民国兴。"⑤

---

① 张勇编:《章太炎学术文化随笔》,第378页。
② 张枬、王忍之编:《辛亥革命前十年间时论选集》第二卷上册,三联书店,1963年,第499页。
③ 张昭军编:《章太炎讲国学》,北京:东方出版社,2007年,第101—102页。
④ 张昭军编:《章太炎讲国学》,第120页。
⑤ 张昭军编:《章太炎讲国学》,第140页。

第八节　儒、西关系之处理格式

章太炎1906年《国学讲习会序》反对冯桂芬以降"体用主辅"之格式，说："新学者，亦利禄之途也，而其名为高。业新学者，以科举之道业之，其蔽害自与科举等。而新学则固与国学有比例为损益之用，非词章帖括之全属废料者比。前之言国学者，可绝对弃置科举；而今之言国学者，不可不兼求新识。前之业科举者，不敢排斥国学；而今之业新学者，竟敢诋国学为当废绝。时固不乏明达之士，欲拯斯败，而以其无左右袒之道，即无舍一取一之方，二者之迷离错杂，不知所划，几别无瓯脱地，以容吾帜。则有主张体用主辅之说者，而彼或未能深扶中西学术之藩，其所言适足供世人非驴非马之观，而毫无足以餍两方之意。以此之故，老生以有所激而顽执益坚，新进以视为迂而僻驰益甚。是二者虽皆无所增损于日月之明，而其浮障之所至，竟可使国学之昏暗较之科举时代而尤倍蓰。呜呼，是谁之责欤？"①

1910年《留学的目的与方法》主张以"借钱生利"之格式处理"中学"与"西学"之关系："别国的学问，或者可以向别国去求，本国的学问，也能向别国去求么？就是别国的学问，得了来，还是借来的钱，必要想法子去求赢利，才得归自己享用。"②

儒、西关系之处理，既不可能有"无左右袒之道"，不可能有"无取一舍一之方"，则处理者必先有"偏西"或"偏中"之立场。"偏西"则必致"援中入西"，借"中学"之钱生"西学"之利；"偏中"则必致"援西入中"，借"西学"之钱生"中学"之利。章太炎采用的是后一种立场。

---

① 张枬、王忍之编：《辛亥革命前十年间时论选集》第二卷上册，第499页。
② 张勇编：《章太炎学术文化随笔》，第295页。

汪荣祖《章太炎对现代性的迎拒与文化多元思想表述》一文,乃是研究章氏儒、西关系处理格式方面的不二力作。该文以为章氏既非保守派,亦是西化派,前一方面他要"迎接西潮",后一方面他要"寻求本国文化的自主";前一方面他要迎接"西方的现代性",后一方面他要"营建中国的现代性"。"其立论的根据,就是文化多元论,每一种文化既然都有它的特性,其'现代性'自然亦有其特性。"①文章认为"文化多元论"乃是章氏全部思想之核心:"正因其对现代西方有迎有拒,才有多元思想的表述,而多元思想乃章氏思想的核心,最完整的呈现在他的《齐物论释》一书之中,自称'一字千金'。如此自珍的思想乃其毕生学术的结晶,决不会在晚年放弃。他晚年专注国学,并不是回归到古典传统的一元论,而是在西化一元论的潮流下更加强调中国历史与文化,正是坚持其多元论。……他的排满思想为革命宣传所需,是一时的;而多元论乃其学术性的创获,是永恒的。"②

就"中学"与"西学"之关系而言,"多元论"者,"中西并尊"也;"一元论"者,"援中入西"或"援西入中"也。章太炎之文化立场,若是"中西并尊",则可称为"多元论";若是"援西入中",则不可径称"多元论",只能称为"吸纳西学之中学一元论"或"不拒西学之中学一元论"。著者以为章氏曾经经历"中西并尊"的阶段,但晚年渐趋"援西入中"之立场。故著者不同意汪荣祖"永恒"之说,只认"多元论"为章氏思想之一个阶段;章氏之目标是要经过这个阶梯,达到"援西入中"或"援西入儒"。这也正是真正"国学家"应有之立场。

1906年7月刊于《民报》第六期的《演说录》(一名《东京留学生欢迎会演说辞》或《东京留学生欢迎会演说录》),是持"中西并尊"之立场,还是"援西入中"之立场呢?著者以为是"援西入中"之立场。就是把"西学"拿到中国来试,能消化就吃,不能消化就不吃。章氏对于"西

---

① 汪荣祖:《章太炎对现代性的迎拒与文化多元思想表述》,《中国文化》第二十一期,第116页。
② 汪荣祖:《章太炎对现代性的迎拒与文化多元思想表述》,第116—117页。

学"中占重要地位的基督教,就是这个态度。他说:"若说那基督教,西人用了,原是有益,中国用了,却是无益。因中国人的信仰基督,并不是崇拜上帝,实是崇拜西帝。"①把"上帝"定性为"西帝",是何等的气魄!

又说:"所以中国的基督教,总是伪基督教,并没有真基督教。但就是真基督教,今日还不可用。因为真基督教,若野蛮人用了,可以日进文明;若文明人用了,也就退入野蛮。"②以中国乃"文明人"为由拒斥基督教,这又是何等的气魄!

又斥基督教"极其下劣"③,认为佛教华严、法相诸宗"比那基督教人依傍上帝扶墙摸壁,靠山靠水的气象,岂不强得多吗"?④ 这又是何等的气魄!

"西学"之价值有无,全视"中国"而定,这就是"援西入中"之立场。假如章氏是以"多元"为立场,他就不会排斥西洋之基督教,也不会排斥中土之"孔教",而是会"耶、孔、佛"三教并尊。他在宗教上没有采取这个"三教并尊"之立场,说明此时他并不主张"文化多元论"。

再看他对于"国粹"的态度。《演说录》认为"中学"本身有很多"特别的长处",如语言文字、典章制度、人物事迹等。语言文字以一词多义、一词多音而迥异于西洋,以语言文字学上之"随性主义",而对抗西洋语言文字学上之"定性主义"。典章制度方面以均田制度、刑名法律、科场选举等,"总是近于社会主义","必定应该顶礼膜拜"。人物事迹方面,中国人物"那俊伟刚严的气魄,我们不可不追步后尘",在这方面,"与其学步欧美,总是不能像的,何如学步中国旧人,还是本来的面目"。中国的周秦诸子不比欧洲、印度的差,超出日本人称颂不衰的物

---

① 张枬、王忍之编:《辛亥革命前十年间时论选集》第二卷上册,第449页。
② 张枬、王忍之编:《辛亥革命前十年间时论选集》第二卷上册,第449页。
③ 张枬、王忍之编:《辛亥革命前十年间时论选集》第二卷上册,第449页。
④ 张枬、王忍之编:《辛亥革命前十年间时论选集》第二卷上册,第450页。

茂卿、太宰纯之流，"相去不可以道里计"。① 对于中国所有之"特别的长处"，章氏完全是以"中学"为坐标吸纳"西学"及异国学问，并不是"中外并尊"。

《演说录》有一段经常被学者引用的话，云："近来有一种欧化主义的人，总说中国人比西洋人所差甚远，所以自甘暴弃，说中国必定灭亡，黄种必定剿绝。因为他不晓得中国的长处，见得别无所爱，就把爱国爱种的心，一日衰薄一日；若他晓得，我想就是全无心肝的人，那爱国爱种的心，必定风发泉涌不可遏抑的。兄弟这话，并不像做'格致古微'的人，将中国同欧洲的事，牵强附会起来；又不像公羊学派的人，说什么三世就是进化，九旨就是进夷狄为中国，去仰攀欧洲最浅最陋的学说。"②"格致古微"派是讲"西学中源"的，是一个"中西并尊"的态度；公羊学派是讲"以西释中"的，是一个"援中入西"的态度。章氏反对这两种态度，只讲"中国的长处"，只讲"爱国爱种的心"，其立场当然不是"中西并尊"之"文化多元论"，而是"援西入中"的"吸纳西学之中学一元论"。

辛亥时期的《代议然否论》一文，认定西洋代议制度并不适合中国之国情，采取的也不是"文化多元论"之立场。文章以"代议政体"为"封建之变相"，认为若其行于中国，"则上品无寒门，而下品无膏梁"，"名曰国会，实为奸府，徒为有力者傅其羽翼，使得朕腊齐民甚无谓也"③；"啬夫代议本以伸民权也，而民权顾因之日蹙"④；"今之选举宁有异是，若以众选不可遂私者，吾见选举之法尚在，而作奸树伪者，相枕藉也"⑤；"其淆乱风俗又将自此兴矣"⑥。"是故通选亦失，限先亦

---

① 张枬、王忍之编：《辛亥革命前十年间时论选集》第二卷上册，第 452—454 页。
② 张枬、王忍之编：《辛亥革命前十年间时论选集》第二卷上册，第 452 页。
③ 《章太炎全集》（四），第 300—302 页。
④ 《章太炎全集》（四），第 303 页。
⑤ 《章太炎全集》（四），第 304 页。
⑥ 《章太炎全集》（四），第 304 页。

失,单选亦失,复选亦失。进之,则所选必在豪右;退之,则选权堕于一偏。要之,代议政体必不如专制为善,满洲行之非,汉人行之亦非,君主行之非,民主行之亦非。上天下地,日月所临,遗此尘芥腐朽之政,以毒黎庶,使鱼乱于水,兽乱于泽,惴耎之虫、肖翘之物,莫不失其职姓。甚矣哉!酋豪贵族之风,至于今未沫也。"①总之,"知代议必不可行"②。

代议虽美,但必不可行于中土,这就是章氏对西洋政制之态度。这态度是完全不能用"多元论"去解读的。他以为中国政制"去封建远",有其特别长处,但行于西洋就未必善;同样地,代议政体"去封建近",行于西土无妨,行于中土则扞格矣!他提出的解决方案是"援西入中":"余固非执守共和政体者,故以为选举总统则是,陈列议院则非。……为吾党之念是者,其趋在恢廓民权。民权不藉代议以伸,而反因之埒地,他且弗论。君主之国有代议则贵贱不相齿,民主之国有代议则贫富不相齿,横于无阶级中增之阶级,使中国清风素气,因以摧伤,虽得宰制全球,犹弗为也。夫欲恢廓民权,限制元首,亦多术矣。"③伸张"民权"之办法有很多,非仅西洋代议政体一途。

总之《代议然否论》是主张中国必得有中国之政制,决不能照抄西洋之政制。必须先有一个"中国"立场,然后方可得损益、取舍之标准。若以"多元"为立场,则无可无不可,无不可无可,失其损益之法、取舍之途矣。

有了一个"中国"立场,则名称反而变得无足轻重:"如上所述,此政体者,谓之共和,斯谛实之共和矣,谓之专制,亦奇觚之专制矣。共和之名不足多,专制之名不足讳,任他人与之称号耳。大抵建国设官,惟卫民之故,期于使民平夷安隐,不期于代议。若舍代议政体,无可使

---

① 《章太炎全集》(四),第304—305页。
② 《章太炎全集》(四),第305页。
③ 《章太炎全集》(四),第306页。

其民平夷安隐者,吾亦将摭取之。今代议则反失是,不代议则犹有术以得是,斯掉头长往矣。名者,实之宾也,吾汉族诸昆弟将为宾乎?"①

章太炎之弟子钱玄同(1887—1939),"五四"时期曾有"废汉字"之论,其捍卫"中学"之立场,远逊于其师。早在辛亥时期,章氏即撰《驳中国用万国新语说》,痛斥"中国当废汉文"论:"巴黎留学生相集作《新世纪》,谓中国当废汉文,而用万国新语。盖季世学者,好尚奇觚,震慑于白人侈大之言,外务名誉,不暇问其中失所在,非独万国新语一端而已。其所执守,以象形字为未开化人所用,合音字为既开化人所用。且谓汉文纷杂,非有准则,不能视形而知其字,故当以万国新语代之。……万国新语者,本以欧洲为准,取其最普通易晓者,糅合以成一种,于他洲未有所取也。"②就凭万国新语是"以欧洲为准"一点,就无权取汉文而代之。"大地富媪博厚矣,殊色异居,非白所独有,明其语不足以方行世界,独在欧洲有交通之便而已。"③地球"非白人所独有",诚哉斯言!

《驳》文于此等"崇洋媚外"之人痛彻心扉:"盖庄生有曰:'凫胫虽短,续之则忧,鹤胫虽长,断之则悲,故性长非所断,性短非所续,无所去忧也。'今以中国字母施之欧洲,则病其续短矣。乃以欧洲字母施之中国,则病其断长矣。又况其他损害,复有如前所说者哉?世之君子,当以实事求是为期,毋沾沾殉名是务。欲求行远,用万国新语以省象译可也。至于汉字更易,既无其术从而缮治,则教授疏写皆易为功,盖亦反其本矣。"④又云:"以笔言之,亦见汉土所用为已进化,而欧洲所用为未进化也。彼固以进化为美谈者,曷不曰欧人作书,当改如汉文形态,乃欲使汉字去锋芒,抑何其自相攻伐耶?……呜呼!贯头之衣本自骆越为之,欧洲人亦服焉,而见者以为美于汉衣。刀叉之具本自匈

---

① 《章太炎全集》(四),第311页。
② 《章太炎全集》(四),第337页。
③ 《章太炎全集》(四),第337页。
④ 《章太炎全集》(四),第351页。

奴用之,欧洲人亦御焉,而见者以为美于汉食。趋时之士,冥行盲步,以逐文明,乃往往得其最野者,亦何可胜道哉!"①章氏此等以"尊汉字"抗衡"废汉字"之立场,决非"多元论"可以概之。

与大多数学者将章太炎《齐物论释》(约写于1905—1911年间)定性为"以佛解庄"、"以佛释庄"之作不同,汪荣祖《章太炎对现代性的迎拒与文化多元思想的表述》一文,则将章氏此书定性为系统演绎"文化多元论"之作。"他用《齐物论》的旧瓶,装多元论的新酒;旧酒新酿,固不尽同于旧酒,然亦有味可循。……章太炎释齐物,未必斤斤计较齐物在庄学中的正解,而将重点放在他认为齐物应当作何解,并引申为文化多元的表述。时代思想问题的挑战当然会影响他的解释与表述。这种创获才使他感到'千载之秘,睹于一曙'。"②

又在引章氏《原学》一文中"今日中国不可委心远西,犹远西不可委心中国也"之观点后,说:"此一观点在《齐物论释》中作了颇有系统的阐发,他首先指出,齐物虽是'一往平等之谈',但并非一般世俗所谓的自在平等,而是不同的文化都有存在的价值,所谓'无物不然,无物不可';各种不同的文化有其不同的文化内容,所谓'风纪万殊,政教各异';各文化皆有其特性,应维护以及发展其特性,所谓'物畅其性,各安所安';世界上的文化风情各异,不论娴陋,都有其特点,所谓'世情不齐,文野异尚',唯有各种文化'两不相伤,乃有平等'。明显表述了多元文化的思维。"③又云:"太炎自称'操齐物以解纷',就是以《齐物论释》所建立的理论架构,来解释思想文化问题。他名其架构曰齐物,用今日的词汇来描述就是文化多元论。"④

---

① 《章太炎全集》(四),第353页。
② 汪荣祖:《章太炎对现代性的迎拒与文化多元思想的表述》,《中国文化》第二十一期,第112页。
③ 汪荣祖:《章太炎对现代性的迎拒与文化多元思想的表述》,第112页。
④ 汪荣祖:《章太炎对现代性的迎拒与文化多元思想的表述》,第114页。

前文已言，"多元论"之核心是"中西并尊"，而非"扬中抑西"或"扬西抑中"。以此而观《齐物论释》，其"中西并尊"之言论是很少的。在第一章释庄子"恶乎然，然于然，恶乎不然，不然于不然"之语时，章氏加"按语"云："前世亚黎史陀德言论理学，谓前提未了者，转当立量成此前提，如是展转相推，分析愈众，然不悟穷智推求，还如其本。今世或以经验成论理学，及问所经验者，此有故彼有，此然故彼然，复依何义？则亦唯言自尔。或云验已往皆然者，即知将来当然，及问已往何故皆然，复不得不言自尔。此皆所谓恶乎然，然于然也。反之即恶乎不然，不然于不然。"①此段"按语"有"中西并尊"之意，即以古希腊亚氏"演绎名学"与近代培根"归纳名学"联合而与庄子"并尊"，不分高低优劣。

第四章释庄子"啮缺问乎王倪"一段话时，章氏说："近世塞楞柯调和必至自由二说，义正类此。"②这句话也有"中西并尊"之意，"类此"即不分高低优劣。

在第六章释庄子"罔两问景"一段话时，章氏加"按语"云："近人萧宾闇尔于转化充足主义、忍识充足主义之外，别立存在充足主义，亦犹佛法之立法尔道理也。"③也有"中西并尊"之意。

但这一类的话在《齐物论释》中并不多见，整部《齐物论释》也就找到这三处。说明所谓"中西并尊"之"文化多元论"，并非章太炎解读庄子之核心框架。

其核心框架反而是"扬中抑西"、"援西入中"。这类的话在《齐物论释》中是很常见的。在第一章释庄子"夫随其成心而师之"一段话时，章氏说："此论藏识中种子，即原型观念也。色法无为法外，大小乘皆立二十四种不相应行。近世康德立十二范畴，此皆繁碎。"④指康德

---

① 章太炎：《齐物论释》，《章太炎全集》（六），上海人民出版社，1986年，第21页。
② 章太炎：《齐物论释》，《章太炎全集》（六），第42页。
③ 章太炎：《齐物论释》，《章太炎全集》（六），第48页。
④ 章太炎：《齐物论释》，《章太炎全集》（六），第13—14页。

哲学为"繁碎",抬高"佛学",显为"扬中抑西"之言。

在第一章释庄子"可乎可,不可乎不可"一段话时,章氏说:"若海羯尔有无成之说,执箸空言,不可附合庄氏。"①"定本"更对此观点加以申说:"《大乘入楞伽经》云:'外道群众,共兴恶见,言从有无生一切法,非有执箸分别为缘。''犹说诸法,非有无生,故名无生。'此学人所当知。"②指黑格尔逻辑学为"空言",且暗责其为"外道"、"恶见",抬高"庄氏",又显为"扬中抑西"之言。

在第一章释庄子"今且有言于此"一段话时,章氏说:"世人或谓学术典言,有异恒语,此土名义,不能剀切,远西即无斯过。此亦不然。彼土学者新立一义,无文可诠,即取希腊罗甸旧语,转变成名,聊以别于世俗,犹是引申名也。希腊旧语或有诠表学术者,义亦不全,形学本言实为测地,校其义界,通局有殊。乃至近世电学得名,语因虎魄,化学得名,语因黑土,(或云即埃及补提异名)。物理学名,语因药品。或因转语,或仍故名,何以言剀切乎?……本体者,本以有形质故言体,今究竟名中本体字,于所诠中非有质碍,不可搏挈,云何可说为本体?唯真如名最为精审,庄生犹言齐与言不齐,言与齐不齐也。"③此处痛斥"西洋哲学概念胜于中国哲学概念"之观点,认为在"概念"上彼土不胜于中土,远西不胜于中国。以西洋哲学之"概念"无法解读中土哲学,如"本体"一词,根本不合于"中式思维",因为"中式思维"根本不讲"形质",不讲"质碍"。还不如用"真如"一词来得准确。这是著者所见清末以降中土哲人较早明确反对以"本体"释"中学"之言论,殊为难得。且明显又是"扬中抑西"之言。

章氏接下来又说:"世人或言东西圣人心理不异,不悟真心固同生灭,心中所起事相分理有异,言语亦殊,彼圣不易阿㗌邪声,此圣不易

---

① 章太炎:《齐物论释》,《章太炎全集》(六),第24页。
② 章太炎:《齐物论释》,《章太炎全集》(六),第84页。
③ 章太炎:《齐物论释》,《章太炎全集》(六),第27页。

东西夏语,宁得奄如合符,泯无朕兆?精理故训,容态自殊,随顺显相,意趣相会,未有毕同之法也。"①这段话粗看上去,好像是倡导"中西并尊";但联系上下文去看,还是为"扬中抑西"作铺垫的一段话。

在第三章释庄子"故昔尧问于舜曰"一段话时,章氏说:"如观近世有言无政府者,自谓至平等也,国邑州闾,泯然无间,贞廉诈佞,一切都捐,而犹横箸文野之见,必令机械日工,餐服愈美,劳形苦身,以就是业,而谓民职宜然,何其妄欤!故应务之论,以齐文野为究极。"②此虽非"扬中"之言,然确系"抑西"之言。

"定本"第五章在初本基础上,增加了两段话。在增加的第一段话中,章氏说:"康德之批判哲学,《华严》之事理无碍,事事无碍,乃庄生所笼罩,自非天下至精,其孰能与于此尔。则天倪所证,宁独生空,固有法空,即彼我执法执,亦不离是真妄一原,假实相荡,又非徒以自悟,乃更为悟他之齐斧也。"③这显然是典型的"援西入中"之言,庄学可以"笼罩"康德哲学,可以成为"了悟"康德哲学之"齐斧",这样的学术勇气与气魄,非章氏不能有也。

在第六章释庄子"罔两问景曰"一段话时,章氏云:"本无疑义,徒以世人误执一因一果,遂堕疑处,箫宾閟尔、弫尔皆不精解因果别相,何论苟谈名理者乎!"④此处指斥斯宾塞、穆勒不懂"因果律",实乃发20世纪末西洋哲学家批判"因果律"之先声。

又云:"近世达者莫若箫宾閟尔,彼说物质常在之律,非实验所能知,惟依先在观念知之。然不悟此先在观念,即是法执。其去庄生之见,倜乎不及远矣!"⑤此处斥斯宾塞之学为"法执",抬高庄学之地位,又属典型的"扬中抑西"之论。

---

① 章太炎:《齐物论释》,《章太炎全集》(六),第29页。
② 章太炎:《齐物论释》,《章太炎全集》(六),第40页。
③ 章太炎:《齐物论释》,《章太炎全集》(六),第108页。
④ 章太炎:《齐物论释》,《章太炎全集》(六),第52页。
⑤ 章太炎:《齐物论释》,《章太炎全集》(六),第53页。

在第七章释庄子"昔者庄周梦为胡蝶"一段话时,章氏说:"详夫寤寐殊流,孰为真妄,本无可知,康德谓以有觉时故知梦妄,此非了义之言。梦云觉云,计其时序,分处有生之半,若云以觉故知梦妄,亦可云以梦故知觉妄。"①此处斥康德哲学为"非了义之言",不足以释庄学,自更是"扬中抑西"之言。

可知章氏撰写《齐物论释》所持之立场,不是"中西并尊",而是"扬中抑西";不是"援中入西",而是"援西入中";不是"多元论",而是"不拒斥西学之中学一元论"。

其第六章释文结尾说:"乌虖!庄生振法言于七篇,列斯文于后世,所说然于然不然于不然义、所待又有待而然者义,圆音胜谛,超越人天。如何褊识之夫,不寻微旨,但以近见破之。世无达者,乃令随珠夜光,永埋尘翳。故伯牙寄弦于钟生,斯人发叹于惠墓。信乎臣之质死,旷二千年而不一悟也,悲夫!"②

"以近见破之",就是以西洋哲学破庄学,章氏以为这是"褊识之夫"所为,是"世无达者"之征。其"扬中抑西"、"援西入中"之立场,愈益强化。

或问:章太炎处理儒、西关系之格式,究竟为何?著者固答曰:"援西入中"也。第一步他要打破"西学"之"普世神话",第二步他要"援西入中"、"援西入儒",第三步他要构建"吸纳西学之中学一元论",小而言之,"吸纳西学之儒学一元论"。

第九节　章太炎思想之评价

贺麟《当代中国哲学》评《齐物论释》云:"他所著《齐物论释》一书,

---

① 章太炎:《齐物论释》,《章太炎全集》(六),第54页。
② 章太炎:《齐物论释》,《章太炎全集》(六),第54页,第116页。

尤多奥义，且能运用西方无政府主义，个人放任主义等说，以发挥老、庄自然放任之旨。"①此处判章氏为"援中入西"。

又云："他不单是反对传统的中国思想，他同样的反对西方的新思想。记得他反对宋儒的天理，但一样地反对西人所谓公理，……他提倡的是自由放任的自然生活，反对社会国家以公理为名来干预个人，侵略他国。"②此处判章氏为"中西并抑"。

又云："他这种说法，不惟合乎素为退化观及循环观的中国人的脾胃，且与他的道家的自然主义相贯通。……因此对于整个文明社会的各种进步皆抱悲观。而对于整个日新月异的西方科学文明皆抱轻视隐忧的态度。章氏此说相当有力，且代表当时许多中国学人对西方新文明的共同看法。"③此处判章氏为"扬中抑西"。

又云："现代西洋哲学，大都陷于支离繁琐之分析名相。能由分析名相而进于排遣名相的哲学家，除怀惕黑教授外，余不多觏。……由'回真向俗'一点，我们可以知道他晚年比较留心政局，回复到儒家。他晚年创办一个刊物，叫做《华国》，一方面意识到他有昌明国学的重任，一方面鉴于社会风纪的败坏，国势的衰弱，他每以气节鼓励青年，并特别表扬孔门中有勇知方的'子路'，而反对迂疏的性理之辨，即谓其思想渐趋于接近陆、王，亦无不可。"④此处视西洋哲学为"圆融超迈的境界"之一个环节，判章氏为"援西入中"。

可知贺麟论章太炎，基本上涉及了章氏从"援中入西"或"中西并抑"到"扬中抑西"，最终达到"援西入中"、"援西入儒"之全过程，是一份十分全面而深刻的"评语"。

钱穆《国学概论》论章太炎云："至于最近学者，转治西人哲学，反以证说古籍，而子学遂大白。最先为余杭章炳麟，以佛理及西说阐发

---

① 贺麟：《当代中国哲学》，台北：宗青图书出版公司，1978年，第5页。
② 贺麟：《当代中国哲学》，第5页。
③ 贺麟：《当代中国哲学》，第6页。
④ 贺麟：《当代中国哲学》，第7页。

诸子,于墨、庄、荀、韩诸家皆有创见。绩溪胡适,新会梁启超继之,而子学遂风靡一世。"①此处只论及章氏"援中入西"之阶段,未及其"援西入中"之最终归依。

李泽厚《中国近代思想史论》中有《章太炎剖析》一文,视章太炎与谭嗣同为"中国近代资产阶级革命时期,真正具有哲学上的思辨兴趣和独特性,企图综合古今中外铸冶严格意义上的哲学体系"的仅有的两人。② 并将章太炎的哲学体系判定为"援西入中":"但正如章在道德问题上由幸福论走向反幸福论的康德一样,他在哲学上也是由休谟的怀疑论走到康德的先验论,再归宿于彻底的主观唯心主义的佛学唯识宗。"③此处没有判章氏为"援西入儒",但判其为"援西入中"。

总之章氏处理儒、西关系之格式,是"援西入儒",至少是"援西入中",此非为著者一人之私见,乃系很多学者之共同认识,只是他们没有明确表出而已。

---

① 钱穆:《国学概论》,商务印书馆,1997年,第322—325页。
② 李泽厚:《章太炎剖析》,《中国近代思想史论》,人民出版社,1979年,第413页。
③ 李泽厚:《章太炎剖析》,《中国近代思想史论》,第415—416页。

第九章

梁启超的儒学

梁启超(1873—1929),字卓如,号任公,别号饮冰室主人。广东新会人。清末民初思想家、哲学家、学者。曾师事康有为,共主变法维新,史称"康梁"。于先秦、明清、近代之历史与学术,均有卓越见解。倡改良主义及"诗界革命"、"小说界革命"等。著述极宏富,编为《饮冰室合集》十二册。

"梁启超的中学",大致可以概括为"一根主线三步曲"。"一根主线"就是"要人人存一个尊重爱护本国文化的诚意"[①];"三步曲"就是以"以西化中"为第一步,以"中西并尊"为第二步,以"以中化西"为第三步。第一步他称之为"用那西洋人研究学问的方法去研究他,得他的真相";第二步他称之为"把自己的文化综合起来,还拿别人的补助他,叫他起一种化合作用,成了一个新文化系统";第三步他称之为"把这

---

① 梁启超:《欧游心影录节录》,《饮冰室合集·专集之二十三》,中华书局,1989年,第37页。

新系统往外扩充,叫人类全体都得着他的好处"。①

梁氏"儒学思想"是其"中学思想"的一部分,同样遵循这个"一根主线三步曲"的原则。"三步曲"于梁氏,大致也就是三个阶段:第一阶段是戊戌变法失败前,他试图"以西化儒";第二阶段是1903年"美游"之后,他倾向于"儒西并尊";第三阶段是1919年"欧游"之后,他倾向于"以儒化西"。

学界讨论"梁启超的儒学",有涉及三层面者,但未视其为"三步曲"。如温克勤《浅谈梁启超的儒学研究》谓其"对儒家思想及其价值作出符合近代科学意义的诠释"及"对儒家思想给予较为中肯的评价和批判",大致相当于第一步;又谓其"具体分析儒家思想的价值,批评鄙薄和否定儒家思想的论点",大致相当于第二步;又谓其"从人类文明发展的广阔视野思考儒学的世界价值和未来价值",大致相当于第三步。② 温文是"同时态"列举,没有以"历时态"排为阶段。

又如黄克武《梁启超与儒家传统:以清末王学为中心之考察》,已注意到"梁启超在1903年访美前后思想发生重大变化"这一问题,也就是注意到了梁氏从第一步向第二步的转变,并论及了第二步的一些重要内容,但未及综合三步曲而宏观考察之。黄文论此第二步说:"梁启超在1903年之后从发明新道德转向宣扬王学。此一转变,一方面受日本阳明学与大和魂精神的影响,企图建构新民以追求富强,但另一方面亦有深厚的传统学术之根基。对任公而言,儒家的道德信念,与佛学、墨学、西方科学,以及康德所代表西方伦理哲学的传统,可以融洽地结合在一起,并帮助人们接受进取冒险、权利、自由、自治、进步、合群、尚武等新价值,培养出新时代所需要的新国民。这一思路影响到现代新儒家,并开创出中国传统与西方现代性如何接轨的严肃议

---

① 梁启超:《欧游心影录节录》,《饮冰室合集·专集之二十三》,第37页。
② 温克勤:《浅谈梁启超的儒学研究》,《道德与文明》1999年第1期,第27—30页。

题。"①此段议论用于梁氏"儒学思想"之第二步,是很恰当的。但黄文未及论述第一步与第三步。

第一节 第一步:"以西化儒"与"以西化中"

清光绪二十二年(1896),梁氏撰成《变法通议》,提出了"法者天下之公器"之核心命题,说:"要而论之,法者天下之公器也,变者天下之公理也。"②

"变"之作为"公理",自然没有问题;"法"之作为"公器",则可能有歧义。因为清末所谓"法",只是指"西法",而非"中法"。以"法"为天下之"公器",实际就是以"西法"为天下之"公器",实际就是默认"西法"之"普世性",默认"西式道路"是人类进步之唯一正确的道路。以"西法"为天下之"公器",必然的结局就是"以西化儒"、"以西化中",这是梁氏《变法通议》默认的"前提条件"。

《变法通议》"论不变法之害"一节,针对"今子所谓新法者,西人习而安之,故能有功,苟迁其地则弗良矣"之诘难,云:"然则吾所谓新法者,皆非西人所故有,而实为西人所改造,……请言中国,有土地焉,测之,绘之,化之,分之,审其土宜,教民树艺,神农后稷,非西人也。度地居民,岁杪制用,夫家众寡,六畜牛羊,纤悉书之,周礼王制,非西书也。八岁入小学,十五岁就大学,升造爵官,皆俟学成,庠序学校,非西名也。谋及卿士,谋及庶人,国疑则询,国迁则询,议郎博士,非西官也。流宥五刑,疑狱众共,轻刑之法,陪审之员,非西律也。三老啬夫,由民

---

① 黄克武:《梁启超与儒家传统:以清末王学为中心之考察》,《历史教学》2004 年第 3 期,第 18—23 页。
② 梁启超:《变法通议》,《饮冰室合集·文集之一》,第 8 页。

自推,辟署功曹,不用他郡,乡亭之官,非西秩也。尔无我叛,我无强贾,商约之文,非西史也。交邻有道,不辱君命,绝域之使,非西政也。邦有六职,工舆居一,国有九经,工在所劝,保护工艺,非西例也。当宁而立,当扆而立,礼无不答,旅揖士人,礼经所陈,非西制也。天子巡守,以观民风,皇王大典,非西仪也。地有四游,地动不止,日之所生为星,谶纬雅言,非西文也。腐水离木,均发均县,临鑑立景,蜕水谓气,电缘气生,墨翟亢仓,关尹之徒,非西儒也。故夫法者天下之公器也。征之域外则如彼,考之前古则如此。而议者犹曰彝也彝也而弃之,必举吾所固有之物,不自有之,而甘心以让诸人,又何取耶!"①

以"西法"为中国"所固有之物",乃是清末的一股"时代思潮",目标不在"学理",而在"功效",是说服反对者的一种"手腕"。学理上叫"西学中源"。持"西学中源"之说者,可以走上两个完全不同的方向:或走向"以西化中",以"西法"遍推于中国;或走向"以中化西",阻止"西法"行于中国。梁氏此处之目标是前者,是希望假"西学中源"之名,行"以西化中"之实。既人"非西人",则中人之西化未为不可也;既名"非西名",则中名之西化未为不可也;既官"非西官",则中官之西化未为不可也;既律"非西律",则中律之西化未为不可也;既秩"非西秩",则中秩之西化未为不可也;既史"非西史",则中史之西化未为不可也;既政"非西政",则中政之西化未为不可也;既例"非西例",则中例之西化未为不可也;既制"非西制",则中制之西化未为不可也;既仪"非西仪",则中仪之西化未为不可也。总之,既然"西法"为中国"所固有",非为洋人"所特有",则"西法"行于中国就不是"用彝变夏"。

这个"以西化中"的立场,在同年撰写的《古议院考》中延续下来。此文之核心观念,就是以西式议院政治为框架,重新释读中国传统政治思想与政治制度,构成政治学上之典型的"以西化中"。该文自问自答云:"问:泰西各国何以强?曰:议院哉,议院哉!问:议院之立,其意

---

① 《饮冰室合集·文集之一》,第6—7页。

何在？曰：君权与民权合则情易通，议法与行法分则事易就，二者斯强矣。问：子言西政必推本于古，以求其从同之迹，敢问议院于古有征乎？曰：法先王者法其意，议院之名古虽无之，若其意则在昔哲王所恃以均天下也。其在《易》曰'上下交泰'、'上下不交否'；其在《书》曰'询谋佥同'，又曰'谋及卿士，谋及庶人'；其在《周官》曰'询事之朝，小司寇掌其政，以致万人而询焉，一曰询国危，二曰询国迁，三曰询立君，以众辅志而蔽谋'；其在《记》曰'与国人交止于信'，又曰'民之所好好之，民之所恶恶之，此之谓民之父母。好民之所恶，恶民之所好，是谓拂人之性，灾必逮乎身'；其在《孟子》曰'国人皆曰贤，然后察之，国人皆曰不可，然后察之，国人皆曰可杀，然后杀之'。《洪范》之卿士，《孟子》之诸大夫，上议院也；《洪范》之庶人，《孟子》之国人，下议院也。苟不由此，何以能询；苟不由此，何以能交；苟不由此，何以能见民之所好恶。故虽无议院之名，而有其实也。"①中国传统政治形态，就此被"西式议院政治"完全"格式化"。

《古议院考》又云："汉制议员之职有三：一曰谏大夫，二曰博士，三曰议郎。《通典》云：谏大夫掌议论，无常员，多至数十人。汉旧仪云：博士，国有疑事则承问，有大事则与中二千石会议。中世以后，博士多加给事中，入中朝，备顾问，称为腹心，上所折中定疑。《汉官解诂》云：议郎，不属署，不直事，国有大政大狱之礼，则与中二千石博士会议。夫曰多至数十人，则其数与西国同；曰不属署，不直事，则其职与西国同；国有大事乃承问会议，则其开院之例与西国同；或制书征，或大臣举，则其举人之例亦与西国略同。虽法之精密有未逮，而规模条理亦略具矣。"②既然在几乎所有方面都"与西国同"，则引进"西式政治"就不是"用彝变夏"，这就是梁氏的初衷。然梁氏未料及这样做所导致"学理"上之不良后果，却很严重："中式政治"就此成为"乱码"，"西式

---

① 《饮冰室合集·文集之一》，第94—95页。
② 《饮冰室合集·文集之一》，第95页。

政治"就此成为"普世政治"。

光绪二十二年任公又撰《说群序》,以西洋"群术"重新释读中国"三世说":"善治国者,知君之与民同为一群中之一人,因以知夫一群之中所以然之理,所常行之事,使其群合而不离,萃而不涣,夫是之谓群术。天下之有列国也,己群与他群所由分也。据乱世之治群多以独,太平世之治群必以群。以独术与独术相遇,犹可以自存;以独术与群术相遇,其亡可翘足而待也。"①以"独术"指称"据乱世",以"群术"指称"太平世",这在中国近代学术史上恐怕是第一次。

所谓"群术",不外"民族主义"、"国家主义"是也。民族主义、国家主义以"专制"形式存在,就是所谓"以独治群";民族主义、国家主义以"民主"形式存在,就是所谓"以群治群"。民族主义、国家主义是西洋近代以降之"特产",中国从未有此种思想,以之"化中",自是大头戴小帽。中国各派思想共同倡导"世界主义",只是在实现"世界主义"之途径上各执己见;换言之,在中国只有"世界主义"实现途径之争,没有"世界主义"与"民族主义"、"世界主义"与"国家主义"之争。

但任公"化中"心切,也就顾不得这么多了。《说群序》又云:"彼泰西群术之善,直百年以来焉耳,而其浡兴也若此。今以吾喜独之质点,而效人乐善之行事,是犹饰西颦于嫫眉,蒙虎皮于羊质,是以万变而万不当也。抑吾闻之,有国群,有天下群,泰西之治,其以施之国群则至矣,其以施之天下群则犹未也。《易》曰:见群龙无首,吉。《春秋》曰:太平之世,天下远近大小若一。《记》曰:大道之行也,天下为公,选贤与能,不独亲其亲,不独子其子,货恶其弃于地也,不必藏于己,力恶其不出于身也,不必为己,是谓大同。其斯为天下群者哉,其斯为天下群者哉!"②"国群"就是民族主义、国家主义,近代西洋以此发家;"天下群"就是天下主义、世界主义,中国自古以此立基。近代中西之战而以

---

① 《饮冰室合集·文集之二》,第4页。
② 《饮冰室合集·文集之二》,第4页。

中国败,乃是天下主义之败于民族主义,乃是世界主义之败于国家主义。任公以"群术"化中时,已注意到这一点。中国屡战屡败之结果,是转而放弃天下主义以构建民族主义,放弃世界主义以构建国家主义,此一构建已耗时将近二百年。

任公在《说群一群理一》中,提出"群者天下之公理也"、"群者万物之公性也"①等命题,没有说明此处所谓"群"是"国群"还是"天下群"。若此处所谓"群"是"国群",则任公主张中国进西洋民族主义、国家主义,而退中国天下主义、世界主义;若此处所谓"群"是"天下群",则任公主张中国守自己本有之天下主义、世界主义,而拒西洋民族主义、国家主义于门外。中国面临两难境地:放弃天下主义、世界主义,文明之一大损失也;固守天下主义、世界主义,有亡国亡种之危机也。

光绪二十三年任公撰《论君政民政相嬗之理》,以西洋政体学说化中土"三世说":"博矣哉,春秋张三世之义也。治天下者有三世,一曰多君为政之世,二曰一君为政之世,三曰民为政之世。多君世之别又有二,一曰酋长之世,二曰封建及世卿之世。一君世之别又有二,一曰君主之世,二曰君民共主之世。民政世之别亦有二,一曰总统之世,二曰无总统之世。多君者,据乱世之政也;一君者,升平世之政也;民者,太平世之政也。此三世六别者,与地球始有人类以来之年限有相关之理,未及其世,不能躐之,既及其世,不能阏之。"②以"多君为政"释"据乱世",以"一君为政"释"升平世",以"民为政"释"太平世",乃是典型的"以西化中",同样是大头戴小帽,戴不进去的。

《论君政民政相嬗之理》又云:"世之贤知太过者,或疑孔子何必言小康,此大谬也。凡由多君之政而入民政者,其间必经一君之政,乃始克达。所异者西人则多君之运长,一君之运短,中国则多君之运短,一君之运长。至其自今以往,同归民政,所谓及其成功一也。此犹佛法

---

① 《饮冰室合集·文集之二》,第4—5页。
② 《饮冰室合集·文集之二》,第7页。

之有顿有渐,而同一法门。若会吾中土奉一君之制,而使二千年来杀机寡于西国者,则小康之功德无算也。此孔子立三世之微意也。"①此处依然还是"以西化中"。

任公撰《论支那宗教改革》,是在慈禧诛"戊戌六君子"之后,然其"以西化中"之立场犹在。具体说来,就是以"西式宗教"化"孔子之教",以西洋之主义重新释读"支那宗教"。"以西化中"之结果,是得出"孔子之教旨"的六个方面:进化主义,非保守主义;平等主义,非专制主义;兼善主义,非独善主义;强立主义,非文弱主义;博包主义(亦谓之相容无碍主义),非单狭主义;重魂主义,非爱身主义。② 其中"进化主义"、"平等主义"诸项,是中国思想完全没有的:中国思想是以彻底之"循环主义"而纳"进化主义"为其环节,置"循环"于"进化"之上,如何能说是"进化主义"? 中国思想又以彻底之"机体主义"而纳"平等主义"为其环节,置"机体"于"平等"之上,兼采"不平等主义",如何能说是"平等主义"? 以西洋之"主义"而"发明孔子真教旨",是给孔子穿上西装,是其全体"以西化中"努力之一部分,主旨在"政治",不在"学理"。

《论支那宗教改革》之"以西化中"立场,是建立在一个假定之上,这假定就是:西国之富强源于其宗教改革。任公曰:"泰西所以有今日之文明者,由于宗教改革,而古学复兴也。盖宗教者,铸造国民脑质之药料也。"③泰西既赖"宗教改革"而致富强,中国当然亦应施行"宗教改革"。问题是中国本无"国教",无从改起;于是只得先造一个"宗教",然后改造之。

任公所造之"宗教",就是所谓"孔教":"我支那当周秦之间,思想勃兴,才智云涌,不让西方之希腊。而自汉以后,二千余年,每下愈况,

---

① 《饮冰室合集·文集之二》,第11页。
② 《饮冰室合集·文集之三》,第55—56页。
③ 《饮冰室合集·文集之三》,第55页。

至于今日,而衰萎愈甚,远出西国之下者,由于误六经之精意,失孔教之本旨,贱儒务曲学以阿世,君相讬教旨以愚民,遂使二千年来孔子之真面目湮而不见。此实东方之厄运也。故今欲振兴东方,不可不发明孔子之真教旨。"①又云:"今当发明并行不悖之义,知诸子之学即孔子之学,尊诸子即所以尊孔教,使天下人人破门户之意见,除保守之藩篱,庶几周秦古学复兴而人智发达矣。"②"孔教"既被设定为中国人之"国教",则"宗教改革"就是所谓"孔教改革",改革之方式就是"以西化中",给孔子穿上西装。

总之"以西化儒"、"以西化中",是梁任公"儒学思想"第一步之思维格式,也是他早年之思维格式。此格式至今仍是中国学界处理中学与西学之关系的"主流格式"。

第二节 第二步:"儒西并尊"与"中西并尊"

任公"儒西并尊"与"中西并尊"之立场,其实在第一阶段(百日维新失败前)就已经存在,只是不占主导地位而已。如《变法通议·学校余论》谓:"自古未有不通他国之学,而能通本国之学者,亦未有不通本国之学,而能通他国之学者。"③这个立场就是一个"并尊"的立场,没有说中学优于西学,也没有说西学优于中学。又如《变法通议·论译书》强调"中学西学之不能偏废也"④,取的也是一个"并尊"的立场。再如《西学书目表后序》(撰于光绪二十二年)云:"要之舍西学而言中学者,其中学必为无用;舍中学而言西学者,其西学必为无本。无用无本,皆

---

① 梁启超:《论支那宗教改革》,《饮冰室合集·文集之三》,第55页。
② 梁启超:《论支那宗教改革》,《饮冰室合集·文集之三》,第61页。
③ 《饮冰室合集·文集之一》,第61页。
④ 《饮冰室合集·文集之一》,第65页。

不足以治天下。"①此处并非以"本"为重,以"用"为轻,而是本与用并重的,亦即"中西并尊"。

1903年的访美(或曰"美游"),强化了此种"中西并尊"之立场。"戊戌变法"失败后,任公一度倾向"革命","美游"归来,则彻底放弃"破坏主义与革命之排满主义"。归后写成《新大陆游记》(清光绪二十九年),被学者视为梁任公"告别孙中山"、"告别革命"之宣言。

1903年2月,任公自日本横滨启航,开始美国之行。先至加拿大温哥华,后转至美国纽约,了解美国之政治经济、社会文化、人情风俗等,历时九个月。回日本后加工整理沿途日记,辑为《新大陆游记》。内容专记"美国政治上、历史上、社会上种种事实",对"无关宏旨"、"耗人目力"之"风景之佳奇"、"宫室之华丽"则不载;文字夹叙夹议,轻快自如,感情充沛。被读者视为"1903年前后中国舆论界的'执牛耳者'","一部全面介绍19世纪末20世纪初的美国政治、经济、文化、社会等情况的综合性著作","国内秘密传布的维新立宪名著","散文杂著第一书"。作者任公则被评为"中国知识分子第一人"。自此以后,"儒学"之分量在任公心中越来越重,"中学"之分量在任公心中越来越重。

《新大陆游记》不再盲目崇拜美国之政治制度,而是充分揭示其缺点:"美国政治家之贪黩,此地球万国所共闻也。"②又云:"凡认报国之义务以投身于政治界者,各国中固亦有其人矣。虽然,凤毛麟角,万不得一焉。其余大多数,则皆有所利而为之者也。其所利若何? 则社交上之特权,其最歆者也。而此物固非美国之所能有,其最可歆之一端已失矣。"③又云:"且美国政治家之种类,与欧洲亦异,欧洲政党所竞争者,大率在政府之诸大臣、国会之诸议员而已。而美国大小官吏率由

---

① 《饮冰室合集·文集之一》,第129页。
② 《饮冰室合集·专集之二十二》,第140页。
③ 《饮冰室合集·专集之二十二》,第140页。

民选,且任期甚短。故选举频繁,一投身政党,势不得不以全力忠于本党,终岁为此仆仆,毫无趣味,故上流人士多厌之。除一党中数十重要人物之外,其余党员皆碌碌之辈也。而此重要人物者,又势不得不藉彼碌碌辈以为后援。而此碌碌辈果何所利而为一竞供奔走乎?既无社交之特权,亦非有可歆之名誉,然则所藉以为饵,官职而已。官职所以能为饵者,廉俸而已。故美国殆无无俸之官,此即所以驱策中下等人之具也。"①

《新大陆游记》指斥美国"民主政治"之缺点,是不是就意味着它称颂中国"专制政治"之优点呢?是又不然,该书同样指斥中国民族与政治之缺点。该书以为"吾中国人之缺点"至少有四项:一曰"有族民资格而无市民资格",二曰"有村落思想而无国家思想",三曰"只能受专制不能享自由",四曰"无高尚之目的"。② 其中第三项云:"此实刍狗万物之言也。虽然,其奈实情如此,即欲掩讳,其可得耶?吾观全球之社会,未有凌乱于旧金山之华人者。此何以故?曰自由耳!……夫岂无一二聪伟之士,其理想,其行谊,不让欧美之上流社会者?然仅恃此千万人中之一二人,遂可以立国乎?恃千万人中之一二人,以实行干涉主义以强其国,则可也;以千万人中之一二人为例,而遂曰全国人可以自由,不可也。夫自由云,立宪云,共和云,是多数政体之总称也。而中国之多葛,如夏之裘,美非不美,其如于我不适何!吾今其毋眩空华,吾今其勿圆好梦,一言以蔽之,则今日中国国民,只可以受专制,不可以享自由。吾视吾祷,吾讴吾思,吾惟祝祷讴思我国得如管子、商君、来喀瓦士、克林威尔其人者生于今日,雷厉风行,以铁以火,陶冶锻炼吾国民二十年三十年乃至五十年,夫然后以之读卢梭之书,夫然后以之谈华盛顿之事。"③这个"只可以受专制,不可以享自由"之判定,乃

---

① 《饮冰室合集·专集之二十二》,第140—141页。
② 《饮冰室合集·专集之二十二》,第121—125页。
③ 《饮冰室合集·专集之二十二》,第122—124页。

是对中华民族之最严厉斥责。

《新大陆游记》既指斥美国政体之缺点,又指斥中国政体之缺点,可知它采取的是一个"中西并斥"的立场。故其言曰:"专制国之求官者则谄其上,自由国之求官者则谄其下;专制国则媚兹一人,自由国则媚兹庶人。谄,等耳,媚,等耳,而其结果自不得不少异。虽然,以之为完全之制度,则俱未也。"①

1904年撰《中国法理学发达史论》,论及儒、西法学思想之异同:"夫立法者既不可不以自然法为标准矣,自然法既出于天意矣,而人民之公意,即天意之代表也。故达于最后之断案,则曰:人民公意者,立法者所当以为标准也。欧洲十七八世纪之学者,主张自然法说,随即主张民意说,惟儒家亦然。故《记》、《大学》曰:民之所好好之,民之所恶恶之。《孟子》曰:所欲与之聚之,所恶勿施尔也。经传中说此义者,不可枚举。民意之当重何以若是,则以其与天意一体而为自然法所从出也。若夫人民公意於何见之,则儒家之所说,与十七八世纪欧洲学者之所说异。"②既讲儒、西之"同",又讲儒、西之"异",这是一个"并尊"之立场,与第一阶段只讲"同"的"以西化儒"之立场,是不一样的。

1904年又撰《余之死生观》,论及儒、西"死学"之异同:"孔教不甚言灵魂,顾亦言死后而有不死者存。不死者何?一曰家族之食报,二曰名誉之遗传。所谓积善之家必有余庆,积不善之家必有余殃,又曰君子疾没世而名不称焉是也。此二义者,似彼此渺不相属,其与佛教、景教及近世泰西哲学家言之论死生问题者,更渺不相属。虽然,吾以为此所谓不死者,究无二物也。物何名?亦曰精神而已。"③"渺不相属",是言儒、西"死学"之"异";"究无二物",是言儒、西"死学"之"同"。这个同、异兼论的立场,就与第一阶段"以西化儒"之立场不同。

---

① 《饮冰室合集·专集之二十二》,第141页。
② 《饮冰室合集·文集之十五》,第62—63页。
③ 《饮冰室合集·文集之十七》,第6页。

1904年又撰《中国之武士道》,目标在构建中国"武士道"之统绪,以与东、西洋之"武士道"相抗衡。其"自叙"云:"泰西、日本人常言:中国之历史,不武之历史也;中国之民族,不武之民族也。呜呼!吾耻其言,吾愤其言,吾未能卒服也。我神祖黄帝,降自昆仑,四征八讨,削平异族,以武德贻我子孙,自兹三千余年间,东方大陆,聚族而居者,盖亦百数,而莫武于我族。以故循优胜劣败之公理,我族遂为大陆主人。三代而往,书阙有间矣。即初有正史以来,四五百年间,而其人物之卓荦有价值者,既得此数。于戏!何其盛大也!新史氏乃穆然以思,矍然以悲,曰:中国民族之武,其最初之天性也;中国民族之不武,则第二之天性也。此第二之天性谁造之?曰:时势造之,地势造之,人力造之。"①又云:"要而论之,则国家重于生命,朋友重于生命,职守重于生命,然诺重于生命,恩仇重于生命,名誉重于生命,道义重于生命,是即我先民脑识中最高尚纯粹之理想,而当时社会上普通之习性也。呜呼!横绝四海结风雷以为魂,壁立万仞郁河岳而生色,以视被日本人所自侈许曰武士道、武士道者,何遽不逮耶!何遽不逮耶!!"②泰西学者以为西洋有"武士道",而中国无之;东洋学者以为东洋有"武士道",而中国无之。梁任公"未能卒服",于是构建"中国之武士道",以与其"并立"。这是一个"中西并尊"之立场,既不以"中国之武士道"否定洋人之"武士道",又不以洋人之"武士道"否定"中国之武士道",或以洋人之"武士道"解构、化约"中国之武士道"。

1905年撰《开明专制论》,肯定陈天华烈士遗书中"欲救中国必用开明专制"之观点,亦可简称为"开明专制救中国"。梁任公认为此一观点"亦鄙人近年来所怀抱之意见"③。这是任公政治观点之重要转变,"民主一定优越于专制"之观念自此被打破。任公分析"专制"一词

---

① 《饮冰室合集·专集之二十四》,第17页。
② 《饮冰室合集·专集之二十四》,第20页。
③ 《饮冰室合集·文集之十七》,第13页。

云:"国家之分类,泰西学者,历数千年,迄无定论。亚里士多德分为君主国、贵族国、民主国,孟德斯鸠分为公治国、君主国、专主国(名称依严译'法意'),皆其最有名者也。而近世学者,述近世国家之分类,大率分为专制君主国、立宪君主国、立宪民主国。吾以为此分类甚不正确。何以故?专制者不独君主国,而民主国亦有非立宪者(有立宪之名,无立宪之实,则等于非立宪也),故以论理学律之实多剌谬也。吾之分类法,与前此东西学者之分类,皆有异同,其下'专制的'与'非专制的'之定义,亦异于先辈。……由此观之,专制者非必限于一人而已。或一人或二人以上,纯立于制者之地位,而超然不为被制者,皆谓之专制。"①

这意味着在"君主的专制国家"、"贵族的专制国家"之外,还存在一种"民主的专制国家":"君主的专制者,普通所称专制国,如今之中国、土耳其、俄罗斯等是也。贵族的专制者,如古代之斯巴达,及希腊、罗马史上所常现之寡人政治是也。民主的专制者,如克林威尔时代之英国、马拉丹顿拔士比时代之法国,乃至大拿破仑任执政官时代、小拿破仑任大统领时代之法国,皆是也。其外形不同,而其为专制的性质则同。"②既存在"民主的专制国",则"纯粹民主"不仅无存,即"民主优于专制"之论亦无以立足矣。

《开明专制论》又云:"准是以谈,则国家所最希望者,在其制之开明而非野蛮耳。诚为开明,则专制与非专,固可勿问,何也?其所受之结果无差别也。但非专制的国家,其得开明制也易,既得而失之也难。专制的国家,其得开明制也难,既得而失之也易。非专制之所以优于专制者,在此点而已。"③"民主"与"专制"之别,只在"开明"之易与难,不在"开明"之有与无;要说"民主优于专制",只能就此难易一点说,不

---

① 《饮冰室合集·文集之十七》,第17—18页。
② 《饮冰室合集·文集之十七》,第17页。
③ 《饮冰室合集·文集之十七》,第23页。

得谓"民主"尽优,而"专制"尽劣。至于中国,则《开明专制论》以为"今日之中国可谓之不完全之专制,盖体用两不备也,故今日之中国未可称为专制国"①,又云:"今日中国之政府,为不完全的专制,今日中国之国民,乃欲求得不完全之非专制,两者皆同以无制为归宿也。唯之与阿,相去几何? 一叹!"②

论理上优者,未必现实上优,主观上优者,未必客观上优,故"政制"之构建当弃"惟优是求",而取"惟适是求",这就是《开明专制论》许以当日中国的"政治哲学"。这个"政治哲学"之立场,同样是反对"唯西洋马首是瞻"的,同样是"儒西并尊"、"中西并尊"的。故其有言曰:"儒家之开明专制论,纯以人民利益为标准,其精神实与十七八世纪欧洲之学说同。"③这就是"儒西并尊"。又云:"法家之开明专制论,其精神则与十五六世纪欧洲之学说同。现今欧洲学者,则谓国家一面为人民谋利益,一面为自身谋利益,是调和儒法之说也。其言若国家人民利益冲突时,毋宁牺牲人民以卫国家,似颇倾于法家。但何以重视国家如是之甚,则以国家为人民所托命也,是仍倾于儒家也。故曰调和也。"④这就是"中西并尊"。

1905年任公又撰《答某报第四号对于新民丛报之驳论》,重申"开明专制救中国"之论,以简明扼要之语作结,可称为"梁七条":"一,有行议院政治之能力者,乃有为共和国民之资格;二,今日中国国民未有能为共和国民之资格;三,共和立宪制调和利害冲突甚难;四,今日中国当以开明专制为立宪之预备;五,当以政治革命(即立宪)为究竟主义;六,中国不能学美国共和制;七,中国不能学法国共和制。"⑤"梁七条"于百年之后之今日中国,是否仍有警示作用,学者自有公断。

---

① 《饮冰室合集·文集之十七》,第20页。
② 《饮冰室合集·文集之十七》,第20页。
③ 《饮冰室合集·文集之十七》,第30页。
④ 《饮冰室合集·文集之十七》,第30—31页。
⑤ 《饮冰室合集·文集之十八》,第99页。

撰成于1905年的《德育鉴》,乃是第二阶段中梁任公"儒学思想"之重要篇章,因为其中所列,"全属中国先儒学说"①。该书虽未并列西洋相关学说,但立场依然是"儒西并尊"。其例言云:"本编所钞录,全属中国先儒学说,不及泰西。非敢贱彼贵我也,浅学如鄙人,于泰西名著万未闚一,凭借译本,断章零句,深惧灭裂以失其真,不如已已。抑象山有言:东海西海有圣人出焉,此心同也,此理同也。治心治身本源之学,我先民所以诏我者,实既足以供我受用而有余。……窃谓守而不失,然后其物乃在我,否即博极寰海,亦口耳四寸之间耳。"②"此心同也",有一个同于谁心的问题,同于"中国心",则"中国心"有"普世价值",同于"西洋心",则"西洋心"有"普世价值"。同样,"此理同也"也有一个同于谁理的问题,同于"中国理",则"中国理"有"普世价值",同于"西洋理",则"西洋理"有"普世价值"。梁任公撰《德育鉴》,不列西儒言论,显然暗含有"同于中国心"、"同于中国理"之构想。

《德育鉴·例言》还提出了"道德之根本则无古无今无中无外而无不同"之重要观点,这就从根本上否定了西洋所谓"道德进化论"。任公以为就道德之"节目事变"而言之,今异于古,中异于外;然就道德之"根本"而言之,则今不异于古,中不异于外。"如人民服从政府,道德也,人民反抗政府,亦道德也,则因其政府之性质如何,而所以为道德者异。缄默谨言,道德也,游说雄辩,亦道德也,则因其发言之目的如何,而所以为道德者异。宽忍包荒,道德也,竞争权利,亦道德也,则因其所对之事件如何,而所以为道德者异。节约俭苦,道德也,博施挥霍,亦道德也,则因其消费之途径如何,而所以为道德者异。诸如此者,其种类恒河沙数,累万纸而不能尽也。所谓道德进化论者,皆谓此尔。虽然,此方圆长短之云,而非规矩尺度之云也。若夫本原之地,则

---

① 《饮冰室合集·专集之二十六》,第2页。
② 《饮冰室合集·专集之二十六》,第2页。

放诸四海而皆准,俟诸百世而不惑。"①

"人民服从政府",中人之道德;"人民反抗政府",西人之道德。"缄默谨言",中人之道德;"游说雄辩",西人之道德。"宽忍包荒",中人之道德;"竞争权利",西人之道德。"节约俭苦",中人之道德;"博施挥霍",西人之道德。吾人固不能以中人之道德否定西人之道德,然亦不能以西人之道德否定中人之道德。"以西化中"之结果,是使多数中国青年只知西人有德,而中人无德;合乎西人之德者为德,不合乎西人之德者则谓之"缺德"。故"以西化中"之结果,是使吾中华民族沦为"缺德"之民族。梁任公撰《德育鉴》,目的似在反驳此种思想,而重构"中式道德体系",以与"西式道德体系"相抗衡。其反对西洋"道德进化论",承认有"放诸四海而皆准,俟诸百世而不惑"之"根本道德"的存在,似又在暗示"中式道德体系"之永恒性与普世性。

这个"中式道德体系"的"精神实质"为何？我们读梁任公撰于民国元年的《中国道德之大原》,就可得清楚之了解。该文以为有三样东西可为"中国道德之大原",亦可为"中式道德体系"之"精神实质",这三样东西就是"报恩"、"明分"与"虑后"。

"一曰报恩。报恩之义,各国教祖哲人,莫不称道,至其郑重深切,未有若吾中国者也。凡笵一国人心之枢者,必在其宗教。……要之其崇奉之动机,起于为自身求福利者什八九。独吾中国一切祀事,皆以报恩之一义贯通乎其间。故曰:夫礼者,反本报始,不忘其初也。又曰:有功德于民者则祀之。祖先之祀无论矣,自天地山川、社稷农蚕、门霤井灶、雨师风伯、先圣先师、历代帝王、贤臣名将循吏、神医大匠,凡列于大祀常祀者,皆以其有德于民,或能为民捍难者也。下至迎猫迎虎,有类于埃、希蛮俗之兽教,然亦皆取义于祈报,与彼都精神绝不相蒙。"

"要而论之,中国一切道德,无不以报恩为动机。所谓伦常,所谓

---

① 《饮冰室合集·专集之二十六》,第2页。

名教,皆本于是。夫人之生于世也,无论聪明才智若何绝特,终不能无所待于外而以自立。其能生育长成,得饮食衣服居处,有智识才艺,捍灾御患,安居乐业,无一不受环吾身外者之赐,其直接间接以恩我者,无量无极。古昔之人与并世之人,皆恩我者也;国家与社会,深恩于无形者也。人若能以受恩必报之信条,常印篆于心目中,则一切道德上之义务,皆若有以鞭辟乎其后,而行之亦亲切有味。

"此义在今世欧美之伦理学者,未尝不大声疾呼,思以厉末俗,而为效盖寡,盖报恩之义未深入人心也。吾国则数千年以此为教,其有受恩而背忘者,势且不齿于社会而无以自存。故西人有孝于亲、悌于长、恤故旧、死长上者,共推为微德,在我则庸行而已。吾国人抱此信念,故常能以义务思想克权利思想。所谓正谊不谋利、明道不计功,非必贤哲始能服膺也。乡党自好者,恒由之而不自知,盖彼常觉有待报之恩,荷吾仔肩,黾勉没齿而未遑即安也。夫绝对的个人主义,吾国人所从不解也。无论何人,皆有其所深恩挚爱者,而视之殆与己同体。故欧美之国家,以个人为其单位,而吾国不尔也。夫报恩之义,所以联属现社会与过去之社会,使生固结之关系者,为力最伟焉。吾国所以能绵历数千年使国性深入而巩建者,皆恃此也。而今则此种思想,若渐已动摇而减其效力。其犹能赓续发挥光大与否,则国家存亡之所攸决也。"①

"中式道德体系"以"报恩主义"、"群体主义"为其根基;"西式道德体系"以"自利主义"、"个人主义"为其根基。两大体系虽可以并立,然何者能救中国于危亡? 梁任公的回答很干脆:救中国者,"中式道德体系"也。"国家存亡之所攸决"讲的是"中式道德体系"对于中国之重要性,而不是"西式道德体系"。

"二曰明分。《记》称春秋以道名分,《荀子》称度量分界,《恒言》指各安本分者谓之良民,《中庸》述君子之德,则曰素位而行不愿乎外。

---

① 梁启超:《中国道德之大原》,《饮冰室合集·文集之二十八》,第14—16页。

分也,位也,所以定民志而理天秩,我国德教所尊论也。而或者疑定分则显悬阶级,与平等之义不相容,安分则畸于保守,与进取之义尤相戾。殊不知平等云者,谓法律之下无特权已耳。若夫人类天然之不平等,断非以他力所能划除。孟子不云乎,物之不齐,物之情也。或相蓰蓰,或相什伯,或相千万,比而同之,是乱天下。故全社会之人,如其量以尽其性,天下之平乃莫过是也。"①"西式平等"只指"法律之下无特权",并未否定"物之不齐"。同样的,"中式平等"亦只是立足于"物之不齐",而倡导"法律之下有特权"。

"夫治乱之名,果何自名耶?有秩序,有伦脊,斯谓之治,无焉,斯谓之乱。欲一国中常有秩序伦脊,则非明分之义深入人心焉,固不可也。分也者,分也,言政治者重分权,言学问者重分科,言生计者重分业。凡一社会必赖多数人之共同协力,乃能生存发达。全社会中所必须之职务,无限无量,而一一皆待社会之个人分任之。人人各审其分之所在,而各自尽其分内之职,斯社会之发荣滋长无有已时。苟人人不安于其本分,而日相率以希冀于非分,势必至尽荒其天职,而以相互侵轶为事,则社会之纽绝矣。夫人类贵有向上心,苟其无焉,则社会将凝滞不进。安分之念太强,则向上之机自少,此固无容为讳者也。虽然,向上心与侥幸心异,向上心为万善所归,而侥幸心实万恶所集。"②究竟是"明分"打击"向上心",还是"同时态平等"打击"向上心",不可遽下断语。父子之间争"同时态平等",终不可得也;父子之间争"异时态平等",则子早日自立成父即可得,终可得也。

"全社会皆习于侥倖,则人人失其安身立命之地,社会之基础,安得而不动摇?夫我国近年来受种种恶潮所簸荡,士大夫之习于侥倖者,滔滔皆是,今日横流之祸,半坐是焉。犹幸明分之义,数千年来深

---

① 梁启超:《中国道德之大原》,《饮冰室合集·文集之二十八》,第16—17页。
② 梁启超:《中国道德之大原》,《饮冰室合集·文集之二十八》,第17页。

入人心,而国之石,民咸守此,以为淑身处世之正则,上流社会之恶习,其影响不甚波及于国民全体,故政治虽极泯棼之象,而社会之纲维,不至尽弛。盖吾国中高等无业游民之一阶段,其与一般善良之国民,联属本非甚密,而其恶空气之传染,尚非甚速也。英儒巴尔逊所著《国民性情论》,尝比较德、法两国人种之长短,谓法国常厌弃其现在之地位,而驰骛其理想之地位,理想之地位未可必得,而现在之地位先丧失焉。德人反是,常凭藉其现在之地位,以求渐进于其理想之地位,故得寸得尺,日计不足而月计有余也。由此观之,得失之林,可以睹矣。诗曰:天生蒸民,有物有则,民之秉彝,好是懿德。夫分也者,物之则也。吾国伦常之教,凡以定分,凡以正则也。而社会之组织,所以能强固缜密搏之不散者,正赖此矣。"①法国人"厌弃"现在所有,德国人"凭藉"现在所有,中国人则"珍惜"现在所有。

"三曰虑后。社会学家论民族文野之差。以谓将来之观念深者,则其文明程度高,将来之观念薄者,则其文明程度下。斯言若信,则我国文明程度与欧美人孰愈,此亦一问题也。我国最尊现实主义者也,而又最重将来。夫各国之教祖,固未有不以将来为教者矣。然其所谓将来者,对于现世而言来世也。其为道与现社会不相属。我国教义所谓将来,则社会联锁之将来也。《孟子》曰:不孝有三,无后为大。《易》曰:积善之家必有余庆,积不善之家必有余殃。经典传记中,陈义类此者,不知凡几,国人习而不察焉,以为是迂论无关宏旨也。而不知社会所以能永续而滋益盛大者,其枢机实系于是。我国人性以服膺斯义之故,常觉对于将来之社会,负莫大之义务。苟放弃此义务,即为罪恶所归。夫人之生于世也,其受过去现在社会之恩我者,无量无极,我受之而求所以增益之,以诒诸方来。天下最重之天职,莫过是也。"②生只为完成天地之"好生之德","死"只为生命之"可久可

---

① 梁启超:《中国道德之大原》,《饮冰室合集·文集之二十八》,第18—19页。
② 梁启超:《中国道德之大原》,《饮冰室合集·文集之二十八》,第19页。

大"。生死循环着意于生,死亦不过生之另一种形态。"死"是"生之续",此为中国人之特别"死亡观",与西洋人着意于"天堂"之"死亡观",迥异其趣。

"近世进化论者之说,谓凡动物善于增殖保育其种者,则必繁荣,否则必绝灭。百年以来,欧美所谓文明国者,为'现在快乐主义'所汨没,不顾其后者什而八九,人口产率锐减,言政治言生计者,皆以此为一大问题。就中法国尤甚。识者谓循此演算,不及百年,法之亡可立而待也。美国亦然,移来之民虽日增,而固有之民则日减。故卢斯福倡新人口论,反玛尔莎士之说而谋所以助长也。要之今日欧西社会受病最深者,一曰个人主义,二曰现在快乐主义。两者结合,于是其人大率以家为累,以虑后为迂。故多数劳俑之民,一来复之所入,必以休沐日尽散之然后快,牧民者日以勤俭贮蓄相劝勉,莫之或听也。私见日多,受不良之教育者遍地皆是。法令如毛,莫之能闲也。于是彼中忧世之士,欲大昌家族主义,以救其末流。近十年来,此类名著,汗牛充栋。然滔滔之势,云胡可挽?我国则二千年来,此义为全国人民心目中所同具,纵一日之乐,以贻后顾之忧,稍自好者不为也。不宁惟是,天道因果之义深入人心,谓善不善不报于其身,将报于其子孙,一般人民有所劝,有所憷,乃日迁善去恶而不自知也。此亦社会所以维系于不敝之一大原因也。"①以"个人主义"、"现在快乐主义"为西洋社会两大病毒,则梁任公自然以中国之"家族主义"、"虑后主义"为高于西洋之思想,至少可与西洋思想并肩而立,此当为毫无疑问也。"中西并尊"在此处已带有"中优西劣"之色彩。

对于"报恩"、"明分"、"虑后"三项之作为"中式道德体系"之"精神实质",梁任公当如何评价呢?《中国道德之大原》评曰:"以上三义,骤视之若卑卑之不足道,然一切道德之条目,实皆自兹出焉。有报恩之义,故能使现在社会与过去社会相联属;有虑后之义,故能使现在社会

---

① 梁启超:《中国道德之大原》,《饮冰室合集·文集之二十八》,第19—20页。

与将来社会相联属;有明分之义,故能使现在社会至赜而不可乱,至动而不可恶也。三义立而三世备矣。"①"三义立而三世备",这是梁任公对于"中式道德体系"之极高评价,同时暗中又是对于"西式道德体系"之强烈批评。

民国四年所撰《孔子教义实际裨益于今日国民者何在欲昌明之其道何由》,其"儒西并尊"之立场依然如故。其言曰:"盖中国文明实可谓以孔子为之代表。试将中国史与泰西史比较,苟使无孔子其人者坐镇其间,则吾史殆黯然无色。且吾国民二千年来所以能抟控为一体而维持于不敝,实赖孔子为无形之枢轴。今后社会教育之方针,必仍当以孔子教义为中坚,然后能普及而有力。彼中外诸哲,微论其教义,未必能优于孔子也。就令优焉,而欲采之以牖吾民,恐事倍而功不逮半。"②此为"中国史"与"泰西史"之并尊,又为"孔子"与"彼中外诸哲"之并尊。

又云:"泰西之有教会,其历史发自罗马,迄今垂千余年。而其最初能胎育此种历史之故,全由其教旨归宿于身后之罪福,有以耸众人之听而起其信。而其本原之本原,则尤在彼创教者自命为超绝人类。……今孔教绝无此等历史,而欲突起仿效之,譬诸本无胎妊,而欲抟土以成人,安见其可?不得已乃复附会罪福,且谋推挹孔子于超绝人类之域。而无如孔子始终未尝自言为非人,未尝以神通力结信于其徒。吾以此相推挹,孔子任受与否既未可知,藉曰任受矣,而究何道以起众信者?然则欲效彼都教会之形式以推崇孔子,其必劳而无功明矣。"③此为"孔教"与"耶教"之并尊。

民国四年撰《复古思潮平议》,云:"平心论之,中国近年风气之坏,坏于佻浅不完之新学说者,不过什之二三,坏于积重难返之旧空

---

① 《饮冰室合集·文集之二十八》,第20页。
② 《饮冰室合集·文集之三十三》,第60页。
③ 《饮冰室合集·文集之三十三》,第62页。

气者,实什而七八。今之论者,动辄谓自由平等之邪说,深中人心,将率天下而入于禽兽。申令文告,反复诵言,坐论偶语,群焉集矢,一若但能廓清此毒,则治俗即可立致清明。夫当鼎革之交二三年间,此种狂焰固尝披靡一时,吾侪痛心疾首,视今之论者未多让焉。今日则兹焰殆尽熄矣,而治俗又作何象者?盖今日风气之坏,其孽因实造自二十年以来,彼居津要之人,常利用人类之弱点,以势利富贵奔走天下,务斲丧人之廉耻,使就我范围。社会本已不尚气节,遭此诱协,益从风而靡。重以使贪使诈之论,治事者奉为信条,恰壬乘之,纷纷以自跻于青云。其骄盈佚乐之举动,又大足以歆动流俗,新进之俦,艳羡仿效,薪火相续,日以蔓滋。俗之大坏,职此之由。故一般农工商社会,其良窳无以大异于前,而独所谓士大夫者,日日夷于妾妇而沦于禽兽。此其病之中于国家者,其轻重深浅,以视众所指目之自由平等诸邪说何如?夫假自由平等诸名以败德者,不过少数血气未定之青年,其力殊不足以左右社会。若乃所谓士大夫居高明之地者,开口孔子,闭口礼教,实则相率而为败坏风俗之源泉。"①此处似为"扬西抑儒",实则是"儒西并病",与"儒西并尊"同其格式。

以上是论文。著作方面,民国五年出版《国民浅训》,其中有《不健全之爱国论》一章,云:"吾国历年来有一种不健全之爱国论,最足为国家进步之障者,其说曰:我国为文明最古之国,我民为德性最美之民,泰西学术多为吾先哲所见及,其大本大原远不逮我,若夫形而下之技术,则采之易易耳,至其礼教风俗则更一无足取,吾但保存吾国粹而发挥之,斯足以为治矣。此种议论,自前清同治、光绪间诸老辈已盛倡之,中间稍衰熄,近二三年来受革命之反动,其说复大昌。夫人生天地间,本不宜妄自菲薄,为此说者,藉以鼓厉国民自重之心,有时固亦薄收其效。然长国民故见自封之习,而窒其虚受进取之心,则功远不足

---

① 《饮冰室合集·文集之三十三》,第70—71页。

以偿其罪也。就学问方面言之,今日全为智识竞争之世界。……泰西各种学问,皆各有其甚深之根柢,分科研究,剖之极细而入之极深。其适用此学问以施政治事,又积无量数之经验,发明种种原理原则而恪守之,丝丝入扣。我国非特在学殖荒落之今日,不能望其肩背,即在学术昌明之昔时,亦岂能得其彷彿。盖我国研究学问之法,本自与彼不同。我国学者,凭瞑想,敢武断,好作囫囵之词,持无统系之说,否则注释前籍,咬文嚼字,不敢自出主张。泰西学者,重试验,尊辩难,界说谨严,条理绵密,虽对于前哲伟论,恒以批评的态度出之,常思正其误而补其阙。故我之学皆虚,而彼之学皆实。我之学历千百年不进,彼之学日新月异无已时。盖以此也,我等不信立国须恃学问则亦已耳,亦既信之,则安可不一反前此之所为,毅然舍己从人以求进益!今也不然,侈然曰学问我所固有,偶撷拾古籍一二语与他人学说相类似者,则沾沾自喜,谓我千百年前既明此义矣,便欲持以相胜。此等思想既浸灌于后进学子之脑中,故虽治新学者亦浮鹜浅尝,莫或肯虚心以穷其奥。"①

此处批驳晚清之"西学中源论",自是不错,然"西学中源论"是被"中学西源论"逼出来的,批"西学中源论",不能不首先批驳"中学西源论",否则就是本末倒置。此处"毅然舍己从人"之说,是梁氏第一阶段"以西化中"之态度的遗存,不占主导地位。此段话之主导格式还是"中西并尊"的,承认中西学术各有所偏,各有所好,各有所尊。但文中确有明显的"中不如西"倾向。

总之,梁任公儒学思想发展的第二步,是以"儒西并尊"或"中西并尊"为格式,承认儒学思想之现代价值,同时又不排斥西学。此时期最主要的工作,是为儒学争得"一元"之地位,为中学争得"一元"之地位,以免儒学、中学被西学解构而归零。

---

① 《饮冰室合集·专集之三十二》,第18—19页。

第三节　第三步："以儒化西"与"以中化西"

于中国思想家而言，"并尊"并非"最后一着"，"多元"并非学术之究竟。止于"并尊"，止于"多元"，于"中国人"而言，并非思想之完成。

促使梁任公迈出第三步的"机缘"，是1919年之"欧游"。"欧游"之前，任公对中国传统思想之批评本有取舍，甚至怀疑；"欧游"归来，他彻底放弃"科学万能"之迷梦，主张在中国文化上"站稳脚跟"。《欧游心影录》被学者视为任公告别"科学万能"并从而倡导"中国不能效法欧洲"之"告白"。

1917年底，任公辞段（祺瑞）阁财长职，决心脱离官场。1918年10月对《申报》记者表示"毅然中止政治生涯"，"决不更为政治活动"。1918年底，协约国巴黎和会前后，任公与"研究系"同仁筹划"欧游"，目的在"想拿私人资格将我们的冤苦，向世界舆论申诉申诉，也算尽一二分国民责任"。1919年1月，任公一行抵达伦敦，开始为期一年的"欧游"。以巴黎为大本营，足迹遍及大部分欧洲国家。巴黎和会休会期间，还和随行记者一起考察"一战"之西部战场、莱茵河右岸、比利时首都布鲁塞尔等地。所游之国有比利时、荷兰、瑞士、意大利、德国等，所考察之城市则有伦敦、爱丁堡、伯明翰等，所访问之名人故居则有亚当·斯密故居、莎士比亚故居等，所参观之著名学府则有剑桥大学、牛津大学等，算是"对战后欧洲的政治、经济、文化等作了全面细致的考察"。

归国后撰《欧游心影录》，于民国九年三月刊于上海《时事新报》。收入《饮冰室合集》时删削之，而有所谓《欧游心影录节录》。《节录》分"欧游中之一般观察及一般感想"、"欧行途中"、"伦敦初旅"、"巴黎和会鸟瞰"、"西欧战场形势及战局概观"、"战地及亚洛二州纪行"、"国际联盟评论"、"国际劳工规约评论"凡八章。其中"欧游中之一般观察及一般感想"一章,上篇讲"西学"之破产,下篇讲"中学"之将兴,代表着梁任公第三期思想之典型格局。

上篇述"科学万能之梦"云:"大凡一个人,若使有个安心立命的所在,虽然外界种种困苦,也容易抵抗过去。近来欧洲人,却把这件没有了。为什么没有了呢?最大的原因,就是过信'科学万能'。原来欧洲近世的文明有三个来源,第一是封建制度,第二是希腊哲学,第三是耶稣教。封建制度规定各人和社会的关系,形成一个道德的条件和习惯;哲学是从智的方面研究宇宙最高原理及人类精神作用,求出个至善的道德标准;宗教是从情的意的两方面,给人类一个'超世界'的信仰,那现世的道德,自然也跟着得个标准。十八世纪的欧洲,就是靠这个过活。自法国大革命后,封建制完全崩坏,古来道德的条件和习惯,大半不适于用,欧洲人的内部生活渐渐动摇了,社会组织变更原是历史上常态,生活就跟着他慢慢蜕变。本来没有什么难处,但这百年来的变更却与前不同,因科学发达,结果产业组织从根柢翻新起来。变既太骤,其力又太猛,其范围又太广,他们要把他的内部生活凑上来和外部生活相应,却处处措手不及。……内部生活本来可以凭宗教、哲学等等力量,离去了外部生活依然存在。近代人却怎样呢?科学昌明以后,第一个致命伤的就是宗教,人类本从下等动物蜕变而来,那里有什么上帝创造,还配说人为万物之灵吗?宇宙间一切现象不过物质和他的运动,那里有什么灵魂,更那里有什么天国?讲到哲学,从前康德和黑格尔时代,在思想界俨然有一种权威像是统一天下。自科学渐昌,这派唯心论的哲学便四分五裂。后来冈狄的实证哲学和达尔文的种源论同年出版,旧哲学更是根本动摇。老实说一句,哲学家简直是投降到科学家的旗下了。依着科学家的新心理学,所谓人类心灵这件东西,就不过物质运动现象之一种,精神和物质的对待就根本不成立,所谓宇宙大原则是要用科学的方法试验得来,不是用哲学的方法冥想得来的。这些唯物派的哲学家,托庇科学宇下建立一种纯物质的纯机械的人生观,把一切内部生活、外部生活,都归到物质运动的'必然法则'之下。这种法则,其实可以叫做一种变相的运命前定说,不过旧派的前定说,说运命是由八字里带来或是由上帝注定,这新派的前定说,说运命是由科学的法则完全支配。所凭藉的论据虽然不同,结论却是一样。"①此处"西学破产",是"科学万能"破了宗教、哲学的产,原来信仰的宗教、哲学被彻底"科学化",不再是可信的了。

又云:"不惟如此,他们把心理和精神看成一物,根据实验心理学,硬说人类精神也不过是一种物质,一样受'必然法则'所支配。于是人类的自由意志,不得不否认了,意志既不能自由,还有什么善恶的责任?我为善不过那'必然法则'的轮子推着我动,我为恶也不过那'必然法则'的轮子推着我动,和我什么相干?如此说来,这不是道德标准应如何变迁的问题,真是道德这件东西能否存在的问题了。现今思想界最大的危机,就在这一点。宗教和旧哲学既已被科学打得个旗靡辙乱,这位'科学先生'便自当仁不让起来,要凭他的试验发明个宇宙新大原理。却是那大原理且不消说,敢是各科各科的小原理,也是日新月异,今日认为真理,明日已成谬见。新权威到底树立不来,旧权威却是不可恢复了。所以全社会人心,都陷入怀疑、沉闷、畏惧之中,好象失了罗针的海船遇着风遇着雾,不知前途怎生是好。"②此处"西学破产",是"科学万能"破了自由、道德、权威的产,自由被科学"化掉"了,道德被科学"化掉"了,权威被科学"化掉"了。

"科学万能"之结果,是科学"化掉"了一切,这时候若"科学破产",则就是西洋文化全盘的破产。所以"科学破产"是"西学破产"之关键环节。由"科学破产"而导致"西洋思想"全盘的"矛盾与悲观":"近代

---

① 梁启超:《欧游心影录节录》,《饮冰室合集·专集之二十三》,第10—11页。
② 梁启超:《欧游心影录节录》,《饮冰室合集·专集之二十三》,第11—12页。

的欧洲,新思想和旧思想矛盾,不消说了。就专以新思想而论,因为解放的结果,种种思想同时从各方面迸发出来,都带几分矛盾性。如个人主义和社会主义矛盾,社会主义和国家主义矛盾,国家主义和个人主义也矛盾,世界主义和国家主义又矛盾。从本原上说来,自由、平等两大主义,总算得近代思潮总纲领了。却是绝对的自由和绝对的平等,便是大大一个矛盾。分析起来,哲学上唯物和唯心的矛盾,社会上竞存和博爱的矛盾,政治上放任和干涉的矛盾,生计上自由和保护的矛盾,种种学说都是言之有故,持之成理。从两极端分头发展,愈发展得速,愈冲突得剧,消灭是消灭不了,调和是调和不来,种种怀疑,种种失望,都是为此。他们有句话叫做'世纪末',这句话的意味,从狭义的解释,就像一年将近除夕,大小账务逼着要清算,却是头绪纷繁,不知从何算起。从广义解释,就是世界末日,文明灭绝的时候快到了。"①"西学破产"之关键,不在思想有矛盾,而在矛盾各方之冲突已到"不是你死就是我亡"之境地。

"欧游中之一般观察及一般感想"一章之上篇讲"西学破产",下篇则讲"中学将兴"。下篇名曰"中国人之自觉",就是告诫中国人不要崇洋媚外,不要妄自菲薄,不要看不起自己的文化。这一篇提倡"思想解放",但反对只对"中学"而解放,认为对于"西学"同样要解放,否则就不能谓之"彻底":"提倡思想解放,自然靠这些可爱的青年。但我也有几句忠告的话,'既解放便须彻底,不彻底依然不算解放'。就学问而论,总要拿'不许一毫先入为主的意见束缚自己'这句话做个原则。中国旧思想的束缚固然不受,西洋新思想的束缚也是不受。一种学说到眼前,缀要虚心研究,放胆批评。但这话说来甚易,做到实难。因为我们的学问根柢本来甚浅,稍有价值的学说到了面前,都会发生魔力,不知不觉就被他束缚起来。我们须知拿孔、孟、程、朱的话当金科玉律说他神圣不可侵犯,固然不该,拿马克思、易卜生的话当做金科玉律说他

---

① 梁启超:《欧游心影录节录》,《饮冰室合集·专集之二十三》,第14—15页。

神圣不可侵犯,难道又是该的吗?我们又须知,现在我们所谓新思想,在欧洲许多已成陈旧,被人驳得个水流花落,就算他果然很新,也不能说'新'便是'真'呀!我们又须知,泰西思想界现在依然是浑沌过渡时代,他们正在那里横冲直撞寻觅曙光。许多先觉之士,正想把中国、印度文明输入,图个东西调和。这种大业,只怕要靠我们纔得完成哩!我们青年将来要替全世界人类肩起这个大责任。目前预备工夫,自然是从研究西洋思想入手。一则因为他们的研究方法确属精密,我们应该采用他,二则因为他们思想解放已经很久,思潮内容丰富,种种方面可供参考。虽然,研究只管研究,盲从却不可盲从。须如老吏断狱一般,无论中外古今何种学说,总拿他做供词证词,助我的判断,不能把判断权迳让给他。这便是彻底解放的第一义。"①

梁任公的这个"思想解放论",提出已将近九十年,今天去看,依然还有很强的现实性。我们今天讲"思想解放",还有很多人认为只对"中学"而设,而不对"西学"而设。换言之,我们今天讲"思想解放",还有很多人断定就是"采西学",认定"思想解放"就是"去中学而进西学"。梁任公的说法却不同,他告诉我们"思想解放"是为"中学"而设,同时亦是为"西学"而设;"中学"要批评,"西学"也要批评;"中学"不能盲从,"西学"照样不能盲从。只对"中学"而解放,那是半截子的"思想解放";只有同样对"西学"而解放,那才是"彻底"的"思想解放"。"思想解放"不等于"去中学而进西学"。

梁任公又说:"就德性论,那层解缚的工夫却更费力了。德性不坚定,做人先自做不成,还讲什么思想?但我们这德性,也受了无数束缚,非悉数解放,不能树立。祖宗的遗传,社会的环境,都是有莫大力量,压得人不能动弹。还有个最凶狠的大敌,就是五官四肢,他和我顷刻不离,他处处要干涉我,诱惑我,总要把我变成他的奴隶。我们要完成自己的个性,却四面遇着怨敌,所以坐在家里头也要奋斗,出来到一

---

① 梁启超:《欧游心影录节录》,《饮冰室合集·专集之二十三》,第27—28页。

切人事交际社会也要奋斗。不是斗别人,却是斗自己。稍松点劲,一败涂地,做了捕虏,永世不能自由了。青年人对于种种关头,更是极难通过,因为他生理冲动的作用正在极强极盛时候。把心性功能压住了,所以有时发扬得越猛,堕落得越快。在没有思想的人固不足惜,有思想的人结果得个堕落,那国家元气,真搁不住这种斲丧了。欲救此病,还是从解放着力,常常用内省工夫,体认出一个'真我'。凡一切束缚这'真我'的事物,一层一层的排除打扫,这便是彻底解放的第二义。"①这是"道德"方面的"思想解放":半截子的"解放"是以为"西洋道德"一切皆好,"中式道德"一切当废;"彻底"的"解放",是既不盲从"中式道德",又不盲从"西洋道德",甚至连那个"真我"也不盲从。因循守旧固不对,崇洋媚外更不对。这就是梁任公"彻底"的"思想解放论"。

  下篇之最后一节名曰"中国人对于世界文明之大责任",明确表达这样的观念:"以中化西"乃是中国学人之天职,犹如"以西化中"乃是西洋学人之天职。梁任公说:"以上十二段,我都是信手拈来,没有什么排列组织。但我觉得我们因此反省自己从前的缺点,振奋自己往后的精神,循着这条大路,把国家挽救建设起来,决非难事。我们的责任,这样就算尽了吗?我以为还不止此。人生最大的目的,是要向人类全体有所贡献。为什么呢?因为人类全体纔是'自我'的极量,我要发展'自我',就须向这条路努力前进。为什么要有国家?因为有个国家,才容易把这国家以内一群人的文化力聚拢起来,继续起来,增长起来,好加入人类全体中助他发展。所以建设国家是人类全体进化的一种手段,就像市府乡村的自治结合是国家成立的一种手段。就此说来,一个人不是把自己的国家弄到富强便了,却是要叫自己国家有功于人类全体。不然,那国家便算白设了。明白这道理,自然知道我们的国家有个绝大责任横在前途。什么责任呢?是拿西洋的文明来扩充我的文明,又拿我的文明去补助西洋的文明,叫他化合起来成一种

---

① 梁启超:《欧游心影录节录》,《饮冰室合集·专集之二十三》,第28页。

新文明。"①现今某些学者只是停留于"拿西洋的文明"取代"我的文明",做不到"拿西洋的文明来扩充我的文明",做不到"拿我的文明去补助西洋的文明",更做不到"叫他化合起来成一种新文明"。

梁任公又说:"须知凡一种思想,总是拿他的时代来做背景。我们要学的,是学那思想的根本精神,不是学他派生的条件。因为一落到条件,就没有不受时代支配的。譬如孔子,说了许多贵族性的伦理,在今日诚然不适用,却不能因此菲薄孔子。柏拉图说奴隶制度要保存,难道因此就把柏拉图抹殺吗?明白这一点,那么研究中国旧学,就可以得公平的判断,去取不至谬误了。却还有很要紧的一件事,要发挥我们的文化,非借他们的文化做途径不可。因为他们研究的方法,实在精密,所谓'欲善其事,必先利其器'。不然,从前的中国人那一个不读孔夫子,那一个不读李太白,为什么没有人得着他好处呢?所以我们希望我们可爱的青年,第一步,要人人存一个尊重爱护本国文化的诚意。第二步,要用那西洋人研究学问的方法去研究他,得他的真相。第三步,把自己的文化综合起来,还拿别人的补助他,叫他起一种化合作用,成了一个新文化系统。第四步,把这新系统往外扩充,叫人类全体得着他好处。我们人数居全世界人口四分之一,我们对于人类全体的幸福,该负四分之一的责任。不尽这责任,就是对不起祖宗,对不起同时的人类,其实是对不起自己。我们可爱的青年啊,立正,开步走,大海对岸那边有好几万万人,愁着物质文明破产,哀哀欲绝的喊救命,等着你来超拔他哩!我们在天的祖宗三大圣和许多前辈,眼巴巴盼望你完成他的事业,正在拿他的精神来加佑你哩。"②

"第一步"算不得稀奇,"第二步"算不得稀奇,"第三步"有一定高度;关键是"第四步",要"以儒化西"、"以中化西",这才是梁任公之落脚处,这才是梁任公之气魄,这才是文化建设之根本目标。

---

① 梁启超:《欧游心影录节录》,《饮冰室合集·专集之二十三》,第35页。
② 梁启超:《欧游心影录节录》,《饮冰室合集·专集之二十三》,第37—38页。

梁任公这个"以儒化西"、"以中化西"之立场,其实在民国四年的《孔子教义实际裨益于今日国民者何在欲昌明之其道何由》一文中已露端倪。该文说:"更以近世通行语说明之,则孔子教义第一作用,实在养成人格。读者若稍治当代教育史,当能知英国之教育常以养成人格为主要精神。而英之所以能久霸于大地,则亦以此。而人格之纲领节目及其养成之程序,惟孔子所教为大备,使人能率循之以自淑而无所假于外,此孔子之圣所以为大为至也。问者曰:斯固然矣,然遂得谓实际裨益于今日乎?答曰:社会凡百事物,今大与古异,东亦与西异,独至人之生理与其心理则常有其所同然者存,孔子察之最明,而所以导之者最深切。故其言也,措诸四海而皆准,俟诸百世而不惑。岂惟我国,推之天下可也;岂惟今日,永诸来劫可也。夫古今东西诸哲之设教者,曷尝不于此三致意,然盛美备善则未或逮孔子。故孟子称孔子集大成,而释之以始条理终条理,观其养成人格之教,真可谓始终条理而集大成者也。吾侪诵法孔子,则亦诵法此而已矣;昌明孔子之教,则亦昌明此而已矣。"①"岂惟我国,推之天下可也",这就是"以儒化西"、"以中化西"之气魄;"措诸四海而皆准,俟诸百世而不惑",这就是"以儒化西"、"以中化西"之气魄。这个气魄虽然在"欧游"之前还不那么坚定,但毕竟已经奠基了。

民国九年出版《孔子》一书,认为康德思想不足以释读孔子:"有人拿康德讲的感觉无思想是瞎的,思想无感觉是空的这两句话来解释他,果然如此,那思与学都是用来求智识了。我说不然。孔子说的思,算得是求智识的学问;说的学,只是实行的学问,和智识没有什么关系。……学而不思则罔,是说若只务实行不推求所以要实行之故,便是盲从;思而不学则殆,是说若仅有智识不求实行,便同贫子说金,终久是空。所以两样不可偏废。"②此处反对"以西化中",是认为"中学格局"大于"西学格局","西学"之框架容不下"中学"。

---

① 《饮冰室合集·文集之三十三》,第65页。
② 《饮冰室合集·专集之三十六》,第11—12页。

民国十年撰《历史上中华国民事业之成败及今后革进之机运》一文,认为"中国文化本最富于世界性,今后若能吸收世界的文化以自荣卫,必将益扩其本能而增丰其内容,还以贡献于世界,则二十世纪之中国国民,必在人类进化史上占重要之职役"①。最有"世界主义"眼光之文化,最宜成为"世界文化";中国文化最具"世界主义"眼光,故最宜成为"世界文化"。这就是梁任公"以儒化西"、"以中化西"之理论基础。

该文将"世界主义"定为中华民族之"理想"的第一项内容:"第一,我国民大成功之根本理想,则世界主义也。'国家'一语,有若何特别重大之价值,我国民殆不甚理解。我国伦理之系统,曰修身、齐家、治国、平天下,以个人(身)为起点,以世界(天下)为极量,而国家仅以家族侪伍,同认为进化途中之一过程。故其最乐道者,曰'天下一家',曰'四海兄弟'。其所以汲汲焉务醇化异族者,非认为权利,乃认为义务。盖我先民常觉我族文化之至优美(此感觉是否正当属于别问题),而以使人类普被此文化为己任。凡他族之与我遇者,不导之入于此途,则自觉其悲悯之怀不能遂也。彼但能自进而与我伍,我遂欣然相携而无或歧视,故其义曰'夷狄进于中国则中国之'。所谓国者,绝无界线,惟以文化所被为推移。拥有广漠之国土,殊不以自私,常欲与世界人共之。故以'怀柔远人'为一种信条,招徕异族入居腹地之事,历代数见不鲜。就一时之现象言之,诚不免开门揖盗,数千年来外患之洊臻,未始不坐是。虽然,亦正以其怀抱此种'超国界'的观念,故凡栖托于此土者皆耦俱无猜,徐徐焉受我感被,历岁月而相与俱化。试以校欧洲,彼英、法、德民族,系本同源,以视吾古代诸夏之与荆蛮,其血缘之关系殆尤密切。然彼至今尚裂为三国,我则久已合作为一家。又如奥、匈及巴尔干诸国,对于国内异民族统治问题,至今无正当解决,分裂之势,日甚一日,我则以多数异民族错居,从不发生此问题。盖我国民本

---

① 《饮冰室合集·文集之三十六》,第34页。

见有世界,不见有国家,故凡人类因有国家所受之恶结果,我国民受之殊鲜。虽然,同时人类因有国家所受之良结果,我民受之亦鲜焉。此种世界主义的理想,我国民五千年来,皆恃此为成功之一大根原。及至十九世纪,国家主义成为天之骄子,我国民舍其故步而谋学步焉,与我固有之国民性不相容。学焉未睹其利而先承其弊,于是演一大失败。"① 中国舍弃固有之"世界主义",而迁就暂时得势之"国家主义",犹如婴儿学步,焉能不败!

民国十一年出版《先秦政治思想史》,梁任公再次论及中国政治思想之"世界主义"的信仰:"中国人则自有文化以来,始终未尝认国家为人类最高团体,其政治论常以全人类为其对象,故目的在平天下,而国家不过与家族同为组成'天下'之一阶段。政治之为物,绝不认为专为全人类中某一区域某一部分人之利益而存在。其向外对抗之观念甚微薄,故向内之特别团结,亦不甚感其必要。就此点论,谓中国人不好组织国家也可,谓其不能组织国家也亦可。无论为不好或不能,要之国家主义与吾人夙不相习,则甚章章也。此种'反国家主义'或'超国家主义'的政治论既深入人心,政治实况当然受其影响。以二千年来历史校之,得失盖参半。常被异族蹂躏,是其失也;蹂躏我者非久便同化,是其得也。最后总决算,所得优足偿所失而有余。盖其结果常增加'中国人'之组成分子,而其所谓'天下'之内容,日益扩大也。欧洲迄今大小数十国,而我国久已成为一体,盖此之由。虽然,此在过去为然耳。降及近世,而怀抱此种观念之中国人,遂一败涂地。盖吾人与世界全人类相接触,不过在最近百数十年间,而此百数十年,乃当国家主义当阳称尊之唯一时代。吾人逆潮以泳,几灭顶焉。吾人当创巨痛深之余,曷尝不窃窃致怨于先民之诒我感。然而平陂往复,理有固然,自今以往,凡畴昔当阳称尊之学说,皆待一一鞫讯之后而新赋予以评价。此千年间潦倒沉沦之超国家主义——即平天下主义、世界主义、非向外

---

① 《饮冰室合集·文集之三十六》,第28—29页。

妒恶对抗主义——在全人类文化中应占何等位置,正未易言。"①

民国十二年一月九日,梁任公在南京东南大学作题为《治国学的两条大路》之演讲,再次申述其"以儒化西"、"以中化西"之立场。云:"我们的祖宗遗予我们的文献宝藏,诚然足以傲世界各国而无愧色,但是我们最特出之点,仍不在此。其学为何?即人生哲学是。"②又云:"而欧西则自希腊以来,即研究他们所谓的形而上学,一天到晚,只在那里高谈宇宙原理,凭空冥索,终少归宿到人生这一点。苏格拉底号称西方的孔子,很想从人生这一方面做工夫,但所得也十分幼稚。他的弟子柏拉图,更不晓得循着这条路去发挥,至全弃其师传,而复研究其所谓天之道。亚里斯多德出,于是又反趋于科学,后人有谓道源于亚里斯多德的话,其实他也不过仅于科学方面有所创发,离人生毕竟还远得很。迨后斯端一派,大概可与中国的墨子相当,对于儒家,仍是望尘莫及。一到中世纪,欧洲全部统成了宗教化,残酷的罗马与日耳曼人,悉受了宗教的感化而渐进于迷信。宗教方面,本来主情意的居多,但是纯以客观的上帝来解决人生,终竟离题尚远。后来再一个大反动,便是'文艺复兴',遂一变主情主意之宗教,而代以理智。近代康德之讲范畴,范围更过于严谨,好像我们的临'九宫格'一般。所以他们这些,都可说是没有走到人生的大道上去。直至詹姆士、柏格森、倭铿等出,才感觉到非改走别的路不可,很努力的从体验人生上做去。也算是把从前机械的唯物的人生观,拨开几重云雾。但是真果拿来与我们的儒家相比,我可以说仍然幼稚。"③这是一部典型的"中国视野下"之"西洋哲学史",是典型的"以儒化西"之产物。

民国十二年,梁任公又在南京金陵大学第一中学发表题为《研究文化史的几个重要问题——对于旧著〈中国历史研究法〉之修补及修正》

---

① 《饮冰室合集·专集之五十》,第2—3页。
② 《饮冰室合集·文集之三十九》,第114页。
③ 《饮冰室合集·文集之三十九》,第114—115页。

之演讲,明确以"中式思维"向"西式思维"发起挑战。他列举之三大"西式思维"是:(一)归纳研究法,(二)因果律,(三)进化论。他用作武器之三大"中式思维"是:(一)直觉论,(二)互缘论,(三)循环论。

梁任公以"直觉论"批驳"归纳研究法"云:"归纳法最大的工作是求'共相',把许多事物相异的属性剔去,相同的属性抽出,各归其类,以规定该事物之内容及行历何如。这种方法应用到史学,却是绝对不可能。为什么呢?因为历史现象只是'一躺过',自古及今从没有同铸一型的史迹。这又为什么呢?因为史迹是人类自由意志的反影,而各人自由意志之内容绝对不会从同。所以史家的工作和自然科学家正相反,专务求'不共相'。……因此我想归纳研究法之在史学界,其效率只到整理史料而止,不能更进一步。然则把许多'不共相'堆叠起来,怎么能成为一种有组织的学问,我们常说历史是整个的又作何解呢?你根问到这一点吗?依我看,什有九要从直觉得来,不是什么归纳演绎的问题。这是历史哲学里头的最大关键。"[①]

又以"互缘论"批驳"因果律"云:"我去年著的《中国历史研究法》内中所下历史定义,便有'求得其因果关系'一语。我近来细读立卡儿特著作,加以自己深入反复研究,已经发觉这句话完全错了。……历史为文化现象复写品,何必把自然科学所用的工具扯来装自己门面,非为不必,抑且不可。因为如此便是自乱法相,必至进退失据。……因果律是什么?'有甲必有乙,必有甲才能有乙,于是命甲为乙之因,命乙为甲之果'。所以因果律也叫做'必然的法则','必然'与'自由'是两极端,既必然便没有自由,既自由便没有必然。我们既承认历史为人类自由意志的创造品,当然不能又认他受因果必然法则的支配,其理甚明。……所以历史现象,最多只能说是'互缘',不能说是因果。互缘怎么解呢?谓互相为缘。佛典上常说的譬喻'相待如交

---

① 梁启超:《研究文化史的几个重要问题——对于旧著〈中国历史研究法〉之修补及修正》,《饮冰室合集·文集之四十》,第1—2页。

蘆'，这件事和那件事有不断的联带关系，你靠我我靠你才能成立。就在这种关系状态之下，前波后波，衔接动荡，便成一个广大渊深的文化史海。我们做史学的人，只要专从这方面看出历史的'动相'和'不共相'，倘若拿'静'的'共'的因果律来凿四方眼，那可糟了。"[1]此处对史学中"因果律"之批判，要比卡尔·波普《历史决定论的贫困》(1957)对"因果律"之批判，早出三十四年。

又以"循环论"批驳"进化论"云："孟子说：'天下之生久矣，一治一乱。'这句话可以说是代表旧史家之共同观念，我向来最不喜欢听这句话，因为和我所信的进化主义不相容。但近来我也不敢十分坚持了。我们平心一看，几千年中国历史，是不是一治一乱的在那里循环？何止中国，全世界只怕也是如此。埃及呢，能说现在比'三十王朝'的时候进化吗？印度呢？能说现在比优波尼沙昙成书释迦牟尼出世的时候进化吗？说孟子荀卿一定比孔子进化，董仲舒郑康成一定比孟、荀进化，朱熹、陆九渊一定比董、郑进化，顾炎武、戴震一定比朱、陆进化，无论如何，恐说不去。说陶潜比屈原进化，杜甫比陶潜进化，但丁比荷马进化，索士比亚比但丁进化，摆伦比索士比亚进化，说黑格儿比康德进化，倭铿、柏格森、罗素比黑格儿进化，这些话都从那里说起？又如汉唐宋明清各朝政治比较，是否有进化不进化之可言？亚历山大、该撒、拿破仑等辈人物比较，又是否有进化不进化之可言？所以从这方面找进化的论据，我敢说一定全然失败完结。

"从物质文明方面说吗？从渔猎到游牧，从游牧到耕稼，从耕稼到工商，乃至如现代所有之几十层高的洋楼，几万里长的铁道，还有什么无线电、飞行机、潜水艇……等等，都是前人所未曾梦见。许多人得意极了，说是我们人类大大进化。虽然，细按下去，对吗？第一，要问这些物质文明于我们有什么好处。依我看，现在点电灯、坐火船的人类所过的日子，比起从前点油灯、坐帆船的人类，实在看不出有什么特别

---

[1] 《饮冰室合集·文集之四十》，第 2—4 页。

舒服处来。第二，要问这些物质文明是否得着了过后再不会失掉。中国'千门万户'的未央宫，三个月烧不尽的咸阳城，推想起来，虽然不必像现代的纽约、巴黎，恐怕也有他的特别体面处。如今那里去了呢？罗马帝国的繁华，虽然我们不能看见，看发掘出来的建筑遗址，只有令现代人吓死羞死。如今又都往那里去了呢？远的且不必说，维也纳、圣彼得堡，战前的势派，不过隔五六年，如今又都往那里去了呢？可见物质文明这样东西，根柢脆薄得很，霎时间电光石火一般发达，在历史上原值不了几文钱。所以拿这些作进化的证据，我用佛典上一句话批评他：'说为可怜愍者。'"①

又云："我以为历史现象可以确认为进化者有二：一，人类平等及人类一体的观念，的确一天比一天认得真切，而且事实上确也著著向上进行。二，世界各部分人类心能所开拓出来的'文化共业'，永远不会失掉。所以我们积储的遗产，的确一天比一天扩大。只有从这两点观察，我们说历史是进化，其余只好编在'一治一乱'的循环圈内了。"②此处对"进化论"之批评与对"循环论"之维护，是继章太炎清光绪三十二年提出"俱分进化论"之后，中国学者对于"西式进化论"之又一次强力挑战。

民国十二年一月十三日，梁任公在东南大学又做题为《东南大学课毕告别辞》之讲演，继续申论其"以儒化西"、"以中化西"之立场："因此我可以说为学的首要，是救精神饥荒。救济精神饥荒的方法，我认为东方的——中国与印度——比较最好。东方的学问，以精神为出发点；西方的学问，以物质为出发点。救知识饥荒，在西方找材料；救精神饥荒，在东方找材料。东方的人生观，无论中国印度，皆认物质生活为第二位，第一就是精神生活，物质生活仅视为补助精神生活的一种工具，求能保持肉体生存为已足，最要在求精神生活的绝对自由。精神生活贵能

---

① 《饮冰室合集·文集之四十》，第5—6页。
② 《饮冰室合集·文集之四十》，第6—7页。

对物质界宣告独立,至少要不受其牵掣。……东方的学问道德,几全部是教人如何方能将精神生活对客观的物质或己身的肉体宣告独立,佛家所谓解脱,近日所谓解放,亦即此意。客观物质的解放尚易,最难的为自身——耳目口鼻……的解放。西方言解放,尚不及此。所以就东方先哲的眼光看去,可以说是浅薄的,不彻底的。东方的主要精神,即精神生活的绝对自由。"①以"中学"为药方,去救谁的精神饥荒呢?去救西洋人的精神饥荒,去救因崇洋媚外而造成之中国人的精神饥荒。故我们说梁任公此处之格式是"以儒化西"、"以中化西"的。

民国十六年梁任公讲《儒家哲学》,既论及"儒西并尊",亦论及"以儒化西"。"儒西并尊"之言论有:"这样说来,西洋哲学由宇宙论或本体论趋重到论理学,更趋重到认识论,彻头彻尾都是为'求知'起见,所以他们这派学问称为'爱智学',诚属恰当。中国学问不然,与其说是知识的学问,毋宁说是行为的学问。中国先哲虽不看轻知识,但不以求知识为出发点,亦不以求知识为归宿点。直译的 philosophy,其函义实不适于中国。"②又云:"凡中国哲学中最主要的问题,欧西古今学者皆未研究,或研究的路径不一样。而西方哲学中最主要的问题,有许多项,中国学者认为不必研究,有许多项,中国学者认为值得研究,但是没有研究透彻。"③

"以儒化西"之言论有:"单用西方治哲学的方法研究儒家,研究不到儒家的博大精深处。"④又云:"孔子尝说:'智仁勇三者,天下之达德也'。'知者不惑,仁者不忧,勇者不惧。'自儒家言之,必三德具备,人格才算完成。这样看来,西方所谓爱智,不过儒家三德之一,即智的部分。所以儒家哲学的范围,比西方哲学的范围,阔大得多。"⑤这个"儒

---

① 《饮冰室合集·文集之四十》,第11—12页。
② 《饮冰室合集·专集之一百三》,第2页。
③ 《饮冰室合集·专集之一百三》,第4页。
④ 《饮冰室合集·专集之一百三》,第5页。
⑤ 《饮冰室合集·专集之一百三》,第3页。

大于西"之观察相当重要,可惜长期为学界所忽略。儒讲智、仁、勇三者,西只讲智,这还只是一方面之观察;换一个侧面,我们还会有新的收获。如"智"方面,儒讲"大智",西讲"小智",儒大于西;"仁"方面,儒讲"大仁",西讲"小仁",儒大于西;"勇"方面,儒讲"大勇",西讲"小勇",儒大于西。"死"论亦然,儒讲"大死",西讲"小死",儒大于西;儒讲"大生",西讲"小生",儒大于西。

诸如此类,不胜枚举。再放大视野,看整体之中西思想:中国儒、释、道三家,分别代表德、智、体三条路径,共趋"可久可大"之总目标;而西洋思想只以"智"而成一大系,"德"未成"家","体"亦未成"家"。

第四节 对于"本国文化"之尊敬

梁任公儒学思想之第一步是"以西化儒"、"以西化中";第二步是"儒西并尊"、"中西并尊";第三步是"以儒化西"、"以中化西"。其中贯穿始终之"一根主线",就是对于"本国文化"之尊敬。

在第一阶段,梁任公之"尊中"立场并没有放弃。《变法通议·学校总论》(1896)云:"是故西学之学校不兴,其害小;中学之学校不兴,其害大。西学不兴,其一二浅末之新法,犹能任洋员以举之;中学不兴,宁能尽各部之堂司、各省之长属,而概用洋员以承其乏也。此则可为流涕者也。不宁惟是,中国孔子之教历数千年,受教之人号称四百兆,未为少也。然而妇女不读书,去其半矣;农工商兵不知学,去其十之八九矣。……吾恐二十年以后,孔子之教将绝于天壤,此则可为痛哭者也。"[①]

《变法通义·学校余论》(1896)云:"西人之教也,先学本国文法,

---

① 《饮冰室合集·文集之一》,第18—19页。

乃进求万国文法；先受本国舆地史志教宗性理，乃进求万国舆地史志教宗性理。此各国学校之所同也。"①"本国文化优先"，此为各国学制之"公例"，中国教育何能例外？又云："今日欲储人才，必须通习六经经世之义，历代掌故之迹，知其所以然之故，而参合之于西政，以求致用者为第一等。……今中国而不思自强则已，苟犹思之，其必自兴政学始。宜以六经诸子为经，而以西人公理公法之书辅之，以求治天下之道；以历朝掌故为纬，而以希腊罗马古史辅之，以求古人治天下之法；以按切当今时势为用，而以各国近政近事辅之，以求治今日之天下所当有事。"②此处讲"中经西辅"，亦持"本国文化优先"之立场。

《西学书目表后序》(1896)云："梁启超曰：吾不忍言西学。梁作霖曰：子日与人言西学，曷为不忍言西学？梁启超曰：今日非西学不兴之为患，而中学将亡之为患。……吾尝见乎今之所论西学者矣，彝其语，彝其服，彝其举动，彝其议论，动曰中国之弱，由于教之不善，经之无用也，推其意，直欲举中国文字悉付之一炬。而问其于西学格致之精微有所得乎，无有也；问其于西政富强之本末有所得乎，无有也。之人也，上之可以为洋行买办，下之可以为通事之西奴，如此而已。更有无赖学子，自顾中国实学一无所识，乃藉西学以自大，嚣然曰：此无用之学，我不为之，非不能也。然而希、拉、英、法之文，亦未上口；声光化电之学，亦未寓目。而徒三传束阁，论语当薪，而揣摩风气，撷拾影响，盛气厌人，苟求衣食。盖言西学者，十人之中，此两种人几居其五。若不思补救，则学者日伙，而此类日繁，十年以后将十之六七矣，二十年以后将十八九矣。呜呼！其不亡者几何哉！"③此处忧"中学将亡"，实即忧"中学中理"之将亡。

《论中国之将强》(1897)云："西人之侮我甚矣！……吾请与国之

---

① 《饮冰室合集·文集之一》，第61页。
② 《饮冰室合集·文集之一》，第63页。
③ 《饮冰室合集·文集之一》，第126—127页。

豪杰大声疾呼于天下曰：中国无可亡之理，而有必强之道。……吾闻师之言地运也，大地之运，起于昆仑，最先兴印度。迤西而波斯，而巴比伦，而埃及，渡地中海而兴希腊，沿海股而兴罗马意大利。循大西洋海岸迤北兴西班牙、葡萄牙，又北而兴法兰西。穿海峡而兴英吉利。此千年以内，地运极于欧土，洋溢全洲。其中原之地，若荷兰，若瑞士，若德意志，则咸随其运之所经，而一一浡起。百年以内，运乃分达，一入波罗的海迤东以兴俄，一渡大西洋迤西以兴美。三十年来西行之运，循地球一转，渡大东洋以兴日本。日本与中国接壤，运率甚速，当渡黄海渤海兴中国。而北有高丽，南有台湾，以为之过脉，今运将及矣。东行之运，经西伯利亚达中国，十年以后，两运并交，于是中国之盛强，将甲于天下。昔终始五德之学，周秦儒者罔不道之，其几甚微，其理可信，此固非一孔之儒可以持目论而非毁之者也。"①"地运"之说云云，就是一种信念，对于自己之民族，对于"本国文化"，必须要有这样的信念，否则所谓"民族复兴"，根本无望。

《湖南时务学堂约》(1897)云："呜呼！及今不思自保，则吾教亡无日矣。今设学之意，以宗法孔子为主义。子贡曰：不得其门而入，不见宗庙之美，百官之富。彼西人之所以菲薄吾教，与陋儒之所以自灭其教者，由不知孔子之所以为圣也。今宜取六经义理制度、微言大义，一一证以近事新理以发明之，然后孔子垂法万世、范围六合之真乃见。论语记子欲居九夷，又曰乘桴浮于海，盖孔子教非徒治一国，乃以治天下。故曰：洋溢中国，施及蛮貊，凡有血气，莫不尊亲。他日诸生学成，尚当共矢宏愿，传孔子太平大同之教于万国，斯则学之究竟也。"②妄自菲薄，"自灭其教"，是"中国学者"最错误之一个立场。

《少年中国说》(1900)云："若我少年者前程浩浩，后顾茫茫。中国而为牛为马为奴为隶，则烹脔鞭箠之惨酷，惟我少年当之；中国如称霸

---

① 《饮冰室合集·文集之二》，第11—16页。
② 《饮冰室合集·文集之二》，第28—29页。

宇内,主盟地球,则指挥顾盼之尊荣,惟我少年享之。于彼气息奄奄与鬼为邻者何与焉! 彼而漠然置之,犹可言也;我而漠然置之,不可言也。使举国之少年而果为少年也,则吾中国为未来之国,其进步未可量也。使举国之少年而亦为老大也,则吾中国为过去之国,其澌亡可翘足而待也。故今日之责任,不在他人,而全在我少年。少年智则国智,少年富则国富,少年强则国强,少年独立则国独立,少年自由则国自由,少年进步则国进步,少年胜于欧洲则国胜于欧洲,少年雄于地球则国雄于地球。红日初升,其道大光,河出伏流,一泻汪洋,潜龙腾渊,鳞爪飞扬,乳虎啸谷,百兽震惶,鹰隼试翼,风尘吸张,奇花初胎,矞矞皇皇,干将发硎,有作其芒,天戴其苍,地履其黄,纵有千古,横有八荒,前途似海,来日方长。美哉我少年中国,与天不老! 壮哉我中国少年,与国无疆!"①关键是"来日方长",不能以一时之得失为得失,不能以一地之成败为成败。中国败于西洋,一时一地之败也,如何能谓我中华永远失败。

《中国前途之希望与国民责任》(1911)记梁任公与其友明水先生之对话云:"明水曰:请语吾国民之所长。沧江曰:我国民能以一族数万万人,团结为一个之政治团体(即国家),巍然立于世界上者数千年。此现象在我固习焉不察,未或以为奇。然征诸外国史乘,实欲求伦比而不可得。此非有根基深厚之国民特性,不能俸致也。"②又云:"今如俗论所言,谓中国必亡。夫亡国云者,则必其见亡于他国之谓。若易姓鼎革,不足以云亡也。试问我中国人非僵卧以求人之来亡我,则谁敢亡我者? 又谁能亡我者? 夫使世界上仅有一国能现出一种不可思议之力以鲸吞我,尽消灭我国民性使合于彼,不听则尽薙夷之无孑遗,则中国亡矣。然兹事顾今日所可得睹耶!"③又云:"微论吾国今日未遽

---

① 《饮冰室合集·文集之五》,第 11—12 页。
② 《饮冰室合集·文集之二十六》,第 9 页。
③ 《饮冰室合集·文集之二十六》,第 11 页。

亡也,就令已亡矣,而吾国民尚当有事焉。苟国土而为人占领过半也,则犹当学拿破仑时代之普鲁士人;使国土而分隶于数国也,则犹当学十九世纪中叶之意大利人;使国土而为一强国所并吞也,则犹当学蒙古时代之俄罗斯人,与夫今日之匈牙利人。夫安有以五千年之历史,四万万之子姓,而付诸一往不返者耶!由此言之,则虽中国已亡,而吾侪责任终无可以息肩之时,而况乎今犹可以几幸不亡于数年或十数年间也。夫过此数年或十数年以后,吾侪等是不能息肩也,而艰瘁则又视今日万万矣。"①这就是"中国学者"之天职:国将亡,使其不亡;国既亡,使其复之。不管亡与不亡,"终无可以息肩之时"。不亡,无可以息肩也;亡,无可以息肩也。

《国性篇》(1912)云:"地球开辟以来,生人恒河沙数,而以国名传于史乘者,不过千百。其他或仅成一部落之形焉,或并部落而未能至焉,彼自始无国性以为之结合也。古代泰西之马基顿帝国,中世东方之阿曼帝国、蒙古大帝国,皆甫成而旋毁。中世近世之神圣罗马帝国、日耳曼帝国,皆历纪而不成。即成亦同虚器,皆国性未成熟具足使然也。匈如鲜卑,金源满洲,一入中国,即全失其故俗,及纽解鼎迁,无复故墟之可依,国性不足以自树立也。希腊罗马,当其盛时,文物甲大地,一旦衰落,则同化于异族而靡孑遗。波兰昔霸欧洲,今乃分隶三国,此无他焉,本有至善美之国性而自摧弃之也。土耳其波斯,虽弱而未遽亡,其国性尚薄足以自守也。德意志积百年之力,乃能合联邦为一体,其国性具足之日,即其国家成立之日也。……吾国立国于大地者五千年,其与我并建之国,代谢以尽者,不知几何族矣。而我乃如鲁灵光岿然独存,其国性之养之久而积之厚也,其入人之深也,此不待言而解也。且其中又必有至善美而足以优胜于世界者存也。我先民缔造之艰也,其所以恩我子孙者如此其无极也。今也吾侪为外界所压迫所簸扇,而吾数千年传来国性之基础,岌岌乎若将摇落焉,此吾所为慄

---

① 《饮冰室合集·文集之二十六》,第 39—40 页。

然惧也！"[①]近代以降，辱骂中国人之"国性"者大有人在，惟梁任公坚信中国人之"国性""必有至善美而足以优胜于世界者存也"。

《敬举两质疑促国民之自觉》(1915)云："昔埃及人尝建大国矣，盖在距今四五千年前，而其灭亡亦四五千年于兹矣。今世上虽尚有埃及国，而与古史上最有名之埃及，绝不相蒙也。（自欧战起后埃及宣告独立，实则为英之保护国而已）昔巴比伦人、亚西里亚人尝建大国矣，今除一二碑版流传纪载外，并纤毫之痕迹殆不可见也。昔希腊人曾建大国矣，（马基顿之亚历山大，希腊种也，先统一希腊，乃四征八讨，成大帝国）一英雄造之，其英雄没而其国随以裂也。昔罗马人曾建大国矣，其蕴积最深厚，其发越最光大，而非久遂裂为二，西帝先亡，东帝虽揩挂数百年，卒归于尽，今无复遗蜕也。昔大食人（阿剌伯人）尝建大国矣，其兴也至骤，其亡也至骤，今退婴故囷，不复能自存也。昔蒙古人尝建大国矣，其境土殆占亚欧非三大陆三分之二，今则惟有一二小支派，能以半主国自存于欧洲，其在亚洲者，则荡析不复成邑聚也。昔突厥人（土耳其人）尝建大国矣，今虚号虽尚存，然已日蹙百里，亡可翘足而待也。昔葡萄牙人尝建大国矣，不百年而华离破碎，今仅保其固有之片土也。就中惟波斯人所建之大国，其兴起之年代略与我相先后，今亦岿然尚存，而中间则已屡经吞灭，终未由悉光复旧物，今且与亡为邻也。最奇者则印度人，其民众之繁，其文明之盛，舍我国外，他莫与媲，而数千年来竟未闻有所谓印度国者现于此世，非群部相抟噬，则举族为人役属而已。夫有史以来，世界上之大民族大国家，尽于是矣。其辈行后于我者，若英法德俄等国，将来命运未审如何。我之先辈平辈若埃及巴比伦等，零落久尽，固无论矣。其为我之后辈而为今世诸强国之先辈者，若罗马大食突厥等，其荣华之迹，亦既一逝不复。而我独数千年屹立于此大地，冷眼以观他族之一兴一仆，而我躬依然与日月并明，与江河齐寿。此宁非历史上一大异象，而治群学者一极有兴

[①] 《饮冰室合集·文集之二十九》，第83—85页。

味之疑问耶!"①把中国之"国家史"置于世界之"国家史"背景上,唯有中国有机会冷眼旁观他族之兴亡。犹如生物各有其寿,或一日为一生,或一季为一生,或一岁为一生,或多岁为一生,或无穷为一生;国家之寿亦有长短,或一世而亡,或多世而亡,或既立而不亡。纵观世界史,既立而不亡之国,似乎只有"中国"。

《大中华发刊词》(1915)亦云:"吾之所以博征诸例,胪列国名者,非好为连犿泛滥之辞以熒听也。凡以证明国之不易亡,庶几吾国民外览而内省焉,毋自馁而自弃。呜呼!吾国民乎,以吾侪祖宗所留贻根器之深厚,吾侪所凭藉基业之雄伟,吾侪诚不自亡,谁得而亡我者?不宁惟是,吾侪虽并力以图自亡此国,吾犹信其不能以骤致。盖我祖宗所留贻我之国性,成之固难,毁之亦不易。数千年神功圣德所积累,吾侪不肖,虽以毕生数十年之力斵丧之,余荫犹未尽也。"②这就是中国文化之特质:想"自杀"还未必能成功。他族不可能亡中国;中国欲自亡,也并非易事。

《历史上中华国民事业之成败及今后革进之机运》(1921)云:"试观有史以来所记载,最初之中华民族,其领域几何?春秋号称文化全盛,而诸夏之国,周、鲁、齐、晋、宋、卫、陈、蔡、燕、许、郑,所居者今河南、山东、山西及陕西、直隶之各一部分耳,其间犹有赤狄、白狄、山戎、伊洛之戎、莱夷、淮夷、徐戎等,杂厕错处。此外则自河以西、淮以东、江以南,皆劣等民族栖息之所。若浙、闽、湘、蜀、粤、桂、滇、黔、甘、凉、辽、沈等,更不必论。盖唐宋以后迄未开化者,比比然也。其后东南渐脱蛮风,而中原已沦戎索,展转蹂躏,千余年殆无宁岁。我国民于其间,内之将国内固有之复杂诸族冶为一炉,外之以其文化薰育彼侵入之诸外族,如果嬴之负螟蛉,诏以'似我似我'也。如是孳孳矻矻,经四五千年之岁月,然后亚细亚东陆一片大地,成为'中华国民化'。此一

---

① 《饮冰室合集·文集之三十三》,第41—43页。
② 《饮冰室合集·文集之三十三》,第85页。

片大地中,除中华民族外——国内固有民族包含在内——尚有主要民族四焉。一曰苗族,二曰羌族,三曰匈奴,四曰东胡。

"……我国民能担历尔许艰瘁,自扩大其民族而完成之,就事业本身论,其为一种大成功,固甚易明。究竟此种事业在人类史上有价值否耶?质言之,对于人类全体进化之贡献能认为一种成功否耶?吾敢直答曰:然也!人类进化大势,皆由分而趋合,我国民已将全人类四分之一合为一体,为将来大同世界预筑一极强之基础,其价值一也。凡大事业必由大国民创造,取精用宏,理有固然,征诸史迹,未始或忒。我国民植基既广厚,将来发摅必洪大,其价值二也。夫豫章之木,生七年而后可识,及其参天蔽日,则大厦需梁栋,舍是无择矣。我国民在世界人类史上之地位,正此类也。"①中华民族五千年"孳孳矻矻"之奋斗,竟将全球人类之四分之一抟为一体,屹立于东方而不倒,这本身就是"本国文化"对于人类之无上贡献。中国而外,还没有哪一个民族能做到这一点。

《辛亥革命之意义与十年双十节之乐观》(1921)云:"原来一个国家被外来民族征服,也是从前历史上常有之事。因为凡文化较高的民族,一定是安土重迁,流于靡弱,碰着外来游牧慓悍的民族,很容易被他蹂躏。所以二三千年世界各文明国,没有哪一国不经过这种苦头。但结果这民族站得住或站不住,就要看民族自觉心的强弱何如。所谓自觉心,最要紧的是觉得自己是'整个的国民',永远不可分裂,不可磨灭。例如犹太人是整个却不是国民,罗马人是国民却不是整个,印度人既不是国民更不是整个了。所以这些国从前虽然文化灿烂,一被外族征服,便很难爬得转来。

"讲到我们中国,这种苦头真算喫得彀受了。自五胡乱华以后,跟着什么北魏咧,北齐咧,北周咧,辽咧,金咧,把我们文化发祥的中原,

---

① 梁启超:《历史上中华国民事业之成败及今后革进之机运》,《饮冰室合集·文集之三十六》,第26—28页。

闹得稀烂。后来蒙古、满洲,更了不得,整个的中国完全被他活吞了。虽然如此,我们到底把他们撵了出去,四五千年前祖宗留下来这分家产,毕竟还在偺们手里。诸君别要把这件事情看得很容易啊!请放眼一看,世界上和我们平辈的国家,如今都往哪里去了?现在赫赫有名的国家都是比我们晚了好几辈,我们好像长生不老的寿星公,活了几千年,经过千灾百难,如今还是和小孩子一样,万事都带几分幼稚态度。这是什么原因呢?因为我们自古以来就有一种自觉,觉得我们这一族人像同胞兄弟一般,拿快利的刀也分不开。又觉得我们这一族人在人类全体中关系极大,把我们的文化维持扩大一分,就是人类幸福扩大一分。这种观念,任凭别人说我们是保守也罢,说我们是骄慢也罢,总之我们断断乎不肯自己看轻了自己,确信我们是世界人类的优秀分子,不能屈服在别的民族底下。这便是我们几千年来能彀自立的根本精神。"[1]自信"是世界人类的优秀分子",自信"不能屈服在别的民族底下",这种民族自信心,过去中国人是不曾丢掉的。现在中国人也不该丢掉。

总之梁任公学术思想有分期,但对"本民族"之尊敬没有分期,对"本国"之尊敬没有分期,对"本国文化"之尊敬没有分期,对"本国历史"之尊敬没有分期。吾人左征右引,不厌其繁,目的只在告知当今为学者,尊敬"本国文化"乃是"中国学者"起码之良知。于"本国文化"各美其美,美美与共,乃是"国际惯例",既非保守,亦非骄慢。

第五节 梁启超思想之评价

张昭君《儒学与梁启超文化思想的演进》一文,评梁任公云:"他从

---

[1] 《饮冰室合集·文集之三十七》,第2—3页。

文化的传承性来看待儒家文化,避免了近代化所带来的文化认同危机,纠正了五四'全盘反传统'的偏差,这与现代新儒家可谓异曲同工。"①台湾学者黄克武《梁启超与儒家传统:以清末王学为中心之考察》亦云:"对任公而言,儒家的道德信念,与佛学、墨学、西方科学,以及康德所代表西方伦理哲学的传统,可以融洽地结合在一起,并帮助人们接受进取冒险、权利、自由、自治、进步、合群、尚武等新价值,培育出新时代所需要的新国民。这一思路影响到现代新儒家,并开创出中国传统与西方现代性如何接轨的严肃议题。"②

一谓任公儒学与现代新儒家"异曲同工",一谓任公儒学"影响到现代新儒家",总之都强调任公与"现代新儒家"之关联与相似性。但却忽略了任公与"现代新儒家"最根本的一点区别,就是任公所说之"第四步"(本文称之为"第三步")——以儒化西、以中化西:"把这新系统往外扩充,叫人类全体都得着他好处。"③"存一个尊重爱护本国文化的诚意",现代新儒家是有的;"用那西洋人研究学问的方法去研究他,得他的真相",现代新儒家是有的;"把自己的文化综合起来,还拿别人的补助他,叫他起一种化合作用,成了一个新文化系统",现代新儒家也是有的;唯独最后一步,现代新儒家没有。

换言之,"以西化儒",为梁任公与现代新儒家所共有;"儒西并尊",为梁任公与现代新儒家所共有;然"以儒化西",却是梁任公所独有的。现代新儒学致力于从儒学中"开出"民主与科学,力争"中学"上齐于"西学",顶多就是一个"儒西并尊"之立场,哪里有梁任公"以儒化西"之气魄?从这个意义上说,梁任公与现代新儒学不是"异曲同工",而是"异曲异工";也不是"影响",而是"超越",超越现代新儒家之视野,还"中华文明"一个公道。

---

① 张昭君:《儒学与梁启超文化思想的演进》,《安徽史学》2001年第1期,第37页。
② 黄克武:《梁启超与儒家传统:以清末王学为中心之考察》,《历史教学》2004年第3期,第18页。
③ 梁启超:《欧游心影录节录》,《饮冰室合集·专集之二十三》,第37页。

去世前两年，梁任公讲演《儒家哲学》(1927)，其中之思想也可算得是任公之"晚年定论"了。这"晚年定论"说："为什么要研究儒家道术，这个问题，本来可以不问。因为一派很有名学说，当然值得研究，我们从而研究之，那本不成问题。不过近来有许多新奇偏激的议论，在社会上渐渐有了势力，所以一般人对于儒家哲学异常怀疑，青年脑筋中充满了一种反常的思想。如所谓'专打孔家店'，'线装书应当抛在茅坑里三千年'等等。此种议论，原来可比得一种剧烈性的药品，……所以那些奇论，我也承认他们有相当的功用。但要知道，药到底是药，不能拿来当饭吃，若因为这种议论新奇可喜，便根本把儒家道术的价值抹煞，那便不是求真求善的态度了。现在社会上既然有了这种议论，而且很占些势力，所以应当格外仔细考察一回。"①梁任公一生最重要贡献之一，是阻止各种"新奇偏激"议论之大爆发，阻止各种"反常"思想之大爆发，阻止"五四"以降"全盘反传统"之大爆发。在这一点上，现代新儒家有同样之使命感，但缺乏梁任公那样的力度与高度。

李泽厚把评论之重心放到梁任公思想之第一步，认为其思想之最大贡献是出现在1903年"美游"前："因为本文认为，梁启超上述戊戌时期的功劳，并非他在历史上的主要业绩。我仍然坚持二十年前的一个论点，即：'《时务报》时期，梁氏的政论已风闻一时，在变法运动中起了重要的宣传作用。但梁氏所以更加出名，对中国知识分子影响更大，却主要还是戊戌政变后到1903年前梁氏在日本创办《清议报》、《新民丛报》，撰写了一系列介绍、鼓吹资产阶级社会政治文化道德思想的文章的原故。'……梁在中国近代史上的作用和地位，我以为，主要应根据这一阶段来判定。1898年至1903年是梁启超作为资产阶级启蒙宣传家的黄金时期，是他一生中最有群众影响，起了最好客观作用的时期。时间虽极短，但非常重要。……这广泛而富有成效的启蒙宣传工作是如此不可抹杀，它几乎抵消了梁一生的错误和罪过而有

---

① 《饮冰室合集·专集之一百三》，第6页。

余,因为后者在当时历史上所起的消极作用比不上前者的客观积极作用。"[1]而这个阶段之核心,是引进"一整套资产阶级的世界观、人生观和社会思想"[2],让中国人"从封建文化与资产阶级文化这种对比映照中","更感自己民族的落后","更强烈地燃烧起救国和革命的热情"[3]。

　　1903年"美游"之前,属于本书所说之"第一步",是梁任公思想中"以西化儒"、"以西化中"之阶段。李著认为这个阶段最重要,功劳最大,可以"抵消"其"一生的错误和罪过而有余"。这意味着李著认为第二步之"儒西并尊"、"中西并尊"是不重要的,甚至是"错误和罪过";第三步之"以儒化西"、"以中化西"更是不重要的,更是"错误和罪过"。此种评价就跟本书之评价大有不同:本书以为梁任公之思想"第三步"比"第二步"重要,"第二步"比"第一步"重要;贯穿三步之"一根主线",始终重要。换言之,"以儒(中)化西"最重要,"儒(中)西并重"次之,"以西化儒(中)"最不重要;而贯穿三步之对于"本国文化"之尊敬,则始终重要,不仅是"中国学者"之起码良心,亦是任何国学者之起码良心。

---

[1] 李泽厚:《中国近代思想史论》,人民出版社,1979年,第423—424页。
[2] 李泽厚:《中国近代思想史论》,第427页。
[3] 李泽厚:《中国近代思想史论》,第429页。

结　语

儒(中)学之"观念西化"及其可能前景

儒(中)学之"观念西化",在如此背景下展开:西元19世纪中期以来,儒(中)学在器用层面上,尤其道体层面上之退却,使其在观念层面上之退却,成为可能。在西洋文化之强力冲击面前,不仅儒(中)学之"用"、"器"方面被西化,且其"体"、"道"方面亦被冲垮,儒(中)学失去最强有力之凭借与支柱;儒(中)学退却到如此地步,除了自以为是真理之某些观念外,已经一无所有。

这些观念是儒(中)学最后之避难所,是其借以反击西洋文化之最后一批武器。在这场与西洋文化旷日持久之战斗中,儒(中)学只剩下最后一次机会。儒(中)学必须组织一场最后的、决定自己命运之反击,反击之成败,将决定中华文化未来之走向。

反击之结果,是其在观念层面上又一次大退却。此方面至今为中土学人所津津乐道者,约有如下数端:

首先是自然观念之大退却。退却之结果,是儒(中)学天人合一的有机自然观,让位给西洋天人相分的机械论宇宙观。这被学者视为一种"进步"。儒(中)学曾经假定:(一)自然是有机体;(二)此有机体是一"生命—创造"过程;(三)此自然秩序根据于道德秩序;(四)人作为道德主体是此自然秩序之"参与"者,通过"至诚"而与天地合一。此一整套观念,曾统治中土思想界几千年,今在西洋科学冲击下,突然变得异常生疏、异常遥远、异常不可思议、异常与所谓"现代社会"隔离。

其次是道统观念之大退却。退却之结果,是儒(中)学退化、向后看之历史观念,让位于西洋进化、向前看之历史观念。这亦被学者视为一种"进步"。道统观念是儒(中)学中最顽强、支配中土社会最经久观念之一种,此种观念之基本含义为:(一)时间上,中土社会,甚至人类社会最优美完善之时代,是在三皇五帝时代,尧、舜、禹、周公时代;(二)完善之社会典章制度,系由上述朝代之圣王加孔子(至多再加孟子)所奠定,这些典章制度是各时代治国之标本和蓝图,是立国之根本,是国之体,是历史之核心,万万不能变易;(三)实际历史过程,即是返回此种完美、模仿此种社会状态之过程,历史研究即是得失评价,即是分清哪些符合祖先典章,哪些不符合。

在西洋文化冲撞下,现代中国出现系统之"疑古"热潮,在"道统"观念日益危殆之时,又予"道统"观念以沉重打击。三代历史不可考,证明"道统"不过是神话而已;对现代中国面临之特殊问题,祖先未提供亦无力提供现成答案,谓其已提供只能是假话。如此则中土必得采纳进步、进化等西洋观念。中土之首要任务是富强,欲达此目的,务必冲破祖先之束缚,彻底改造从制度到技术到观念之中土社会。中土历史第一次不是关注过去,而是关注现在与未来,不是向古代退还,而是向未来社会开拓,不是回过头向后看,而是昂首挺胸朝前走。

再次是道德至上观念之大退却。退却之结果,是儒(中)家之道德说教,让位给对行为合理性之追求,道德理性让位给实用理性。这同样被学者视为一种"进步"。"道德至上"曾是儒(中)学之基本信条;不追求行为是否合理,只追求行为是否与传统教导一致,亦曾是儒(中)学之根本观念。而现在,中土一步步迈入近代社会,同时也就一步步远离此种观念。面对列强之枪炮,道德说教软弱无力。

清廷有洞见之大臣想到要办洋务,要制造枪炮以夷制夷,此为道德理性向实用理性让步之第一步。洋务运动失败,更有识之士要对中土制度作调整,此为追求行为合理性之第二步。辛亥革命起,中之人力图完全建立新秩序,对生活与社会作全新改造,终致将传统撇之一旁于不顾。尽管此种步步进逼之对行为合理性的追求,是在被迫情形下完成的,是在列强压力下应付危机之权宜之计,但它毕竟是使中土迈入所谓"近代社会"之根本转变。①

儒(中)学在观念层面上之退却,把中之人推到十分难堪之境地:一方面是中土必须"近代化",必须迅速迈入近代社会,而只有让儒(中)学退却,从器用到道体再到观念完全退却,才有可能实现此目标;另一方面是中华文化必须留存,中之人是在中华文化,特别是儒家文化浸染中长大,若儒(中)学完全退却,失去存在空间,则意味着中土民族心灵失去家园,失去安顿。中之人就此失去安身立命之所,失去赖以自立之精神支柱。

中土要迈入近代世界,就必须放弃心灵之家;要保留心灵之家,便无法真正迈入近代社会。中之人是否只能在此种残酷的"两难选择"中苟延残喘?能否找到一条路,让中之人既成为所谓"现代人",又不至于丧失心灵之家而成"异乡人"?找到如此之路,正是"中土学者"下一个甲子或下两个甲子,必须完成之使命。

著者作为"中土学者"之一员,亦正致力于此。现就目前所得,贡

---

① 以上诸段曾参阅宋开芝、胡传胜及其他作者之相关观点,但仍不全面。除"自然观念"、"道统观念"、"道德至上观念"之三大观念外,儒学在"近代"曾出现"观念全体"之"总退却",至今难以复苏。

献于方家,祈望得到批评。

兹选取"内在关系论"、"大心论"、"功能主义"、"大利主义"、"大知主义"、"大义主义"等几个视角,略略展示儒(中)学在未来之可能前景。

第一节 "内在关系论"可能在未来得到弘扬

"内在关系说"由英哲格林(T. H. Green,1836—1882)提出,布拉德雷(F. H. Bradley,1846—1924)加以发挥,主张每一个体事物均与其他个体事物互为前提,互相影响,构成一有内在关系、关系可以改变关系者性质之有机整体。"机体论者"或"有机论者"常持此种观点。

与之相对者,则为"外在关系说",由英哲罗素(B. Russell,1872—1970)针对布拉德雷而提出,主张关系不改变关系者之性质与面貌,进入关系之关系者与未进入关系前或既退出关系后保持同一,认为只有少数关系属"内在关系",天地万物之间之关系乃是"外在关系"。"多元论者"或"机械论者"常持此种观点。

自人与人之关系、人与物之关系、物与物之关系三方面而观,西洋哲学中主张人与人之关系为"内在关系"者,实在太少,因此种观念与近代以降西洋"个人主义"之主潮相违背。讲"个人主义",就必得承认"个人"之独立与自我决定,个人之生死得失与父母兄弟姐妹无关,更与周遭人等无关,"个人自由"之唯一限制是"他人自由"。可知讲"个人主义",即无法讲"内在关系",因"内在关系"是主张脱离人体之四肢不再是真正之四肢,脱离整体之"个人"不再是真正之"个人"。

如此则个人之得失生死,不仅与父母兄弟姐妹关系密切,不仅与"家庭"关系密切,且与周遭人等同样关系密切。如此则"个人"必得为整体尽义务,为整体而牺牲,并唯有在"义务"与"牺牲"中方能得其"自我"之真正实现。"个人主义"不出现于中土,只因"中式思维"自古即强调人与人之"内在相关";"个人主义"所以横行于西洋,只因近代以降之"西式思维"片面强调人与人之"外在相关"。西洋哲学家少有人讲人与人之间之"内在关系",只因"机体论"不是西洋哲学之主流。

西洋有少数思想家讲人与人之间之"内在关系",有少数思想家讲人与物之间之"内在关系",却几乎找不到思想家讲物与物之间之"内在关系"。西洋文明,尤其近代以降之西洋文明,完全建立在人别于物、人隔于物、人优于物之假定之上,完全建立在如此一种"人本主义"或"人道主义"之上。"人本主义"或"人道主义"只讲"人类中心论",根本不承认人与物处在"内在关系"中,根本不承认"人"只有在对"物"之关系中方能得到"定义",根本不承认"人"脱离"物"便不再是真正意义上之"人",就如不承认脱离人体之四肢不再是真正之四肢、脱离整体之"个人"不再是真正之个人一样。"人本主义"或"人道主义"把"人"推到"物"之对立面,造成"人"之无家可归。

西洋学者常常指责"中式思维"不讲"人本主义",不讲"人道主义",此指责不为错,然其出发点却是错的。他们指责中土,是想证明西洋思想之真、西洋思想之优,是要衬托中土思想之假、中土思想之劣。这个出发点就错了。"中式思维"不讲"人本主义",正是其伟大贡献;"中式思维"不讲"人道主义",正是其伟大贡献。"人"被中土思想定位为"万物中之一物",乃是一正确观念,是一高于、优于西洋思想之观念。

中土思想根本不认为"西式人本主义"是必需的,是正确的,根本不认为"西式人道主义"是必需的,是正确的。中土思想自古即不认为人别于物、人隔于物、人优于物。中之人所谓"天下万物"之"物",是包含"人"在其中的,"人"并非"物"之外、之上之另一种更高级"存在"。

"人"作为"家"之一分子,要尽责于"家";"人"作为"国"之一分子,要尽责于"国";"人"作为"天地"之一分子,要尽责于"天地"。其尽责于"家",就是其"个人"之小实现;其尽责于"国",就是其"个人"之中实现;其尽责于"天地",就是其"个人"之大实现。其以"西式个人主义"之面貌出场,就是其"个人"之"不实现"。

"中式思维"讲天地万物之"内在相关",即是强调人与人之间、人与物之间、物与物之间之三重"不隔",其中又以"物物不隔"重于"人物不隔","人物不隔"重于"人人不隔"。此又为"中式思维"与"西式思维"之一根本区别。王阳明《答顾东桥书》云:"盖其心学纯明,而有以全其万物一体之仁,故其精神流贯,志气通达,而无有乎人己之分,物我之间。""无有乎人己之分",即是强调"人人不隔";"无有乎物我之间",即是强调"人物不隔"。《答顾东桥书》又云:"譬之一人之身,目视、耳听、手持、足行,以济一身之用。目不耻其无聪,而耳之所涉,目必营焉;足不耻其无执,而手之所探,足必前焉。盖其元气充周,血脉条畅,是以痒疴呼吸,感触神应,有不言而喻之妙。"此为王阳明个人之思想,同时又为"中式思维"之核心观念:人人之间、人物之间、物物之间之关系,即是"一人之身"各器官、肢体之间之关系。

目以视为职,但目不会私其视,而是始终为耳之帮助;足以行为职,但足亦不会私其行,而是始终为手之配合。反之亦然。在"有机体"中,各器官、肢体是独立的,同时又是相互救济、相互配合的,且其配合"有不言而喻之妙"。天地万物就是同一"有机体"之器官肢体,各司其职,各营其业,联手"以济一身之用"。此即全部"中式思维"自古以来所求之最高境界,所谓"复性",所谓"刳心",所谓"存理去欲"等等,均是达此境界之某种方式。"以天地万物为一体"、"天地万物一体之仁"、"万物一体之仁"、"上下与天地同流"等等说法,想表达的无非就是此种"有机体"式之"不隔"境界。

王阳明《传习录下》又云:"人的良知,就是草木瓦石的良知。若草木瓦石无人的良知,不可以为草木瓦石矣。岂惟草木瓦石为然,天地无人的良知,亦不可为天地矣。盖天地万物与人原是一体,其发窍之最精处,是人心一点灵明。风、雨、露、雷、日、月、星、辰、禽、兽、草、木、山、川、土、石,与人原只是一体。故五谷、禽兽之类,皆可以养人;药、石之类,皆可以疗疾。只为同此一气,故能相通耳。"此处不仅论及人与草木禽兽之"不隔",更论及人与瓦、石、风、雨、露、雷、日、月、星、辰、山、川、土等等之间,以及它们互相之间之"不隔"。从"人人不隔"上升到"人物不隔",再从"人物不隔"上升到"物物不隔",且"人人不隔"与"人物不隔"均源于"物物不隔",均以"物物不隔"为依据,为原则。这就把"中土思想"提升到"西洋思想"难以企及之高度。

在理论上,吾人可拿"内在关系说"释读"宇宙共同体",亦可拿"外在关系说"释读"宇宙共同体"。然唯有前一种释读,方能表现中土哲学之精神:"中式思维"自始即认一切关系均为"内在关系",进入此"宇宙共同体"之"外物",不可能再是本来意义上之"外物";换言之,所谓"外物"根本不存在,是"物"就不可能"外"。进入此"宇宙共同体"之"世界",不可能再是"纯粹独立"之"世界";换言之,所谓"独立",所谓"客观",根本不存在,是"世界"就不可能"独立",是"世界"就不可能"客观","世界"只可能是"我们之世界"。在此"宇宙共同体"中,吾人找不到所谓"本来之外物",找不到所谓"外物本身本来之样子"。"中式思维"下之"宇宙",是一个"内在的"共同体,是一个"内关系式"之共同体:天地万物互依互靠,互致影响于对方,牵一发而动全身;各部分是个体,同时又是全体,无不通体相关,全息相关。

"中式思维"以"内在关系说"释读宇宙,讲"人人不隔",讲"人物不隔",尤讲"物物不隔",此套观念可能在未来得到弘扬。原因很简单,唯"内在关系之宇宙"方为"真实之宇宙","外在关系之宇宙"完全是假设。

第二节 "大心论"可能在未来得到弘扬

人类思想史上有所谓"人类中心论"(anthropocentrism),那是西洋之"特产",完全与"中式思维"无关。就宗教学意义上说,"人类中心论"与西洋之"地球中心说",联系在一起。西洋中世纪经院哲学与神学,就曾立足于圣经式之托勒密宇宙论,来讲"人类中心",认为人是宇宙之中心,地球是宇宙之中心,世界是上帝为人而创造,是"为人的"存在。

从哲学角度说,西洋哲学中至少有三类命题可为"人类中心论"之代表:一类是古希腊哲学家普罗泰戈拉式之"人是万物的尺度",一类是德国哲学家康德式之"人为自然立法",一类是康德式之"人是目的"。

"人是万物的尺度",是一存在论命题,全文是:"人是万物的尺度,是存在者存在的尺度,也是不存在者不存在的尺度。"人凭什么可成为尺度呢?普罗泰戈拉以为是凭"感觉",能进入人之感觉者即是存在,不能进入人之感觉者即是不存在。黑格尔称赞此命题为一"伟大的命题"。与此相类,因而同样"伟大"之命题,尚有法国哲学家笛卡尔之"我思故我在",不过它以为"我"之所凭不是"感觉",而是"思想"。此命题告诉吾人,一切东西之存在均可怀疑,如感觉之存在、天地之存在、自己身体之存在、数学与逻辑真理性之存在等等,惟有一样东西不可怀疑,即"我在怀疑"或"我在思想"。"我在怀疑"或"我在思想"既不可怀疑,则"我存在"就是确定无疑者。"我在"与"我思"总是一致,总是不可分割,故"我思故我在"即可作为全部哲学确实可靠之基点。由此逻辑推论,则"我"之外一切"不思"或"不能思"者之存在,就成为"可疑"者。黑格尔亦称赞此命题为"转移近代哲学兴趣之枢纽"。

"人为自然立法",是一知识论命题,康德之《纯粹理性批判》即是为证明此命题而作。它以为"自我"不是认识之对象,而是认识对象所以成立之理由,所以成立之先决条件;它以为没有"自我",就没有知识,亦就没有知识之对象。此即所谓"人为自然立法",此即所谓西人津津乐道之"哥白尼式的革命"之核心。

"人是目的"是一价值论命题,由康德《道德形而上学原理》所提出。核心内容有两项:宇宙中人所希望与控制之一切东西,均只是手段,唯有人是"自在之目的";人于行动时不但应视自己为目的,且应视他人为目的,而非手段。简言之,人是目的,应该而且必须;天地万物是手段,应该而且必须。康德以为此命题乃是普遍必然适用于任何道德准则之先验原则,以为此命题乃是具有绝对价值者,故名之曰"绝对命令"。感性之人也许会把他人作为满足自己欲望之主观目的与手段,但理性之人在作为目的一点上,却是一律平等者。西洋哲学家常高度评价此一命题,认为它反映了康德伦理学中"积极的人道主义思想"。

从存在论之角度说,人是万物存在与不存在之尺度;从知识论之角度说,人是现象世界秩序之赐予者;从价值论之角度说,人是唯一目的,其他一切均只是手段。此即西洋"人类中心论"之基本哲学内涵,是从哲学角度观察所得"人类中心论"之基本面貌。

以此反观"中式思维",则知"中土思想"与"人类中心论"根本不能兼容,以"人类中心论"释读"中土思想",根本不通。中土哲学家讲"人为天下最灵",此"灵"完全无"中心"之意;中土哲学家讲"人最为天下贵",此"贵"完全无"中心"之意;中土哲学家讲"人者天地之心",此"心"亦完全无"中心"之意。

张载《正蒙·大心》之核心,是"大其心",就是扩大心胸,放大胸怀。"大其心,则能体天下之物",不仅没有"自我中心"之意,且是明确反对"自我中心"的:"以我视物,则我大;以道体物我,则道大。故君子之大也,大于道;大于我者,容不免狂而已。""以我视物",那是"西式思维",在"西式思维"中只有"我大",没有"天地万物之大";"以道体物我",那是"中式思维",在"中式思维"中只有"道大",只有"天地万物之大",根本就没有"我大",根本就没有"人大"(即"人类中心论")。"我大"或"大于我",那是"自我中心",那是"小人之大",那是狂人之呓语;"道大"或"大于道",那是"反自我中心","反人类中心",那是"君子之大",那是"真正之大",那是"真大"。可知张载"大心"之"心",不仅绝非"中心",不仅明确反对"自我中心",且明确反对"人类中心"。

《朱文公文集》卷六十七载朱熹《尽心说》,提出"人之本心其体廓然亦无限量"之命题,显然亦非"人类中心论"之思维:"尽心"之目标是要突破"自我中心",而达至"非自我中心";"即事即物穷究其理"之目标,亦是要突破"自我中心",而达至"非自我中心"。

中土哲学家专门挑出一"心"字来,反复讨论,目标就是要打破"自我中心",进而打破"人类中心";中土哲学家重视此"心"字,意图就在打破"自我中心",进而打破"人类中心"。中土哲学家亦承认"自大"乃所有生命之自然倾向(一如康德认定"追问本体"乃人之自然倾向),但对于"大"之内涵,却有完全不同于西洋同行之理解。他们以为人之伟大不在以"小我"傲视"大我",而在融"小我"到无穷无尽之"大我"中,少融少伟大,多融多伟大,完全彻底融入者则即是"大人",即是"圣人",完全彻底不融入者就是"小人",就是"禽兽"。

"中式思维"以为人类之"大",不在"自大",而在"大物";不在"大我",而在"忘我"。此之谓"大公无私"。故陈白沙《赠彭惠安别言》讲"忘我而我大,不求胜物而物莫能挠",曾国藩《曾胡治兵语录·治心》讲"彼其视民胞物与,宏济群伦,皆事天者性分当然之事,必如此乃可谓之人,不如此则曰悖德,曰贼",均明白斥责"自我中心"、"人类中心"乃"贼之言",而非"人之言"。此亦"中式思维"对于"人"与"贼"之一基本区分。

总之在"中式思维"格局下,"自大"非大,"大物"乃大;"自我膨胀"非大,"自我克制"乃大;天地万物以"我"为转移非大,"我"以天地万物为转移乃大;以"大我"屈从于"小我"非大,以"小我"屈从于"大我"乃大;脱离自然非大,融入自然乃大。西洋哲学试图通过构建"自我中心论"、"人类中心论"彰显人之伟大,试图通过"自大"、"我大"彰显人之伟大;中土哲学则反其道而行之。

"中式思维"反对"人类中心论",倡导"道大"、"物大",此套观念亦可能在未来得到弘扬,因为一个"以天地万物为目的"之文明总应比一个"以天地万物为手段"之文明更有生命力。

第三节 "功能主义"可能在未来得到弘扬

"本质主义"(essentialism)亦为西洋之"特产"。英国雷丁大学哲学系教授安东尼·弗卢(Antony Flew)《新哲学词典》认为其有"三种不同含义":(一)柏拉图哲学中作为物理对象之摹本的抽象实体(存在之学说);(二)作为事物之本质属性,如"两足行走"之作为人的本质属性;(三)在亚里士多德及洛克哲学中作为"名义本质"之根据或原因的"实在本质",如洛克所谓与色、声、味、冷、热、软、硬等"第二种性质"相对应之广延、形相、数目、运动、静止等"第一种性质"。

与"本质主义"相关之另一概念,是"基础主义"(foundationalism),主张真理是命题与事实一致,以事实为基础。认定词之意义虽可通过与其他词之"关系"得到解释,但其意义之终极源泉依然来自"基础";认定"关系"背后一定有一"基础",作为"关系"之支撑。

此外还有"原子主义"(atomism),亦与"本质主义"相关。"原子主义"认为物质由原子构成,相信物体之宏观属性取决于,且可被解释为一组基本"元素"之排列,认为物质有生灭,而"原子"无生灭。"原子主义"之表现形态有留基波、德谟克利特之"古典原子论",十七世纪伽桑狄、波义耳、洛克之"微粒论哲学",现代科学中之"粒子说"等。

此外还有"绝对主义"(absolutism),亦与"本质主义"相关。此种观点在古希腊爱利亚学派,表现为把存在绝对化,以其为唯一、不生不死、永不变化,同时否定"非存在"之存在。在柏拉图哲学中,表现为把理念及关于理念之知识绝对化,视理念为"绝对存在",为事物之"绝对本质"。在中世纪经院哲学中,表现为视《圣经》为唯一、绝对真理,视上帝为"绝对最初存在者"(托马斯·阿奎那),视宇宙或神为"绝对极大"或"绝对本质"(库萨的尼古拉);视宇宙或神为"绝对本原"(布鲁诺)。在笛卡尔哲学中,表现为视上帝为"绝对实体",认为这是心灵、物质实体之依赖与基础。在斯宾诺莎哲学中,表现为视自然或神为唯一、不变之"绝对无限实体",一切具体事物均依赖之。在牛顿哲学中,表现为视时间、空间、运动等为"绝对",与具体即相对时空运动相对立。在莱布尼兹哲学中,表现为视上帝为绝对完满、绝对无限。在康德哲学中,表现为视理念为绝对,为无条件,视心灵为包含思维主体之"绝对统一",世界为包含客观现象之"绝对统一",上帝为包含思维全部对象所有条件之"绝对统一"。在谢林哲学中,表现为派生万物之"绝对同一",统一思维与存在、主体与客体之无差别的同一。在黑格尔哲学中,表现为讲"绝对理念"、"绝对精神"、"绝对真理"、"绝对哲学"、"绝对唯心主义"。现代西洋哲学中出现非理性主义与直觉主义,但依然未放弃"绝对主义",认为直觉可达事物之"终极本质",穷尽"绝对真理",认为现象学还原之方法可达"永恒不变之真理"(胡塞尔)等。

奥地利哲学家维特根斯坦(Ludwig Wittgenstein,1889—1951),早期走西洋哲学之"本质主义"老路,倡导所谓"逻辑原子主义";后期幡然醒悟,走上坚决彻底背叛"本质主义"之路。其所批判之"本质主义",就包含绝对主义、基础主义、原子主义、科学主义等。① 维氏之转向,实际上是"自西向东转",转向东方哲学,转向中土哲学:其后期倡导"反本质主义"之核心观念——"家庭相似"(family resemblance),所采纳之思维,即完全同于中土"五行配五"之格式。以中土"五行配五",释读西洋"家族相似",或以西洋"家族相似",归入中土"五行配五",将是比较哲学中一极有前景之话题。

若谓"本质主义"(含基础主义、原子主义、绝对主义、科学主义等)乃西洋哲学之核心,则"功能主义"(含关系主义、随性主义、职司主义、函数主义、相对主义等)即是中土哲学之核心。"本质主义"代表着"西式思维","功能主义"代表着"中式思维"。中土哲人只讲"职司主义",只讲"功能主义",不讲"基础主义",不讲"本质主义":他们认定天地万物各有其职司或功能,此职司或功能之背后,不存在所谓唯一、绝对、不变之"基础";完成此职司或功能,即是天地万物各自之使命;它们完成此职司或功能,即是完成它们"自己",即是完成西人所谓"自我实现"。

"中式思维"不仅是一种"职能(function)先于存在(existence)"之哲学,不仅是一种"职能决定性质(character)"之哲学,且更是一种"只讲职能不讲存在"之哲学,是一种"化存在为职能"、"化本质为关系"、"化基础为性质"之哲学。先有"视"之职能,后有"目"之存在与"目"之本质;先有"善"之职能,后有"人"之存在与"人"之本质;先有"生"之职能,后有天地万物之存在与天地万物之本质。无有某项职能,便无有某种存在;无有某种功能,便无有某种实体;无有某项关系,便无有某种基础。

离开某项职司,天地万物没有自己之"本质",也没有存在之理由;离开某种功能,天地万物没有自己之"基础",亦没有存在之理由。功能先于存在,职司先于实体,关系先于基础,此乃中土哲人之"共识";功能不依赖于存在,职司不依赖于实体,关系不依赖于基础,此乃中土

---

① 参张志林、陈少明:《反本质主义与知识问题——维特根斯坦后期哲学扩展研究》,广东人民出版社,1995年。

哲人之"共识";可以有功能而无存在,可以有职司而无实体,可以有关系而无基础,此乃中土哲人之"共识"。

所有这些"共识",均是"西式思维"与西洋哲学之对立面,其根本理论基础,是"机体论"或"有机论":就"人身机体"而言,耳、目不能自存,其必依"人身机体"而存;就"社会机体"而言,个人不能自存,其必依"社会机体"而存;就"宇宙机体"而言,天地万物不能自存,其必依"宇宙机体"而存。然其中"人身机体"又非为人之基础,反赖耳目行其职司而得实现;"社会机体"又非为个人之基础,反赖个人行其职司而得实现;"宇宙机体"又非为天地万物之基础,反赖天地万物行其职司而得实现。在"人身机体"中,耳、目又各为独立机体;在"社会机体"中,个人又各为独立机体;在"宇宙机体"中,天地万物又各为独立机体。此即中土功能主义之人生观、功能主义之社会观、功能主义之宇宙观,它已完全突破西洋"本质主义"之框架。

颜元《四书正误》卷一说:"知无体,以物为体,犹之目无体,以形色为体也。故人目虽明,非视黑视白,明无由用也;人心虽灵,非玩东玩西,灵无由施也。""视黑视白"即是功能,即是职司,即是关系,离开这些东西,根本无所谓"目";"玩东玩西"即是功能,即是职司,即是关系,离开这些东西,根本无所谓"心"。同理,离开"化",根本无所谓"天";离开"育",根本无所谓"地";离开"参化赞育",根本无所谓"人";离开"生生",根本无所谓天地万物。

知以"物"为职司,故自物获得其存在与基础;目以"形色"为职司,故自形色获得其存在与基础;心以"灵"为职司,故自灵获得其存在与基础。同理,天以"化"为职司,故自化获得其存在与基础;地以"育"为职司,故自育获得其存在与基础;人以"参化赞育"为职司,故自参化赞育获得其存在与基础;天地万物以"生生"为职司,故自生生获得其存在与基础。总之一句话,存在通过功能而得,实体通过职司而得,基础通过关系而得。此即中土哲人之"共识",此即"中华共识"。

"中式思维"固持"功能主义",固持"职司主义",固持"函数主义",固持"相对主义",固持"随性主义",此套观念亦可能在未来得到弘扬,因为"关系主义"可接纳"基础主义"为其环节或特例,然"基础主义"却无力容纳"关系主义"于自身。

第四节 "大利主义"可能在未来得到弘扬

西洋"功利主义"(utilitarianism)哲学家谈论"功利"之视野,非常狭隘。"义"对于"利"来说只是工具,如穆勒《功利主义》云:"对于功利主义原理来说,幸福是值得渴望的,也是唯一作为目的值得渴望的东西;其他任何东西如果说值得渴望,那也仅仅是作为实现幸福这一目的的手段。"[1]"动机"对于"结果"来说只是工具,如边沁《道德与立法原理导论》云:"没有任何一种动机,其本身是坏的。"[2]"利他"对于"利己"来说只是工具,如边沁《道德与立法原理导论》云:"组成共同体的个人的幸福,或曰其快乐和安全,是立法者应当记住的目的,而且是唯一的目的。"[3]穆勒《功利主义》亦云:"人们只需关注私人功利即少数人的利益或幸福就足矣"。[4] "利物"对于"利人"来说只是工具,如穆勒《功利主义》讲到"人类整体利益"[5],讲到"全体人类"[6],就是不讲"利物";在其理论框架中,"利物"作为"利人"之手段的地位,都没有得到。

中土亦有讲"功利"之哲学家,然中土哲人讲"功利",却有一个比

---

[1] 穆勒:《功利主义》,叶建新译,九州出版社,2007年,第81页。
[2] 边沁:《道德与立法原理导论》,时殷弘译,商务印书馆,2000年,第151页。
[3] 边沁:《道德与立法原理导论》,第81页。
[4] 穆勒:《功利主义》,第45—47页。
[5] 穆勒:《功利主义》,第41页。
[6] 穆勒:《功利主义》,第121—131页。

西洋"功利主义"更宽广之视野。义与利之关系方面,中土有主张以义为目的,不以利为手段者,如孔子、孟子、朱子之流;有主张以义为目的,可以利为手段者,如荀子、张载、程伊川之流;有主张以义为目的,必以利为手段者,如李觏、陈亮、叶适、颜元之流。讲来讲去,义始终是目的;讲来讲去,利始终是手段。以利为目的,为依归,为人生奋斗目标,此在"中式思维"中不能成立。

没有一个中土哲人像西洋同行那样,主张以利为目的而以义为手段。叶适《习学记言》讲"既无功利,则道义乃无用之虚语耳",落脚点在"道义"而不在"功利";颜元《四书正误》讲"以义为利,圣贤平正道理也",落脚点在"义"而不在"利";《颜习斋先生言行录》讲"盖正谊便谋利,明道便计功,是欲速,是助长,全不谋利计功,是空寂,是腐儒",落脚点还是在义,"助长"是助长义而非助长利。叶适、颜元诸人是中土"极端言功利"者,他们且不以义为手段,可知其他哲人亦绝不敢言。

动机与效果之关系方面,中土哲学人几乎是清一色一边倒:动机重于效果,"志"重于"功"。可说中土伦理体系,根本上就是一个"动机主义"之伦理体系,所取之立场,与西洋"功利主义"刚好相反。《盐铁论·刑德》倡导"志善而违于法者免,志恶而合于法者诛",此"论心定罪",是一种"极端动机主义"。王充《论衡·定贤》讲"志善不效成功,义至不谋就事",又讲"治不谋功,要所用者是,行不责效,期所为者正",倡导效果可责但不必责,是一种"温和动机主义"。朱熹《答陈同甫》鄙薄汉唐,斥唐太宗"无一念之不出于人欲",亦是立于"动机主义"之立场。中土哲人讲"动机",有程度之区别,然决无一人主张"不论动机,只问效果"。

在"利己"与"利他"之关系方面,中土哲人亦遵循同样之逻辑:"利他"永远先于"利己","利他"永远高于"利己","利他"永远是目的而非手段。西洋"功利主义"提出一个"最大多数最大幸福"之命题,惑人无数,以为他们真是一批"利他主义者"。其实"最大多数最大幸福",是服从于"利己"之目标的,所以必讲前者,只因不讲前者便无以实现后者。就如农人养猪,农人所以精心饲养,与猪交好,只为杀它过年,决不以养为目的。西洋"功利主义"讲"最大多数最大幸福",原理同于农人养猪。边沁主张"利己之兼有利他",利己是目的,利他是手段。穆勒主张"纯粹之利他亦能在快乐论中成立"[①],同样是以利己为目的,以利他为手段。

中土哲人则不然,利己不仅不是目的,甚至连手段也不是。也就是说,中土哲人言功利之极端,是完全不讲"利己",是完全彻底之"利他主义"体系。如《墨子·兼爱上》就把父子之间父之"自利"与子之"自利"视为"乱",把兄弟之间兄之"自利"与弟之"自利"视为"乱",把君臣之间君之"自利"与臣之"自利"视为"乱"。"亏父而自利"是"乱","亏子而自利"同样是"乱";"亏兄而自利"是"乱","亏弟而自利"同样是"乱";"亏君而自利"是"乱","亏臣而自利"同样是"乱"。总之在墨子之思维中,"自利"与"自爱"均不好,他强调"利他"与"爱他"。"利他"就是"兼利","爱他"就是"兼爱",墨子特别重视"兼"字,要求士成为"爱人利人"之"兼士",要求君成为"先万民之身后为其身"之"兼君"。

《墨子·小取》甚至提出完全不讲"爱己利己"之"周爱人"理想:"爱人,待周爱人,而后为爱人,不爱人,不待周,不爱人,因为不爱人矣。""爱己"或"自爱"不在讨论之列。仅就"爱人"一层而言,必先"周爱人",然后才能真正实现"爱人"。中土哲人所追求者,是"最大多数最大爱",而非"最大多数最大功利(幸福)"。"中式思维"着力于不讲"利"之"爱他主义",讲"利"时着力于最大限度之"利他主义",强调个人价值通过付出与牺牲来实现,强调个人先尽责于天地,次尽责于国家民族,次尽责于家庭,最后一步才是尽责于身,尽责于己。"利己"是不讲的,以"利他"为实现"利己"之手段,也是不讲的。

---

① 张东荪:《道德哲学》,上海:中华书局,1931年,第99页。

在"利物"与"利人"之关系方面，中土哲人同样强调"利物"先于"利人"，"利物"高于"利人"。此处"利人"是就"人类全体"而言，比西洋"功利主义"所谓"最大多数"还要多。以人为唯一目的，以天地万物为手段，此为西洋最大哲学家康德明白提出，其《道德形而上学原理》给出一条"绝对命令"，叫做"人是目的"，内涵包括：（一）宇宙中人所希望和控制之一切东西均只是手段，唯有人是"自在的目的"；（二）人在行动时不可以视自己为手段，亦不可以视他人为手段，但可以视"万物"为手段。西洋"功利主义"接受了此条"绝对命令"，认定有利于人者，即好，即善；不利于人者，即坏，即恶；其他生灵乃至天地万物，均只是人类求乐求利之工具。

中土哲人讲"功利"却遵循着另一条"绝对命令"：一行为为善，当且仅当它有利于人类，同时有利于天地万物；一行为为善，当且仅当它先有利于天地万物，然后有利于人类。如《墨子》讲利，就总是"三利"并举，《天志上》讲"上利于天，中利于鬼，下利于人"，《天志中》讲"上利乎天，中利乎鬼，下利乎人"，《天志下》讲"上利天，中利鬼，下利人"。"天"即是天地万物，"鬼"即是其他生灵，"人"即是人类，讲功利可以，但必先讲天地万物之功利，次讲其他生灵之功利，最后讲人类之功利。照此次序去讲，就是"三利无所不利"；不照此次序去讲，就是"三不利无所利"。以"利他"为"利己"之手段，墨子叫"贼人以利其身"或者"乱异家以利其家"、"攻异国以利其国"；以"利物"为"利人"之手段，《墨子·兼爱上》叫"贼物以利其人"或者"天下之乱物"。

中土哲人始终把功利问题，放到"宇宙背景"上来考量，绝非仅局限于人类。局限于人类而谈功利，被《墨子·天志上》斥为"知小而不知大"，只讲人类之"小利"，不讲天地万物之"大利"："然而天下之士君子之于天也，忽然不知以相傲戒，此我所以知天下士君子知小而不知大也。"不敬畏天地万物，不关照天地万物，以"万物"为手段与工具，就是"知小而不知大"。"知大"就是不放弃此"宇宙背景"。

此"宇宙背景"不仅墨子讲,汉代董仲舒,晋代傅玄,北宋张载、李觏,南宋胡宏等等,都讲。如被视为中土"功利主义"之核心人物的李觏,其《易论十三篇》就强调"志在济物"、"大则无物不包",其《删定易图序论》强调"元以始物,亨以通物,利以宜物",总之始终以"利物"为功利之最后依归,而不主张"不利物",更不主张以"利物"为工具与手段。

"中式思维"之全体,均立于"宇宙背景"而构建:立于"宇宙背景"而论人,故倡"大人"之说;立于"宇宙背景"而论仁,故倡"大仁"之说;立于"宇宙背景"而论智,故倡"大智"之说;立于"宇宙背景"而论美,故倡"大美"之说。同理,立于"宇宙背景"而论"利",故倡"大利"之说。"大利"即是先讲"利物",后讲"利人";"大利"即是先讲"利他",后讲"利己";"大利"即是不讲"利",只讲"爱"。

讲功利要"际天人",讲一切都要"际天人",扬雄《法言·君子》谓此为"通天地人曰儒",邵雍《皇极经世·观物外篇下》谓此为"学不际天人,不足以谓之学"。西洋"功利主义"论功利,只讲人,不"际天人",故在"中式思维"看来,"不足以谓之学"。

"中式思维"反对以"义"为求"利"之手段,反对以"动机"为求"结果"之手段,强调动机至上,反对以"利他"为"利己"之手段,反对以"利物"为"利人"之手段,只讲"大利",不讲"小利",或者先讲"大利",后讲"小利",始终不离"宇宙背景"讲功利,讲一切。此套观念亦有可能在未来得到弘扬,在"生态危机"之今日,尤其如此。

第五节 "大知主义"可能在未来得到弘扬

西洋哲人以讲"认识论"(epistemology)或"知识论"(theory of knowledge)为荣,以为那是西洋之独创。其实中土哲人也讲"知识论",且所讲为"大知识论"。

"西式知识论"只讨论知识之本质与起源、知识之范围与限度、知识之可靠性等"知识内部"问题;20世纪出现"知识社会学"(sociology of knowledge),始在一定程度上关注到知识与社会之关系、知识所受社会制约等问题。但还很不够。"知识"乃是"多元制约"之结果:它受人体之生物学上的制约,研究之可有"古典知识论";它受人所处社会之社会学上的制约,研究之可有"知识社会学";它受传统、文化、历史等之制约,研究之可有"知识文化学";它受"经济人"之经济学上的制约,研究之可有"知识经济学";扩而言之,还可有"知识人种学"、"知识民族学"、"知识政治学"、"知识语言学"等等。

若谓"古典知识论"是探讨知识之本质与起源、知识之范围与限度、知识之可靠性等"知识问题"的一条路,则"知识社会学"等等,就是探讨"知识问题"之另一些路。此路有很多条,理论上可以无限;不能说"古典知识论"之路,即是唯一之路。也就是说,"知识论"可有很多种,不能说"西式知识论"就是唯一之"知识论"。从生物学之制约而论知识,还只是极小之圈;从社会学之制约而论知识,还只是稍大之圈。此种"知识论",吾人可名之曰"小知识论"。

与之相应者,是"中式知识论",是"大知识论",其目标是要"综合而观",就是综合生物学、政治学、社会学、人类学、天文学、气象学、地理学、生物学、文学艺术等等之知识,而对"知识问题"作一贯穿之考察,告诉读者,何以伦理学上之"信"可以和地理学上之"北"相应,何以物理学上之"绿"可以和数学上之"八"相应,何以天文学上之"太白"可以和认知方式上之"言"相应,何以建筑学上之"圆形"可以和气象学上之"秋"相应,等等。此种"大知识论",乃是一"无限开放"之系统,是探讨"知识问题"之最大圈。

西洋"小知识论"习惯于将世界分成"现象"与"本体"两块,故在西洋哲人眼中,"知识"亦有两大类:一类是有关"现象世界"之知识,一类是有关现象背后"本体世界"之知识,此两类知识不容易"打通"。关于此两类知识之地位,西洋哲人大致有两派意见:一派以柏拉图为代表,认为"真知识"只能是关于"理念世界"或"本体世界"之知识;关于"现象世界"之知识或经验知识,尚不够"真知"之标准,只是"意见"。一派以康德为代表,认为"真知识"只能是有关"现象世界"之知识,只能是经验知识;"本体世界"是在"知识"范围之外,是在"知识"之外之一种设定。若吾人将此种"两分知识"之学说,叫做"知识论",则中国之"大知"思想,就是一种"大知识论",因为它不主张做如此"两分",不认为在"现象世界"之背后,还有一个所谓"本体世界"。

关于"经验知识"普遍必然性之来源,西洋哲人亦分两派。一派认为"源于外",源于"归纳推理"。如经验论者 F. 培根,就曾提出"蜜蜂喻",认为知识之普遍必然性不源于"蜘蛛"般吐丝编织,亦不源于"蚂蚁"般徒然收集,而是源于既收集材料又加工消化,如"蜜蜂"所为。此即由经验之归纳而获得普遍必然性之知识。另一派认为"源于内",源于"演绎推理"。如唯理论者 R. 笛卡儿,就认为清楚明白之观念并非从经验中归纳得来,而是与生俱来。又如唯理论者 G. W. 莱布尼兹,认为一切观念、知识均为天赋,经验只起"诱发"作用,故他不认为"事实真理"或"经验知识"具有普遍必然性。

以上经验论与唯理论两派意见,至 I. 康德而得折衷:他以"先天综合判断"中之"先天"来解决普遍必然性问题,以"先天综合判断"中之"综合"来解决"增新内容"问题。但"先天综合判断"所用工具,依然只是"知性范畴",只适用于诠释数学与自然科学;还不是"理性"之理念,不能适之于形而上学。他所谓"未来形而上学",是起步于"知识"终结之地,亦即"先天综合判断"覆盖圈之外。

在此问题上,中土哲人之"大知"思想,已避开"归纳推理"与"演绎推理"之两难:中土哲人采用之逻辑形式,是"推类"。"推类"即是以"类"为基础展开推论,原则是"类同则理同"。如"人类",所有人属同一"类",故遵循同一"理"。放大之,人与其他动物合为一类,名曰"动物",所有"动物"遵循同一"理"。再放大之,人与其他动物与植物合为一类,名曰"生物",所有"生物"遵循同一"理"。又放大之,人、生物、非生物合为一"类",名曰"物",所有"物"遵循同一"理"。中土哲人所谓"类"之外延,可以无限放大,以至涵盖"天地万物"。这样无限大之一"类",中土哲人称为"大同"或"毕同",就是认定天地万物同属一"类",如此则当然主张天地万物共循一"理"。

此种推论形式在逻辑上,不同于西洋之"类比推理","在形式上具有类比推理的特征,在内容上则更具有演绎推理的性质,是一种中国古代文化所固有的综合推理形式"。① 中土哲人依赖"推类"而获得知识之普遍必然性,乃是更大视野、更高层次之"知识论"。相比于西洋哲人局限于"人",局限于"生物学意义"之"知识论",中土哲人之"大知"思想,之"推类逻辑",即是超越"西式知识论"之一种"大知识论"。

讲"大知",乃是中土哲人各家各派之"共识"。《荀子·解蔽》以"知"与"智"区分小知与大知,讲"所以知之在人者谓之知,知有所合谓之智",《荀子·正名》认为小知之特点是"蔽于一曲,而暗于大理"。张载《正蒙·大心》以"见闻之知"与"德性所知"区分小知与大知,认为"见闻之知,乃物交而知",是局限于一时一地之知;"德性所知,不萌于见闻",是打通或超越一时一地之知。"大知"之特点是"合内外于耳目之外"。这与西洋哲人追求"合内外于耳目"有根本之不同。

程颐《河南程氏遗书》卷二十五以"闻见之知"与"德性之知"区分小知与大知,认为小知之特点是"物交物则知之",大知之特点是"不假闻见",小知是"今日格一件,明日又格一件",大知则是"脱然自有贯通处"。

朱熹《大学章句·补格物章》也讲"豁然贯通","至于用力之久,而一旦豁然贯通焉,则众物之表里精粗无不到,而吾心之全体大用无不

---

① 刘邦凡:《论推类逻辑与中国古代科学》,《哲学研究》2007年第11期,第116—121页。

明矣"。其"豁然贯通"之知,即是"大知",即是"即众物而求公理"之知,即是打通天人物我之隔阂之知。此种知识论之目标,是"必使学者即凡天下之物,莫不因其已知之理而益穷之,以求至乎其极"。"至乎其极"就是要求以"宇宙背景"讲人类之知,而不是撇开"宇宙背景",局限于人而讲知。把知识放到"宇宙背景"上来考察,即是所谓"大知识论"。

余英时《反智论与中国政治传统》指责道家为"反智"、"反知"[①],殊不知道家所反只是"小知",并非"大知"。不仅不反"大知",还始终以"大知"为追求。老子讲"使民无知",是无"小知";讲"绝圣弃知",是弃"小知";讲"民多智慧",是多"小智"、"小慧"。老子明明讲"圣人无常心,以百姓之心为心",怎么是"反知"呢?明明讲"吾言甚易知,甚易行,天下莫能知,莫能行",怎么是"反知"呢?

至于庄子,《庄子·逍遥游》明明有"小知不及大知,小年不及大年"之论,《庄子·则阳》明明有"人皆尊其知之所知,而莫知恃其知之所不知而后知"之论,《庄子·秋水》又有"计人之所知,不若其所不知"之论,《庄子·知北游》更有"不知深矣,知之浅矣,弗知内矣,知之外矣"等论,属于"小知"者,是"知之所知"、"人之所知"、"知"等;属于"大知"者,是"知之所不知"、"其所不知"、"不知"等。

《庄子·大宗师》讲"且有真人而后有真知",庄子所追求者,是"真知",是"大知";纵令他"反知",所反者,亦只是"小知",只是"一偏之知"。《庄子·庚桑楚》讲"知止乎其所不能知",知识之最高境界是"大知",是"小知"之外之"知",亦即张载所谓"合内外于耳目之外"之知。

至于黄老学派,《经法·大分》讲"贱财而贵有知"、"贱身而贵有道",不可认定其为"反知"言论;《十大经·成法》讲"操正以正奇,推一以知多,除民之所害,而寺(持)民之所宜",亦不应判其为"反知"。

余英时又指责法家为"反知",殊不知法家同样只反"小知"。《韩

---

① 余英时:《反智论与中国政治传统》,《中国思想传统的现代诠释》,江苏人民出版社,1989年,第72页。

非子》书中"民智"、"民知"就只是"小智"、"小知"之代名词,其特点是"犹婴儿之心",是《韩非子·显学》所谓"不知犯其所小苦致其所大利"。只看到一时一地之得失,看不到大局,看不到长远,此即"民知",此即"小知"。基此韩非才说"民知之不可用"、"民知之不足师用"、"民智之不足用"。"小知"不足以治世,故《韩非子·显学》要求"大知",要"求圣通之士"。

《韩非子·主道》讲"明君之道,使智者尽其虑,而君因以断事,故君不穷于智",集所有聪明才智为君所用,强调集思广益,怎能说是"反知"?"不穷于智",就是"大智"。《韩非子·主道》所谓"不智而为智正",即是以"大智"去指导"小智"。

《商君书》也追求"大知",《农战》及《靳令》诸篇,均讲"圣人明君者,非能尽其万物也,知万物之要也",又讲"圣君知物之要,故其治民有至要",绝非"反知"言论,而是求"大知"之论。

总之中土哲人区分"小知"与"大知",有清晰之脉络在,不容吾人否定。至于其意义,则可有不同释读。相对于"西式科学"而观,数、理、化等具体科学,均属"小知";打通数、理、化等具体科学之隔阂,将它们该合贯通,才算"大知"。西洋近代以降速成之"科学",在"中式思维"框架下,均只是"小知"、"小学"。"大知"、"大学"所求者,是通行于天界、地界、人界、神界之"公理",而非局限于一领域、一层次、一时段之"私理"。化学之"理"要和数学、物理学之"理"通,经济学之"理"要和社会学、地理学、考古学、人种学等之"理"通。通就是"大",不通就是"小"。中土哲人始终讲"大知",始终以"打通"为职志,以"打通"为终极诉求,故为"大";西洋哲人一致用力于脱开"宇宙背景"而论知识,故为"小"。

但西洋学问之全体,在西元20世纪后期出现"东转"之势,"知识论"亦不例外。20世纪下半叶"大科学"运动在西洋出现,即是一明证。"大科学"运动试图超越各门具体科学,而求得一更广大之综合。如地理学,原只以"客观的"地球表层为研究对象,不涉及经济、社会、文化、历史等因素,实际是把"客观的"地球表层从一开放、极复杂之超大系统中剥离出来,进行"孤立"研究。此为传统地理学,即"小地理学"之通常做法。"大地理学"则反之,要将"客观的"地球表层置回此超大系统中,进行综合研究,故名"综合地理学"、"统一地理学"、"大地理学"。最终构成一种涵盖环境科学、生态科学、行为科学、经济科学、管理科学、景观科学、历史学、文化学、地理思想史、发展战略学等等具体科学之超巨"大科学"。①

宇宙是一有机整体,"西式科学"之做法是将对象从此整体中剥离出来进行"个别研究","中式科学"之做法则相反,是把对象"置回"到此整体中进行"综合研究"。"易学"是这样一种科学,"易学"指导下之"中医"亦是这样一种科学。以"易学"、"中医"等为代表之"中式科学",把天地万物看成一活的有机整体,一综合性之自组织系统,一对称、协调、契合之秩序链,此链条上任一环节之脱落,均会引起全系统之全面震荡与整体损坏,影响全局而非局部,并最终危害人类之生存。

"《周易》理论把天、地、人看成是自然界一个整体、一个综合性的自组织系统,一切自然现象和社会变化均包含在该系统中,它用一套独特的象、数、理思维方法来分析研究各种各样的自然科学和社会科学问题,所以现代科学领域内一些重要难题的解决在思维方法上不同程度地与《周易》理论就有着奇妙的联系。我们可以认为这是具有整体观、动态观、结构层次观和相互联系观等方面特点的《周易》理论的大科学观的一种表现或在更高阶段的复归。"②

西洋"大科学"运动追求(一)整体优先,视各部门、各学科为不可分割、具内在联系之有机整体③,(二)概念之外延最大化,构成所谓"泛

---

① 杨青山:《大科学思维与现代地理学的发展问题》,《地理学报》1991年第3期,第360—365页。
② 申斌:《〈周易〉的大科学观》,《安阳大学学报》2002年第2期,第1—3页。
③ 胡理毅:《论"大科学"观》,《娄底师专学报》2002年第1期,第96—102页。

概念思潮"①,(三)科学之"非纯粹化"与"非中立化",反对"为知识而知识"②。此几项追求,刚好即是中土哲人自始以来所追求者。

中土"大知"思想,其基本思路正好就是围绕整体优先、概念泛化、反对"为知识而知识"而展开。西洋 20 世纪后期出现之"大科学"运动,不过是向中土历史悠久之"大知"思想的某种回归。换言之,理解西洋"大科学"时代之各种观念,中土"大知"思想乃是最好背景与平台。

西洋与中土诸多学者,常指责中土"无知识论",指责中土"缺乏为知识而知识之传统";自西洋"大科学"运动出,此两项指责均成"妄论"。第一项指责是以西洋"小知识论"为唯一正确之知识论,不明白中土几千年来已有一个"大知识论"传统,不明白西洋思想也在朝着这个"大知识论"方向"东转";第二项指责是以西洋"为知识而知识"之做法为唯一正确之思想方向,不了解中土哲人所以不愿"为知识而知识"之内因,不了解西洋哲人也已开始反思"为知识而知识"之狭隘性与不可能性。

"中式思维"倡导"大知识论",始终紧扣"宇宙背景"而论知识,不把对象"剥离"超巨系统进行"个别研究",把对象"置回"超巨系统进行"综合研究",追求开放系统中之"非纯粹知识",主张糅合政治、社会、文化等,反对"为知识而知识"。此套观念不仅有可能在未来得到弘扬,而且有可能引领人类思想之方向。

第六节 "大义主义"可能在未来得到弘扬

就"问答体系"而言,柏拉图为西洋哲人创发一种可名曰"直路答"

---

① 松林:《大科学时代与泛概念思潮的发展》,《未来与发展》1988 年第 3 期,第 43—46 页。
② 刁生富:《大科学时代科学家的社会责任》,《自然辩证法研究》2001 年第 7 期,第 53—56 页。

之"问答体系",目标是在各种各样孝之背后,找到"孝本身",在各种各样"仁"之背后,找到"仁本身",在各种各样"政"之背后,找到"政本身",等等。且看《柏拉图对话集》所载苏格拉底与欧提德谟斯一段有关"善"之问答——

欧:请问苏格拉底,什么是善行?

苏:盗窃、欺骗、卖人为奴,这几种行为是善还是恶?

欧:是恶。

苏:欺骗敌人是恶吗?卖原来敌占城市中人为奴是恶吗?

欧:是善。不过我指的是朋友,未涉及敌人。

苏:照你所言,盗窃朋友是恶。但若你朋友打算自杀,你盗窃其自杀工具,是恶吗?

欧:是善。

苏:你说欺骗朋友是恶,可战时统帅为鼓舞士气而欺骗士兵说:"援军将到!"但其实并无援军,此种欺骗是恶吗?

欧:这是善。

同一事件,同一行为,对不同之人可以是善,亦可以是恶;对同一类人(如朋友)可以是善,亦可以是恶;对同一个人可以是善,亦可以是恶。可知善或恶,乃完全是"境遇主义"者。中土哲人与西洋哲人均承认此种"境遇主义"之存在,然对于"境遇主义"地位之判定,却根本不同:中土哲人以为只存在此种"境遇主义"之善或恶,此种善或恶,就是唯一真实之善或恶;西洋哲人如苏格拉底,则认为此种具体、有条件之善,乃是不真实者,唯有"一般的善"方为真正之善,唯有关于永恒不变、普遍之"善"之知识,方为唯一之"真知"。在"境遇主义的善"之背后,找到"永恒不变的善",乃是西洋哲人之一项主要工作。

再看柏拉图《美诺篇》所载苏格拉底与美诺一段有关"美德"之问答——

美:勇敢、节制、智慧和豪爽都是美德,别的还有许多。

苏:是的,美诺,这里我们又一次陷于同样情形:在寻求一种美德时,我们找到了许多美德,虽然和以前不是同一方式。

美:是呀,苏格拉底,我现在甚至也还不能照你的意思发现一个对于美德的共同概念,一如发现其他东西的共同概念。

苏:别惊讶,我将设法接近此种概念,要是我能够。因为你知道一切事物,均有一个共同概念。

找寻一切事物中之"共同概念",即是苏格拉底、柏拉图给西洋哲人规定之任务,如在各种不同的"孝"之背后,找到"孝本身"等等。而这恰好是中土哲人不从事,亦不愿从事者。

柏拉图《斐多篇》载有一段苏格拉底与克贝有关"某本身"之问答——

苏:让我来告诉你,我所研究出来的那种原因究竟是什么东西。我得回到我们大家喜欢谈论的那些话题上,作为出发点:假定有诸如美本身、善本身、大本身等等之类的东西存在。若你同意此点,则我相信我能给你说明此中原因是什么,并证明灵魂不死。

克:请你继续说吧!我同意此点。

苏:好。不过我还要看一看你能否同意我的下一步看法:假如美本身之外还有其他美的东西存在,它们所以是美的,只能是因为它们分有了美本身。你同意我的看法吗?

克:我同意。

苏:那么大的东西之所以大,更大的东西之所以更大,乃是由于大本身。小的东西之所以小,乃是由于小本身。是不是呢?

克:是的。

《柏拉图对话集》满篇所载,均是此种寻找"某本身"之问答。此为一种典型之"直路答",且是撇开"境遇"之"绝对主义的直路答"。问答之目标,是要到个别背后找到"一般",并以"一般"为真,个别为假;到万象背后找到"本身",并以"本身"为真,万象为假。此方法在苏格拉底名曰"问答法",在柏拉图名曰"辩证法"。"辩证法"原本即是一门找寻"一般"与"本身"、找寻现象背后之"本体"的方法。

"中式思维"不设定"本体"之存在,因而也就没有此类"绝对主义的直路答"。"直路答"有,然"直路答"依然是"境遇主义"的。

《论语·为政》载:孟懿子问孝,子曰:"无违。"孟武伯问孝,子曰:"父母唯其疾之忧。"子游问孝,子曰:"今之孝者,是谓能养,至于犬马,皆能有养,不敬,何以别乎?"子夏问孝,子曰:"色难,有事,弟子服其劳,有酒食,先生馔,曾是以为孝乎?"四人四次问"孝",孔子均采用"直路答"之方式作答。

《论语·颜渊》载:颜渊问仁,子曰:"克己复礼为仁,一日克己复礼,天下归仁焉。"仲弓问仁,子曰:"出门如见大宾,使民如承大祭,己所不欲,勿施于人,在邦无怨,在家无怨。"司马牛问仁,子曰:"仁者其言也讱。"樊迟问仁,子曰:"爱人。"《论语·子路》载:樊迟问仁,子曰:"居处恭,执事敬,与人忠,虽之夷狄,不可弃也。"《论语·卫灵公》载:子贡问为仁,子曰:"工欲善其事,必先利其器,居是邦也,事其大夫之贤者,友其士之仁者。"《论语·阳货》载:子张问仁于孔子,孔子曰:"能行五者于天下,为仁矣。"六人六次问"仁",孔子亦均采用"直路答"之方式作答。

《论语·颜渊》又载:子贡问政,子曰:"足食,足兵,民信之矣。"齐景公问政于孔子,孔子对曰:"君君臣臣,父父子子。"子张问政,子曰:"居之无倦,行之以忠。"季康子问政于孔子,孔子对曰:"政者正也,子帅以正,孰敢不正?"季康子问政于孔子……孔子对曰:"子为政,焉用杀,子欲善,而民善矣,君子之德风,小人之德草,草上之风必偃。"《论语·子路》载:子路问政,子曰:"先之,劳之。"叶公问政,子曰:"近者说,远者来。"五人六次问"政",孔子同样均采用"直路答"之方式作答。

对于同一问题,每次均"直路答",每次回答之内容却又不同,甚至完全相反,此在"西洋形式逻辑"看来,是不能允许者:"孝"只能有一个

"定义",任何情境下只应有同一答案;"仁"只能有一个"定义",任何情境下只应有同一答案:"政"只能有一个"定义",任何情境下只应有同一答案。所谓"同一律"、"排中律"、"不矛盾律"之三大"逻辑规律",均不允许"同问异答"。

然此"同问异答",却正是"中式思维"之根本特质所在。此种"同问异答",不仅已包含上述"境遇主义的直路答",还已包含"不答"与"绕路答"两种"问答体系":儒家重点创发出"直路答",道家重点创发出"不答",释家(尤其禅宗)重点创发出"绕路答"。

《庄子·应帝王》载:啮缺问于王倪,"四问四不知",啮因跃而大喜,行以告蒲衣子。《庄子·知北游》载:知北游于玄水之上,登隐弅之丘,而适遭无为谓焉。知谓无为谓曰:予欲有问乎若,何思何虑则知道,何处何服则安道,何从何道则得道?"三问而无为谓不答也"。非不答,不知答也。

或四问四不答,或三问三不答,均为"不答"之例。

《庄子·齐物论》载:啮缺问乎王倪曰:"子知物之所同是乎?"曰:"吾恶乎知之。""子知子之所不知邪?"曰:"吾恶乎知之。""然则物无知邪?"曰:"吾恶乎知之!"

此处三问三答"恶",属于"答不"之例。

《庄子·让王》载:汤将伐桀,因卞随而谋,卞随曰:"非吾事也。"汤曰:"孰可?"曰:"吾不知也。"汤又因务光而谋,务光曰:"非吾事也。"汤曰:"孰可?"曰:"吾不知也。"汤曰:"伊尹如何?"曰:"强力忍垢,吾不知其他也。"

此处三问三答"不",亦为"答不"之例。

"不答"与"答不",共同构成"不答"之"问答体系",此为道家重点创发之一种"问答体系"。

禅宗则重点创发"绕路答"。《碧岩录》第十七则《香林坐久成劳》载:僧问香林:"如何是祖师西来意?"林云:"坐久成劳。"第十八则《忠国师无缝塔》载:有僧问性空:"如何是祖师西来意?"空云:"如人在千尺井中,不假寸绳出得此人,即答汝西来意。"《碧岩录》第二十则《翠微禅板》载:龙牙问翠微:"如何是祖师西来意?"微云:"与我过禅板来。"微接着得便打。牙又问临济:"如何是祖师西来意?"济云:"与我过蒲团来。"济接着便打。僧问大梅:"如何是祖师西来意?"梅云:"西来无意。"

对于同一问题,香林、性空、翠微、临济、大梅分别给出完全不同之答案,然又答非所问,属于典型之"境遇主义绕路答"。

《从容庵录》第四十七则《赵州柏树》载:僧问赵州:"如何是祖师西来意?"州云:"庭前柏树子。"《从容庵录》第六则《马祖白黑》载:僧问马大师:"离四句绝百非,请师直指某甲西来意。"大师云:"我今日劳倦,不能为汝说,问取智藏法。"僧问藏,藏云:"何不问和尚?"僧云:"和尚教来问。"藏云:"我今日头痛,不能为汝说,问取海兄去。"僧问海,海云:"我到这里,却不会。"僧举似大师,大师云:"藏头白,海头黑。"

要回答之问题,还是同一个"祖师西来意",赵州、马祖、智藏、海兄分别给出不同之答案,且同样是答非所问,属于典型之"境遇主义绕路答"。

再看对"佛法大意"问题,各路禅师如何作答。《从容庵录》第五则《清源米价》载:僧问清源:"如何是佛法大意?"源云:"卢陵米作么价。"第六十五则《首山新妇》载:僧问首山:"如何是佛?"山云:"新妇骑驴阿家牵。"《从容庵录》第八十六则《临济大悟》载:临济问黄檗:"如何是佛法的大意?"檗便打,如是三度,乃辞檗,见大愚,愚问:"甚么处来?"济云:"黄檗来。"愚云:"黄檗有何言句?"济云:"某甲三问佛法的大意,三度喫棒,不知有过无过。"愚云:"黄檗恁么老婆,为尔得彻困,更来问有过无过!"济于言下大悟。

对于同一个"佛法大意"之问,清源、首山、黄檗、大愚诸禅师,回答完全不同。

《从容庵录》第十八则《赵州狗子》载:僧问赵州:"狗子还有佛性也无?"州云:"有。"僧云:"既有,为甚么却撞入这个皮袋?"州云:"为他知而故犯。"又有僧问:"狗子还有佛性也无?"州云:"无。"僧云:"一切众生皆有佛性,狗子为什么却无?"州云:"为伊有业识在。"

同一禅师对同一问题,作出完全相反之回答。

《碧岩录》第九十则《智门般若体》载:僧问智门:"如何是般若体?"门云:"蚌含明月。"僧云:"如何是般若用?"门云:"兔子怀胎。"《碧岩录》第二十一则《智门莲华荷叶》载:有人问夹山道:"莲花未出水时如何?"夹山道:"露柱灯笼。""出水后如何?"道:"仗头挑日月,脚下太泥深。"

对于任何问题,均采用"答非所问"之方式。

《从容庵录》第四十二则《南阳净瓶》载:僧问南阳忠国师:"如何是本身卢舍那?"国师云:"与我过净瓶来。"僧将净瓶到,国师云:"却安旧处著。"僧复问:"如何是本身卢舍那?"国师云:"古佛过去久矣。"《从容庵录》第七十八则《云门餬饼》载:僧问云门:"如何是超佛越祖之谈?"门云:"餬饼。"又有僧问:"如何是超佛越祖之谈?"门云:"蒲州麻黄,益州附子。"

同样坚持"答非所问"之方式。

何谓"绕路答"?"绕路答"即是"答,然答非所问",即是"言,且言他"。既"言",则当然有别于道家之"不答";既"言他",则当然有别于儒家之"直路答"。若谓其未答,是,也不是;若谓其已答,是,也不是。此为"境遇主义的言他",不同于儒家"境遇主义的直言",亦不同于道家"境遇主义的不言"。

或问:西洋哲人只讲"绝对主义的直言",中土哲人则在"绝对主义的直言"外,另行创发出"境遇主义的直言"、"境遇主义的不言"与"境遇主义的言他"之三种"问答体系",其中隐藏如何之"玄机"?

答曰:"玄机深矣!""绝对主义的直言",在逻辑上即是"定义"

(definition),旧称"界说",其所倡导者,为"定性主义";"境遇主义的直言"、"境遇主义的不言"、"境遇主义的言他",在逻辑上即是"大义"或"训义",其所倡导者,为"大义主义"或"随性主义"。

"定义"被视为"揭示概念内涵的逻辑方法",如"人"之概念的内涵是"能够制造生产工具",故"人"被定义为"能够制造生产工具的动物"。"动物"在生物学上是"人"所属之"属",在"动物"之"属"下,除"人"之外,尚有其他"种",如飞禽、走兽等。"人"之定义,实际就是"属加种差","人"之种与其他种之差异,在其"能够制造生产工具","属"加上此"种差",即是"人"之"定义"。

西洋哲人习惯于"直路答",因其哲学体系是以"定义"为基础者。而"定义"又是建立在四个原则之上:(一)定义项之外延与被定义项之外延完全相同,(二)定义项不能直接或间接地包括被定义项,(三)定义之肯定式优先于否定式,(四)定义项中不得有含混之概念与语词。此四项原则,共同指向之目标是"定性",即"固定本性",在任何境遇、任何条件下均固定不变之"本性"。认定并证明任何事物均有一"固定本性"或"定性",正是西洋哲学家"直路答"之目标。

但若认定此"定性"不存在,则"定义"这种逻辑形式,亦就不能成立。如人之"种差"无限多样,为何一定要视"能够制造生产工具"为唯一之"种差"?"能够发明符号"是否"种差","能够阳奉阴违、两面三刀"是否"种差","能够无季节发情"是否"种差"?答曰:均是。"属"加每一"种差",均可构成"人"之定义。若吾人承认"种差"之多样性,则"人"就没有唯一正确之"定义",而只有各种不同之"定义";在这各种不同之"定义"背后,吾人找不到一个所谓"定义"本身,找不到一个所谓"人本身"。

"中式思维"就是一套不承认有唯一"种差"之思想体系,就是一套不承认"定义"这种逻辑形式之思想体系,就是一套不承认任何事物之"定性"之思想体系。它只承认"关系"与"境遇",认为在不同"关系"下事物有不同性质,在不同"境遇"中事物有不同性质。相对于"主谓式句辞"而言,吾人可将此种思想体系叫做"函数式句辞";相对于"定性"而言,吾人可将其叫做"随性主义";相对于"定义"而言,吾人可将其叫做"大义主义"。综合起来,就是中土哲人贡献于人类文明之"关系主义"。

中土哲人之"问答体系",均是立于"定义"之对立面:儒家之"直路答",是"境遇主义的直路答",是"泛定义"者;道家之"不答"或"答不",是不承认可给任何东西一"定义",是"反定义"者;禅宗之"绕路答",是"境遇主义的言他",是"非定义"者。"泛定义"、"反定义"、"非定义",均不承认"定义",目标就是要打破"定性"之神话,建构一种"境遇主义"或"关系主义"之思想体系。此思想体系,正乃中土哲人贡献于人类文明之最重要成果之一。

"中式思维"在"绝对主义的直言"之"问答体系"之外,另行创发"境遇主义的直言"、"境遇主义的不言"与"境遇主义的言他"之三种"问答体系",强调"大义"或"训义",反对"定义"之狭隘性,强调无限多样之"种差",强调"随性主义"与"关系主义",认定万事万物在不同境遇、不同关系中其"性"不同,此套观念亦有可能在未来得到弘扬,并成为人类文化之共同努力的目标。

总之,"儒学"与"中学"之未来前景,是很乐观的。关键是看我们如何去发掘它、"发明"它,从哪个角度、哪个层次、哪个方面去发掘它、"发明"它。